船舶原理

（下册）

第二版

盛振邦　主编

高新船舶与深海开发装备协同创新中心　组编

上海交通大学出版社
SHANGHAI JIAO TONG UNIVERSITY PRESS

内容提要

船舶原理是以流体力学为基础探讨船舶航行性能的一门科学。全书上、下两册，共分五篇，第一篇为船舶静力学，第二篇为船舶阻力，第三篇为船舶推进，第四篇为船舶操纵，第五篇为船舶耐波性。上册由第一、二篇组成；下册由第三、四、五篇组成。

本书为下册，第三篇船舶推进以螺旋桨推进为主。除阐述螺旋桨的基本原理、几何特征、水动力性能、船体与螺旋桨的相互影响、空泡现象及桨叶强度外，着重讨论螺旋桨的图谱设计及船-机-桨的配合问题。关于螺旋桨的理论设计方法及螺旋桨的激振力等问题也做必要的介绍，此外还概略介绍了普通螺旋桨以外的特种推进装置。第四篇船舶操纵主要从船舶操纵运动的基本方程出发，分析船舶操纵的相关概念、操纵性衡准和试验方法，并介绍舵的水动力性能和舵的设计问题。第五篇船舶耐波性主要讨论船舶在风浪中的摇荡运动。因此首先从海浪的特点出发，阐述不规则波浪的统计分析和谱分析的基本理论，讨论波浪与船舶运动之间的响应关系，侧重于船舶在横浪中的横摇与顶浪中的纵摇与垂荡，并且提供了必要的实用成果、设计资料和理论计算方法；同时还介绍了船舶设计中有关耐波性的考虑和实船试验的分析方法。

本书是高等院校船舶与海洋工程专业本科生的教材，也可供有关工程技术人员参考。

图书在版编目(CIP)数据

船舶原理. 下册 / 盛振邦主编;盛振邦主编高新船
舶与深海开发装备协同创新中心组编. —2 版. —上海:
上海交通大学出版社，2019(2024 重印)
ISBN 978 - 7 - 313 - 17995 - 1

Ⅰ.①船…　Ⅱ.①盛…　②盛…　Ⅲ.①船舶原理—高
等学校—教材　Ⅳ.①U661

中国版本图书馆 CIP 数据核字(2017)第 216931 号

船舶原理(第二版)　下册

主　　编：盛振邦
组　　编：高新船舶与深海开发装备协同创新中心
出版发行：上海交通大学出版社　　　　　　　地　　址：上海市番禺路 951 号
邮政编码：200030　　　　　　　　　　　　　电　　话：021 - 64071208
印　　制：上海新艺印刷有限公司　　　　　　经　　销：全国新华书店
开　　本：787 mm×1092 mm　1/16　　　　　印　　张：28
字　　数：690 千字
版　　次：2004 年 4 月第 1 版　2019 年 4 月第 2 版　　印　　次：2024 年 8 月第 18 次印刷
书　　号：ISBN 978 - 7 - 313 - 17995 - 1
定　　价：58.00 元

第 二 版 序

《船舶原理》自 2003 年底第一版出版至今已 14 年,期间经历 12 次印刷,供我国高等学校船舶与海洋工程专业作为教科书或教学参考用书,获得了肯定。不足之处是在 10 多年间内未做任何修订补充,深为遗憾。

2009 年左右,本书第一版主编之一刘应中教授、第三篇编著者王国强教授及第五篇编著者冯铁城教授先后谢世,其余各篇章的编著者也先后退休,一时难以组织人员对本书进行修订和补充,以致延缓了第二版的及时出版。鉴于近十几年来我国船舶工业及造船科学技术的飞速发展,本书作为教学用书,应当及时补充最新的科学技术和研究成果,以培养学生既能拥有扎实的基础知识,了解国内外的最新发展现状,又能具备分析和解决船舶航行性能相关问题的能力。为此,上海交通大学船舶海洋与建筑工程学院船舶与海洋工程系精心组织、统一协调本学科在职的任课教授,对本书的第一版进行了大量细致的补充修订,完成了《船舶原理》一书的第二版。本书第二版编写的原则:一是保持原书的优点,二是补充并反映国内外在本领域的最新发展,三是力求注重对学生创新精神和实践能力的培养。

参加本书第二版编著的教师包括:胡铁牛负责第一篇船舶静力学的修订编写;张怀新,朱仁传负责第二篇船舶阻力的修订编写;杨晨俊,李巍负责第三篇船舶推进的修订编写;邹早建负责第四篇船舶操纵的修订编写;马宁,顾解忡负责第五篇船舶耐波性的修订编写。

《船舶原理》第二版终于出版问世,它将继续为我国高等学校船舶与海洋工程专业本科生提供教材或教学参考用书。书中存在的疏漏与不妥之处,殷切希望采用本书的广大师生批评指正。

盛振邦

2017 年 8 月于上海交通大学

第 一 版 序

根据上海交通大学船舶与海洋工程专业《面向 21 世纪教学内容和课程体系的改革计划》，重新组合了整个专业的课程体系，以利于拓宽专业面和培养创新人才，将原先的"船舶静力学""船舶阻力""船舶推进"及"船舶操纵与摇荡"等四门课程整合为"船舶原理"。整合后的"船舶原理"是船舶与海洋工程专业一门主要的专业基础课程。本书是根据高等学校船舶与海洋工程专业本科生的教学要求编写的。

船舶原理是以流体力学为基础探讨船舶航行性能的一门科学。主要包括船舶的浮性、稳性、抗沉性、快速性（船舶阻力、船舶推进）、操纵性及耐波性。根据当今国内外对船舶原理包含内容的学科体系，本书分为五篇：第一篇船舶静力学；第二篇船舶阻力；第三篇船舶推进；第四篇船舶操纵；第五篇船舶耐波性。上海交通大学船舶流体力学研究所历来重视教材的编著，曾出版过《船舶静力学》《船舶阻力》《船舶推进》及《船舶操纵与摇荡》等全国高校统编教材，并经过多次修订再版。这些教材的优点是：叙述上力求概念清晰、层次分明、重点突出，密切结合船舶设计的需要；内容上反映本学科领域的基本内容及国内外的最新发展。因此上述教材曾多次获得过省部级优秀教材奖。为了使本书既能继承过去教材的优点，又能贯彻教学内容和课程体系的改革精神，由盛振邦和刘应中担任本书的总主编，曾编著以上教材的教授们担任各篇的分主编，目前担任本课程教学任务的教师也一起参加了编写工作。

本书分上下两册，上册包括船舶静力学和船舶阻力；下册包括船舶推进、船舶操纵和船舶耐波性。船舶静力学由盛振邦、胡铁牛负责修订编写；船舶阻力由邵世明、张怀新负责修订编写；船舶推进由王国强负责修订编写；船舶操纵由黄国梁负责修订编写；船舶耐波性由冯铁城负责修订编写。

"船舶原理"课程的主要任务是：通过各教学环节，培养学生以流体力学为基础，分析和解决船舶航行性能中有关问题的方法。为此需要特别注重创新精神和实践能力的培养。通过本课程的学习，使学生初步具有从事本领域实际工作和研究工作的能力，并为学习后续课程——船舶设计打下坚实的基础。要转变以往教学中单纯重视知识传授的教学思想，除加强对学生创新精神和实践能力的培养外，还应重视个性教育。因此，要在总体上考虑课程建设，除编写出版教材外，对于其他教学环节都应编写出版与之配套的指导性教学文件，在教学过程中还应精心组织，诸如：编著本课程中各大型作业、课程设计及有关教学试验的指导书。由于本课程中实践环节多，计算工作量大，除为学生掌握基本理论进行少量的手工计算外，系统地编制各种计算机辅助教学软件，供学生进行大型作业、课程设计及试验数据分析处理的实际操作使用，以便了解和掌握应用计算机解决船舶原理中有关问题的能力。此外，结合本课程的教学内容，有计划、有目的地组织安排学生参加部分科研或实际试验工作；开设选修的教学试验和开放性试验，鼓励学生利用相关的设备进行探索性的试验研究等。

"船舶原理"虽是一门专业基础课程，但包含的内容相当广泛，有很强的实践性，既有许多大型作业和课程设计，又有不少试验工作。船舶航行性能中有众多需要研究解决的问题，这为本课程教学中贯彻加强实践能力和创新精神的培养提供了广泛的领域。上海交通大学拥有船模试验池和空泡水筒及海洋工程水池等配套齐全、设施一流的船舶流体力学试验研究基地，这为本课程贯彻培养学生实践能力和创新精神提供了极为有利的条件。

本书的编写出版和与之相配套的课程建设，是"船舶原理"课程教学内容和教学方法改革的一种尝试，殷切希望广大师生在今后的教学实践中提出宝贵意见，以便不断改进。

编者

2003 年 3 月

前　言

船舶原理是研究船舶航行性能的一门科学。其中包括：

（1）浮性——船舶在一定装载情况下浮于一定水平位置而不致沉没的能力。

（2）稳性——在外力作用下船舶发生倾斜而不致倾覆，当外力的作用消失后仍能回复到原来平衡位置的能力。

（3）抗沉性——当船体破损，海水进入舱室时，船舶仍能保持一定的浮性和稳性而不致沉没或倾覆的能力，即船舶在破损以后的浮性和稳性。

（4）快速性——船舶在主机额定功率下，以一定速度航行的能力。通常包括船舶阻力和船舶推进两大部分，前者研究船舶航行时所遭受的阻力，后者研究克服阻力的推进器及其与船体和主机之间的相互协调一致。

（5）耐波性（或称适航性）——船舶在风浪海况下航行时的运动性能。主要研究船舶的横摇、纵摇及升沉（垂荡）等习惯上统称为摇摆的运动。

（6）操纵性——船舶在航行中按照驾驶者的意图保持既定航向的能力（即航向稳定性）或改变航行方向的能力（即回转性）。因此，船舶操纵性包括航向稳定性和回转性两部分内容。

船舶原理通常分为船舶静力学和船舶动力学两大部分。前者以流体静力学为基础，研究船舶的浮性、稳性及抗沉性等，后者以流体动力学为基础，研究船舶的阻力、推进、摇摆及操纵等。船舶阻力和推进主要研究船舶在等速直线航行时的性能，属于流体动力学中的定常问题；船舶操纵性和耐波性是研究变速运动时的船舶运动，属于流体力学中的非定常问题，必须考虑惯性及附连水质量和惯性矩的影响。在船舶静力学中，主要讨论船舶的浮性、小倾角稳性（或称初稳性）、大倾角稳性及抗沉性等，此外还包括船舶纵向下水计算。在船舶阻力中，依次讨论阻力的成因、主要特性，确定阻力的方法和减小阻力的途径。对阻力相似定律、船模阻力试验、船型对阻力的影响等重要问题都进行了比较细致的探讨。此外，还扼要介绍了各类高速船舶的阻力特点。在船舶推进中，主要讨论推进器在水中运动时产生推力的基本原理及其性能的优劣（即效率高低）等问题，并对船体与推进器之间的相互作用以及船模推进试验等都进行了详细的阐述，还探讨了如何设计性能优良的推进器。快速性优良的船舶应该满足：① 航行时所遭受的阻力要小，即所谓优秀船型（或称低阻船型）的选择问题；② 推进器应发出足够的推力且效率要高；③ 推进器与船体和主机之间要协调一致。因此，船舶快速性包括阻力和推进两大部分。在船舶操纵中，从操纵运动的基本方程出发，分析船舶操纵性的基本概念，讨论操纵性的衡准和试验方法，重点介绍舵的水动力性能和舵的设计。在船舶耐波性中，主要讨论船舶摇摆运动。从不规则海浪的基本特点出发，根据统计分析理论，重点讨论船舶在风浪中的横摇与顶浪中的纵摇和垂荡。此外，对船舶设计中有关耐波性的考虑也进行了必要的介绍。

船舶设计建造部门总希望所设计建造的船舶具有优良的航行性能，用船部门（航运公司、

1

海军等)理所当然要求所属的各类船舶都具有优良的航行性能。概括说来,所谓优良的航行性能大体包括:船舶是否具有合理的浮态和足够的稳性,是否属低阻力的优良船型,推进器的效率是否最佳,推进器与船体及主机是否匹配,是否具有良好的航向稳定性和回转性,在风浪中航行时是否会产生剧烈的摇摆运动以及砰击、甲板上浪及失速等。但在实际造船工作中,判断船舶是否具有优良的航行性能是有一定衡量指标的,有些指标是因考虑到航海安全而由船级社乃至国际组织规定必须满足的硬指标,有些指标则是与长期积累的优秀船型资料相比较而判定的。所有这些指标都与船舶的主要尺度、船体形状、装载情况等密切相关。因此,船舶原理中所讨论的众多问题,都是船舶设计、建造和营运乃至新型船舶的研究开发需要用到的专业基础知识。

目　　录

第三篇　船　舶　推　进

第四篇　船　舶　操　纵

第五篇　船舶耐波性

第 三 篇

船 舶 推 进

杨晨俊 李 巍 修订

第1章 概　　述

船在水面或水中航行时遭受阻力,其大小与船的尺度、形状及航行速度有关。为了使船舶能保持一定的速度向前航行,必须供给船舶一定的推力(或拉力),以克服其所受的阻力。作用在船上的推力是依靠能源来产生的(如人力、风力以及各种形式的发动机)。但是仅有能源还不能直接产生推力,故在船上还需要设有专门的装置或机构,把能源(发动机)发出的功率转换为推船前进的功率,这种专门的装置或机构统称为推进器,如桨、篙、橹、帆以及明轮、螺旋桨等。船舶快速性是船舶的重要性能之一。所谓快速性,是指船舶在给定主机功率情况下,在一定装载时于水中航行的快慢问题。快速性不论对民船或军舰都是很重要的问题。在船舶设计中要满足用船部门对快速性的要求,应当从下述4个方面来考虑。

（1）船舶于航行时所遭受的阻力要小,即所谓优良线型的选择问题。

（2）选择推力足够,且效率高的推进器。

（3）选取合适的主机。

（4）推进器与船体和主机之间协调一致。

本课程主要研究推进器在水中运动时产生推力的基本原理以及它的性能好坏(效率高低)等问题,然后解决如何根据生产实际的要求设计出一个性能优良的推进器问题。

1-1　船舶推进器发展简史

人类开始使用船舶即须同时解决船舶的推进问题。在我国古籍文献中专门记载推进器的文字虽不多,但从船舶或航运的发展情况也可略见船舶推进发展之一斑。

在远古时代,我国已使用舟楫。在夏禹时代(公元前 2205—2198)已有"维牵""帆""樯"等推进工具。船在浅水中用篙撑持前进;深水中则用桨或橹,沿岸航行可用纤;进一步制作篷帆以利用风力,既省人工,且能加大船舶的尺度,航行距离也大为增加。以上所述各种推进方法经长期发展沿用至今,其中摇橹为我国所专有,帆船防横漂的披水板也系我国最早采用,以后才传到欧洲。

我国帆船航行海外的历史悠久,公元前即来往于南洋一带。据阿拉伯史家记载:在 5 世纪,中国帆船常远航至幼发拉底河畔的希拉城下,在 8、9 世纪远航至红海口的亚丁。明朝初年(15 世纪初),我国航海家郑和曾率船队七下西洋(即今南洋一带),远达非洲。在 18 世纪,我国帆船常远航至美洲西岸。

在历代史传中,有不少关于用桨轮来推进船舶的记载。各书中虽描述桨轮船航速之飞快,但无具体数据,对于推进器机构的叙述也极其简略,有待进一步考证。在汽船输入我国之前,此类桨轮船多系供军用。图 1-1 为明朝王圻所著《三才图会》中的轮船简图。鸦片战争时,我国曾有明轮军舰参加吴淞

图 1-1 《三才图会》中的
轮船简图

3

战役,此时也有用脚踏机构转动船尾明轮的快班客船来往于上海、苏州之间。

其他各国关于用人力及风力推进船舶方法的演进过程与我国大致相似。公元前几千年,埃及、亚述、腓尼基和巴比伦就已造过装桨的船只,并用奴隶来划桨。当时长期在海上航行的大型船只,用大量的桨(50~100 副)成排地装在舷侧,最大速度曾达 7~8 kn。

由于船舶尺度和航行距离的不断增长,便出现了桨和帆兼用的船舶,这样可以缩减划桨人员数量,在经济上更为有利。在军舰和商船上,兼用帆-桨作为推进器延续了很长时期,至 16 世纪才进入纯粹用帆来推进军舰和商船的时代。18 世纪中叶帆船设计有很大的发展,快速帆船在顺风条件下,航速可高达 15~20 kn。但自船上开始应用蒸汽动力以后,风帆逐渐被其他形式的推进器所代替。

在蒸汽机发明以前,即已有人研究喷水推进器,并试图用以推进船舶,但由于此类推进器效率过低,经济性差,并未获得圆满效果,所以没有得到广泛的应用。

自蒸汽机发明以后,有许多人致力于船舶使用蒸汽动力的研究,其问题是使用何种推进机构最为实用,所从事设计与试验的推进器包括机动篙、机动划桨、明轮及螺旋桨等。就当时蒸汽机的性能及工业条件而言,则以明轮最为适宜。19 世纪上半叶,明轮推进器有很大的发展,1830—1840 年间,明轮推进器的应用最为广泛,当时明轮船极为盛行。但是,明轮作为航海船只的推进器有许多缺点,在风浪情况下,明轮的桨板会局部地或完全露出水面,致使船舶不能维持一定的航速和稳定的航向。海浪的强烈冲击常使桨板损坏,影响船舶的正常运行。此外,明轮的转速较低,不得不采用低速而笨重的主机。所以 19 世纪中叶以后,在海船上大多改用螺旋桨作为推进器。

关于使用螺旋桨作为船舶推进器的思想很早就已出现,各国发明家先后提出了很多螺旋推进器的设计。19 世纪初期,各国竞相从事于螺旋桨的研究并试用于实际船舶,曾有人于 1867 年做过统计,与"发明"螺旋桨有关者不下 470 人。图 1-2 表示几种早期螺旋推进器的形式。1836 年史密司号船采用木制单螺纹蜗杆形螺旋推进器[形状略似图 1-2(a),但具有两全周]以 8 kn 的速度航行了 400 n mile(海里),在试航中其推进器触物损伤了一部分,但船速反而增加。其后经多方研究改进,螺旋桨的航行成效也日益显著,故从 19 世纪中叶以后,螺旋桨就获得了广泛的应用。在长期的实践过程中,螺旋桨的形状不断改进,桨叶螺旋面的长度逐步减小,桨叶的形状也逐渐趋于完善。与其他类型的推进器相比,螺旋桨的构造简单,效率较高,故目前仍是军舰和商船上应用最为广泛的推进器。

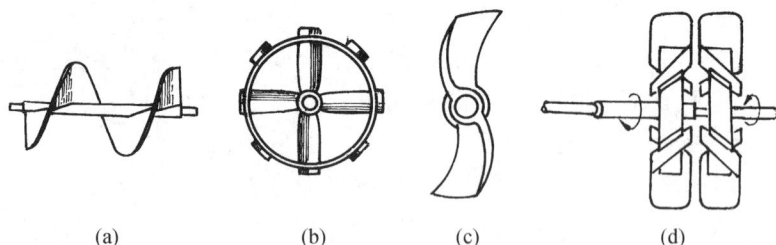

| (a) | (b) | (c) | (d) |

图 1-2　早期螺旋推进器的几种形式

1930 年在摩托汽艇上首先使用了直叶推进器,以后经不断改善,在港口工作船和扫雷艇上的应用获得了成功,但由于构造复杂和重量大的缘故,在大型船只上至今还没有得到广泛的应用。

推进器的类型甚多,下面分别叙述常见的几种推进器,并简要地指出这些推进器的特征。

1）螺旋桨

它由若干桨叶（2 叶至 7 叶）组成，桨叶固定在桨毂上，各邻近叶片之间相隔的角度相等，如图 1-3 所示。当螺旋桨转动时，桨叶拨水向后，而自身受到水流的反作用力，其推力通过桨轴和推力轴承传递至船体上。螺旋桨构造简单，造价低廉，使用方便，效率较高，是目前应用最广的推进器。

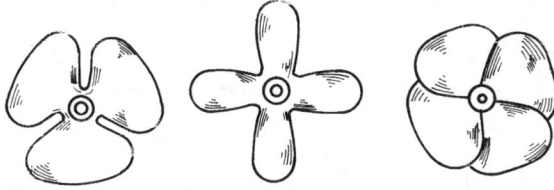

图 1-3　螺旋桨示意图

根据不同船舶工作条件的要求，以下一些特种推进器在普通螺旋桨的基础上发展起来。

（1）导管螺旋桨。在螺旋桨的外围套上一个纵剖面为机翼型或类似于机翼剖面的折角线形的套筒，其外形如图 1-4 所示。在负荷较重时，其效率较普通螺旋桨为高，主要用于拖网渔船和拖船等多工况船舶。

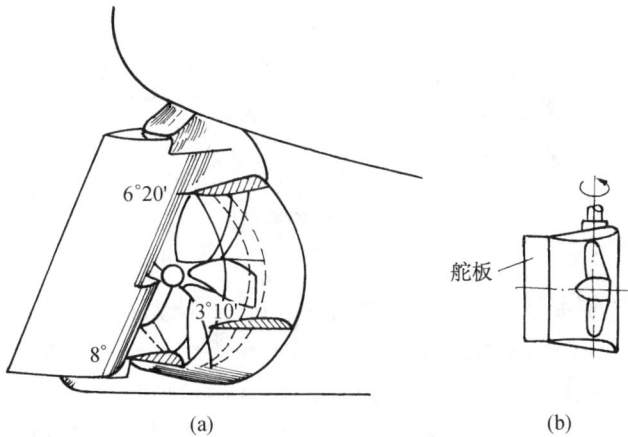

图 1-4　导管螺旋桨
（a）轴向不对称导管及其尾部布置；（b）转动导管桨（导管舵）

（2）可调螺距螺旋桨。它是一种利用设置于桨毂中的操纵机构使桨叶能够绕垂直于桨轴的轴线转动以改变其角度（螺距）的螺旋桨。由于桨叶的螺距可根据需要进行调节，故在不同航行状态时，主机均能充分发挥功率和转速，而且仅通过调节螺距（无须改变螺旋桨旋转方向）即可实现停船和倒航，但其机构较复杂，造价和维修费用比较高。

（3）对转螺旋桨。又称双反转螺旋桨，就是把两只普通螺旋桨分别装于两根同心轴上，并以等速或不等速反向转动。这种推进器效率较高，两只桨转动引起的偏航力矩相互抵消，但传动装置比较复杂，多用于鱼雷和潜艇。

（4）串列螺旋桨。它是两个螺旋桨串列装于同一根轴上以相同转向和转速运转的推进器，可以降低桨叶负荷，并通过前、后桨相对角位置的优化提高螺旋桨效率。

2）风帆

自远古时代至 19 世纪初期，风帆一直是船舶主要的推进器。风帆推进器虽然可以利用无代价的风力,但其所能得到的推力依赖于风向和风力,以致船的速度和操纵性能都受到限制。故自蒸汽机作为船舶主机以后,帆就被其他类型的推进器所代替,仅在游艇、教练船和小渔船上仍有采用。目前由于化石燃料资源缩减,为节省能源,国内外又在研究风力的利用,提出了风帆助推方案,并已在一些船上实施,称为风帆助航节能船。

3）明轮

明轮是局部没水的推进器,外形略似车轮,其水平轴沿船宽方向置于水线之上,轮之周缘装有蹼板(或称桨板)。明轮在操作时,其蹼板拨水向后,而自身受到水流的反作用力,此反作用力经轮轴传至船体,推船前进。安装于舷侧的明轮称为边轮,安装于船尾的称为尾轮。边轮增大船宽,对横稳性有利,但在风浪中不易保持航向。尾轮适用于狭窄航道。明轮有定蹼式和动蹼式两种。定蹼式明轮的蹼板沿径向固接在轮辐上[见图 1-5(a)]。它构造简单,造价低廉;但蹼板入水时易产生拍水现象,而在出水时又产生提水现象,因而效率较低。动蹼式明轮可以借偏心装置控制蹼板,以调节出水和入水的角度[见图 1-5(b)],消除了上述缺点,故其效率较高。明轮曾广泛用作海船的推进器,但由于本身的机构十分笨重,在波涛中不易保持一定的航速和航向,且蹼板易损坏,故目前仅用于部分内河船舶。

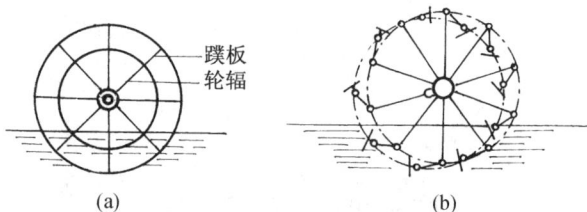

图 1-5 明轮推进器

4）直叶推进器

直叶推进器也称竖轴推进器或平旋轮推进器,由若干垂直的叶片(4 叶至 8 叶)组成,叶片在圆盘上是等间距的,圆盘与船体底部齐平,如图 1-6 所示。圆盘绕垂直轴旋转,各叶片以适当的角度与水流相遇,因而产生推力。直叶推进器的偏心装置可以控制各叶片与水流相遇的角度,故能产生任何方向的推力。装有直叶推进器的船舶操纵性能良好,且在船舶倒退时也无须逆转主机。此外,直叶推进器的效率较高(约与螺旋桨相同);在汹涌海面下,工作情况也较好。其缺点是机构复杂,造价昂贵,叶片的保护性差,极易损坏。目前这类推进器常用于港口作业船或对操纵性有特殊要求的船舶。

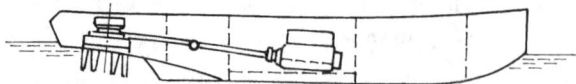

图 1-6 直叶推进器

5）喷水推进器

喷水推进器是一种依靠水的反作用力而产生推力的推进器。装在船内的水泵自船底吸水后将水流自喷管向后喷出,水的反作用力即推船前进。喷水推进器的构造形式很多,但其作用原理基本上是相同的。

图 1-7 是曾使用过的一种喷水推进器。船的中部装有离心泵,水泵与竖轴略为倾斜,进水口朝向航行的方向,以便充分利用水流的相对速度。水泵自船底将水吸入,然后将水流自舷侧

的喷管向后喷出,水流的反作用即产生推力。舷侧的喷管可以借控制机构转动,因而可以使船舶倒退或就地转向。这类推进器的优点是推进器的活动部分在船体内部,具有良好的保护性;操纵性能良好。其缺点是水泵及喷管中水的重量均在船体内部,减少了船舶的有效载重量;喷管中水力损耗很大,故推进效率低。这种推进器多用于内河浅水的拖船上,近年来也用于滑行艇、水翼艇等高速船上。

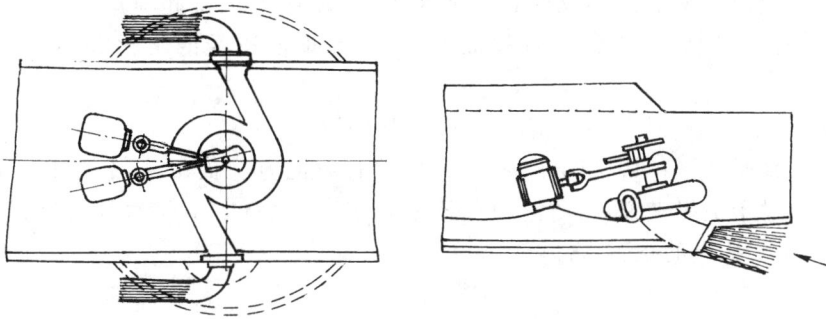

图 1-7　喷水推进器

6）水力锥形推进器

水力锥形推进器是一种形式较好的喷水推进器(见图 1-8),其外壳 2 制成圆锥形,锥筒内部装有翼轮 3。当主机 1 驱动翼轮旋转时,水由进水孔 4 进入锥筒,水流经过翼轮在锥筒内做旋转运动,在翼轮的作用下水自排水孔 5 向船后排出,其反作用力即可推船前进。

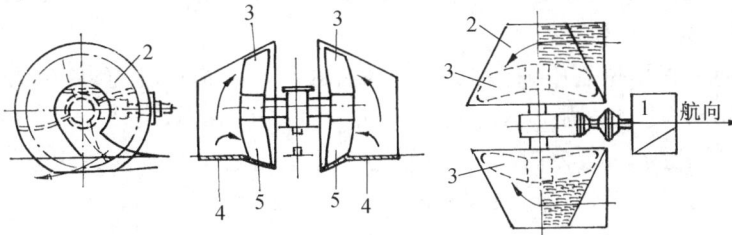

图 1-8　水力锥形推进器

锥形推进器构造简单,设备轻便,由于船内无喷管,其效率较一般喷水推进器高,航行于浅水及阻塞航道中的船只常采用此种推进器。

表 1-1 中列入几种推进器的效率及重量的大致数值范围,以资比较。

表 1-1　几种推进器的效率和重量

推进器类型	推进器效率	轴系传送效率	推进系数	推进器重量/(kg/kW)
螺旋桨	0.60~0.75	0.95~0.98	0.50~0.70	0.7~2.7
明轮	0.40~0.60	0.70~0.85	0.30~0.50	20~40
直叶推进器	0.55~0.70	0.85~0.95	0.45~0.60	5.5~11
喷水推进器	0.55~0.60	0.90~0.95	0.50~0.55	—

船舶推进器的种类虽多,但近代船舶绝大多数是用螺旋桨作为推进器,故本教材中即以此为主,对于其他形式的推进器仅在有关章节中作简略的介绍。

1-2　功率传递及推进效率

1. 有效功率

设船舶以恒定速度 V 直线运动时遭受阻力 R，为使船舶维持此项运动，则必须对船供给有效推力 T_e。对于自航船舶而言，有效推力 T_e 与船舶所遭受的阻力 R 大小相等，方向相反，即

$$T_e = R \tag{1-1}$$

对于多螺旋桨船，式(1-1)中的 T_e 指各螺旋桨有效推力之总和，在本书中如无专门说明，则均指单桨船。对于拖船来说，其所需的有效推力 T_e 必须克服拖船本身的阻力 R 和驳船的阻力 F（亦即拖船拖钩上的拉力），即

$$T_e = R + F \tag{1-2}$$

下面我们只讨论自航船舶的情况。若船以速度 V 航行时所遭受的阻力为 R，则阻力 R 在单位时间内所消耗的功为 RV，而有效推力 T_e 在单位时间内所作的功为 T_eV，两者在数值上是相等的，故 T_eV（或 RV）称为有效功率，简写作 P_E，表示推进器所产生的实际有效功率。

目前一般采用国际单位制，功率的单位为 W(瓦)；工程上习惯用 kW(千瓦)，与之对应，阻力 R 及有效推力 T_e 的单位为 kN(千牛)，船速 V 的单位为 m/s。另按工程习惯，船速单位常用 kn(节)，$1\,\mathrm{kn} = 1\,\mathrm{n\,mile/h}$(海里／小时)$\approx 0.5144\,\mathrm{m/s}$，其中 $1\,\mathrm{n\,mile} = 1.852\,\mathrm{km}$。本书中除非特别注明，均采用国际单位制。

在早期采用的工程单位制中，有效功率称为有效马力或拖曳马力，单位为 hp(马力)，又分为公制马力(UShp)和英制马力(UKhp)，$1\,\mathrm{UShp} = 75\,\mathrm{kgf \cdot m/s}$，$1\,\mathrm{UKhp} = 76\,\mathrm{kgf \cdot m/s}$。公制马力较常用，因此简化为 hp。公制马力、英制马力及千瓦之间的换算关系为

$$1\,\mathrm{UKhp} \approx 1.0133\,\mathrm{hp} \tag{1-3}$$

$$1\,\mathrm{hp} \approx 0.7355\,\mathrm{kW} \tag{1-4}$$

$$1\,\mathrm{UKhp} \approx 0.7453\,\mathrm{kW} \tag{1-5}$$

公制的有效马力定义为

$$P_E = \frac{T_eV}{75} = \frac{RV}{75} \quad (\mathrm{UShp}) \tag{1-6}$$

英制的有效马力定义为

$$P_E = \frac{T_eV}{76} = \frac{RV}{76} \quad (\mathrm{UKhp}) \tag{1-7}$$

式中：T_e 为有效推力(kgf)；R 为阻力(kgf)；V 为船速(m/s)。

2. 主机功率和传送效率

推进船舶所需要的功率由主机供给，主机发出的功率称为主机功率，以 P_S 表示。主机功率经过减速装置、推力轴承及主轴等传送至推进器，如图 1-9 所示。在主轴尾端与推进器连接处所量得的功率称为推进器的收到功率，以 P_D 表示。由于推力轴承、轴承、尾轴填料函及减速装置等具有摩擦损耗，故推进器收到功率总是小于主机功率，两者之比值称为传送效率或轴

系效率,以 η_S 表示。

$$\eta_S = P_D / P_S \tag{1-8}$$

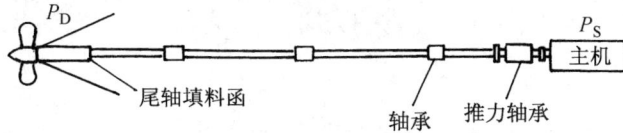

图 1-9 马力传送及轴系示意图

3. 推进效率和推进系数

推进器所收到的功率为 P_D,而最后为克服船体阻力的功率是有效功率 P_E。由于推进器本身在工作时有一定的能量损耗,且船体与推进器之间有相互影响,故有效功率总是小于推进器所收到的功率,两者之比值称为推进效率,并以 η_D 表示(推进效率也称为似是推进系数 QPC),

$$\eta_D = P_E / P_D \tag{1-9}$$

有效功率与主机功率的比值称为推进系数,以 $P.C$ 表示

$$P.C = P_E / P_S \tag{1-10}$$

由式(1-8)及式(1-9)可知

$$P.C = \frac{P_E}{P_D} \frac{P_D}{P_S} = \eta_D \eta_S \tag{1-11}$$

推进系数为多种效率相乘之综合名称,通常可以表示用某种主机及推进器推进船舶的全面性能,推进系数越高,船舶的推进性能越好。

从以上对各种效率的简要分析可知,快速性良好的船舶除应具有优秀的船型(即航行时遭受的阻力最低)以外,还必须具有最佳的推进性能。由此可见,研究船舶的推进问题对于改善快速性具有重大的作用。

9

第2章　螺旋桨几何特征

螺旋桨是目前应用最为广泛的一种推进器,因而也就成为"船舶推进"课程研究的主要对象。要研究螺旋桨的水动力特性,首先必须对螺旋桨的几何特征有所认识和了解。

2-1　螺旋桨的外形及名称

螺旋桨俗称车叶,其外观如图 2-1 所示。

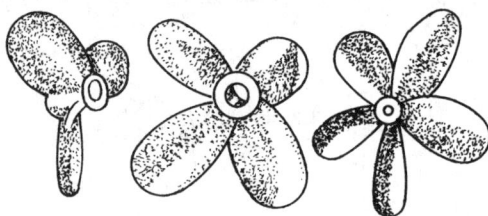

图 2-1　螺旋桨外观

螺旋桨通常安装于船的尾部(但也有一些特殊船只在首尾部都装有螺旋桨,如港口工作船及渡船等),在船尾部中线处只安装一只螺旋桨的船称为单螺旋桨船,左右各一者称为双螺旋桨船,此外,也有 3 桨、4 桨乃至 5 桨者。

螺旋桨通常由桨叶和桨毂构成(见图 2-2)。桨毂是一个截头的锥形体,用于固定桨叶,并将螺旋桨与尾轴连接。为了减小水阻力,在桨毂后端加一整流罩,与桨毂形成一光顺流线形体,称为毂帽。

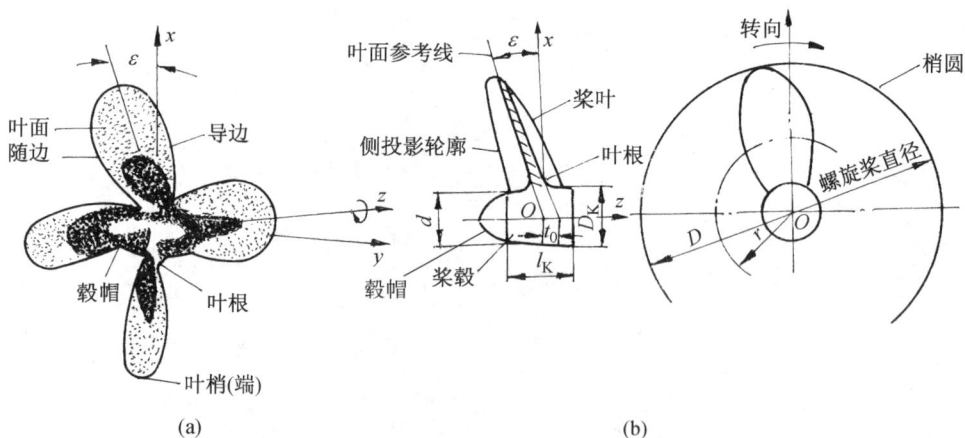

图 2-2　螺旋桨各部分名称

普通螺旋桨常采用 3～4 片桨叶,2 叶螺旋桨仅用于机帆船或小艇。近来有些船舶(如大吨位大功率的油船),为避免振动而采用 5 叶或 5 叶以上的螺旋桨。潜艇常采用 7 叶螺旋桨。通常,螺旋桨所有桨叶的几何外形、安装角度及叶间间隔均相同。

10

从船尾向船首方向看,所见到的螺旋桨桨叶的一面称为叶面,另一面称为叶背。桨叶与桨毂连接处称为叶根,桨叶的最外端称为叶梢。螺旋桨正车旋转时桨叶边缘在前面者称为导边,另一边称为随边。

螺旋桨旋转时(设无前后运动)叶梢的圆形轨迹称为梢圆。梢圆的直径称为螺旋桨直径,以 D 表示。梢圆的面积称为螺旋桨的盘面积,以 $A_。$ 表示:

$$A_。= \frac{\pi D^2}{4} \tag{2-1}$$

当螺旋桨正车旋转时,从船尾向船首方向看去所见到的旋转方向为顺时针者称为右旋桨。反之,则为左旋桨。装于船尾两侧之螺旋桨,在正车旋转时其上部向船的中线方向转动者称为内旋桨。反之,则为外旋桨。

2-2 螺旋面、螺旋线、螺旋桨的几何特征

1. 螺旋面及螺旋线

桨叶的叶面通常是螺旋面的一部分。为了清楚地了解螺旋桨的几何特征,有必要讨论一下螺旋面的形成及其特点。

设线段 ab 与轴线 OO_1 成固定角度,并使 ab 以等角速度绕轴 OO_1 旋转的同时以等线速度沿 OO_1 向上移动,则 ab 线在空间所描绘的曲面即为等螺距螺旋面,如图 2-3 所示。线段 ab 称为母线,母线绕行一周在轴向前进的距离称为螺距,以 P 表示。

根据母线的形状及与轴线间夹角的变化可以得到不同形式的螺旋面。若母线为一直线且垂直于轴线,则所形成的螺旋面为正螺旋面如图 2-4(a)所示。若母线为一直线但不垂直于轴线,则形成斜螺旋面,如图 2-4(b)所示。当母线为曲线时,则形成扭曲的螺旋面,如图 2-4(c)及图 2-4(d)所示。

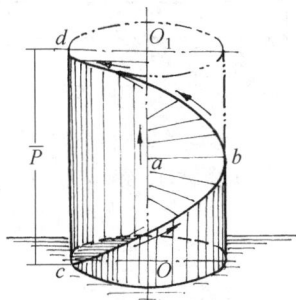

图 2-3 螺旋面的形成

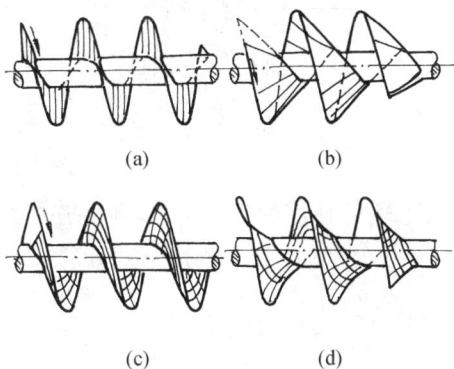

(a)   (b)

(c)   (d)

图 2-4 螺旋面的几种形式

母线上任一固定点在运动过程中所形成的轨迹为一螺旋线。任一共轴之圆柱面与螺旋面相交的交线也为螺旋线,图 2-5(a)表示半径为 R 的圆柱面与螺旋面相交所得的螺旋线 BB_1B_2。如将此圆柱面展成平面,则此圆柱面即成一底长为 $2\pi R$ 高为 P 的矩形,而螺旋线变为斜线(矩形的对角线),此斜线称为节线。三角形 $B'B''B_2''$ 称为螺距三角形,节线与底线 $B'B''$

间的夹角 θ 称为螺距角,如图 2-5(b)所示。由图可知,螺距角可由下式计算:

$$\tan\theta = \frac{P}{2\pi R} \tag{2-2}$$

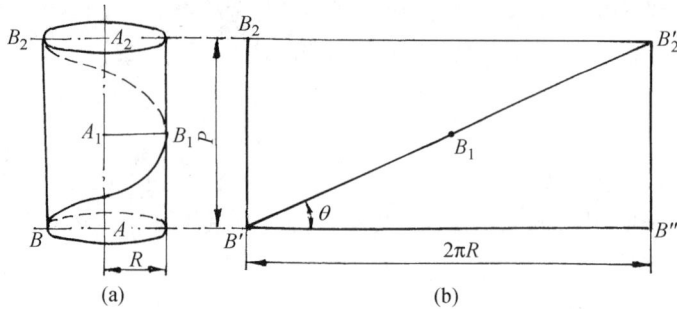

图 2-5　螺旋线及螺距三角形

2. 螺旋桨的面螺距

螺旋桨桨叶的叶面是螺旋面的一部分[见图 2-6(a)],故任何与螺旋桨共轴的圆柱面与叶面的交线为螺旋线的一段,如图 2-6(b)中的 $B_0 C_0$ 段。若将螺旋线段 $B_0 C_0$ 引长且环绕轴线一周,则其两端之轴向距离等于此螺旋线的螺距 P。若螺旋桨的叶面为等螺距螺旋面之一部分,则 P 即称为螺旋桨的面螺距。面螺距 P 与直径 D 之比 P/D 称为螺距比。将圆柱面展成平面后即得螺距三角形,如图 2-6(c)所示。

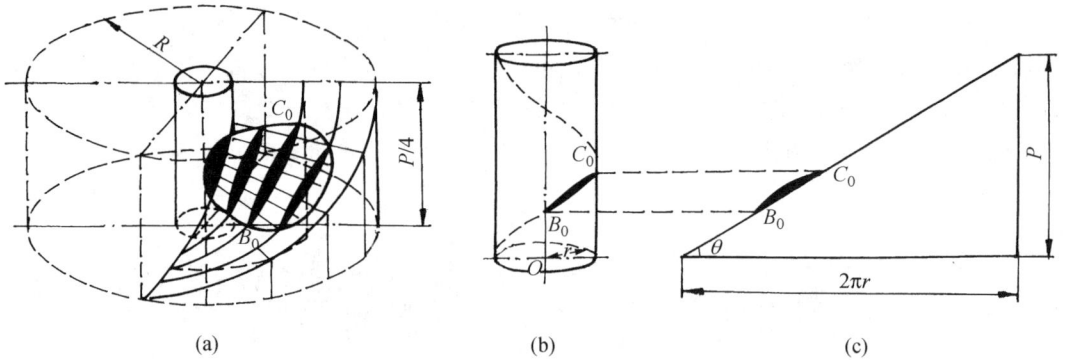

图 2-6　螺旋桨的面螺距

设上述圆柱面的半径为 r,则展开后螺距三角形的底边长为 $2\pi r$,节线与底线之间的夹角 θ 为半径 r 处的螺距角,并按下式计算:

$$\tan\theta = \frac{P}{2\pi r} \tag{2-3}$$

螺旋桨某半径 r 处螺距角 θ 的大小表示桨叶叶面在该处的倾斜程度。不同半径处的螺距角是不等的,r 愈小则螺距角 θ 愈大。图 2-7(a)表示 3 个不同半径的共轴圆柱面与等螺距螺旋桨桨叶相交的情形,其展开后的螺距三角形如图 2-7(b)所示。显然,$r_1 < r_2 < r_3$,而 $\theta_1 > \theta_2 > \theta_3$。

若螺旋桨叶面各半径处的面螺距不等,则称为变螺距螺旋桨,其不同半径处螺旋线的展开如图 2-8 所示。对此类螺旋桨常取半径为 $0.7R$ 或 $0.75R$(R 为螺旋桨梢半径)处的面螺距代

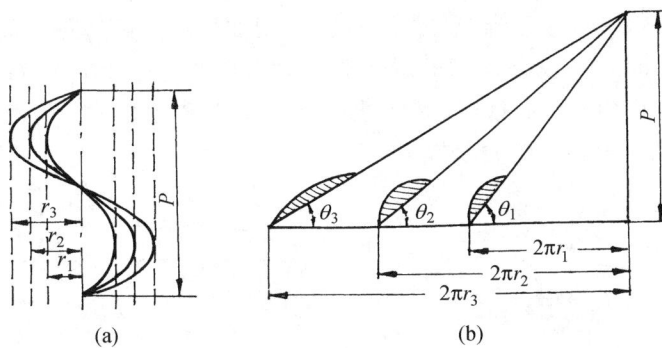

图 2-7　等螺距螺旋桨桨叶不同半径处的螺距角

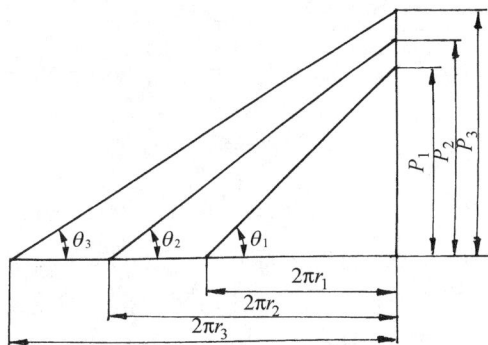

图 2-8　变螺距螺旋桨桨叶不同半径处的螺距及螺距角

表螺旋桨的螺距,并记为 $P_{0.7R}$ 或 $P_{0.75R}$。

3. 桨叶切面

与螺旋桨共轴的圆柱面和桨叶相截所得的截面称为桨叶的切面,简称叶切面或叶剖面,如图 2-6(b)所示。将圆柱面展为平面后则得如图 2-6(c)所示的叶切面形状,其形状与机翼切面相仿。因此表征机翼切面几何特性的方法,可以用于桨叶切面。

桨叶切面的形状通常为圆背式切面(弓形切面)或机翼形切面,特殊的也有梭形切面和月牙形切面,如图 2-9 所示。一般来说,机翼形切面的水动力效率较高,但空泡性能较差,弓形切面则相反。普通之弓形切面展开后叶面为一直线,叶背为一曲线,中部最厚两端较尖。机翼形切面在展开后无一定形状,叶面可以是直线或曲线,叶背为曲线,导边钝而随边较尖,叶切面最大厚度位置一般位于距离导边 25%～50% 弦长处。

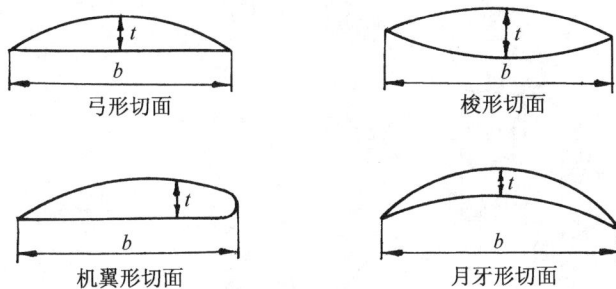

图 2-9　桨叶切面的形状

叶切面的弦长一般有内弦和外弦之分。连接叶切面导缘与随缘的直线 AB 称内弦(见图 2-10),亦称鼻尾线;而图中所示线段 BC 称为外弦。系列图谱螺旋桨通常以外弦为弦线,而理论设计的螺旋桨则常以内弦为弦线,叶切面几何形状及位置也根据所取弦线来定义。图2-10 中所示的弦长 b 为系列螺旋桨的表示方法。

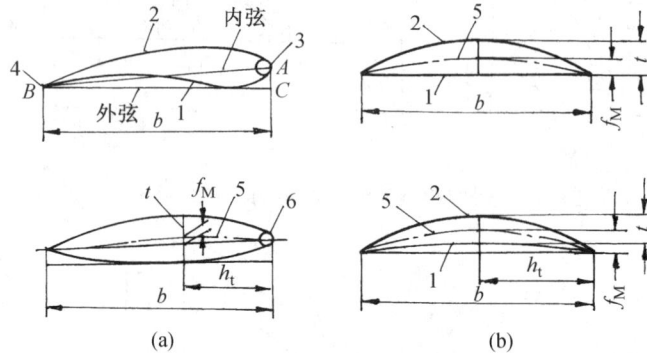

图 2-10　切面的几何特征

(a) 机翼形;(b) 弓形

1—面线;2—背线;3—导缘;4—随缘;5—拱线;6—导缘端圆

叶切面厚度以垂直于所取弦线的直线与叶切面上、下轮廓线交点间的距离来表示。其最大厚度 t 称为叶厚,t 与叶切面弦长 b 之比称为叶切面的相对厚度或叶厚比 $\delta = t/b$。叶切面的中线或平均线称为拱线或中线,拱线到所取弦线的最大垂直距离称为叶切面的拱度,以 f_M 表示。f_M 与弦长 b 之比称叶切面的拱度比 $f = f_M/b$(见图 2-10)。

4. 桨叶的外形轮廓和叶面积

桨叶的外形轮廓可以用螺旋桨的侧视图和正视图来表示。从右舷向左舷所看到的为侧视图,从船后向船首所看到的为螺旋桨的正视图,分别如图 2-11(a)和(b)所示。图 2-11 还注明了螺旋桨各部分的名称和术语。

为了正确表达侧视图和正视图之间的关系,取叶面中间的一根母线作为作图的参考线,称为桨叶参考线或叶面参考线,如图 2-11 中直线 OU。若螺旋桨叶面是正螺旋面,则在侧视图

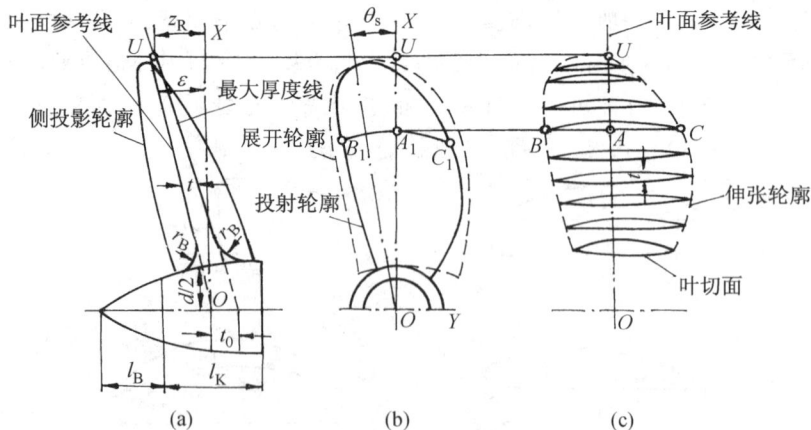

图 2-11　桨叶的外形轮廓

(a) 侧视图;(b) 正视图;(c) 伸张轮廓

14

上参考线 OU 与桨轴线垂直。若为斜螺旋面,则参考线与桨轴线的垂线成某一夹角 ε,称为纵斜角。参考线 OU 在轴线上的投影长度称为纵斜,用 z_R 表示。纵斜螺旋桨一般都是向后倾斜的,其目的在于增大桨叶与尾框架或船体间的间隙,以减小螺旋桨诱导的船体振动,但纵斜角不宜过大(一般 $\varepsilon < 15°$),因为随着纵斜角的增大,桨叶离心力的作用会使叶根处的弯曲应力增大,对桨叶强度不利。

桨叶在垂直于桨轴的平面上的投影称为正投影,其外形轮廓称为投射轮廓,如图 2-11(b)所示。螺旋桨所有桨叶投射轮廓包含面积之总和称为螺旋桨投射面积,以 A_P 表示。投射面积 A_P 与盘面积 A_0 之比称为投射面比,即

$$投射面比 = A_P/A_0$$

如果投射轮廓关于参考线 OU 对称,则称桨叶为对称叶形,否则为不对称叶形。有不对称叶形的桨叶的叶梢与参考线间的距离 X_S 称为侧斜,相应之角度 θ_S 为侧斜角。桨叶的侧斜方向一般与螺旋桨的转向相反。螺旋桨在船后工作时来流是不均匀的,从而导致螺旋桨水动力周期性变化,合理设计桨叶的侧斜可以明显降低水动力变化幅值,从而降低螺旋桨对船体的振动激励。

桨叶在包含轴线和辐射参考线 OX 的平面上的投影称为侧投影,如图 2-11(a)所示。图上除画出桨叶外形轮廓及参考线 OU 的位置外,还须作出最大厚度线。最大厚度线与参考线 OU 之间的轴向距离 t 表示该半径处叶切面的最大厚度。它仅表示不同半径处切面最大厚度沿径向的分布情况,并不表示最大厚度沿切面弦向的位置。与桨毂相连处的切面最大厚度称为叶根厚度(除去两边填角料)。辐射参考线与最大厚度线的延长线在轴线上交点的距离 t_0 与直径 D 之比值 t_0/D 称为叶厚分数。工艺上往往将叶梢处的桨叶厚度做薄呈圆弧状,为了求得叶梢厚度,须将桨叶最大厚度线延长至梢径。

螺旋桨桨毂的形状一般为圆锥体,在侧投影上可以看到其各处的直径并不相等。通常所说的桨毂直径(简称毂径)是指辐射参考线与桨毂表面相交处(略去叶根处的填角料)至轴线距离的两倍,并以 d 来表示[见图 2-11(a)]。毂径 d 与螺旋桨直径 D 的比值 d/D 称为毂径比。

将各半径处共轴圆柱面与桨叶相截的各切面展成平面后置于相应半径的水平线上,并光顺连接各剖面导缘和随缘在相应半径水平线上的投影点所得的轮廓称为伸张轮廓,如图 2-11(c)所示。螺旋桨各叶伸张轮廓所包含的面积之总和称为伸张面积,以 A_E 表示。伸张面积 A_E 与盘面积 A_0 之比称为伸张面比,即

$$伸张面比 = A_E/A_0$$

将桨叶叶面近似展放在平面上所得的轮廓称为展开轮廓,如图 2-11(b)虚线所示。各桨叶展开轮廓所包含面积之总和称为展开面积,以 A_D 表示。展开面积 A_D 与盘面积 A_0 之比称为展开面比,即

$$展开面比 = A_D/A_0$$

螺旋桨桨叶的展开面积和伸张面积极为接近,故均可称为叶面积,而伸张面比和展开面比均可称为盘面比或叶面比。伸张面积计算最方便,因此除非特别说明,盘面比均指伸张面比。盘面比的大小实质上表示桨叶的宽窄程度,在相同的叶数下,盘面比愈大,桨叶愈宽。

此外,还可用桨叶的平均宽度 b_m 来表示桨叶的宽窄程度,其值按下式求取:

$$b_{\mathrm{m}} = \frac{A_{\mathrm{E}}}{Z\left(R - \dfrac{d}{2}\right)} \tag{2-4}$$

式中，A_{E} 为螺旋桨伸张面积；d 为毂径；Z 为叶数。或用平均宽度比 $\bar{b}_{\mathrm{m}}$ 来表示，即

$$\bar{b}_{\mathrm{m}} = \frac{b_{\mathrm{m}}}{D} = \frac{\pi A_{\mathrm{E}}/A_{\mathrm{o}}}{2Z\left(1 - \dfrac{d}{D}\right)} \tag{2-5}$$

第3章 螺旋桨基础理论

关于使用螺旋桨作为船舶推进器的思想很早就已确立,各国发明家先后提出过很多螺旋推进器的设计。在长期的实践过程中,螺旋桨的形状不断改进。自19世纪后期,各国科学家与工程师提出多种关于推进器的理论,早期的推进器理论大致可分为两派。其中一派认为:螺旋桨的推力乃因其工作时使水产生动量变化所致,所以可通过水的动量变更率来计算推力,此类理论可称为动量理论。另一派则注重螺旋桨每一叶元体所受的力,据以计算整个螺旋桨的推力和转矩,此类理论可称为叶元体理论。它们彼此不相关联,又各能自圆其说,对于解释螺旋桨性能各有其便利之处,但亦各有其缺点。

其后,流体力学中的机翼理论应用于螺旋桨,解释叶元体的受力与水之速度变更关系,将上述两派理论联系起来而发展成螺旋桨环流理论。环流理论模型建立至今已有近100年的历史,在不断发展的基础上已日趋完善。尤其自20世纪60年代以来,由于电子计算机的发展和应用,使繁复的理论计算得以实现,并促使其不断完善。

虽然动量理论中忽略的因素过多,所得到的结果与实际情况有一定距离,但这个理论能简略地说明推进器产生推力的原因,某些结论有一定的实际意义,故在本章中先对动量理论作必要的介绍,再用螺旋桨环流理论的观点分析作用在桨叶上的力和力矩,并阐明螺旋桨工作的水动力特性。至于对环流理论的进一步探讨,将在第11章中介绍。

3-1 理想推进器理论

1. 理想推进器的概念和力学模型

推进器一般都是依靠拨水向后来产生推力的,而水流受到推进器的作用获得与推力方向相反的附加速度(通常称为诱导速度)。显然推进器的作用力与其所形成的水流情况密切有关,因而我们可以应用流体力学中的动量定理,研究推进器所形成的流动图像来求得它的水动力性能。为了使问题简单起见,做如下假定:

(1)推进器为一轴向尺度趋于零、水可自由通过的盘,此盘可以拨水向后,称为鼓动盘(具有吸收外来功率并推水向后的功能)。

(2)水流速度和压力在盘面上均匀分布。

(3)水为不可压缩的理想流体。

根据这些假定而得到的推进器理论,称为理想推进器理论。它可用于螺旋桨、明轮、喷水推进器等,差别仅在于推进器区域内的水流断面的取法不同。例如,对于螺旋桨而言,其水流断面为盘面;对于明轮而言,其水流断面为桨板的浸水板面。

设推进器在无限大的静止流体域中以速度 V_A 前进,为了获得稳定的流动图像,我们应用运动转换原理,即认为推进器是固定的,而水流自无穷远前方以速度 V_A 流向推进器(鼓动盘)。图3-1(a)表示包围着推进器的流管。由于推进器的作用,在流管中水质点的速度与流管外不同,在流管以外的水流速度和压力处处相等,均为 V_A 和 p_0,故流管的边界 ABC 和 $A_1B_1C_1$ 是分界面。现在讨论流管内水流轴向速度和压力的分布情况。如图 3-1(a)所示,在推进器的远前方(AA_1 剖面)压力为 p_0、流速为 V_A。离盘面愈近,由于推进器的抽吸作用,水流的速度愈大而压力下降,到盘面(BB_1 剖面)的紧前方时,水流的速度为 V_A+u_{a1} 而压力降为 p_1。当水流经过盘面时,压力突增为 p_1'(这一压力突变是由于推进器的作用而产生),而水流速度仍保持连续变化。水流离开盘面以后,速度将继续增大而压力下降。到推进器的远后方(CC_1 剖面)处,速度将达到最大值 V_A+u_a 而压力回复至 p_0,图 3-1(b)和 3-1(c)分别表示流管中水流速度和压力的分布情况。流管内水流轴向速度的增加使流管截面形成收缩,而流管内外的压力差由其边界面的曲度来支持。由于假定推进器在无限深广的流体中运动,故流管以外两端无限远处的压力和水流速度可视为不变。

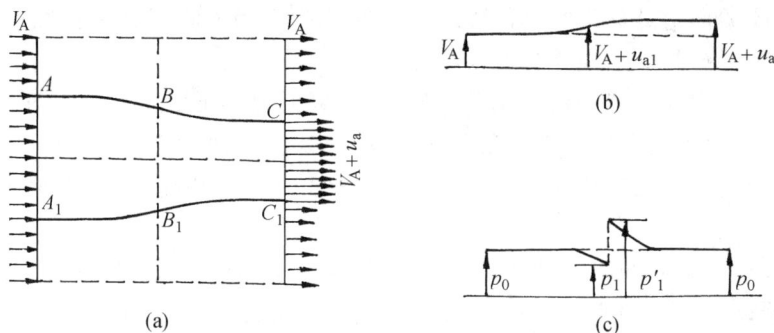

图 3-1　理想推进器的力学模型

2. 理想推进器的推力和诱导速度

根据以上的分析,便可以进一步确定推进器所产生的推力和水流速度之间的关系。

应用动量定理可以求出推进器的推力。单位时间内流过推进器盘面(面积为 A_0)的流体质量为 $m=\rho A_0(V_A+u_{a1})$,自流管远前方 AA_1 断面流入的动量为 $\rho A_0(V_A+u_{a1})V_A$,而在远后方 CC_1 断面处流出的动量为 $\rho A_0(V_A+u_{a1})(V_A+u_a)$,故在单位时间内水流获得的动量增值为

$$\rho A_0(V_A+u_{a1})(V_A+u_a) - \rho A_0(V_A+u_{a1})V_A = \rho A_0(V_A+u_{a1})u_a$$

根据动量定理,作用在流体上的力等于单位时间内流体动量的增量。而流体的反作用力即为推力,故推进器所产生的推力为

$$T_i = mu_a = \rho A_0(A_A+u_{a1})u_a \tag{3-1}$$

以上各式中,ρ 为流体的密度。

为了寻求盘面处速度增量 u_{a1} 与无限远后方速度增量 u_a 的关系,在推进器盘面前和盘面后分别应用伯努利方程。在盘面远前方和紧靠盘面处有下列关系式:

$$p_0 + \frac{1}{2}\rho V_A^2 = p_1 + \frac{1}{2}\rho(V_A+u_{a1})^2$$

故

$$p_1 = p_0 + \frac{1}{2}\rho V_A^2 - \frac{1}{2}\rho(V_A+u_{a1})^2 \tag{3-2}$$

而在盘面远后方和紧靠盘面处有

$$p_0 + \frac{1}{2}\rho(V_A + u_a)^2 = p'_1 + \frac{1}{2}\rho(V_A + u_{a1})^2$$

故

$$p'_1 = p_0 + \frac{1}{2}\rho(V_A + u_a)^2 - \frac{1}{2}\rho(V_A + u_{a1})^2 \qquad (3\text{-}3)$$

盘面前后的压强差 $p'_1 - p_1$ 就形成了推进器的推力,由式(3-2)及式(3-3)可得

$$p'_1 - p_1 = \rho\left(V_A + \frac{1}{2}u_a\right)u_a \qquad (3\text{-}4)$$

因推进器的盘面积为 A_o,故推进器所产生的推力 T_i 的另一种表达形式为

$$T_i = (p'_1 - p_1)A_o = \rho A_o\left(V_A + \frac{1}{2}u_a\right)u_a \qquad (3\text{-}5)$$

比较式(3-1)及式(3-5)可得

$$u_{a1} = \frac{1}{2}u_a \qquad (3\text{-}6)$$

由上式可知,在理想推进器盘面处的速度增量为全部增量的一半。水流速度的增量 u_{a1} 及 u_a 称为轴向诱导速度。由式(3-1)或式(3-5)可见,轴向诱导速度愈大,推进器产生的推力也愈大。

3. 理想推进器的效率

推进器的效率等于有效功率和消耗功率的比值。现以绝对运动观点来讨论理想推进器的效率。推进器在静水中以速度 V_A 前进时产生推力 T_i,则其有效功率为 T_iV_A。但推进器在工作时,每单位时间内有 $\rho A_o\left(V_A + \frac{1}{2}u_a\right)$ 质量的水通过盘面得到加速而进入尾流,尾流中的能量随水消逝乃属损失,故单位时间内损失的能量(即单位时间内尾流所取得的能量)为

$$\frac{1}{2}\rho A_o(V_A + u_{a1})u_a^2 = \frac{1}{2}T_iu_a$$

从而推进器消耗的功率为

$$T_iV_A + \frac{1}{2}T_iu_a = T_i\left(V_A + \frac{1}{2}u_a\right)$$

因此,理想推进器的效率为

$$\eta_{iA} = \frac{T_iV_A}{T_i\left(V_A + \frac{1}{2}u_a\right)} = \frac{V_A}{V_A + \frac{1}{2}u_a} \qquad (3\text{-}7)$$

由式(3-5)可见,推进器必须给水流以向后的诱导速度(即 $u_a > 0$)才能获得推力,故从式(3-7)可知,理想推进器的效率总是小于1。

理想推进器的效率还可用另外的形式来表达,根据式(3-5)解 u_a 的二次方程可得

$$u_a = -V_A + \sqrt{V_A^2 + \frac{2T_i}{\rho A_o}} \tag{3-8}$$

或写为

$$\frac{u_a}{V_A} = \sqrt{1 + \frac{T_i}{\frac{1}{2}\rho A_o V_A^2}} - 1 = \sqrt{1 + \sigma_T} - 1 \tag{3-9}$$

式中：$\sigma_T = \dfrac{T_i}{\dfrac{1}{2}\rho A_o V_A^2}$ 称为推进器的载荷系数。将式（3-9）代入式（3-7）可得效率的表达

式为

$$\eta_{iA} = \frac{2}{1 + \sqrt{1 + \sigma_T}} \tag{3-10}$$

由式（3-9）及式（3-10）可见，若已知推进器的载荷系数 σ_T，便可以确定诱导速度 u_a（或 u_{a1}）及效率 η_{iA}。图 3-2 表示 η_{iA}、$\dfrac{\frac{1}{2}u_a}{V_A}$ 与载荷系数 σ_T 之间的关系曲线。σ_T 愈小则效率愈高。在速度 V_A 和推力 T_i 一定的条件下，要减小载荷系数必须增大盘面积 A_o。对螺旋桨来说需增大直径 D，从而提高效率。这一结论具有重要的现实意义。

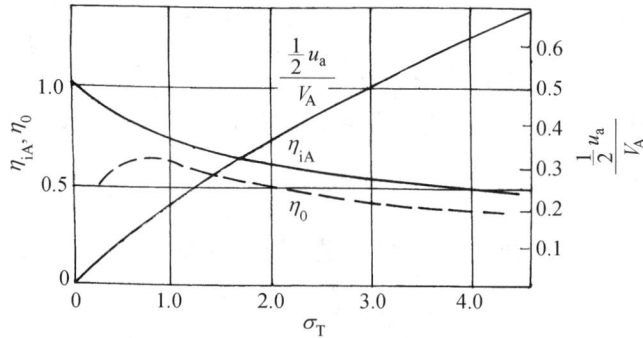

图 3-2　理想推进器的效率曲线

3-2　理想螺旋桨理论（尾流旋转的影响）

在理想推进器理论中，规定推进器具有吸收外来功率并产生轴向诱导速度的功能。然而，对于推进器是怎样吸收外来功率，又如何实现推水向后等问题却未予说明。对于螺旋桨来说，它是利用旋转运动来吸收主机功率的。因而，实际螺旋桨在工作时，除产生轴向诱导速度外还产生周向诱导速度，后者的方向与螺旋桨旋转方向相同，两者合成作用表现为水流经过螺旋桨盘面后有扭转现象，如图 3-3 所示。

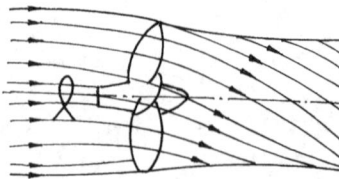

图 3-3　桨盘前后的水流情况

20

为了便于简要地分析周向诱导速度的存在对螺旋桨性能的影响,现讨论具有无限多桨叶的螺旋桨在理想流体中的运动情况,即同一半径处周向诱导速度为常量。

按动量矩定理,必须有对旋转轴线之外力矩才能变更流体对此轴的动量矩,因为我们假定水是理想流体,故在流体中任何面上仅作用有法向力。在桨盘以前,水柱之任何两切面间所受的压力或通过轴线,或平行于轴线,对轴线皆无力矩,故动量矩保持不变,因而水质点不会产生周向的附加速度,亦即在盘面以前水流的周向诱导速度总是等于零。水流经过盘面时,因螺旋桨的转动作用使水流获得周向诱导速度。水流过螺旋桨后直到远后方,作用在流体上的外力矩又等于零,所以流体的动量矩也不变。若桨盘后尾流的收缩量很小,则可近似认为从螺旋桨紧后方到远后方的周向诱导速度为一常数。

1. 旋转力与周向诱导速度的关系

设螺旋桨在无限、静止流场中以速度 V_A 前进,以角速度 $\omega = 2\pi n$ 旋转。为了便于讨论,假定螺旋桨仍以 ω 旋转但不前进,而水流在远前方以轴向速度 V_A 流向推进器。

现分别以 u_{t1} 和 u_t 表示桨盘处和远后方的周向诱导速度(其方向与螺旋桨旋转方向相同),并对盘面上半径 r 至 $(r+dr)$ 段圆环中所流过的水流应用动量矩定理。在图 3-4 中,设 dm 为单位时间内流过此圆环的流体质量,其值为

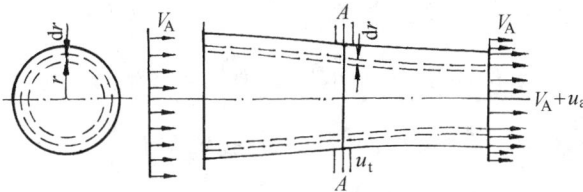

图 3-4 理想螺旋桨力学模型简图

$$dm = \rho \left(V_A + \frac{1}{2} u_a \right) dA_。$$

式中:$dA_。$为桨盘上半径 r 至 $(r+dr)$ 段的环形面积。

若 L' 和 L'' 分别表示质量为 dm 的流体在桨盘紧前方和紧后方的动量矩,则

$$L' = 0$$
$$L'' = r u_t' dm$$

式中,u_t' 为螺旋桨紧后方的周向诱导速度。

在单位时间内动量矩的增量为

$$L'' - L' = r u_t' dm \qquad (3-11)$$

根据动量矩定理:流体在单位时间内流经流管两截面的动量矩增量等于作用在流管上的力矩。在我们所讨论的情形下,是指对螺旋桨轴线所取的力矩。即

$$L'' - L' = dQ \qquad (3-12)$$

设螺旋桨在旋转时 dr 圆环范围内作用于流体的旋转力为 dF_i,则其旋转力矩为 $r dF_i$,故作用在流体上的力矩应为

$$dQ = r dF_i \qquad (3-13)$$

由式(3-11)及式(3-13)可得

$$dF_i = u'_t dm \qquad (3\text{-}14)$$

质量为 dm 的流体经过桨盘之后,不再遭受外力矩的作用,故其动量矩保持不变。若桨盘后尾流的收缩很小,则可以近似地认为桨盘后的周向诱导速度为一常数,亦即桨盘紧后方及远后方处的周向诱导速度相等,故

$$u'_t = u_t \qquad (3\text{-}15)$$

根据动能定理可知,质量为 dm 的流体在旋转运动时动能的改变应等于旋转力 dF_i 在单位时间内所做的功,即

$$u_{t1} dF_i = \frac{u_t^2}{2} dm$$

其中,u_{t1} 为桨盘处的周向诱导速度。

将式(3-14)代入上式中,并经简化后可得

$$u_{t1} = \frac{1}{2} u_t \qquad (3\text{-}16)$$

式(3-16)表明,螺旋桨盘面处的周向诱导速度等于盘面后任一截面处(包括远后方)的周向诱导速度的一半。

2. 诱导速度的正交性(u_a 与 u_t 间的关系)

dr 段圆环面积 dA_0 吸收的功率为 $\omega r dF_i$,它消耗于 3 部分:完成有效功 $V_A dT_i$、水流轴向运动所耗损的动能 $\frac{1}{2} u_a^2 dm$ 和水流周向运动所耗损的动能 $\frac{1}{2} u_t^2 dm$。因此有

$$\omega r dF_i = V_A dT_i + \frac{1}{2} u_a^2 dm + \frac{1}{2} u_t^2 dm \qquad (3\text{-}17)$$

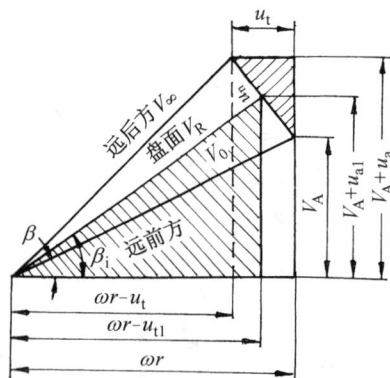

图 3-5　盘面半径 r 处的速度多边形

将 $dF_i = u_t dm$ 代入式(3-17)左边并消去两端 dm,整理后可得

$$\frac{u_a}{u_t} = \frac{\omega r - \dfrac{u_t}{2}}{V_A + \dfrac{u_a}{2}} \qquad (3\text{-}18)$$

对于半径 r 处的圆环,将盘面处、远前方及远后方的水流速度作成图 3-5 所示的速度多边形,则据式(3-18)可知,由($V_A + u_{a1}$)、($\omega r - u_{t1}$)和 V_R 组成的直角三角形与 u_a、u_t 和 u_n 组成的直角三角形相似,从而得到一个非常重要的结论:诱导速度 u_n 垂直于合速度 V_R。图中 V_0 和 V_∞ 分别表示远前方和远后方的合速度。

3. 理想螺旋桨的效率

设 dT_i 为流体在环形面积 dA_0 上的推力,则单位时间内所做的有用功为 $dT_i V_A$,而吸收的功率为 $dF_i \omega r$,故半径 r 至($r + dr$)段圆环的理想效率为

$$\eta_i = \frac{\mathrm{d}T_i V_A}{\mathrm{d}F_i \omega r} = \frac{\mathrm{d}m u_a V_A}{\mathrm{d}m u_t \omega r} = \frac{u_a V_A}{u_t \omega r} \tag{3-19}$$

将式(3-18)代入式(3-19)得到

$$\eta_i = \frac{V_A}{V_A + \dfrac{u_a}{2}} \cdot \frac{\omega r - \dfrac{u_t}{2}}{\omega r} = \eta_{iA} \eta_{iT} \tag{3-20}$$

式中：η_{iA} 为理想推进器效率,也可称为理想螺旋桨的轴向诱导效率。

而

$$\eta_{iT} = \frac{\omega r - \dfrac{u_t}{2}}{\omega r} \tag{3-21}$$

称为理想螺旋桨的周向诱导效率。

从式(3-20)可见,由于实际螺旋桨后的尾流旋转,故理想螺旋桨效率 η_i 总是小于理想推进器效率 η_{iA}。这里尚须提醒的是:式(3-20)乃是半径 r 至 $(r+\mathrm{d}r)$ 段圆环的理想效率,只有在各半径处的 $\mathrm{d}r$ 圆环对应的 η_i 都相等时,该式所表示的才是整个理想螺旋桨的效率。

3-3　作用在桨叶上的力和力矩

1. 速度多角形

根据上面的分析可知,螺旋桨工作时周围的水流情况可简要地描述如下:轴向诱导速度自桨盘远前方的零值起逐渐增加,至桨盘远后方处达最大值,而在桨盘处的轴向诱导速度等于远后方处的一半。周向诱导速度在桨盘前并不存在,而在桨盘后立即达到最大值,桨盘处的周向诱导速度是后方的一半。

严格说来,上述结论只适用于在理想流体中工作的具有无限叶数的螺旋桨。但对于有限叶数的螺旋桨,在螺旋桨桨叶上的诱导速度与远后方相应位置处诱导速度间的关系也是这样,且在一定条件下式(3-18)的关系也是成立的(详见第 11 章)。

综上所述,当我们在讨论螺旋桨周围的流动情况时,除考虑螺旋桨本身的前进速度及旋转速度外,还需要考虑轴向诱导速度和周向诱导速度。在绝对运动系统中,轴向诱导速度的方向与螺旋桨的前进方向相反,而周向诱导速度的方向与螺旋桨的转向相同。图 3-6 中,以半径为 r 的共轴圆柱面与桨叶相交并展成平面,则叶元体的倾斜角 θ 即为螺距角,且可由下式决定:

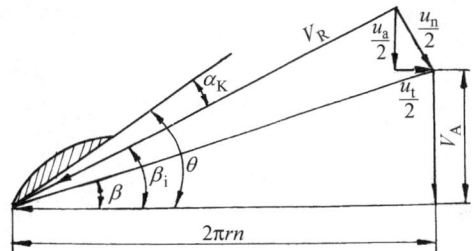

图 3-6　叶元体的速度多边形

$$\theta = \arctan \frac{P}{2\pi r}$$

设螺旋桨的进速为 V_A,转速为 n,则叶元体将以进速 V_A、周向速度 $U = 2\pi rn$ 运动。经过运动转换以后,叶元体即变为固定不动,而水流以轴向速度 V_A 和周向速度 U 流向桨叶切面。轴向诱导速度 $u_a/2$ 的方向与轴向来流速度 V_A 相同,而周向诱导速度 $u_t/2$ 的方向则与周向速度 U 相反,从而得到与图 3-5 相类似的叶元体的速度多角形(见图 3-6)。图中 β 为进角;β_i 为水动力螺距角;V_R 为相对来流的合成速度。由图 3-6 所示的速度多边形可知,桨叶切面的复杂运动最后可归结为水流以速度 V_R、攻角 α_K 流向桨叶切面。因此,在讨论桨叶任意半径处叶元体上的作用力时,可以把它作为机翼剖面来进行研究。

2. 作用在机翼上的升力和阻力

简单回顾一下作用在机翼上的升力和阻力,将有助于桨叶上受力情况的讨论。

对于二因次机翼,我们可以用环量为 Γ 的一根无限长的涡线来代替机翼,这根涡线称为附着涡。在理想流体中,作用在单位长度机翼上的只有垂直于来流方向的升力 L,其值为

$$L = \rho V \Gamma \tag{3-22}$$

式中,ρ 为流体的密度;V 为来流速度。

式(3-22)即为著名的茹柯夫斯基公式。

实际上流体是有黏性的,所以无限翼展机翼除了产生与运动方向相垂直的升力 L 外,尚有与运动方向相反的阻力 D。机翼在实际流体中所受的升力、阻力和力矩可以由风洞试验来测定。图 3-7(a)是某一机翼的 C_L、C_D 与 α_K 的关系曲线。

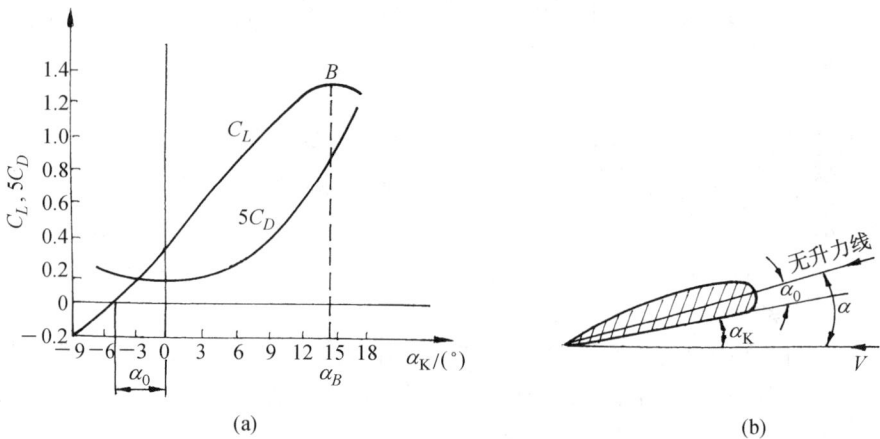

图 3-7　机翼的 C_L、C_D 与攻角 α_K 的关系曲线

图 3-7 中:　　　　升力系数　$C_L = \dfrac{L}{\dfrac{\rho}{2} V^2 S}$ (3-23)

阻力系数　$C_D = \dfrac{D}{\dfrac{\rho}{2} V^2 S}$ (3-24)

式中:V 为来流的速度(即机翼前进的速度);

　　　S 为机翼平面的面积;

　　　L 为机翼的升力;

　　　D 为机翼的阻力。

24

实验证明,在实用(小攻角)范围内,升力系数 C_L 与几何攻角 α_K 约略成线性关系。当几何攻角为零时,C_L 不等于零,这是因为机翼剖面不对称之故。升力为零时的攻角(绝对值)称为无升力角,以 α_0 表示。升力为零的来流方向称为无升力线,来流与此线的夹角 α 称为流体动力攻角或绝对攻角,如图3-7(b)所示。显然,$\alpha = \alpha_0 + \alpha_K$。

对于有限翼展机翼(或称三因次机翼),由于机翼上下表面的压差作用,下表面高压区的流体会绕过翼梢流向上表面的低压区。翼梢的横向绕流与来流的共同作用,使机翼后缘形成旋涡层。这些旋涡称为自由涡或尾涡。它们在后方不远处卷成两股大旋涡而随流速 V 延伸至无限远处,如图3-8所示。

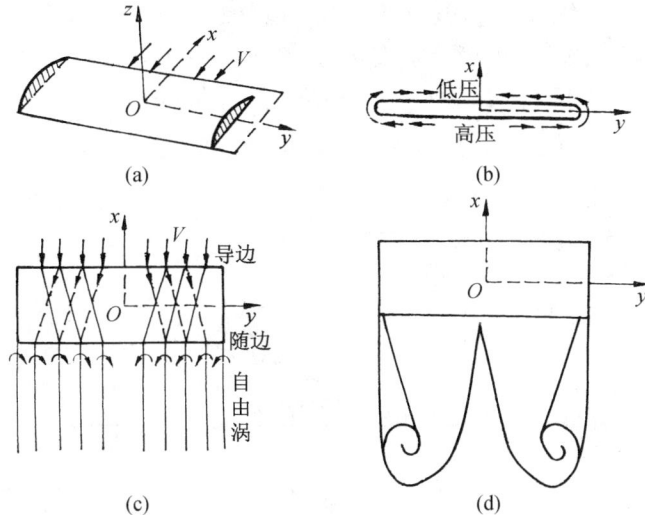

图 3-8　有限翼展机翼的横向绕流及自由涡片

由于自由涡的存在,在空间产生一个诱导速度场。在机翼后缘处,诱导速度垂直于运动方向,故也称下洗速度。由于产生下洗速度,使机翼周围的流动图形有所改变,相当于无限远处来流速度 V 发生偏转,真正的攻角发生变化,如图3-9所示。由于机翼处下洗速度 $u_n/2$,使得原来流速 V 改变为 V_R,真正的攻角由 α_K' 改变为 α_K,α_K' 为三因次机翼的名义几何攻角,α_K 称为有效几何攻角。$\Delta\alpha = \alpha_K' - \alpha_K$ 称为下洗角,一般约为 $2° \sim 3°$,因此可近似地认为

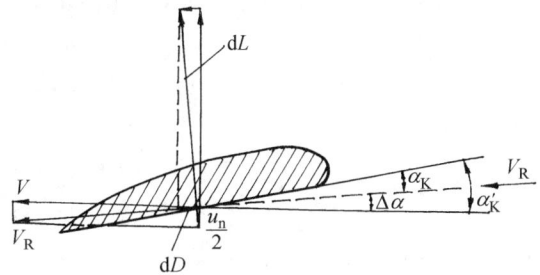

图 3-9　有限翼展机翼剖面处的
下洗速度和下洗角

$$\Delta\alpha = \frac{\frac{1}{2}u_n}{V} \tag{3-25}$$

考虑了尾涡的诱导速度后,我们可以将有限翼展机翼的微段近似地看作二元机翼的一段,如果在 y 处的环量为 $\Gamma(y)$,从茹柯夫斯基升力公式可知,dy 段机翼所受的升力 dL 垂直于来流 V_R,其大小为

$$dL = \rho V_R \Gamma(y) dy \tag{3-26}$$

也就是说,有限翼展的机翼微段相当于来流速度为 V_R、攻角为 α_K 的二因次机翼,故机翼微段将受到与 V_R 垂直的升力 $\mathrm{d}L$ 和与 V_R 方向一致的黏性阻力 $\mathrm{d}D$。

3. 螺旋桨的作用力

由上面的分析可知,在给定螺旋桨的进速 V_A 和转速 n 时,如能求得诱导速度 u_a 及 u_t,则可根据机翼理论求出任意半径处叶元体上的作用力,进而求出整个螺旋桨的作用力。

取半径 r 处 $\mathrm{d}r$ 段的叶元体进行讨论,其速度多角形如图 3-10 所示。当水流以合速度 V_R、攻角 α_K 流向此叶元体时,便产生了升力 $\mathrm{d}L$ 和阻力 $\mathrm{d}D$。将升力 $\mathrm{d}L$ 分解为沿螺旋桨轴向的分力 $\mathrm{d}L_a$ 和旋转方向的分力 $\mathrm{d}L_t$,阻力 $\mathrm{d}D$ 相应地分解为 $\mathrm{d}D_a$ 和 $\mathrm{d}D_t$。则该叶元体所受到的推力 $\mathrm{d}T$ 及遭受的旋转阻力 $\mathrm{d}F$ 可分别表达为

$$\left.\begin{array}{l} \mathrm{d}T = \mathrm{d}L_a - \mathrm{d}D_a = \mathrm{d}L\cos\beta_i - \mathrm{d}D\sin\beta_i \\ \mathrm{d}F = \mathrm{d}L_t + \mathrm{d}D_t = \mathrm{d}L\sin\beta_i + \mathrm{d}D\cos\beta_i \end{array}\right\} \tag{3-27}$$

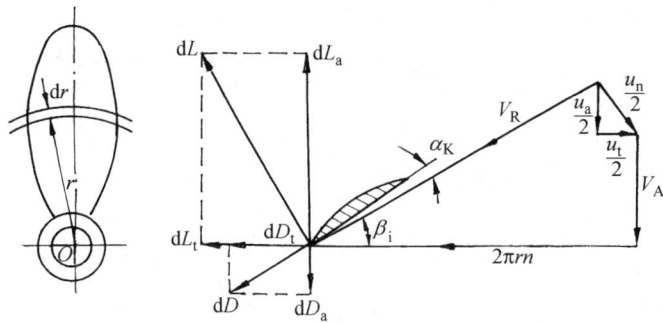

图 3-10 叶元体的速度多角形及产生的力

根据茹柯夫斯基升力公式,叶元体上 $\mathrm{d}r$ 段产生的升力为

$$\mathrm{d}L = \rho V_R \Gamma(r)\mathrm{d}r \tag{3-28}$$

将式(3-28)代入式(3-27),并令 $\mathrm{d}D = \varepsilon\mathrm{d}L$($\varepsilon$ 称为叶元体的阻升比),叶元体转矩 $\mathrm{d}Q = r\mathrm{d}F$,可得

$$\left.\begin{array}{l} \mathrm{d}T = \rho\Gamma(r)V_R\cos\beta_i(1-\varepsilon\tan\beta_i)\mathrm{d}r \\ \mathrm{d}Q = \rho\Gamma(r)V_R\sin\beta_i(1+\varepsilon\cot\beta_i)r\mathrm{d}r \end{array}\right\} \tag{3-29}$$

从图 3-10 可得到如下关系式:

$$V_R\cos\beta_i = \omega r - \frac{1}{2}u_t$$

$$V_R\sin\beta_i = V_A + \frac{1}{2}u_a$$

将这些关系式代入式(3-29),可得

$$\left.\begin{array}{l} \mathrm{d}T = \rho\Gamma(r)\left(\omega r - \frac{1}{2}u_t\right)(1-\varepsilon\tan\beta_i)\mathrm{d}r \\ \mathrm{d}Q = \rho\Gamma(r)\left(V_A + \frac{1}{2}u_a\right)(1+\varepsilon\cot\beta_i)r\mathrm{d}r \end{array}\right\} \tag{3-30}$$

类似地,可以求得叶元体的效率为

$$\eta_{0r} = \frac{V_A \, dT}{\omega r \, dF} = \frac{V_A \, dL \, (\cos\beta_i - \varepsilon \sin\beta_i)}{\omega r \, dL \, (\sin\beta_i + \varepsilon \cos\beta_i)} = \frac{V_A \cos\beta_i (1 - \varepsilon \tan\beta_i)}{\omega r \sin\beta_i (1 + \varepsilon \cot\beta_i)}$$

$$= \frac{V_A}{V_A + \dfrac{u_a}{2}} \cdot \frac{\omega r - \dfrac{u_t}{2}}{\omega r} \cdot \frac{1 - \varepsilon \tan\beta_i}{1 + \dfrac{\varepsilon}{\tan\beta_i}} = \eta_{iA} \eta_{iT} \eta_{\varepsilon} \tag{3-31}$$

式中：η_{iA}、η_{iT} 分别为轴向诱导效率和周向诱导效率；

$\eta_{\varepsilon} = (1 - \varepsilon \tan\beta_i)/(1 + \varepsilon/\tan\beta_i)$ 为叶元体的结构效率，是因螺旋桨运转于具有黏性的实际流体中所引起。在实际流体中，因 $\varepsilon \neq 0$，故 $\eta_{\varepsilon} < 1$，说明螺旋桨在实际流体中工作的效率比在理想流体中要低。

图 3-6 中曾定义 β 为进角，β_i 为水动力螺距角，利用关系式

$$\tan\beta = \frac{V_A}{\omega r}$$

$$\tan\beta_i = \frac{V_A + \dfrac{u_a}{2}}{\omega r - \dfrac{u_t}{2}}$$

就可以将叶元体效率 η_{0r} 表达为另一种简单而有用的形式：

$$\eta_{0r} = \frac{\tan\beta}{\tan\beta_i} \eta_{\varepsilon} \tag{3-32}$$

也就是说，叶元体的理想效率为

$$\eta_i = \frac{\tan\beta}{\tan\beta_i} \tag{3-33}$$

将式(3-30)沿半径方向从桨毂至叶梢进行积分并乘以叶数 Z 以后，便可得到整个螺旋桨的推力和转矩，即

$$\left.\begin{array}{l} T = Z\rho \displaystyle\int_{r_h}^{R} \Gamma(r) \left(\omega r - \frac{1}{2} u_t\right) (1 - \varepsilon \tan\beta_i) \, dr \\[3mm] Q = Z\rho \displaystyle\int_{r_h}^{R} \Gamma(r) \left(V_A + \frac{1}{2} u_a\right) \left(1 + \frac{\varepsilon}{\tan\beta_i}\right) r \, dr \end{array}\right\} \tag{3-34}$$

式中：r_h 为桨毂半径；R 为螺旋桨半径。

式(3-34)把螺旋桨的推力、转矩与流场及螺旋桨的几何特征联系起来，因而比动量理论的结果要精密完整得多。

当螺旋桨以进速 V_A 和转速 n 进行工作时，必须吸收主机所供给的转矩 Q 才能发出推力 T，其所做的有用功率为 TV_A，而吸收的功率为 $2\pi n Q$，故螺旋桨的效率为

$$\eta_0 = \frac{TV_A}{2\pi n Q} \tag{3-35}$$

由式(3-34)可见，欲求某一螺旋桨在给定的进速和转速时所产生的推力、转矩和效率，则必须知道环量 $\Gamma(r)$ 和诱导速度沿半径方向的分布情况。这些问题可应用螺旋桨环流理论解

决。本章中暂且不讨论利用这些式子来计算螺旋桨的水动力性能,但对上述基本理论的了解将有助于我们深入讨论有关问题。

3-4 螺旋桨水动力性能

所谓螺旋桨的水动力性能是指:一定几何形状的螺旋桨在水中运动时所产生的推力、消耗的转矩和效率与其运动(进速 V_A 和转速 n)间的关系。为了清楚地描述它们之间的关系,有必要先介绍表征螺旋桨运动的性征系数并分析螺旋桨在不同运动状态下水动力性能的变化。

设螺旋桨的转速为 n、进速为 V_A,则其旋转一周在轴向所前进的距离 $h_p = V_A/n$ 称为进程。图 3-11 表示螺旋桨旋转一周时半径 r 处叶元体的运动情况。螺距 P 和进程 h_p 之差($P - h_p$)称为滑脱,滑脱与螺距的比值称为滑脱比并以 s 来表示,即

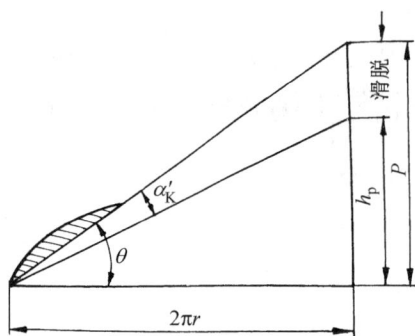

图 3-11 螺旋桨旋转一周
叶元体的运动

$$s = \frac{P - h_p}{P} = 1 - \frac{h_p}{P} = 1 - \frac{V_A}{Pn} \qquad (3\text{-}36)$$

进程 h_p 与螺旋桨直径 D 的比值称为进速系数,以 J 来表示,即

$$J = \frac{h_p}{D} = \frac{V_A}{nD} \qquad (3\text{-}37)$$

由式(3-36)及式(3-37),可得进速系数 J 与滑脱比 s 之间的关系为

$$J = \frac{P}{D}(1 - s) \qquad (3\text{-}38)$$

在螺距 P 一定的情况下,若不考虑诱导速度,则滑脱比 s 的大小即标志着攻角 α_K' 的大小,滑脱比 s 大(进速系数 J 小)即表示攻角 α_K' 大,若转速一定,则螺旋桨的推力和转矩亦大。因此,滑脱比(或进速系数 J)是影响螺旋桨性能的重要参数,其重要性与机翼理论中的攻角 α_K' 相似。

现在进一步讨论进速系数 J 的变化对螺旋桨性能的影响。当进速系数 $J = 0$ 时,由式(3-37)知,这时进速为零,即螺旋桨只旋转而不前进,如船舶系柱情况,其速度和力的关系如图 3-12(a)所示,升力将与推力重合,各叶元体具有最大的攻角 α_K',所以推力和转矩都达到最大值。

当转速保持不变,随着 V_A(亦即 J 值)的增加,攻角 α_K' 随之减小,从而推力和转矩也相应减小。当 J 增加到某一数值时,螺旋桨发出的推力为零,其实质乃是水流以某一负几何攻角与叶元体相遇[见图 3-12(b)],而此时作用于叶元体上的升力 dL 及阻力 dD 在轴向的分力大小相等方向相反,故叶元体的推力等于零,但在这种情况下,叶元体仍遭受旋转阻力(所讨论的叶元体应该是表征螺旋桨性能的叶元体,因为在各不同半径处叶元体的来流攻角是不一样的)。螺旋桨在不发生推力时旋转一周所前进的距离称为无推力进程或实效螺距,并以 P_1 表示。

若 V_A(也即 J 值)再增至某一数值时,螺旋桨不遭受旋转阻力,其实质乃是升力 dL 及阻

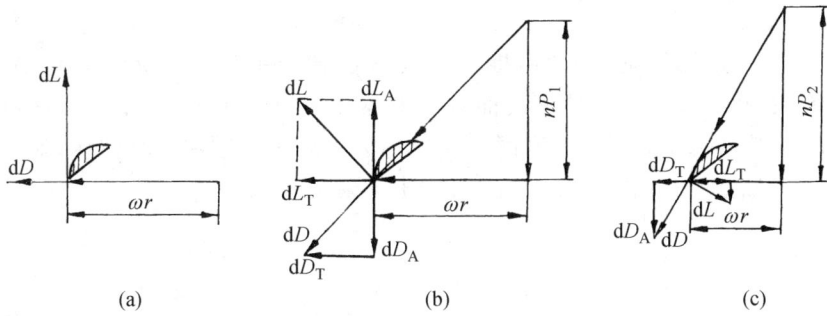

(a)   (b)   (c)

图 3-12　进速系数变化对螺旋桨性能的影响

力 dD 在周向的分力大小相等方向相反[见图 3-12(c)],故旋转阻力等于零,但在此种情况下螺旋桨产生负推力。螺旋桨不遭受旋转阻力时旋转一周所前进的距离称为无转矩进程或无转矩螺距,并以 P_2 表示。

　　对于一定的螺旋桨而言,显然 $P_2 > P_1 > P$。船舶在航行时,螺旋桨必须产生向前的推力以克服船之阻力,才能使船以一定的速度前进,故螺旋桨在实际操作时,其每转一周前进的距离 h_p 小于实效螺距 P_1。实效螺距 P_1 与进程 h_p 之差($P_1 - h_p$)称为实效滑脱,其与实效螺距 P_1 的比值称为实效滑脱比,以 s_1 来表示,即

$$s_1 = \frac{P_1 - h_p}{P_1} = 1 - \frac{h_p}{P_1} = 1 - \frac{V_A}{P_1 n} \qquad (3\text{-}39)$$

　　根据上述分析,可以画出转速 n 为常数时螺旋桨推力和转矩随进程 h_p 的变化曲线,如图 3-13 所示。

　　在研究螺旋桨的水动力性能时,通常并不应用图 3-13 那样推力和转矩的绝对数量,而是以无量纲系数来表达。这样对于不同尺寸的几何相似螺旋桨有同样的水动力性能图。

　　根据因次分析,螺旋桨的推力及转矩可用下列无量纲系数来表示,即

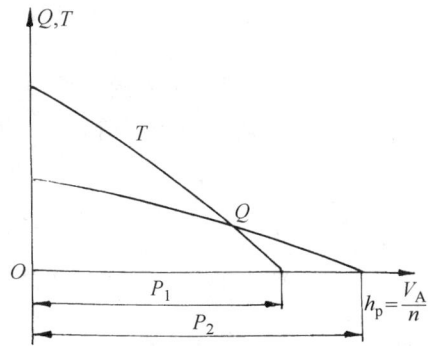

图 3-13　推力和转矩随进程的变化

推力系数 $\qquad\qquad\qquad\qquad K_T = \dfrac{T}{\rho n^2 D^4} \qquad\qquad\qquad\qquad (3\text{-}40)$

转矩系数 $\qquad\qquad\qquad\qquad K_Q = \dfrac{Q}{\rho n^2 D^5} \qquad\qquad\qquad\qquad (3\text{-}41)$

式中：T 为推力;

　　　Q 为转矩;

　　　ρ 为水的密度;

　　　n 为螺旋桨转速;

　　　D 为螺旋桨直径。

对于螺旋桨的效率 η_0 也可用无量纲系数 K_T、K_Q 及 J 来表示：

$$\eta_0 = \frac{TV_A}{2\pi n Q} = \frac{K_T \rho n^2 D^4 V_A}{2\pi n K_Q \rho n^2 D^5} = \frac{K_T}{K_Q} \cdot \frac{V_A}{2\pi n D} = \frac{K_T}{K_Q} \cdot \frac{J}{2\pi} \qquad (3\text{-}42)$$

29

式中:J 为进速系数。

对于几何形状一定的螺旋桨而言,推力系数 K_T、转矩系数 K_Q 及效率 η_0 仅与进速系数 J(或滑脱比)有关,K_T、K_Q、η_0 对 J 之曲线称为螺旋桨的性征曲线,又因为我们所讨论的是孤立螺旋桨(即未考虑船体的影响)的性能,所以称为螺旋桨的敞水性征曲线,如图 3-14 所示。因 K_Q 数值太小,常增大 10 倍($10K_Q$)与 K_T 使用同一纵坐标。

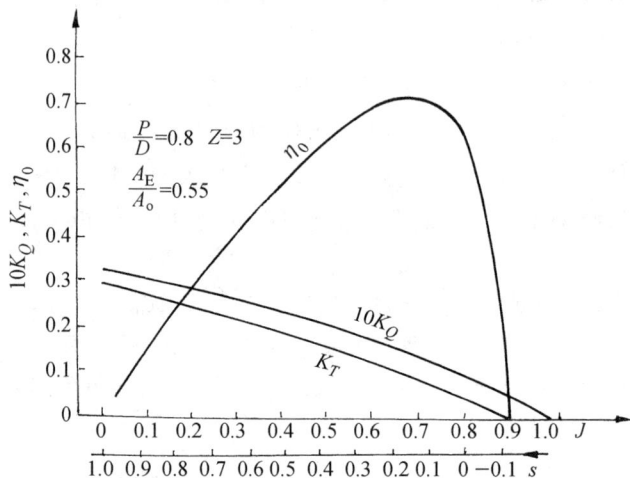

图 3-14　螺旋桨的敞水性征曲线

综上所述,螺旋桨的敞水性征曲线表示了螺旋在 $J \geqslant 0$ 工况下的水动力性能。螺旋桨的性征曲线一般通过模型试验得到,也可以通过势流或黏流数值计算得到。

第4章　螺旋桨模型的敞水试验

螺旋桨模型单独地在均匀水流中的试验称为敞水试验,试验可以在船模试验池、循环水槽或空泡水筒中进行。它是检定和分析螺旋桨性能较为简便的方法。螺旋桨模型试验对于研究它的水动力性能有重要的作用,除为螺旋桨设计提供丰富的资料外,对理论的发展也提供可靠的基础。

螺旋桨模型敞水试验的目的及其作用主要有:

(1) 进行系列试验,将所得结果分析整理后绘制成专门图谱,供设计使用。现时各类螺旋桨的设计图谱都是根据系列试验结果绘制而成的。

(2) 根据系列试验的结果,可以系统地分析螺旋桨各种几何要素对性能的影响,以供设计时正确选择各种参数之用,并为改善螺旋桨性能指出方向。

(3) 它是校核和验证理论方法必不可少的手段。

(4) 为配合自航试验而进行同一螺旋桨模型的敞水试验,以分析推进效率成分,比较各种设计方案的优劣,便于选择最佳的螺旋桨。

螺旋桨模型试验的重要性既如上述,但模型和实际螺旋桨形状相似而大小不同,应该在怎样的条件下才能将模型试验的结果应用于实际螺旋桨,这是首先需要解决的问题。为此,我们在下面将分别研究螺旋桨的相似理论以及尺度效应的影响。

4-1　螺旋桨的相似定律

从"流体力学"及"船舶阻力"课程中已知,在流体中运动的模型与实物要达到力学上的全相似,必须满足几何相似、运动相似及动力相似。

研究螺旋桨相似理论的方法甚多,所得到的结果基本上是一致的。下面将用量纲分析法(亦称因次分析法)研究螺旋桨水动力的定性规律,然后讨论所得公式中各项的物理意义。可以设想,一定几何形状的螺旋桨在敞水中运转时产生的水动力(推力或转矩)与直径 D(代表螺旋桨的大小)、转速 n、进速 V_A、水的密度 ρ、水的运动黏性系数 ν 及重力加速度 g 有关。换言之,我们可用下列函数来表示推力 T 和上述各参数之间的关系,即

$$T = f_1(D, n, V_A, \rho, \nu, g)$$

为了便于用量纲分析法确定此函数的性质,将上式写为

$$T = kD^a n^b V_A^c \rho^d \nu^e g^f \tag{4-1}$$

式中: k 为比例常数;

a、b、c、d、e、f 为未知指数。

将式(4-1)中各变量均以基本量(即质量 M、长度 L、时间 T)来表示,则得

$$\left[\frac{ML}{T^2}\right] = kL^a \left(\frac{1}{T}\right)^b \left(\frac{L}{T}\right)^c \left(\frac{M}{L^3}\right)^d \left(\frac{L^2}{T}\right)^e \left(\frac{L}{T^2}\right)^f$$

比较上述等式两端基本量的量纲,可得未知指数间的关系为

$$
\left.\begin{array}{ll}
M: & 1 = d \\
L: & 1 = a + c - 3d + 2e + f \\
T: & -2 = -b - c - e - 2f
\end{array}\right\} \tag{4-2}
$$

由式(4-2)中解得

$$
\left.\begin{array}{l}
d = 1 \\
a = 4 - c - 2e - f \\
b = 2 - c - e - 2f
\end{array}\right\} \tag{4-3}
$$

将式(4-3)代入式(4-1)得

$$
T = kD^{4-c-2e-f} n^{2-c-e-2f} V_A^c \rho^1 \nu^e g^f = k\rho n^2 D^4 \left(\frac{V_A}{nD}\right)^c \left(\frac{\nu}{nD^2}\right)^e \left(\frac{gD}{n^2 D^2}\right)^f
$$

式中的 $\left(\dfrac{V_A}{nD}\right)^c$、$\left(\dfrac{\nu}{nD^2}\right)^c$ 及 $\left(\dfrac{gD}{n^2 D^2}\right)^f$ 均为无量纲数,从而可以推想到更普遍一些的写法是

$$
T = \rho n^2 D^4 \cdot f_1\left(\frac{V_A}{nD}, \frac{nD^2}{\nu}, \frac{n^2 D^2}{gD}\right)
$$

或

$$
K_T = \frac{T}{\rho n^2 D^4} = f_1\left(\frac{V_A}{nD}, \frac{nD^2}{\nu}, \frac{n^2 D^2}{gD}\right) \tag{4-4}
$$

式中:K_T 为推力系数。

与上述推导相类似,我们可以求得螺旋桨的转矩系数 K_Q 及效率 η_0 的表达式为

$$
K_Q = \frac{Q}{\rho n^2 D^5} = f_2\left(\frac{V_A}{nD}, \frac{nD^2}{\nu}, \frac{n^2 D^2}{gD}\right) \tag{4-5}
$$

$$
\eta_0 = \frac{K_T}{K_Q} \frac{J}{2\pi} = f_3\left(\frac{V_A}{nD}, \frac{nD^2}{\nu}, \frac{n^2 D^2}{gD}\right) \tag{4-6}
$$

式(4-4)、(4-5)及式(4-6)所表示的函数 f_1、f_2 及 f_3 视螺旋桨的形状而定。根据相似理论,对于几何相似的螺旋桨及其模型说来,必然具有相同的函数 f_1、f_2 及 f_3,若函数内各无量纲数相同,则几何相似的螺旋桨及其模型满足运动相似及动力相似要求,其推力系数 K_T、转矩系数 K_Q 及效率 η_0 相等。

现分别讨论函数 f 内各项的物理意义:

(1) $\dfrac{V_A}{nD}$ 为进速系数 J,两几何相似螺旋桨的 $\dfrac{V_A}{nD}$ 相同,即 $\dfrac{V_A}{\pi nD}$ 数相等,则螺旋桨及其模型在各对应点处流体质点的速度具有相同的方向,且其比值为一常数,亦即对应点处流体质点的运动轨迹相似。因此,这是运动相似的基本条件。

(2) $\dfrac{nD^2}{\nu}$ 为雷诺数 Re(螺旋桨的雷诺数可有多种表示方法,见本章4-2节),模型和实桨黏性力相似必须满足雷诺数相同的条件。当螺旋桨及其模型之雷诺数相同时,两者之黏性力系数相等,亦即由黏性而产生的力也与 $\rho n^2 D^4$ 成比例。

（3）$\dfrac{n^2 D^2}{gD}$ 相当于傅汝德数 $Fr = \dfrac{\pi n D}{\sqrt{gD}}\left(\text{也可用} \dfrac{V_A}{\sqrt{gD}} \text{来表示}\right)$，表示模型和实物的重力相似条件，与螺旋桨运转时水面的兴波情况有关，也可以说与螺旋桨在水面下的沉没深度有关。根据国际船模试验池会议（International Towing Tank Conference，ITTC）的建议，当桨轴的沉没深度 $h_s \geqslant 1.5D$（D 为螺旋桨直径），兴波的影响可以忽略不计。故在水面下足够深度处进行模型试验时，傅汝德数可不予考虑。

综上所述，当螺旋桨在敞水中运转时，如桨轴沉没较深，则其水动力性能只与进速系数 J 和雷诺数 Re 有关，亦即

$$K_T = f_1(J, Re) \tag{4-7}$$

$$K_Q = f_2(J, Re) \tag{4-8}$$

$$\eta_0 = f_3(J, Re) \tag{4-9}$$

现在进一步讨论满足相似定理的两几何相似螺旋桨（简称桨模和实桨）转速和进速之间的关系。令 V_{As}、n_s、D_s、ν_s 及 V_{Am}、n_m、D_m、ν_m 分别表示实桨及桨模的进速、转速、直径和水的运动黏性系数，λ 为实桨与桨模的尺度比数，即

$$\lambda = D_s / D_m$$

由进速系数相等的条件可得

$$\frac{V_{Am}}{n_m D_m} = \frac{V_{As}}{n_s D_s}$$

或

$$\frac{V_{Am}}{V_{As}} = \frac{n_m}{n_s} \cdot \frac{1}{\lambda} \tag{4-10}$$

由雷诺数相等的条件可得

$$\frac{n_m D_m^2}{\nu_m} = \frac{n_s D_s^2}{\nu_s}$$

因 ν_s 与 ν_m 相差很小，设 $\nu_s = \nu_m$，则满足雷诺数相等的条件为

$$n_m D_m^2 = n_s D_s^2$$

或

$$\frac{n_m}{n_s} = \frac{D_s^2}{D_m^2} = \lambda^2 \tag{4-11}$$

由此可见，要保持桨模和实桨的进速系数和雷诺数同时相等，则必须满足：

$$\left. \begin{aligned} \frac{n_m}{n_s} &= \lambda^2 \\ \frac{V_{Am}}{V_{As}} &= \frac{n_m}{n_s} \cdot \frac{1}{\lambda} = \lambda \end{aligned} \right\} \tag{4-12}$$

此时，桨模发出的推力 T_m 将等于实桨发出的推力 T_s，因为

$$T_{\mathrm{m}} = K_T \rho n_{\mathrm{m}}^2 D_{\mathrm{m}}^4 = K_T \rho n_{\mathrm{s}}^2 \lambda^4 \frac{D_{\mathrm{s}}^4}{\lambda^4} = T_{\mathrm{s}}$$

显然,在模型试验时如要求满足进速系数和雷诺数同时相等的条件,则桨模的转速和进速都将过高而难以实现,推力过大而无法测量。因此,在进行螺旋桨模型的敞水试验时,通常只满足进速系数相等,对于雷诺数则仅要求超过临界数值(以 Re_{c} 表示),即当 $Re > Re_{\mathrm{c}}$ 的条件下,

$$\left. \begin{array}{l} K_T = f_1(J) \\ K_Q = f_2(J) \end{array} \right\} \tag{4-13}$$

至于桨模和实桨因雷诺数不同而引起两者水动力性能之差异称为尺度效应(或尺度作用)。

4-2 临界雷诺数及尺度效应

1. 临界雷诺数

前已述及,螺旋桨模型试验时的雷诺数无法保持与实桨相同,若雷诺数过低,则由于桨叶切面上边界层流动状态与实桨不同,将使试验结果无实用价值,因此必须确立一个模型桨试验的最低雷诺数值——称为临界雷诺数。决定黏性流体流动状态的基本参数之一为雷诺数,当雷诺数足够大时,边界层中的流动才能达到湍流状态,故临界雷诺数乃为保证模型边界层中达到湍流状态的最低雷诺数。

雷诺数是以特征速度×特征尺度/ν 来表示的一个无量纲数。对螺旋桨的雷诺数过去曾用过许多不同的表示方法 $\left(如 \dfrac{nD^2}{\nu}, \dfrac{V_{\mathrm{A}}D}{\nu} 等 \right)$。为统一起见,1978 年 ITTC 规定,螺旋桨的雷诺数以 $0.75R$ 处叶切面的弦长及其合速来表示,即

$$Re = \frac{b_{0.75R} \sqrt{V_{\mathrm{A}}^2 + (0.75\pi nD)^2}}{\nu} \tag{4-14}$$

式中:V_{A} 为进速;

n 为转速;

D 为螺旋桨的直径;

$b_{0.75R}$ 为 $0.75R$ 处叶切面的弦长;

ν 为水的运动黏性系数。

实桨的 Re 数在 10^7 上下,处于湍流状态工作,为了使模型试验数据稳定可靠,并能用于实桨,就有必要正确地确定临界雷诺数的数值。

肯夫在汉堡试验池中曾对 5 个大小不同(直径分别为 0.10、0.15、0.20、0.406 及 0.6 m)的几何相似模型进行了试验,其结论是:当 $Re \left(= \dfrac{nD^2}{\nu} \right) > (4 \sim 5) \times 10^5$ 时,螺旋桨的性能几乎与雷诺数无关,因此这个数值即为临界雷诺数。

20 世纪 70 年代末,我国上海交通大学船舶流体力学研究室为研究尺度效应的需要,对

5 个几何相似的桨模(直径分别为 214.6、169.1、139.5、118.7 和 103.3 mm)进行了敞水试验,试验中,以 0.75R 处叶切面弦长计算的雷诺数变化范围为

$$Re = \frac{b_{0.75R}\sqrt{V_A^2 + (0.75\pi nD)^2}}{\nu} = (1.17 \sim 8.09)\times 10^5$$

图 4-1 为 K_T、K_Q 随雷诺数而变化的情况。从图中可见,当雷诺数从 1×10^5 增大到 3×10^5 时,推力系数 K_T 略微增大,而扭矩系数 K_Q 则有比较明显的降低;雷诺数大于 3×10^5 以后,K_T、K_Q 均趋于稳定。因此,螺旋桨的临界雷诺数可取为 3.0×10^5。1978 年 ITTC 性能委员会报告中原先提出此数值为 2.0×10^5,经上海交通大学船舶流体力学研究室提出意见后同意改为 3.0×10^5。

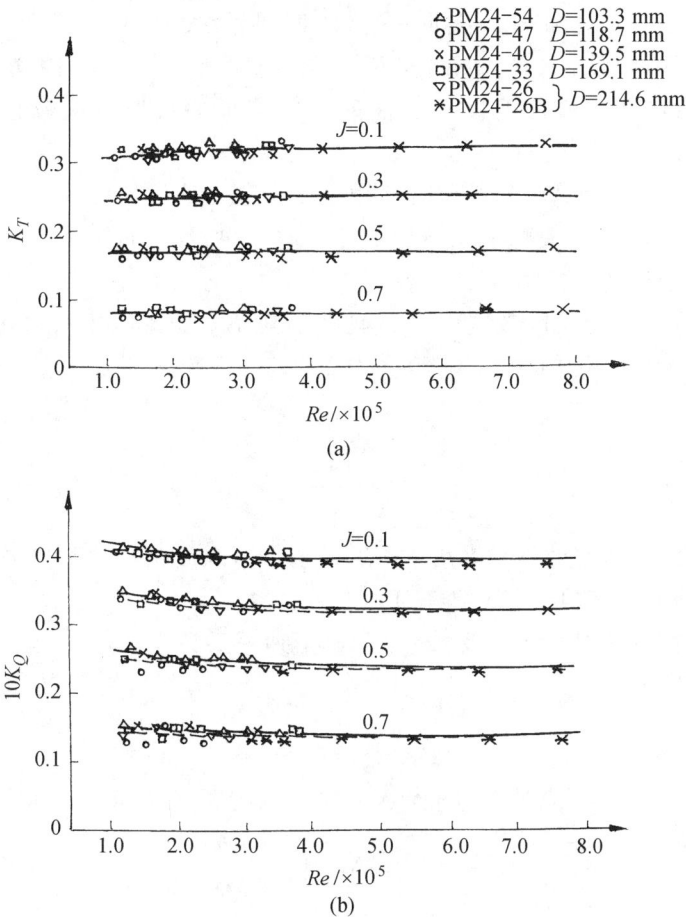

图 4-1 K_T、K_Q 随雷诺数的变化

需要指出的是:模型桨通常不采用激流措施,因此层流区总是存在的,只是随着雷诺数的增大层流区越来越小。目前,船舶螺旋桨设计中常采用边界层转捩较晚的层流剖面,因此临界雷诺数的数值也需相应提高。根据 ITTC 的建议,螺旋桨模型敞水试验应至少在两个雷诺数下进行,较低的雷诺数应不小于 2×10^5,其结果用于推进因子(详见第 5 章)的分析;而较高的雷诺数应在试验设备允许的情况下尽量高。根据 ITTC 推进委员会的调查,目前高雷诺数的敞水试验一般为 $Re > 10^6$。

2. 尺度效应及其修正方法

因雷诺数不同而对螺旋桨性能的影响通常称为尺度效应。若模型之雷诺数过低，桨叶大部分处于层流区或变流区中，则试验数据无法进行修正而用之于实桨。故在实用上，尺度效应仅适用于桨模和实桨均在超临界区时因雷诺数不同之影响。

机翼试验的研究结果表明，雷诺数对升力系数 C_L 的影响不大，可以认为模型和实物的升力系数相同，即 $C_{Lm} \approx C_{Ls}$。但 Re 对阻力系数 C_D 的影响较大，这是因为 C_D 由黏性所引起。由于实物之雷诺数较模型为高，故 $C_{Ds} < C_{Dm}$，两者之差 $\Delta C_D = C_{Dm} - C_{Ds}$ 即为实物及模型之间的尺度效应。

从图 3-10 所示叶切面受力情况中可以看出：螺旋桨的尺度效应对推力的影响较小，对扭矩的影响较大。实桨和桨模在同一 J 值时推力系数、转矩系数及效率之间的关系（即尺度效应的影响）是：$K_{Tm} < K_{Ts}$，$K_{Qm} > K_{Qs}$，$\eta_{0m} < \eta_{0s}$。因此，将模型结果用之于实桨时需要考虑尺度效应问题。对于模型试验结果的尺度效应修正方法概括说来有下列 3 种：

(1) 不修正。即将模型试验的结果直接用之于实桨。认为尺度效应主要影响阻力，光滑之实桨较桨模之 C_D 虽小，但实际上桨模加工可以做得很光滑，而实桨比较粗糙，因粗糙而增加之阻力大体抵消了尺度效应，故可不予修正。

(2) 只修正 K_Q。认为尺度效应主要影响 K_Q，对 K_T 的影响很小可不予考虑。为简便计，可以用平板摩擦阻力公式（例如柏兰特-许立汀公式）直接对 K_Q 进行修正，在同一 J 值时有

$$\frac{K_{Qm}}{K_{Qs}} = \left[\frac{Re_m}{Re_s}\right]^{-2.58} \tag{4-15}$$

(3) 1978 年 ITTC 推荐的修正方法。在综合了许多螺旋桨尺度效应的经验的、半经验半理论的修正办法以后，1978 年 ITTC 推荐下述修正方法。

实桨与桨模在同一 J 值时 K_T 及 K_Q 之间有下列关系：

$$K_{Ts} = K_{Tm} - \Delta K_T \tag{4-16}$$

$$K_{Qs} = K_{Qm} - \Delta K_Q \tag{4-17}$$

式中：ΔK_T、ΔK_Q 为尺度效应对推力系数及转矩系数的影响，以下式表示：

$$\Delta K_T = -0.3 \Delta C_D \left(\frac{P}{D}\right) \left(\frac{b}{D}\right) Z \tag{4-18}$$

$$\Delta K_Q = 0.25 \Delta C_D \left(\frac{b}{D}\right) Z \tag{4-19}$$

式中：Z 为螺旋桨叶数；

$\quad\quad P/D$ 为 0.75R 处的螺距比；

$\quad\quad b/D$ 为 0.75R 处切面的弦长与螺旋桨直径之比；

$\quad\quad \Delta C_D$ 为桨模及实桨在 0.75R 处切面的阻力系数之差，即

$$\Delta C_D = C_{Dm} - C_{Ds} \tag{4-20}$$

式中：
$$C_{Dm} = 2\left(1 + 2\,\frac{t}{b}\right)\left[\frac{0.044}{Re^{1/6}} - \frac{5}{Re^{2/3}}\right] \tag{4-21}$$

$$C_{Ds} = 2\left(1 + 2\,\frac{t}{b}\right)\left[1.89 + 1.62\log\frac{b}{K_p}\right]^{-2.5} \tag{4-22}$$

这里：b、t/b、Re 为 $0.75R$ 处切面的弦长、厚度比及雷诺数；

K_p 为实桨的表面粗糙度，一般可取作 $K_p = 30 \times 10^{-6}\,\mathrm{m}$。

这样，就可以将模型试验的敞水性征曲线修正至实桨的敞水性征曲线。通常推力系数受尺度效应的影响很小，实用上可予忽略，转矩系数一般约为 1‰ 左右。为了使读者对尺度效应修正有一个量的概念，以"风光"轮螺旋桨为例，将其修正前后的敞水性征曲线相应的数值列于表 4-1。

表 4-1　"风光"轮螺旋桨敞水性征曲线修正前后的数值

J	K_T		$10K_Q$	
	修　正　前	修　正　后	修　正　前	修　正　后
0.10	0.372 6	0.372 8	0.512 7	0.510 0
0.20	0.338 1	0.338 5	0.473 2	0.470 0
0.30	0.301 4	0.301 8	0.431 2	0.427 0
0.40	0.262 3	0.262 7	0.386 2	0.382 0
0.50	0.220 9	0.221 4	0.337 9	0.334 0
0.60	0.177 3	0.177 7	0.285 7	0.282 0
0.70	0.131 6	0.131 9	0.229 4	0.226 0
0.80	0.083 6	0.084 0	0.168 4	0.165 0

4-3　螺旋桨敞水试验及数据分析表达

由上节的讨论中已知，螺旋桨模型在足够沉没深度和超临界雷诺数情况下进行试验所得的结果可用之于实桨。对于几何相似的螺旋桨来说，其水动力性能只与 J 有关，即

$$\left. \begin{array}{l} K_T = \dfrac{T}{\rho\,n^2 D^4} = f_1\left(\dfrac{V_A}{nD}\right) \\[3mm] K_Q = \dfrac{Q}{\rho\,n^2 D^5} = f_2\left(\dfrac{V_A}{nD}\right) \\[3mm] \eta_0 = \dfrac{K_T}{K_Q}\,\dfrac{J}{2\pi} = f_3\left(\dfrac{V_A}{nD}\right) \end{array} \right\} \tag{4-23}$$

至于实桨和桨模因 Re 不同对水动力性能的影响可进行尺度效应修正。

根据试验条件，式(4-23)中螺旋桨直径 D 和水的密度 ρ 是已知量，因此欲知螺旋桨的水动力性能，只需测出桨模在试验中的转速 n、进速 V_A、推力 T 及扭矩 Q。

1. 敞水试验设备及测试仪器

螺旋桨模型敞水试验的目的是测定螺旋桨的水动力性能，故在试验过程中应使 J 有足够大的变化范围。目前不外采用下列两种方法以得到不同的 J 值。

第一种方法：保持桨模的转速不变，而以不同的进速进行试验。

第二种方法：保持模型的进速不变，而以不同的转速进行试验。

目前拖曳水池及空泡水筒中均常采用第一种方法进行试验，因为进速变化时雷诺数变化范围不大，而转速则不然。另外，采用第二种方法时因转速不能无限加大，因而进速系数 J 的变动范围有一定限度，在拖曳水池中也不能得到"系柱"时（即 $J=0$）的情况。第二种方法通常在空泡水筒中开展某些空泡试验时采用。下面对拖曳水池中进行敞水试验的方法做比较详细的介绍。

桨模安装在流线型敞水箱的前方。敞水箱由拖车带动以获得一定的进速（等于拖车速度）。用于驱动桨模旋转及测量其推力、转矩和转速的动力仪安置在敞水箱内。桨模置于敞水箱前足够远处（按 ITTC 的建议，至少为 $1.5D_m$ 至 $2.0D_m$），以避免敞水箱在水中运动时影响桨模附近的水流，且其叶背向前。按 ITTC 的建议，桨轴的沉没深度 $h_s \geqslant 1.5D_m$，以消除兴波的影响，一般可取 $h_s = D_m$。

试验前应先根据桨模的几何尺寸，如直径 D_m 和 $0.75R$ 处切面的弦长及按式（4-14）计算的临界雷诺数的数值，以确定桨模要求的最小转速，并估算 $J=0$ 时桨模可能发出的最大推力及吸收的转矩，以选择量程合适的动力仪。此外，对螺距比较大的桨还需估算最大进速系数值（$K_T=0$ 时的 J 值），检查预定的试验转速所需的最大进速是否超过拖车最高速度。

敞水试验的主要测量仪器为螺旋桨动力仪。螺旋桨动力仪有 3 类：机械式动力仪，如 J04 式动力仪；电测式动力仪，如电阻应变式及变磁阻式动力仪；还有机电综合式动力仪。

图 4-2 为 J04 螺旋桨动力仪的简图，用于说明螺旋桨模型转矩和推力的测量原理。目前普遍采用的应变式电测动力仪是用应变片测量桨轴在推力、转矩作用下的微变形，将应变片变形引起的电压输出与推力、转矩对应起来；而机械式动力仪则分别通过弹簧扭转和桨轴伸缩来测量转矩和推力。因此，两者的测量原理相同，但方法不同。

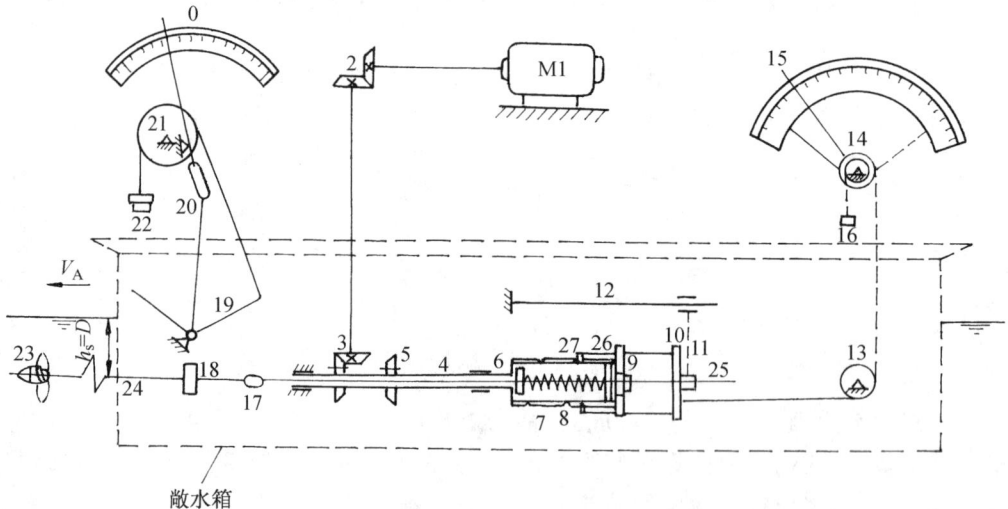

图 4-2　J04 螺旋桨动力仪简图

1）转矩测量

图 4-2 中 M1 为直流马达，通过直角齿轮 2 和 3 把转动传至空心轴 4，空心轴右端为带有两只固定销的法兰 6，外表刻有螺旋形槽的圆柱管 8 套在法兰 6 上。7 是用于测量转矩的扭转弹簧，弹簧 7 装在圆柱管 8 之内，弹簧两端的座子都有孔与固定销相配，9 是弹簧压盖，它通过

键带动内轴25旋转,螺旋桨就装在内轴上,构件10通过滑杆26(穿过弹簧压盖9上的开口槽)和圆环27相连。圆环上有两小滑块嵌在圆管外表面的螺旋形槽内。11是连杆,上端套在圆杆12上,且可自由滑动,下端则与构件10相连,彼此间可以相对转动。当螺旋桨产生转矩时,空心轴4和内轴25发生相对转动,弹簧7将发生扭转,因而圆环27上的两小滑块将沿圆管8表面的螺旋槽滑动,使构件10产生轴向位移。该轴向位移通过滑轮13,14及指针15转换成在刻度盘上的角位移,弹簧上承受的转矩和指针角位移间的关系是预先校验好的。因此,在试验中根据指针的角位移即可量得桨模的转矩。

2)推力测量

螺旋桨模型的推力可借杠杆系统测得。图中19为杠杆,18为推力轴承,17为内轴上的可伸缩节头,杠杆的杠杆比为2:1,推力的主要部分借砝码22平衡,未被平衡的余量由摆秤来测量,摆秤的刻度与相当砝码的关系,也是通过校验预先求得的。因此,在试验中根据砝码及摆秤的读数即可量得桨模的推力。

3)进速V_A和转速n的测量

模型的进速V_A即拖车前进的速度,螺旋桨转速n由桨轴上转速传感器(光电式)检测。

2. 测量数据的表达[*]

在螺旋桨模型的敞水试验中,将测量的进速V_A、转速n及其对应的推力T及转矩Q按式(3-37)和式(4-23)算出无量纲系数J、K_T、K_Q及η_0。然后,将计算结果以J为横坐标,K_T、K_Q及η_0为纵坐标绘制敞水性征曲线(见图3-14)。为了使用方便,有时还以表格形式给出K_T、K_Q及η_0与J之间的关系。图4-3为24000t油船"大庆61号"的桨模敞水性征曲线。

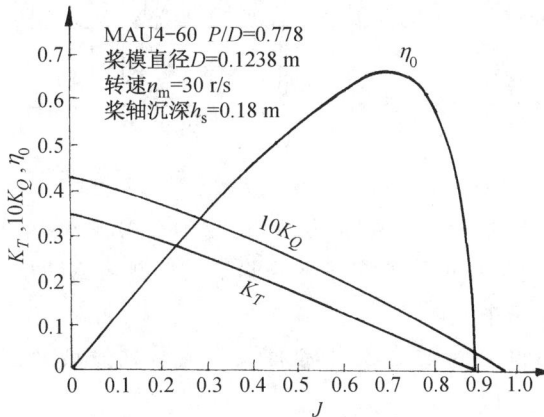

图4-3 "大庆61号"油船桨模敞水性征曲线

4-4 螺旋桨模型系列试验及性征曲线组

敞水试验的重要任务之一是进行螺旋桨模型的系列试验,并将其结果绘制成专门图谱,以供设计螺旋桨或分析船舶航行特性之用。所谓螺旋桨模型系列,是指一定类型的螺

---

[*] 关于螺旋桨敞水试验及其结果的表达,我国船舶标准化委员会委托上海交通大学船舶流体力学研究室编制成标准化文件,该文件已于1983年底通过,1984年开始执行。文件中对试验方法、数据表达均有详细说明。

旋桨按一定的次序变更某些主要参数,以构成一个螺旋桨系列。在同一系列中,将叶数和盘面比相同,而螺距比不同的 5 或 6 个桨模称为一组。通常将同一组螺旋桨的敞水性征曲线绘在同一图内,如图 4-4 所示。为了便于螺旋桨设计,还可将系列试验结果绘制成专用的螺旋桨设计图谱。关于图谱的绘制原理、使用方法以及螺旋桨各参数对性能的影响将于第 8 章中再行介绍。

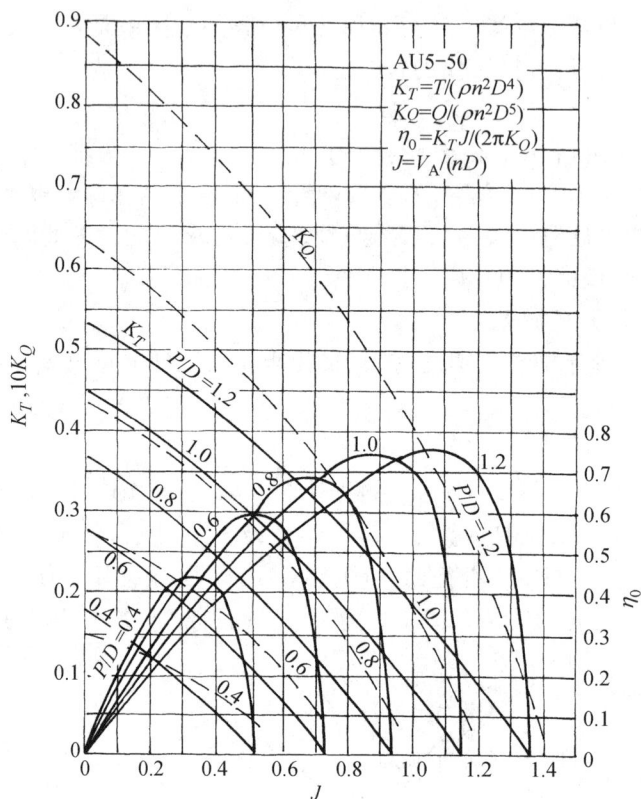

图 4-4 AU5-50 螺旋桨敞水性征曲线组

目前世界上已有不少性能优良的螺旋桨系列,其中比较著名、应用较广的有荷兰的 B 型螺旋桨、日本的 AU 型螺旋桨和英国的高恩螺旋桨等。B 型和 AU 型螺旋桨适用于商船,而高恩螺旋桨则适用于水面高速军舰。

为了使大家了解目前世界各国比较有名的螺旋桨系列发展情况,特择要列于表 4-2 和表 4-3 中,以便选用。

表 4-2 荷兰船模试验池于 1973—1975 年整理完成的 B 型螺旋桨设计图谱由 21 组系列组成[*]

叶　　数	盘　面　比
3	0.35,0.50,0.65,0.85
4	0.40,0.55,0.70,0.85,1.00
5	0.45,0.60,0.75,0.90,1.05
6	0.50,0.65,0.80,0.95
7	0.55,0.70,0.85

[*] 表中所列图谱都已对雷诺数的影响作了修正,图谱是对应于雷诺数 $Re=2\times10^6$ 的情况。

表 4-3　世界各国著名螺旋桨系列（B 系列见表 4-2）

系列所属试验水池名称	系列代号	叶数 Z	盘面比 A_E/A_0	叶厚分数 t_0/D	桨叶外形轮廓	桨叶切面类型	毂径比 d/D	螺距比范围	螺距分布	纵斜角 ε	桨模直径 D_m/mm	雷诺数 Re 定义及试验雷诺数范围
日本船舶运输技术研究所水池	MAU-3	3	0.35,0.50	0.05	有侧斜非对称形	叶根附近为机翼型 叶梢附近为弓型	0.18	0.4~1.2	等螺距	10°	250	$Re=\dfrac{nD^2}{\nu}$　4.5×10⁵~6.5×10⁵
	MAU-4	4	0.40,0.55,0.70					0.4~1.6				
	MAU-5	5	0.50,0.65,0.80					0.5~1.1				
	AU$_w$-6	6	0.55,0.70,0.85									
	MAU$_w$-6	6	0.85									
瑞典国家船模试验水池	SSPA-3	3	0.45	0.05	同上	同上	0.15~0.20	0.55~0.75	0.6R 以内变螺距	5°	250	$Re=\dfrac{b_{0.75R}\sqrt{V_A^2+(0.75\pi nD)^2}}{\nu}$　3.5×10⁵~5.5×10⁵
	SSPA-4	4	0.47,0.53,0.60					0.65~1.15				
	SSPA-5	5	0.60					0.65~1.15				
	SSPA-6	6	0.60					0.75				
英国	Ma-3	3	0.75,0.90,1.05,1.20	0.053~0.063	对称形	弓型	0.19	1.0;1.15;	等螺距	0°	250	2.7×10⁶~5.1×10⁶
	Ma-5	5	0.75,0.90,1.05,1.20	0.042~0.054				1.30				
	G-3	3	0.50,0.65,0.8	0.06	对称形	弓型	0.20	0.4~2.0	等螺距	0°	507	$Re=\dfrac{b_{0.7R}\sqrt{V_A^2+(0.7\pi nD)^2}}{\nu}$　2.2×10⁶
苏联		3	0.50,0.80,1.10		对称形	月牙型	0.165	0.6~1.6	等螺距	0°	200	
中国	GD-3	3	0.35,0.50	0.045	有侧斜非对称型（关刀型）	叶根附近为机翼型 叶梢附近为弓型	0.17	0.4~1.4	径向线性变螺距	13°	240	$Re=\dfrac{b_{0.75R}\sqrt{V_A^2+(0.75\pi nD)^2}}{\nu}$　2.7×10⁵~3.5×10⁵
	GD-4	4	0.45,0.60									

在特种推进器方面已有不少先进系列（如串列螺旋桨、导管螺旋桨、可调螺距螺旋桨等），其详情于本书第 10 章中介绍

41

第5章　螺旋桨与船体相互作用

在上面各章中,我们只讨论了孤立螺旋桨在敞水中(或称在均匀流场中)的水动力性能,而在"船舶阻力"课程中也只研究了孤立船体(即不带有螺旋桨的船体)在静水中航行时所遭受的阻力。实际螺旋桨是在船后工作的,螺旋桨和船体成为一个系统,两者之间必然存在相互作用。这种相互作用表现为船体所形成的速度场和螺旋桨所形成的速度场之间的相互影响。在船后工作的螺旋桨因受到船体的影响,故进入桨盘处的水流速度及其分布情况与敞水者不同,而船体周围的水流速度分布及压力分布受螺旋桨的影响也与孤立的船体不同。因此,船后螺旋桨与水流的轴向相对速度不等于船速,螺旋桨发出的推力也不等于孤立船体所遭受的阻力。

如何把孤立螺旋桨和孤立船体联系起来,正是研究螺旋桨和船体相互影响的目的。严格来说,应把船体与螺旋桨作为统一的整体来考虑。近年来也确有一些学者从事这方面的研究,但由于问题相当复杂,未能付诸实施。所以,目前仍采用近似方法来解决,即分别研究船体和螺旋桨的单独性能,然后再近似地考虑两者之间的相互影响。这种近似方法的实质是:把船体和螺旋桨仍然看作是孤立的,即认为螺旋桨是在船后流场中单独工作,而船体位于螺旋桨所影响的水流中运动。这样就可以把孤立螺旋桨和孤立船体相联系起来,亦即考虑到上述情况以后,可以把螺旋桨敞水试验的结果和船模阻力试验的结果用于船体-螺旋桨的整个系统。

5-1　伴流——船体对螺旋桨的影响

1. 伴流的成因和分类

船在水中以某一速度 V 向前航行时,附近的水受到船体的影响而产生运动,其表现为船体周围伴随着一股水流,这股水流称为伴流或迹流。由于伴流的存在,使螺旋桨与其附近水流的轴向相对速度和船速不同。在船舶推进中,所感兴趣的问题是船体对螺旋桨的影响,故通常所指的伴流即为船尾装螺旋桨处(即桨盘处)的伴流。

船后伴流的速度场是很复杂的,它在螺旋桨盘面各点处的大小和方向是不同的。一般来说,伴流速度场可以用相对于螺旋桨的轴向速度、周向(或切向)速度和径向速度 3 个分量来表示。测量结果表明,与轴向伴流速度相比较,周向和径向两种分量为二阶小量,在螺旋桨设计问题中,常可不予考虑。因此,在本书中如无特别说明,所谓伴流均指轴向伴流。伴流的速度与船速同方向者称为正伴流,反之则为负伴流。产生伴流的原因有下列 3 种。

　1)船身周围的流线运动

船在水中以速度 V 向前航行时,船体周围水流的流线分布情况大致如图 5-1 所示。首尾处的水流具有向前速度,即产生正伴流,而在舷侧处水流具有向后速度,故为负伴流。由此而形成的伴流称为形势伴流或势伴流。因流线离船身不远处即迅速分散,故在离船体略远处其作用即不甚显著,亦即离船体愈远,形势伴流之数值愈小。

2）水之黏性作用

因水具有黏性，故当船在运动时沿船体表面形成界层，界层内水质点具有向前的速度，形成正伴流，通常称为摩擦伴流。摩擦伴流在紧靠船身处最大，由船身向外急剧减小，离船体不远处即迅速消失，但在船后相当距离处摩擦伴流依然存在。图 5-2 表示船身附近的界层（或称摩擦伴流带），界层（实际上是尾流）在尾部后具有相当的厚度，与螺旋桨直径相差不多，故摩擦伴流常为总伴流中的主要部分。摩擦伴流的大小与船型、表面粗糙度、雷诺数及螺旋桨的位置等有关。

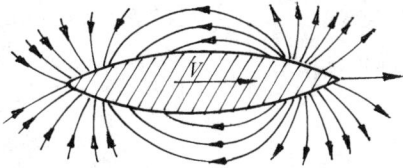

图 5-1　船体周围的流线分布　　　　　　　　图 5-2　船体附近的界层

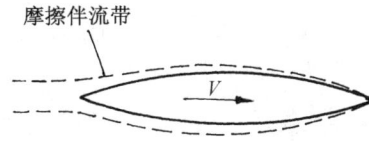

3）船舶的兴波作用

船在航行时水面形成波浪，若螺旋桨附近恰为波峰，则水质点具有向前速度；如恰为波谷，则具有向后速度。由于船舶本身兴波作用而形成的伴流称为波浪伴流，其数值常较前两者为小。但对于高速双桨船（例如驱逐舰）因其尾部常为波谷，且螺旋桨的位置处于船后两侧，摩擦伴流和势伴流较小，故其总伴流可能为负值。

由伴流之成因可知，伴流是一股很复杂的水流，在螺旋桨盘面各处伴流速度的大小和方向各不相同。因而，在利用螺旋桨系列敞水图谱设计螺旋桨时，常取盘面处伴流的平均轴向速度近似地估计桨盘处的速度场。若船速为 V，桨盘处伴流的平均轴向速度为 u，则螺旋桨与该处水流的相对速度（即进速）

$$V_A = V - u \tag{5-1}$$

根据伴流的成因，可将伴流速度 u 写为

$$u = u_p + u_f + u_w \tag{5-2}$$

式中：u_p 为桨盘处形势伴流的轴向平均速度；

u_f 为桨盘处摩擦伴流的轴向平均速度；

u_w 为桨盘处波浪伴流的轴向平均速度。

2. 伴流分数

伴流的大小通常用伴流速度 u 对船速 V 的比值 w 来表示，w 称为伴流分数或泰洛伴流分数，即

$$w = \frac{u}{V} = \frac{V - V_A}{V} = 1 - \frac{V_A}{V} \tag{5-3}$$

若已知伴流分数，则可由下式决定螺旋桨的进速：

$$V_A = (1 - w)V \tag{5-4}$$

根据伴流的成因，伴流分数也可写为

$$w = w_p + w_f + w_w \tag{5-5}$$

式中：w_p 为形势伴流分数；

w_f 为摩擦伴流分数;

w_w 为波浪伴流分数。

各类船舶的伴流分数数值大致如表 5-1 所示。

表 5-1　各类船舶的伴流分数

船　舶　类　型	伴　流　分　数	船　舶　类　型	伴　流　分　数
快速船和邮船	0.10～0.18	轻巡洋舰	0.035～0.10
单桨商船($C_B=0.5～0.7$)	0.20～0.30	大型驱逐舰	0.00～0.10
双桨商船($C_B=0.5～0.7$)	0.08～0.20	驱逐舰和护卫舰	0.00～0.03
肥大型船(C_B 为 0.8 左右)	0.30～0.40	潜艇	0.10～0.25
主力舰及重巡洋舰	0.15～0.20	鱼雷艇	0.00～0.04

3. 伴流的测定

伴流的大小一般用试验方法求得,因测量的方法不同,伴流可分为标称伴流和实效伴流两种。在未装螺旋桨之船模(或实船)后面,用各种流速仪测定螺旋桨盘面处水流速度,可得标称伴流;根据船后螺旋桨试验或自航试验结果与螺旋桨敞水试验结果比较分析可得实效伴流。

经验证明,上述两种测量结果是不同的。其差别在于是否考虑了螺旋桨工作的影响。因为当船尾有螺旋桨工作时,螺旋桨产生抽吸作用,从而改变了船尾的流线、界层厚度、波形等。由于螺旋桨在船后工作,以实效伴流分数来计算螺旋桨进速比较合理,故通常说的伴流分数均指实效伴流分数。

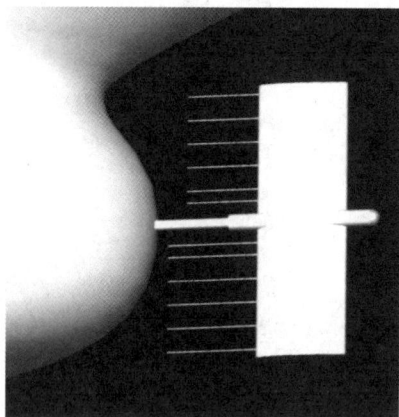

图 5-3　测量伴流的毕托耙

1) 测量标称伴流的方法

现时测量船模(或实船)标称伴流场最常用的仪器是毕托耙。图 5-3 所示之照片为上海交通大学船舶流体力学研究室在测量伴流时毕托耙安装在船模尾部的情况。

为了测得整个桨盘面处的速度场,毕托耙需在 360°范围内转动,测试角度的间隔一般为 10°,在伴流速度沿周向变化较大的区域可适当减小间隔。由此我们可以测得桨盘面处若干同心圆周上等距离点的水流轴向速度[见图 5-4(a)],此速度即为螺旋桨桨叶在不同位置时的"局部进速"$V_A(r,\theta)$,由船模(或实船)速度减去 $V_A(r,\theta)$ 便可得到伴流速度 $u(r,\theta)$。图 5-4(b)所示为某单螺旋桨船桨盘面上不同半径处伴流分数在圆周方向的分布曲线。在某一半径处伴流分数分布曲线变化的大小表示该半径处伴流沿周向的不均匀程度。图 5-4(c)所示为盘面上伴流的等值曲线,该图完整地表示了桨盘面处的伴流场,其变化的大小表示整个桨盘处伴流的不均匀程度。

根据测量结果,即可求得各半径处圆周上的平均伴流及整个盘面上(除去桨毂部分)的平均伴流,在计算时一般可用体积积分法。例如,半径为 r 圆周上的平均伴流分数为

44

$$w(r) = \frac{\int_0^{2\pi} w(r,\theta)r\,\mathrm{d}\theta}{\int_0^{2\pi} r\,\mathrm{d}\theta} = \frac{1}{2\pi}\int_0^{2\pi} w(r,\theta)\,\mathrm{d}\theta \qquad (5\text{-}6)$$

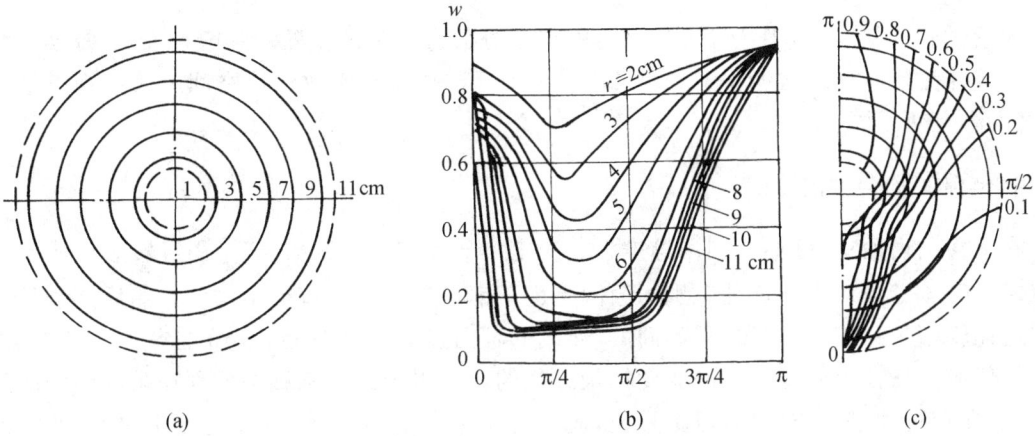

图 5-4　伴流测量结果的表达

整个盘面上的平均伴流分数

$$w = \frac{\int_0^{2\pi}\int_{r_h}^{R} w(r,\theta)r\,\mathrm{d}r\,\mathrm{d}\theta}{\int_0^{2\pi}\int_{r_h}^{R} r\,\mathrm{d}r\,\mathrm{d}\theta} \qquad (5\text{-}7)$$

式中：R 为螺旋桨半径；

　　　r_h 为桨毂半径。

过去曾有人用叶轮伴流仪或环形伴流仪量取桨盘面上各半径处伴流在圆周方向的平均值，但此类仪器目前已极少使用。近年来已有用激光测速仪量取船模的伴流场，由于仪器本身比较复杂，价格昂贵，使用尚不普遍。

2）测量实效伴流的方法

当船速和螺旋桨的转速一定时，伴流的大小直接决定螺旋桨的进速，因而决定螺旋桨所发生之推力及吸收之转矩，故根据螺旋桨的推力或转矩亦可测定伴流。

参阅图 5-5，首先在船模后试验螺旋桨，量出船模速度 V 及螺旋桨的转速 n、推力 T_B、转矩 Q_B。然后，将螺旋桨进行敞水试验，保持转速 n 不变，调节进速直到发出之推力等于上述 T_B 值时，量取其进速 V_A 及转矩 Q_0，则 $u = V - V_A$ 即为实效伴流速度。

图 5-5　测量实效伴流的试验步骤

上述测定实效伴流的方法使螺旋桨在船后与敞水中于同一转速时发生相同的推力，故称为等推力法，但此时 $Q_0 \neq Q_B$。

若螺旋桨进行敞水试验时，保持转速 n 不变，调节进速直至 $Q_0 = Q_B$ 时，量取其进速 V_A 及推力 T_0，则得 $u_1 = V - V_A$，也为实效伴流速度。这种方法称为等转矩方法，但此时 $T_0 \neq$

T_B。用等推力法得到的实效伴流 u 与等转矩法得到的实效伴流 u_1 是不相等的。等推力法是目前广泛采用的方法。

除上述方法外,还可以用船模自航试验或实船试验来测定实效伴流,将在第 9 章中再行讨论。

大量试验资料表明,用各种方法测得的伴流分数有一定的差异。一般来说,以等推力法所得的实效伴流较等转矩法所得者约大 4%。至于标称伴流与实效伴流之间的大小视方形系数 C_B 之大小有所不同。

4. 伴流不均匀性的影响

在上面的讨论中,已经提到用等推力法决定实效伴流时,$Q_0 \neq Q_B$;用等转矩法决定实效伴流时,$T_0 \neq T_B$。引起这种差别的原因是由于船后桨盘处伴流的不均匀。船后桨盘处各点的伴流速度(包括大小和方向)是不同的,伴流的轴向速度在盘面上的分布也是不均匀的,因而以平均伴流来估计船后螺旋桨的速度场是近似的。如果把同一螺旋桨分别在敞水中和船后进行试验,在转速和进速(对船后情况来说,进速为船速与平均伴流速度之差)相同时,两者的推力和转矩是不同的,引起这种差别的原因在于两者之流动状态不同。螺旋桨在敞水中工作时,盘面上各处的进速都相同,而在船后工作时,盘面上各处的局部进速不同。故在同一进速系数时,两者的推力和转矩不同。如以带下标"0"者表示敞水中测得的数值,带下标"B"表示船后相应的数值,则:

$i_1 = \dfrac{T_B}{T_0}$ 为伴流不均匀性对推力的影响系数;$i_2 = \dfrac{Q_B}{Q_0}$ 为伴流不均匀性对转矩的影响系数;

$i = \dfrac{i_1}{i_2}$ 为伴流不均匀性对效率的影响系数,表示在同一进速系数下敞水螺旋桨效率 η_0 和船后螺旋桨效率 η_B 之间的关系。即

$$\frac{\eta_B}{\eta_0} = \frac{T_B V_A / (2\pi n Q_B)}{T_0 V_A / (2\pi n Q_0)} = \frac{T_B}{T_0} \frac{Q_0}{Q_B} = \frac{i_1}{i_2}$$

或

$$\eta_B = \eta_0 \frac{i_1}{i_2} \tag{5-8}$$

如前所述,目前广为采用的是以等推力法来确定实效伴流,故 $T_0 = T_B$,而 $Q_0 \neq Q_B$,亦即 $i_1 = 1.0$,而 $i_2 = \dfrac{Q_B}{Q_0}$,或

$$\eta_B = \frac{1}{i_2} \eta_0 = \eta_R \eta_0 \tag{5-9}$$

式中:$\eta_R = \dfrac{1}{i_2} = \dfrac{Q_0}{Q_B}$ 称为相对旋转效率。

综上所述,在用等推力法确定实效伴流的情况下,船体对螺旋桨的影响可归结为:① 平均实效伴流速度 u,据此可以建立螺旋桨进速 V_A 与船速 V 之间的关系,即 $V_A = V - u$,如以伴流分数 w 来表示,则 $V_A = V(1-w)$;② 伴流不均匀性的影响,即相对旋转效率 η_R,据此可以

建立敞水螺旋桨和船后螺旋桨转矩(或效率)之间的关系。

5-2 推力减额——螺旋桨对船体的影响

1. 推力减额的成因

螺旋桨在船后工作时,由于它的抽吸作用,使桨盘前方的水流速度增大。根据伯努利定理,水流速度增大压力必然下降,故在螺旋桨吸水作用所及的整个区域内压力都要降低,其结果改变了船尾部分的压力分布状况。图 5-6 中,曲线 A 表示孤立船体周围的压力分布曲线,曲线 B 为螺旋桨在敞水中工作时桨盘前后的压力分布曲线。螺旋桨在船后工作时船体周围的压力分布状况可近似地认为是上述两种压力的叠加,故图中曲线 C 即表示螺旋桨在船后工作时压力沿船体周围的分布情况,其阴影部分即为压力减小的数值,导致船体压阻力增加。此外,船尾部水流速度的增大,使摩擦阻力也有所增加,但其数值远较压阻力的增加为小。

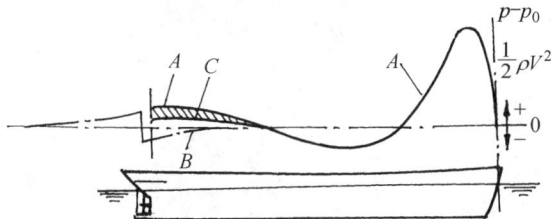

图 5-6 船体周围的压力分布情况

由于螺旋桨在船后工作时引起的船体附加阻力称为阻力增额。若螺旋桨发出的推力为 T,则其中一部分用于克服船的阻力 R(不带螺旋桨时的阻力),而另一部分则为克服阻力增额 ΔR,即

$$T = R + \Delta R \tag{5-10}$$

由式(5-10)可见,螺旋桨发出的推力中只有 $(T - \Delta R)$ 这一部分是用于克服阻力 R 并推船前进的,故称为有效推力 T_e。在习惯上,通常将 ΔR 称为推力减额,并以 ΔT 表示。因此,螺旋桨的总推力 T 可写为

$$T = R + \Delta T \tag{5-11}$$

上式也可写为

$$R = T - \Delta T$$

2. 推力减额分数

在实用上,常以推力减额分数来表征推力减额的大小,推力减额 ΔT 与推力 T 的比值称为推力减额分数 t,即

$$t = \frac{\Delta T}{T} = \frac{T - T_e}{T} = \frac{T - R}{T} \tag{5-12}$$

由此可得船体阻力 R 和螺旋桨推力 T 之间的关系为

$$R = T(1 - t) \tag{5-13}$$

推力减额分数的大小与船型、螺旋桨尺度、螺旋桨负荷以及螺旋桨与船体间的相对位置等

因素有关。用理论方法来计算推力减额是很困难的,通常都是根据船模自航试验或经验公式来决定的。表 5-2 中列举了各类船舶推力减额分数 t 的大致范围。

表 5-2　各类船舶推力减额分数

船 舶 类 型	推力减额分数 t	船 舶 类 型	推力减额分数 t
快速船和邮船	0.06～0.15	轻巡洋舰	0.05～0.10
单桨商船($C_B=0.5～0.7$)	0.08～0.20	大型驱逐舰	0.07～0.08
双桨商船($C_B=0.5～0.7$)	0.10～0.22	驱逐舰和护卫舰	0.06～0.08
肥大型船	0.17～0.25	潜艇	0.10～0.18
主力舰及重巡洋舰	0.18～0.22	鱼雷艇	0.01～0.03

3. 推力减额与伴流的关系

很早以前即有人认识到推力减额与伴流间有密切关系,以后不少学者更进行了具体分析,并仿照伴流分数的划分方法,将推力减额分数 t 写为

$$t = t_p + t_f + t_w \tag{5-14}$$

式中:t_p 为形势推力减额分数;

　　　t_f 为摩擦推力减额分数;

　　　t_w 为波浪推力减额分数。

在理论上分析伴流与推力减额之间的关系甚为复杂,且所得的结果并不一致,故仅作简要的介绍。

在理想流体中,螺旋桨工作时引起船尾处压力降低,因而使船体的压阻力增加,这部分附加阻力称为形势推力减额。富来申组从理论上分析了流线型回转体在理想流体中的运动情况,得出形势伴流和形势推力减额之间关系为

$$t_p = w_p \tag{5-15}$$

狄克曼以理论计算方法来确定速度场的不均匀性对推力减额的影响,并得出形势伴流与形势推力减额之间的关系为

$$t_p = w_p \cfrac{2}{1 + \sqrt{1 + \cfrac{T}{\frac{1}{2}\rho A_o V^2 (1-w_f)^2}}} \tag{5-16}$$

式中:V 为船或船模速度;

　　　A_o 为螺旋桨的盘面积。

由上式可见,形势推力减额与螺旋桨之负荷有关,螺旋桨在一般工作情况下,$t_p < w_p$;但当推力为零时,$t_p = w_p$。

高木又男等人从船体-螺旋桨系统的定常绕流的研究得到

$$t = \frac{w_p}{1 - w_f/2} \tag{5-17}$$

由式(5-17)可见,假定螺旋桨装于船后甚远处,则仅有摩擦伴流的作用,这时推力减额为零。

48

假定水为理想流体,则 $w_f=0$,从而 $t_p=w_p$。

巴甫米尔研究了模型试验的结果,发现在系柱情况时的推力减额分数 t_0 近似地与形势伴流分数 w_p 相等,即

$$t_0 \approx w_p \tag{5-18}$$

其后,拉夫伦捷夫在理论上得到了上述关系。

螺旋桨工作时诱导速度所涉及的范围不大,船尾因水流速度增大而增加的摩擦阻力很小,即摩擦推力减额较小。在正常情况下,t_f 值在测量误差范围内,因而可不予考虑。

船尾波系受螺旋桨工作的影响致使船的兴波阻力发生改变,由此形成波浪推力减额。但螺旋桨在正常深度工作时所引起的波浪很小,对于船尾波系几乎无影响,故一般认为波浪推力减额分数 t_w 也可不予考虑。

综上所述,形势推力减额占总推力减额中的主要成分,且可认为两者大致相等,即

$$t \approx t_p \tag{5-19}$$

5-3 推进系数及推进效率的各种成分

在本节中通过对功率传递和推进效率成分的分析,使读者了解船体、螺旋桨及主机之间的相互关系,进一步理解在实际设计工作中把敞水螺旋桨和孤立船体联系起来的大体思路。此外,还将简要讨论提高推进性能的若干措施。

1. 功率传递及推进效率成分

设船舶以速度 V 前进时,主机的转速为 n,发出的功率为 P_S,主机带动螺旋桨旋转,螺旋桨发出的推力为 T,克服船在航速 V 时所遭受的阻力 R。在这一平衡系统中,功率的传递及各种效率成分可分析如下。

1）传送效率

主机发出的功率 P_S 经过轴系传送至螺旋桨,由于轴系的摩擦损耗等因素,致使螺旋桨在船后实际收到的功率为 P_{DB},即

$$P_{DB} = \eta_S P_S \tag{5-20}$$

式中:η_S 为轴系传送效率。

若主机直接带动螺旋桨,螺旋桨的转速亦为 n,则 η_S 的数值一般取为

中机型船:$\eta_S = 0.97$;尾机型船:$\eta_S = 0.98$

在有减速装置的情况下,螺旋桨的转速 $n_1 = jn$,j 为齿轮箱的减速比。此时应考虑减速装置的效率 η_G(η_G 可据具体的减速装置合理选取,对一般情况 $\eta_G = 0.96$),故螺旋桨实际收到的功率为

$$P_{DB} = \eta_S \eta_G P_S \tag{5-21}$$

η_S、η_G 纯粹是机械性的传送效率,与船体及螺旋桨的水动力性能无关。

2）推进系数及推进效率

主机发出的功率 P_S 真正有用的部分是克服阻力 R 使船以航速 V 前进,亦即有用的功率为船的有效功率 P_E。两者之比值称为推进系数 $P.C$,即

$$P.C = P_E/P_S \tag{5-22}$$

推进系数 $P.C$ 中包括机械性的轴系损失在内。为了表达推进系统中总的水动力性能,在船舶推进中,采用船的有效功率 P_E 与螺旋桨的收到功率 P_{DB} 之比值,称为推进效率 η_D(过去常称为似是推进系数 QPC),即

$$\eta_D = P_E / P_{DB} \tag{5-23}$$

这里需要说明的是,P_{DB} 系指在船后的螺旋桨所收到的功率,它用于克服船后螺旋桨转速为 n 时的转矩。因此

$$P_{DB} = 2\pi n Q_B \tag{5-24}$$

3)推进效率成分

船后螺旋桨在收到功率 P_{DB} 后发出推力 T,其进速为 V_A,故螺旋桨单位时间所做的功定义为推功率

$$P_T = T V_A \tag{5-25}$$

螺旋桨推功率 P_T 与收到功率 P_{DB} 之比值称为船后螺旋桨的效率

$$\eta_B = \frac{P_T}{P_{DB}} = \frac{T V_A}{2\pi n Q_B} = \frac{T V_A}{2\pi n Q_0} \frac{Q_0}{Q_B} = \eta_0 \eta_R \tag{5-26}$$

式中:$\eta_R = \dfrac{Q_0}{Q_B}$ 为相对旋转效率;

$\eta_0 = \dfrac{T V_A}{2\pi n Q_0}$ 为螺旋桨的敞水效率。

η_R 也可写作螺旋桨敞水收到功率 P_{D0} 与船后收到功率 P_{DB} 之比,即

$$\eta_R = \frac{P_{D0}}{P_{DB}} \tag{5-27}$$

船之有效功率 P_E 与螺旋桨推功率 P_T 之比值称为船身效率 η_H,即

$$\eta_H = \frac{P_E}{P_T} = \frac{RV}{T V_A} = \frac{1-t}{1-w} \tag{5-28}$$

由式(5-28)可见,船身效率 η_H 表示伴流与推力减额之合并作用。

通过上述分析,可以把推进系数 $P.C$ 表示为

$$P.C = \frac{P_E}{P_S} = \frac{P_E}{P_T} \frac{P_T}{P_{D0}} \frac{P_{D0}}{P_{DB}} \frac{P_{DB}}{P_S} = \eta_D \eta_S = \eta_H \eta_0 \eta_R \eta_S \tag{5-29}$$

为了便于了解组成推进系数 $P.C$ 的各效率成分及功率的传递,给出图5-7所示的各种效率成分与功率的关系。

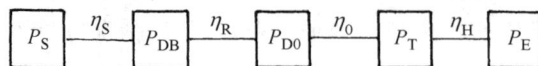

图 5-7 各种效率成分与功率关系示意图

按上述效率成分分析的思路,可以把孤立的船体与敞水螺旋桨联系起来,并使船体、螺旋桨和主机三者相配合。其程序大体是:设已知船速 V 时遭受的阻力为 R,则先估计伴流分数 w 及推力减额分数 t,设计或选择一个螺旋桨,要求它在进速 $V_A = V(1-w)$ 时发出推力 $T = R/(1-t)$。假定该螺旋桨的敞水效率为 η_0,转速为 n,转矩为 Q_0,则估计相对旋转效率 η_R,求出该螺旋桨在船后时的扭矩 Q_B 及收到功率 P_{DB},考虑到轴系传送效率 η_S 后即可得出所需

的主机功率 P_s。

5-4　提高推进性能的措施和节能装置

如前所述,推进系数 $P.C$ 是表征整个推进系统性能优劣的全面衡准,虽便于船舶初步设计时根据船之速度与阻力估计所需的主机马力,但因包括机械性能之传送效率,故不能正确表示船体与螺旋桨的水动力性能。推进效率 $\eta_D = P_E/P_{DB}$ 中包括螺旋桨的效率及船体与螺旋桨之间的相互影响,但未能表示船形对阻力是否合适。若船形不佳,阻力过大,虽其推进效率较高,亦不能确证其为优良设计。因此,快速性优秀之船舶应具有最小的阻力和最高的推进效率。

随着船舶尺度和航速的不断提高,螺旋桨诱导船体振动已成为设计师和业主烦恼的问题。因此,目前在船体和螺旋桨设计时,往往从船体阻力、推进性能和激振力等方面综合考虑。这里仅就改善船舶推进性能的途径作一简略的介绍,供读者参考。至于激振等问题在以后有关章节中再行讨论。

船舶推进性能的优劣与作为主要能源的燃油消耗有密切关联。从 20 世纪 70 年代开始,燃油消耗占船舶营运费用的比例甚至高达 $50\% \sim 65\%$ 之多,世界各造船国家纷纷集中大量人力和财力,从事于提高推进性能的船舶节能技术的研究,并取得了显著的成绩。归纳起来主要有阻力和推进综合性能优良的船型和水动力附加节能装置,它们的基本作用原理如下:

(1) 减小或消除船尾(或桨毂帽后部)的水流分离,减小黏压阻力。

(2) 改善螺旋桨的进流,使桨之进流更均匀些,以改善船体与桨之间的匹配。

(3) 产生附加推力。

(4) 使桨之进流预旋或消除桨后周向诱导速度,使螺旋桨尾流中原先所损失的旋转能量部分回收。

1. 船型对推进性能的影响

船尾形状与推进性能的优劣关系密切,它不仅影响船的阻力,而且对伴流及推力减额影响很大。船的后半体方形系数大者,其伴流及推力减额皆大,但推力减额分数的增加较大,因此总的结果是船身效率较低。在方形系数一定时,有 3 种典型的船尾形状可供选择,即 U 形、球尾和 V 形。U 形及球尾之平均伴流较大,分布也较均匀,除推进效率较高外,还有利于减小螺旋桨的激振力,但其阻力较 V 形者为大。世界各国对此问题研究甚多,现以瑞典国家船模试验池(SSPA)对 300 000 t 油船的模型试验结果为例说明如下。试验模型具有相同的首部线型,但配以 3 种典型的尾部线型(V 形、U 形及球尾),如图 5-8 所示。

模型试验的结果表明,在设计航速 16 kn 时,V 形尾的阻力最低,球尾及 U 形尾之阻力分别较 V 形尾高约 3% 及 7%。球尾及 U 形尾的推进效率都较 V

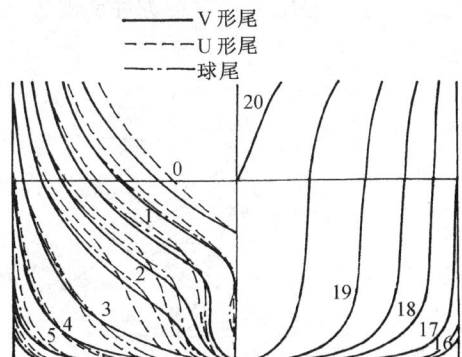

图 5-8　3 种典型的尾部线型

形尾为高,但就螺旋桨所需的收到功率 P_D 说来,球尾较 V 形尾约低 4%,而 U 形尾较 V 形尾约高 3%。总的来说,以球尾为佳。

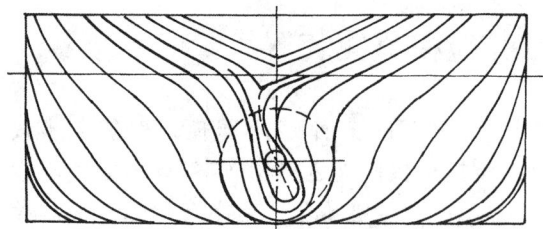

图 5-9　不对称船尾型线

不对称船尾型线(见图 5-9)早在 1962 年就由德国汉堡设计事务所开发成功。但直至 1982 年才被 502TEU"Thea-S"号船首次采用,试航成功证实该船不对称尾具有 9% 的节能效果。我国船舶及海洋工程设计研究院多次试验研究也证实此类尾型可望得到减小所需功率 4%~9% 的收益。

双桨船具有普通尾部形状者桨盘处的伴流分数较低,船身效率及推进效率亦低。如果将普通常规船尾恰当地改为类似于两个单桨船尾的双尾鳍形状,同时合理选择螺旋桨的旋转方向以充分利用伴流的周向成分,则可得到极为显著的效果。图 5-10 为某沿海双桨货船(双尾鳍)的线型,根据上海交通大学的模型试验的结果可得:在设计航速时双尾鳍之阻力较普通尾约低 4%;双尾鳍配内旋桨者较普通尾推进效率约高 10%,配外旋桨者较普通尾高 4%,双尾鳍配内旋桨者所需的功率较普通尾低 13%。上述模型试验结果已用于实船,并被实船试航所证实。

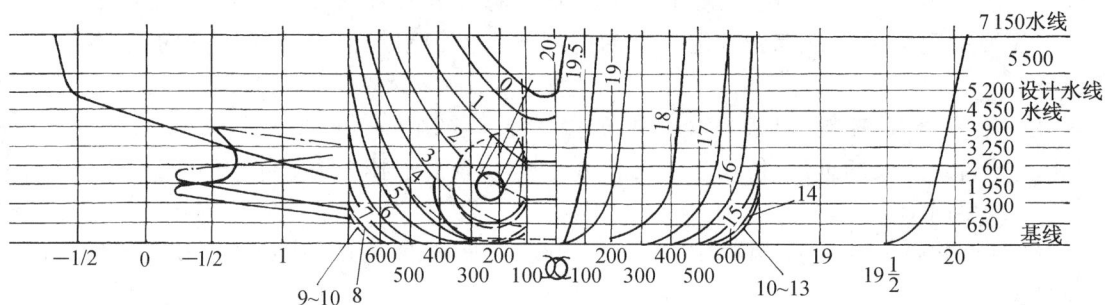

图 5-10　双尾鳍线型

自 20 世纪 70 年代末期以来我国开发了一种新型的涡尾型线,如图 5-11 所示。它适用于内河客货船、机动驳船、推拖船和部分沿海运输船,并分别发展成平头、尖头和球首涡尾船型,螺旋桨旋向也从涡尾内旋桨发展到涡尾外旋桨。其中平头涡尾型线已为十多艘内河客船采用,并建成投入营运,节油 25%~70%。

在了解船尾形状对推进性能的影响后,我们再来看船首形状对推进性能的影响。球首在减

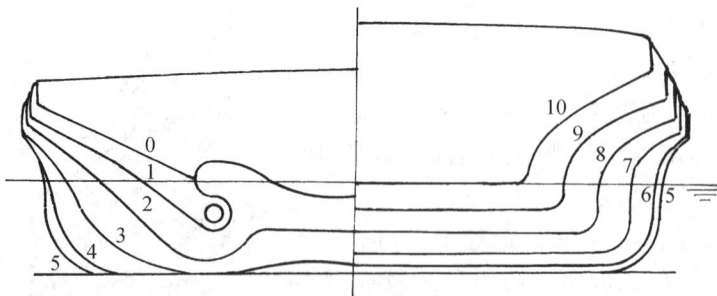

图 5-11　涡尾型线

小船舶阻力方面的作用早已为人们所认识,但对改善船舶推进性能方面的积极作用常被忽视。不少的试验结果表明,无论大型球首或小型"流鼻",在获得减低阻力效果的同时,推进效率也有所提高。图 5-12 给出了 25 000 t 散装货船球首和普通首的自航试验结果。从图中可以看到,球首对提高推进效率的作用相当显著。

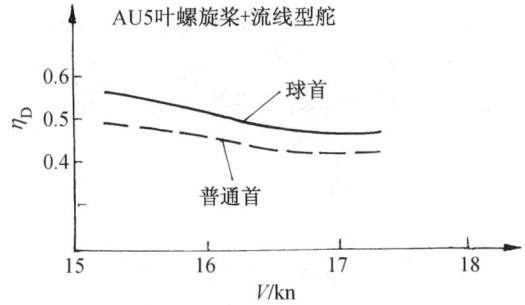

图 5-12　球首对推进效率的作用

2. 水动力附加节能装置

上面从考虑船型出发讨论了提高船舶推进性能的可能途径。不难看出,这些措施仅适用于新船,也就是说在新船设计时就应决定方案,而对于已经投入营运的船舶势必需要另辟蹊径。下面介绍的水动力附加节能装置是在螺旋桨前、后方安装一些附件以提高推进性能达到节能的目的,由于其工艺简单、效果显著,因此为人们所乐于采用。

位于螺旋桨后方的舵可以减小尾流旋转动能的损失,有利于提高推进效率,因此采用不同形状的舵可以说是最简便的节能装置。舵对推进效率的影响通常可用推力减额分数的大小来表示。一般来说,流线型舵优于平板舵,反应舵则更优。如在舵上配置整流帽,则更有利于提高推进效率。表 5-3 为上海交通大学船舶流体力学研究室,对 25 000 t 散装货船配以不同形式的舵进行自航试验的结果。

表 5-3　25 000 t 散装货船配置不同形式舵的 $(1-t)$ 值

航速 V/kn	15.7	16.2	16.7
反应舵＋整流帽	0.705	0.696	0.695
流线型舵＋整流帽	0.718	0.696	0.689
反应舵	0.711	0.688	0.681
流线型舵	0.689	0.675	0.673

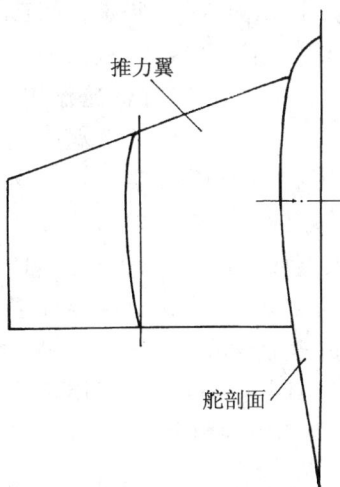

图 5-13　舵附加推力翼

舵附加推力翼由日本石川岛播磨重工首先推出,它对推进性能的影响原理上与舵完全相同。所谓附加推力翼实际上是在舵的左右两侧各安装一个机翼,考虑到螺旋桨的旋向,两侧机翼可以分别具有正和负的小攻角。图 5-13 为其结构形式简图。上海交通大学船舶流体力学研究室进行的系列研究表明,通常收到功率可以节约 5%。这种装置已在多艘拖船上应用,实船试验结果进一步证实了其节能效果,推进效率可提高 9% 左右。

螺旋桨进流补偿导管(见图 5-14),亦称均流导管、前置小导管等,装于船尾桨前纵中剖面附近两侧,偏置于桨轴上方,其中心线斜向后上方布置,是具有机翼形切面的环形导流装置。它以本身微小阻力为代价,加速螺旋桨上部进流,减少船尾部水流分离,使盘面内进流均匀化,改善了推进效率。图 5-15 为某 1 000 t 沿海货船加装补偿导管前后的自航试验结果。试验表明该船在 8～11 kn 范围内达到相同航速所需的收到功率可望减小 3.7%～8.7%。补偿导管在我国应用比较广泛,不仅用于旧船改造而且还用于新设计的船舶,根据船舶及海洋工程设计研究院的经验,平均节能效果达 7%～8%。

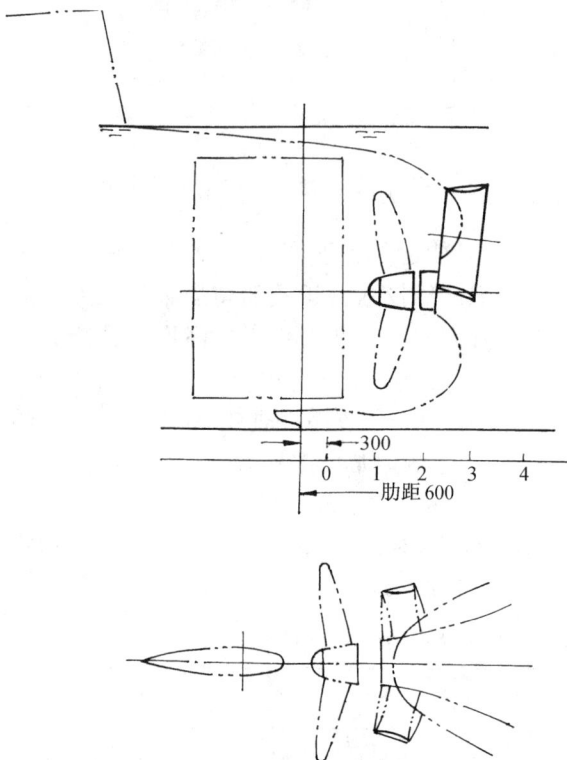

图 5-14　补偿导管简图

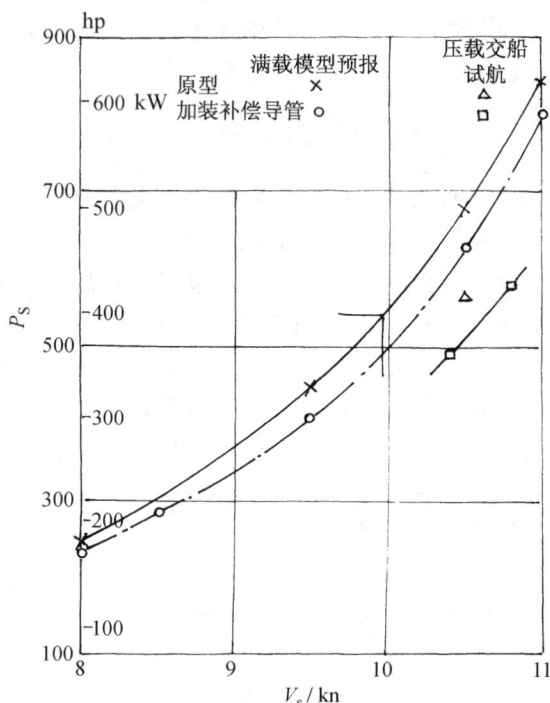

图 5-15　加装补偿导管前后的试验结果

螺旋桨毂帽鳍(PBCF)是由日本大阪商船三井船舶株式会社、西日本流体技研株式会社和 Mikado 螺旋桨株式会社联合开发的一种节能装置。毂帽鳍是由在普通螺旋桨后毂帽表面上

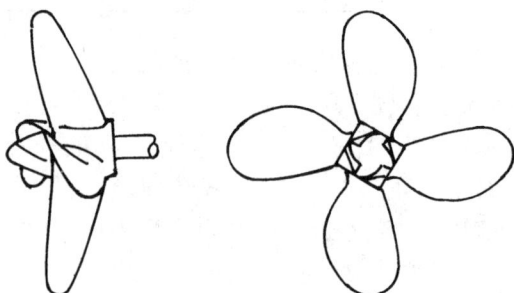

图 5-16　毂帽鳍示意图

适当位置处以某一角度安装的几个小叶片构成,小叶片数与桨叶数相同,如图 5-16 所示。螺旋桨毂涡经过毂帽鳍的作用强度会减弱,从而消除毂涡所引起的诱导阻力,对螺旋桨有整流作用,使螺旋桨效率提高 3%～7%。同时使毂涡空泡现象有所减弱,从而还有利于减小螺旋桨的噪声。图 5-17 为其对某船的实际效果。由于毂帽鳍具有构造简单、安装方便、造价较低等优点,且无论在新船还是旧船上安装(特别是对于螺旋桨螺距比较大、毂涡较强的船舶),都可收到预期的效果,因此目前已在两千多条船上采用。

螺旋桨前方或后方加固定叶轮(亦称定子),若叶片角度布置适当同样可以部分利用螺旋桨的尾流能量来提高推进效率,一般可以减小主机功率 4%～7%,其效果大小与选择适当的叶数、翼型和叶片安装角等因素有关。

20 世纪 60 年代德国 Grim 研制成功的桨后安置自由叶轮(或称导轮),至今已在一些船上

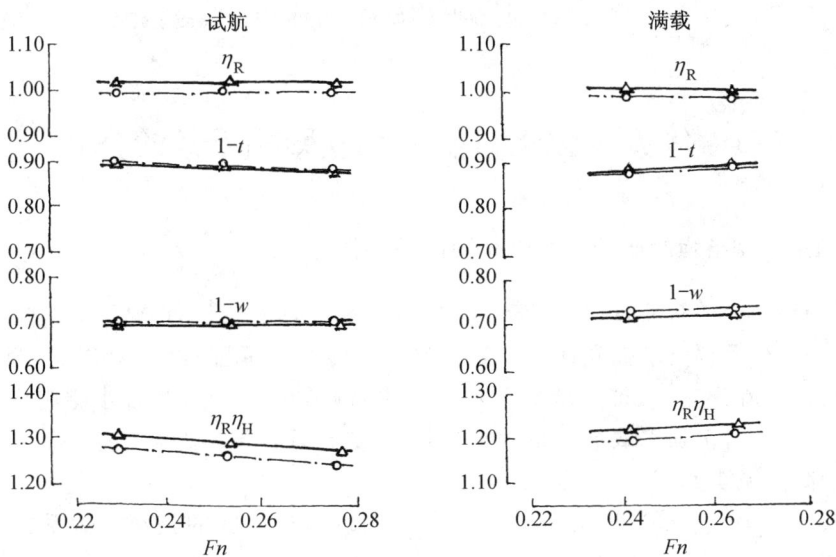

图 5-17　某船加装毂帽鳍的实际效果

— ○ — 无 PBCF　　— △ — 有 PBCF

获得应用。它是安装在螺旋桨后方桨轴上可以自由转动的装置,外形与螺旋桨相似,直径比螺旋桨大,叶数比螺旋桨叶数多(见图 5-18)。自由叶轮沿它的半径按其作用原理分为两部分:处于前方桨尾流中的内半径部分起水轮机作用,可将螺旋桨尾流能量转换为推动自由叶轮旋转的机械能;而处于桨尾流之外的自由叶轮部分则起常规螺旋桨的作用,将自由叶轮水轮机部分获得的机械能转化为推进功率。实践证明,这类装置可望提高推进效率 10% 左右。但由于其工艺结构均较复杂,价格昂贵,因此在应用上也受到了一定的限制。

应该指出,上述的提高船舶推进性能的措施往往可以把两种甚至几种原理各异的技术用于同一条船,有时可获得高于单项技术的节能效果,这可称为组合式节能技术。

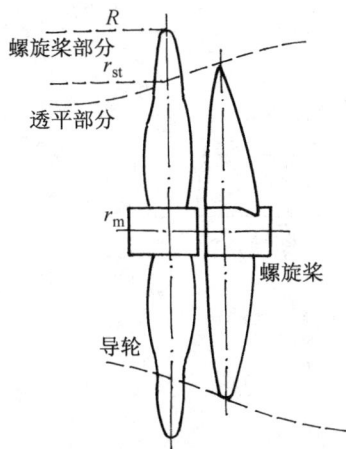

图 5-18　螺旋桨及自由叶轮

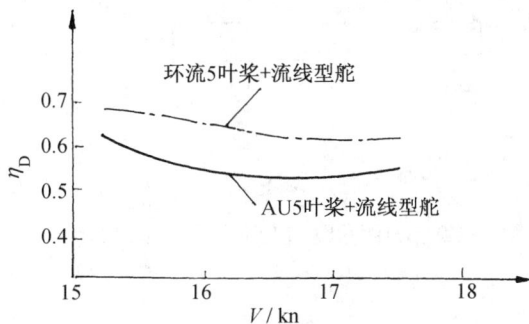

图 5-19　图谱设计桨和环流理论设计桨的推进效率比较

最后,讨论一下关于图谱设计桨和环流理论设计桨对推进性能的影响问题。就敞水效率而言,图谱设计的螺旋桨和环流理论设计的螺旋桨基本相同,但与船体配合工作时两者的推进效率是有差别的。25 000 t 散装货船模型自航试验的结果表明,环流理论桨具有较高的推进效

55

率,如图 5-19 所示,其中图谱桨为 AU 型 5 叶螺旋桨,环流理论桨是按配合伴流最佳环量分布条件设计的。

5-5 估算螺旋桨与船体相互影响系数的公式

1. 正确确定船体与螺旋桨相互影响系数的重要性

从 5-3 节的讨论可知,通过伴流分数 w、推力减额分数 t 和相对旋转效率 η_R 可把船体和螺旋桨联系起来,从而解决了孤立螺旋桨和孤立船体的配合问题。因此在螺旋桨设计时,应首先根据船型估计伴流分数 w、推力减额分数 t 及相对旋转效率 η_R,然后才能利用螺旋桨敞水系列图谱。由此可见,正确选取这些系数十分重要,如果选择不当将会产生不良的后果。现以伴流分数为例简要说明如下。

假定选取 w_1、t、η_R 作为相互影响系数设计螺旋桨,而实际的相互影响系数却是 w_2、t、η_R,且 $w_2 < w_1$。由于 $V_A = V(1-w)$,故

$$V_{A1} = V(1-w_1)$$
$$V_{A2} = V(1-w_2)$$

因为 $w_2 < w_1$,故必然有 $V_{A2} > V_{A1}$。设计螺旋桨的工作状态是 $J_1 = \dfrac{V_{A1}}{nD}$,而实际的工作状态却是 $J_2 = \dfrac{V_{A2}}{nD}$,且 $J_2 > J_1$。图 5-20(a)为该螺旋桨某一代表切面处的速度图,图 5-20(b)为该桨的敞水性征曲线。

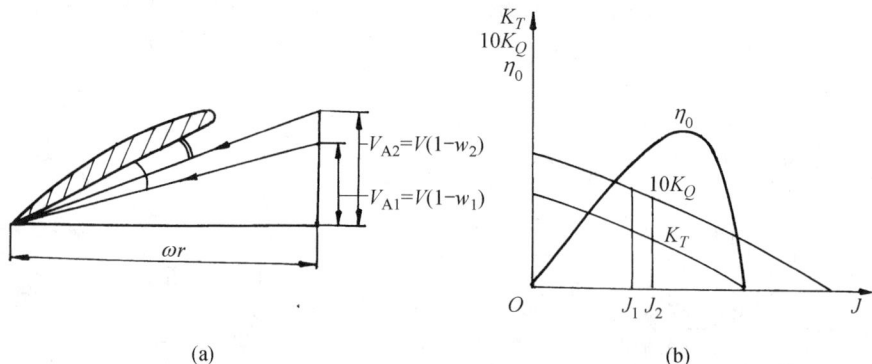

图 5-20 伴流分数选取不当对螺旋桨性能的影响

从图 5-20(b)中可以看出,设计时以为螺旋桨发出的推力为

$$T_1 = (K_T)_1 \rho n^2 D^4$$

而实际上螺旋桨发出的推力为

$$T_2 = (K_T)_2 \rho n^2 D^4$$

且 $T_2 < T_1$。同样,螺旋桨转矩之间的关系为 $Q_2 < Q_1$。由此可见,实际螺旋桨不能吸收预定的功率和发出要求的推力,从而无法达到预定的设计航速。这时螺旋桨处于轻载状态,不能充分利用主机功率;反之,若 $w_2 > w_1$,则螺旋桨实际工作处于重载状态,对主机工作不利。

56

类似地,如果推力减额分数 t 选择不当,则螺旋桨发出的推力无法与实船阻力平衡。

从上述分析中可见, w、t、η_R 等系数的选择是否合适,是螺旋桨设计成功与否的重要前提,必须予以充分注意。

2. 估算伴流分数的近似公式

伴流及推力减额与船型、螺旋桨尺度以及螺旋桨与船体间的相对位置等因素有关,故决定伴流和推力减额比较可靠的办法是进行专门的模型试验。但在无法进行模型试验的情况下可以应用经验公式进行估算。这些近似公式是根据某类或某几类船型的实船试验或模型试验的结果归纳而成的,其适用性有一定的范围。用不同公式计算得到的结果往往相差很大,因此难以笼统肯定哪个公式最正确。设计者应根据船型的特点选择合适的公式。

1)泰洛公式(适用于海上运输船舶)

对于单螺旋桨船

$$w = 0.5C_B - 0.05 \tag{5-30}$$

对于双螺旋桨船

$$w = 0.55C_B - 0.20 \tag{5-31}$$

式中: C_B 为船舶的方形系数。

2)汉克歇尔公式

对于单桨标准型商船($C_B = 0.54 \sim 0.84$)

$$w = 0.70C_P - 0.18 \tag{5-32}$$

对于单桨渔船

$$w = 0.77C_P - 0.28 \tag{5-33}$$

对于双桨标准型商船($C_B = 0.54 \sim 0.84$)

$$w = 0.7C_P - 0.3 \tag{5-34}$$

式中: C_P 为纵向棱形系数。

3)巴甫米尔公式

$$w = 0.165C_B^x \sqrt{\frac{\sqrt[3]{\nabla}}{D}} - \Delta w \tag{5-35}$$

式中: C_B 为方形系数;

∇ 为船之排水量(m^3);

D 为螺旋桨直径(m);

x 为指数, $x = 1$ 时适用于中线处的螺旋桨, $x = 2$ 时适用于舷侧螺旋桨;

Δw 为伴流分数修正值,与傅汝德数(又称傅氏数) $Fr = \dfrac{V}{\sqrt{gL}}$ 有关,可据下式决定:

当 $Fr > 0.2$ 时, $\Delta w = 0.1(Fr - 0.2)$

当 $Fr \leqslant 0.2$ 时, $\Delta w = 0$

为了了解上述经验公式的适用性,许凡脱纳曾以 35 艘各类船舶的实测数据与经验公式的估算结果进行了分析比较。对于单桨船的主要结论如下:

(1)平均而言,泰洛公式的误差最小。

（2）对于内河船，以巴甫米尔公式，及巴甫米尔公式与汉克歇尔公式的求和平均值为佳，泰洛公式并不适用。

对于双桨船的主要结论如下：

（1）各公式的计算值与实测结果均较接近，其中以汉克歇尔公式为最好，巴甫米尔公式次之；但当方形系数 C_B 较小时，均相差较多，相对而言，巴甫米尔公式比较好些。

（2）巴甫米尔公式的适用性较广。对求和平均值而言，以上述 3 式相加的平均值为最佳，泰洛公式加巴甫米尔公式、汉克歇尔公式加巴甫米尔公式次之。

我国在这方面积累的资料不多，但就我们掌握的实船资料来看，对于 10 000 t 至 40 000 t 的单桨海船，泰洛公式是较理想的。

4）越智重信公式

对于渔船，在主机负荷为 $75\% \sim 100\%$ 的航速范围内的所有装载情况（其平均情况为 $B/L = 0.19$，$D/B = 0.25$，$h_s/T_A = 0.66$），伴流分数按下式计算：

$$w = 0.301 + 0.053B/L - \frac{1}{3}(D/B + 0.75h_s/T_A - C_B) \quad (5\text{-}36)$$

或者，采用如下简化式：

$$\left. \begin{array}{l} w = \dfrac{1}{3}C_B + 0.063（满载） \\[2mm] w = \dfrac{1}{3}C_B + 0.08（轻载，试航） \end{array} \right\} \quad (5\text{-}37)$$

式中：T_A 为尾吃水；

　　　B 为船宽；

　　　D 为螺旋桨直径；

　　　h_s 为桨轴中心入水深度。

近年来，回归分析方法用于试验数据处理日益广泛，在大量的船模和实船试验结果的基础上，得到一些估计伴流分数的统计公式，其中以荷兰船模试验池供各类海船用的公式有代表性，现介绍如下。

5）霍尔特洛泼公式

此公式基于大量模型和实船试验的结果（所统计的船舶类型包括油船、货船、渔船、集装箱船和巡洋舰等），也可用于低长宽比（L/B）的大方形系数船和瘦型船。

对于单螺旋桨船：

$$w = C_9 C_v \frac{L}{T_A}\left(0.066\,187\,5 + 1.217\,56 C_{11} \frac{C_v}{1 - C_{P1}}\right) +$$

$$0.245\,58\sqrt{\frac{B}{L(1 - C_{P1})}} - \frac{0.097\,26}{0.95 - C_P} + \frac{0.114\,34}{0.95 - C_B} +$$

$$0.75 C_{stern} C_v + 0.002 C_{stern} \quad (5\text{-}38)$$

对于双螺旋桨船：

$$w = 0.309\,5C_B + 10C_v C_B - 0.23D/\sqrt{BT} \quad (5\text{-}39)$$

上述两式中：

　　　B 为船宽；

T 为平均吃水；

D 为螺旋桨直径；

T_A 为在尾垂线(A.P.)处的吃水；

L 为实船水线长度；

C_P 为棱形系数；

C_B 为方形系数；

C_v 为黏性阻力系数，按下式计算：

$$C_v = (1+k)C_F + C_A$$

其中：C_F 为摩擦阻力系数，按 1957ITTC 公式计算；

C_A 为实船-船模相关系数，按下式计算：

$$C_A = 0.006(L+100)^{-0.16} - 0.00205 + 0.003\sqrt{L/7.5}\,C_B^4 C_2(0.04 - C_4)$$

其中：当 $T_F/L \leqslant 0.04$ $\qquad C_4 = T_F/L$

当 $T_F/L > 0.04$ $\qquad C_4 = 0.04$

T_F 为首吃水；

C_2 为考虑球首对兴波阻力的影响参数，按下式计算：

$$C_2 = \exp(-1.89\sqrt{C_3})$$

$$C_3 = \frac{0.54 A_{BT}^{1.5}}{\left[BT(0.31\sqrt{A_{BT}} + T_F - h_B)\right]}$$

其中：A_{BT} 为球首横剖面面积(以水线面与首柱相交处计算)；

h_B 为 A_{BT} 面积中心在基线以上的高度；

C_9 为与系数 C_8 有关的系数，定义如下：

当 $B/T_A < 5$ $\qquad C_8 = BS/(LDT_A)$

或

当 $B/T_A > 5$ $\qquad C_8 = S(7B/T_A - 25)/[LD(B/T - 3)]$

其中：S 为船的总湿面积(包括附体)，定义为

$$S = L(2T+B)\sqrt{C_M}(0.453 + 0.4425C_B - 0.2862C_M -$$
$$0.003467B/T + 0.3696C_{WP}) + 2.38 A_{BT}/C_B$$

其中：C_M 为船中横剖面系数；

C_{WP} 为水线面面积系数；

当 $C_8 < 28$ $\qquad C_9 = C_8$

或

当 $C_8 > 28$ $\qquad C_9 = 32 - 16/(C_8 - 24)$

C_{11} 为系数，由下式确定：

当 $T_A/D < 2$ $\qquad C_{11} = T_A/D$

或

当 $T_A/D > 2$ $\qquad C_{11} = 0.0833333(T_A/D)^3 + 1.33333$

C_{P1} 为由下式定义的系数：

$$C_{P1} = 1.45C_P - 0.315 - 0.022\,5L_{cb}$$

其中：L_{cb} 为 $0.5L$ 前的纵向浮心位置，以 L 的百分数计。

C_{stern} 为与尾部形状有关的系数，其值按表 5-4 确定。

表 5-4　C_{stern} 值

船 后 体 形 状	C_{stern}
V 形剖面	-10
常规剖面形状	0
带霍格纳（Hogner）尾的 U 形剖面	$+10$

此公式在形式上比较复杂，但如有可编程序的袖珍计算器，则使用并不困难。加之，霍尔特洛泼采用同样形式的不同统计公式提供了估算实船性能的近似方法，是有其实用价值的。

3. 估算推力减额分数的近似公式

1）汉克歇尔公式

对于单螺旋桨标准型商船（$C_B = 0.54 \sim 0.84$）：

$$t = 0.50C_P - 0.12 \tag{5-40}$$

对于单螺旋桨渔船：

$$t = 0.77C_P - 0.30 \tag{5-41}$$

对于双螺旋桨标准型商船（$C_B = 0.54 \sim 0.84$）：

$$t = 0.50C_P - 0.18 \tag{5-42}$$

2）商赫公式

对于单螺旋桨船：

$$t = kw \tag{5-43}$$

式中：k 为系数，视舵的形式而定，

$k = 0.50 \sim 0.70$，适用于装有流线型舵或反应舵者；

$k = 0.70 \sim 0.90$，适用于装有方形舵柱之双板舵者；

$k = 0.90 \sim 1.05$，适用于装有单板舵者。

对于双螺旋桨船采用轴包架者：

$$t = 0.25w + 0.14 \tag{5-44}$$

对于双螺旋桨船采用轴支架者：

$$t = 0.70w + 0.06 \tag{5-45}$$

3）哥铁保公式

对于单螺旋桨标准型商船（$C_B = 0.6 \sim 0.85$）：

$$t = \left(1.57 - 2.3\,\frac{C_B}{C_{WP}} + 1.5C_B\right)C_P \tag{5-46}$$

对于双螺旋桨标准型商船（$C_B = 0.6 \sim 0.85$）：

$$t = 1.67 - 2.3\,\frac{C_B}{C_{WP}} + 1.5C_B \tag{5-47}$$

式中：C_{WP} 为水线面面积系数。

根据许凡脱纳的比较分析，对于单螺旋桨船的主要结论为：

(1) 上述各式都差得较大，相对而言，以汉克歇尔公式为好。

(2) 对于内河船舶均不甚适用，对于 C_B 较小或较大的船，用商赫公式较为接近。

对于双螺旋桨船，其结论为：

(1) 几乎所有公式的计算值都偏高。比较接近的是汉克歇尔公式，商赫公式最差。

(2) 对于拖船，以汉克歇尔公式和哥铁保公式之平均值最佳，对于采用轴支架者，则以商赫公式为佳。

4）霍尔特洛波公式

对于单螺旋桨船：

$$t = 0.001\,979L/(B - BC_{Pl}) + 1.058\,5C_{10} - 0.000\,524 - 0.141\,8D^2/(BT) + 0.001\,5C_{stern} \tag{5-48}$$

式中：C_{10} 的定义为

当 $L/B > 5.2$ $C_{10} = B/L$

或

当 $L/B < 5.2$ $C_{10} = 0.25 - 0.003\,328\,402/(B/L - 0.134\,615\,385)$

其他符号的定义与式(5-38)相同。

对于双螺旋桨船：

$$t = 0.325C_B - 0.188\,5D/\sqrt{BT} \tag{5-49}$$

4. 相对旋转效率

目前可供计算相对旋转效率 η_R 的经验公式成熟者不多，通常借螺旋桨船后试验或自航试验来获得。普通单螺旋桨船之相对旋转效率为 $0.98 \sim 1.05$，双螺旋桨船为 $0.97 \sim 1.0$，在缺少资料时，一般可近似地取

$$\eta_R = 1.0 \tag{5-50}$$

或采用下列霍尔特洛波公式。

对于单螺旋桨船：

$$\eta_R = 0.992\,2 - 0.059\,08A_E/A_o + 0.074\,24(C_P - 0.022\,5L_{cb}) \tag{5-51}$$

对于双螺旋桨船：

$$\eta_R = 0.973\,7 + 0.111(C_P - 0.022\,5L_{cb}) - 0.063\,25P/D \tag{5-52}$$

式中：A_E/A_o 为盘面比；

P/D 为螺距比；

其他符号的定义与式(5-38)相同。

有关估计相互影响系数的经验公式甚多，这里不再一一列举。应该注意的是在选用经验公式或资料时宜慎重，尤其对那些由船模伴流分数的数据推算到实船相应的公式，更应注意其试验条件、船模尺度等因素，否则会导致较大的误差。

5. 伴流分数的尺度效应

用经验公式估算伴流分数和推力减额分数，难免带有局限性，因而一般认为：比较可靠的办法

是进行专门的模型试验(如船后试验或船模自航试验)。但是随着实船建造经验的积累以及人们认识的深化,发现船模的伴流分数 w_m 与实船伴流分数 w_s 有很大的差别。表 5-5 给出了我国 3 种典型船舶船模和实船轴向平均伴流的资料,可见实船的伴流分数显著小于船模的伴流分数。

表 5-5　我国 3 种船模和实船的轴向平均伴流资料

船　　名	排水量/t	w_m	w_s
风光	17 120	0.355	0.258
郑州	32 600	0.547	0.315
大庆 61 号	32 350	0.448	0.302

船模和实船伴流分数存在的差别是由尺度效应所引起的。实船与船模的雷诺数相差很大(一般万吨船的雷诺数量级为 10^9,船模雷诺数的量级为 10^6),因此实船边界层的厚度在比例上较船模的边界层为薄。为简单起见,用平板边界层厚度与雷诺数的关系加以说明。从"流体力学"课程中已知,在长度为 L 的平板末端,边界层的相对厚度 δ/L 可按普兰特公式计算,即

$$\delta/L = \frac{0.37}{Re^{1/5}} \tag{5-53}$$

由此可见,雷诺数 Re 愈大,边界层的相对厚度愈薄。由于实船的雷诺数远大于船模的雷诺数,因而实船的摩擦伴流带在比例上较船模为薄。也就是说,实船摩擦伴流带在实桨盘面内所占的面积比例较模型摩擦伴流带在桨模盘面内所占的面积比例为小,致使实船的摩擦伴流分数 w_{fs} 小于模型的摩擦伴流分数 w_{fm},即

$$w_{fm} > w_{fs}$$

在理想流体中,当傅氏数相同时,实船及船模附近的流线及波浪形状相同,故两者的形势伴流分数 w_p 及波浪伴流分数 w_w 相等。当然,如果考虑到边界层的存在对船体附近流线和兴波的影响,则 w_p 和 w_w 同样存在尺度效应,但与摩擦伴流的尺度效应相比毕竟是小量,通常予以忽略。综上所述,由于 $w_{fm} > w_{fs}$,致使 $w_m > w_s$,这就是所谓的伴流尺度效应。

实船伴流分数 w_s 常借船模试验来确定,既然 $w_m > w_s$,那么又如何根据船模试验所得的 w_m 来确定 w_s 呢?这就需要进行伴流尺度效应的修正或所谓确定伴流分数的尺度效应。根据伴流的成因,总伴流分数可写为

$$w = w_f + w_p + w_w$$

对于中低速船说来,w_w 是小量,常可忽略不计,故

$$w = w_f + w_p$$

或

$$w_f = w - w_p$$

在本章 5-2 节的讨论中已知,形势伴流分数 w_p 与推力减额分数 t 大体相等,即 $w_p \approx t$,故近似地有

$$w_f \approx w - t$$

上式中,推力减额分数 t 的尺度效应较小,通常可不予考虑,故认为实船的推力减额分数 t_s 与模型的推力减额分数 t_m 相同,即 $t_s = t_m$,而 t_m 可通过船模自航试验求得。至于摩擦伴流分数

w_f,可以认为与摩擦阻力系数 C_F 成正比。根据上述分析,便可确定伴流分数的尺度效应。现时比较流行的伴流尺度效应修正方法尽管在形式上可能有些差别,但基本思路大体如上所述。

关于确定伴流分数尺度效应的问题,受到历届国际船模试验池会议的重视,除进行广泛的讨论外,还提供了不少修正方法。其中对于单螺旋桨船比较实用、效果较好的有下列 3 种方法。

1) 笹岛秀雄方法

$$w_s = w_{pm} + (w_m - w_{pm}) \frac{C_{Fs}}{C_{Fm}} \tag{5-54}$$

式中:$w_{pm} = t_m$,t_m 为船模的推力减额分数;

    C_{Fs} 为实船的摩擦阻力系数;

    C_{Fm} 为船模的摩擦阻力系数。

2) 勃拉特-奥赫公式

$$w_s = w_{pm} + (w_m - w_{pm}) \frac{C_{Fs}}{C_{Fm}} \tag{5-55}$$

$$w_{pm} = \frac{t_m}{2} \left[(1 - w_m) + \sqrt{(1 - w_m)^2 + c_{Th}} \right]$$

$$C_{Th} = \frac{T}{\frac{1}{2} \rho V^2 A_o}$$

式中:T 为螺旋桨推力(N);

    V 为船速(m/s);

    A_o 为螺旋桨盘面积(m^2);

    ρ 为水的密度(kg/m^3)。

上述两种修正方法虽然比较合理,但对于 4 m 左右的船模说来,尺度效应的修正量似嫌偏小。上海交通大学船舶流体力学研究室的分析资料表明,对笹岛秀雄方法尚须将求得之值约再减小 0.03,即

$$w_s = w_{s(笹法)} - 0.03 \tag{5-56}$$

对勃拉特-奥赫方法也须将求得之值约再减小 0.006,即

$$w_s = w_{s(勃-奥法)} - 0.006 \tag{5-57}$$

3) 1978ITTC 推荐的伴流修正公式

$$w_s = (t_m + 0.04) + [w_m - (t_m + 0.04)] \frac{C_{Fs}(1 + K) + \Delta C_F}{C_{Fm}(1 + K)} \tag{5-58}$$

式中:K 为形状因子。

对于上述 3 种修正方法的具体应用,将在本书第 9 章中做进一步的讨论。

第6章 螺旋桨的空泡现象

螺旋桨的空泡现象,从 19 世纪末叶开始便引起了造船界的注意。机械工业的迅速发展初步解决了高速舰船的动力问题,各帝国主义国家为了争夺殖民地而竞相建造高速军舰,就当时的设计和建造水平而言,在一般情况下舰船的速度大致能达到预期的要求。1894 年英国 240 t 的小型驱逐舰"勇敢"号初次试航时,发现转速只能达到 384 r/min,比额定转速低 1.54%,两台主机发出的总功率为 3 700 hp,比额定功率低 7.5%,而航速不超过 24 kn,与原定设计航速 27 kn 相差很多。后来,对螺旋桨多次修改设计,但每次试航结果差别不大,甚至尾部还发生剧烈振动。直到第六次修改设计,其他参数基本不变,仅盘面比增加 45%,就达到了预定要求。1897 年负责建造该舰的总工程师巴纳贝在造船工程师会议上详细地介绍了该舰试航时所遇到的现象,认为最初未达到预期航速之原因是螺旋桨发生了空泡现象。几年后,第一艘汽轮机船"透平"号又出现了同样的问题,以致连续换了 7 个桨,最后只能放弃单桨,改为三桨才使航速达到 32 kn。

近数十年来,船舶发展存在着两种趋势:一是军用船舶(如高速艇等)主机不断向高转速和大功率方向发展,并将高速主机与螺旋桨直接相连。这类船的螺旋桨上空泡往往在所难免,因而促进了所谓空泡螺旋桨或全空泡螺旋桨的研究和发展。船舶大型化和高功率乃是另一趋势,由于螺旋桨负荷不断增加船尾部流场的不均匀性使螺旋桨上产生时生时灭的空泡,导致桨叶剥蚀损伤,而且往往伴有强烈的船尾部振动。因此,空泡问题日趋重要,不少学者致力于这方面的研究,以进一步提高对空泡机理的认识,寻求避免产生空泡的规律和方法。

近年来的研究表明,过去的不少概念并不确切,如认为按常规设计方法就可以避免空泡;根据空泡水筒中均流试验结果就能预估实船空泡现象等。因而向研究部门提出了一系列课题:空泡的机理是什么? 空泡到底有没有尺度效应? 空泡为什么会产生剥蚀及其防止的对策? 叶切面的空泡程度和性能究竟如何预测等。到目前为止,上述问题还未能获得真正解决。因此,本章仅就比较成熟且与螺旋桨图谱设计有关的问题,做一系统的介绍。

6-1 空泡的成因

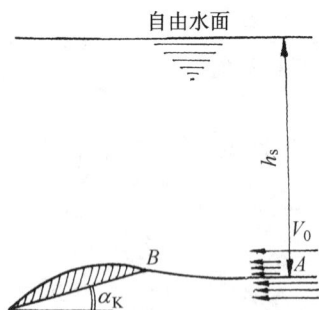

图 6-1 水流流向叶切面示意图

螺旋桨在水中工作时,桨叶的叶背压强降低形成吸力面,若某处的压强降至临界值以下时,导致水发生爆发式的汽化,水汽通过界面,进入气核并使之膨胀,形成气泡,称为空泡。一般认为,压强的临界值即为该温度时水的汽化压强 p_v(或称饱和蒸汽压强)。

现以桨叶某半径处切面(或普通的机翼切面)的运动说明产生空泡的情况(见图 6-1)。设水为理想流体并在远处以流速 V_0、攻角 α_K 流向叶切面,叶背上的水流速度大于 V_0,压强则小于 p_0,形成"吸力"。而叶面上的水流速度小于 V_0,压强大于 p_0,形成"压力"。在叶背上取一点 B,设该处的压强为 p_b、流速为 V_b,并

与切面远前方的 A 点位于同一流线上。由于运动是定常的,故可用伯努利方程确定 A、B 两点处压强及速度之间的关系,即

$$p_b + \frac{1}{2}\rho V_b^2 = p_0 + \frac{1}{2}\rho V_0^2$$

式中：V_0 为 A 点处的流速；

$\qquad$ p_0 为 A 点处的压强,

或

$$p_0 - p_b = \frac{1}{2}\rho(V_b^2 - V_0^2)$$

将上式两边除以 $\frac{1}{2}\rho V_0^2$,可得无量纲的系数:

$$\xi = \frac{p_0 - p_b}{\frac{1}{2}\rho V_0^2} = \left(\frac{V_b}{V_0}\right)^2 - 1 \tag{6-1}$$

式中：ξ 称为减压系数。

若切面上某处之 $\xi < 0$,则表示该处压强增高(即大于 p_0);若 $\xi > 0$,则为压强降低。通常认为,当 B 点的压强降至该水温下的汽化压强(或称饱和蒸汽压强)p_v 时,B 点处即开始出现空泡。故 B 点产生空泡的条件为

$$p_b \leqslant p_v$$

令

$$\sigma = \frac{p_0 - p_v}{\frac{1}{2}\rho V_0^2} \tag{6-2}$$

若切面上 B 点处的减压系数 $\xi \geqslant \sigma$,则 $p_b \leqslant p_v$,B 处即产生空泡;反之,当 B 点处的 $\xi < \sigma$,则 $p_b > p_v$,即不产生空泡。因此,B 点产生空泡的条件也可写为

$$\xi \geqslant \sigma$$

因 σ 可用以衡量切面上是否发生空泡,故称为空泡数。

综上所述,根据桨叶上某处的减压系数 ξ 与空泡数 σ 的比较,可以判断该处是否发生空泡,其判断的准则为

$$\begin{cases} 当 \xi \geqslant \sigma, 有空泡 \\ 当 \xi < \sigma, 无空泡 \end{cases} \tag{6-3}$$

由上式可见,欲使桨叶切面不发生空泡,应设法减小减压系数 ξ,或增大空泡数 σ。为此有必要分别了解影响减压系数 ξ 和空泡数 σ 的各种因素。

由式(6-1)可知,叶切面上某一点(见图 6-1 中的 B 点)的减压系数 ξ 只与该处流速 V_b 对来流速度 V_0 的比值(V_b/V_0)有关。故在绕流条件下减压系数 ξ 随切面形状、入射角 α_K 及 B 点的位置而变,与来流速度 V_0 的大小无关。图 6-2 表示某一机翼型切面在不同入射角时的减压系数 ξ 的分布曲线,图中曲线的最高点表示切面上的压强最低处,并称为最大减压系数

ξ_{max}。图 6-3 表示同一入射角时机翼型切面和弓型切面的压强分布情况。由图 6-2 及图 6-3 中可以看出：对一定的切面说来，增加入射角其最大减压系数 ξ_{max} 亦增。在同一入射角时，机翼型切面的 ξ_{max} 值较弓型切面为大。因此，改变叶切面上减压系数 ξ 只能从改变切面形状和入射角入手。

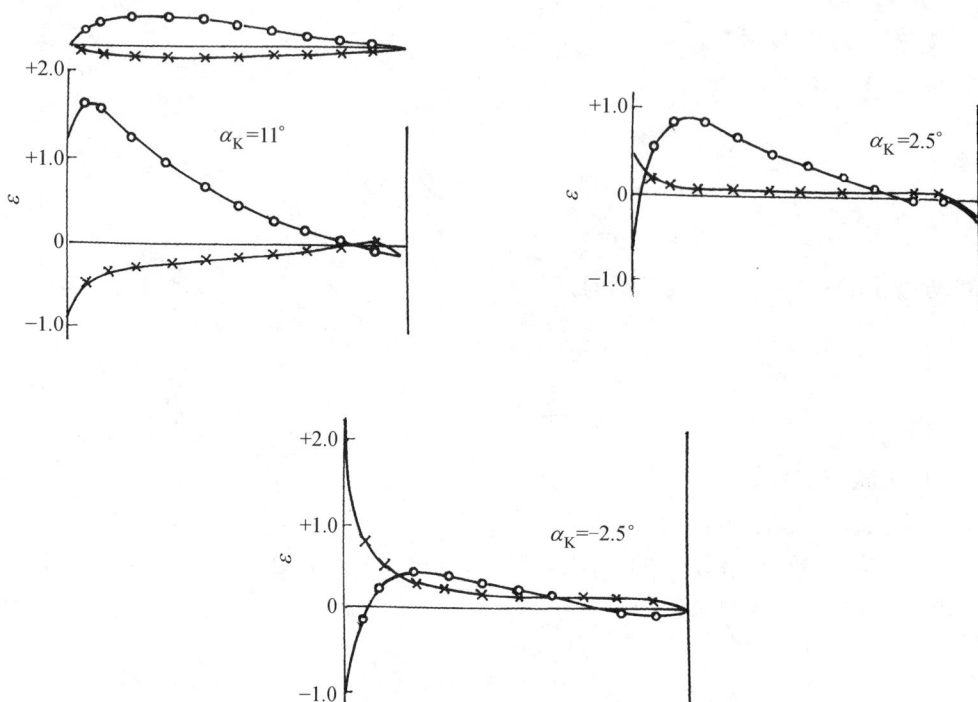

图 6-2　不同入射角时减压系数的分布曲线

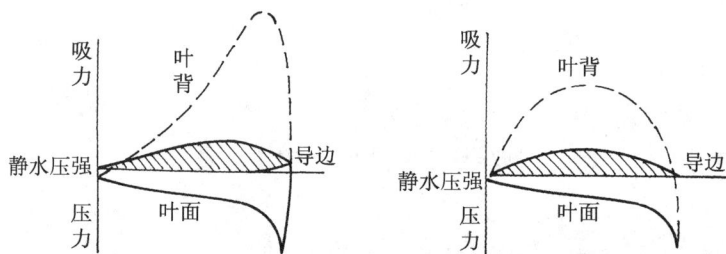

图 6-3　机翼型切面和弓型切面的压强分布情况

由式 (6-2) 可知，空泡数 σ 与来流速度 V_0、水的汽化压强 p_v 及静压强 p_0 有关，而与桨叶切面的几何特征无关。当 $p_0 - p_v$ 的数值为一定时，来流速度 V_0 愈大，则空泡数愈小。至于水之汽化压强 p_v，则随水的温度 t 而变化，两者之关系如表 6-1 所示。

表 6-1　汽化压强随温度的变化

水温 t/℃	5	10	15	20	30	40	50	60	100
汽化压强 p_v/(Pa)	873	1 226	1 706	2 334	4 246	7 109	12 336	19 916	101 234

在 V_0 与 p_0 一定时，水温愈高，汽化压强 p_v 愈大，则空泡数 σ 愈低。由图 6-1 可知，静压

强 p_0 可表示为

$$p_0 = p_a + \rho g h_s \tag{6-4}$$

式中：p_a 为大气压强，其值为 101 234 Pa；

    ρ 为水的质量密度（kg/m³）；

    h_s 为桨叶切面的沉没深度（m），对整个螺旋桨来说，h_s 常以桨轴中心离自由水面的高度来计算。

在 V_0 及 p_a 一定的情况下，桨叶的沉没深度愈大，则空泡数 σ 愈高。V_0 是来流速度（m/s），相对于桨叶切面来说，若忽略诱导速度，则可表示为

$$V_0 = \sqrt{V_A^2 + (2\pi n r)^2}$$

当转速 n 或进速 V_A 较大时，其合成速度 V_0 也大，因而空泡数较小。

由上述分析可知，根据桨叶切面的减压系数 ξ 和空泡数 σ 之间的相对关系可以断定是否发生空泡，而 ξ 与 σ 是由两组互不相关的参数所决定。调整这两组参数可以改变 ξ 与 σ 的关系，因而使空泡现象提早或延缓出现。对叶切面来说，最大减压系数愈大者愈易发生空泡。而对空泡数说来，σ 愈小者愈易发生空泡。若已知某一物体（例如水翼）在一定运动情况下（例如某一定攻角）的最大减压系数为 ξ_{max}，则可由空泡数 σ 决定其不发生空泡的极限速度 V_k 的值。因不发生空泡的极限条件为

$$\xi_{max} = \sigma \tag{6-5}$$

或

$$\xi_{max} = \frac{p_0 - p_v}{\frac{1}{2}\rho V_k^2}$$

故

$$V_k = \sqrt{\frac{p_0 - p_v}{\frac{1}{2}\rho \xi_{max}}} \tag{6-6}$$

物体做高速运动时，若速度超过极限值 V_k，则必然发生空泡现象。

近年来对空泡机理的研究表明，空泡其实是一个笼统的名称，它有气化空泡、汽化空泡和似是空泡之分。所谓气化空泡是指原溶解于水中的气体，由于降压或过饱和，以扩散的方式通过界面逸到存在于水里的气核中并成长到肉眼能见的程度；所谓汽化空泡是指液体分子因降压到饱和蒸汽压强导致爆发式的汽化，水汽通过界面，进入气核并使之膨胀；所谓似是空泡是指原来以各种方式存在于水中的气核，虽然没有任何水汽或气体逸入，但当外界压强降低时，它本身也会膨胀到肉眼可见的程度。因此，除汽化空泡外，气化空泡或似是空泡都可能在大于、等于或小于饱和蒸汽压强 p_v 时出现，而汽化空泡则总是在小于或至少等于 p_v 下才能出现。前者空泡成长过程缓慢，后者迅速。本节所讨论的空泡主要是指汽化空泡。

上面提到的空泡产生都涉及液体内原来就存在有气核这一因素。有人进行过这样的试验，将事先经过特殊处理的水（所谓"纯水"），用静力学或动力学的方法测量它能否抗低压或负压。结果发现这种"纯水"不仅在非常低压下（远低于该温度下的饱和蒸汽压）不会出现上述3类空泡，而且能承受相当大的拉力，即负压。由此证明，在液体中产生空泡是因液体内本身存在某种"缺陷"或"弱点"所致，这种缺陷或弱点就是气核。无论是汽化空泡或气化空泡，都得

通过界面进行"蒸发"或扩散,大量存在于自然水中或壁面上的气核正是这种"媒介"。

式(6-5)所表示的不发生空泡的极限条件(也即发生空泡的条件)仅对汽化空泡才近似正确,而且即使是汽化空泡,也是在空泡数 σ 略低于 ξ_{max} 时才出现可见的空泡,因为汽化空泡由气核的尺寸成长到肉眼可见的尺寸需要一定的时间,并需对表面张力做功。因而有些书上出现所谓初生空泡数 σ_i 与消失空泡数 σ_d 的说法。

所谓初生空泡通常是指物体绕流中保持速度不变,进行减压,直到在初生压强 p_{0i} 下出现空泡为止,因此,初生空泡数 σ_i 定义为

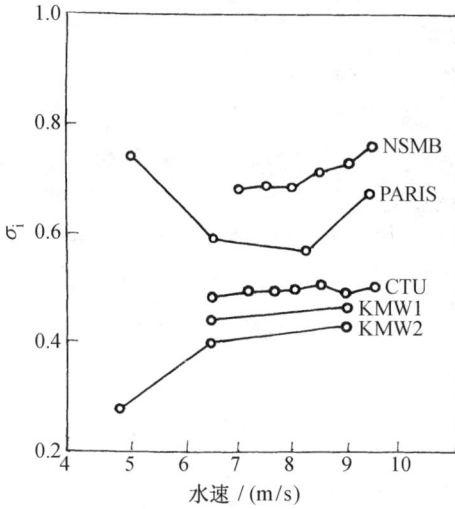

图 6-4 半球头空泡初生试验结果

NSMB—荷兰船模试验池;PARIS—巴黎船模试验池;KMW—瑞典卡曼瓦公司;CTU—上海交通大学

$$\sigma_i = \frac{p_{0i} - p_v}{\frac{1}{2}\rho V_0^2} \tag{6-7}$$

当然也可以通过降压与加速两者并用,来达到出现空泡的目的,这时

$$\sigma_i = \frac{p_{0i} - p_v}{\frac{1}{2}\rho V_{0i}^2} \tag{6-8}$$

在试验室中确定物体空泡的初生可以采用声学的方法,例如规定噪声电平的分贝;也可以用目测的方法,例如规定出现每秒钟可见的 3 mm 左右的空泡条纹等。但即使对同一物体,空泡初生时刻的 σ_i 值变化也很大,而且是随机的。为了研究试验条件不同对空泡初生的影响,第十六届国际船模试验池会议曾将标准水翼-头体组合体的空泡初生在 5 个空泡水筒中进行试验观察,图 6-4 是半球头空泡初生的部分试验结果,可见离散度很大。

以后有人尝试在已经产生空泡的情况下,逐渐增压以观察空泡的消失,最后看到个别气泡间断地闪现约每秒几次,将这时的空泡数定义为消失空泡数 σ_d,这个数值比较稳定,重复性也较好。图 6-5 所示为某椭球体的试验数据,通常

$$\sigma_d > \sigma_i \tag{6-9}$$

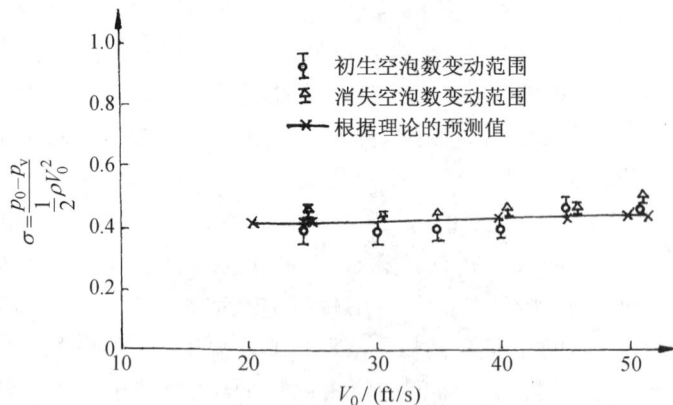

图 6-5 椭球体空泡试验结果

现在某些文献发表的数据,有用 σ_d 代替 σ_i 作为空泡发生的衡准数。

6-2　叶切面的空泡现象及其对性能的影响

叶切面某处发生空泡以后,该处的叶表面不再与水接触。试验结果表明,不同的空泡发展程度对叶切面性能的影响也不同。在研究空泡问题时,常按空泡对翼型水动力性能影响的不同而分为两个阶段,即空泡现象的第一阶段和第二阶段。

在空泡现象的第一阶段,叶切面某处的压强降至汽化压强 p_v 时,水即汽化。水汽通过界面,进入气核并使之膨胀而形成球状空泡,如图 6-6 所示。这类空泡常发生于叶切面上最大减压系数附近,可称为局部空泡。当其沿流线移至较高的压强区内时,水汽压强不再能支持外界压强,因而空泡被压缩而迅速溃灭,水流亦恢复正常情形。此类空泡对叶切面的水动力性能基本上没有影响,这可解释如下:参阅图 6-6,虚线表示切面在一定攻角下未发生空泡时的减压系数 ξ 曲线,实线表示叶背上产生局部空泡时减压系数的分布曲线。叶背上 A 点前的压强

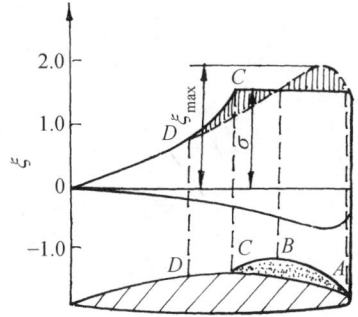

图 6-6　叶切面第一
阶段空泡

已降至临界压强 p_k,溶解于水中的气体开始逸出;而在 A 点处,减压系数 ξ 等于空泡数 σ,水即开始汽化而形成空泡,其压强恒为 p_v 而不再变化,故在 AB 范围内,减压系数 ξ 不再按无空泡时的规律变化而恒为空泡数 σ。在 B 点以后,减压系数 ξ 开始过渡到小于空泡数 σ 的区域,但因该处的空泡不会马上完全溃灭消失,故延伸至 C 点。再者空泡占有一定的位置,改变了流经翼型的流线形状,使流速增大,其影响至 D 处才消失。因此在 BD 范围内,空泡发生后的减压系数 ξ 也不按无空泡时的规律变化。由图中可以看出,在 AB 范围内 ξ 曲线被截去的部分(损失的吸力部分)大致被 BD 范围内增加的部分(吸力的增加)所抵消,因而对于整个叶切面的升力无明显影响。此外,由于空泡区对翼型流动情况改变不大,故对阻力影响也不大。但是,由于空泡在 C 点下沿溃灭,产生内爆,这种内爆之冲击力反复集中于一点,可使叶表面材料剥蚀而损坏,称为剥蚀现象,以区别于化学作用产生的材料腐蚀或电蚀。当然,材料反复剥蚀后会形成多孔海绵状麻点,使翼型的性能显著下降,甚至导致桨叶折断的危险。归纳起来,第一阶段空泡现象的特征是:空泡区域是局部的,对叶切面的水动力性能不发生明显影响,但可能在叶表面产生剥蚀。

当空泡区域扩大占整个叶背面积的 $60\%\sim70\%$ 时,即开始从根本上改变流动状况,叶背的大部分与空泡相接触,这时空泡现象已发展到第二阶段。当叶切面产生广泛的背空泡时,整

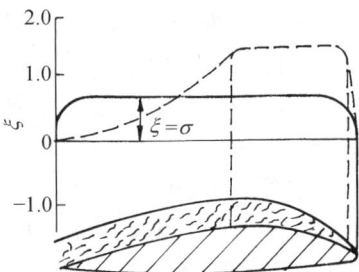

图 6-7　叶切面的片状空泡

个切面的叶背全部被空泡所笼罩,各处的压强都等于汽化压强 p_v,这种形式的空泡称为片状空泡(或称全空泡,以区别于局部空泡),如图 6-7 所示。此时整个叶背等于在蒸汽和空气的混合气体中运动,吸力面的升力不再随速度的增高而加大,其升力及阻力均较无空泡时为低,但阻升比增加,使叶切面的水动力性能恶化。在第二阶段空泡时,空泡已不在叶背上溃灭消失,而被拖出至尾流中,故对叶表面无剥蚀作用。归纳起来,第二阶段空泡现象的特征是:空泡区域已发展到随边之

外,通常对叶表面无剥蚀作用,但影响叶切面的水动力性能。

图 6-8 所示为某叶切面在空泡发生前后其水动力特性(升力系数 C_L 和阻力系数 C_D)随空泡数 σ 变化的典型曲线。同一攻角不同空泡数下的叶背上的减压系数 ξ 分布如图 6-9 所示。可见与上述讨论相类似,当开始发生空泡时,对水动力性能无甚影响,随着 σ 的减小,空泡发展到一定阶段,升力系数还有所上升,而后则随 σ 大致成线性地减小,标志着已进入第二阶段空泡。

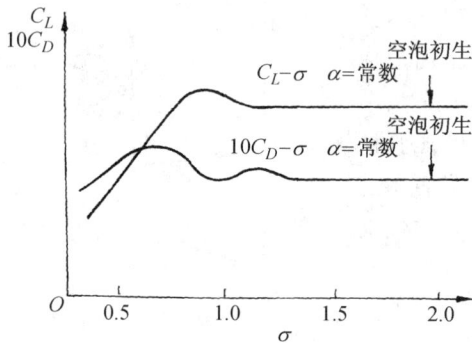

图 6-8 叶切面空泡发生前后的水动力特性

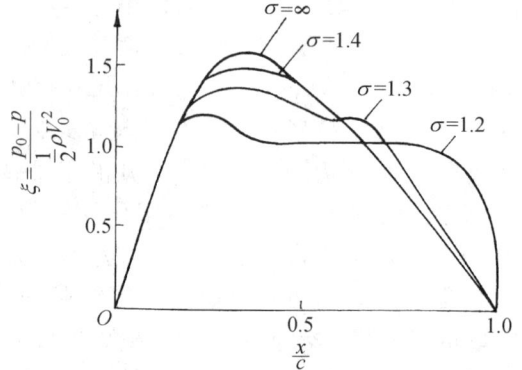

图 6-9 不同空泡数时叶背上减压系数的分布

上面主要讨论了叶背空泡对水动力特性的影响。事实上,叶切面出现空泡不限于叶背,有时会出现在叶面,如图 6-10 所示。对任一切面来说,空泡出现的部位取决于空泡数 σ 和攻角 α 的大小。

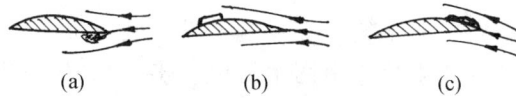

图 6-10 叶切面上可能出现空泡的部位

对于一个指定切面,攻角 α 不同时有其对应的最大减压系数 ξ_{max} 值,以 α 为纵坐标,ξ_{max} 为横坐标,把 α 与 ξ_{max} 的关系作成如图 6-11 所示的曲线。同时又将横坐标以空泡数 σ 来表示,从而曲线上对应的 σ 值即为该切面在相应攻角时产生空泡的空泡数。图 6-11 称为叶切面的空泡斗。当切面工作的攻角为 α,来流空泡数为 σ 时,我们就可用这两个数值在图上点出它所处的位置,如果该点落在无空泡区内(如点 A),表明不会发生空泡。如果点落在斗外(即无空泡区外),则切面上产生空泡。而且从点所处位置可以判断切面上空泡产生的部位,例如:C 点表示叶切面产生背空泡;B 点表示叶切面产生面空泡;而图中 σ_{cr} 为泡状空泡的临界空泡数,当空泡数 σ 小于 σ_{cr} 时,在切面上将产生泡状空泡。在 $\Delta\alpha$ 范围内,导边上不会产生负压峰,从而不会产生自导边激发的叶面和叶背空泡。故如图 6-11 所示的叶切面空泡斗(亦称叶切面空泡限界线)是检验叶切面产生空泡与否的有用资料。

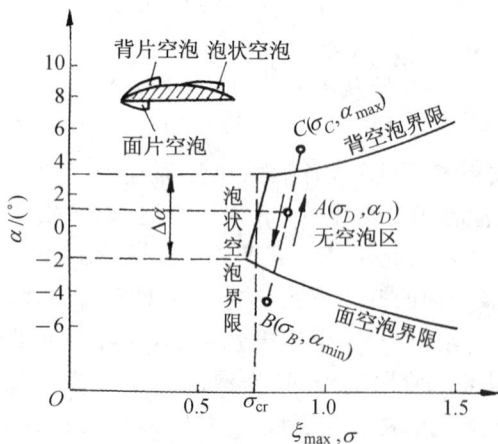

图 6-11 叶切面的空泡斗

6-3 螺旋桨的空泡现象及其对性能的影响

以往比较笼统地讨论螺旋桨的空泡现象对螺旋桨性能的影响,因而对空泡现象的划分如前节一样,分为第一阶段和第二阶段空泡。这种划分办法虽然比较粗略,但对于利用敞水图谱来设计螺旋桨简单明了,有一定的实用意义。

随着空泡问题研究的发展,对螺旋桨桨叶上出现的空泡类型、空泡发展的物理过程等认识有所深化,为进一步研究和处理螺旋桨的空泡问题有其指导作用。因此本节将综合上述内容分别讨论螺旋桨的空泡现象、空泡对螺旋桨性能的影响以及延缓螺旋桨空泡发生的措施等有关问题。

1. 螺旋桨的空泡现象

从空泡发展的物理过程来看,螺旋桨桨叶上经常出现的空泡大体有如下4种类型。

1)涡空泡

这类空泡出现在叶梢和毂部。桨叶随边曳出的自由涡片(见3-3节)的不稳定性,在其尾端不远处就卷成两股大旋涡,在各叶的叶梢形成梢涡,而根部处的涡汇集一起形成毂涡。涡核中压强最低,当降至某一临界压强时即发生空泡,这可能是气核成长,原溶于水的气体的扩散及水的汽化的综合结果而形成的空泡。在螺旋桨模型空泡试验中,有时会在叶梢稍后处先观察到这种空泡,随着压强的进一步降低,这种螺旋形的涡空泡向前移动并与叶梢相接。一般而言,梢涡空泡的发生先于其他形式的空泡,空泡水筒中的压强降低到一定值时,就可清晰地看到从叶梢曳出的螺旋形梢涡空泡和毂涡空泡,如图6-12所示。这种空泡对螺旋桨的水动力性能没有影响,对材料的剥蚀也没有什么威胁。但当桨的载荷较高且在丰满尾部工作时,梢涡空泡的另一端有可能贴到桨上方的船尾底

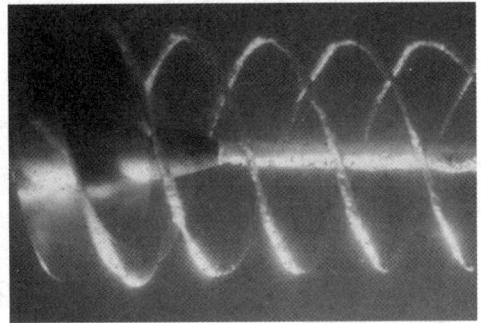

图6-12 螺旋桨的梢涡及毂涡空泡

部游移,它将产生局部的很高的脉动压力,这种涡空泡称螺旋桨-船体涡(PHV)空泡。虽然它并不会构成尾振,且出现的概率不高,即使出现,也时隐时现,并不稳定,可是,有时会在螺旋桨上方稍前的船体表面处出现特有的小块空泡剥蚀区,且由于相互影响,可能会加强桨叶上的空泡。此外,梢涡空泡往往使螺旋桨的噪声明显加大。

2)泡状空泡

泡状空泡通常指在叶背上切面最大厚度处所产生的空泡,呈泡沫状。这时叶切面的攻角较小,导边未出现负压峰,压强最低处大致在最大厚度附近,由此所产生的空泡因前后压强变化比较缓和,单个空泡的成长清晰可见,有时可以成长到相当尺度,被水流带向下游时尺寸减小,并发生溃灭、再生、再溃灭,直至消失,如图6-13所示。这种空泡对螺旋桨的性能影响不大,但对桨叶材料有剥蚀作用。

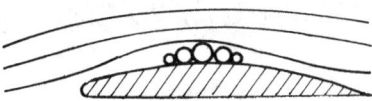

图6-13 叶背上的泡状空泡

3)片状空泡

片状空泡通常在桨叶外半径部分导边附近产生,呈膜片状,长度不一。在攻角较大时

71

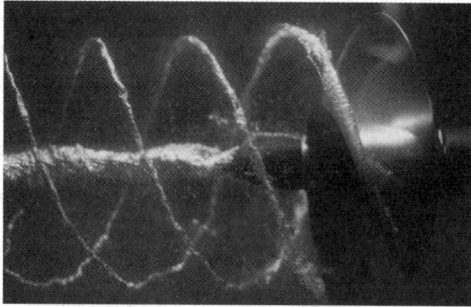

图 6-14 螺旋桨的片状空泡

最易产生这类空泡。因为这时导边附近的负压很高,空泡急剧产生,肉眼已见不到其成长过程,似在导边附近陡然发生空穴,水在其外侧流过,若空泡从叶切面导边一直延伸至随边以外,即叶切面全部为空泡所覆盖,则形成所谓超空泡流动;有时也起始于叶切面导边而在随边之前结束,则形成所谓局部空泡。前者影响螺旋桨的性能而无剥蚀作用;后者对螺旋桨有剥蚀作用。片状空泡通常用来描绘厚度较薄、定常或准定常的空泡。图 6-14 为空泡水筒观察到的螺旋桨外半径处片状空泡的形状。

4)云雾状空泡

螺旋桨在不均匀流场中工作时,桨叶切面的工作状态发生周期性变化。参照图 6-11,设桨叶切面工作的平均状态相应于 A 点,则在高伴流处攻角大,如图中 C 点,而低伴流处攻角小,如图中 A 点,甚至 B 点。当攻角大时,发生空泡,而攻角小时,空泡从切面导边向随边流去,在随边附近破裂而消失。这种攻角时大时小的变化,使空泡周期性地产生和消失,对螺旋桨材料的剥蚀最为严重。这种周期性变化的空泡时现时隐,消失时被水流冲向后方,形成云雾状,故称云雾状空泡。

2. 空泡对螺旋桨性能的影响

如第 6-2 节中所述的一样,也可将螺旋桨的空泡现象分成第一阶段和第二阶段。图 6-15 为某一螺旋桨模型在空泡水筒中的试验结果,试验时保持螺旋桨的进速系数 J 不变,而系统地改变空泡数 σ。图中横坐标为空泡数 σ,纵坐标为 K_T、K_Q 和 η_0,并附有桨叶上空泡的形状。由图中可见,在 $\sigma > \sigma_k$ 范围内,桨叶上虽有空泡存在,但 K_T、K_Q 及 η_0 几乎不随空泡数而变化,即其性能与无空泡时一样,这种情况称为第一阶段空泡。而当 $\sigma < \sigma_k$ 时,K_T、K_Q 及 η_0 急剧下降,桨叶上大部分乃至全部面积已被空泡覆盖,通常把这种情况称为第二阶段空泡,有时称此种桨为全空泡螺旋桨。

因此我们可得出如第 6-2 节中相同的结论:第一阶段空泡对螺旋桨的水动力性能不发生影响,但使桨叶表面产生剥蚀;第二阶段空泡对桨叶表面无剥蚀作用,但影响螺旋桨的水动力性能。

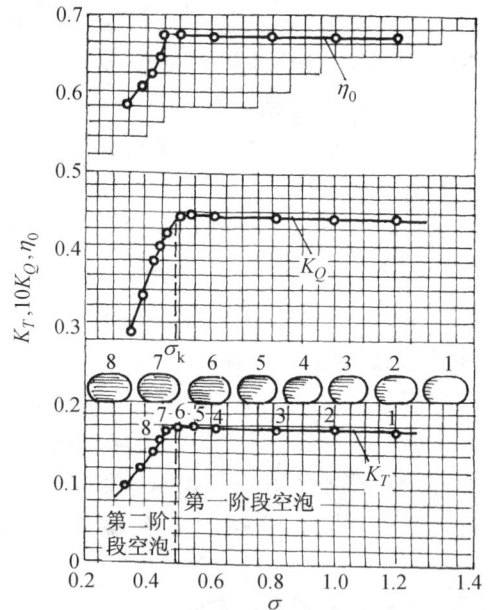

图 6-15 某桨模的空泡试验结果

3. 延缓螺旋桨空泡发生的措施

一般民用船舶的航速较低,在螺旋桨上不可能产生叶切面全为空泡所覆盖的片状空泡,如果桨叶上发生空泡,则常属第一阶段空泡。虽然此类空泡不致影响螺旋桨的水动力性能,但对桨叶表面产生剥蚀,影响螺旋桨的强度。因此对于此类船舶应力求避免空泡的发生。

从式(6-3)可知,根据叶切面的减压系数 ξ 和来流空泡数 σ 之间的关系,可以判断是否发生空泡,而发生空泡的条件为

$$\xi \geqslant \sigma$$

式中 ξ 与 σ 由两组互不相关的参数所决定,因此,为了避免或减缓空泡的发生,我们应尽量设法减小减压系数 ξ 或提高空泡数 σ。一般常采取下列措施以避免或减轻螺旋桨的空泡。

1) 从降低最大减压系数 ξ_{max} 着手

(1) 增加螺旋桨的盘面比,以减低单位面积上的平均推力,使叶背上 ξ 值下降。因为盘面比的增加相当于叶切面弦长加大,故可用较小的攻角来产生同样升力(即 ξ 值分布曲线所围的面积不变),从而 ξ_{max} 值必然降低,如图 6-16 所示。

(2) 采用弓型切面或压强分布较均匀的其他切面形式。一般说来,弓型切面的压强分布比较均匀,ξ_{max} 值相应较小(见图 6-3),对延缓空泡的发生有利。这就是某些系列螺旋桨(如 B 系列及 AU 系列螺旋桨)在近梢部处采用弓型切面的原因。此外,随着机翼理论的发展,一些性能优良且压强

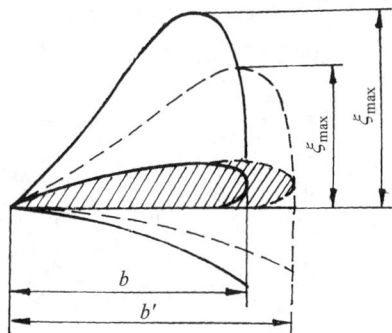

图 6-16　叶切面不同弦长的减压系数分布

分布均匀的机翼型切面(如中线为 $a=0.8$ 的 NACA66,NACA16 切面)可供螺旋桨采用。

(3) 减小叶根附近切面的螺距。单螺旋桨船在叶根部分的伴流较大,易产生空泡现象,故可将根部切面的螺距适当减小,从而使该处的最大减压系数 ξ_{max} 值降低,并宜保持相当的叶宽以免厚度过大。

2) 从提高螺旋桨的空泡数 σ 着手

(1) 在条件许可的情况下,尽量增加螺旋桨的沉没深度,以增大空泡数 σ。

(2) 减小螺旋桨转速,即尽可能选用低转速的主机。

此外,提高桨叶的加工精度,使表面光滑平整以避免水流的局部突变;改善船尾部分的形状与正确安置桨轴位置可减小斜流及伴流不均匀性的影响等,上述措施对避免空泡都是有利的。

这里顺便指出,随着现代工业的发展以及国防建设的需要,要求舰船的速度迅速提高,尤其对高速军舰,往往螺旋桨空泡在所难免,针对这种情况一般可作如下处理:

(1) 允许桨叶上有部分空泡存在,在使用过程中根据其剥蚀情况予以调换。

(2) 速度再高时,干脆设法促使其在第二阶段空泡状态下运转,即所谓全空泡(或称超空泡)螺旋桨的设计问题。

6-4　螺旋桨模型的空泡试验

1. 相似定理

用模型试验来研究螺旋桨的空泡现象时,除应满足第 4-1 节中所得到的结论外,还必须考虑空泡现象的模拟问题。第 6-1 节中已经提到,表征空泡现象的系数是空泡数

$$\sigma = \frac{p_0 - p_v}{\frac{1}{2}\rho V_0^2}$$

式中：$p_0 = p_a + \rho g h_s$。

若两几何相似的螺旋桨进速系数相等，则在对应点处的速度成比例，由式(6-1)可知，各对应点处的减压系数 ξ 必将一一对应相等。进一步若能满足两者之空泡数相等，则各对应点处的减压系数 ξ 与空泡数 σ 的关系保持一致，因而空泡现象得到了模拟。在未产生空泡现象时，两几何相似螺旋桨只要满足进速系数 J 相等的条件，便可根据伯努利方程推导出压强相似的条件。但在产生空泡现象后，尚需满足空泡数相等的条件。综上所述，螺旋桨及其模型满足空泡相似的条件为

$$\left.\begin{array}{l} J_s = J_m \\ \sigma_s = \sigma_m \end{array}\right\} \tag{6-10}$$

式中：下标 s 及 m 分别代表实桨及桨模所对应的值。

现进一步讨论实桨及桨模满足式(6-10)时进速与转速之间的关系，满足进速系数相等的条件为

$$\frac{V_{As}}{n_s D_s} = \frac{V_{Am}}{n_m D_m}$$

或

$$\frac{V_{Am}}{V_{As}} = \frac{n_m D_m}{n_s D_s} = \frac{n_m}{n_s} \frac{1}{\lambda} \tag{6-11}$$

式中：$\lambda = D_s / D_m$ 为模型的缩尺比。

满足空泡数相等的条件为

$$\frac{p_{0s} - p_{vs}}{\frac{1}{2}\rho_s V_{As}^2} = \frac{p_{0m} - p_{vm}}{\frac{1}{2}\rho_m V_{Am}^2}$$

设 $\rho_s = \rho_m$，则

$$\frac{p_{0m} - p_{vm}}{p_{0s} - p_{vs}} = \frac{V_{Am}^2}{V_{As}^2}$$

若在敞露的水池中进行试验，且设桨模之沉没深度与实桨相等，则 $p_{0m} = p_{0s}$。在常温下进行试验时，$p_{vm} = p_{vs}$。因此，在满足空泡数相等时实桨及其桨模的进速应相同，即

$$V_{Am} = V_{As} \tag{6-12}$$

则由式(6-11)可知，若同时满足进速系数及空泡数相等，实桨及其桨模转速之间的关系应为

$$n_m = n_s \lambda \tag{6-13}$$

由上述分析可知，若在敞露的水池中进行空泡试验，则必须使拖车的速度与实桨的进速相等，桨模的转速应为实桨的 λ 倍。此外，桨模的沉没深度尚需与实桨相同。上述条件实际上是难以实现的。为此，就必须采取某种特殊的装置来进行螺旋桨模型的空泡试验，例如空泡水筒或减压水池。本节将就空泡水筒作简要介绍。在空泡水筒中，可以借调压装置以调节静压强 p_{0m}，有时也可改变水的温度来调节汽化压强 p_{vm}。在空泡水筒中进行试验时通常都是依靠调节压强而满足空泡数相等的条件。

2. 空泡水筒概述

由于桨模的进速 V_{Am} 总是小于实桨的进速 V_{As}，故要求 $\sigma_m = \sigma_s$ 可能的途径是减小（$p_{0m} -$

p_{vm})。一般借调压装置以调节静压强 p_{0m}，空泡水筒就是为此目的而建造的试验设备。空泡水筒的筒体由密封的管道所构成，图 6-17 为上海交通大学的空泡水筒结构简图及试验段照片。筒中之水由底部的水泵驱动使之循环不息，在筒内各转角处设有导流片，以避免水流于转弯时产生旋涡。试验工作段之前装有整流格栅及收缩管，使水流进入工作段时均匀稳定且具有较高的速度。通过测量收缩管进口处与试验段进口处的压差，可以得到工作段水流速度，并根据螺旋桨盘面所在截面的流速 LDV 测量结果进行筒壁边界层修正。调压箱（或称空气箱）与压强调节器相连接，采用真空泵调节水筒内的压强。在工作段两侧及底部各开设四个有机玻璃窗口，可借频闪仪观察空泡发生的情况。当频闪仪的闪光频率与模型的轴转数（轴频）相等时，所见到的螺旋桨模型及其附近水流情况好像处于静止状态。利用现代高速摄影机在观察窗前摄制照片，可以从照片中详细观察和研究桨叶上空泡发生、扩展直至压缩溃灭的全部过程。

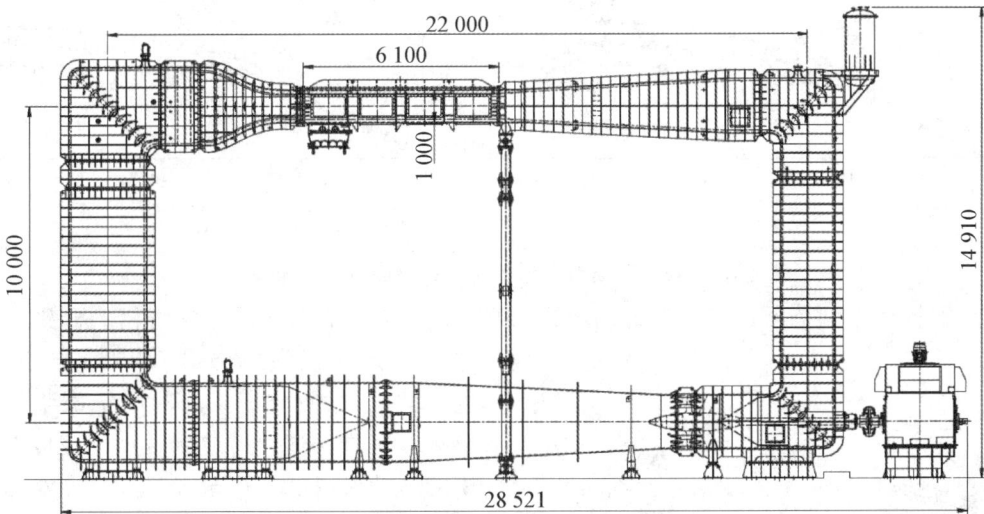

(a)

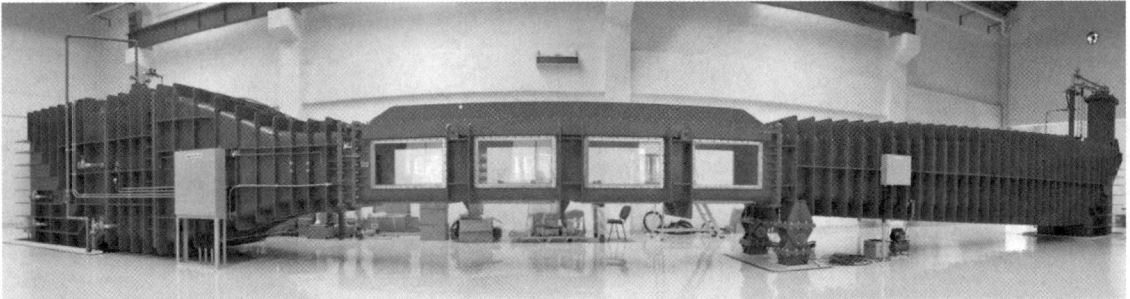

(b)

图 6-17　上海交通大学空泡水筒

(a) 结构简图；(b) 试验段照片

空泡水筒都是垂直放置的，且循环水泵置于底部，其目的在于加大循环水泵处的静水压头，避免工作时在水泵叶片上产生空泡。

3. 试验方法及测量数据的表达

在空泡水筒中进行螺旋桨模型试验时，可以通过两种方式得到所需的进速系数 J，即保持螺旋桨转速不变、调节筒内水流速度(即螺旋桨进速)，或者保持进速不变、调节转速。转速不变时，水速变化引起的雷诺数变化范围较小，因此当空泡水筒的压强调节能力满足试验空泡数要求时，一般采用固定转速的试验方式;固定进速、调节转速的试验方式则常用于空泡数较低的试验，如图 6-18 中的 $\sigma \leqslant 0.6$ 情况。需要注意的是，无论采用哪种试验方式，在空泡水筒中都无法实现系柱(即 $J = 0$)工况，工作段横截面尺寸一定时，桨模直径、螺距比、盘面比或转速越小，所能得到的最小 J 值越低。

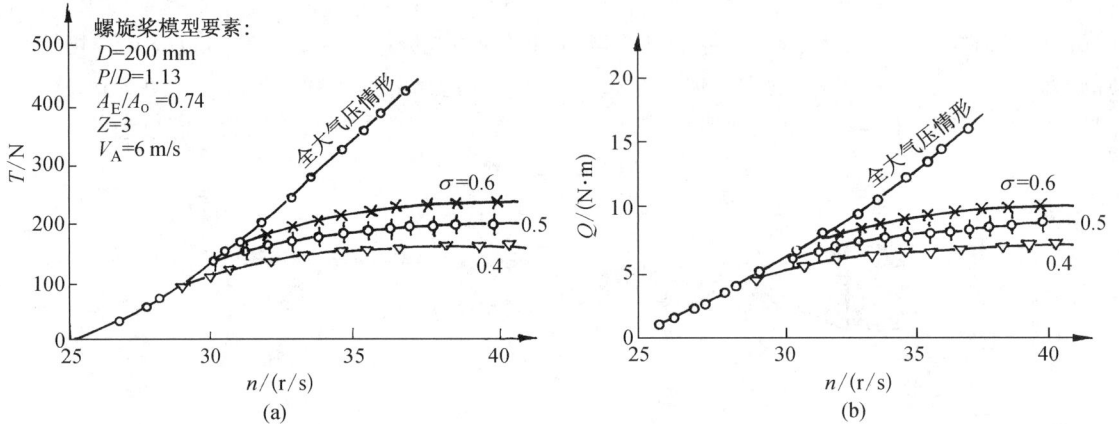

图 6-18　桨模在空泡水筒中试验的测量结果

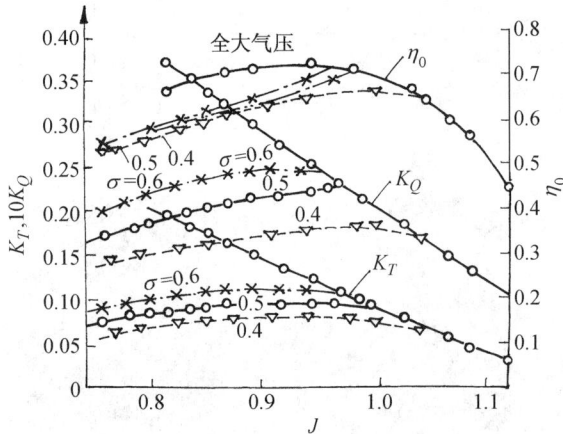

图 6-19　不同空泡数时螺旋桨的性征曲线

用空气箱压强调节器调节模型处的压强，以获得所需的空泡数。通常将模型分别在不同空泡数及大气压强情况下(相当于敞水情况)进行试验，以便分析空泡对于螺旋桨性能的影响。在进行试验时应测量水流速度 V_A，桨模的转速 n，推力 T，转矩 Q，轴线处的静压强 p_0 以及水的温度。

根据测量的结果，可绘制进速 V_A 一定时不同空泡数下的螺旋桨推力 T、转矩 Q 与转速 n 的关系曲线，如图 6-18 所示。

进一步将测量所得的数据换算成无量纲的推力系数 K_T、转矩系数 K_Q、进速系数 J 及效率 η_0。据此可绘制不同空泡数 σ 时螺旋桨的性征曲线，如图 6-19 所示。

6-5　空泡校核

在设计螺旋桨时应考虑其是否发生空泡或空泡的发展程度，故需进行空泡现象的预测，以便确定所设计的螺旋桨是否合乎要求。如前所述，一旦桨叶上出现空泡，或导致桨叶表面材料剥蚀，或使螺旋桨性能恶化，因而避免桨叶上出现空泡乃是螺旋桨设计中所需考虑的重要环节之一。目前常使用螺旋桨模型空泡试验或大量实船资料整理所得的图谱，或由统计数据归纳而成的近似公式进行空泡校核。因试验往往仅限于某一类型的螺旋桨，故在进行空泡校核时应注意各种图谱或公式的适用范围,否则难以获得正确的结果。空泡校验的方法很多,下面仅介绍螺旋桨图谱设计中常用的限界线方法。

1. 柏利尔限界线

柏利尔根据各类船舶螺旋桨的统计资料,提出校核空泡的限界线如图 6-20 所示。图中以 $0.7R$ 处切面的空泡数 $\sigma_{0.7R}$ 为横坐标,单位投射面积上的平均推力系数 τ_c 为纵坐标,即

$$\sigma_{0.7R} = \frac{p_0 - p_v}{\frac{1}{2}\rho V_{0.7R}^2} \tag{6-14}$$

$$\tau_c = \frac{T/A_P}{\frac{1}{2}\rho V_{0.7R}^2} \tag{6-15}$$

式中:$p_0 = p_a + \rho g h_s$ 为桨轴中心处的静压强(Pa);

g 为重力加速度,$g = 9.8\,\mathrm{m/s^2}$;

h_s 为螺旋桨轴线的沉没深度(m);

p_v 为汽化压强(Pa),根据表 6-1 计算;

$V_{0.7R} = \sqrt{V_A^2 + (0.7\pi nD)^2}$ 为 $0.7R$ 处切面与水流的相对速度(m/s);

ρ 为水的密度(kg/m³),淡水 $\rho = 1\,000\,\mathrm{kg/m^3}$,海水 $\rho = 1\,025\,\mathrm{kg/m^3}$;

T 为螺旋桨的推力(N);

A_P 为桨叶投射面积(m²),根据统计资料分析得

$$A_P \approx A_E(1.067 - 0.229 P/D) \tag{6-16}$$

式中:A_E 为螺旋桨的伸张面积(m²);

P/D 为螺距比。

高速军舰之螺旋桨常无法完全避免空泡,故图中之"重载荷螺旋桨限界线"表示此类螺旋桨在接近严重空泡区工作所可用之最大 τ_c 数值,但若采用空泡性能较好的切面,尚不致因空泡而影响其推力或转矩。"商船螺旋桨限界线"表示避免空泡所可用之最大 τ_c 数值,机翼型切面之螺旋桨易于发生空泡,故采用较低之限界线。

设计单位常用柏利尔限界线进行螺旋桨的空泡校核,但早期认为其结果往往偏于安全,所以荷兰瓦根宁根试验池提出:若根据楚思德 B 系列螺旋桨图谱设计螺旋桨,应以瓦根宁根限界线来进行空泡校核为宜,图 6-20 中同时给出了瓦根宁根水池限界线。

第 5 章中曾经提到,在螺旋桨图谱设计中以轴向平均伴流分数 w 作为考虑船体对螺旋桨的影响,然后将敞水中螺旋桨的数据应用于船后。事实上,船后的尾流场是不均匀的(见图 5-4),螺旋桨在旋转一周的过程中来流速度的周期性变化使得桨叶切面攻角在一定范围内变化,对空泡不利。在实际运营中发现,原来以为不发生空泡的螺旋桨仍有空泡剥蚀存在。近年来随着船舶尺度和主机功率显著增大,相应地,船的方形系数增大,船尾流场的不均匀现象更为突出。为此,有人曾对商船螺旋桨由于空泡而发生损坏的情况进行了调查,其结果示于图 6-21,从中可以看到,在瓦根宁根水池限界线的下方还有不少螺旋桨发生空泡损伤,而柏利尔的商船螺旋桨限界线则比较合理。

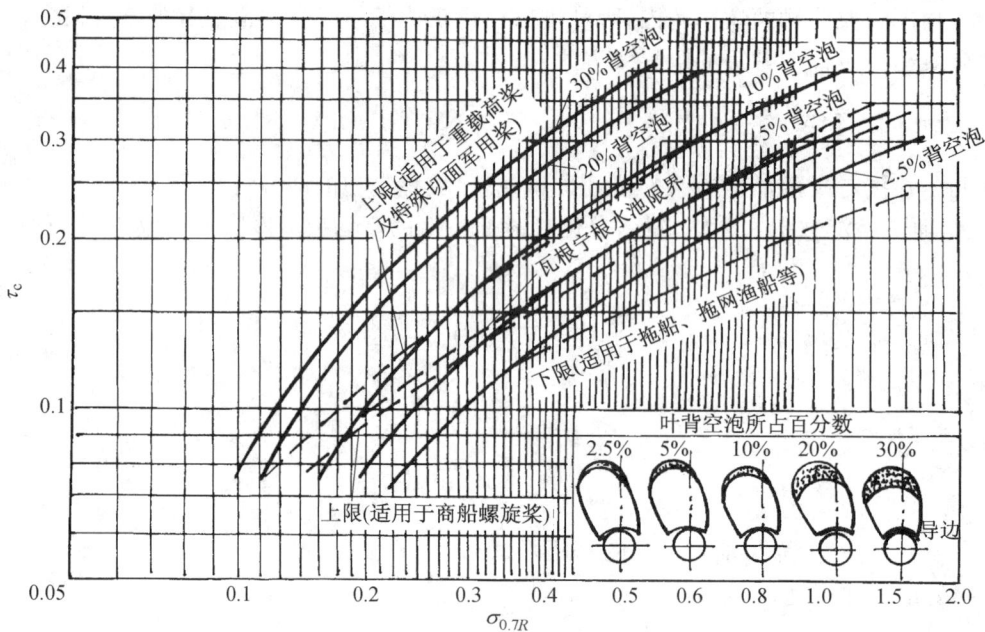

图 6-20　柏利尔限界线

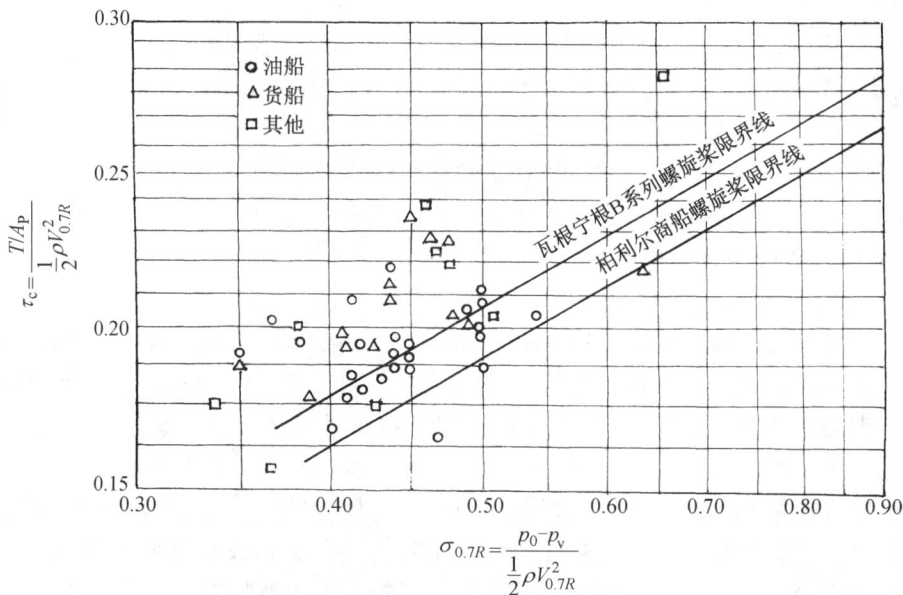

图 6-21　商船螺旋桨发生空泡的调查结果

综上所述,我们对螺旋桨空泡校核建议如下:

(1) 采用柏利尔的商船限界线。

(2) 对于大功率船舶,一般根据瓦根宁根水池限界线所得出的展开面积应再加 5%～10% 的裕度。

(3) 采用图 6-22 所示空泡限界线(此图由日本横尾幸一和矢崎敦生在《中小型船舶螺旋桨设计方法及参考图表集》中提供,实际上是据柏利尔的商船限界线整理而成的,但较清晰,便于应用)。

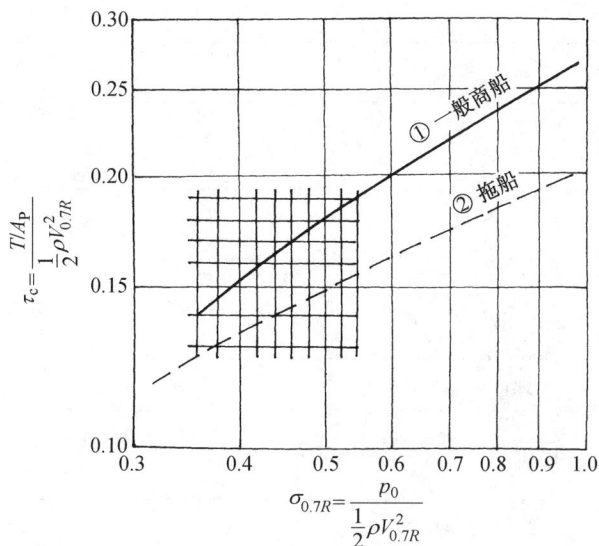

图 6-22 清晰的空泡限界线图

下面举例说明应用柏利尔限界线进行空泡校核的方法。

某 25 000 t 散装货船,主机功率 $P_s = 8826 \text{kW}$,转速 $N = 118.5 \text{r/min}$,轴系效率 $\eta_S = 0.962$,相对旋转效率 $\eta_R = 1.0$。利用 AU5-65 图谱设计了一只螺旋桨,直径 $D = 5.747 \text{m}$,盘面比 $A_E/A_o = 0.65$,螺距比 $P/D = 0.782$,效率 $\eta_0 = 0.559$。可达最大航速 $V_{max} = 16.05 \text{kn}$。空泡校核采用图 6-22 的空泡限界线,计算可列表进行,如表 6-2 所示。计算中已知的数据如下:

海水密度 $\rho = 1025 \text{kg/m}^3$

螺旋桨轴线沉没深度 $h_s = 5.99 \text{m}$

海水压强 $\rho g h_s = 60\,170 \text{Pa}$

标准大气压强 $p_a = 101\,234 \text{Pa}$

伴流分数 $w = 0.34$

由表 6-2 计算的结果可见,满足空泡要求的螺旋桨盘面比为 0.642,而设计螺旋桨的盘面比为 0.65,故满足要求。

表 6-2 空泡校核计算表

序号	项目	单位	数据
1	设计盘面比 A_E/A_o		0.65
2	$p_0 = p_a + \rho g h_s$	Pa	161 404
3	$V_A = 0.5144(1-w)V_{max}$	m/s	5.46
4	V_A^2	$(\text{m/s})^2$	29.8
5	$0.7\pi \dfrac{N}{60} D$	m/s	25.0
6	$\left(0.7\pi \dfrac{N}{60} D\right)^2$	$(\text{m/s})^2$	625

序　号	项　目	单　位	数　据
7	$V_{0.7R}^2 = V_A^2 + \left(0.7\pi\dfrac{N}{60}D\right)^2$	$(\text{m/s})^2$	654.8
8	$\dfrac{1}{2}\rho V_{0.7R}^2$	Pa	335 585
9	$\sigma_{0.7R} = p_0 \Big/ \left(\dfrac{1}{2}\rho V_{0.7R}^2\right)$		0.481
10	查图 6-22 得 τ_c		0.175
11	推力 $T = \dfrac{P_S\eta_S\eta_R\eta_0}{V_A}$	N	870 872
12	需要投射面积 $A_P = T\big/\tau_c \cdot \dfrac{1}{2}\rho V_{0.7R}^2$	m^2	14.80
13	需要展开面积 $A_E = A_P/(1.067 - 0.229P/D)$	m^2	16.68
14	$A_o = \dfrac{\pi}{4}D^2$	m^2	26.00
15	需要盘面比 A_E/A_o		0.642

2. 高恩限界线

高恩限界线是专用于高恩螺旋桨系列（见第 8-2 节）空泡校核的，如图 6-23 所示。

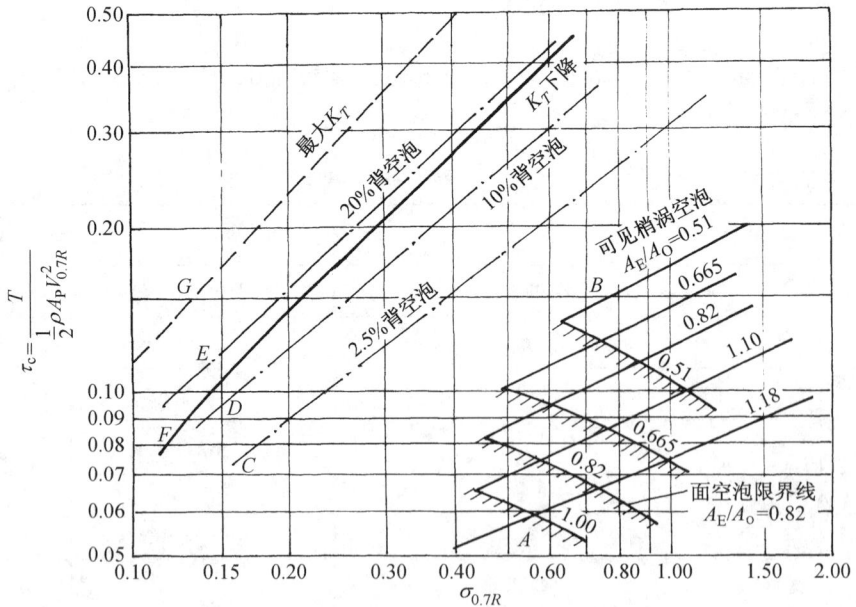

图 6-23　高恩限界线

高恩限界线图的坐标定义与柏利尔限界线的一样,因而可完全类似地应用此限界线来校核高恩螺旋桨系列的空泡发生情况。图中还给出了下列几组线,其意义分别为:

$\left.\begin{array}{l}A \text{ 面空泡限界线}\\B \text{ 叶梢空泡可见限界线}\end{array}\right\}$分别对应于系列的各个盘面比;

$\left.\begin{array}{l}C \text{ 叶面积的 } 2.5\% \text{ 背空泡}\\D \text{ 叶面积的 } 10\% \text{ 背空泡}\\E \text{ 叶面积的 } 20\% \text{ 背空泡}\\F \quad K_T \text{ 开始下降,在 D 与 E 之间}\\G \quad K_T \text{ 最大值}\end{array}\right\}$对于系列中所有的盘面比。

由此可见,在空泡校核时 C 线可认为是下限线,而 F 线可视为上限线。如果将图 6-23 的横坐标改成线性坐标,则可以用下列方程来表示 C 线和 F 线。

对于下限线 C 线:

$$\tau_c = 0.295(\sigma_{0.7R} + 0.1) \tag{6-17}$$

对于上限线 F 线:

$$\tau_c = 0.69\sigma_{0.7R} \tag{6-18}$$

因而,也可利用式(6-17)和式(6-18)来判断高恩螺旋桨系列桨叶上空泡的发生情况。

3. B 系列螺旋桨空泡特性估算图

将 B 系列螺旋桨在均流中进行系列空泡试验,其结果整理成螺旋桨空泡起始曲线图,对 B 系列中每一组螺旋桨都给出其相应的曲线图。图 6-24 仅以 B4-85 和 B4-100 为例,以了解螺旋桨在均流中的空泡特性。横坐标为

$$\sigma = \frac{p_0 - p_v}{\frac{1}{2}\rho V_A^2} \tag{6-19}$$

式中:p_0 为桨轴中心处的静压强;

V_A 为螺旋桨的进速。

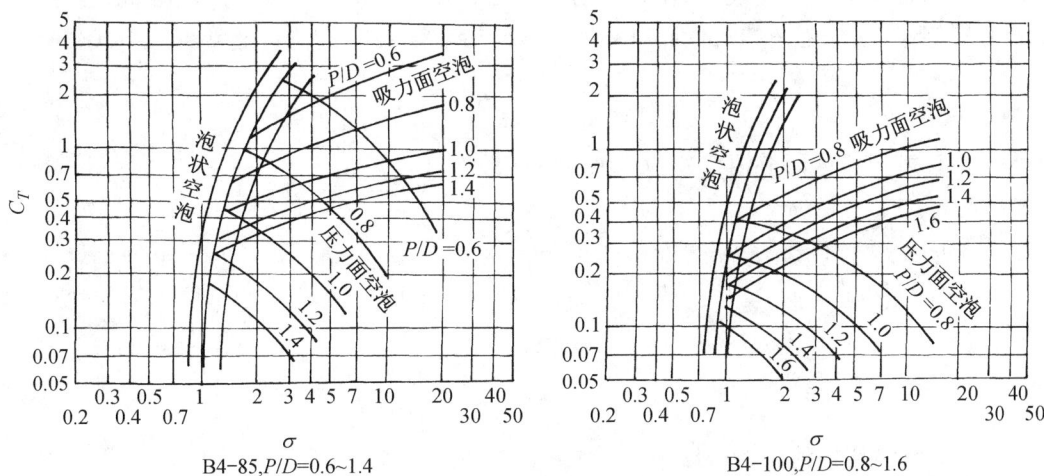

图 6-24　B 型桨空泡特性估算图

纵坐标为载荷系数,以下式表示:

$$C_T = \frac{T}{\frac{1}{2}\rho V_A^2 \frac{\pi}{4}D^2} = \frac{8}{\pi}\frac{K_T}{J^2} \tag{6-20}$$

式中:T 为螺旋桨推力;

    D 为螺旋桨直径;

    K_T 为螺旋桨推力系数;

    J 为螺旋桨的进速系数。

由图中可以判断螺旋桨桨叶上空泡发生的情况。

空泡校核的方法很多,除了上面介绍的以外,还有校核临界转速的经验公式及校验叶切面压强系数等。因前者应用不广,后者又与螺旋桨图谱设计关系不大,故这里不再赘述。

6-6 螺旋桨的噪声及谐鸣现象

螺旋桨运转时形成汽泡或气泡,它们的形成和消失都使流体产生微振动,因而发出噪声。这种微振动可能是人们听得到的(若频率为 16~20 000 Hz),也可能是听不到的(如频率在上述范围以外),但却能被声呐探测器所接受。螺旋桨的噪声对水动力性能无甚影响,但各类军舰(尤其是潜艇)都不希望螺旋桨发出噪声。因为螺旋桨发生噪声后易被敌方的声呐探测器发现而暴露自己,破坏海战的隐蔽性原则。因此,研究和降低军舰螺旋桨的噪声有很大的现实意义。

不少研究结果表明,螺旋桨的空泡现象是噪声的主要原因。因而噪声产生的条件及其避免措施在原则上与空泡产生的条件及其避免措施相同。

螺旋桨在运转时,有时会发出为人的听觉所能接收之声调称为"谐鸣"。谐鸣现象对螺旋桨本身的水动力性能并无影响,但使闻者厌烦。螺旋桨谐鸣的音调大多不随转速而变(即发出一种音调),但也有随转速变化而发生多种音调者。一般认为,谐鸣的主要原因是桨叶的随边产生了涡旋(卡门涡街),当涡旋的频率恰好与桨叶的固有频率相接近时,叶片发生弹性振动,发出清脆的鸣音。实验研究表明,在桨叶的某一固有频率范围内才可能产生听得见的共鸣音,对于普通螺旋桨,这个范围的最低固有频率 f_1(Hz)约为 50 Hz 左右,通常可用下式估算:

$$f_1 = \frac{t_0}{R^2} \times 1.25 \times 10^5 \tag{6-21}$$

式中:t_0 为假想桨叶延伸至轴线处的厚度(cm);

    R 为螺旋桨半径(cm)。

该范围的最高固有频率 f_2 一般约在 1 000 Hz 以内,对于直径在 2 m 以下的螺旋桨,可近似取 f_2 为 800 Hz,直径近于 4 m 的螺旋桨可近似取为 400 Hz。对于涡旋产生的频率,一般可用下式表示:

$$f = C\frac{V}{h} \tag{6-22}$$

式中:f 为卡门涡产生的频率(Hz);

    V 为物体前进速度(即与水的相对速度)(m/s);

h 为物体的厚度(m);

C 为与雷诺数有关的系数,约为 $0.18\sim0.20$。

对螺旋桨来说,上式中的 V 可取为叶切面的圆周速度,即 $V=2\pi nr$。 实验研究表明,强烈的谐鸣主要发生在 $0.6R$ 附近。若以 $0.6R$ 处的切面为代表,其涡旋的频率可表达为

$$f=C\,\frac{2\pi rn}{h_{0.6}}=C\,\frac{2\pi\times0.6RN}{60h_{0.6}}=C\,\frac{\pi DN}{100h_{0.6}} \tag{6-23}$$

式中：$C=0.18\sim0.20$;

$h_{0.6}$ 为 $0.6R$ 处随边的厚度(端圆直径)(m);

D 为螺旋桨的直径(m);

N 为螺旋桨转速(r/min)。

由此可见,涡旋的频率随桨叶随边的厚度和螺旋桨转速而变,对几何要素一定的螺旋桨,按式(6-23)可预估螺旋桨转速为 N 时是否会发生强烈的谐鸣现象,其判别方法可说明如下：

在图 6-25 中,横坐标为螺旋桨转速,纵坐标为频率,若由上述得到谐鸣的最高转速为 N_2,最低转速为 N_1,而与谐鸣相关的最大固有频率为 f_2,最小频率为 f_1,则可绘得图中的长方形 $ABCD$。若将 f[按式(6-23)所得]和 N 的关系示于同一图中,直线 h_3 切入长方形 $ABCD$ 内,则说明此时发生谐鸣,且直线 h_2、h_1 即为谐鸣发生的限界。改变桨叶随边的厚度,可以避免谐鸣的发生。

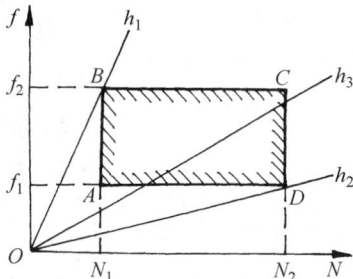

图 6-25　判别谐鸣现象的示意图　　　　图 6-26　改变桨叶随边厚度

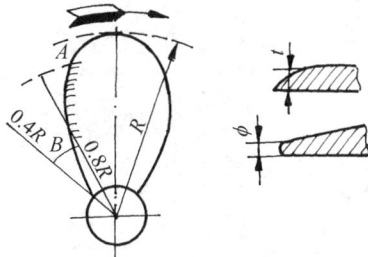

针对谐鸣发生的原因,可采用下列方法予以防止：

(1) 加厚法。将桨叶随边中部加厚(见图 6-26 中 $A\sim B$ 部分)。加厚之后,由桨叶随边发出的一系列涡旋引起的振动频率即被压低到桨叶本身的固有频率以下,因而可避免共鸣。

(2) 减薄法。将桨叶随边的 $A\sim B$ 部分(见图 6-26)减薄,使由涡旋所引起的振动频率大于桨叶的固有频率,从而避免共鸣。

(3) 特殊构造法。在桨叶随边 $A\sim B$ 部分(见图 6-26)采用特殊构造,如图 6-27(a)所示,在

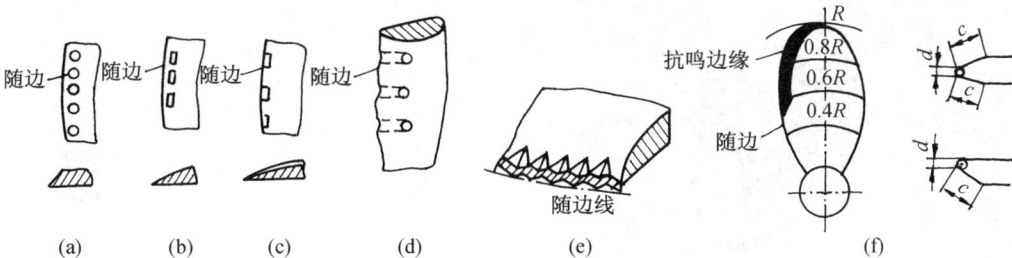

图 6-27　避免谐鸣对桨叶随边采用的方法

随边部分粘贴一排小圆块;或如图 6-27(b)所示,挖一排空穴;或如图 6-27(c)所示,削去一部分;或如图 6-27(d)所示,开封闭圆孔槽;或做成锯齿状三角孔槽,如图 6-27(e)所示;或做成抗鸣边缘,如图 6-27(f)所示,其中 c、d 尺寸列于表 6-3 中。

以上诸方法各有特点,加厚法随边强度较好,但影响螺旋桨效率;减薄法则与之相反;特殊构造法对要求严格的舰艇或潜艇较好,但加工要求较高。

表 6-3　图 6-27(f)中的 c,d 尺寸与螺旋桨直径 D 的关系

D/m	c/mm	d/mm	D/m	c/mm	d/mm
1.0	15.0	1.50	3.0	25.0	2.50
1.5	17.5	1.75	3.5	27.5	2.75
2.0	20.0	2.00	4.0 以上	30.0	3.00
2.5	22.5	2.25			

第7章　螺旋桨的强度校核

为了船舶的安全航行,必须保证螺旋桨具有足够的强度,使其在正常航行状态下不致破损或断裂。为此,在设计螺旋桨时必须进行强度计算和确定桨叶的厚度分布。螺旋桨工作时作用在桨叶上的流体动力有轴向的推力及与转向相反的阻力,两者都使桨叶产生弯曲和扭转。螺旋桨在旋转时桨叶本身的质量产生径向的离心力,使桨叶受到拉伸,若桨叶具有侧斜或纵斜,则离心力还要使桨叶产生弯曲。此外,桨叶上也可能受到意外的突然负荷,如碰击冰块或其他漂浮物体等。同时螺旋桨处于不均匀的尾流场中工作,使桨叶受力产生周期性变化,故较难精确地算出作用在桨叶上的外力。

在计算桨叶的强度时,我们可以把桨叶看作是扭曲的、变截面的悬臂梁,而且其横截面是非对称的,故计算较为复杂,即使能正确地求得桨叶上的作用力,要精确地进行强度计算也是很困难的。目前,对于动态负荷(即计及伴流不均匀性影响)下螺旋桨的强度计算方法虽然有所发展,但计算繁复,付之实用还为时尚早。故在螺旋桨设计的实践中,一般都用理论和实验相结合的近似方法来进行螺旋桨的强度计算。

计算螺旋桨强度的近似方法很多,中国船级社(CCS)于2015年发布的《钢质海船入级规范》(以下简称《规范》)中对螺旋桨的强度也有了规定,因为比较偏于安全,用近似方法计算的厚度未必一定能满足规范的要求,所以对"入级"海船应采用规范规定的方法计算。本章主要介绍我国2015年《规范》的规定,由此确定桨叶厚度。为了使读者了解桨叶上的受力情况,对于分析计算方法也作必要的介绍。

7-1　《规范》校核法

1. 螺旋桨桨叶厚度的确定

为了保证螺旋桨的安全,中国船级社2015年《钢质海船入级规范》第三分册第三篇第11章第4节中,对螺旋桨强度要求作了明确的规定。

螺旋桨桨叶厚度 t (mm,固定螺距螺旋桨为 $0.25R$ 和 $0.6R$ 切面处,可调螺距螺旋桨为 $0.35R$ 和 $0.6R$ 切面处)不得小于按下式计算所得之值:

$$t = \sqrt{\frac{Y}{K - X}} \tag{7-1}$$

式中: Y 为功率系数,按式(7-2)求得;

K 为材料系数,查表7-1;

X 为转速系数,按式(7-3)求得。

表 7-1 材 料 系 数

材　料	抗拉强度 σ_b/(N/mm)	材料密度 ρ/(g/cm)	材料系数 K
碳钢与合金钢	400	7.9	0.57
铁素钢与马氏体不锈钢	500	7.7	1.04
奥氏体不锈钢	450	7.9	1.04
Cu1 锰青铜	440	8.3	1
Cu2 镍锰青铜	440	8.3	1
Cu3 镍铝青铜	590	7.6	1.38
Cu4 锰铝青铜	630	7.5	1.17

1）功率系数

$$Y = \frac{1.36 A_1 N_e}{Z b n_e} \qquad (7-2)$$

$$A_1 = \frac{D}{P}\left(K_1 - K_2 \frac{D}{P_{0.7}}\right) + K_3 \frac{D}{P_{0.7}} - K_4$$

对于随缘尾翘机翼型切面,上式求得之 A_1 值应增加 30%。桨叶随缘尾翘指桨叶切面的随边有相对叶面螺距基准线(外弦)的位移。

式中：D 为螺旋桨直径(m);

　　　P 为所计算切面处的螺距(m);

　　　$P_{0.7}$ 为 $0.7R$ 切面处的螺距(m);

　　　R 为螺旋桨半径(m);

　　　K_1,K_2,K_3,K_4 为系数,查表 7-2;

　　　N_e 为主机的额定功率(kW);

　　　Z 为桨叶叶数;

　　　b 为所计算半径处切面的弦长(m);

　　　n_e 为螺旋桨在主机额定功率时的转速(r/min)。

表 7-2　螺旋桨不同半径处 K 值系数

r　　K_j	K_1	K_2	K_3	K_4	K_5	K_6	K_7	K_8
$0.25R$	634	250	1410	4	82	34	41	380
$0.35R$	520	285	1320	16	64	28	57	420
$0.60R$	207	151	635	34	23	12	65	330

2）转速系数

$$X = \frac{A_2 G A_d n_e^2 D^3}{10^{10} Z b} \qquad (7-3)$$

式中：$A_2 = \dfrac{D}{P}(K_5 + K_6 \varepsilon) + K_7 \varepsilon + K_8$;

D，P，n_e，Z 及 b 的定义同式(7-2)；

K_5，K_6，K_7，K_8 为系数，查表 7-2；

G 为桨叶材料密度(g/cm³)；

A_d 为螺旋桨的盘面比；

ε 为桨叶纵斜角(°)，具体取法如下：

如图 7-1 所示，ε_1 为桨叶侧投影 0.6R 处桨叶厚度线后侧线的切线与垂直于桨轴线的中线 OX 之间的夹角，后倾时 $\varepsilon_1 > 0$，即图 7-1(a)和(c)所示情形；前倾时 $\varepsilon_1 < 0$，即图 7-1(b)所示情形。ε_2 为叶梢纵斜角，按下式计算：

$$\varepsilon_2 = \arctan\frac{e}{R}$$

式中：e 为叶梢纵斜，定义为叶梢在桨轴中心线上的投影点的轴向坐标，该投影点位于 O 点下游(左侧)时 $e > 0$；R 为叶梢半径。

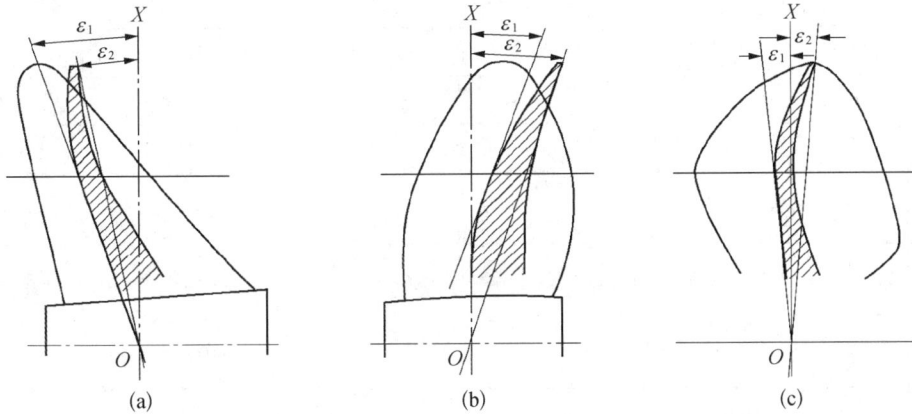

图 7-1　桨叶纵斜角

如图 7-1(a)所示，$\varepsilon_1 > 0$、$\varepsilon_2 > 0$，即 0.6R 和叶梢均为向后纵倾，且 $\varepsilon_1 > \varepsilon_2$，则 $\varepsilon = \varepsilon_1$；

如图 7-1(b)所示，$\varepsilon_1 < 0$、$\varepsilon_2 < 0$，即 0.6R 和叶梢均为向前纵倾，且 $\varepsilon_2 > \varepsilon_1$，则 $\varepsilon = \varepsilon_2$；

如图 7-1(c)所示，$\varepsilon_1 > 0$、$\varepsilon_2 < 0$，即 0.6R 向后纵倾、叶梢向前纵倾，则 $\varepsilon = \varepsilon_1$；如果 $\varepsilon_1 < 0$、$\varepsilon_2 > 0$，则 $\varepsilon = \varepsilon_2$。

《规范》还规定，可采用其他计算方法来确定螺旋桨桨叶厚度，但应提供试验结果或使用经验的背景材料；根据螺旋桨使用情况，CCS 可以要求提供详细的伴流数据或增大叶片厚度。

对航行于冰区的船舶，螺旋桨桨叶还需进行加强，具体方法在《规范》第三分册第三篇第 14 章第 2 节中有明确规定。因限于篇幅，这里不再进行介绍。

2. 计算实例

某 35 000 t 散装货船，船长 $L_{PP} = 185$ m，型宽 $B = 28.4$ m，设计吃水 $T = 11.0$ m，方形系数 $C_B = 0.821$。主机额定功率 $N_e = 8164$ kW，转速 $N = 124$ r/min，按 MAU 型 4 叶螺旋桨设计图谱求得：螺旋桨的直径 $D = 5.6$ m，螺距比 $P/D = 0.7$，敞水效率 $\eta_0 = 0.521$，盘面比 $A_E/A_0 = 0.586$，航速 $V = 14.68$ kn。桨叶的纵斜角 $\varepsilon = 10°$，螺旋桨的材料为 ZQAL12-8-3-2，其材料密度为 $G = 7.4$ g/cm³，材料系数 $K = 1.2$。现要求按《规范》进行强度校核。

根据已知条件可算出 0.7R 切面处的螺距：

$$P_{0.7} = 3.92 \text{ m}$$

根据第 8 章表 8-3，0.25R 及 0.6R 处切面的弦长为

$$b_{0.25} = 0.721\,2 \frac{b_{\max}}{D} \cdot D = 0.721\,2 \times \left(0.226 \times \frac{0.586}{0.1 \times 4}\right) \times 5.6 = 1.337 \text{ m}$$

$$b_{0.6} = 0.991\,1 \frac{b_{\max}}{D} \cdot D = 0.991\,1 \times \left(0.226 \times \frac{0.586}{0.1 \times 4}\right) \times 5.6 = 1.838 \text{ m}$$

由表 7-1 可查得材料系数 K，由表 7-2 可查得 K_1，K_2，K_3，K_4，K_5，K_6，K_7 和 K_8 诸系数。计算可按表 7-3 形式进行。

表 7-3 计 算 结 果

序　号	项　　　目	单　位	所校核的叶切面	
			0.25R	0.6R
1	桨叶宽度 b	m	1.337	1.838
2	0.7R 处 D/P　　$D/P_{0.7}$		1.428 6	1.428 6
3	D/P		1.428 6	1.428 6
4	$A_1 = \dfrac{D}{P}\left(K_1 - K_2 \dfrac{D}{P_{0.7}}\right) + K_3 \dfrac{D}{P_{0.7}} - K_4$		2 405.83	860.71
5	$A_2 = \dfrac{D}{P}(K_5 + K_6 \varepsilon) + K_7 \varepsilon + K_8$		1 392.87	1 184.29
6	$Y = \dfrac{1.36 A_1 N_e}{Z b n_e}$		40 280.5	10 482.6
7	$X = \dfrac{A_2 G A_d n_e^2 D^3}{10^{10} Z b}$		0.305 0	0.188 6
8	《规范》要求最小厚度 $t = \sqrt{\dfrac{Y}{K - X}}$	mm	212.1	101.8
9	标准桨叶切面厚度 t_n	mm	214.2	122.1

由表 7-3 的计算结果可见，满足《规范》要求的最小厚度为

$$t_{0.25R} = 212.1 \text{ mm}$$

$$t_{0.6R} = 101.8 \text{ mm}$$

而标准桨在相应半径处切面的厚度为

$$(t_n)_{0.25R} = 214.2 \text{ mm}$$

$$(t_n)_{0.6R} = 122.1 \text{ mm}$$

大于《规范》的要求。若采用标准桨的厚度及其分布，则可以满足强度的要求，且略有裕度。

7-2　分 析 计 算 法

本节讨论在静态负荷下螺旋桨强度的计算问题。所谓静态负荷，就是假定作用于桨叶上的外力负荷不变。在应用这种方法进行计算时，把桨叶作为简单的悬臂梁，首先计算出每一桨叶上

的推力、旋转阻力及离心力对计算切面的弯矩,然后根据切面的几何特性确定所受的应力。

螺旋桨工作时,桨叶根部所受的应力最大。实践证明,螺旋桨桨叶常在叶根附近断裂,因此应用分析计算法来校核桨叶强度时,主要计算叶根处切面的强度(略去填角料)。

1. 推力和旋转阻力所产生的弯矩

螺旋桨运转时,推力 T 和转矩 Q 沿桨叶半径的分布是不规则的,如图 7-2(a)、(b)中的实线所示。如果要计算任意半径 r_p 处切面的应力,则可用积分法确定该切面以外(至叶梢)部分的作用力对该切面产生的弯矩。

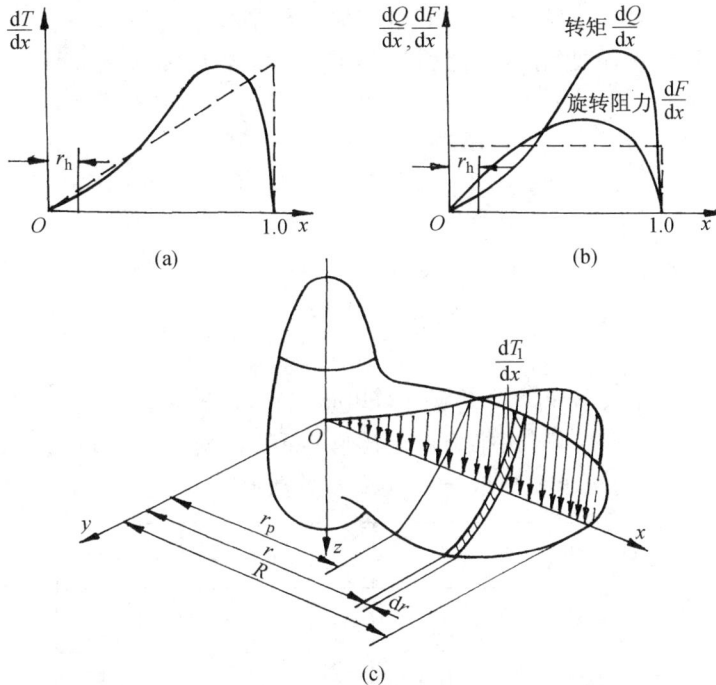

图 7-2 推力和转矩沿桨叶半径的分布

考虑桨叶上半径 r 处 dr 微段的叶元体,设 dT_1 为该叶元体上所受之推力[见图 7-2(c)],则半径 r_p 以外桨叶所受的推力对 r_p 处切面的弯矩为

$$M_T = \int_{r_p}^{R} \frac{dT_1}{dr}(r - r_p)dr \qquad (7-4)$$

式中:R 为螺旋桨半径;

$$dT_1 = \frac{1}{Z}\rho n^2 D^4 dK_T \qquad (7-5)$$

式中:Z 为桨叶数。

若采用相对半径 $x = r/R$,$x_p = r_p/R$,并将式(7-5)代入式(7-4),则得

$$M_T = \frac{\rho n^2 D^5}{2Z} \int_{x_p}^{1.0} \frac{dK_T}{dx}(x - x_p)dx \qquad (7-6)$$

弯矩 M_T 可以表示成螺旋桨推力系数的另一函数形式。如果 K_T 为螺旋桨在计算状态的推力系数,x_h 为桨毂相对半径($x_h = r_h/R$),则有

$$K_T = \int_{x_h}^{1.0} \frac{dK_T}{dx} dx \qquad (7\text{-}7)$$

从而式(7-6)可写成

$$M_T = \frac{K_T \rho n^2 D^5}{2Z} \frac{\int_{x_p}^{1.0} x \frac{dK_T}{dx} dx - x_p \int_{x_p}^{1.0} \frac{dK_T}{dx} dx}{\int_{x_h}^{1.0} \frac{dK_T}{dx} dx} \qquad (7\text{-}8)$$

如果知道推力系数沿径向的分布形式,则即可按式(7-8)算出 M_T。但是,要精确地求出推力系数沿径向的分布是很麻烦的,因此在计算时将作某些假定。

对于等螺距或径向螺距变化不大的普通螺旋桨,其推力系数分布可假定为如下的曲线形式:

$$\frac{1}{Z} \frac{dK_T}{dx} = kx^2(1-x)^{1/2} \qquad (7\text{-}9)$$

式中:k 为常数。

应用式(7-9)可算出式(7-8)的积分,从而

$$M_T = \frac{K_T \rho n^2 D^5}{2Z} G_T(x_h, x_p) \qquad (7\text{-}10)$$

函数 $G_T(x_h, x_p)$ 已有人算得,并作成曲线示于图 7-3 中。据此可用式(7-10)确定 $x_h \leqslant x_p < 1$ 和 $0.2 \leqslant x_h \leqslant 0.4$ 时由推力产生的弯矩 M_T。对 $x_h = 0.17 \sim 0.18$ 的情况,在利用图 7-3 查取 $G_T(x_h, x_p)$ 时可近似地取 $x_h = 0.2$ 时的数值。

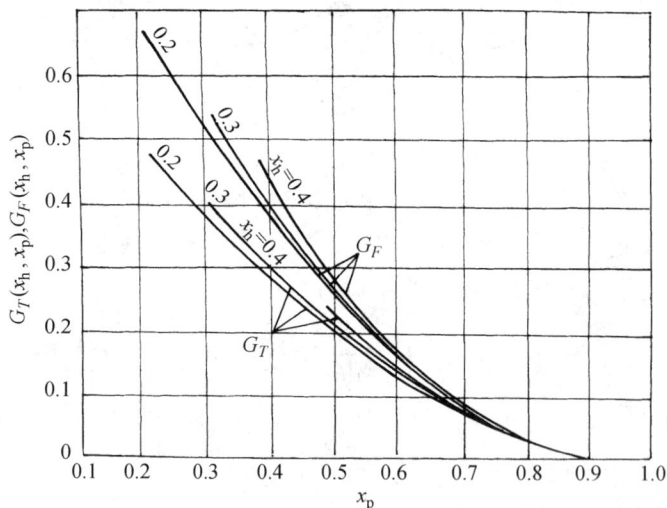

图 7-3　函数 G_T、G_F 曲线

更简便的方法是假定推力沿桨叶径向按线性规律分布,如图 7-2(a)中虚线所示。令 $\frac{dK_T}{dx} = k'x$(k' 为常数),则从式(7-8)可得

$$M_T = -\frac{2TR}{Z(1-x_h^2)}\left[\frac{1}{3} - \frac{1}{2}x_p + \frac{1}{6}x_p^3\right] \qquad (7\text{-}11)$$

与求推力产生的弯矩相似,半径 r 处 $\mathrm{d}r$ 段叶元体的旋转阻力 $\mathrm{d}F_1$ 对半径 r_{p} 处切面产生的弯矩为 $\mathrm{d}F_1(r-r_{\mathrm{p}})$,故在 r_{p} 以外至叶梢处所有切面所受之旋转阻力对 r_{p} 处的弯矩为

$$M_F = \int_{r_{\mathrm{p}}}^{R} \frac{\mathrm{d}F_1}{\mathrm{d}r}(r-r_{\mathrm{p}})\mathrm{d}r \tag{7-12}$$

若引用旋转阻力系数 $K_F = F/\rho n^2 D^4$,则有

$$\mathrm{d}F_1 = \frac{\mathrm{d}F}{Z} = \frac{1}{Z}\rho n^2 D^4 \mathrm{d}K_F \tag{7-13}$$

把式(7-13)用相对半径 x 表示并代入式(7-12),则有

$$M_F = \frac{\rho n^2 D^5}{2Z} \int_{x_{\mathrm{p}}}^{1.0} \frac{\mathrm{d}K_F}{\mathrm{d}x}(x-x_{\mathrm{p}})\mathrm{d}x \tag{7-14}$$

此式也可用转矩系数来表示,因

$$K_Q = \int_{x_{\mathrm{h}}}^{1.0} \frac{\mathrm{d}K_Q}{\mathrm{d}x}\mathrm{d}x \tag{7-15}$$

则利用 $\mathrm{d}K_Q = x/2\mathrm{d}K_F$,可得

$$M_F = \frac{K_Q \rho n^2 D^5}{Z} \frac{\displaystyle\int_{x_{\mathrm{p}}}^{1.0} x \frac{\mathrm{d}K_F}{\mathrm{d}x}\mathrm{d}x - x_{\mathrm{p}}\int_{x_{\mathrm{p}}}^{1.0} \frac{\mathrm{d}K_F}{\mathrm{d}x}\mathrm{d}x}{\displaystyle\int_{x_{\mathrm{h}}}^{1.0} x \frac{\mathrm{d}K_F}{\mathrm{d}x}\mathrm{d}x} \tag{7-16}$$

如果取 $\dfrac{\mathrm{d}K_Q}{\mathrm{d}x}$ 的分布形式与式(7-9)的推力系数分布形式相同,则可将式(7-16)进行积分并表示为

$$M_F = \frac{K_Q \rho n^2 D^5}{Z} G_F(x_{\mathrm{h}}, x_{\mathrm{p}}) \tag{7-17}$$

函数 $G_F(x_{\mathrm{h}}, x_{\mathrm{p}})$ 也用曲线形式表示于图 7-3 中。

当假定旋转阻力 F 沿径向为均匀分布时,如图 7-2(b)中虚线所示,即 $\mathrm{d}K_F/\mathrm{d}x = k''$(常数),则从式(7-16)可得

$$M_F = \frac{2Q}{Z(1-x_{\mathrm{h}}^2)}\left[\frac{1}{2} - x_{\mathrm{p}} + \frac{1}{2}x_{\mathrm{p}}^2\right] \tag{7-18}$$

通常螺旋桨的收到功率 $P_{\mathrm{D}}(\mathrm{kW})$ 及其转速 $N(\mathrm{r/min})$ 是已知的,故式(7-18)中螺旋桨的转矩 $Q(\mathrm{N \cdot m})$ 可按下式求出:

$$Q = \frac{60\,000P_{\mathrm{D}}}{2\pi N} \tag{7-19}$$

现代船舶螺旋桨设计常采用大侧斜及叶梢卸载,桨叶负荷的径向分布形式与前述假定形式差别可能较大。为了提高强度计算的精度,可应用势流或黏流 CFD 方法对推力和旋转阻力的径向分布进行较精确的计算,并采用数值积分方法计算推力和旋转阻力引起的弯矩。

2. 离心力及其所产生的弯矩

螺旋桨工作时,桨叶上还受到离心力的作用。设螺旋桨的转速为 $n(\mathrm{r/s})$,螺旋桨材料的

密度为 $\rho(\mathrm{kg/m^3})$，S 为某半径 r 处切面的面积 $(\mathrm{m^2})$，见图 7-2(c)，则 $\mathrm{d}r$ 段叶元体所产生的离心力为

$$\mathrm{d}C = \rho(2\pi n)^2 Sr\,\mathrm{d}r \tag{7-20}$$

桨叶 $r \geqslant r_\mathrm{p}$ 部分的离心力为

$$C = 4\pi^2 n^2 \rho \int_{r_\mathrm{p}}^{R} Sr\,\mathrm{d}r \tag{7-21}$$

若桨叶的重量为 G，桨叶重心至轴线的距离为 r_g，则整个桨叶的离心力为

$$C = \frac{4\pi^2 n^2}{g} G r_\mathrm{g} \tag{7-22}$$

式中：r_g 可近似地按下式求得：

$$r_\mathrm{g} = \frac{d}{2} + 0.3\left(\frac{D}{2} - \frac{d}{2}\right) \tag{7-23}$$

式中：D 和 $d = 2r_\mathrm{h}$ 为螺旋桨直径及桨毂直径。

此外，当桨叶具有纵斜和侧斜时（见图 7-4），其离心力的作用线并不通过计算切面的形心，因而对该切面产生弯矩。

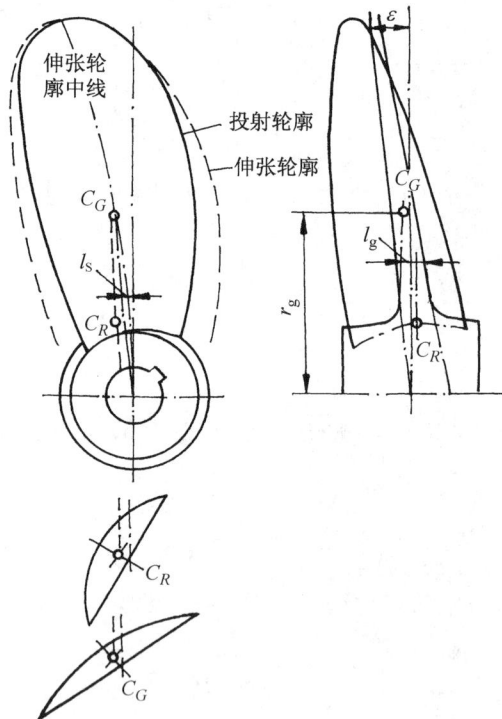

图 7-4　桨叶具有纵斜和侧斜时离心力的作用线

设桨叶的纵斜角为 ε，且各切面的形心位于与参考线 OU 平行的线上，则在计算半径 r_p 处切面因纵斜产生的离心力弯矩为

$$M_\mathrm{C} = 4\pi^2 n^2 \rho \tan\varepsilon \int_{r_\mathrm{p}}^{R} Sr(r - r_\mathrm{p})\,\mathrm{d}r \tag{7-24}$$

在图 7-4 中，侧视图表示桨叶在各半径处之最大厚度，C_G 为桨叶之重心（它与轴心距离为 r_g），C_R 为计算半径 r_p 处切面的形心。对于弓型切面，其形心可取在最大厚度处距叶面

为 $2t/5$ 的地方（t 为切面最大厚度），从而可以量取 C_G 与 C_R 之纵向距离 l_g，或可近似取为

$$l_g \approx (r_g - r_p)\tan(\varepsilon + 6°)$$

此时式(7-24)可更简便地写成

$$M_C = l_g C \tag{7-25}$$

对于具有侧斜的螺旋桨，还应计及离心力产生的弯矩 M_S，因一般侧斜与螺旋桨转向相反，故此弯矩与旋转阻力产生的弯矩 M_F 方向相反（在无侧斜或小侧斜时也有可能方向相同）。在图 7-4 中正视图上标出重心 C_G 及切面形心 C_R 之轴向投射位置。通过 C_G 绘一辐射线，由 C_R 至此辐射线间之垂直距离 l_S 即为离心力 C 对形心 C_R 的力臂。故因侧斜所产生之离心力弯矩

$$M_S = l_S C \tag{7-26}$$

3. 合成弯矩及切面应力计算

图 7-5 表示在半径 r_p 处切面（或叶根处切面）承受弯矩的情况，图中 M_T 及 M_F 以右手定则规定的矢量来表示。严格说来，这些流体动力弯矩作用点并不与切面的形心相重合，但在实际计算中，通常可近似地通过切面形心来取惯性主轴。图 7-5 中 ξ-ξ 轴为切面的最小惯性主轴（通过切面形心且与其弦线平行），η-η 轴为切面的最大惯性主轴（与 ξ-ξ 轴相垂直）。其正向如图 7-5 所示。

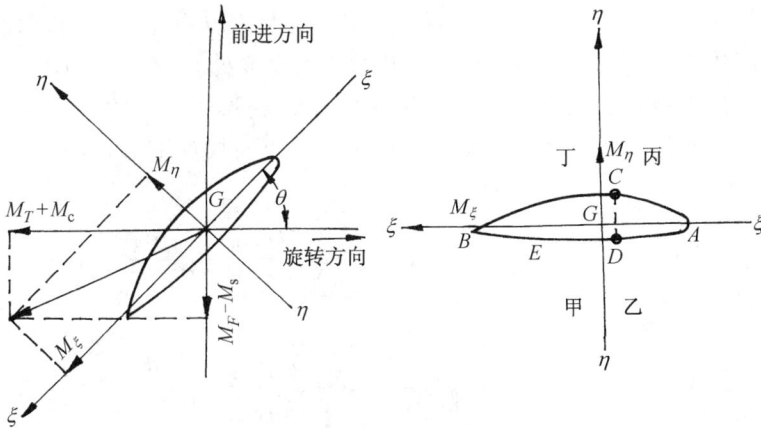

图 7-5　叶切面承受弯矩的情况

若将推力和旋转阻力产生的弯矩 M_T 和 M_F 及离心力产生的弯矩 M_C 和 M_S 分解到切面的 ξ-ξ 轴及 η-η 轴上，则可得

$$\left.\begin{array}{l} M_\xi = (M_T + M_C)\cos\theta + (M_F - M_S)\sin\theta \\ M_\eta = (M_T + M_C)\sin\theta - (M_F - M_S)\cos\theta \end{array}\right\} \tag{7-27}$$

式中：θ 为计算切面的螺距角。

力矩 M_ξ 使桨叶在刚度最小的平面内弯曲，而力矩 M_η 使桨叶在刚度最大的平面内弯曲。若已知叶切面的面积和抗弯剖面模数，则便能求出由弯曲力矩 M_ξ 和 M_η 之作用而引起的应力。设 $W_\xi(\eta_{max})$ 和 $W_\eta(\xi_{max})$ 分别为切面上具有最大坐标 η_{max} 和 ξ_{max} 的点（如 C、D、A、B 诸点）对于 ξ-ξ 轴和 η-η 轴的抗弯剖面模数，则弯矩 M_ξ 和 M_η 在这些点上产生的应力可分别写为

$$\left.\begin{array}{l} \sigma_\xi(\eta_{max}) = \dfrac{M_\xi}{W_\xi(\eta_{max})} \\[3mm] \sigma_\eta(\xi_{max}) = \dfrac{M_\eta}{W_\eta(\xi_{max})} \end{array}\right\} \tag{7-28}$$

若计算切面的面积为 S，则离心力产生的应力为

$$\sigma_C = \frac{C}{S} \tag{7-29}$$

这里，S 可根据切面形状求得，或可用下列近似公式估算：

$$S = (0.67 \sim 0.73)bt \tag{7-30}$$

式中：b 为切面弦长；

t 为切面最大厚度。

若用惯性主轴将切面分成 4 个区域（见图 7-5），则在每个区域中因弯矩 M_ξ、M_η 及离心力 C 所产生的应力性质如下：

区 域	甲	乙	丙	丁
M_ξ 所生应力	拉	拉	压	压
M_η 所生应力	拉	压	压	拉
C 所生应力	拉	拉	拉	拉

由此可见，最大拉应力应在甲区内切面的外缘，最大压应力在丙区内切面外缘。也就是说，在叶切面上随边 B 点所受的拉应力最大，叶背最大厚度处 C 点所受的压应力最大（对于切面边缘有翘度者，最大拉应力约发生在叶面开始上翘处，棱形切面则约在叶面中点处）。

综上所述，合成弯矩及离心力所产生的总应力一般可写成如下形式：

A 点所受之拉应力

$$\sigma(A) = \sigma_\xi(\eta_A) - \sigma_\eta(\xi_A) + \sigma_C = \frac{M_\xi}{W_\xi(\eta_A)} - \frac{M_\eta}{W_\eta(\xi_A)} + \frac{C}{S} \tag{7-31}$$

B 点所受之拉应力

$$\sigma(B) = \sigma_\xi(\eta_B) + \sigma_\eta(\xi_B) + \sigma_C = \frac{M_\xi}{W_\xi(\eta_B)} + \frac{M_\eta}{W_\eta(\xi_B)} + \frac{C}{S} \tag{7-32}$$

C 点所受之压应力

$$\sigma(C) = -\sigma_\xi(\eta_C) - \sigma_\eta(\xi_C) + \sigma_C = -\frac{M_\xi}{W_\xi(\eta_C)} - \frac{M_\eta}{W_\eta(\xi_C)} + \frac{C}{S} \tag{7-33}$$

D 点所受之拉应力

$$\sigma(D) = \sigma_\xi(\eta_D) - \sigma_\eta(\xi_D) + \sigma_C = \frac{M_\xi}{W_\xi(\eta_D)} - \frac{M_\eta}{W_\eta(\xi_D)} + \frac{C}{S} \tag{7-34}$$

上述各式中，切面的抗弯剖面模数可根据切面形状进行计算，或者可按下列近似公式估算：

$$\left.\begin{array}{l} W_\xi(\eta_{max}) = \alpha_\eta bt^2 \\[2mm] W_\eta(\xi_{max}) = \alpha_\xi tb^2 \end{array}\right\} \tag{7-35}$$

系数 α_η 和 α_ξ 值可据切面形式由表 7-4 查得。

表 7-4 系数 α_η 和 α_ξ 值

系数	切 面								
	对于 A 点和 B 点			对于 C 点			对于 D 点		
	弓形	双凸弓形	机翼形	弓形	双凸弓形	机翼形	弓形	双凸弓形	机翼形
α_η	0.11	0.22	0.10	0.075	0.19	0.085	0.11	0.17	0.10
α_ξ	0.07	0.10	0.09	∞	∞	—	∞	∞	—

若计算所得的最大压应力(如叶背 C 点处的应力)和最大拉应力(如随边 B 点处的应力)没有超过材料的许用应力,则认为螺旋桨的强度是足够的。

4. 许用应力

在计算螺旋桨的强度时,通常都以船在全速航行情况下螺旋桨发出的推力及吸收的转矩为依据。但当开航时,其进速系数甚小,推力系数及转矩系数皆大,致使螺旋桨所受的应力可能大于全速时的数值。螺旋桨在实际工作中因桨叶在不同位置时之伴流相差甚大,桨叶所受之应力产生周期性变更,空泡及振动等使材料有剥蚀及疲衰作用。再者桨叶与桨毂之厚度相差甚大,在铸造时两部分的冷却速度不同,使叶根部分的实际强度降低。此外,螺旋桨在工作中可能碰击漂浮物体而遭受突然负荷。由于上述许多原因,故螺旋桨所取用的许用应力值甚低,亦即其安全系数(或称强度储备系数)较大。

许用应力 $[\sigma]$ 以下式表示:

$$[\sigma] = \sigma_b / k_b \tag{7-36}$$

式中:σ_b 为强度极限应力;

k_b 为安全系数(强度储备系数)。

在实用上,螺旋桨的许用应力随船舶类型而异。客船及货船长时间以全功率航行者许用应力较小,军舰经常使用部分功率者许用应力可用较大数值,高速快艇螺旋桨每单位面积需发出的推力甚大,不得不采用更大的许用应力。表 7-5 列出了螺旋桨常用材料的性能和许用应力范围。从表中可见,其安全系数约为 10 左右。近年来,国内外许多人认为将安全系数 k_b 降低至 8 左右为宜。也有人认为内河船螺旋桨的 k_b 可取 6。另外,用推力为线性分布假定计算时,若已考虑了离心力所引起的应力,则可将表中的许用应力加大 20%～30%。

表 7-5 螺旋桨常用材料性能和许用应力

材料名称和牌号	密度/(g/cm^3)	许用应力 $[\sigma]$/MPa	极限拉应力 σ_b/MPa	对海水的抗蚀性能	备 注
锰青铜 HMnFe55-3-1	8.41	45～50	450～500	好	表面光滑,可修补
铝青铜 ZHAl67-5-2-2	8.41	62	620	良好	表面很光滑,可修补
铸钢 ZG$_{25}$A,ZG$_{20}$A	7.85	45～50	450～500	稍差	不易浇铸,表面粗糙,强度计算后须加厚 10% 以抗腐蚀

材料名称和牌号	密度/(g/cm³)	许用应力[σ]/MPa	极限拉应力σ_b/MPa	对海水的抗蚀性能	备 注
球墨铸铁QT40-10	7.60	26～28	400～550	差	很难修补,叶片比铜质的厚25%～30%
灰铸铁HT21-40,HT24-44	7.60	19～22（拉伸）	180～260	差	表面很粗糙,不能修补,叶片比铜质的厚30%～35%
增强塑料（环氧、手涂）	2.50	20～30	200～300	好	表面光滑,可修补,叶片比铜质的厚20%～25%

注：$1\,\text{MPa}=10^6\,\text{N/m}^2$

7-3 桨叶厚度的径向分布

如前所述,根据中国船级社 2015 年《钢质海船入级规范》中的规定,可以求得满足强度要求的在 $0.25R$ 及 $0.6R$ 处桨叶切面的最大厚度(可调螺距螺旋桨为 $0.35R$ 及 $0.6R$ 处切面的最大厚度);或利用分析计算法确定桨叶根部处(一般取 $0.2R$)切面的最大厚度。接下来的问题需要确定其余各半径处切面的最大厚度,即厚度沿半径方向的分布。

1. 桨叶的叶梢厚度

在决定桨叶厚度沿径向分布之前,首先要知道桨叶叶梢厚度 t'。

一般螺旋桨叶梢厚度可由图 7-6 据直径 D 查得。也可采用如下的经验公式来确定：

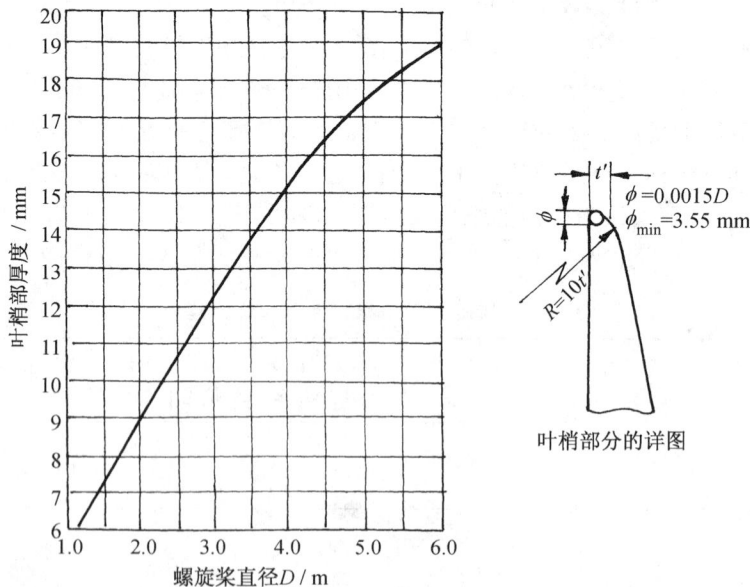

图 7-6 桨叶叶梢部分的厚度

当螺旋桨直径 $D<3.0\,\text{m}$ 时,取

$$t'=0.0045D \tag{7-37}$$

当螺旋桨直径 $D \geqslant 3.0$ m 时,取

$$t' = 0.0035D \qquad (7\text{-}38)$$

式中 t' 和 D 取相同单位。

2. 桨叶厚度的径向分布

叶梢厚度确定以后,就可决定桨叶厚度的径向分布。一般可采用如下几种方式。

1)线性分布

大多数螺旋桨的厚度沿径向采用线性分布,即将叶梢厚度 t' 与按《规范》确定的 0.25R(或 0.35R)处桨叶厚度用同一比例画在图上并连成直线,即可量得不同半径处的桨叶厚度。实践证明,这样的厚度分布对 0.6R 处的强度总是过剩的,故可不必再行验算。

2)非线性分布

将叶梢厚度 t' 与按《规范》计算得到的 0.25R(或 0.35R)及 0.6R 处切面的厚度 3 个点在图上按同样比例标出,通过 3 点连成光顺曲线,即可得到各不同半径处桨叶厚度,这种分布形式可以节省些桨叶材料。

3)荷兰船模试验池建议的厚度分布

荷兰船模试验池建议桨叶各半径处切面厚度可由下式计算:

$$t_x = f_x(t_{0.2} - t') + t' \qquad (7\text{-}39)$$

式中:$t_{0.2}$ 为 0.2R 处切面的厚度;

t_x 为 $x = r/R$ 处切面的厚度;

f_x 为由表 7-6 所决定的系数。

表 7-6　决定叶切面最大厚度径向分布的系数 f_x

x	f_x	x	f_x
0.3	0.845	0.7	0.318
0.4	0.699	0.8	0.206
0.5	0.546	0.9	0.100
0.6	0.436	0.95	0.0495

7-4　螺 距 修 正

螺旋桨设计中,有些参数往往与所用系列螺旋桨不同,例如,按上节强度计算所得的桨叶厚度小于选用系列桨的厚度时,尚可直接采用系列桨的厚度及厚度分布,其缺点是浪费材料。若计算中为满足强度要求不得不增加桨叶厚度时,将导致设计螺旋桨的叶厚分数大于系列螺旋桨的叶厚分数。有时设计螺旋桨的毂径比不同于系列螺旋桨。在这种情况下,必须对设计螺旋桨的螺距进行修正,使两者性能相同。现将修正方法简述如下。

1. 毂径比不同对螺距的修正

设 $(d_h/D)'$ 为设计螺旋桨的毂径比;d_h/D 为系列螺旋桨的毂径比。则所需的螺距比修正

量 $\Delta\left(\dfrac{P}{D}\right)_B$ 可按下式求得：

$$\Delta\left(\frac{P}{D}\right)_B = \frac{1}{10}\left[(d_h/D)' - d_h/D\right] \tag{7-40}$$

2. 叶厚比不同对螺距的修正

修正计算通常是根据 $0.7R$ 处切面的螺距角 θ 与无升力角 α_0 之和等于常数这一原则进行的，即

$$\theta + \alpha_0 = 常数 \tag{7-41}$$

如图 7-7 所示。

切面的无升力角 $\alpha_0(°)$ 可按下式计算：

$$\alpha_0 = 57.3K\left(\frac{t}{b}\right) \tag{7-42}$$

式中：K 为系数，与 $0.7R$ 处的切面形式有关，

对 MAU 型螺旋桨　　$K=0.735$

对 B 型螺旋桨　　　 $K=0.813$

对弓型切面螺旋桨　 $K=0.75$

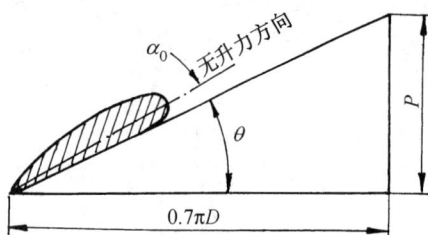

图 7-7 叶厚比不同对螺距修正的依据示意图

设 $\dfrac{t'}{b}$ 为设计桨的厚度比，$\dfrac{t}{b}$ 为系列桨的厚度比，则修正后的螺距角 θ' 可由下式计算：

$$\theta' = \theta + \alpha_0 - \alpha_0' = \theta + 57.3K\left(\frac{t}{b} - \frac{t'}{b}\right)$$

$$\arctan\frac{P'}{0.7\pi D} = \arctan\frac{P}{0.7\pi D} + 57.3K\left(\frac{t}{b} - \frac{t'}{b}\right) \tag{7-43}$$

修正后的螺距

$$P' = 0.7\pi D\tan\theta' \tag{7-44}$$

下面再介绍一种螺距修正方法，以供参考。

由于厚度比不同对螺距比修正量 $\Delta\left(\dfrac{P}{D}\right)_t$ 可由下式表示：

$$\Delta\left(\frac{P}{D}\right)_t = -2\frac{P}{D}(1-s)\Delta\left(\frac{t}{b}\right)_{0.7R} \tag{7-45}$$

式中：$\dfrac{P}{D}$ 为设计螺旋桨的螺距比；

s 为滑脱比，按下式决定：

$$s = 1 - \frac{30.866V_A}{NP}$$

$$V_A = (1-w)V(\text{kn})$$

N 为每分钟转数（r/min）；

P 为螺距（m）；

98

$$\Delta\left(\frac{t}{b}\right)_{0.7R} = \left[\left(\frac{t}{b}\right)'_{0.7R} - \left(\frac{t}{b}\right)_{0.7R}\frac{a_{E0}}{a'_E}\right] \times 0.75$$

$\left(\dfrac{t}{b}\right)'_{0.7R}$ 为设计螺旋桨 $0.7R$ 处切面的厚度比；

$\left(\dfrac{t}{b}\right)_{0.7R}$ 为基准螺旋桨 $0.7R$ 处切面的厚度比；

a_{E0} 为基准螺旋桨展开面积比；

a'_E 为设计螺旋桨的换算展开面积比；

$$a'_E = \{1 + 1.1\left[(d_h/D)' - (d_h/D)\right]\}\frac{A_E}{A_o}$$

$(d_h/D)'$ 和 (d_h/D) 分别为设计桨和系列桨的毂径比；

A_E/A_o 为设计螺旋桨的盘面比。

3. 经过修正后螺旋桨的螺距

令修正后的螺旋桨螺距比为 $(P/D)_m$，则可由式(7-40)、(7-44)或式(7-40)、(7-45)来得到，即

$$(P/D)_m = \frac{P'}{D} + \Delta\left(\frac{P}{D}\right)_B \tag{7-46}$$

或

$$(P/D)_m = \frac{P}{D} + \Delta\left(\frac{P}{D}\right)_B + \Delta\left(\frac{P}{D}\right)_t \tag{7-47}$$

4. 螺距修正实例

某船螺旋桨设计结果如下：采用 AU 型 4 叶螺旋桨，可达船速 $V = 11.08\,\mathrm{kn}$，伴流分数 $w = 0.35$，转速 $N = 260\,\mathrm{r/min}$，螺旋桨直径 $D = 2.57\,\mathrm{m}$，螺距比 $P/D = 0.623$，展开面积比 $A_E/A_o = 0.54$，毂径比 $(d_h/D)' = 0.179$，根据强度计算求得 $0.7R$ 处切面的厚度比 $(t/b)'_{0.7R} = 0.0594$。

由于 AU 型螺旋桨的毂径比 $d_h/D = 0.18$，且设计桨 $0.7R$ 处切面厚度比不同于系列桨，故必须进行螺距修正。

1）由于毂径比不同所需的螺距比修正

$$\Delta(P/D)_B = \frac{1}{10}\left[(d_h/D)' - d_h/D\right] = \frac{1}{10}(0.179 - 0.18) = -0.0001$$

2）由于叶厚比不同所需的螺距比修正

$$\Delta(P/D)_t = -2\frac{P}{D}(1-s)\Delta\left(\frac{t}{b}\right)_{0.7R}$$

为方便起见，取 AU4-55 为基准螺旋桨，故

$$a_{E0} = 0.55$$

相应的 $0.7R$ 处切面厚度比

$$(t/b)_{0.7R} = 0.0552$$

$$a'_E = \left\{ 1 + 1.1 \left[(d_h/D)' - (d_h/D) \right] \right\} \frac{A_E}{A_o}$$

$$= \left[1 + 1.1 \times (0.179 - 0.18) \right] \times 0.540 \approx 0.539\,4$$

所以

$$\Delta(t/b)_{0.7R} = \left[(t/b)'_{0.7R} - (t/b)_{0.7R} \cdot \frac{a_{E0}}{a_E} \right] \times 0.75$$

$$= \left(0.059\,4 - 0.055\,2 \times \frac{0.55}{0.539\,4} \right) \times 0.75 \approx 0.002\,3$$

$$s = 1 - \frac{30.866 V_A}{NP} = 1 - \frac{30.866 \times 11.08(1-0.35)}{260 \times 0.623 \times 2.57} \approx 0.466$$

$$\Delta(P/D)_t = -2 \times 0.623 \times (1 - 0.466) \times 0.002\,3 \approx -0.001\,5$$

3）修正后的螺距比

$$(P/D)_m = P/D + \Delta(P/D)_B + \Delta(P/D)_t = 0.623 - 0.000\,1 - 0.001\,5 \approx 0.621\,4$$

这样,经螺距修正后该桨的水动力性能近似地与螺距比为 0.623、毂径比为 0.18 的系列螺旋桨相同。

7-5　螺旋桨质量及惯性矩计算

在螺旋桨设计中,必须进行质量和惯性矩的估计,以提供轴系计算、工厂备料以及离心力计算等需要。螺旋桨的总质量为叶片质量和桨毂质量之和。通常比较精确的计算方法是:先根据桨叶不同半径处各切面的形状求得其切面面积,其次用近似积分法算出桨叶之体积和体积惯性矩,最后分别乘以材料的密度,即可得到螺旋桨之质量和质量惯性矩。由于 AU 型螺旋桨提供了切面有关资料,因而对此类螺旋桨利用近似数值积分方法并不复杂。

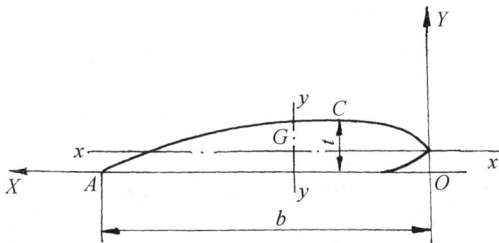

图 7-8　AU 型桨的切面形状

图 7-8 为 AU 型螺旋桨切面的形状。图中 G 为切面质心;b 为切面弦长;t 为切面厚度。

桨叶切面的面积 S 可由下式计算:

$$S = K_a bt \tag{7-48}$$

式中:K_a 为系数,由表 7-7 给出。

表 7-7 中同时提供了切面质心的坐标 x_G 和 y_G。

表 7-7　AU 型螺旋桨切面面积和质心坐标

r/R	面积系数 K_a	x_G/b	y_G/t
0.2~0.4	0.674 0	0.435 0	0.411 0
0.5	0.674 5	0.435 0	0.411 0
0.6	0.674 5	0.440 0	0.411 3
0.7	0.677 0	0.450 0	0.420 0
0.8	0.683 0	0.464 0	0.420 0
0.9	0.695 0	0.488 0	0.411 3
1.0	—		

具体计算可按表 7-8 所列形式进行。例如对盘面比 $A_E/A_o=0.65$，直径 $D=5.75\,\mathrm{m}$，螺距比 $P/D=0.785$，毂径比 $d_h/D=0.18$，叶厚分数 $t_0/D=0.0468$，材料密度 $\rho=8\,700\,\mathrm{kg/m^3}$ 的 AU 型 5 叶桨，在表 7-8 的基础上可以计算。

表 7-8　计 算 步 骤

(1)	(2)	(3)	(4)	(5)	(6)	(7)	(8)	(9)	(10)
r/R	面积系数 K_a	弦长×最大厚度 $b \times t/\mathrm{m^2}$	切面面积 $S/\mathrm{m^2}$ $(S=K_a bt)$	辛氏系数 SM	(4)×(5)	r	r^2	(6)×(7)	(6)×(8)
0.2	0.674	1.125×0.219	0.166	1	0.166	0.2R	0.04R^2	0.033 2R	0.006 64R^2
0.3	0.674	1.314×0.195	0.172 7	4	0.691	0.3R	0.09R^2	0.207 3R	0.062 2R^2
0.4	0.674	1.472×0.170	0.168 7	2	0.337	0.4R	0.16R^2	0.134 8R	0.053 92R^2
0.5	0.674 5	1.595×0.145	0.155 9	4	0.624	0.5R	0.25R^2	0.312 0R	0.156R^2
0.6	0.674 5	1.676×0.120	0.135 7	2	0.271	0.6R	0.36R^2	0.162 6R	0.097 56R^2
0.7	0.677 0	1.684×0.095	0.108 3	4	0.433	0.7R	0.49R^2	0.303 1R	0.212 17R^2
0.8	0.683 0	1.571×0.071	0.076 2	2	0.152	0.8R	0.64R^2	0.121 6R	0.097 28R^2
0.9	0.695 0	1.245×0.045	0.039 2	4	0.159	0.9R	0.81R^2	0.143 1R	0.128 79R^2
1.0	0.700 0	0	0	1	0	R	R^2	0	0
					$\sum(6)=$ 2.833			$\sum(9)=$ 1.417 7R	$\sum(10)=$ 0.814 6R^2

1) 螺旋桨质量

(1) 叶片质量(未计及填角料的质量)。

$$每叶片质量 = \left[\frac{1}{3} \times \frac{R}{10}\sum(6) + 0.166 \times 0.02R\right]\rho = 2\,444.7(\mathrm{kg})$$

式中：$0.166 \times 0.02R$ 是考虑桨毂至 0.2R 切面间的质量。

$$5 个叶片质量 = 5 \times 2\,444.7 \approx 12\,224(\mathrm{kg})$$

(2) 桨毂质量，由螺旋桨图绘制完成后进行。

$$桨毂质量 = 7\,734(\mathrm{kg})$$

(3) 整个螺旋桨质量 $= 12\,224 + 7\,734 \approx 20\,000(\mathrm{kg})$。

2) 转动惯性矩

(1) 每叶片体积惯性矩 $= \dfrac{1}{3} \cdot \dfrac{R}{10}\sum(10) + 0.166 \cdot 0.02R \cdot (0.19R)^2 = 0.645(\mathrm{m^5})$。

(2) 每叶片质量惯性矩 $= \rho \times$ 每叶片体积惯性矩 $\approx 5\,612(\mathrm{kg \cdot m^2})$。

(3) 5 个叶片质量惯性矩 $= 5 \times 5\,612 = 28\,060(\mathrm{kg \cdot m^2})$。

(4) 桨毂质量惯性矩 $= 1\,836(\mathrm{kg \cdot m^2})$。

(5) 整个螺旋桨的质量惯性矩。

$$I_{mp} = 28\,060 + 1\,836 \approx 29\,900(\mathrm{kg \cdot m^2})$$

有些型式的螺旋桨并未提供如表 7-7 那样切面的有关数据，此时不妨采用按统计资料得出的近似公式进行计算，现择要介绍如下。

我国船舶及海洋工程设计研究院提出的公式：

桨叶质量

$$M_{bl} = 0.169 \rho Z b_{max} (0.5 t_{0.2} + t_{0.6}) \left(1 - \frac{d}{D}\right) D \qquad (7\text{-}49)$$

桨毂质量

$$M_n = \left(0.88 - 0.6 \frac{d_0}{d}\right) L_K \rho d^2 \qquad (7\text{-}50)$$

螺旋桨质量

$$M = M_{bl} + M_n \qquad (7\text{-}51)$$

螺旋桨质量惯性矩：

当 $d/D \leqslant 0.18$ 时：

$$I_{mp} = 0.094\,8 \rho Z b_{max} (0.5 t_{0.2} + t_{0.6}) D^3 \qquad (7\text{-}52)$$

当 $d/D > 0.18$ 时：

$$I_{mp} = \left(0.064\,8 + 0.167 \frac{d}{D}\right) \rho Z b_{max} (0.5 t_{0.2} + t_{0.6}) D^3 \qquad (7\text{-}53)$$

式中：b_{max} 为桨叶最大宽度（m）；

d_0 为桨毂长度中央处轴径（m），可按下式估计：

$$d_0 = 0.045 + 0.12 (P_D / N)^{1/3} - \frac{K L_K}{2}$$

P_D，N 分别为主机最大持续功率情况下的螺旋桨收到功率（kW）和转速（r/min）；

$t_{0.2}$，$t_{0.6}$ 分别为 $0.2R$ 和 $0.6R$ 处切面之最大厚度（m）；

K 为轴毂配合的锥度；

L_K 为毂长（m）；

ρ 为材料密度（kg/m³）；

Z 为桨叶数；

d 为桨毂直径（m）；

D 为螺旋桨直径（m）。

上海交通大学船制 63 班同学对于楚思德 B 型螺旋桨进行分析后，得到下列近似计算公式：

B 型 3 叶螺旋桨：

$$M = 0.005\,7 \rho b_{0.6} D^2 \qquad (7\text{-}54)$$

B 型 4 叶螺旋桨：

$$M = 0.005\,1 \rho b_{0.6} D^2 \qquad (7\text{-}55)$$

式中：M 为每一桨叶的质量（kg）；

ρ 为材料密度（kg/m³）；

$b_{0.6}$ 为 $0.6R$ 处叶切面的弦长（m）；

D 为螺旋桨直径（m）。

柯必也茨基得到计算整个螺旋桨质量的近似公式为

$$M = \frac{Z \rho D^2 b_{0.6}}{4 \times 10^4} \left[6.2 + 2 \times 10^4 \left(0.71 - \frac{d}{D}\right) \frac{t_{0.6}}{D}\right] + 0.59 \rho L_K d^2 \qquad (7\text{-}56)$$

式中：$b_{0.6}$，$t_{0.6}$ 为 $0.6R$ 处叶切面的弦长和最大厚度（m）；

其余符号意义同前。

中国船舶科学研究中心提供了一个计算快艇的阔叶螺旋桨质量的公式：

每叶质量
$$M = 0.163 \frac{3}{Z} \rho \frac{A_E}{A_o} D^2 t_{R_0} \tag{7-57}$$

式中：A_E/A_o 为盘面比；

t_{R_0} 为半径 R_0 处切面的最大厚度(m)，R_0 为桨叶伸张轮廓面积重心至轴线的距离；

其余符号意义同前。

第8章　螺旋桨图谱设计

8-1　螺旋桨的设计问题及设计方法

螺旋桨设计是整个船舶设计中的一个重要组成部分。在船舶线型初步设计完成后,通过有效功率的估算或船模阻力试验,得出该船的有效功率曲线。在此基础上,要求我们设计一个效率最佳的螺旋桨,以既能达到预定的航速,又要使消耗的主机功率最小;或者当主机已选定,要求设计一个在给定主机条件下使船舶能达到最高航速的螺旋桨。因此,螺旋桨的设计问题可分为两类,即初步设计和终结设计。

1. 螺旋桨的初步设计

对于新设计的船舶,根据设计任务书对船速的要求设计出最合适的螺旋桨,然后由螺旋桨的转速及效率决定主机的转速及功率,并据此订购主机。具体地讲就是:

(1) 已知船速 V,有效功率 P_E,根据选定的螺旋桨直径 D,确定螺旋桨的最佳转速 n、效率 η_0、螺距比 P/D 和主机功率 P_S。

(2) 已知船速 V,有效功率 P_E,根据给定的转速 n,确定螺旋桨的最佳直径 D、效率 η_0、螺距比 P/D 和主机功率 P_S。

2. 终结设计

主机功率和转速确定后(最后选定的主机功率及转速往往与初步设计所决定者不同),求所能达到的航速及螺旋桨的尺度。具体地讲就是:已知主机功率 P_S、转速 n 和有效功率曲线,确定所能达到的最高航速 V、螺旋桨的直径 D、螺距比 P/D 及效率 η_0。新船采用现成的标准型号主机或旧船调换螺旋桨等均属此类问题。在造船实践中,一般采用标准机型,所以在实际设计中,绝大多数是这类设计问题。

目前设计船用螺旋桨的方法有两种,即图谱设计法及环流理论设计法。

图谱设计法就是根据螺旋桨模型敞水系列试验绘制成专用的各类图谱来进行设计。用图谱方法设计螺旋桨不仅计算方便,易于为人们所掌握,而且如选用图谱合适,其结果也较为满意,是应用较广的一种设计方法。但是,应用图谱设计螺旋桨受到系列桨型的限制,例如目前广泛采用的大侧斜螺旋桨,基本没有公开发表的图谱资料,但是,一般仍可先进行图谱设计,得到最佳直径、盘面比等主要参数,然后再借助理论设计方法、设计经验及模型试验,完成最终设计。

环流理论设计方法包括升力线设计方法、升力面设计方法及面元设计方法,其中前两种方法比较成熟。升力线设计方法是根据环流理论及各种桨叶切面的试验或理论数据进行螺旋桨设计,而升力面设计方法则是在给定桨叶环量分布形式(相当于推力的面密度分布形式)的条件下设计桨叶的螺距分布及拱弧面形状,桨叶弦长、厚度分布可采用升力线设计结果或经验给定,侧斜及纵斜分布则一般根据伴流分布和设计经验给定。与图谱设计方法相比,环流理论设计方法能够考虑船后伴流不均匀的影响,设计出各半径处最适宜的螺距和切面形状,因而对于螺旋桨的空泡和振动问题可进行比较正确的考虑。但是,此类设计方法基于势流理论,很难精确考虑流体黏性的影响;随着计算流体力学(CFD)及计算机硬件的长足进步,进一步应用黏流CFD技术模拟螺旋桨水动力及流动,以改进势流理论设计结果,已逐步成为船舶螺旋桨设计的一个重要环节。

本章主要讲解船舶螺旋桨的图谱设计方法,目的在于说明设计的基本原理,同时也因为该方法在工程上仍有广泛的应用。环流理论设计中的升力线方法将在第 11 章予以介绍。

8-2 *B-δ* 型设计图谱及其应用

目前各国已发表的螺旋桨设计图谱较多,有的只是表达形式不同而试验资料相同,有的则是螺旋桨形式不同。因此,在进行螺旋桨设计时,必须针对船舶的特点和要求,根据实践经验,选用合适的螺旋桨图谱。这里主要讨论商船螺旋桨的设计,兼顾高速军舰螺旋桨设计。目前在商船螺旋桨设计中,以荷兰的楚思德 B 型螺旋桨和日本 AU 型螺旋桨应用最为广泛。鉴于有关 B 型螺旋桨发表的资料较多,本节将以 AU 型螺旋桨为对象,进行较详细的介绍,对于 B 型螺旋桨仅就其最近归纳发表的新形式图谱作些介绍。我们认为:只要对于螺旋桨的设计问题理解清楚以后就能融会贯通,即使对于不同的图谱形式或不同的螺旋桨类型都能灵活应用。

1. AU 型螺旋桨设计图谱及其应用

AU 型螺旋桨是日本运输技术研究所发展的螺旋桨系列,其后日本有关部门又对切面形状等作了改进,扩大了盘面比和螺距比范围,进行了 3～6 叶螺旋桨模型的系列试验,并作成了设计图谱。

1)*B-δ* 型设计图谱的建立

如果将 AU 型 5 叶,盘面比＝0.50,螺距比分别为 P/D＝0.4,0.6,0.8,1.0,1.2 的 5 个螺旋桨的敞水试验结果绘制在同一图上,则可以得到如图 8-1 所示的敞水性征曲线组。当知道进速系数 $J=V_A/(nD)$ 以后,即可得到不同螺距比螺旋桨的性能。在螺旋桨的设计问题中,一般不可能同时给定直径 D 和转速 N,而敞水性征曲线图的横坐标进速系数 J 却同时包括了 D 和 N 两个参数,这给设计螺旋桨带来不便,为此需将这类性征曲线转绘成专用图谱,*B-δ* 型图谱就是目前应用最广的一种图谱形式。

如前所述,通常遇到最多的是终结设计问题(即已知主机功率和螺旋桨转速),因此解决这类问题的计算系数应该不包含未知量 D。为此需导出这类计算系数。由于 AU 系列桨图谱采用工程单位制,本节推导仍沿用该单位制;但在本章的设计算例将采用国际单位制。

按定义有:

$$Q = K_Q \rho n^2 D^5 = \frac{75 P_D}{2\pi n}$$

又

$$D = V_A/(nJ)$$

将上面两式消去直径 D 得

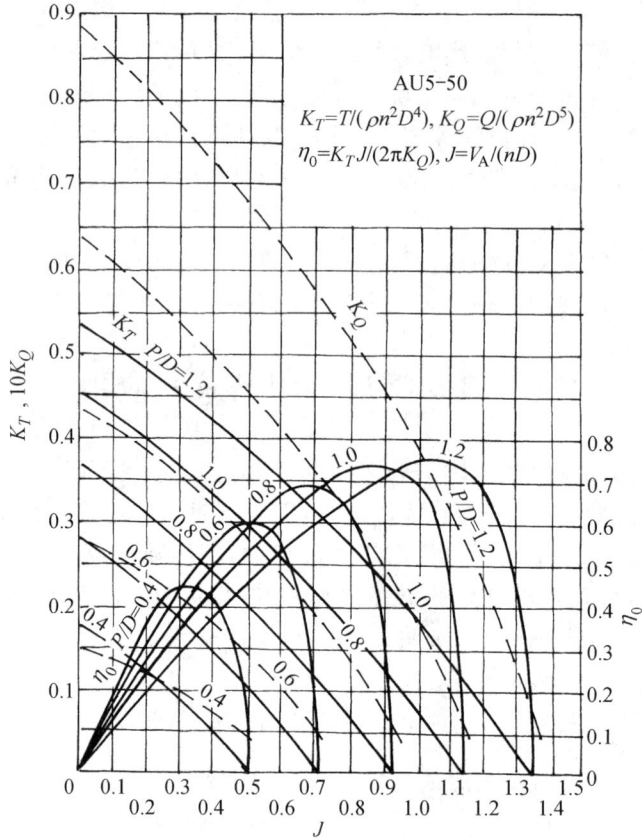

图 8-1　AU5-50 敞水性征曲线组

$$K_Q \rho n^2 \left[V_A / (nJ) \right]^5 = \frac{75 P_D}{2\pi n}$$

或

$$\frac{2\pi \rho K_Q}{75 J^5} = \frac{P_D n^2}{V_A^5}$$

两边开方得

$$\sqrt{\frac{2\pi \rho K_Q}{75 J^5}} = \frac{P_D^{1/2} n}{V_A^{2.5}}$$

式中：P_D 为螺旋桨收到功率(在设计图谱中常简单地用 P 表示,为避免与螺距 P 混淆,本书中仍用 P_D 表示),其单位为公制马力(hp)；

V_A 为螺旋桨进速,单位为米/秒(m/s)；

n 为螺旋桨转速,单位是转/秒(r/s)。

若将上式中 V_A 以节(kn)来表示,转速以 N(r/min)来代替 n(r/s),ρ 为海水密度,取 104.51 kgf · s^2/m^4,则可得

$$B_P = \frac{N P_D^{0.5}}{V_A^{2.5}} = 33.30 \frac{K_Q^{0.5}}{J^{2.5}} \tag{8-1}$$

B_P 就是 B 型图谱所采用的计算系数,称为收到功率系数(或简称功率系数)。

同时,还引入直径系数 δ,定义如下:

$$\delta = \frac{ND}{V_A} = \frac{30.86}{J} \qquad (8\text{-}2)$$

B_P 和 δ 是螺旋桨设计中最基本的计算系数,为强调起见,将式(8-1)和式(8-2)中有关参数的意义和单位重列于下:

N 为螺旋桨转速(r/min);

P_D 为螺旋桨敞水收到功率(hp);

V_A 为螺旋桨进速(kn);

D 为螺旋桨直径(m)。

用 K_T、K_Q-J 图谱(见图 8-1)就可以作出 $\sqrt{B_P}$-δ 图谱。这类图谱的绘制方法如下:

(1)在同一叶数和盘面比的螺旋桨敞水性征曲线组上(见图 8-1),取一定值的螺距比 P/D,并设定一系列的 J 值,在同一 P/D 的性征曲线上读取与 J 相应的一系列 K_Q 及 η_0 值。

(2)据式(8-1)和式(8-2)分别算出相应的 $\sqrt{B_P}$ 和 δ。

(3)在纵坐标为螺距比 P/D,横坐标为 $\sqrt{B_P}$ 的图上(见图 8-2),通过上述计算的 P/D 值作一平行于横坐标的水平线,并在该线对应于每一 $\sqrt{B_P}$ 值的点上标明相应的 η_0 和 δ 值,此线即能代表螺距比为 P/D 的螺旋桨水动力特性。

(4)对不同 P/D 的螺旋桨性征曲线都做上述处理,并绘在同一图上,然后将 η_0 和 δ 值相同者分别连成光顺曲线,即得 η_0 和 δ 的等值线。

(5)将各 $\sqrt{B_P}$ = 常数时(在图谱上表现为垂直线)效率最高的点连成光滑的曲线,即得最佳效率线,如图 8-2 中的点画线。

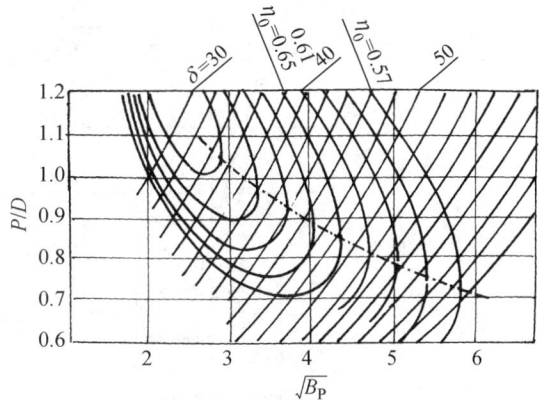

图 8-2 绘制 $\sqrt{B_P}$-δ 图谱的示意图

2)AU 型螺旋桨形式

通常所指的 AU 型螺旋桨包括下列几种类型:

(1)AU 型螺旋桨的原型。

这是初始阶段发展的螺旋桨模型,为部分 5 叶和 6 叶螺旋桨所采用。

(2)改进 AU 型。以 MAU 表示之。

这种形式是对原型 AU 桨在叶梢部分切面的前缘形状进行了局部修正。AU 型的 4 叶螺旋桨系列就采用这种形式。实践证明,AU 原型桨的面空泡裕度过大,因此少量减小叶切面前缘的高度[见图 8-3(a)],适当降低面空泡的裕度,可以增大叶背的抗空泡性能。这种改动反映在切面的拱线(或称中线)上表现为增大了拱度而减小了攻角,经计算比较,MAU 型和 AU 原型的水动力性能是接近的,如图 8-3(b)所示。

因此,AU 原型 5 叶及 6 叶螺旋桨的设计图谱,完全能用于设计 MAU 型 5 叶及 6 叶螺旋桨。

(3)AU 型桨叶切面的后缘具有一定翘度(这对于改善桨叶根部叶间干扰有一定效果),在 6 叶桨上采用这种形式,称 AU_W 型。

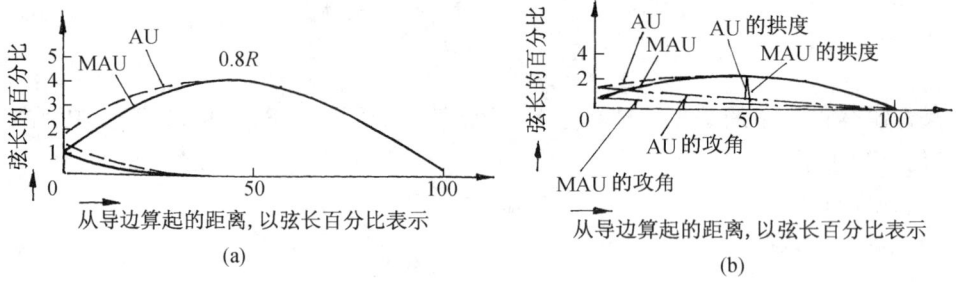

図 8-3 AU 及 MAU 的桨叶切面

对于 MAU 型的叶切面后缘具有一定翘度(即 MAU$_W$)的设计,应用本图谱也具有相当精度。

AU 型螺旋桨是等螺距螺旋桨,桨模的几何特征是:

(1) 4 叶螺旋桨系列,属于本组的模型螺旋桨要素列于表 8-1 中。桨叶轮廓的尺寸如表 8-4 所示,轮廓形状如图 8-4(a)及(b)所示。

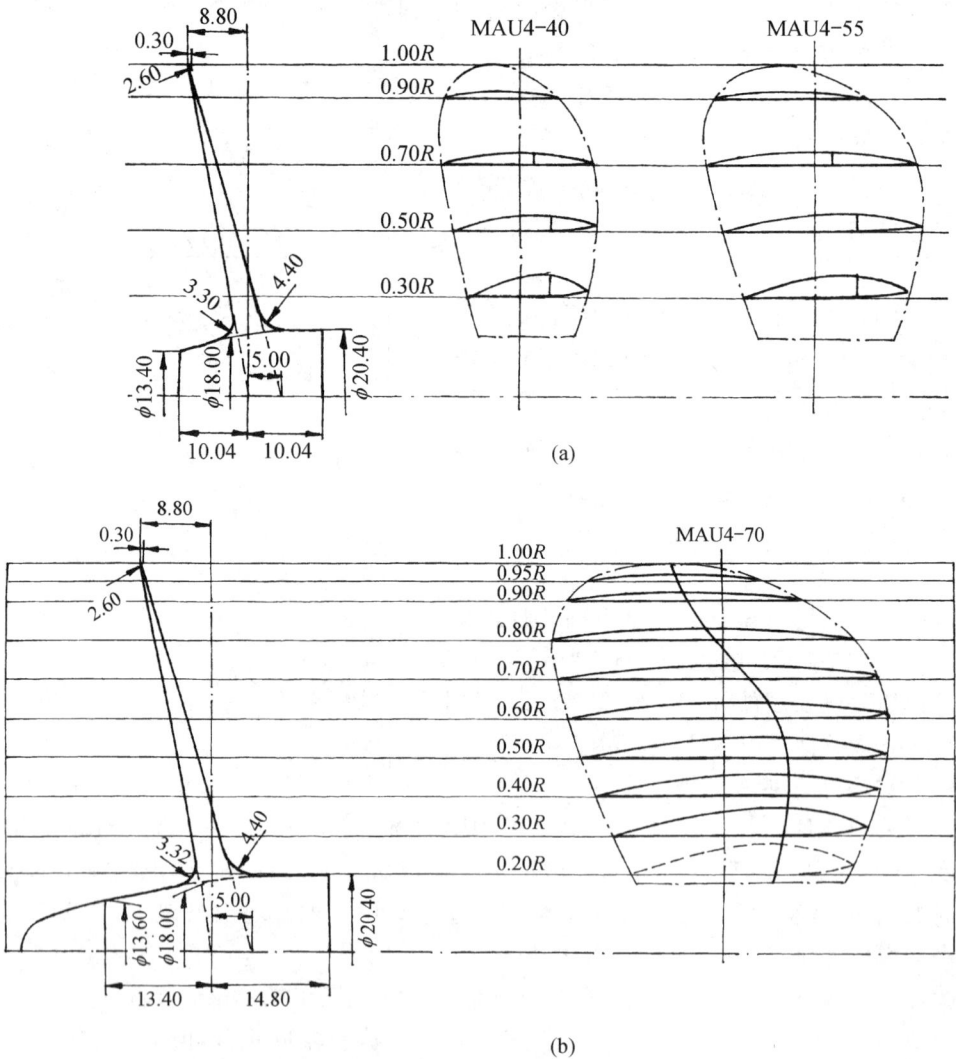

(a)

(b)

图 8-4 MAU4 叶桨的轮廓形状

表 8-1　4 叶模型螺旋桨要素表

	MAU4-40	MAU4-55	MAU4-70
直径/m	0.250	0.250	0.250
毂径比	0.180	0.180	0.180
盘面比	0.40	0.55	0.70
最大叶宽比	0.226	0.311	0.398
平均叶宽比	0.192	0.263	
叶厚比	0.050	0.050	0.050
后倾角/(°)	10	10	10

（2）5 叶螺旋桨系列，其要素列于表 8-2。桨叶轮廓的尺寸见表 8-3，轮廓形状如图 8-5（a）及（b）所示。

表 8-2　5 叶模型螺旋桨要素表

	AU5-50	AU5-65	MAU5-80
直径/m	0.250	0.250	0.250
毂径比	0.180	0.180	0.180
盘面比	0.500	0.650	0.800
最大叶宽比	0.226	0.294	0.364
叶厚比（叶厚分数）	0.050	0.050	0.050
后倾角/(°)	10	10	10

表 8-3　AU 螺旋桨桨叶轮廓尺寸表

	r/R	0.2	0.3	0.4	0.5	0.6	0.66	0.7	0.8	0.9	0.95	1.0	
叶片宽度，以最大叶片宽度的 % 表示	从母线到叶片随边的距离	27.96	33.45	38.76	43.54	47.96	49.74	51.33	52.39	48.49	42.07	17.29	叶片最大宽度在 0.66r/R 处 $=0.226D\dfrac{a_E}{0.1Z}$，D 为螺旋桨直径；a_E 为盘面比；Z 为叶数
	从母线到叶片导边的距离	38.58	44.25	48.32	50.80	51.15	50.26	48.31	40.53	25.13	13.55		
	叶片宽度	66.54	77.70	87.08	94.34	99.11	100.00	99.64	92.92	73.62	55.62		
叶片厚度用 D 的 % 表示		4.06	3.59	3.12	2.65	2.18	1.90	1.71	1.24	0.77	0.54	0.30	叶片最大厚度在螺旋桨轴线处 $=0.05D$
以叶片宽度 % 表示的从导边至最厚点的距离		32.0	32.0	32.0	32.5	34.9	37.9	40.2	45.5	48.9	50.0		

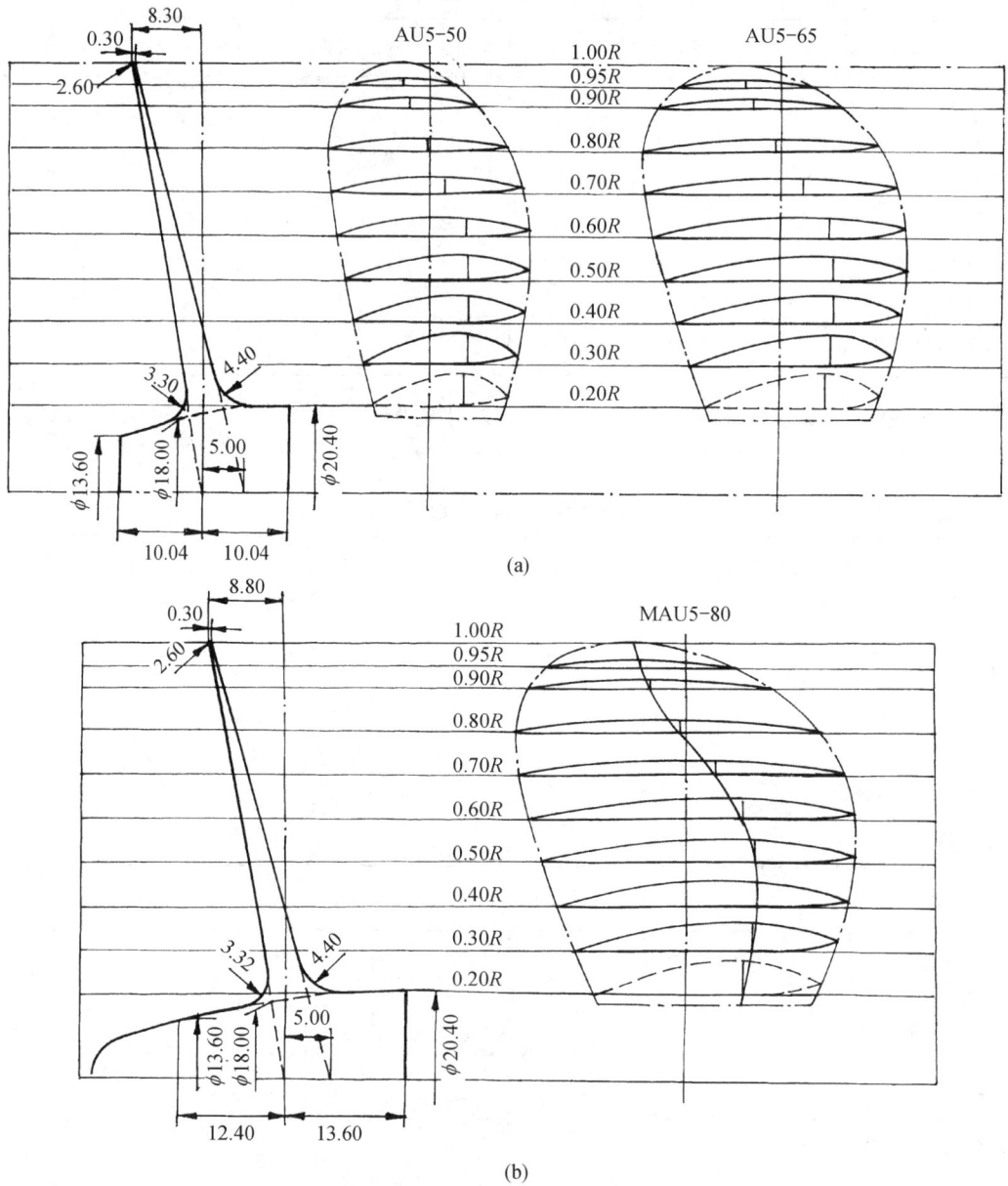

图 8-5　MAU5 叶桨的轮廓形状

　（3）6 叶螺旋桨系列，其要素列于表 8-4。桨叶轮廓的尺寸见表 8-3，轮廓形状如图 8-6（a）及（b）所示。

表 8-4　6 叶模型螺旋桨要素表

	AU_w6-55	AU_w6-70	$AU6$-70	MAU_w6-85
直径/m	0.250	0.250	0.250	0.250
毂径比	0.180	0.180	0.180	0.180
盘面比	0.55	0.700	0.700	0.850

	AU$_W$6-55	AU$_W$6-70	AU6-70	MAU$_W$6-85
最大叶宽比	0.208	0.264	0.264	0.322
叶厚比	0.050	0.050	0.050	0.050
后倾角/(°)	10	10	10	10
切面后缘翘度	有	有	无	有

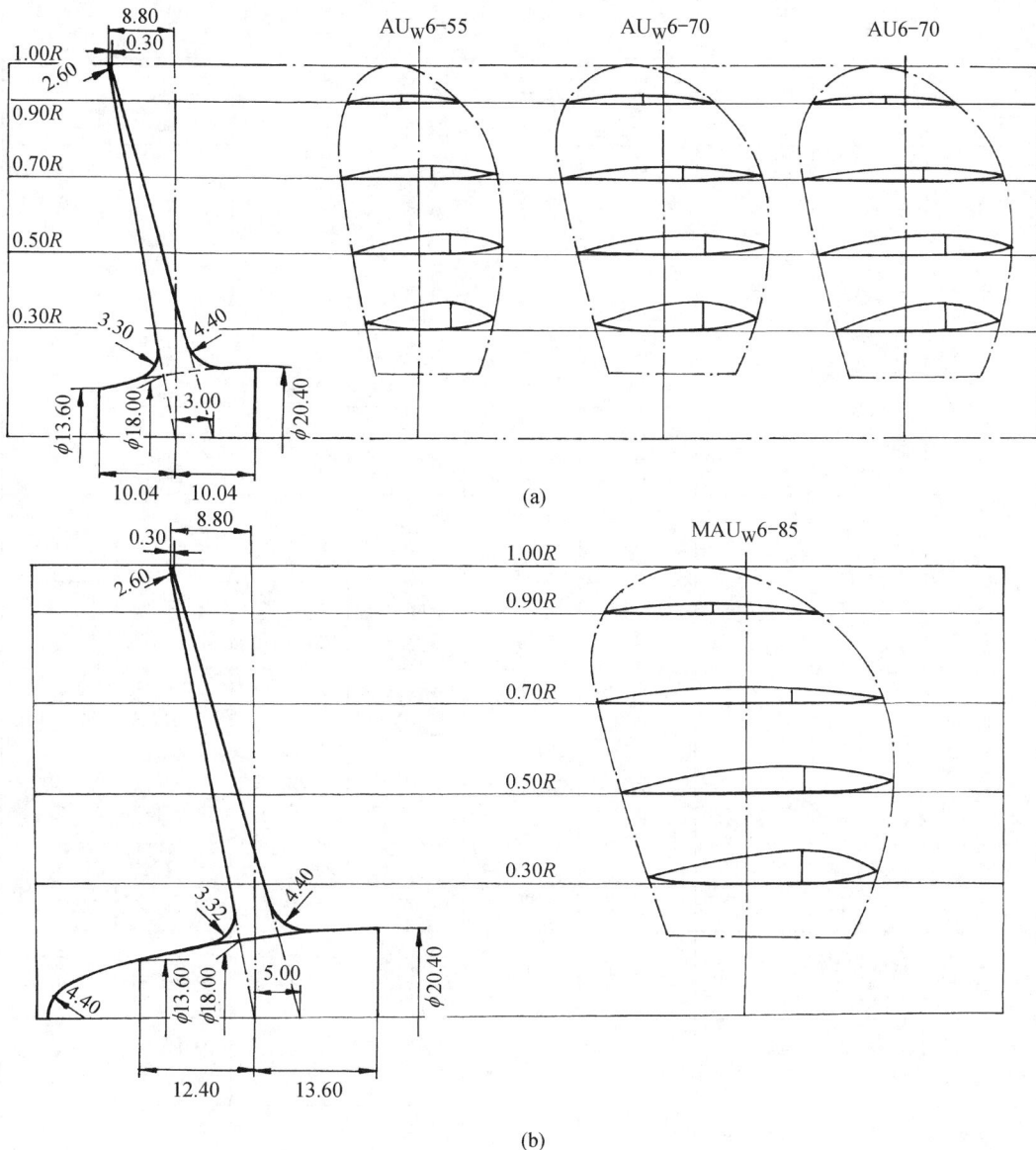

(a)

(b)

图 8-6　AU6 叶桨的轮廓形状

表 8-3 给出了 AU、MAU 及 AU$_W$ 型螺旋桨的桨叶轮廓尺寸。表 8-5、表 8-6、表 8-7 和表 8-8 分别给出 AU 型、MAU 型、AU$_W$ 型及 MAU$_W$ 型的叶切面尺寸，据此可以确定螺旋桨的伸张轮廓和各半径处的叶切面形状。

表 8-5　AU 型叶切面尺寸表

r/R	坐标																	
0.20	X	0	2.00	4.00	6.00	10.00	15.00	20.00	30.00	32.00	40.00	50.00	60.00	70.00	80.00	90.00	95.00	100.00
	Y_o	35.00	51.85	59.75	66.15	76.05	85.25	92.20	99.80	100.00	97.75	89.95	78.15	63.15	45.25	25.30	15.00	4.50
	Y_u		24.25	19.05	15.00	10.00	5.40	2.35										
0.30	X	0	2.00	4.00	6.00	10.00	15.00	20.00	30.00	32.00	40.00	50.00	60.00	70.00	80.00	90.00	95.00	100.00
	Y_o	35.00	51.85	59.75	66.15	76.05	85.25	92.20	99.80	100.00	97.75	89.95	78.15	63.15	45.25	25.30	15.00	4.50
	Y_u		24.25	19.05	15.00	10.00	5.40	2.35										
0.40	X	0	2.00	4.00	6.00	10.00	15.00	20.00	30.00	32.00	40.00	50.00	60.00	70.00	80.00	90.00	95.00	100.00
	Y_o	35.00	51.85	59.75	66.15	76.05	85.25	92.20	99.80	100.00	97.75	89.95	78.15	63.15	45.25	25.30	15.00	4.50
	Y_u		24.25	19.05	15.00	10.00	5.40	2.35										
0.50	X	0	2.03	4.06	6.09	10.16	15.23	20.31	30.47	32.50	40.44	50.37	60.29	70.22	80.15	90.07	95.04	100.00
	Y_o	35.00	51.85	59.75	66.15	76.05	85.25	92.20	99.80	100.00	97.75	89.95	78.15	63.15	45.25	25.30	15.00	4.50
	Y_u		24.25	19.05	15.00	10.00	5.40	2.35										
0.60	X	0	2.18	4.36	6.54	10.91	16.36	21.81	32.72	34.90	42.56	52.13	61.76	71.28	80.85	90.43	95.21	100.00
	Y_o	35.00	51.85	59.75	66.15	76.05	85.25	92.20	99.80	100.00	97.75	89.95	78.15	63.15	45.25	25.30	15.00	4.50
	Y_u		24.25	19.05	15.10	10.00	5.40	2.35										
0.70	X	0	2.51	5.03	7.54	12.56	18.84	25.12	37.69	40.20	47.23	56.03	64.80	73.82	82.41	91.21	95.60	100.00
	Y_o	35.00	51.85	59.75	66.15	76.05	85.25	92.20	99.80	100.00	97.75	89.95	78.15	63.15	45.25	25.30	15.00	4.50
	Y_u		24.25	19.05	15.00	10.00	5.40	2.35										
0.80	X	0	2.84	5.68	8.51	14.19	21.28	31.28	42.56	45.40	51.82	59.85	67.88	75.91	83.94	91.97	95.99	100.00
	Y_o	35.00	51.85	59.75	66.15	76.05	85.25	92.20	99.80	100.00	97.75	89.95	78.15	63.15	45.25	25.30	15.00	4.50
	Y_u		24.25	19.05	15.00	10.00	5.40	2.35										
0.90	X	0	3.06	6.11	9.17	15.28	22.92	30.56	45.85	48.90	54.91	62.42	69.94	77.46	84.97	92.47	96.24	100.00
	Y_o	30.46	48.22	55.33	62.44	74.10	85.25	92.20	99.80	100.00	97.75	89.95	78.15	63.15	45.25	25.30	15.00	4.50
	Y_u		23.10	19.04	15.23	10.15	5.40	2.35										
0.95	X	0	3.13	6.25	9.38	15.63	23.44	31.25	46.87	50.00	55.88	63.23	70.59	77.94	85.30	92.65	96.32	100.00
	Y_o	0	15.88	25.99	39.68	50.55	68.36	83.75	99.80	100.00	97.75	89.95	78.15	63.15	45.25	25.30	15.00	4.50
	Y_u																	

① X 坐标值以叶宽的%表示；② Y 坐标值以 $Y_{最大}$ 的%表示。

表 8-6　改进 AU 型(MAU 型)叶切面尺寸表

r/R																		
0.20	X	0	2.00	4.00	6.00	10.00	15.00	20.00	30.00	32.00	40.00	50.00	60.00	70.00	80.00	90.00	95.00	100.00
	Y_o	35.00	51.85	59.75	66.15	76.05	85.25	92.20	99.80	100.00	97.75	89.95	78.15	63.15	45.25	25.30	15.00	4.50
	Y_u		24.25	19.05	15.00	10.00	5.40	2.35										
0.30	X	0	2.00	4.00	6.00	10.00	15.00	20.00	30.00	32.00	40.00	50.00	60.00	70.00	80.00	90.00	95.00	100.00
	Y_o	35.00	51.85	59.75	66.15	76.05	85.25	92.20	99.80	100.00	97.75	89.95	78.15	63.15	45.25	25.30	15.00	4.50
	Y_u		24.25	19.05	15.00	10.00	5.40	2.35										
0.40	X	0	2.00	4.00	6.00	10.00	15.00	20.00	30.00	32.00	40.00	50.00	60.00	70.00	80.00	90.00	95.00	100.00
	Y_o	35.00	51.85	59.75	66.15	76.05	85.25	92.20	99.80	100.00	97.75	89.95	78.15	63.15	45.25	25.30	15.00	4.50
	Y_u		24.25	19.05	15.00	10.00	5.40	2.35										
0.50	X	0	2.03	4.06	6.09	10.16	15.23	20.31	30.47	32.50	40.44	50.37	60.29	70.22	80.15	90.07	95.04	100.00
	Y_o	35.00	51.85	59.75	66.15	76.05	85.25	92.20	99.80	100.00	97.75	89.95	78.15	63.15	45.25	25.30	15.00	4.50
	Y_u		24.25	19.05	15.00	10.00	5.00	2.35										
0.60	X	0	2.18	4.36	6.54	10.91	16.36	21.81	32.72	34.90	42.56	52.13	61.76	71.28	80.85	90.43	95.21	100.00
	Y_o	34.00	49.60	58.00	64.75	75.20	84.80	91.80	99.80	100.00	97.75	89.95	78.15	63.15	45.25	25.30	15.00	4.50
	Y_u		23.60	18.10	14.25	9.45	5.00	2.25										
0.70	X	0	2.51	5.03	7.54	12.56	18.84	25.12	37.69	40.20	47.23	56.03	64.82	73.62	82.41	91.21	95.60	100.00
	Y_o	30.00	42.90	52.20	59.90	71.65	82.35	90.60	99.80	100.00	97.75	89.95	78.15	63.15	45.25	25.30	15.00	6.85
	Y_u		20.50	15.45	11.95	7.70	4.10	1.75										
0.80	X	0	2.84	5.68	8.51	14.19	21.28	28.38	42.56	45.40	51.82	59.85	67.88	75.91	83.94	91.97	95.99	100.00
	Y_o	21.00	32.45	41.70	50.10	64.60	78.45	88.90	99.80	100.00	97.75	89.95	78.15	63.15	45.25	25.30	15.00	4.50
	Y_u		14.00	10.45	8.05	5.05	2.70	1.15										
0.90	X	0	3.06	6.11	9.17	15.28	22.92	30.56	45.85	48.90	54.91	62.42	69.94	77.46	84.97	92.49	96.24	100.00
	Y_o	8.30	21.10	31.50	40.90	57.45	74.70	87.45	99.70	100.00	98.65	92.75	83.00	69.35	51.85	30.80	19.40	6.85
	Y_u		4.00	2.70	2.05	1.20	0.70	0.30										
0.95	X	0	3.13	6.25	9.38	15.63	23.44	31.25	46.87	50.00	55.88	63.23	70.50	77.94	85.30	92.65	96.32	100.00
	Y_o	6.00	19.65	30.00	39.60	56.75	74.30	87.30	99.65	100.00	99.00	93.85	84.65	71.65	54.30	33.50	21.50	8.00
	Y_u																	

① X 坐标值以叶宽的%表示;② Y 坐标值以 $Y_{最大}$ 的%表示。

表 8-7　AU_w 型叶切面尺寸表

r/R		0	2.00	4.00	6.00	10.00	15.00	20.00	30.00	32.00	40.00	50.00	60.00	70.00	80.00	90.00	95.00	100.00
0.20	X	0	2.00	4.00	6.00	10.00	15.00	20.00	30.00	32.00	40.00	50.00	60.00	70.00	80.00	90.00	95.00	100.00
	Y_o	35.00	51.85	59.75	66.15	76.05	85.25	92.20	99.80	100.00	97.80	91.10	81.25	69.35	56.60	42.00	34.20	25.55
	Y_u		24.25	19.05	15.00	5.40	2.35						2.25	5.00	10.00	15.80	19.55	
0.30	X	0	2.00	4.00	6.00	10.00	15.00	20.00	30.00	32.00	40.00	50.00	60.00	70.00	80.00	90.00	95.00	100.00
	Y_o	35.00	51.85	59.75	66.15	76.05	85.25	92.20	99.80	100.00	97.80	91.50	79.85	66.95	52.40	37.40	29.55	19.80
	Y_u		24.25	19.05	15.00	5.40	2.35						1.00	4.00	7.50	12.15	14.85	
0.40	X	0	2.00	4.00	6.00	10.00	15.00	20.00	30.00	32.00	40.00	50.00	60.00	70.00	80.00	90.00	95.00	100.00
	Y_o	35.00	51.85	59.75	66.15	76.05	85.25	92.20	99.80	100.00	97.80	90.30	78.50	63.95	47.95	31.16	22.40	12.80
	Y_u		24.25	19.05	15.00	10.00	5.40	2.35						0.25	2.30	5.75	8.05	
0.50	X	0	2.03	4.06	6.09	10.16	15.23	20.31	30.47	32.50	40.44	50.37	60.29	70.22	80.15	90.07	85.04	100.00
	Y_o	35.00	51.85	59.75	66.15	76.05	85.25	92.20	99.80	100.00	97.80	90.00	78.20	63.20	45.65	26.25	16.35	5.60
	Y_u		24.25	19.05	15.00	10.00	5.40	2.35								0.25	1.20	
0.60	X	0	2.18	4.36	6.54	10.91	16.36	21.87	32.72	34.90	42.56	52.13	61.70	71.28	80.85	90.43	95.21	100.00
	Y_o	35.00	51.85	59.75	66.15	76.05	85.25	92.20	99.80	100.00	97.75	89.95	78.15	63.15	45.25	25.30	15.00	4.50
	Y_u		24.25	19.75	15.00	10.00	5.40	2.35										
0.70	X	0	2.51	5.03	7.54	12.56	18.84	25.12	37.69	40.20	47.23	56.03	64.82	73.62	82.41	91.21	95.60	100.00
	Y_o	35.00	51.85	59.75	66.15	76.05	85.25	92.20	99.80	100.00	97.75	89.95	78.15	63.15	45.25	25.30	15.00	4.50
	Y_u		24.25	19.05	15.00	10.00	5.40	2.35										
0.80	X	0	2.84	5.68	8.51	14.19	21.28	28.38	42.56	45.40	51.82	59.85	67.88	75.91	83.94	91.97	95.99	100.00
	Y_o	35.00	51.85	59.75	66.15	76.05	85.25	92.20	99.80	100.00	97.75	89.95	78.15	63.15	45.25	25.30	15.00	4.50
	Y_u		24.25	19.75	15.00	10.00	5.40	2.35										
0.90	X	0	3.06	6.11	9.17	15.28	22.92	30.56	45.85	48.90	54.91	62.42	69.94	77.46	84.97	92.49	96.24	100.00
	Y_o	30.46	43.22	55.33	62.44	74.10	85.25	92.20	99.80	100.00	97.75	89.95	78.15	63.15	45.25	25.30	15.00	4.50
	Y_u		23.10	19.04	15.23	10.15	5.40	2.35										
0.95	X	0	3.13	6.25	9.78	15.63	23.44	31.25	46.87	50.00	55.88	63.23	70.59	77.94	85.30	92.65	96.32	100.00
	Y_o	0	15.88	25.99	34.66	50.55	68.36	83.25	99.80	100.00	97.75	89.95	78.15	63.15	45.25	25.30	15.00	4.50
	Y_u																	

① X 坐标值以叶宽的%表示;② Y 坐标值以 $Y_{最大}$ 的%表示。

114

表 8-8　改进 AU_w（MAU_w）型切面尺寸表

r/R																			
0.20	X	0	2.00	4.00	6.00	10.00	15.00	20.00	30.00	32.00	40.00	50.00	60.00	70.00	80.00	90.00	95.00	100.00
	Y_o	35.00	51.85	59.75	66.15	76.05	85.25	92.20	99.80	100.00	97.80	91.10	81.25	69.35	56.60	42.00	34.20	25.55
	Y_u		24.25	19.05	15.00	10.00	5.40	2.35					2.25	5.00	10.00	15.80	19.55	
0.30	X	0	2.00	4.00	6.00	10.00	15.00	20.00	30.00	32.00	40.00	50.00	60.00	70.00	80.00	90.00	95.00	100.00
	Y_o	35.00	51.85	59.75	66.15	76.05	85.25	92.20	99.80	100.00	97.80	90.50	79.85	66.95	52.40	37.40	29.55	19.80
	Y_u		24.25	19.05	15.00	10.00	5.40	2.35					1.00	4.00	7.50	12.15	14.85	
0.40	X	0	2.00	4.00	6.00	10.00	15.00	20.00	30.00	32.00	40.00	50.00	60.00	70.00	80.00	90.00	95.00	100.00
	Y_o	35.00	51.85	59.75	66.15	76.05	85.25	92.20	99.80	100.00	97.80	90.30	78.50	63.95	47.95	31.16	22.40	12.80
	Y_u		24.25	19.05	15.00	10.00	5.40	2.35						0.25	2.30	5.75	8.05	
0.50	X	0	2.03	4.06	6.09	10.16	15.23	20.31	30.47	32.50	40.44	50.37	60.29	70.22	80.15	90.07	95.04	100.00
	Y_o	35.00	51.85	59.75	66.15	76.05	85.25	92.20	99.80	100.00	97.80	90.00	78.20	63.20	45.65	26.25	16.35	5.60
	Y_u		24.25	19.05	15.00	10.00	5.40	2.35								0.25	1.20	
0.60	X	0	2.18	4.36	6.54	10.91	16.36	21.81	32.72	34.90	42.56	52.13	61.70	71.28	80.85	90.43	95.21	100.00
	Y_o	34.00	49.60	58.00	64.75	75.20	84.80	91.80	99.80	100.00	97.75	89.95	78.15	63.15	45.25	25.30	15.00	4.50
	Y_u		23.60	18.10	14.25	9.45	5.00	2.25										
0.70	X	0	2.51	5.03	7.54	12.56	18.84	25.12	37.69	40.20	47.23	56.03	64.82	73.62	82.41	91.21	95.60	100.00
	Y_o	30.00	42.90	52.20	59.90	71.65	82.35	90.60	99.80	100.00	97.75	89.95	78.15	63.15	45.25	25.30	15.00	4.50
	Y_u		20.50	15.45	11.95	7.70	4.10	1.75										
0.80	X	0	2.84	5.68	8.51	14.19	21.28	28.38	42.56	45.40	51.82	59.85	67.88	75.91	83.94	91.97	95.99	100.00
	Y_o	21.00	32.45	41.70	50.10	64.60	78.45	88.90	99.80	100.00	97.75	89.95	78.15	63.15	45.25	25.30	15.00	4.50
	Y_u		14.00	10.45	8.05	5.05	2.70	1.15										
0.90	X	0	3.06	6.11	9.17	15.28	22.92	30.56	45.85	48.90	54.91	62.42	69.94	77.46	84.97	92.94	96.24	100.00
	Y_o	8.30	21.10	31.50	40.90	57.45	74.70	87.45	99.70	100.00	98.65	92.75	83.05	69.35	51.85	30.80	19.40	6.85
	Y_u		4.00	2.70	2.05	1.20	0.70	0.30										
0.95	X	0	3.13	6.25	9.38	15.63	23.44	31.25	46.87	50.00	55.88	63.23	70.59	77.94	85.30	92.65	96.32	100.00
	Y_o	6.00	19.65	30.00	39.60	56.75	74.30	87.30	99.65	100.00	99.00	93.85	84.65	71.65	54.30	33.50	21.50	8.00
	Y_u																	

① X 坐标值以叶宽的 % 表示；② Y 坐标值以 $Y_{最大}$ 的 % 表示。

3）图谱的应用

在进行设计时,应先确定伴流分数 w、推力减额分数 t、相对旋转效率 η_R 及传送效率 η_S。然后可应用 $\sqrt{B_P}$-δ 图谱来解决螺旋桨设计中不同类型的问题,现分述如下。

（1）螺旋桨的初步设计问题。

① 已知船速 V,有效功率曲线,根据选定的螺旋桨直径 D,确定螺旋桨的最佳转速 N,螺旋桨效率 η_0,螺距比 P/D 和主机功率 P_S。

首先需选定螺旋桨的形式、叶数和盘面比。例如选用 MAU 型、4 叶和盘面比为 0.55 的螺旋桨,则可决定所用的图谱为 MAU4-55 的 $\sqrt{B_P}$-δ 图谱。

在此类问题中,欲求的是转速 N 和主机功率 P_S(或螺旋桨收到功率 P_D),由式(8-1)和(8-2)可见,无法确定其中任一个参数,因此需要假设一组转速 N 来进行计算,具体步骤可用表 8-9 的形式进行。

表 8-9　初步设计确定最佳转速的计算

序号	名　称	单位	数　据			
1	螺旋桨直径 D(给定)	m				
2	$\eta_H = \dfrac{1-t}{1-w}$					
3	$V_A = V(1-w)$	kn				
4	P_E(给定)	kW				
5	假定一组转速 N	r/min	N_1	N_2	N_3	N_4
6	直径系数 $\delta = \dfrac{ND}{V_A}$		δ_1	δ_2	δ_3	δ_4
7	查 MAU4-55 图谱,由 δ 等值线与最佳效率曲线的交点得到 P/D η_0 $\sqrt{B_P}$		$(P/D)_1$ η_{01} $\sqrt{B_{P1}}$	$(P/D)_2$ η_{02} $\sqrt{B_{P2}}$	$(P/D)_3$ η_{03} $\sqrt{B_{P3}}$	$(P/D)_4$ η_{04} $\sqrt{B_{P4}}$
8	$P_D = \dfrac{B_P^2 V_A^5}{N^2} \times 0.7355$	kW	P_{D1}	P_{D2}	P_{D3}	P_{D4}
9	主机功率 $P_S = \dfrac{P_D}{\eta_S \eta_R}$	kW	P_{S1}	P_{S2}	P_{S3}	P_{S4}
10	计算螺旋桨能克服的有效功率(有效推功率) $P_{TE} = P_D \eta_0 \eta_H$	kW	P_{TE1}	P_{TE2}	P_{TE3}	P_{TE4}

将表 8-9 的计算结果作图 8-7,图中以转速 N 为横坐标,并以 P_S、P_{TE}、P/D、η_0 分别为纵坐标。然后根据已知船速 V 时的有效功率 P_E 值作水平线与 P_{TE} 曲线相交,此交点即为所求

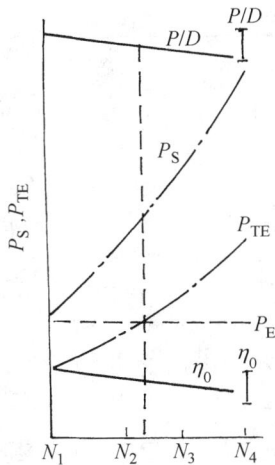

图 8-7 确定转速的计算结果

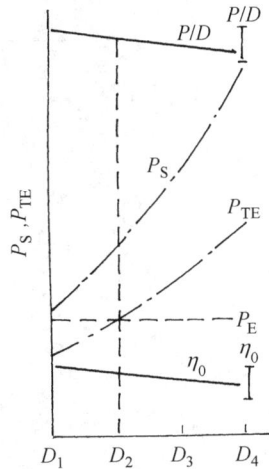

图 8-8 确定直径的计算结果

的螺旋桨,由此还可读出螺旋桨的转速 N、要求的主机功率 P_S 及螺旋桨的螺距比 P/D、效率 η_0 等。

在以后的讨论中将会看到,B_P-δ 图谱中的最佳效率曲线按理应为最佳直径曲线而不是最佳转速曲线,因此表 8-9 为近似处理办法,其所得之转速严格讲并非是最佳值。合理的做法是选用其他形式的图谱,或按下述步骤进行计算:假定若干个收到功率 P_D,对于各个 P_D 分别假设几个转速 N。在已知船速 V 和螺旋桨直径 D 的条件下,对某一个 P_{Di} 可求出相应一组 B_P 及 δ,按此两值由 B_P-δ 图谱查得 η_0,以 N 为横坐标,η_0 为纵坐标找出极大值,对应的 N_{opti} 即为所假定 P_{Di} 下之最佳转速。不同的 P_{Di} 有不同的 N_{opti} 及相应的螺旋桨参数与 P_{TEi},然后由船速 V 时的有效功率 P_E 内插决定最后的最佳转速 N、主机功率 P_S 和螺旋桨参数。

② 已知船速 V,有效功率 P_E,根据给定的转速 N,确定螺旋桨效率最佳的直径 D、螺距比 P/D 及主机功率 P_S。

同样在选定螺旋桨型式、叶数和盘面比(例如 MAU4-55)后,按表 8-10 的步骤进行计算,此时需假设一组螺旋桨直径。将表 8-10 的结果作图 8-8,图中以直径 D 为横坐标,以 P_S、P_{TE}、T/D、η_0 分别为纵坐标。类似于图 8-7 可以求得螺旋桨直径 D、要求的主机功率 P_S 及螺旋桨的螺距比 P/D、效率 η_0 等。

表 8-10　初步设计确定最佳直径的计算

序号	名　　称	单位	数　　据			
1	螺旋桨转速 N(给定)	r/min				
2	$\eta_H = \dfrac{1-t}{1-w}$					
3	$V_A = V(1-w)$	kn				
4	P_E(给定)	kW				
5	假定一组直径 D	m	D_1	D_2	D_3	D_4
6	直径系数 $\delta = \dfrac{ND}{V_A}$		δ_1	δ_2	δ_3	δ_4

序号	名　　称	单位	数　　据			
7	查 MAU4-55 图谱,由 δ 等值线与最佳效率曲线的交点得到 P/D η_0 $\sqrt{B_P}$		$(P/D)_1$ η_{01} $\sqrt{B_{P1}}$	$(P/D)_2$ η_{02} $\sqrt{B_{P2}}$	$(P/D)_3$ η_{03} $\sqrt{B_{P3}}$	$(P/D)_4$ η_{04} $\sqrt{B_{P4}}$
8	$P_D=\dfrac{B_P^2 V_A^5}{N^2}\times 0.735\,5$	kW	P_{D1}	P_{D2}	P_{D3}	P_{D4}
9	主机功率 $P_S=\dfrac{P_D}{\eta_S \eta_R}$	kW	P_{S1}	P_{S2}	P_{S3}	P_{S4}
10	有效推功率 $P_{TE}=P_D \eta_0 \eta_H$	kW	P_{TE1}	P_{TE2}	P_{TE3}	P_{TE4}

（2）螺旋桨的终结设计问题。

已知主机功率 P_S、转速 N 和有效功率曲线,确定所能达到的最高航速 V 及螺旋桨的尺度与效率。对于这类设计问题,在选定螺旋桨类型、叶数和盘面比（如 MAU4-55）后,通常先假定若干个船速进行计算。终结设计是经常遇到的设计问题,故下面结合一个具体例子列表说明。

[例] 已知 25 000 t 散装货船的主要参数为：船长 $L_{PP}=172$ m,船宽 $B=27.2$ m,吃水 $T=9.8$ m。实船的有效功率如表 8-11 所示。估计的伴流分数 $w=0.340$,推力减额分数 $t=0.260$,相对旋转效率 $\eta_R=0.982$。主机功率 $P_S=8826$ kW,主机转速 $N=118.5$ r/min。

表 8-11　实船有效功率表

船速 V/kn	14.0	14.5	15.0	15.5	16.0	16.5
有效功率 P_E/kW	2 979	3 361	3 825	4 479	5 237	6 127

假定轴系传送效率 $\eta_S=0.98$,则螺旋桨的敞水收到功率为

$$P_D=\eta_S \eta_R P_S=0.98\times 0.982\times 8\,826=8\,495\ \text{kW}$$

船身效率

$$\eta_H=\frac{1-t}{1-w}=1.121$$

以 AU5-50 图谱进行设计,表 8-12 为计算的具体步骤。注意表中 P_D 的单位应该用千瓦（kW）而不是公制马力（hp）。

表 8-12　终结设计的计算表

假定若干船速 V	kn	14	15	16	17
$V_A=V(1-w)$	kn	9.23	9.90	10.56	11.22
$P_D^{1/2}$		92.17	92.17	92.17	92.17

		259	308.5	362	422
$V_A^{2.5}$					
N	r/min	118.5	118.5	118.5	118.5
$B_P = \dfrac{NP_D^{1/2}}{V_A^{2.5}} \times 1.166$		49.2	41.3	35.2	30.2
$\sqrt{B_P}$		7.02	6.43	5.93	5.50
查 AU5-50 图谱 从 $\sqrt{B_P}$ 与最佳效率线交点得	δ	76.5	71.0	66.2	62.0
	η_0	0.519	0.544	0.567	0.588
	P/D	0.672	0.700	0.728	0.752
	D m	5.95	5.93	5.90	5.87
	$P_{TE} = P_D \eta_0 \eta_H$ kW	4 942	5 180	5 400	5 600

将表 8-12 的计算结果作图 8-9，图中以船速 V 为横坐标，以 P_E、P/D、D 及 η_0 为纵坐标。图中曲线 P_{TE} 和曲线 P_E 的交点即为所求的螺旋桨，因为此时螺旋桨在主机额定转速 $N = 118.5$ r/min，吸收主机马力 $P_S = 8\,826$ kW 的条件下发出的有效推功率 P_{TE} 与该船速下船

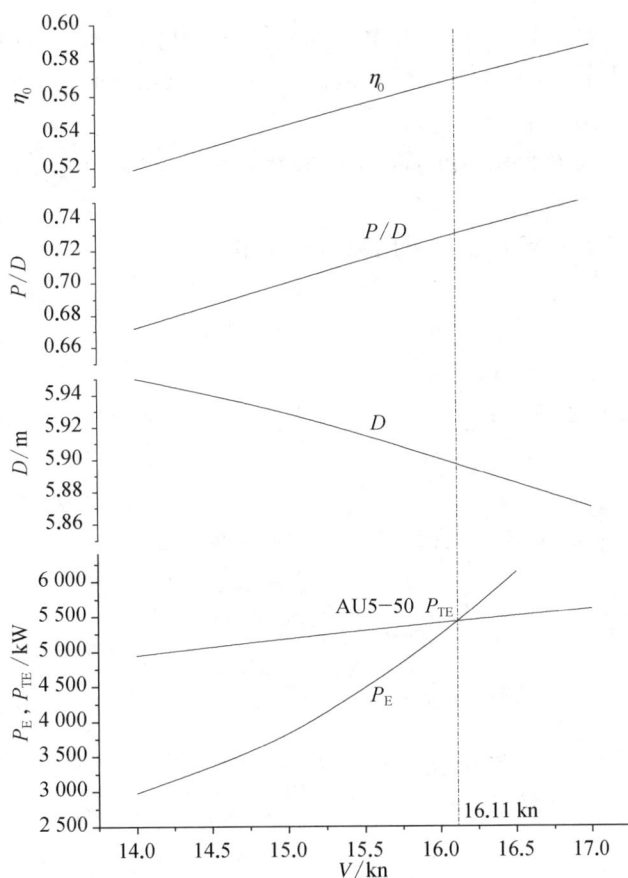

图 8-9　25 000 t 散装货船螺旋桨设计的计算结果

的有效功率相平衡。

由图 8-9 可得螺旋桨的要素及能达到的船速如下：

可达航速 $V_{\max} = 16.11 \, \mathrm{kn}$

螺旋桨直径 $D = 5.897 \, \mathrm{m}$

螺旋桨螺距比 $P/D = 0.731$

螺旋桨效率 $\eta_0 = 0.569$

2. 荷兰楚思德 B 型螺旋桨设计图谱的新形式

荷兰瓦根宁根船模试验池 B 型螺旋桨设计图谱也是 $B\text{-}\delta$ 型式的图谱，它是根据 B 型螺旋桨模型系列试验结果绘制的，图谱几经修改。此类螺旋桨在一般商船上应用很广，具有相当长的历史。

关于楚思德 B 型螺旋桨的设计资料于 1969 年重新进行分析整理予以发表，在很多教科书上进行转载，这里不再赘述，但必须指出：我们在用该资料的过程中发现，1969 年发表的 B4-40 和 B4-55 的 $B_P\text{-}\delta$ 图谱与相应的 K_T、K_Q-J 敞水性征曲线之间有较大的差别。经证实此两图谱有误并予以更正。由于 4 叶桨应用较多，请读者在设计过程中加以注意。

1）B 型螺旋桨图谱和 AU 型螺旋桨图谱的差别

在图谱形式上两者除横坐标（B 型桨为 B_P，AU 型桨为 $\sqrt{B_P}$）略有差别外，其余基本相同。但在实际使用时有很大的差别，千万不能混淆。这里简要指出其特点，以引起读者注意。

（1）AU 型螺旋桨的图谱。

a. 设计时采用的计算系数 B_P 和 δ 中参数均为工程单位制。

b. 图谱已经转换至海水情况。

c. 图谱查出的最佳直径就是船后采用的螺旋桨最佳直径。

（2）B 型螺旋桨的图谱。

a. 设计时采用的均为英制单位，即

P_D 为螺旋桨敞水收到功率（UKhp）；

V_A 为螺旋桨前进速度（kn）；

N 为螺旋桨转速（r/min）；

D 为螺旋桨直径（ft）。

因此，其相应的收到功率系数 B_P 与直径系数 δ 有如下的公式：

$$B_P = \frac{P_D^{1/2} N}{V_A^{2.5}} = 33.08 \sqrt{\frac{K_Q}{J^5}} \tag{8-3}$$

$$\delta = \frac{ND}{V_A} = \frac{101.33}{J} \tag{8-4}$$

b. 图谱是工作于淡水时的螺旋桨性能，故在设计海船螺旋桨时尚需考虑水的密度不同引起的影响，即 B_P 值应按下式计算：

$$B_P = \frac{N \sqrt{P_D/\gamma}}{V_A^{2.5}} = \frac{N \sqrt{P_D}}{\sqrt{\gamma} \, V_A^{2.5}} \tag{8-5}$$

式中：$\gamma=1.025$，为海水比重；P_D 为海水中螺旋桨敞水收到功率（UKhp）。

c. 根据 B 型螺旋桨的试验研究表明，对于 1969 年以前发表的 B 型图谱，从图谱查得的最佳直径用于船后时应减小 $2\%\sim4\%$，一般对铸铜螺旋桨减小 4%（单桨）和 2%（双桨），对铸铁螺旋桨减小 8%（单桨）和 6%（双桨）。对 1969 年发表的图谱，其最佳直径比原图谱有所减小，故一般可以把图谱所得的直径直接用于船后。

此外，B 型螺旋桨除提供 B_P-δ 图谱形式外，还提供了一种 B_U-δ 形式的图谱。此图谱采用的纵坐标仍是螺距比 P/D，而横坐标改为 B_U，定义如下：

$$B_U = \frac{U^{1/2}N}{V_A^{2.5}} = 13.20\sqrt{\frac{K_T}{J^4}} \tag{8-6}$$

式中：U 为螺旋桨推功率（UKhp）。

直径系数 δ 定义仍如式（8-4）。

一般来说，对螺旋桨的初步设计问题，用 B_U-δ 图谱较 B_P-δ 图谱方便，读者可自行考虑其相应的计算步骤。

2）B 型螺旋桨系列新图谱

如前所述，鉴于：

（1）B 型螺旋桨设计图谱几经修改发表，且各次结果又不尽相同。

（2）图谱采用的是英制单位，不符合国际规定。

（3）图谱的横坐标 B_P 是以对数形式给出，使用不太方便。

因此，荷兰船模试验池在 1972 年完成最后一批 6 叶和 7 叶桨资料以后，采用多元回归分析的方法用电子计算机重新整理和分析了四十多年来积累的系列资料，并对于雷诺数的影响（尺度效应）作了修正，最后将试验结果用一组多项式来表示，并且重新绘制成一套新形式的图谱，以供设计使用。

这套图谱分成 3 组，采用不同的形式。第一组为敞水性征曲线 K_T，K_Q-J 图谱，第二组是 B_{P1}-J^{-1} 图谱，第三组是 B_{P2}-J^{-1} 图谱，每组图谱包括 21 个螺旋桨系列，对应叶数为 3 叶至 7 叶，盘面比为 $0.35\sim1.05$。这 21 个系列的组成如表 4-2 所示。

这 3 组新图谱中，第一组为大家所熟知，这里不再重复。第二、三组则不同于上面所提及的 B_P-δ 或 B_U-δ 图谱。

第二组是 B_{P1}-J^{-1} 或 $K_Q^{1/4}J^{-5/4}$-J^{-1} 形式，当主机功率、螺旋桨转速和进速给定时可据以确定螺旋桨的最佳直径，这与 B_P-δ 图谱的用途相类似。但在这里应用了参数 B_{P1}，定义为

$$B_{P1} = \frac{NP_D^{1/2}}{V_A^{2.5}} \tag{8-7}$$

式中：N 为螺旋桨转数（r/min）；

P_D 为螺旋桨敞水收到功率，单位为英制马力（$1\,\text{UKhp}\approx0.745\,3\,\text{kW}$）；

V_A 为螺旋桨进速（kn）。

由于 B_{P1} 的数值取决于所用之单位制，将它用无量纲的变量 $K_Q^{1/4}J^{-5/4}$ 来代替更为恰当。两者关系为

$$0.173\,9\sqrt{B_{P1}} = K_Q^{1/4}J^{-5/4} \tag{8-8}$$

后者可直接由定义来计算：

$$K_Q^{1/4} J^{-5/4} = \left[\frac{Qn^3}{\rho V_A^5} \right]^{1/4} \tag{8-9}$$

式中：Q 为螺旋桨转矩（kgf·m），$1\,kgf = 9.8\,N$；

　　　n 为螺旋桨转速（r/s）；

　　　ρ 为淡水密度，取为 $101.94\,kgf·s^2/m^4$；

　　　V_A 为螺旋桨进速（m/s）。

第三组图谱是 B_{P2}-J^{-1} 或 $K_Q^{1/4} J^{-3/4}$-J^{-1} 形式，当主机功率、螺旋桨直径和进速给定时可据以确定螺旋桨的最佳转速。这里应用了功率常数 B_{P2}，其定义为

$$B_{P2} = \frac{P_D^{1/2}}{D V_A^{3/2}} \tag{8-10}$$

这里，B_{P2} 同样可用无量纲的变量 $K_Q^{1/4} J^{-3/4}$ 来代替，两者的关系为

$$1.75\sqrt{B_{P2}} = K_Q^{1/4} J^{-3/4} \tag{8-11}$$

后者也可直接由定义计算：

$$K_Q^{1/4} J^{-3/4} = \left[\frac{Qn}{\rho D^2 V_A^3} \right]^{1/4} = \left[\frac{P_D}{2\pi \rho D^2 V_A^3} \right]^{1/4} \tag{8-12}$$

式中：Q、n、ρ 和 V_A 与第二组图谱所用者相同；P_D 为敞水螺旋桨的收到功率（kgf·m/s）。

上述 3 组图谱都已修正至雷诺数 $Re = 2 \times 10^8$ 的情况。

3）B 型螺旋桨形式

B 型螺旋桨的叶形梢部较宽，略有侧斜，纵斜角为 15° 后倾。根部切面为机翼型，梢部为弓形。4 叶螺旋桨系列的螺距从 $0.6R$ 至叶梢处为等螺距，自 $0.6R$ 向叶根逐渐递减，至叶根处减少 20%。其余各系列均为等螺距分布。图 8-10 及图 8-11 分别为 4 叶及 5 叶螺旋桨系列的伸张轮廓。桨叶的几何尺度列于表 8-13 和表 8-14，切面型值列于表 8-15。

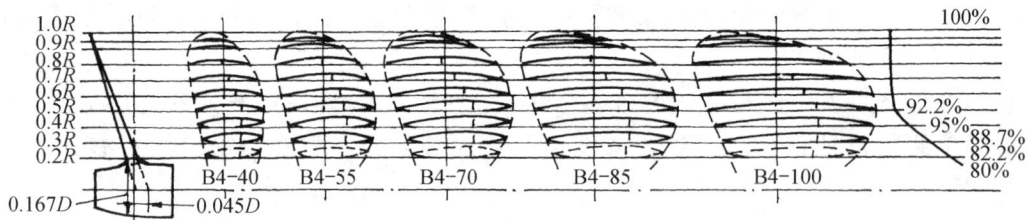

图 8-10　4 叶螺旋桨系列的伸张轮廓

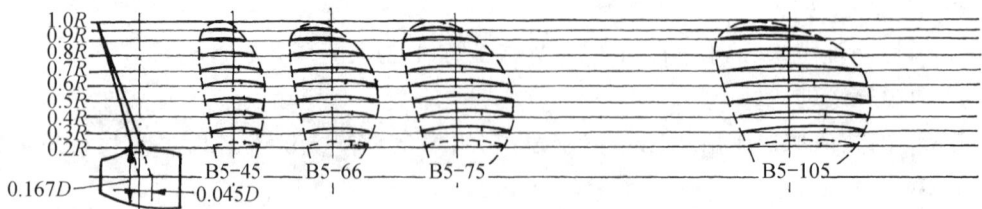

图 8-11　5 叶螺旋桨系列的伸张轮廓

表 8-13　B 型 3 叶螺旋桨尺度

r/R		0.2	0.3	0.4	0.5	0.6	0.7	0.8	0.9	1.0	
以最大切面弦长(在 0.6R 处)的%计	辐射基线至随边	28.68	32.67	36.62	40.53	44.18	46.97	48.22	45.46	14.87	3 叶在 0.6R 处面弦长 $=0.7396\dfrac{A_E}{A_o}D$
	辐射基线至导边	46.05	51.25	54.91	56.52	55.82	52.22	44.63	30.31	—	
	切面弦长	74.73	83.91	91.53	97.05	100.00	99.19	92.85	75.77	—	
切面最大厚度(以 D 的%计)		4.06	3.59	3.12	2.65	2.18	1.71	1.24	0.77	0.30	轴线处最大厚度 $=0.05D$
切面最厚处至导边(以其弦长%计)		35.0	35.0	35.0	35.5	38.9	44.2	47.8	50.0	—	

表 8-14　B 型 4、5 叶螺旋桨尺度

r/R		0.2	0.3	0.4	0.5	0.6	0.7	0.8	0.9	1.0	
以最大切面弦长(在 0.6R 处)的%计	辐射基线至随边	29.18	33.32	37.30	40.78	43.92	46.68	48.35	47.00	20.14	在 0.6R 处切面弦长 $=2.1867\times\dfrac{A_E}{A_o}\dfrac{D}{Z}$
	辐射基线至导边	46.90	52.64	56.32	57.60	56.08	51.40	41.65	25.35	—	
	切面弦长	76.08	85.96	93.62	98.38	100.00	98.08	90.00	72.35	—	
切面最大厚度(以 D 的%计)	4 叶	3.66	3.24	2.82	2.40	1.98	1.56	1.14	0.72	0.30	轴线处最大厚度 $=\begin{cases}0.045D,4\text{ 叶}\\0.04D,5\text{ 叶}\end{cases}$
	5 叶	3.26	2.89	2.52	2.15	1.78	1.41	1.04	0.67	0.30	
切面最厚处至导边(以其弦长%计)		35.0	35.0	35.0	35.5	38.9	44.3	47.9	50.0	—	

表 8-15　B 型螺旋桨各半径处切面纵坐标

| | | 各纵坐标至切面最厚处距离(以导边或随边至最厚处长度的%计) | | | | | | | | | | | | 导边和随边端圆直径(以其切面最大厚度的%计) | | |
| | | 由　随　边　至　最　厚　处 | | | | | 由　最　厚　处　至　导　边 | | | | | | | | | |
		$\dfrac{r}{R}$	100	80	60	40	20	20	40	60	80	90	95	100	$\dfrac{r}{R}$	导边	随边
以最大厚度百分数计的切面纵坐标值	叶	0.2	—	53.35	72.65	86.90	96.45	98.60	94.50	87.00	74.40	64.35	56.95	—	0.2	6.4	—
	背							98.15	92.45	82.35	67.45	57.20	50.60				
	叶	0.3	—	50.95	71.60	86.80	96.80	98.40	94.00	85.80	72.50	62.65	54.90	—	0.3	6.5	
	背							98.15	91.35	80.45	68.85	63.70	46.55				
	叶	0.4	—	47.70	70.25	86.55	97.00	98.20	93.25	84.30	70.40	60.15	52.20	—	0.4	6.6	
	背							97.50	90.40	78.35	61.60	48.75	40.75				
	叶	0.5	—	43.40	68.40	86.10	96.65	98.10	92.40	82.30	67.70	56.80	48.60	—	0.5	6.7	
	背							97.00	89.70	76.00	57.45	42.00	32.95				
	叶	0.6	—	40.20	67.15	85.40	96.80	98.10	91.25	79.35	63.60	52.20	43.35	—	0.6	6.8	
	背								89.85	73.55	51.65	34.85	25.30				
	叶	0.7	—	39.40	66.90	84.90	96.65	97.60	88.80	74.90	57.00	44.20	35.00	—	0.7	6.9	
	背									72.15	49.00	32.95	23.00				
	叶	0.8	—	40.95	67.80	85.30	96.70	97.00	85.30	68.70	48.25	34.55	25.45	—	0.8	7.0	
	背										47.25	31.65	22.45				
	叶	0.9	—	45.15	70.00	87.00	97.00	97.00	87.00	70.00	45.15	30.10	22.00	—	0.9	11.1	11.1

123

以最大厚度百分数计的切面纵坐标值		$\dfrac{r}{R}$	各纵坐标至切面最厚处距离(以导边或随边至最厚处长度的%计)												导边和随边端圆直径(以其切面最大厚度的%计)		
			由 随 边 至 最 厚 处					由 最 厚 处 至 导 边							$\dfrac{r}{R}$	导边	随边
			100	80	60	40	20	20	40	60	80	90	95	100			
	叶面	0.2	30.00	18.20	10.90	5.45	1.55	0.45	2.30	5.90	13.45	20.30	26.20	40.00	0.95	15.7	15.7
									2.80	7.40	15.50	21.65	25.95	36.75			
		0.3	25.35	12.20	5.80	1.70	—	0.05	1.30	4.60	10.85	16.55	22.20	37.35	叶梢	26.7	26.7
										4.65	10.90	16.25	19.80	31.00			
		0.4	17.85	6.20	1.50	—	—	—	0.30	2.65	7.80	12.50	17.90	34.50			
										1.75	5.90	9.90	13.45	24.35			
		0.5	9.07	1.75	—	—	—	—	—	0.70	4.30	8.45	13.30	30.40			
										0.35	1.70	4.45	7.25	17.05			
		0.6	5.10	—	—	—	—	—	—	—	0.80	4.45	8.40	24.50			
											0.50	1.95	10.25				
		0.7	—									0.40	2.45	16.05			
		0.8	—											7.40			

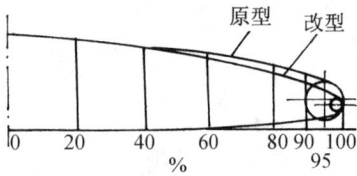

图 8-12　B 系列桨的原型和改型

在表 8-15 中,由最大厚度处至导边部分的型值有两行,上行表示原 B 桨的型值(原型),下行表示修改后的型值(改型)。改型的导边部分较原型略薄,且具较小的端圆半径(见图 8-12)。其目的在于减小切面阻力并使压力分布较为均匀。航行状态变化不大的高速运输船的螺旋桨宜采用改型桨。对于多工况的螺旋桨(如拖轮螺旋桨)或在较不均匀速度场中工作的螺旋桨,采用原型比较合适。

近期荷兰船模试验池有时采用一种称为 BB 型的螺旋桨。此类螺旋桨与 B 型螺旋桨基本一样,只是在近梢部略为加宽。就水动力性能而言,可以认为两者是相同的,也就是说可以用 B 型桨的图谱来设计 BB 型螺旋桨。表 8-16 为 BB 型螺旋桨的外形轮廓尺度。

表 8-16　BB 型螺旋桨的外形轮廓尺度

$\dfrac{r}{R}$	$\dfrac{b_r}{D}\dfrac{Z}{A_E/A_o}$	m_r/b_r	n_r/b_r
0.20	1.600	0.581	0.350
0.30	1.832	0.584	0.350
0.40	2.023	0.580	0.351
0.50	2.163	0.570	0.355
0.60	2.243	0.552	0.389
0.70	2.247	0.524	0.443
0.80	2.132	0.480	0.486
0.85	2.005	0.448	0.498
0.90	1.798	0.402	0.500

$\dfrac{r}{R}$	$\dfrac{b_r}{D}\dfrac{Z}{A_{\mathrm{E}}/A_{\mathrm{o}}}$	m_r/b_r	n_r/b_r
0.95	1.434	0.318	0.500
0.975	1.122	0.227	0.500

注：m_r 为 r 处切面导边至参考线间之距离；n_r 为 r 处切面导边至最大厚度位置的距离；b_r 为 r 处切面的弦长。

3. 高恩螺旋桨设计图谱

高恩螺旋桨模型的系列试验结果发表于 1953 年《英国造船》年刊中。模型的几何特征是：3 叶，椭圆形展开轮廓，弓型切面，等螺距，无纵斜，桨叶的展开面积比从 0.20 到 1.10，螺距比 P/D 的范围为，当 $A_{\mathrm{D}}/A_{\mathrm{o}}<0.8$ 时，$P/D=0.4\sim2.0$；当 $A_{\mathrm{D}}/A_{\mathrm{o}}\geqslant0.8$ 时，$P/D=0.6\sim2.0$，毂径比为 0.2，叶厚分数为 0.06，其叶型如图 8-13 所示。

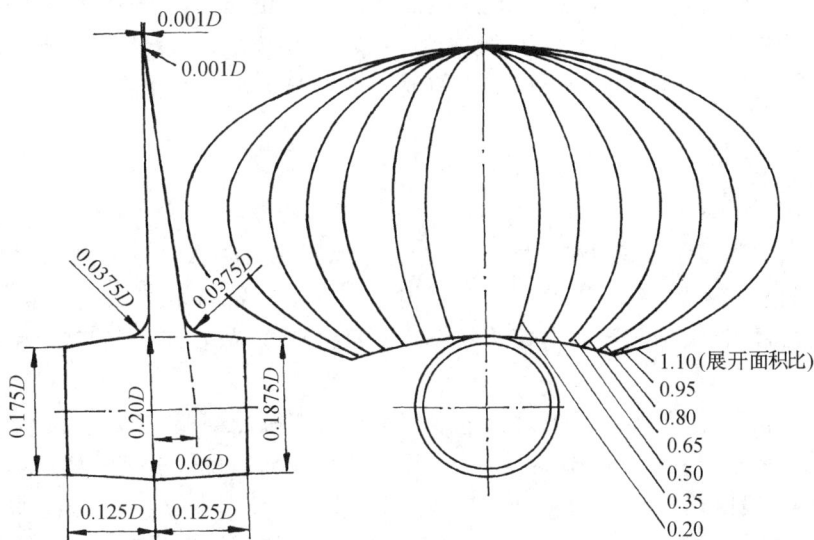

图 8-13　高恩螺旋桨的叶型图

模型试验结果以 K_T，K_Q-J 的敞水性征曲线形式发表。为设计计算方便，后由我国造船工程师范濂源等将其转换成常用的 B_{p}-δ 图谱，并刊登在《中国造船》第 32 期中。

此类螺旋桨的性能比较优良，尤其适用于高速军舰。

高恩螺旋桨与其他螺旋桨的不同之处在于它是由展开轮廓来求得其他各轮廓形状的，桨叶的展开轮廓是椭圆形，辐射参考线作为椭圆的一个轴，其长度从 $0.1R$ 到叶梢 $1.0R$（窄叶时为长轴，阔叶时为短轴），另一轴取在 $0.55R$ 处与辐射参考线垂直的线上，其长度按桨叶的展开面积比和直径决定，由于原文及以后有关资料中并未给出此数据，因此只能从图 8-13 中在 $0.55R$ 处量取展开叶面的最大宽度 b_{M}，然后由表 8-17 确定其余各半径处展开轮廓的宽度。

表 8-17　高恩桨展开轮廓宽度值

$x=\dfrac{r}{R}$	0.20	0.30	0.40	0.50	0.55	0.60	0.70	0.80	0.90	0.95
b/b_{M}	0.628 5	0.831 5	0.942 8	0.993 8	1.000 0	0.993 8	0.942 8	0.831 5	0.628 5	0.458 1

为了制图方便,我们提供了一个由桨叶的展开面积比 A_D/A_o 及直径 D 决定 $0.55R$ 处椭圆轴的长度(即最大叶宽)b_M 的公式如下:

$$b_M = 0.765D \frac{A_D}{A_o} \qquad (8\text{-}13)$$

这样,结合表 8-17 可以方便地绘制桨叶的展开轮廓。

在实际应用中发现,高恩桨图谱给出的敞水效率偏高。根据我们的经验,宜将敞水图谱的效率减小 $2\%\sim3\%$ 左右,这已为实船试验结果所证实。

8-3 设计螺旋桨时应考虑的若干问题

在 8-1,8-2 节中,我们已经详细地介绍了螺旋桨设计图谱的建立及其具体应用,但未涉及如何选定螺旋桨类型、叶数及展开面积比等问题,而这些参数在应用图谱之前是必须首先确定的。影响船舶推进性能的因素很多,而且这些因素之间有相互制约作用,在考虑某一问题时,常出现相互矛盾相互依存的现象。为了设计出最合理的螺旋桨,设计者必须从推进效率、空泡、振动及强度等方面作通盘的考虑。下面简要讨论影响船舶推进性能的各种因素,以供设计时参考之用。

1. 螺旋桨的数目

选择螺旋桨的数目必须综合考虑推进性能、振动、操纵性能及主机能力等各方面的因素,而这些因素之间常有矛盾现象,因此应根据各类船舶的不同特点来选取。通常习惯按母型船来选取螺旋桨数目,且螺旋桨数目与船舶尾部线型直接有关,故在船舶初步设计时已决定其螺旋桨数目。

若主机功率相同,则单螺旋桨船之推进效率常高于双螺旋桨船,这是因为单螺旋桨位于船尾中央,伴流较大,且单桨的直径较双桨为大,故其效率较高。现代散装货船、干货船和油船等均采用单桨,例如我国建造的万吨轮"风雷""风光""朝阳""岳阳"号、25 000 t 散装货船"郑州"号、24 000 t 油轮"大庆 61 号"等都采用单桨。目前国外单螺旋桨轴功率也有高达 20 000~30 000 kW 甚至更高者。因此,只要主机功率所允许,这类船舶都用单桨。

随着集装箱船的大型化、高速化,由于主机能力所限,船速超过 25 kn 者一般采用多桨。从推进性能讲,以单桨最好,三桨次之,双桨最差。目前由于双桨船尾部形状的改进,其效率已有所提高。当采用多螺旋桨时,应注意合理布置各螺旋桨的位置。

客船要求速度快、振动小、操纵灵活,故多采用双桨(如长征号沿海客轮)。江船常受吃水限制,而且要求操纵灵敏,故也大多采用双螺旋桨(如申汉线大班客轮)。

军用舰艇则有装 4 个螺旋桨的,因为对于军用舰艇来说,作战时的快速性、机动性和生命力都是十分重要的,而且这样也可兼顾动力装置的使用寿命及各种使用工况下的经济性。

2. 螺旋桨叶数的选择

叶数的选择应根据船型、吃水、推进性能、振动和空泡等多方面加以考虑。一般认为,若螺旋桨的直径及展开面积相同,则叶数少者效率常略高,叶数多者因叶栅干扰作用增大,故效率下降。但叶数多者对减小振动有利,叶数少者对避免空泡有利。通常双桨船多采用 3 或 4 叶,高速军舰以以往多采用 3 叶,目前一般采用 5 叶。

下面就单桨商船螺旋桨叶数的选择问题作较为详细的介绍。

1)根据造船统计资料选择螺旋桨叶数

根据过去大量造船资料的统计,大型船螺旋桨的叶数选用情况如图 8-14 所示,小型船螺旋桨的叶数如图 8-15 所示。由此可见大致的趋势。一般说来,在 3 叶至 6 叶之间选择。

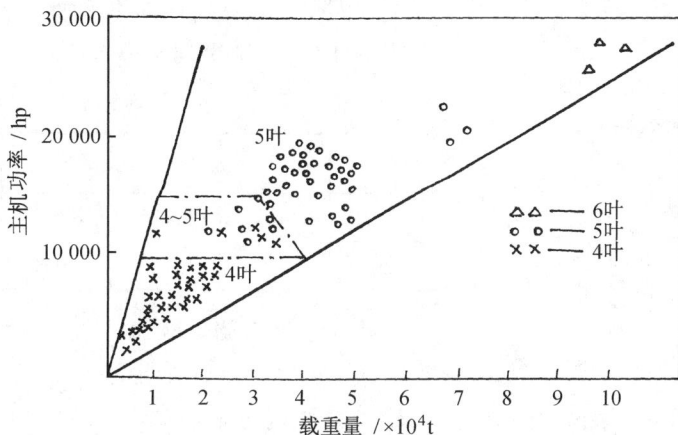

图 8-14 桨叶数的统计资料(大型船)

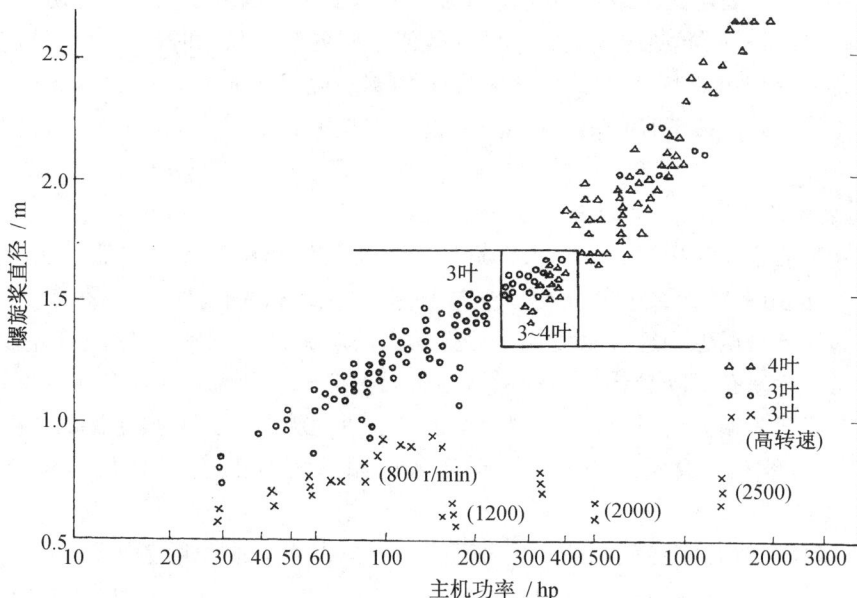

图 8-15 桨叶数的统计资料(小型船)

2)螺旋桨叶数对推进性能的影响

有人曾做过叶数对推进性能影响的试验。在同样条件下,4、5、6 叶螺旋桨的推进性能在实用上几乎没有什么差别,即在直径相同,螺旋桨载荷相同的条件下,叶数对于伴流分数、推力减额分数和相对旋转效率没有影响。从而问题归结为叶数对螺旋桨敞水效率的影响如何。图

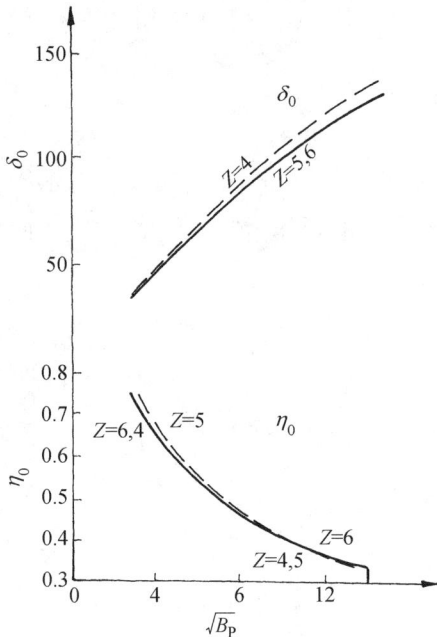

图 8-16 桨叶数对敞水效率的影响

8-16 为 AU 型 $A_E/A_o=0.65$ 的 4、5、6 叶螺旋桨敞水性能的比较,从图中可见,叶数的影响应视工作范围而定,叶数增加效率不一定下降,这就有可能考虑在肥大船上采用 6 叶螺旋桨。

3) 综合考虑螺旋桨效率与空泡性能

增加叶数,为满足避免空泡要求需增大盘面比。一般来说,每增加一叶,盘面比约增加 5%～10%。

有人对一艘 7 万吨油轮的螺旋桨用 AU 图谱进行比较性计算,其结果列于表 8-18。

表 8-18

叶　数	直径/m	P/D	A_E/A_o	η_0	质量/t
5	6.5	0.735	0.645	0.492	24.90
6	6.4	0.746	0.675	0.493	24.67

计算结果表明:增加叶数,盘面比也随之增大,但效率并不下降。上述结论系根据 AU 桨的计算结果所得,不同类型的螺旋桨可能会有不同的结论。其原因可解释如下:不同切面形状最小阻升比所对应的切面厚度比往往并不一样,我们知道,决定螺旋桨性能的主要是0.7R处的切面。对于 B 型螺旋桨,0.7R 处切面之最佳厚度比约为 6.5%,而 AU 螺旋桨 0.7R 处切面之最佳厚度比约为 7.2%。故对不同类型螺旋桨在不同叶数或不同展开面积比时的水动力性能,在很大程度上取决于0.7R处切面的厚度比数值。表 8-18 的例子说明,6 叶($A_E/A_o=0.675$)桨 0.7R 处切面的厚度比较 5 叶更接近最佳值。因此,在设计大型船螺旋桨时,不妨多进行比较计算,不宜轻易下结论。

4) 螺旋桨叶数的选择与振动的关系

螺旋桨叶数的选择与振动关系较大。运转于不均匀流场中螺旋桨的激振力一般有两种:① 轴承力——作用在螺旋桨上的变化力通过轴系传递到船体的激振力;② 表面力——螺旋桨运转时诱导的脉动压力场经过水传递至船体表面的激振力。一般来说,随着叶数的增加,螺旋桨诱导的压力脉动有下降趋势。而轴承力则需根据螺旋桨盘面处伴流分布的谐调分析来考虑。近期对螺旋桨激振力的研究表明,螺旋桨诱导的表面力是导致强烈尾振的主要原因,因此在图谱设计中,一般单桨商船多用 4 叶。但随着船舶的大型化,振动问题显得突出,有采用 5 叶甚至 6 叶的趋势。

此外,在选择叶数时应避免和船体或轴系发生共振,亦即避免叶频 nZ(转数与叶数的乘积)与轴或船体的自然频率相等或相近。同时还应尽量避免主机气缸数、冲程数与叶数相等或恰为其整数倍。

3. 螺旋桨的直径

一般来说,螺旋桨的直径越大,转速越低者效率越高,但直径受到船的吃水和尾框间隙所限制,而且直径过大时桨盘处的平均伴流减小,使船身效率下降,故对总的推进效率未必有利。

实际上螺旋桨的直径多数是根据设计图谱来决定的。对于经常在压载情况下航行的船舶,宜采用直径较小的螺旋桨,以照顾压载时的效率和避免叶梢露出水面。从振动方面考虑,螺旋桨与船体间的间隙不宜过小,否则可能引起严重振动。下面介绍螺旋桨与船体及各附件间之间隙的有关资料。

图 8-17 和图 8-18 可作为单螺旋桨船尾部布置的参考。

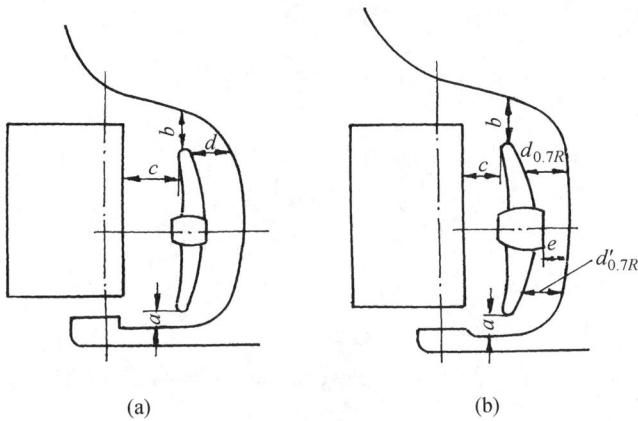

图 8-17　单桨船尾部布置(一)

(a) 小型船;(b) 超大型船

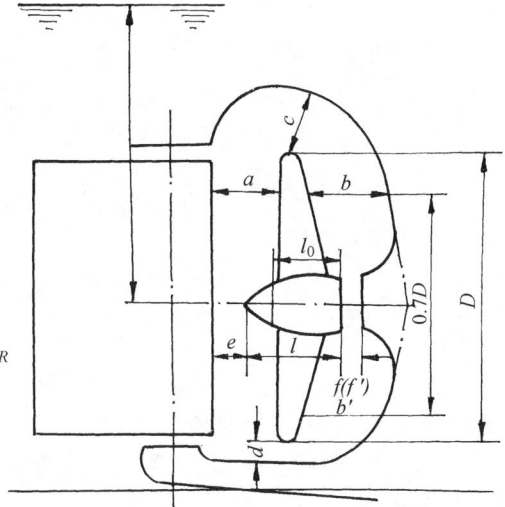

图 8-18　单桨船的尾部布置(二)

图 8-17 中的数据由表 8-19 给出。

表 8-19　单桨船尾部布置参数

螺旋桨直径	a	b	c	$d_{0.7R}$	$d'_{0.7R}$	e
小型船 $D<2\,\mathrm{m}$	0.05D 以上	0.12D 以上	0.12D 以上	0.15D 以上		
中型船 $2\,\mathrm{m}<D<5\,\mathrm{m}$	$(0.03\sim0.06)D$	$(0.11\sim0.21)D$	$(0.09\sim0.17)D$	$(0.18\sim0.26)D$	$(0.15\sim0.23)D$	$100\sim200\,\mathrm{mm}$
超大型船 $D>5\,\mathrm{m}$	$(0.03\sim0.06)D$	$(0.11\sim0.21)D$	$(0.09\sim0.17)D$	$(0.24\sim0.32)D$	$(0.21\sim0.29)D$	约 $0.04D$

图 8-18 中的数据范围如下:

$$\frac{a}{D}=13\%\pm4\%$$

$$\frac{b}{D}=20\%\pm4\% \qquad\qquad D<5.5\,\mathrm{m}$$

$$\frac{b}{D}=(2D+9)\%\pm4\% \qquad\qquad D>5.5\,\mathrm{m}$$

式中 D 以 m 计,

$$\frac{b'}{D}=18\%\pm4\% \qquad\qquad D<5.5\,\mathrm{m}$$

$$\frac{b'}{D}=(2D+7)\%\pm4\% \qquad\qquad D>5.5\,\mathrm{m}$$

129

$$\frac{c}{D} = 14\% \pm 4\%$$

$$\frac{d}{D} = 3.5\% \pm 1.5\%$$

$$e = 100 \pm 50 \text{ mm} \qquad\qquad D < 5.5 \text{ m}$$

$$\frac{e}{D} = 2\% \pm 1\% \qquad\qquad D > 5.5 \text{ m}$$

$$\frac{f}{D} = (11 - D)\% \pm 1.5\% \text{ 但不小于 } 4\%$$

$$\frac{f'}{D} = \left(4.5 - \frac{D}{4}\right)\% \pm 0.5\%$$

$$\frac{l}{D} = \left(34 - \frac{D}{2}\right)\% \pm 4\%$$

$$\frac{l_0}{D} = \left(23 - \frac{D}{2}\right)\% \pm 3\%$$

上述数据中，f 表示尾轴管采用螺钉安装，f' 表示尾轴管采用焊接结构。

图 8-19 提供了单桨、双桨和三桨船螺旋桨与船体间隙的有关数据，表 8-20 给出了相应的数值范围。

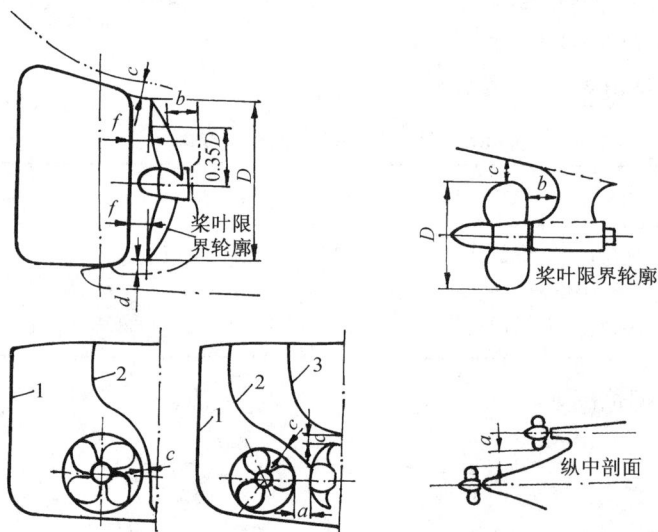

图 8-19　螺旋桨与船体的间隙数据

1—横中剖面处肋骨线；2—边桨盘面处肋骨线；3—中线桨盘面处肋骨线

表 8-20　图 8-19 的船体间隙数据

船 舶 类 型	间隙（以螺旋桨直径的倍数计）				
	a	b	c	d	f
货船、拖船及其他低速船	0.06~0.10	0.18~0.22	0.10~0.20	0.04~0.05	0.10
快速船	0.10~0.12	0.18~0.25	0.14~0.22	—	0.15~0.30

中国船级社 2015 年《钢质海船入级规范》第二篇第 2 章中也有相应规定,用图 8-18 中单桨船相同的符号,《规范》建议螺旋桨与尾柱、舵之间的最小间隙不小于下列数值:

$$a = 0.12D$$
$$b = 0.20D$$
$$c = 0.14D$$
$$d = 0.04D$$

此外在长江钢船建造规范中,对单桨船、内河双桨船以及采用轴支架的单桨船的间隙也有详细规定,这里不再赘述。

如果图谱设计的螺旋桨最佳直径受到上述实际条件限制时,则必须重新进行设计,此即所谓限制直径的螺旋桨设计问题,可按表 8-21 的步骤进行。从表 8-21 中可见,因螺旋桨的限制直径 D^* 小于图谱查得的最佳直径 D(见表 8-21 序号 8),故必须根据给定的 D^* 重新计算 δ^*,由 δ^* 和 $\sqrt{B_P}$ 两等值线在图谱上得到交点并得出相应的效率及螺距比。最后可绘制类似于图 8-9 中的曲线,即可求出螺旋桨的要素和可达到的最大航速,螺旋的直径即为 D^*。

表 8-21　限制直径的螺旋桨设计步骤表

序号	名称		单位	数值			
1	V		kn	V_1	V_2	V_3	V_4
2	$V_A = (1-w)V$		kn	V_{A1}	V_{A2}	V_{A3}	V_{A4}
3	$P_D^{1/2}$(P_D 单位为 kW)			$P_D^{1/2}$	$P_D^{1/2}$	$P_D^{1/2}$	$P_D^{1/2}$
4	N		r/min	N	N	N	N
5	$B_P = \dfrac{NP_D^{1/2}}{V_A^{2.5}} \times 1.166$			B_{P1}	B_{P2}	B_{P3}	B_{P4}
6	$\sqrt{B_P}$			$\sqrt{B_{P1}}$	$\sqrt{B_{P2}}$	$\sqrt{B_{P3}}$	$\sqrt{B_{P4}}$
7	查 $\sqrt{B_P}$-δ 图谱(例 AU5-50)	δ(最佳值)		δ_1	δ_2	δ_3	δ_4
8		$D = V_A\delta/N$	m	D_1	D_2	D_3	D_4
9		D^*	m	D^*	D^*	D^*	D^*
10		$\delta^* = \dfrac{ND^*}{V_A}$		δ_1^*	δ_2^*	δ_3^*	δ_4^*
11		由 δ^* 和第 6 项的 $\sqrt{B_P}$ 的交点在图谱上读出 η_0		η_{01}	η_{02}	η_{03}	η_{04}
12		P/D		$(P/D)_1$	$(P/D)_2$	$(P/D)_3$	$(P/D)_4$
13	$P_{TE} = P_D\eta_0\eta_H$		kW	P_{TE1}	P_{TE2}	P_{TE3}	P_{TE4}

4. 螺旋桨的转速

上面已经提到,螺旋桨转速低、直径大者效率较高,但在选择螺旋桨的转速时,除考虑螺旋桨本身的效率外,尚需顾及主机的类型、重量、价格及机器效率。一般来说,两者的要求是矛盾的。对机器来说,转速越高效率越高,且机器的重量、尺寸都可减小。

在选择螺旋桨转速时,还应考虑船体的振动问题。往复式主机及螺旋桨在工作时均产生周期性的干扰力,往复机不平衡力变化的频率与转速 n 相同,螺旋桨因制造不当而引起的不平衡力之频率亦为 n,因船后尾流场不均匀而引起的干扰力频率则为叶频 nZ(转数与叶数的乘积)。船体振动一般可分为两类:① 当主机或某辅机在一定转速时,整个船体处于振动状态,这种影响整个船体结构的振动称为共振;② 船舶局部或某些装置处于振动状态称为局部振动。后者可以采取一些局部措施,如增设扶强材、支柱等措施来消除,而前者乃是危险状态,应考虑避免。

二节点垂向振动频率是船上所有自然频率的最低者,它比目前经常遇到的螺旋桨转速范围低不了多少(一般单螺旋桨的每分钟转数大致为 $80\sim150$)。实际上船舶是一种弹性结构,在低频振动时阻尼很低而动力扩大因素很大,在这种情况下,即使很小的干扰力在共振时也会引起很大的振幅。高频振动时阻尼增大,共振峰较低,且分布于较大的频率范围内,动力扩大因素较小,共振影响亦较缓和,故对一般船舶来说,避免最低频的振动是很重要的。因此在船舶设计时,应相当确切地决定船体振动的自然频率,特别是二节点垂向振动频率 N_{2V},螺旋桨转速 N 的选择应避开 $0.9N_{2V}\sim1.1N_{2V}$,螺旋桨转速的选择一般均大于 $1.1N_{2V}$。这样,在机器启动与加速时,共振情况只出现在一段很短的时间内,不会引起严重的后果。

随着船舶尺度的增加,二节点垂向振动的频率一般有所下降,满载状态的 N_{2V} 低于轻载状态,表 8-22 中为我国 3 艘船舶的实测数据以供参考。

表 8-22 二节点垂向振动频率

船 名	状态	L/m	B/m	H/m	Δ/t	$60N_{2V}/\text{Hz}$
郑州	满载 轻载	172	23.2	14.2	32 600 17 500	54 65
长风	满载 轻载	162	22.3	13.2	28 000 15 100	67 92
东风	满载 轻载	147.2	20.2	12.4	17 182 8 340	71 88

5. 桨叶外形和叶切面形状

一般认为桨叶外形轮廓对螺旋桨性能的影响很小,其展开轮廓近于椭圆形者为良好的叶形。对于具有侧斜的桨叶,各半径处叶切面弦长也应大致按椭圆规律变化为佳。

螺旋桨最常用的叶切面形状有弓型(或称圆背形)和机翼型两种。弓型切面的压力分布较均匀,不易产生空泡,但在低载荷时其效率较机翼型者约低 $3\%\sim4\%$。若适当选择机翼型切面的中线形状使其压力分布较均匀,则无论对空泡或效率均有得益,故商船螺旋桨采用机翼型切面。军舰螺旋桨及其他高载荷螺旋桨都用宽而薄的弓型切面。

用图谱方法设计螺旋桨时,桨叶外形和切面形状一般均按所选用的螺旋桨系列资料确定。实际螺旋桨常具有一定的后倾角,其目的在于增加与船体的间隙,对避免振动有利。实践证明,后倾对于螺旋桨的性能没有什么影响,设计者可根据船尾线型及尾框架的具体情况确定适宜的后倾角。

8-4　船体-螺旋桨-主机的匹配问题

上面所讨论的螺旋桨设计问题,系对船舶在一定情况下选择效率最佳的螺旋桨,对于普通船舶即指满载时以全速或用正常功率航行的情况。显然,船舶在设计状态下航行时,不仅螺旋桨效率最佳,而且船体-螺旋桨-主机间的配合十分完善。但船舶的实际航行状态比较复杂,外界情况的改变(如风浪、污底、航道深度、装载情况等)直接引起船体阻力的变化,因而航速、螺旋桨的工作情况、主机的功率及转速等都将发生变化。

螺旋桨及主机装在船上成为一个复杂的联动机构。主机为机械能的发生器,螺旋桨为能量的转换器(将主机的旋转能转换为推力能),而船体则为能量的需求者(即螺旋桨的推力能消耗于船体阻力的做功)。因此,船体—螺旋桨—主机之间能量转换及工作状态是相互牵制和相互关联的。当船舶在等速直线航行时,主机与螺旋桨之间有下列关系:

(1)运动的,螺旋桨的转数等于主机的转数。

(2)动力的,螺旋桨所需的转力矩等于主机所能供给的转力矩。

若螺旋桨与主机之间装有减速齿轮,则上述关系中尚需引入传动比作为乘数。

同样,在船体与螺旋桨之间也存在下列关系:

(1)运动的,螺旋桨的进速等于伴流修正后的船速,即 $V_A = V(1-w)$。

(2)动力的,螺旋桨的有效推力等于船体所遭受的阻力,即 $T(1-t)=R$。

现讨论船速变化(即主机部分功率用于航行)时螺旋桨的工作情况。当船在刚开航时,船速及船体阻力为零,主机以某一转速带动螺旋桨,此时螺旋桨的进速系数 $J=0$,其发出之推力启动船舶做加速运动。其后,船速渐增,阻力加大,而螺旋桨的进速系数也随之渐增。若转速保持不变,则推力因进速系数增加而略减,如转速继续增加,则推力可能续增。当船速与转速达到适当的关系后,螺旋桨发出的推力恰能克服船体阻力,螺旋桨所遭受的阻力矩亦恰为主机所能供给者,则供求互相平衡,船即以等速度前进,螺旋桨也在一定的进速系数下工作。

我们可将螺旋桨视为主机的制动器。在某一定船速时增加转速,则螺旋桨的进速系数减小,因而发出较大之推力和吸收较大之转力矩。如因增加转速所需之转力矩已达到主机所能供给之数值,则转速不能再增。

在航行中若将主机功率减低,则螺旋桨的转速、推力及船速皆减,其结果为转速与船速达到另一种平衡关系。

普通低速船舶在保持排水量不变的情况下,其阻力与船速 V 约略成平方关系,即有效马力与 V^3 成比例。若伴流分数 w、推力减额分数 t 和相对旋转效率 η_R 不随船速变化的话,则螺旋桨推力与进速 V_A 成平方关系。根据螺旋桨比较定律可知,符合此种关系之条件为进速系数 J 值相同,因此普通低速船舶以不同功率航行(保持排水量不变)时主机的转速大致与船速成比例,主机功率则约略与转速的三次方成比例。换句话说,螺旋桨在不同转速下工作时所要求的主机功率约略与转速的三次方成比例,表示此种关系的 P_S-n^3 曲线通常称为推进特性曲线。但其他类型船舶的阻力不一定与 V^2 成比例关系,故实际情况常较上述者复杂。

现进一步讨论因外界条件的影响使船舶阻力发生变化时螺旋桨的工作情况。若某船的螺旋桨在给定主机功率和转速下其工作情况如图 8-20 所示,此时螺旋桨的转速为 $n = N/60$,吸收的转矩为 Q,发出的推力为 $T = \dfrac{R}{1-t}$,船舶达到的航速为 V,螺旋桨的进速 $V_A = V(1-w)$,对应的螺旋桨工作点在进速系数 $J = V_A/nD$ 处,如图 8-20(b)所示。

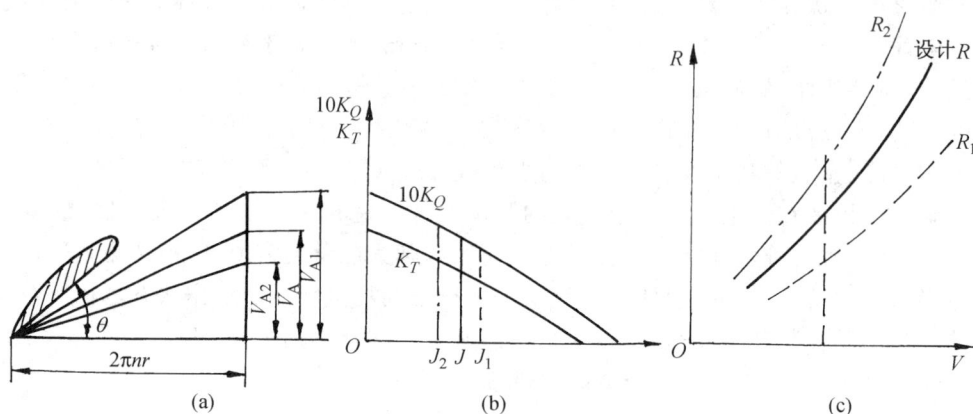

图 8-20　螺旋桨在船舶阻力变化时的工作情况

下面分两种情况讨论外界条件变化可能产生的后果。

1)第一种情况

船舶在压载航行时因吃水减小,故阻力降低,阻力曲线如图 8-20(c)中 R_1-V 所示。因为 $T(1-t) = R$,故 $T(1-t) > R_1$,使船加速。此时:

(1)若主机转速 n 保持常数,由于螺旋桨的进速 V_A 提高,则进速系数 J 上升,K_T 及 K_Q 均减小。当船速达到 V_1 时进速系数为 J_1,其相应的推力系数及转矩系数为 K_{T1} 及 K_{Q1}。推力 $T_1 = K_{T1}\rho n^2 D^4 = R_1/(1-t)$,克服船速为 V_1 时的阻力 R_1,船体与螺旋桨在 $V_1 > V$ 的状态平衡。此时 $K_{Q1} < K_Q$,故 $Q_1 = K_{Q1}\rho n^2 D^5 < Q$,$Q$ 为主机在转速 n 时所能提供的转矩。这就表明:当船体阻力减小时,若主机转速不能提高,则必然不能充分利用主机功率,螺旋桨处于"轻载"状态工作。

(2)若转速可以提高,则进速系数 J_1 约略维持不变,当转速增加到 n_1 时,$J_1' \approx J_1$,$K_{Q1}' \approx K_{Q1}$,由于 $n_1 > n$,故 $Q_1' > Q_1$,$Q_1' = Q$,使主机与螺旋桨达平衡状态。同时,$T_1' > T_1$,使 $V_1' > V_1$,这就表明:当船体阻力减小时,若主机转速能够提高,则船速可以增大。

2)第二种情况

船舶由于污底或风浪而增加阻力,如图 8-20(c)中 R_2-V 所示。因为 $T(1-t) = R$,故 $T(1-t) < R_2$,使船速降低。此时:

(1)若主机转速保持常数,由于螺旋桨的 V_A 减小,则进速系数 J 下降,K_T 及 K_Q 均增大。当船速降至 V_2 时进速系数为 J_2,其相应的推力系数及转矩系数为 K_{T2} 及 K_{Q2},推力 $T_2 = K_{T2}\rho n^2 D^4 = R_2/(1-t)$,克服船速为 V_2 时的阻力 R_2,船体与螺旋桨在 $V_2 < V$ 的状态平衡。此时,$K_{Q2} > K_Q$,故 $Q_2 = K_{Q2}\rho n^2 D^5 > Q$。这就表明:当船体阻力增加时,若主机转速保持不变,则要求主机供给的转矩 Q_2 大于原设计时的转矩 Q。

(2)若主机转矩 Q 不能增加,则只能靠降低主机转速至 n_2,使 $Q_2' = K_{Q2}'\rho n_2^2 D^5 = Q$。显

然,由于 $T_2' < T_2$,故 $V_2' < V_2$,使船速继续减小。这就表明:当船体阻力增加时,若主机供给的转矩不能再增加,则螺旋桨将不得不降低转速,而主机仍处于最大转矩下工作,这种现象,称螺旋桨处于"重载"状态工作。

根据以上的简要分析可知,船舶在不同航行情况下船体-螺旋桨-主机间的关系比较复杂。它们之间是相互牵制和相互关联的。通常对于船体-螺旋桨-主机的配合问题可以归结如下:

(1)船舶在经济航速时的功率及转速,也即螺旋桨在不同转速时可以达到的航速和所需的主机功率。

(2)船舶的排水量或外界情况发生变化时,船舶能够达到的航速、主机的功率及转速。

(3)多螺旋桨船在部分螺旋桨工作时能达到的最大航速、主机功率和转速。

(4)关于螺旋桨的设计工况。

下面将做进一步的讨论。

1. 特性曲线

我们知道,船体、螺旋桨和主机相互是有联系的,但同时又必须服从它们各自的特性。因此,我们首先分别考虑一下它们单独的情况。为了使问题更清楚,下面将以 25 000 t 散装货船为例进行讨论。

1)船体

众所周知,表征船体阻力特性的是有效功率曲线。我们可以通过近似估算或船模阻力试验来确定船体的有效功率曲线。对应于不同装载状况将有不同的有效功率曲线,一般有满载和压载之分。此外,若考虑到由于风浪或污底等情况,则尚需增加一定百分数(20%左右)的有效功率裕度。25 000 t 散装货船相应于 3 种状态的有效功率如表 8-23 所示。

表 8-23 25 000 t 散装货船 3 种状态下的有效功率

V/kn	14.0	14.5	15.0	15.5	16.0	16.5	17.0
(Ⅰ)满载 P_E/kW	2 979	3 361	3 825	4 479	5 237	6 127	7 223
(Ⅱ)压载 P_E/kW	2 537	2 795	3 133	3 508	3 935	4 490	5 218
(Ⅲ)120%满载 P_E/kW	3 582	4 031	4 590	5 377	6 289	7 355	8 664

表 8-23 中,压载状态系指船首吃水 4.9 m,船尾吃水 7.7 m 的状态,满载状态系首、尾吃水都是 9.8 m,即满载试航状态;120%满载 P_E 为在风浪或污底情况下的有效功率。从上面情况看到,由于装载状态不同或由于污底等必定会引起船体有效功率的变化,即船体阻力的变化。

2)螺旋桨的特性曲线

螺旋桨的特性是由敞水性征曲线来表示的。上述 25 000 t 散装货船主机的额定功率为 8 826 kW,转速为 115 r/min,螺旋桨的设计工况取 8 826 kW 及 118.5 r/min,可达航速 $V = 16.05$ kn。该桨的敞水性征曲线如图 8-21 所示。

3)主机的特性曲线

船用主机目前以内燃机使用最为普遍,因此这里主要介绍内燃机的外特性。

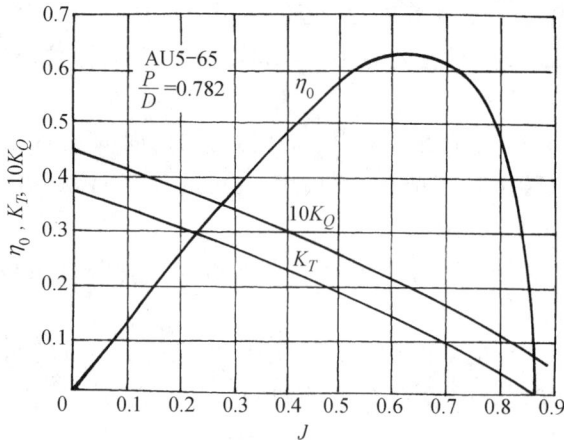

图 8-21　25 000 t 散装船螺旋桨敞水性征曲线

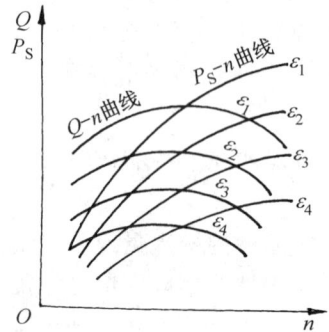

图 8-22　柴油机外特性曲线

船用内燃机绝大多数为柴油机,当其燃料泵有效行程为一定时,喷嘴的喷油量亦为一定。按理论来说,其转矩为常数。但转速过高或过低时,引起气缸内燃烧不良或增加机械摩擦,故转矩均将下降。因柴油机的转矩在设计转速附近约为常数,故其功率约略与转速成正比。因此,对于这类主机,当转速小于额定转速时,可视作等转矩主机。改变或调节柴油机喷嘴的喷油率 ε,则可得柴油机在不同负荷情况下的外特性曲线,如图 8-22 所示。

以往船用主机的单机功率及增压度都不太大,发动机的热负荷也不高,因此在整根主机外特性曲线上都能安全稳定地运转。由于在外特性和推进特性线之间尚有一大块面积可供利用,故柴油机的潜在功率很大[见图 8-23(a)]。所谓推进特性线是指通过额定功率和额定转速点的一根三次方抛物线: $P_S = Cn^3$。

20 世纪 60 年代以来,相继出现了大功率、高增压的船用柴油机,这类船发动机由于增压度很高,缸径又大,热负荷是很大的,致使其功率贮备区减小,如图 8-23(b)所示。

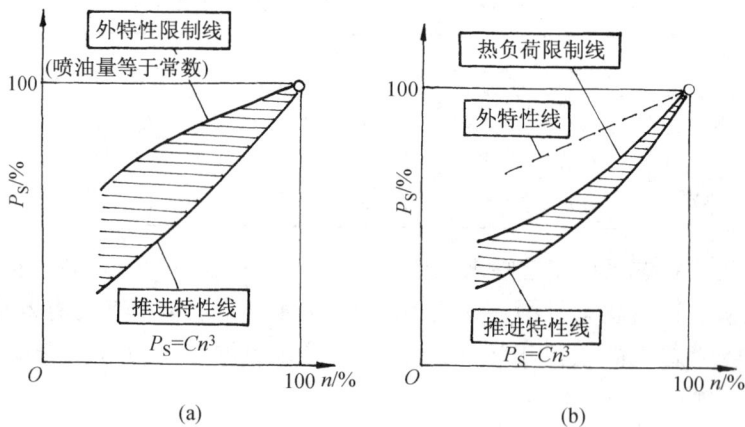

图 8-23　柴油机的功率贮备区

(a) 低增压,小缸径柴油机;(b) 高增压,大缸径柴油机

○—柴油机额定工况点;▨—功率贮备区

2. 船体、螺旋桨和主机三者的关系

首先我们将 25 000 t 散装货船 3 种航行状态的有效功率曲线画于图 8-24 中,然后,利用给定

的螺旋桨特性(见图 8-21)计算不同转速时可达的航速和需要的主机功率。并将计算结果也一起画入图 8-24 中,计算过程见表 8-24。图 8-24 通常称为校核曲线(或称航行特性曲线)。

表 8-24　25 000 t 散装货船校核曲线计算

给定螺旋桨	$D = 5.75 \, \text{m}$, $P/D = 0.782$, AU5-65
伴流分数	$w = 0.34$
推力减额分数	$t = 0.26$
相对旋转效率	$\eta_R = 0.982$
传送效率	$\eta_S = 0.98$
海水密度	$\rho = 1\,025 \, \text{kg/m}^3$

对 3 个不同转数 $N = 118.5, 113, 107 \, \text{r/min}$ 情况下进行的计算结果如下:

1) $N = 118.5 \, \text{r/min}$, $n = 1.975 \, \text{r/s}$

名　　称	单位	数　　值			
V	kn	14	15	16	17
$V_A = 0.514\,4(1-w)V$	m/s	4.76	5.09	5.43	5.77
$J = V_A/nD$		0.419	0.448	0.478	0.509
K_T		0.224 5	0.212	0.199	0.184 5
K_Q		0.029 8	0.028 55	0.027 2	0.025 8
$T = K_T \rho n^2 D^4$	kN	981.2	926.5	869.7	806.4
$P_{TE} = T(1-t) \times 0.514\,4V$	kW	5 229	5 290	5 297	5 218
$Q = K_Q \rho n^2 D^5$	kN·m	748.9	717.5	683.5	648.4
$P_D = 2\pi nQ$	kW	9 293	8 903	8 482	8 046
$P_S = P_D/(\eta_R \eta_S)$	kW	9 657	9 252	8 814	8 360

2) $N = 113 \, \text{r/min}$, $n = 1.883 \, \text{r/s}$

名　　称	单位	数　　值			
V	kn	14	15	16	17
$V_A = 0.514\,4(1-w)V$	m/s	4.76	5.09	5.43	5.77
$J = V_A/nD$		0.439	0.470	0.502	0.532
K_T		0.216	0.202	0.188	0.174
K_Q		0.028 9	0.027 6	0.026 1	0.024 8
$T = K_T \rho n^2 D^4$	kN	858.4	802.8	747.1	691.5
$P_{TE} = T(1-t) \times 0.514\,4 \times V$	kW	4 575	4 584	4 551	4 475
$Q = K_Q \rho n^2 D^5$	kN·m	660.4	630.7	596.4	566.7
$P_D = 2\pi nQ$	kW	7 815	7 463	7 058	6 706
$P_S = P_D/(\eta_R \eta_S)$	kW	8 121	7 755	7 334	6 968

3) $N = 107\,\mathrm{r/min}$，$n = 1.783\,\mathrm{r/s}$

名 称	单位	数 值			
V	kn	14	15	16	17
$V_A = 0.5144(1-w)V$	m/s	4.76	5.09	5.43	5.77
$J = V_A/nD$		0.464	0.497	0.529	0.563
K_T		0.205	0.190	0.175	0.159
K_Q		0.0278	0.0264	0.0249	0.0233
$T = K_T \rho n^2 D^4$	kN	730.5	677.0	623.6	566.6
$P_{TE} = T(1-t) \times 0.5144 \times V$	kW	3893	3866	3798	3666
$Q = K_Q \rho n^2 D^5$	kN·m	569.6	540.9	510.2	477.4
$P_D = 2\pi nQ$	kW	6382	6061	5717	5349
$P_S = P_D/(\eta_R \eta_S)$	kW	6632	6298	5940	5559

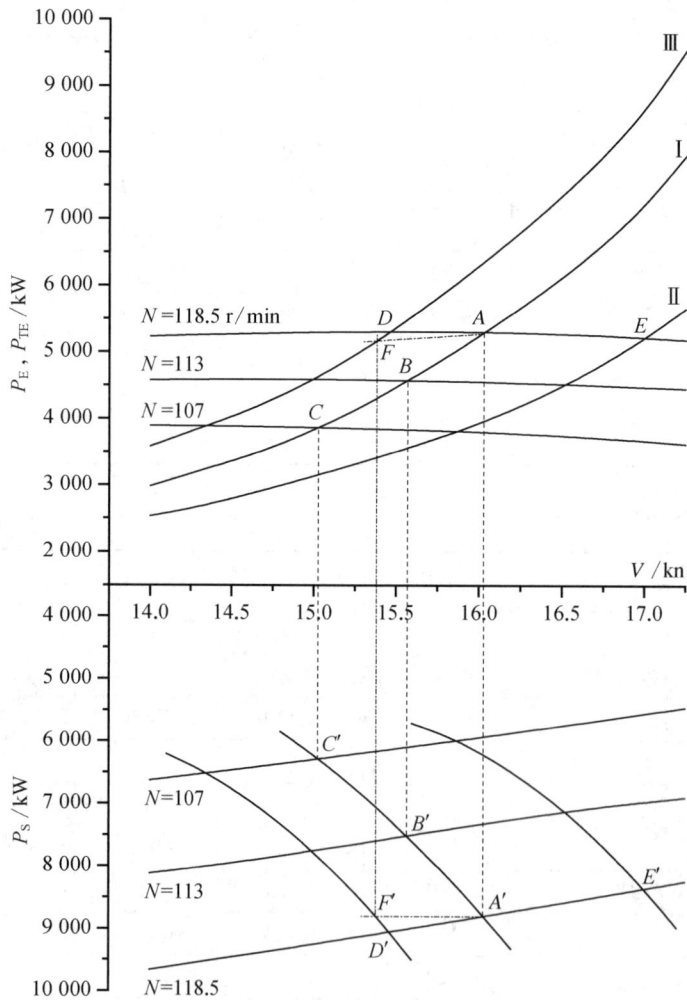

图 8-24　25000 t 散货船航行特性曲线

由图 8-24 可以看到,该图的上半部分表示不同航行状态在不同转速时可达的航速,下半部分表示相应情况下所需的主机功率。从图中得到:

(1) 在满载试航状态(即正常航行状态)下,$N=118.5$ r/min,航速 $V=16.03$ kn,所需主机功率 $P_S=8\,800$ kW,校核证明与设计基本一致;$N=113$ r/min,航速 $V=15.57$ kn,所需主机功率 $P_S=7\,515$ kW,由此即可了解在同一航行状态下,由于主机转速的改变而引起航速 V 和主机功率 P_S 的变化。

(2) 从有效功率曲线 Ⅲ 与 $N=118.5$ r/min 的螺旋桨有效推功率 P_{TE} 曲线交点 D 和 D' 可知,航速应为 15.47 kn,所需主机功率为 9 050 kW,但该主机的额定功率为 8 826 kW,因此螺旋桨处于"重载"状态,必须减低转速至 $N=117$ r/min,可达航速 $V=15.4$ kn,主机功率 $P_S=8\,826$ kW。

(3) 从有效功率曲线 Ⅱ 与 $N=118.5$ r/min 的螺旋桨有效推功率曲线交点 E 和 E' 可知,航速 $V=17.0$ kn,主机功率 $P_S=8\,360$ kW。此时螺旋桨处于"轻载"(相对于设计工况)状态,如果主机转速还可提高的话,则航速还可增加,使功率发足,但由于转速受主机的限制已不能提高。

综上所述,我们利用图 8-24 和主机的特性即可清楚地了解船体-螺旋桨-主机三者之间的关系。

在完成船体-螺旋桨-主机三者关系的校核曲线后,往往还需计算该螺旋桨在系泊状态(或称系柱状态)的推力。显然,在系柱状态时船速 $V=0$,螺旋桨的进速系数 $J=0$,螺旋桨的 K_T 和 K_Q 达最大值,螺旋桨处于"重载"状态。按柴油机的特性,主机必然降低转速,而保持额定转矩运行。具体计算步骤如表 8-25 所示。

表 8-25　系柱推力计算步骤

序号	项　目	单　位	数值	说　明
1	n	r/s		主机额定转速
2	P_S	kW		主机额定功率
3	$P_D=P_S\eta_S\eta_R$	kW		螺旋桨敞水收到功率
4	$Q=75P_D/2\pi n$	kN·m		螺旋桨转矩
5	$K_{Q0}(J=0)$			由敞水性征曲线查得 $J=0$ 时的转矩系数
6	$n_0^2=\dfrac{Q}{\rho K_{Q0}D^5}$	(r/s)²		由主机等转矩特性求得系柱状态的转速平方,海水密度取 $\rho=1.025$ t/m³
7	$K_{T0}(J=0)$			由敞水性征曲线查得 $J=0$ 时的推力系数
8	$T=K_{T0}\rho n_0^2 D^4$	kN		螺旋桨系柱推力,海水密度取 $\rho=1.025$ t/m³
9	t_0		0.04	系柱状态的推力减额分数取 0.04
10	$F=T(1-t_0)$	kN		螺旋桨系柱推力

3. 螺旋桨设计工况点的讨论

以往在螺旋桨设计时常采用额定转速和额定功率作为设计工况,而对于功率储备问题并未引起注意,其原因如下。

（1）如果设计的螺旋桨较轻（即留有功率储备），则在试航时转速虽已达到额定数值,但主机未发出额定功率,如不超速运转,则无法试出主机额定功率,更谈不到110％额定功率的过载功率。

（2）由于以往船用主机的单机功率及增压度都不太大,故在外特性线（主机在不同转速下的输出功率曲线）和推进特性线（螺旋桨在不同转速下的需求功率曲线）之间尚有一大块面积可用,柴油机的潜在功率很大。

但对于大功率高增压船用柴油机来说,按额定转速和额定功率作为螺旋桨的设计工况,会出现不少问题。如由于船体积污、转矩增大而引起的平均有效压力的提高,造成燃烧室周围热负荷增大,以致引起气缸盖、排气阀、排气阀箱体、气缸等损裂;气缸严重磨损而漏气;活塞顶部烧坏;活塞环槽出现热裂纹等。

现以瑞士苏尔寿公司生产的 RD 和 RND 型柴油机为例,该公司于1968年正式发出通知,对 RD 和 RND 型发动机给出了一个允许的工况范围（见图 8-25）。

（1）柴油机能够持续工作的运转范围:平均有效压力 p_e 不得超过额定工况点的推进特

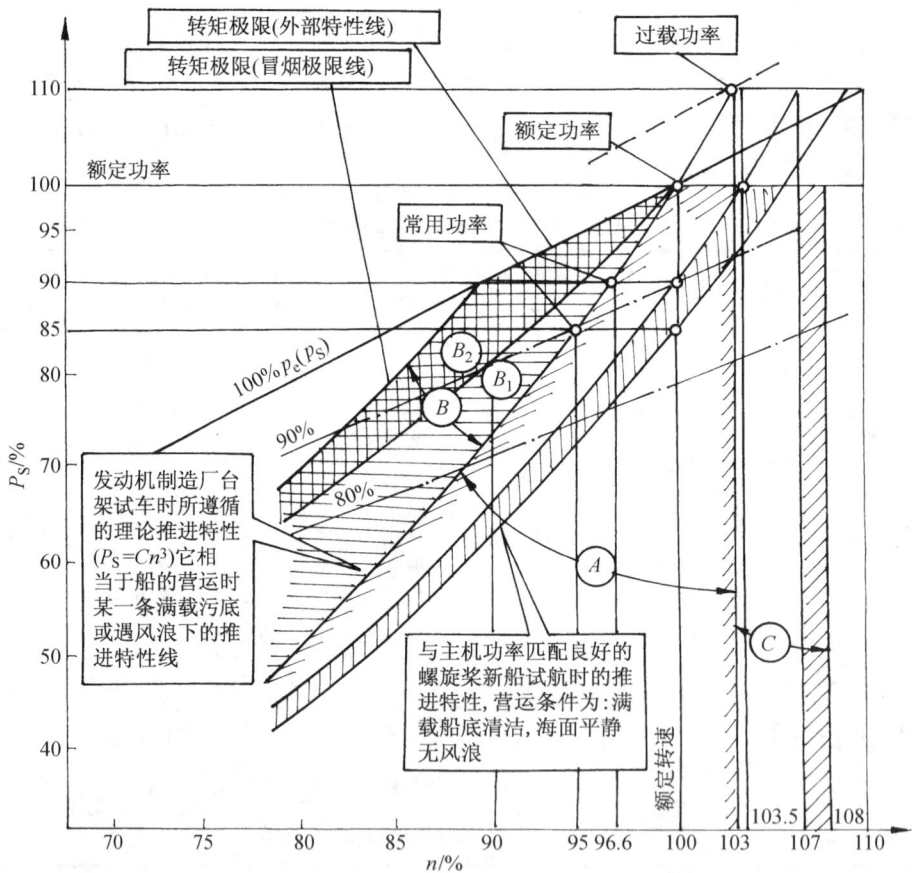

图 8-25　RD 和 RND 发动机的允许工况范围

苏尔寿公司规定:A—可以持续工作的工作范围;B—仅允许短时期工作的工况范围;C—仅为出海试航时主机的转速上限。石川岛播磨公司提出:B_1—允许运转范围;B_2—仅允许短时期工作范围。（图中 B_1 和 B_2 之间的虚线为热负荷限制特性线）

性线;转速不得超过额定转速的103%,而在100%～103%转速范围内,则以100%额定功率P_s的等功率线作为限制(即图中的 A 区)。

(2)柴油机不能沿整条外特性曲线(100%有效压力p_e时)运转,自90%n开始,随着转速的下降应显著减少喷油量,降低平均有效压力p_e,以减小发动机的热负荷。这是一根冒烟极限线,在P_s-n图上,它近似地平行于推进特性线。考虑到发动机本身及废气轮机增压器在运转过程中活塞环可能磨损,喷油嘴雾化不良,空气过滤器、中间冷却器的局部堵塞、压气机叶片和轮机叶片的表面沾污等故障,而引起主机及增压效率的暂时性下降,会导致热负荷的进一步提高。规定在转矩极限线和推进特性线之间的范围(即图中 B 区)为仅允许短期使用的工况范围。

(3)发动机的极限转速为额定转速的108%,在103%～108%的范围(图中 C 区)内仅允许在出海试航测量最大功率时作短期使用。

因此苏尔寿公司规定对该厂生产的 RD 和 RND 型发动机应以100%额定转速n,85%～90%额定功率P_s作为螺旋桨的设计工况点。

日本针对 RD 型柴油机,在外特性下面又作了一条热负荷限制特性线,规定B_2区能短期运转,而B_1区可作发动机储备功率,允许持续运转。日本石川岛播磨重工业公司于1967年针对 RD 型柴油机提出了应以100%额定功率P_s,103.5%额定转速n作为螺旋桨设计工况的建议。

从上面的介绍可以清楚地看到,对于这类主机决不允许以100%额定功率P_s,100%额定转速n作为螺旋桨的设计工况,否则一旦船体阻力增加,螺旋桨将处于"重载",主机就不能正常运转。

必须注意,对于不同类型的主机,其允许的工况范围不尽相同,如 RND 的B_1区域较 RD 更小,我们在设计螺旋桨之前,先要了解主机的工作特性,然后定出设计工况。对于大功率、高增压的柴油机,在设计螺旋桨时,必须留有一定的贮备。目前有两种通行的方法:

(1)功率储备。以100%额定转速n、85%～90%(额定功率)P_s作为螺旋桨设计工况点。

(2)转速储备。以100%额定功率P_s、103.5%～105%(额定转速)n作为螺旋桨设计工况点。

关于螺旋桨设计工况点的问题,目前可能还有不同的看法,但上述情况,在选择螺旋桨设计工况时应引起我们的注意。总之,对于具体情况应作具体分析,如对不同的主机类型、不同的航线及使用单位的要求等加以综合考虑。

4. 多工况船舶螺旋桨设计的特点

拖船、拖网渔船、破冰船及扫雷艇等都具有两种典型的航行状态:自航状态和拖航(或破冰、扫雷)状态。这类船舶在自由航行状态时螺旋桨发出的推力只用于克服船体阻力;而拖带航行时,除克服船体阻力外,还需克服拖钩上的拉力(或破冰阻力)。两种不同工况下螺旋桨的工作状态相差很大,因此,对其设计状态的选择需要进行具体的分析比较。下面以拖船为例简略说明这类船舶的螺旋桨设计特点。

就主观愿望来说,我们在设计拖船螺旋桨时,既要拖航时拖力大又要自由航行时速度快,也即希望主机在两种状态都能充分发挥其功率,但实际上两者是有矛盾的。若按自由航行设计,则自由航行时能充分发挥主机功率,航速高,而拖带航行时螺旋桨处于重载,主机功率不能充分发挥。若按拖带航行状态设计,虽拖力大,主机充分发挥其功率,但在自由航行时由于螺旋桨处于轻载状态,自由航速较低。如果采用中间状态进行设计,则自由航行时的轻载以及拖带航行的重载都没有上述两种情况那么明显,其自由航行时的速度和拖带航行时的拖力介于上述情况之间。

一般来说,我们可以根据拖船的主要用途决定螺旋桨的设计工况。例如,专门用于拖带驳船队的拖船,其大部分工作时间用于拖带,则以拖航状态设计螺旋桨为宜。用于消防、救助的拖船要求航速快,宜按自由航行状态设计。实际上,在设计此类螺旋桨时,可根据设计任务书中对自由航速和拖航时拖力的要求,先假定几种工况(如自由航行状态、拖带航行状态及若干中间状态)进行计算比较,最后选取合适的方案。

在多工况船螺旋桨设计的计算中,必须对各种速度下的拖力和可能达到的自由航速进行计算,以代替图 8-24 中的校核曲线。其原则是:

(1) 当船速大于设计状态的速度时,采用转速等于常数(即额定转速)进行计算。

(2) 当船速小于设计状态的速度时,采用转矩等于常数(即主机额定转矩)进行计算。

在求得不同速度下螺旋桨发出的有效推力 $T_e = T(1-t)$ 后,扣除对应速度时船舶的阻力 R 即为该速度下的拖力 F:

$$F = T(1-t) - R$$

式中推力减额分数 t 的取法如下:在系柱状态时取 $t_0 = 0.04$,设计工况时按常规经验公式计算,中间速度可用线性内插关系求得,即以船速 V 为横坐标,推力减额分数 t 为纵坐标,将 t_0 值与设计工况时的 t 值用直线连接,从而可以查得不同速度下的推力减额分数 t,当船速大于设计工况时则保持 t 值不变。也有人将常规经验公式计算的 t 值用于自由航行,系柱状态仍取 $t_0 = 0.04$,然后用直线相连得到中间速度时相应的 t 值。

8-5 螺旋桨图谱设计举例

本节主要结合设计实例综合应用上面所学过的知识,使读者了解螺旋桨的设计步骤以及一份完整的螺旋桨设计计算书大体包括哪些内容。

1) 船体主要参数

船型:单桨、球首、球尾、流线型挂舵、中机型多用途远洋货船。

设计水线长	$L_{WL} = 144.20$ m
垂线间长	$L_{PP} = 140.00$ m
型宽	$B = 21.80$ m
型深	$H = 12.50$ m
设计吃水	$T = 8.90$ m
方形系数	$C_B = 0.743$ m
排水量	$\Delta = 20\ 800$ t
桨轴中心距基线	$Z_P = 2.95$ m

由模型试验提供的船体有效功率曲线数据如表 8-26 所示。

表 8-26 模型试验提供的有效功率数据

航　　　速	V/kn	12	13	14	15	16	17
有效功率 P_{E}/kW	满载	1 497	1 953	2 505	3 213	4 070	5 161
	压载	1 308	1 729	2 212	2 679	3 213	3 851
	110%满载	1 647	2 148	2 756	3 534	4 476	5 677

2) 主机参数

型号	苏尔寿 6RLB56 柴油机一台
最大持续功率	6 222 kW
转速	155 r/min
旋向	右旋

3) 推进因子的决定

据型船资料选取伴流分数　　　　　　　　　　　$w = 0.35$

按经验公式决定推力减额分数　　　　　　　　　$t = 0.21$

取相对旋转效率　　　　　　　　　　　　　　　$\eta_{\mathrm{R}} = 1.0$

船身效率　　　　　　　　　　$\eta_{\mathrm{H}} = \dfrac{1-t}{1-w} = 1.215\,4$

4) 可以达到最大航速的计算

采用 MAU4 叶桨图谱进行计算。

取功率储备 10%,轴系效率　　　　　　　　　　$\eta_{\mathrm{S}} = 0.97$

螺旋桨敞水收到功率:

$$
\begin{aligned}
P_{\mathrm{D}} &= 6\,222 \times 0.9 \times \eta_{\mathrm{S}} \eta_{\mathrm{R}} \\
&= 6\,222 \times 0.9 \times 0.97 \times 1.0 \\
&= 5\,432\ \mathrm{kW}
\end{aligned}
$$

根据 MAU4-40、MAU4-55、MAU4-70 的 $\sqrt{B_{\mathrm{P}}}$-δ 图谱列表 8-27 计算。

表 8-27 按 $\sqrt{B_{\mathrm{P}}}$-δ 图谱设计的计算表

项　　　目		单位	数　　　值			
假定航速 V		kn	13	14	15	16
$V_{\mathrm{A}} = (1-w)V$		kn	8.45	9.1	9.75	10.4
$B_{\mathrm{P}} = 1.166 N P_{\mathrm{D}}^{0.5} / V_{\mathrm{A}}^{2.5}$			64.177	53.324	44.876	38.189
$\sqrt{B_{\mathrm{P}}}$			8.011	7.302	6.699	6.179
MAU4-40	δ		90	83.5	77.8	72.7
	P/D		0.6	0.618	0.635	0.654
	η_0		0.503	0.527	0.55	0.572
	$P_{\mathrm{TE}} = P_{\mathrm{D}} \eta_{\mathrm{H}} \eta_0$	kW	3 322	3 479	3 634	3 776

143

项　　目		单位	数　　值			
MAU4-55	δ		88.6	81.8	76.2	71.2
	P/D		0.637	0.659	0.677	0.697
	η_0		0.485	0.51	0.533	0.556
	$P_{TE}=P_D\eta_H\eta_0$	kW	3 202	3 367	3 519	3 667
MAU4-70	δ		87.7	81.1	75.3	70.3
	P/D		0.648	0.67	0.694	0.713
	η_0		0.47	0.492	0.514	0.534
	$P_{TE}=P_D\eta_H\eta_0$	kW	3 103	3 245	3 394	3 525

据表 8-27 中的计算结果可绘制 P_{TE}、δ、P/D 及 η_0 对 V 的曲线，如图 8-26 所示。

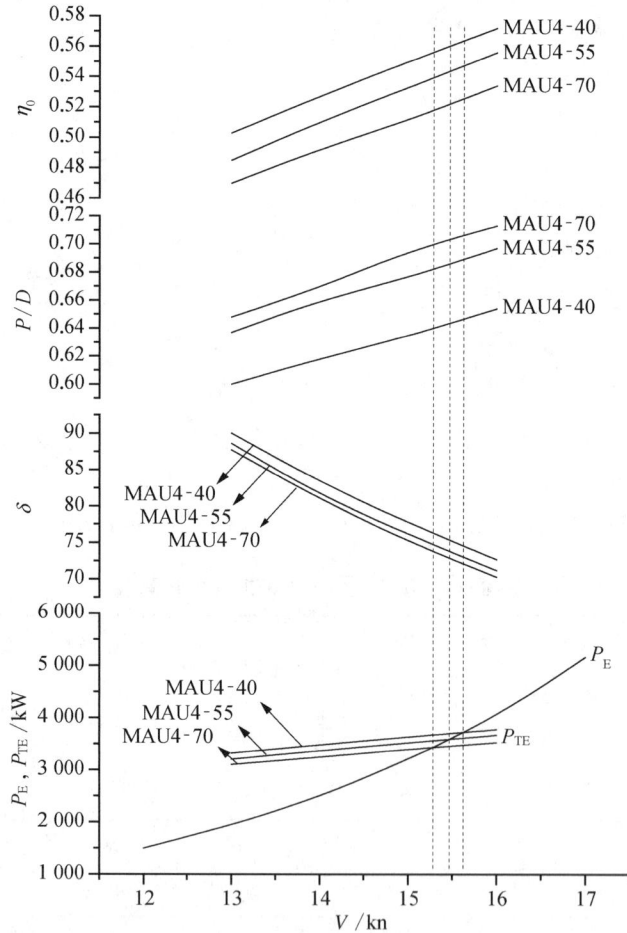

图 8-26　MAU4 叶桨图谱设计计算结果

从 $P_{TE}\text{-}f(V)$ 曲线与船体满载有效功率曲线之交点，可获得不同盘面比所对应的设计航速及螺旋桨最佳要素 P/D、D 及 η_0，如表 8-28 所列。

表 8-28　按图 8-26 设计计算的最佳要素

MAU	$V_{\max}$/kn	P/D	δ	D/m	η_0
4-40	15.62	0.647	74.6	4.886	0.564
4-55	15.48	0.686	73.6	4.778	0.544
4-70	15.28	0.698	73.8	4.792	0.519

5）空泡校核

按柏利尔空泡限界线中商船上限线，计算不发生空泡之最小展开面积比。

桨轴沉深　$h_s = T - Z_p = 8.9 - 2.95 = 5.95$ m

计算温度　$t = 15℃$，$p_v = 1\,706$ Pa，$\rho = 1\,025$ kg/m^3

$p_0 - p_v = p_a + \rho g h_s - p_v = 101\,234 + 1\,025 \times 9.8 \times 5.95 - 1\,706 = 159\,296$ Pa

据表 8-29 计算结果作图 8-27，可求得不发生空泡的最小盘面比以及所对应的最佳螺旋桨要素，如下：

$A_E/A_o = 0.544$，$P/D = 0.684$，$D = 4.78$ m，$\eta_0 = 0.545$，$V_{\max} = 15.48$ kn

表 8-29　空泡校核计算结果

序号	项　　目	单　位	数　　值		
			MAU4-40	MAU4-55	MAU4-70
1	$V_{\max}$	kn	15.62	15.48	15.28
2	$V_A = 0.5144 V_{\max}(1-w)$	m/s	5.223	5.176	5.109
3	$(0.7\pi ND/60)^2$	(m/s)^2	770.64	736.74	721.76
4	$V_{0.7R}^2 = V_A^2 + (3)^2$	(m/s)^2	797.9	763.53	747.87
5	$\sigma = (p_0 - p_v) / \dfrac{1}{2}\rho V_{0.7R}^2$		0.389	0.407	0.416
6	τ_c（查图 6-20）		0.162	0.164	0.169
7	$T = P_D \eta_0 \cdot 75/V_A$	N	586\,216	570\,536	551\,975
8	$A_P = T \Big/ \dfrac{1}{2}\rho V_{0.7R}^2 \tau_c$	m^2	8.855	8.887	8.518
9	$A_E = A_P/(1.067 - 0.229 P/D)$	m^2	9.637	9.767	9.391
10	$A_E/A_o = A_E \Big/ \left(\dfrac{\pi}{4}D^2\right)$		0.514	0.545	0.535

6）强度校核

按 2015 年《规范》校核，$t_{0.25R}$ 及 $t_{0.6R}$，应不小于按下式计算之值：

$$t = \sqrt{\frac{Y}{K-X}}, \quad Y = \frac{1.36 A_1 N_e}{Zbn_e}, \quad X = \frac{A_2 G A_d N^2 D^3}{10^{10} Zb}$$

具体计算步骤见表 8-30，其中：计算功率 $N_e = 6\,222 \times 0.97 = 6\,035.3$ kW

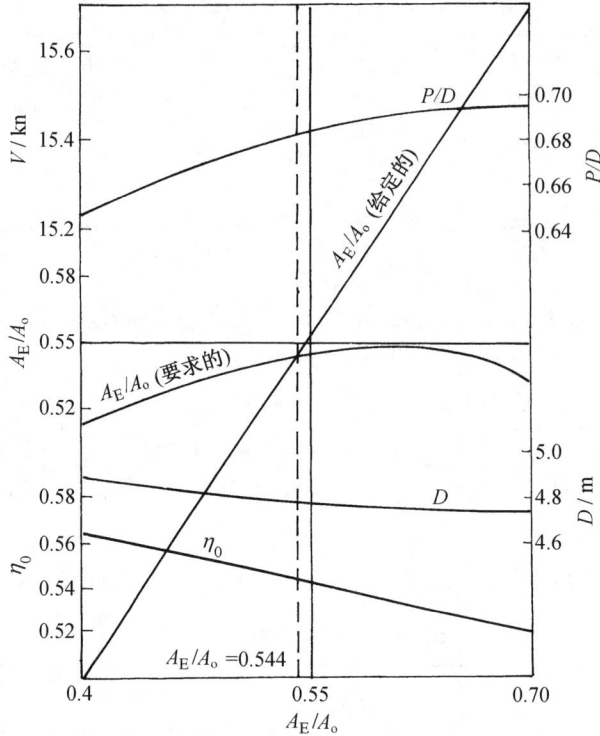

图 8-27　空泡校核计算结果

$$A_d = A_E/A_o = 0.544，P/D = 0.684，\varepsilon = 8°，G = 7.6\text{g/cm}^3，N = n_e = 155 \text{ r/min}$$

$$b_{0.66R} = 0.226DA_d/(0.1Z) = 0.226 \times 4.78 \times 0.544/0.4 = 1.469\,2 \text{ m}$$

$$b_{0.25R} = 0.721\,2b_{0.66R} = 1.059\,6 \text{ m}$$

$$b_{0.6R} = 0.991\,1b_{0.66R} = 1.456\,1 \text{ m}$$

表 8-30　强度校核计算表

项　　目	单位	数　值	
		0.25R	0.6R
弦长 b	m	1.059 6	1.456 1
K_1		634	207
K_2　查表 7-2		250	151
K_3		1 410	635
K_4		4	34
$A_1 = D/P(K_1 - K_2 D/P_{0.7}) + K_3 D/P_{0.7} - K_4$		2 450	874.25
$Y = 1.36A_1 N_e/(Zbn_e)$		30 603.7	7 946.85
K_5		82	23
K_6　查表 7-2		34	12
K_7		41	65
K_8		380	330

项　目	单位	数　值	
		$0.25R$	$0.6R$
$A_2 = (D/P)(K_5 + K_6\varepsilon) + K_7\varepsilon + K_8$		1 225	1 024
材料系数 K（铝镍青铜）		1.179	1.179
$X = A_2 G A_d N^2 D^3 / 10^{10} Zb$		0.313 7	0.190 7
$t = \sqrt{Y/(K-X)}$	mm	188.063	89.67
MAU 标准桨叶厚度 t'	mm	183	104.2
校核结果		不满足要求	满足要求
实取桨叶厚度	mm	188.2	108.2

实际桨叶厚度按 $t_{1.0R} = 0.003\,5D = 16.73\text{ mm}$ 与 $t_{0.25R} = 188.2\text{ mm}$ 连直线决定：

$$t_{0.2} = 199.6\text{ mm}, \quad t_{0.3} = 176.8\text{ mm}$$

$$t_{0.4} = 153.9\text{ mm}, \quad t_{0.5} = 131\text{ mm}$$

$$t_{0.6} = 108.2\text{ mm}, \quad t_{0.7} = 85.3\text{ mm}$$

$$t_{0.8} = 62.4\text{ mm}, \quad t_{0.9} = 39.6\text{ mm}$$

7）螺距修正

根据尾轴直径大小，决定毂径比 $d_h/D = 0.18$，此值与 MAU 桨标准毂径比相同，故对此项螺距无需修正。

由于实际桨叶厚度大于 MAU 桨标准厚度，故需因厚度差异进行螺距修正。

设计桨　　$\left(\dfrac{t}{b}\right)_{0.7R} = \dfrac{0.085\,3}{0.996\,4 \times 1.469\,2} = 0.058\,27$

标准桨　　$\left(\dfrac{t}{b}\right)_{0.7R} = \dfrac{0.017\,1 \times D}{0.996\,4 \times 0.310\,75 \times D} = 0.055\,22$

（取 MAU4-55 为基准桨）

$$1 - s = \frac{V_A}{NP} = \frac{(1-w)V \times 30.866}{NP} = \frac{0.65 \times 15.48 \times 30.866}{155 \times 3.269\,5} = 0.612\,8$$

$$\Delta\left(\frac{t}{b}\right)_{0.7} = \left[\left(\frac{t}{b}\right)_{0.7设} - \left(\frac{t}{b}\right)_{0.7标} \times \frac{0.55}{0.544}\right] \times 0.75 = 0.001\,83$$

$$\Delta\left(\frac{P}{D}\right)_t = -2\left(\frac{P}{D}\right)_0 (1-s) \Delta\left(\frac{t}{b}\right)_{0.7R}$$

$$= -2 \times 0.684 \times 0.612\,8 \times 0.001\,83 = -0.001\,534$$

修正后的螺距比

$$\frac{P}{D} = \left(\frac{P}{D}\right)_0 + \Delta\left(\frac{P}{D}\right)_t = 0.684 - 0.001\,534 = 0.682\,5$$

8）质量及惯性矩计算

根据 MAU 桨切面的面积数据用积分方法计算得：

桨叶质量		$G_b = 5\,533\,\text{kg}$
桨毂质量		$G_h = 2\,874\,\text{kg}$
螺旋桨总质量		$G = 8\,407\,\text{kg}$
桨叶惯性矩		$I_b = 8\,766\,\text{kg} \cdot \text{m}^2$
桨毂惯性矩		$I_h = 827\,\text{kg} \cdot \text{m}^2$
螺旋桨总惯性矩		$I = 9\,593\,\text{kg} \cdot \text{m}^2$

9）敞水性征曲线之确定

用修正前的螺距 $P/D = 0.684$，由 MAU4-40，MAU4-55 及 MAU4-70 的敞水性征曲线内插得到设计桨（MAU4-54.4，$P/D = 0.682\,5$）的敞水性征曲线（见图 8-28），其数据如表 8-31 所示。

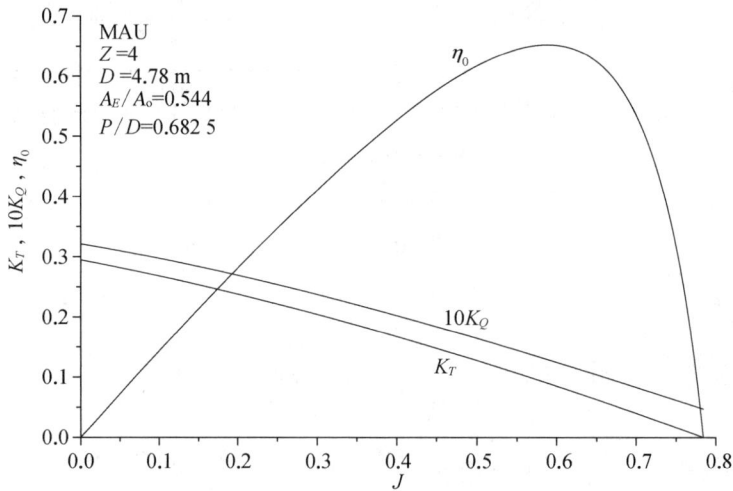

图 8-28　设计桨的敞水性征曲线

表 8-31　设计桨的敞水特性数据表

J	0	0.1	0.2	0.3	0.4	0.5	0.6	0.7
K_T	0.295 0	0.267 0	0.238 8	0.204 0	0.167 7	0.127 0	0.084 9	0.039 8
K_Q	0.032 1	0.029 8	0.026 8	0.023 8	0.020 3	0.016 4	0.012 4	0.008 3
η_0	0	0.143	0.284	0.409	0.526	0.616	0.654	0.534

10）系柱特性计算

由表 8-31 得 $J = 0$ 时，$K_T = 0.295$，$K_Q = 0.032\,1$。

计算功率 $P_D = 6\,222 \times 0.97 = 6\,036\,\text{kW}$，

系柱推力减额分数取 $t_0 = 0.04$，

主机转矩

$$Q = \frac{P_D}{2\pi N/60} = \frac{6\,036}{2\pi \times 155/60} = 372\,\text{kN} \cdot \text{m}$$

系柱推力

$$T = \frac{K_T}{K_Q} \frac{Q}{D} = \frac{0.295}{0.032\,1} \frac{372}{4.78} = 715\,\text{kN}$$

148

螺旋桨转速

$$N = 60\sqrt{\frac{T}{\rho D^4 K_T}} = 127.6 \, \text{r/min}$$

11) 航行特性计算

取转速为 155 r/min,145 r/min,135 r/min 进行计算,结果如表 8-32 所示。

表 8-32　航行特性计算表

项　　目		单位	数　　值				
V		kn	13	14	15	16	17
$V_A = 0.5144(1-w)V$		m/s	4.3467	4.681	5.0154	5.349	5.684
$N = 155 \, \text{r/min}$	$J = V_A/nD$		0.352	0.379	0.406	0.433	0.460
	K_T		0.185	0.175	0.165	0.154	0.143
	K_Q		0.0219	0.021	0.0201	0.019	0.018
	$P_{TE} = K_T \rho n^2 D^4 \cdot (1-t)V \times 0.5144$	kW	3498	3564	3600	3584	3536
	$P_S = K_Q 2\pi \rho n^3 D^5/(\eta_S \cdot \eta_R)$	kW	6262	6005	5747	5432	5147
$N = 145 \, \text{r/min}$	$J = V_A/nD$		0.376	0.405	0.434	0.463	0.492
	K_T		0.176	0.165	0.153	0.1415	0.13
	K_Q		0.0211	0.0201	0.019	0.0179	0.0168
	$P_{TE} = K_T \rho n^2 D^4 \cdot (1-t)V \times 0.5144$	kW	2921	2941	2921	2882	2813
	$P_S = K_Q 2\pi \rho n^3 D^5/(\eta_S \cdot \eta_R)$	kW	4939	4705	4448	4190	3933
$N = 135 \, \text{r/min}$	$J = V_A/nD$		0.404	0.435	0.466	0.497	0.528
	K_T		0.165	0.153	0.14	0.128	0.114
	K_Q		0.0202	0.019	0.018	0.0165	0.0153
	$P_{TE} = K_T \rho n^2 D^4 (1-t)V/145.6$	kW	2367	2364	2318	2260	2139
	$P_S = K_Q 2\pi \rho n^3 D^5/(\eta_S \cdot \eta_R)$	kW	3807	3589	3363	3117	2891

将上述计算结果绘成图 8-29。

由图中可求得压载航行时可达最大航速约为 $V = 16.6 \, \text{kn}$,主机功率为 5276 kW。

110% 超载航行时可达最大航速约为 $V = 15.10 \, \text{kn}$,主机马力为 5711 kW。

满载航行,$N = 155 \, \text{r/min}$ 时,可达最大航速约为 $V = 15.48 \, \text{kn}$,主机马力为 5600 kW,与设计要求基本一致。

12) 螺旋桨计算总结

螺旋桨直径 $D = 4.78 \, \text{m}$

螺距比 $P/D = 0.6825$

类型 MAU

叶数 $Z = 4$

149

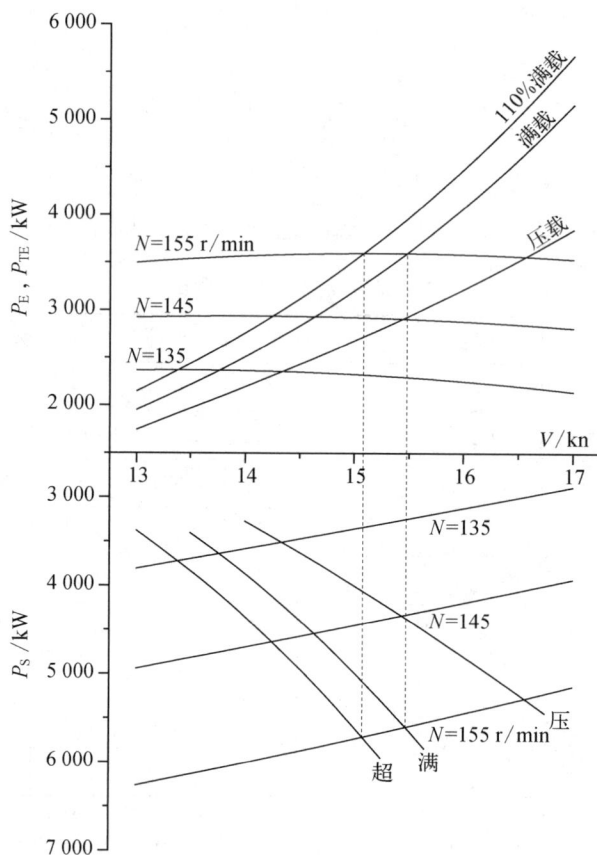

图 8-29 航行特性曲线

盘面比	$A_E/A_o = 0.544$
纵倾角	$\varepsilon = 8°$
螺旋桨效率	$\eta_o = 0.545$
设计航速	$V_{max} = 15.48$ kn
毂径比	$d_h/D = 0.18$
旋向	右旋
材料	铝镍青铜
质量	8 407 kg
质量惯性矩	9 593 kg·m²

8-6 螺 旋 桨 制 图

在完成螺旋桨的设计计算后,即需绘制螺旋桨的总图,以供制造需要。图 8-30 所示为某船的螺旋桨总图。在总图上需画出桨叶的伸张轮廓、投射轮廓、展开轮廓(常可省略)及侧投影轮廓。在伸张轮廓上画出若干半径处的切面形状(一般画 8~9 个切面),在侧投影轮廓图上画出桨叶的最大厚度线,桨叶的限界轮廓线(有时省略),并需注出桨毂的主要数据。此外,在总图上尚需注明螺旋桨的主要尺度、各种比值及必要的说明。

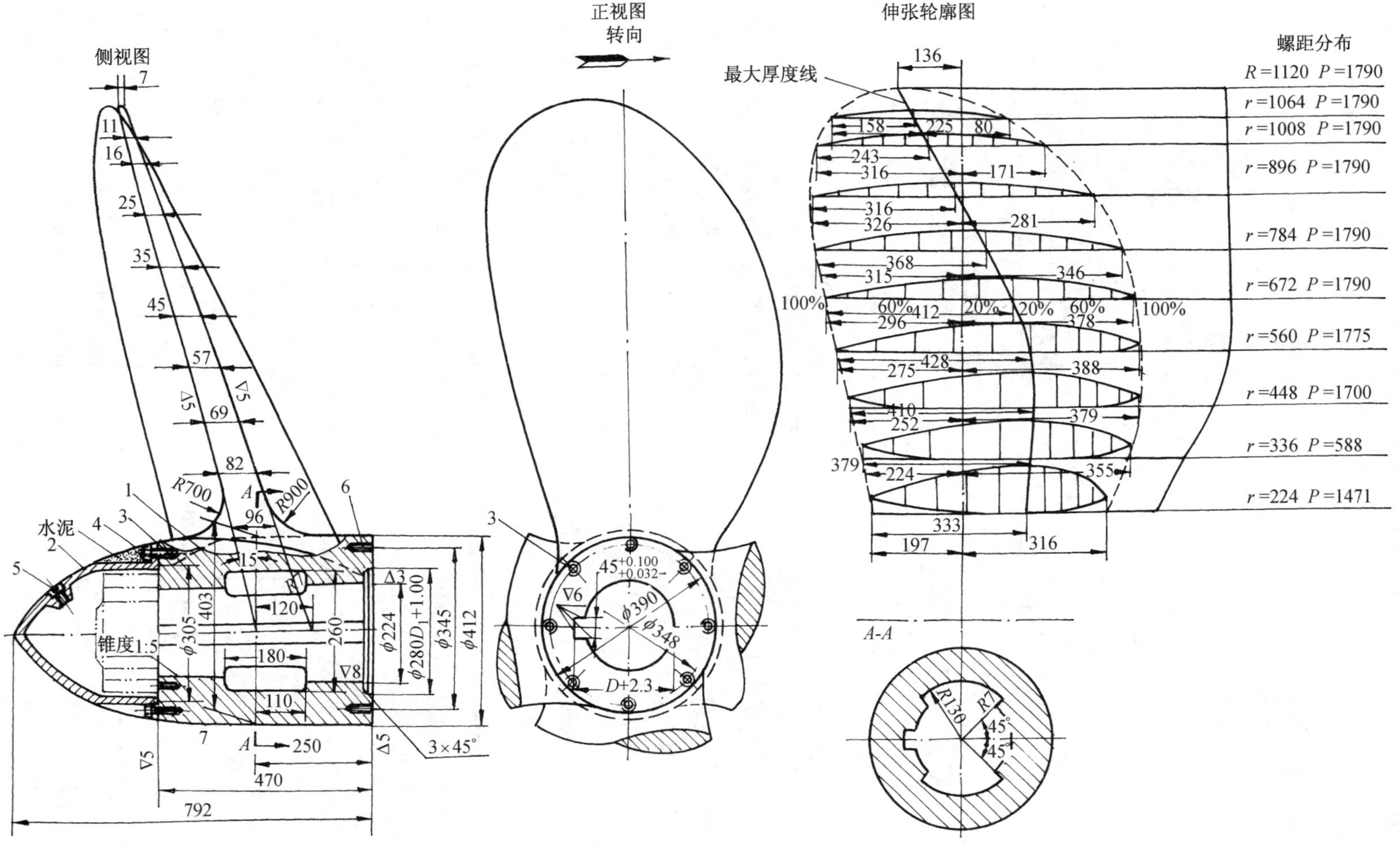

螺距分布

$R=1120$ $P=1790$	$r=1064$ $P=1790$	$r=1008$ $P=1790$	$r=896$ $P=1790$	$r=784$ $P=1790$	$r=672$ $P=1790$	$r=560$ $P=1775$	$r=448$ $P=1700$	$r=336$ $P=588$	$r=224$ $P=1471$			

伸张轮廓图

最大厚度线

正视图
转向

侧视图

水泥

$A-A$

图 8-30 螺旋桨总图

1—螺旋桨;2—蒙帽;3—半光小六角头螺栓;4—橡皮;5—圆柱头螺钉;6—螺孔(对称布置);7—制动螺钉的螺孔

151

下面我们先简单介绍投影原理,进而讨论螺旋桨总图的绘制。

1. 投影原理

图 8-31(a)所示是将一机翼形切面的螺旋桨水平放置且叶面向下的情形。

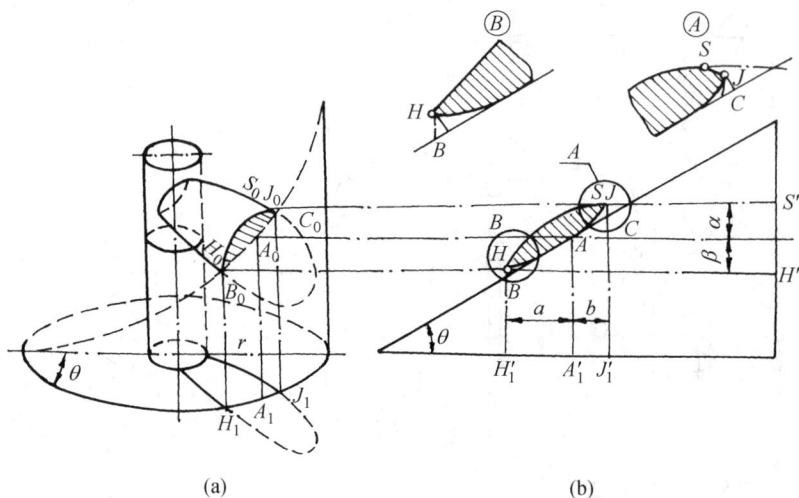

图 8-31　机翼形切面螺旋桨投影原理图

由图 8-31 可知,如果以半径为 r(与螺旋桨同轴)的圆柱面和桨叶相交,则得螺旋线 $B_0A_0C_0$;机翼叶面线 $H_0A_0J_0$ 在垂直于轴线之平面上的投影为圆弧 $\overset{\frown}{H_1A_1J_1}$。如果把圆柱面剖开并展成平面[见图 8-31(b)],则得到螺旋线的实长(即伸张长度)BAC,而圆弧 $\overset{\frown}{H_1A_1J_1}$ 伸直成直线 $H_1'A_1'J_1'$,且 $\overset{\frown}{A_1J_1}=A_1'J_1'$,$\overset{\frown}{H_1A_1}=H_1'A_1'$。

在图 8-31(b)的螺距三角形中,螺距角 $\theta=\arctan\dfrac{P}{2\pi r}$;式中:$P$ 为螺距(m);r 为切面所在的半径(m)。

必须指出,对于图 8-31 所示的机翼形切面来说,从正投影方向所见到的是切面最外边的两点 J_0 和 H_0,从侧投影方向所见到的则是切面最外边的两点 S_0 和 H_0,即图 8-31(b)上的 J、H 和 S、H 对应的点。因此在制图时应该根据 J 点和 H 点求正投影轮廓(或称投射轮廓),而据 S 点和 H 点求侧投影轮廓。在图 8-31(b)中,标出了点 H_1' 与 A_1' 和 A_1' 与 J_1' 之间在正投影方向上的间距分别为 a 和 b,点 S 与 A 和 A 与 H 之间在侧投影方向上的间距分别为 α 和 β。

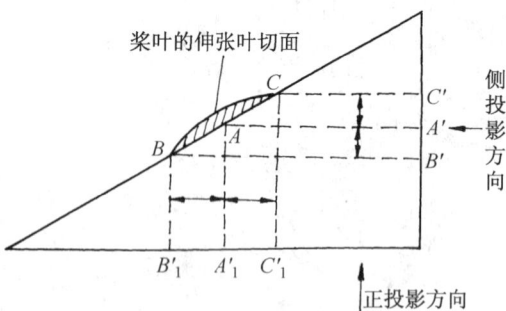

图 8-32　弓形切面的投影

如果桨叶的切面为弓形(即圆背式)时,则图 8-31(b)应变为图 8-32 的情况,此时图 8-31(b)中的 S、J 点相当于图 8-32 中的 C 点,图 8-31(b)中的 H 点相当于图 8-32 中的 B 点。因此,弓形切面是上述机翼形切面的一种特例,它比机翼形切面的作图更为简单,下面我们以机翼形切面桨叶为例说明作图方法,对于弓形切面则更容易,只要掌握上述特点即可。

2. 总图绘制

绘制总图的主要目的是给出螺旋桨的形状及各部结构,以便能按总图绘制施工详图供制造需要。

通常在设计计算过程中,已经决定了螺旋桨各半径处切面形状和桨叶的伸张轮廓。例如对于 AU 型螺旋桨,根据我们设计螺旋桨的叶数、盘面比和直径,由表 8-4 和表 8-5(或表 8-6,或表 8-7)即可知道螺旋桨各半径处的切面形状和桨叶的伸张轮廓。在确定桨叶切面时尚需考虑下列两点:

(1)关于叶切面导边外圆弧的大小。因为桨叶切面运转于非均匀的尾流场中,故导边的圆弧对螺旋桨性能,特别是空泡性能有较大的关系。近来的研究表明,在近叶梢处(0.8R 以外)适当加大导边圆弧的半径比较有利。图 8-33 给出了螺旋桨该部分的导边圆弧半径 r_1(mm)值。事实上,r_1 的大小与桨叶的面积、切面轮廓形状及叶厚有关,故在实际设计时可以适当有所增减。一般来说,0.8R 切面端圆半径的大小可视切面弦长 b 来决定,$r_1 = (0.004 \sim 0.005)b$。

(2)关于叶梢附近切面随边处的厚度。从螺旋桨损坏情况的调查发现,在叶梢附近随边处常发生曲损,影响螺旋桨的性能。因此,宜适当增加该处厚度,图 8-34 给出了 0.9R 处切面随边的厚度,可供参考。

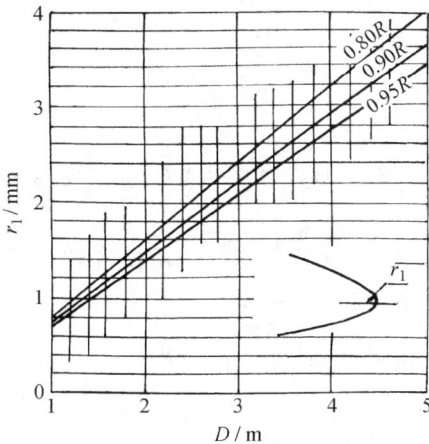

图 8-33 桨叶梢部切面导边的圆弧半径   图 8-34 桨叶 0.9R 处切面随边的厚度

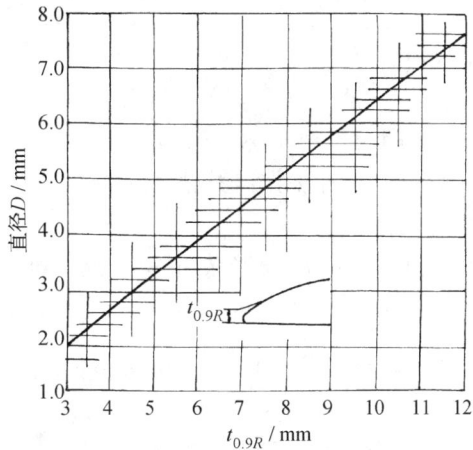

采用上述导边处端圆半径 r_1 及随边处的厚度 $t_{0.9}$ 后,有可能使该处的局部厚度与表 8-5 等确定的叶切面形状发生不连续。为了满足局部厚度的需要可对标准叶切面的尺寸稍作修改,并光顺之。

螺旋桨的叶切面形状和桨叶伸张轮廓确定后,即可绘制正投影图(投射轮廓)和侧投影图(侧投射轮廓)。

1)投射轮廓的绘制

根据上述投影原理,便可以从伸张轮廓上的切面长度求出正投影图上相应半径的圆弧长度,从而作出投射轮廓。参阅图 3-35,以半径 $r = OA$ 处的切面为例,其作图的具体步骤说明如下:

(1)在伸张面上[见图 8-35(c)]取 $OF = \dfrac{P}{2\pi}$,连 AF,则得 $\tan \angle OAF = \dfrac{P}{2\pi r}$;故 $\angle OAF$ 为

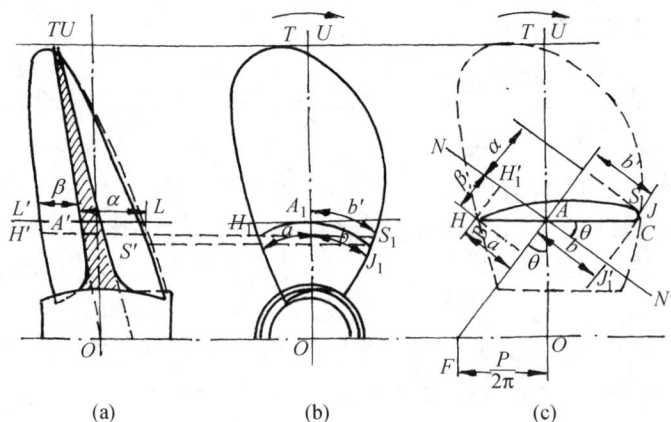

图 8-35　螺旋桨作图步骤

半径 r 处的螺距角。

（2）在伸张面上过 A 点作直线 $NN' \perp AF$，则 $\angle N'AC = \angle OAF = \theta$。从 J，H 两点分别作垂直于 NN' 的直线 JJ'_1 和 HH'_1，则有

$$\overline{AH'_1} = a \qquad \overline{AJ'_1} = b$$

（3）在正投影图上[图 3-35(b)]以 O 为圆心，r 为半径画圆弧，并在此圆弧上量取：

$$\text{弧长} \overparen{A_1J_1} = \overline{AJ'_1} = b$$

$$\text{弧长} \overparen{A_1H_1} = \overline{AH'_1} = a$$

则 J_1 和 H_1 即为投射轮廓上的两点。

（4）按照上述方法作出其他各半径处投射轮廓上的相应之点，用光顺的曲线连接各点即可得到投射轮廓。

按照一般习惯，常根据桨叶 8 个或 9 个半径处的切面进行制图，其相应的半径为 $r = 0.2R$，$0.3R$，…，$0.9R(0.95R)$。对于等螺距桨叶来说，图 8-35(c)中的 F 点为对于一切半径的共同之点，称为节点。若桨叶为径向变螺距，则不同半径的 $\dfrac{P}{2\pi}$ 值并非常数，故对各半径需用其相应的 $\dfrac{P}{2\pi}$ 值来确定 F 点的位置。

2）侧投影图的绘制

在绘制侧投影图时，如图 8-31(b)或图 8-35(c)所示，应注意在侧投影方向见到的是 S 点和 H 点，且 S 点在 A 点之前的距离为 α，H 点在 A 点之后的距离为 β。由此便可按如下步骤作图：

（1）在侧投影图上[见图 8-35(a)]先画出参考线 OU，然后由正投影图上 A_1 点引水平线与侧投影图上的参考线 OU 交于 A' 点，则 A' 点即为 A_1 点的侧投影位置。

（2）在侧投影图上从 A' 点向前水平量取 $A'L = \alpha$，向后水平量取 $A'L' = \beta$，其中 α 和 β 的数值可直接从伸张面[见图 8-35(c)]上量得。然后，在正投影图上取圆弧 $\overparen{A_1S_1} = b'$[b' 的大小可在图 8-35(c)上量得]，则 S_1 即为 S 点在正投影图上的位置。从正投影图上 S_1 点引水平线与 $A'L$ 线上从 L 点向下所作的垂线相交于 S' 点，则 S' 点即为 S 点在侧投影轮廓上的一点。用同样方法，从正视图上 H_1 点引水平线与 $A'L'$ 线的垂线相交于 H' 点，则 H' 点即为 H 点在侧投影轮廓上随边处的一点。

（3）用上述方法作出其他各半径处侧投影轮廓上的相应之点，并以光顺曲线连接各点，即可得到桨叶的侧投影轮廓。

上面所叙述的侧投影轮廓绘制方法是指螺旋桨在静止时的情况，但在检查螺旋桨与船身或尾框架之间的最小距离时，则应以螺旋桨旋转时桨叶边缘各点在最外面的位置为依据，所以在侧投影图上有时还要画出桨叶的限界轮廓线。参阅图 8-35(a)，当螺旋桨旋转时，在侧投影图上的 S' 点表现为沿 LS' 直线上下运动，能达到的最高点为 L，而在 A 点前后的距离不变，故螺旋桨在旋转时桨叶边缘上 S' 点在最外面的位置为 L 点。把不同半径处相当于 L 的各点连成曲线，即得桨叶的限界轮廓线如图 8-35(a)中的虚线所示。

3）桨叶顶点及包毂线的绘制

桨叶顶点（即叶梢顶点）在正投影图和侧投影图上的位置同样可用上述方法求得。参阅图 8-36，在伸张轮廓上由叶梢顶点 T 引水平线与参考线 OU 交于 U 点，同时取 $OF = \dfrac{P}{2\pi}$，P 为叶梢处的螺距。连接 FU，并过 U 点作直线 $NN' \perp FU$，从 T 点作直线 $TD \perp NN'$。然后以 O 为圆心，OU 为半径作圆弧，在此圆弧上截取 $\overset{\frown}{UT_1}$ 并使其弧长等于 $\overline{DU} = \alpha$，则 T_1 点即为叶梢顶点在投射轮廓（正视图）上的位置。由图 8-36 可知，T_1 点的位置低于 T 点。

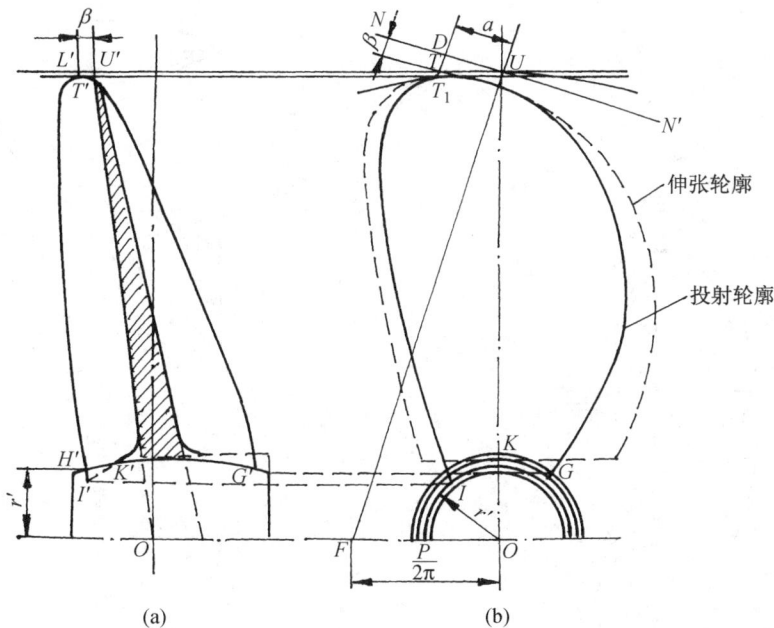

图 8-36　桨叶顶点及包毂线作图

叶梢在侧投影轮廓图上位置的作法是：在侧投影轮廓图上［见图 8-36(a)］，作参考线 OU'，U' 点与正投影图上的 U 点位于同一水平线上；从 U' 点向后取 $U'L' = TD = \beta$，然后从正投影图上 T_1 点作水平线，与 $U'L'$ 线的垂线相交于 T' 点，此即叶梢顶点在侧投影轮廓上的位置。从图中可以看出，侧投影轮廓线的顶点并不通过 U' 点。

所谓包毂线，是指桨叶叶面和桨毂的相交线。通常桨毂为一圆锥体，故包毂线在实质上即为螺旋面和圆锥体表面的相交线。由于桨叶强度的需要，在叶根尚有填角料，因而在实用上没有必要精确地求出螺旋面和圆锥体表面的相交线，一般可采用近似方法绘制。参阅图 8-36，在侧投影图上把桨叶轮廓线按其曲线趋势延长与桨毂相交于 H' 点，在正投影图上以 O 为圆心，以 H' 点处的毂半径 r' 为半径画圆，然后把投射轮廓按其曲线趋势延长与此圆相交于 I 点，以 I 点引水平线与侧投影轮廓的延长线相交于 I' 点，则 I 及 I' 点可近似地认为是包毂线在正投影图和侧投影图上的起点。用同样的方法可作出包毂线的另一端点 G 和 G'。同时参考线与桨毂的交点 K 和 K' 也是包毂线上的一点。将 I、K、G 及 I'、K'、G' 分别连成曲线，此两根曲线即近似地表示包毂线在正投影图和侧投影图上的形状。在绘制桨毂外形和包毂线时应将看得见的部分画成实线，看不见的部分画成虚线。

　　4）桨叶展开轮廓的绘制

　　螺旋面为一双向曲面，不能展放于平面上，下述之近似方法应用最广，对于普通螺旋桨在实用上已足够准确。

　　为简便起见，先以等螺距、弓形切面、无侧斜的桨叶为例。设已知桨叶的投射轮廓 B_1TC_1 如图 8-37 所示。以半径 $r=OA$ 之共轴圆柱面与叶面相交成螺旋线，其在正投影图上为圆弧 $\overparen{B_1AC_1}$。参阅图 8-38(a)，此螺旋线的实际形状为 B_0AC_0，过 OA 作投射面 $LEKA$，则此螺旋线在投射面上的投影为圆弧 $\overparen{B_1AC_1}$。为了求得螺旋线 B_0AC_0 在展开图上的形状，可用两次近似方法。

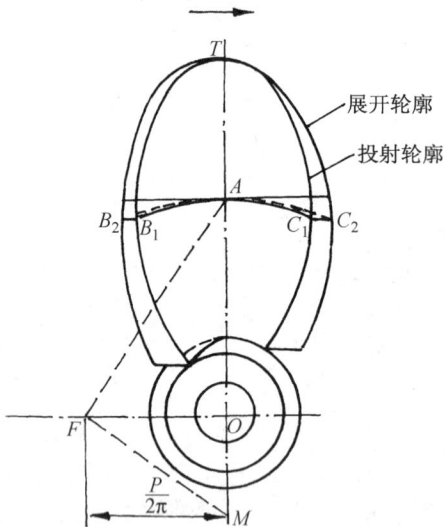

图 8-37　展开轮廓绘制

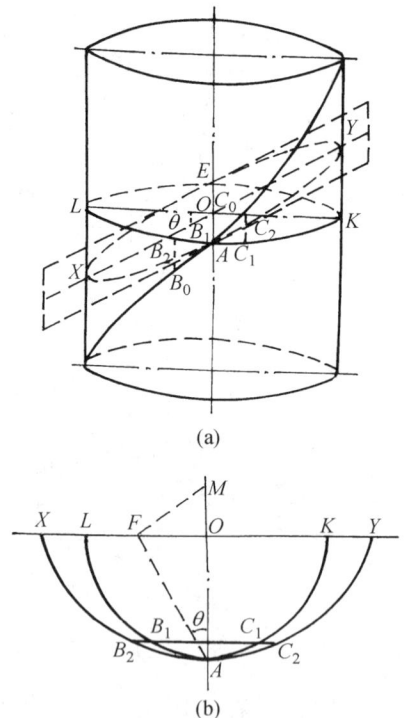

图 8-38　叶面螺旋线在展开图上的处理

　　第一次近似——以椭圆弧之一部分代替螺旋线：在 A 点处作包含 OA 的平面且在 A 点处与螺旋线 B_0AC_0 相切。此平面与圆柱面相交成一椭圆 $XEYA$，并与投射面 $LEKA$ 间之夹角为螺距角 θ。螺旋线段 B_0AC_0 在椭圆上的投影为椭圆弧 B_2AC_2。通常桨叶具有一定的宽度，其螺旋线段 B_0AC_0 较短，与椭圆弧 B_2AC_2 十分接近，因而可用此椭圆弧来代替螺旋线段。

将此椭圆绕 AOE 轴旋转 θ 角后便与投射面 $LEKA$ 重合，而 B_1 和 B_2，C_1 和 C_2 点则在同一水平线上（即至 LOK 线的距离相等），如图 8-38(b)所示。由图 8-38(a)可知，此椭圆的长半径为 $OX = r\sec\theta$，短半径为 $OA = r$。既知椭圆的长半径和短半径，即可画出椭圆，但在实用上比较麻烦，故尚需进行第二次近似。

第二次近似——以圆弧代替椭圆弧：此圆弧的半径等于椭圆在 A 点的曲率半径。由高等数学中可知，椭圆在 A 点处之曲率半径为 $\dfrac{(r\sec\theta)^2}{r} = r\sec^2\theta$，我们即以半径为 $r\sec^2\theta$ 的圆弧来代替椭圆弧。参阅图 8-37，以半径 $r = OA$ 处的切面为例，说明根据投射轮廓绘制展开轮廓的具体步骤：

(1) 在正投影图上取 $OF = \dfrac{P}{2\pi}$，连 AF，则

$$AF = r\sec\theta$$

(2) 过 F 点，作 $FM \perp AF$ 且与 OA 的延长线相交于 M 点，则

$$MA = AF\sec\theta = r\sec^2\theta$$

故 MA 为椭圆在 A 点之曲率半径。

(3) 以 M 为圆心，MA 为半径作圆弧 $\overset{\frown}{B_2AC_2}$，自 B_1 及 C_1 分别引平行于 OF 的直线 B_1B_2 及 C_1C_2 并与 $\overset{\frown}{B_2AC_2}$ 圆弧相交于 B_2 及 C_2 两点，则 B_2 及 C_2 即为展开轮廓上的两点。

用同样的方法可决定其他半径处相应之点，然后以光顺的曲线连接各点即得展开轮廓。

展开轮廓也可从伸张轮廓作出，在利用两次近似求得圆弧 $\overset{\frown}{B_2AC_2}$ 以后，直接在圆弧上量取 $\overset{\frown}{B_2A} = BA$ 及 $\overset{\frown}{AC_2} = AC$，这里的 BA 及 AC 是直接由图 8-35(a)中伸张轮廓上相同半径切面的伸张弦长 BA 和 AC 量得的。同理 B_2 及 C_2 为展开轮廓上的两点。

在实用上有时由设计者决定展开轮廓的形状，据以求得投射轮廓（例如高恩系列螺旋桨），其绘制程序与上述者相反。

5）桨毂形状及尺度

桨毂和毂帽的形状必须使水流顺滑地流过，避免产生旋涡。其尺度及形状可根据船舶实际情况和造船实践经验确定。下面提供的数据可作为设计时参考。

图 8-39 表示毂部有关尺寸的符号，其相应的参考数据如下：

(1) d_t——螺旋桨轴的轴径。此数据一般由轮机部门提供，若无此数据时，可利用图 8-40 来确定。图中 P_D 是最大持续功率时的收到功率（hp）；N 是最大持续功率时的螺旋桨每分钟转数。

(2) d_h——螺旋桨的毂径。一般可根据螺旋桨的轴径 d_t 来确定。

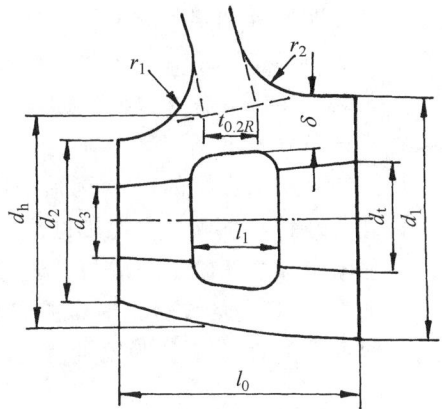
图 8-39　桨毂的尺寸符号

对于组合式螺旋桨：

$$d_h = (2.6 \sim 2.8)d_t$$

对于整体式螺旋桨：

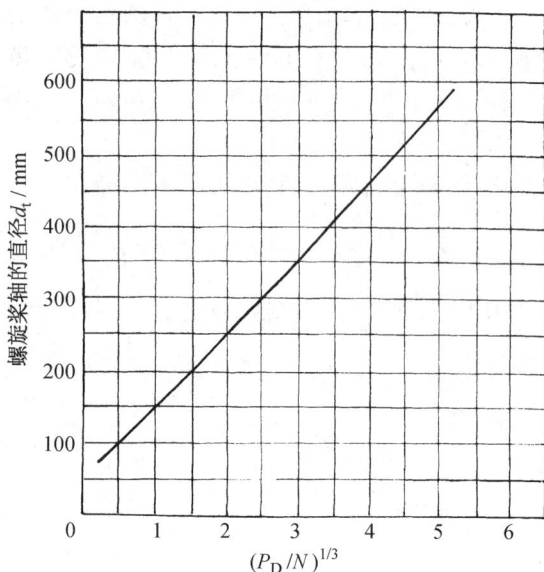

图 8-40　桨轴直径与 P_D/N 的关系曲线

$$d_h = (1.8 \sim 2.1)d_t$$

（3）d_1，d_2——桨毂前后两端的直径。

$$d_2/d_h = (0.75 \sim 0.90)$$
$$d_1/h_h = (1.05 \sim 1.15)$$

（4）l_1——减轻孔的长度，一般最大值约为 $0.3l_0$（l_0 为毂长）。

（5）δ——桨毂部筒圆厚度，最小值约为 $0.75t_{0.2R}$（$t_{0.2R}$ 为桨叶 $0.2R$ 处切面的厚度）。

（6）r_1，r_2——叶面、叶背与桨毂连接处的圆弧半径：

$$r_1 = 0.033D$$
$$r_2 = 0.044D$$

（7）l_0——桨毂长度。对于单桨船可用下式作为参考数值：

组合式螺旋桨：

$$l_0 = 2.7d_t \quad 或 \quad l_0 = d_h$$

整体式螺旋桨：

$$l_0 = 2.5d_t \quad 或 \quad l_0 = d_h + 100 \text{ mm}$$

或　　$$\frac{l_0}{D}(\%) = \left(23 - \frac{D}{2}\right) \pm 3 （其中 D 以米计）$$

在应用上述数据的同时，尚需考虑保证桨毂长度大于桨叶根部在侧投影上的长度。

（8）$(d_t - d_3)/l_0$——轴孔之锥度，一般为 $\frac{1}{10} \sim \frac{1}{16}$。

至此总图绘制基本完毕。在总图上除绘制出桨叶的伸张轮廓、投射轮廓和侧投影轮廓外，最后应注明桨叶和桨毂的主要尺度，各种比值及必要的说明。

下面再简单介绍有关桨毂与尾轴配合的问题。

桨毂与尾轴需各开键槽并加键，尾轴末端作螺纹状螺母，以固定螺旋桨的位置。键的尺度可按设计条件根据国家标准确定。一般键与桨毂的接触长度不宜小于尾轴直径的 1.5 倍，其宽度则约为尾轴直径的 1/4，尾轴键槽前端应逐渐升高，并将槽底作成圆角以免应力集中。通常以埋头螺钉将键固定在尾轴键槽内。

尾轴末端之螺纹常作成与螺旋桨正转方向相反，紧固螺帽厚度需能承受螺旋桨倒转时所发出的推力，以免船舶倒退时螺旋桨脱落，螺帽装妥后尚需加插销或其他止动装置。尾轴末端有螺纹部分的直径 d' 约为尾轴直径的 0.55～0.8 倍，并需以下列公式进行校验：

$$d' \geqslant 0.06\sqrt{T_{\max}} \tag{8-14}$$

式中：d' 的单位为 cm；$T_{\max}$ 为螺旋桨最大推力（kgf）。

桨轴后端装有毂帽以保护尾轴末端及螺帽等，并与桨毂连成一光顺的流线体，以减小水阻力，其长度约为螺旋桨直径的 14%～17%。在小船上有时将尾轴的螺帽作成圆锥形体，故无需另加毂帽。螺旋桨、尾轴及其他附件凡有铜与钢相连接处应避免与海水接触，否则会产生电解作用使钢料迅速腐蚀。因此，毂帽与桨毂的连接应该极其紧密，并在毂帽内空隙处填满黄油

158

或兽脂,以防毂帽漏水时尾轴末端及螺母与海水接触。在桨毂前端沿毂孔开槽,以橡皮垫圈嵌入并与尾轴的铜套压紧,以防海水渗入毂内。也有采用另装压盖将橡皮垫圈与尾袖衬套压紧者,此种装置在更换橡皮垫圈时无需将螺旋桨拆下。图 8-41 为桨毂两端构造的示意图。

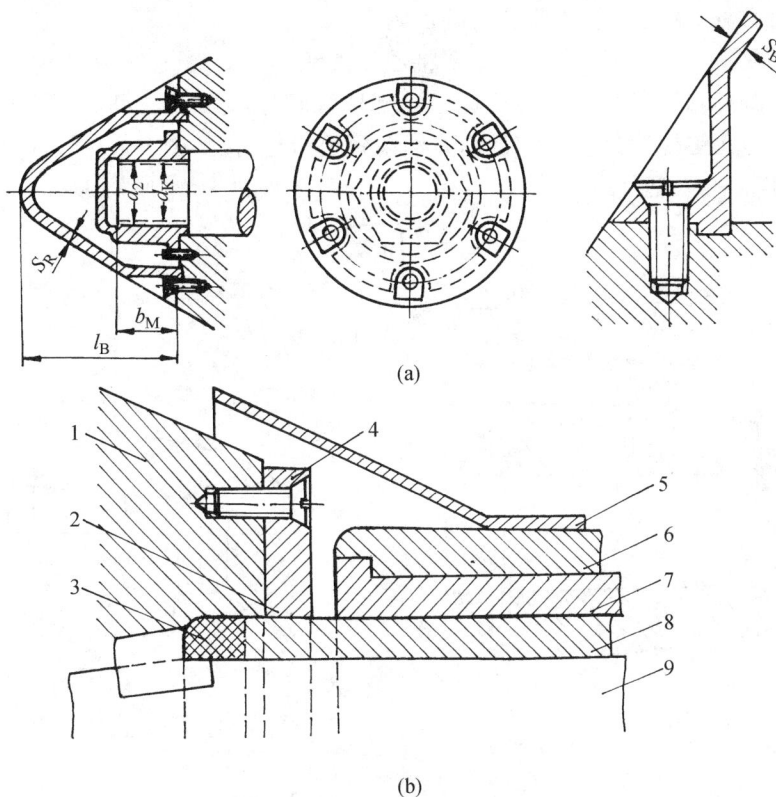

图 8-41　桨毂两端构造示意图
1—桨毂;2—橡皮;3—油脂麻线或橡皮垫圈;4—垫圈;5—盖板;6—外套;
7—轴承;8—轴包套;9—桨轴

20 世纪 70 年代初期,西欧各国开始利用液压方法进行螺旋桨的装拆,既简便省力,又可使螺旋桨与尾轴紧密接合,可不必再用键连接。近年来,我国也已使用无键连接,并形成了液压装拆螺旋桨的工艺。

随着船舶的大型化或高速化,螺旋桨的重量越来越大,吸收的功率也相应增大,因而带键的桨轴在键槽周围极易产生裂纹。据统计,大型油轮和散装货船轴的损伤率已占相当比例,成为一个严重问题。此外,桨轴和桨毂的键槽加工复杂,螺旋桨的安装、拆卸均较困难。拆卸时需要将桨毂加热,使其轴孔膨胀。这种方法既费工时,又因桨毂局部加热时产生热应力,有可能使桨毂产生龟裂。实践证明:带键螺旋桨安装约需一天时间,拆卸要 10 小时以上,而无键螺旋桨安装仅需 1.5 小时,拆卸只需 3 分钟。

无键螺旋桨的安装步骤如下:

(1) 把桨毂毂孔及桨轴接触表面擦干净。

(2) 把螺旋桨放在正常位置并接好油管。

(3) 用高压泵(手摇式)将油注入,此时桨毂锥孔膨胀。

(4) 当螺旋桨达到所需的压入量时,油泵停止工作,并使桨毂内的油压降低,然后再减小

159

桨毂后端部分的压力。

（5）当螺旋桨桨毂与尾轴极其紧密配合后（约 20 min），拆除一切工具，上紧螺母，安装即完成。

无键槽螺旋桨的拆卸过程如下：

（1）将螺母拧松，并后退至离桨毂后端面约 2 mm 处。

（2）接好油管（只接桨毂），并以高压泵将油注入毂内。

（3）当高压油扩散到桨轴与毂孔之间的全部接触面时，螺旋桨立即后移至螺母端。

图 8-42(a)为无键螺旋桨安装和拆卸时油泵管道布置情况，图 8-42(b)，(c)所示为无键螺旋桨两种桨轴上油槽布置形式。

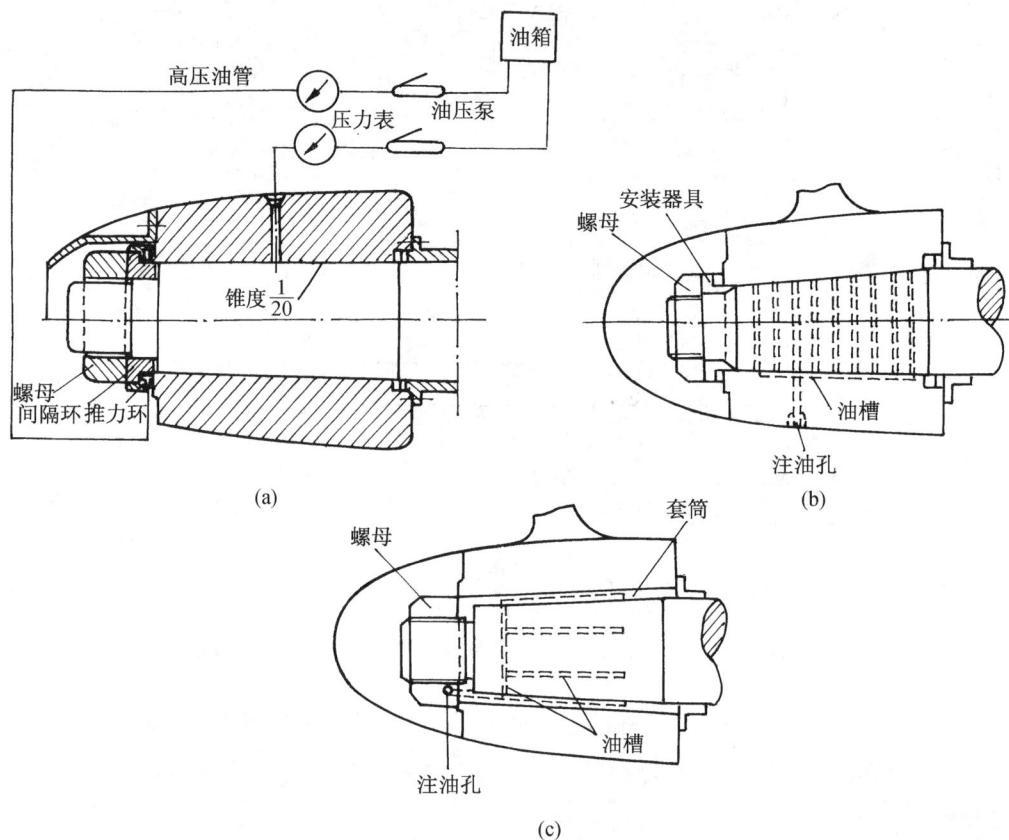

图 8-42　无键螺旋桨的装卸步骤和桨轴上油槽布置

通过本章应用 B-δ 型设计图谱进行的一个完整的螺旋桨设计实例可以看到：应用此类图谱进行螺旋桨设计是较简便的，但因设计计算、强度校核以及绘制完整的螺旋桨图等需要一定的工作量。倘若在设计螺旋桨时再进行各种图谱和多种方案的比较，则计算工作量更大。为此，一些设计单位和船厂已应用电子计算机进行螺旋桨图谱设计工作。对于一个已经掌握本书内容的同学，一旦具有表征螺旋桨性能的回归多项式的回归系数后，不难编制出有关螺旋桨设计和作图的计算机程序。由于本书篇幅有限，这里不再赘述。

第9章　实船推进性能

在第 8 章中,已经详细地讨论了螺旋桨的图谱设计问题。对于给定的船舶来说,通过有效功率的计算,各种推进效率成分如伴流分数、推力减额分数及相对旋转效率的估算,可以利用图谱设计出比较满意的螺旋桨,同时对于该船可以达到的航速、主机功率及转速之间的关系也已大体确定。但在上述设计计算中,采用了许多经验公式或经验数据,由此得到的结果是否正确可靠,往往是设计者所关心的问题,为此需要进行专门的船模自航试验,以便比较可靠地确定该船的性能。在本章中,我们主要讨论船模自航试验、实船性能预估、实船试航速度预报、螺旋桨与主机是否匹配的判断、实船-船模相关分析以及实船试速等问题。

9-1　船模自航试验

船模自航试验是分析研究推进效率各种成分的重要手段。对于给定的船舶来说(产品设计任务),通过自航试验应解决两个问题:

(1) 预估实船性能,即给出主机功率、转速和船速之间的关系,从而给出实船的预估航速,验证设计的船舶是否满足任务书中所要求的航速。

(2) 判断螺旋桨、主机、船体之间的配合是否良好。如果配合不佳,则需考虑重新设计螺旋桨。

此外,根据实船试航结果与相应的船模自航试验数据,可以进行船模及实船的相关分析,积累资料以便改进换算办法,使船模试验预报实船的性能更加正确可靠。

1. 相似定律

在船模阻力试验时,我们只满足了傅氏数相同的条件,对于船模的雷诺数只要求超过临界数值。因此,

$$\frac{V_s}{\sqrt{gL_s}} = \frac{V_m}{\sqrt{gL_m}}$$

上式中,下标带 m 者表示模型数值,带 s 者表示实船数值(以下相同)。在螺旋桨敞水试验时,只满足进速系数相同的条件,对于螺旋桨模型的雷诺数也只要求超过临界数值,因此,

$$\frac{V_{As}}{n_s D_s} = \frac{V_{Am}}{n_m D_m}$$

在进行船模的自航试验时,两者都要求满足,根据几何相似,缩尺比

$$\lambda = \frac{L_s}{L_m} = \frac{D_s}{D_m}$$

则满足傅氏数相等时有

$$V_m = V_s / \sqrt{\lambda} \tag{9-1}$$

满足进速系数相等时有

$$\frac{V_{As}}{n_s} = \frac{V_{Am}}{n_m}\lambda$$

由于 $\qquad\qquad V_{As} = (1-w_s)V_s \qquad\quad V_{Am} = (1-w_m)V_m$

故

$$\frac{(1-w_s)V_s}{n_s} = \frac{(1-w_m)V_m}{n_m}\lambda$$

应用式(9-1),有 $\qquad\qquad n_m = n_s\sqrt{\lambda}\left(\frac{1-w_m}{1-w_s}\right)$

假定伴流无尺度效应,则 $w_s = w_m$,因此,可得

$$n_m = n_s\sqrt{\lambda} \tag{9-2}$$

式(9-1)及式(9-2)是船模自航试验应满足的相似条件,由于船后螺旋桨满足了进速系数相等的条件,因此在不考虑尺度效应的情况下,螺旋桨实桨及其模型的推力、转矩及收到功率方面存在下列关系:

$$\left.\begin{aligned} T_s &= T_m\frac{\rho_s}{\rho_m}\lambda^3 \\[2mm] Q_s &= Q_m\frac{\rho_s}{\rho_m}\lambda^4 \\[2mm] P_{Ds} &= P_{Dm}\frac{\rho_s}{\rho_m}\lambda^{3.5} \end{aligned}\right\} \tag{9-3}$$

式(9-3)只对螺旋桨来说是正确的,但自航试验是把螺旋桨与船体联系起来通盘考虑的。因此推力与阻力之间必然有:

对于实船 $\qquad\qquad\qquad T_s(1-t_s) = R_s$
$\qquad\qquad\qquad\qquad\qquad\qquad\qquad\qquad\qquad\qquad\qquad\qquad$ $\left.\right\}$ $\qquad$ (9-4)
对于船模 $\qquad\qquad\qquad T_m(1-t_m) = R_m$

如果将式(9-3)及式(9-4)联系起来分析,发现两者是不一致的。从推进的角度出发,当满足傅氏数和进速系数相同的条件时,模型与实桨的推力之间确实存在缩尺比三次方的关系。假定推力减额无尺度作用,即 $t_s = t_m$,则从式(9-4)看来,实船与船模的阻力之间也应存在缩尺比三次方的关系才能使两者一致。但是,在本书上册第二篇船舶阻力中我们已知,当船模与实船在傅氏数相同时,两者的总阻力并不存在缩尺比三次方的关系,即

$$R_s \neq R_m\frac{\rho_s}{\rho_m}\lambda^3$$

为了克服这个矛盾,需要在船模自航试验中作适当处理后才能进行实船的换算。

2. 摩擦阻力的修正——实船自航点的确定

在船模自航试验中,当满足傅氏数 Fr 及进速系数 J 相同的条件时,则模型与实船之间的各种力基本上是缩尺比的三次方关系,唯阻力之间不存在这种关系。在阻力中,剩余阻力部分实际上也是满足这种关系的,因为在 Fr 相同时实船和船模的剩余阻力系数相等,故两者总阻力之间不存在缩尺比三次方的关系主要是摩擦阻力部分造成的。为了使试验中各种力都存在

缩尺比三次方的关系,需对阻力进行修正(实际上是对摩擦阻力进行修正),人为地将其硬凑成三次方关系。

设船模在速度 V_m 时的阻力为 R_m,实船在相当速度 $V_s = \sqrt{\lambda} V_m$ 时的阻力为 R_s,则摩擦阻力修正值 F_D 为

$$F_D = R_m - \frac{\rho_m}{\rho_s} \frac{R_s}{\lambda^3}$$

或

$$R_s = \frac{\rho_s}{\rho_m} \lambda^3 (R_m - F_D) \tag{9-5}$$

这样,在船模自航试验中,当船模速度为 V_m 时,我们设法预先对船模施加一个拖曳力 F_D,则螺旋桨模型发出的推力 T_m 仅需克服阻力 $(R_m - F_D)$,此点称为实船自航点,即相当于实际螺旋桨发出推力 T_s 克服实船的总阻力 R_s。经过这样处理以后,船模自航试验系统中各种力便都存在 λ^3 的关系。

假定 $t_m = t_s$,则式(9-5)可写为

$$\frac{R_s}{1-t_s} = \frac{R_m - F_D}{1 - t_m} \frac{\rho_s}{\rho_m} \lambda^3$$

或

$$T_s = T_m \frac{\rho_s}{\rho_m} \lambda^3$$

从上面的分析可知,进行摩擦阻力修正(或称为确定实船自航点)的目的,是使模型桨的载荷与实船螺旋桨相当,只有在这种情况下,才能根据船模自航试验的结果预估实船推进性能。

3. 自航试验概述

船模自航试验,一般是在阻力试验和敞水试验之后进行的,据此可以分析推进效率的各种成分。图 9-1 是船模自航试验布置的示意图,借以说明试验方法及所需测量的有关数据。

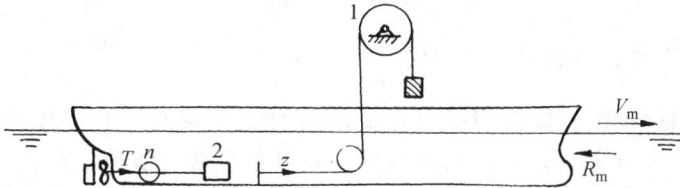

图 9-1 船模自航试验的布置示意图

船模在速度 V_m 时的阻力 R_m 已由阻力试验求得,在自航试验中,螺旋桨模型的转速 n、推力 T 及转矩 Q_B 由动力仪 2 测得,强制力 z 由阻力仪 1 测得,船模速度 V_m 即为拖车的前进速度。由于试验时要求保持等速直线前进,故力的平衡必然满足

$$T(1 - t_m) + z = R_m \tag{9-6}$$

自航试验的方法有所谓大陆法(即纯粹自航法)和英国法(即强制自航法)两种。纯粹自航法根据船模速度 V_m 时的 F_D 值,事先在船模上予以扣除,即图 9-1 中的 z 应等于 F_D,然后调节螺旋桨的转速,使其发出的推力恰能克服阻力 $(R_m - F_D)$,保持船模速度与拖车速度 V_m 相等。由于 F_D 在试验中不能改变,因此调节比较困难。在我国各水池中,基本上都采用强制自航法。

强制自航法是将船模固定在阻力仪上,使船模在螺旋桨推力 T 和强制力 z 即阻力仪所测量的轴向力的共同作用下与拖车保持相同的速度 V_m。V_m 一定时,改变螺旋桨的转速 n,阻力仪测试得的强制力 z 也相应改变,也就是说阻力仪能够自动调节强制力 z,因此试验比较方便。对某一选定的船模试验速度 V_m,一般需要施加 5 个强制力,即 z_1、z_2、z_3、z_4、z_5。对不同的强制力,为维持船模速度 V_m 而要求螺旋桨模型发出的推力 T、转速 n 及转矩 Q_B 是不同的。因此对于一个速度一般需要试 5 次,各次尽可能保持同一速度 V_m。测量记录数据有 V_m、z、T、Q_B 及 n 5 项。5 个强制力的范围大致是:$z_1 = 0$,相应于船模的自航点,即螺旋桨模型发出的推力克服船模的阻力;$z_3 = F_D$,相应于实船的自航点。$z_2 = \frac{1}{2}F_D$,z_4、z_5 一般大于 F_D,总之使试验点能合理布置。

为了正确预估实船性能,一般需要 4 个船模自航速度,即 V_1, V_2, V_3, V_4,其中 V_3 约相当于实船试航速度,V_4 则高于实船试航速度,以保证预估之实船性能在试验范围之内。

在对某一速度 V_m 进行试验时,由于很难保证相应于 5 个强制力的各次试验速度都相同,在有小量偏离的情况下,可以用下列办法进行修正。

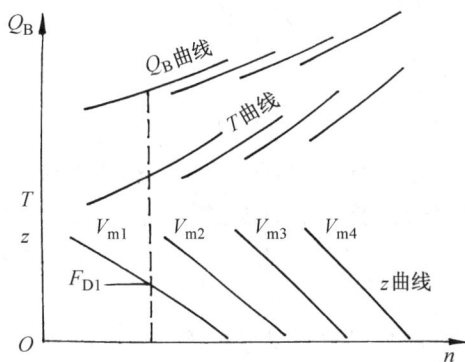

图 9-2　船模自航试验曲线

如某次试验量得之船模速度为 V'_m,其相应的数值为 T', Q'_B, n', z',现在要化至标准速度 V_m 时对应的数值 T, Q_B, n, z,其间之关系为

$$\frac{V'_m}{V_m} = \frac{n'}{n} \tag{9-7}$$

$$\frac{T'}{T} = \frac{Q'_B}{Q_B} = \frac{z'}{z} = \left(\frac{V'_m}{V_m}\right)^2 \tag{9-8}$$

自航试验的测量结果通常应绘制成如图 9-2 所示之船模自航试验曲线。据此可以进行各种推进效率成分的分析及实船性能预估。

4. 船模推进效率成分的分析

根据船模阻力曲线、螺旋桨模型敞水性征曲线及船模自航试验曲线,大体按表 9-1 和表 9-2 的步骤进行相当于实船自航点的推进效率分析和推进效率成分的分析。

需要注意的是,根据 ITTC 相关规程的最新版本,表 9-1 中所用船模阻力 R_m^c 考虑了自航试验与阻力试验水温不同的影响,即

$$R_m^c = \frac{(1+k)C_{Fm}^c + C_R}{(1+k)C_{Fm} + C_R}R_m$$

式中:C_{Fm}^c 表示对应自航试验水温的摩擦阻力系数;R_m^c 表示修正到自航试验水温的船模阻力,其余量均为阻力试验及分析值。

表 9-1　推进效率的分析

试验的船模速度 V_m	V_{m1}	V_{m2}	V_{m3}	V_{m4}
相应的船速 $V_s = \sqrt{\lambda}\,V_m$	V_{s1}	V_{s2}	V_{s3}	V_{s4}
船模阻力(阻力试验值)R_m	R_{m1}	R_{m2}	R_{m3}	R_{m4}

摩擦阻力修正值 F_D	F_{D1}	F_{D2}	F_{D3}	F_{D4}
据 F_D 在自航曲线上查出：				
螺旋桨转速 n	n_1	n_2	n_3	n_4
推力 T	T_1	T_2	T_3	T_4
转矩 Q_B	Q_{B1}	Q_{B2}	Q_{B3}	Q_{B4}
依靠桨模推力克服之阻力 $R = R_m^c - F_D$	R_1	R_2	R_3	R_4
推进效率 $\eta_D = \dfrac{RV_m}{2\pi Q_B n}$	η_{D1}	η_{D2}	η_{D3}	η_{D4}

表 9-2　推进效率成分的分析

船后螺旋桨推力系数 $K_T = \dfrac{T}{\rho n^2 D^4}$	K_{T1}	K_{T2}	K_{T3}	K_{T4}
船后桨的转矩系数 $K_{QB} = \dfrac{Q_B}{\rho n^2 D^5}$	K_{QB1}	K_{QB2}	K_{QB3}	K_{QB4}
据 K_T 用等推力法查敞水性征曲线，得				
进速系数 J	J_1	J_2	J_3	J_4
敞水转矩系数 K_{Q0}	K_{Q01}	K_{Q02}	K_{Q03}	K_{Q04}
敞水效率 η_{0m}	η_{0m1}	η_{0m2}	η_{0m3}	η_{0m4}
相对旋转效率 $\eta_{Rm} = K_{Q0}/K_{QB}$	η_{Rm1}	η_{Rm2}	η_{Rm3}	η_{Rm4}
推力减额系数 $t_m = \dfrac{T-R}{T}$	t_{m1}	t_{m2}	t_{m3}	t_{m4}
伴流分数 $w_m = 1 - \dfrac{JnD}{V_m}$	w_{m1}	w_{m2}	w_{m3}	w_{m4}
船身效率 $\eta_{Hm} = (1-t_m)/(1-w_m)$	η_{Hm1}	η_{Hm2}	η_{Hm3}	η_{Hm4}
推进效率 $\eta_D = \eta_{0m}\eta_{Hm}\eta_{Rm}$	η_{D1}	η_{D2}	η_{D3}	η_{D4}

　　上述表中分析所得的各种效率成分都是对应于船模的数值。此外，表 9-1 和 9-2 中分析所得之推进效率 η_D 在数值上应基本一致，其误差应不超过 0.001。

9-2　实船性能预估

　　所谓实船性能预估，是指根据船模自航试验结果给出实船航速、螺旋桨转速及收到功率之间的关系。

　　在 20 世纪 50 年代前，常用模型自航试验结果按相似定律和缩尺比 λ 直接算出实船的有关数据，由于忽略了所有的尺度效应，不可能得到正确的预报结果。自 50 年代末开始，各国水池十分重视实船性能的预估问题，同时实船试航的资料积累也日渐增多，有可能对尺度效应进行基于经验统计的修正。例如英国水池会议 BTTP 于 1965 年采用的 $(1+x)$、K_2 法，1966 年 ITTC 也曾予以推荐，$(1+x)$、K_2 统称实船船模相关因子，前者是对阻力估算的相关因子，后者是照顾伴流尺度作用的相关因子。由于该方法在分析中物理意义不清晰，后废弃不用。本节中主要介绍实船性能预估的 ΔC_T、Δw 法及 1978ITTC 的标准方法。

1. ΔC_T、Δw 法

在 20 世纪 60 和 70 年代,日本以及北欧的一些国家常采用这种方法预估实船性能。ΔC_T、Δw 称为相关因子,是根据经验统计资料而得出的修正数据。这种方法认为:在船模实船的换算中,造成预估不正确的主要问题在于阻力和伴流两项,由于黏性不相似及摩擦阻力计算的外插等问题,致使阻力换算结果与实际有差别,因此需要用相关因子 ΔC_T 予以补救。伴流受黏性的影响较大,船模试验得到的伴流数值偏高,应由相关因子 Δw 予以修正。

至于相对旋转效率 η_R,推力减额分数 t 则认为尺度作用影响较小,可直接采用船模试验数据。螺旋桨的敞水性征曲线有修正与不修正两种意见。

这类预估方法的大体步骤如表 9-3 所示。

表 9-3 预估的大体步骤

实船航速 $V_s = \sqrt{\lambda} V_m$	V_{s1}	V_{s2}	V_{s3}	V_{s4}
从船模换算所得实船阻力系数 $[C_{Ts}]_m$	$[C_{Ts}]_{m1}$	$[C_{Ts}]_{m2}$	$[C_{Ts}]_{m3}$	$[C_{Ts}]_{m4}$
实船的实际总阻力系数 $[C_{Ts}]_A = [C_{Ts}]_m + \Delta C_T$	$[C_{Ts}]_{A1}$	$[C_{Ts}]_{A2}$	$[C_{Ts}]_{A3}$	$[C_{Ts}]_{A4}$
实船的总阻力 $R_{Ts} = \dfrac{1}{2}\rho S V_s^2 [C_{Ts}]_A$	R_{Ts1}	R_{Ts2}	R_{Ts3}	R_{Ts4}
要求螺旋桨发出的推力 $T_s = \dfrac{R_{Ts}}{1-t_m}$	T_{s1}	T_{s2}	T_{s3}	T_{s4}
船模伴流分数 w_m	w_{m1}	w_{m2}	w_{m3}	w_{m4}
实船伴流分数 $w_s = w_m + \Delta w$	w_{s1}	w_{s2}	w_{s3}	w_{s4}
螺旋桨进速 $V_A = (1-w_s)V_s$	V_{A1}	V_{A2}	V_{A3}	V_{A4}
$K_T/J^2 = \dfrac{T_S}{\rho_s V_A^2 D_s^2}$	$(K_T/J^2)_1$	$(K_T/J^2)_2$	$(K_T/J^2)_3$	$(K_T/J^2)_4$

表中 K_T/J^2 对于一定的船速是一常数,表示从阻力角度对螺旋桨的要求。在螺旋桨的敞水性征图上可事先另设一个纵坐标 K_T/J^2,并绘制该桨的 (K_T/J^2)-J 曲线,从该曲线上可以读出表中 $K_T/J^2 =$ 常数的点,该点表示了实船螺旋桨的工作点,由此可以读出 η_0,J,K_Q 等,并可按表 9-4 计算转速及功率。

表 9-4 计算转速及功率

实桨的敞水效率 η_0	η_{01}	η_{02}	η_{03}	η_{04}
实桨的进速系数 J	J_1	J_2	J_3	J_4
实桨的敞水转矩系数 K_Q	K_{Q1}	K_{Q2}	K_{Q3}	K_{Q4}
实船推进效率 $\eta_{Ds} = \eta_0 \eta_{Rm} \dfrac{1-t_m}{1-w_s}$	η_{Ds1}	η_{Ds2}	η_{Ds3}	η_{Ds4}

实桨转速 $\quad N_s = \dfrac{V_A}{JD_s}$		N_{s1}	N_{s2}	N_{s3}	N_{s4}
实船有效功率 $\quad P_{Es} = \dfrac{R_{Ts}V_s}{75}$		P_{Es1}	P_{Es2}	P_{Es3}	P_{Es4}
实桨收到功率 $\quad P_{Ds} = \dfrac{P_{Es}}{\eta_{Ds}}$		P_{Ds1}	P_{Ds2}	P_{Ds3}	P_{Ds4}

据上述表中的计算结果，即可绘制如图 9-3 所示之 N_s-V_s、P_{Ds}-V_s 曲线，根据设计工况的收到功率值，可通过插值得到实船航速及螺旋桨转速的预估值。图中有时还给出 η_{Ds}-V_s 曲线。

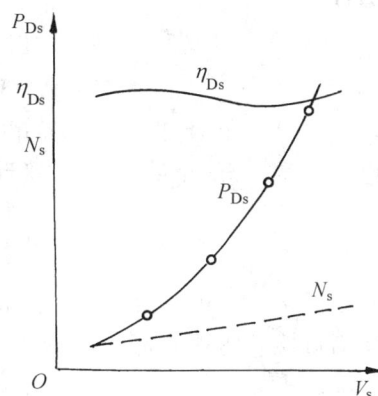

图 9-3　实船性能预估曲线

2. 1978ITTC 单桨船实船性能预估的标准方法

自 20 世纪 60 年代以来，对实船性能预估问题的研究十分活跃，在历届 ITTC 会议上都有相当的资料公布和有关这方面的讨论。1975 年十四届 ITTC 性能委员会企图总结出一个标准方法，经过三年的准备，在 1978 年十五届 ITTC 会议上提出了一个《1978ITTC 单桨船实船性能的预估方法》，并被大会通过作为暂行标准方法，要求各成员组织按此进行实船性能预估。1978ITTC 方法现已是 ITTC 正式推荐规程（Recommended Procedure）之一，适用于单桨船及双桨船，并经过数次更新。本书根据 ITTC 官方网站（ittc.info）公布的最新版本（2011 年生效），介绍相关内容。

原先十五届 ITTC 性能委员会准备给出统一的标准，但实际上无法做到，因而采取折衷的办法，将暂行标准分为两部分。第一部分是 1978ITTC 标准预估，一切照其规定办法进行计算，第二部分是结合各水池自己积累的资料给予经验性修正，并据以得出实船航速、螺旋桨转速及收到功率之间的关系。这个方法基本上与 ΔC_T、Δw 法相类同，唯对许多因素规定得更加明确具体而已。1978ITTC 规程的最新版本仍旧分为这两部分。现简述如下。

第一部分：1978ITTC 标准预估。

（1）阻力采用三因次的 $(1+K)$ 方法进行换算，故船模的总阻力系数应写为

$$C_{Tm} = (1+K)C_{Fm} + C_{Rm} \qquad (9\text{-}9)$$

式中：C_{Fm} 为按 1957ITTC 公式计算之摩擦阻力系数；C_{Rm} 为剩余阻力系数；$(1+K)$ 为形状因子，一般可根据傅氏数 $Fr = 0.1 \sim 0.2$ 范围内的试验结果按下式决定：

$$\frac{C_{Tm}}{C_{Fm}} = (1+K) + A\frac{Fr^{m}}{C_{Fm}} \qquad (9\text{-}10)$$

式中：$(1+K)$、A、m 等数值由最小二乘方确定。因此，船模的剩余阻力系数 $C_{Rm} = C_{Tm} - (1+K)C_{Fm}$。需要注意的是，该方法并不适用于方尾船型；另外对采用球首的船应仔细论证试验结果的可靠性。

在相当速度时，实船的剩余阻力系数 $C_{Rs} = R_{Rm}$。

因此,无舭龙骨时实船的总阻力系数为

$$C_{Ts} = (1 + K)C_{Fs} + C_{Rs} + \Delta C_F + C_A + C_{AA} \tag{9-11}$$

式中:$(1 + K)$、C_{Rs}由船模试验求得;C_{Fs}为按1957ITTC公式计算之摩擦阻力系数;ΔC_F为粗糙度附加,由下式决定:

$$\Delta C_F = 0.04 \left[\left(\frac{K_s}{L_{WL}} \right)^{1/3} - \frac{10}{Re^{1/3}} \right] + 0.000\,125 \tag{9-12}$$

式中:K_s为船体表面粗糙度,通常可取为$K_s = 150 \times 10^{-6}$ m;L_{WL}为水线长度;Re为实船雷诺数。

C_A为基于船模-实船阻力相关分析得到的修正因子,由下式决定:

$$C_A = (5.68 - 0.6 \lg Re) \times 10^{-3} \tag{9-13}$$

式(9-13)由十九届ITTC提出,由式(9-12)及式(9-13)得到的$(\Delta C_F + C_A)$值与十五届ITTC推荐方法中的ΔC_F值接近,即

$$\Delta C_F = \left[150 \left(\frac{K_s}{L_{WL}} \right)^{1/3} - 0.64 \right] \times 10^{-3} \tag{9-14}$$

实际上,模型-实船相关系数受试验设备与测试方法带来的系统误差、水池及模型尺度、实船试航测量误差等诸多因素的影响,ITTC也认为各家水池可根据其数据积累,采用合适的修正方法。

C_{AA}为空气阻力系数,可按下式求得:

$$C_{AA} = C_{DA} \frac{\rho_A A_T}{\rho S} \tag{9-15}$$

式中:C_{DA}为船体在水面以上部分的空气阻力系数,其值可通过风洞模型试验或数值计算得到,$C_{DA} = 0.5 \sim 1.0$,缺乏数据时可取$C_{DA} = 0.8$;A_T为水线以上船体及上层建筑在中横剖面上的投影面积;S为船体湿面积;ρ_A和ρ分别为空气和水的密度。

在装有舭龙骨时,实船的总阻力系数

$$C_{Ts} = \frac{S + S_{BK}}{S} \left[(1 + K)C_{Fs} + \Delta C_F + C_A \right] + C_{Rs} + C_{AA} \tag{9-16}$$

式中:S_{BK}为舭龙骨面积;ΔC_F和C_A分别根据式(9-12)和式(9-13)计算。

当模型的附体阻力与船体阻力分开处理时,实船的总阻力系数为

$$C_{Ts} = \frac{S + S_{BK}}{S} \left[(1 + K)C_{Fs} + \Delta C_F + C_A \right] + C_{Rs} + C_{AA} + C_{App} \tag{9-17}$$

式中:C_{App}实船所有附体的总阻力系数,可取模型附体总阻力系数的60%~100%,或者通过对各附体的模型阻力分别进行尺度效应修正得到,具体详见1978ITTC方法2011年版本。

(2)螺旋桨敞水性征曲线。关于螺旋桨模型敞水试验的临界雷诺数的要求详见本篇第4-2节,试验结果以无量纲的系数K_T、K_Q及J来表示,并给出敞水性征曲线。

实船螺旋桨的性能应根据模型敞水试验结果进行尺度效应修正后求得,修正办法详见本篇第4-2节中1978ITTC推荐的方法。

(3)船模自航试验结果采用等推力法(或等转矩法)求出相当于实船自航点处的模型推进效率成分,即w_m、t_m及η_{Rm},基于等推力法的分析方法详见第9-1节。

（4）实船伴流分数 w_s 按下式计算：

$$w_s = (t_m + w_R) + [w_m - (t_m + w_R)] \frac{(1+K)C_{Fs} + \Delta C_F}{(1+K)C_{Fm}} \qquad (9\text{-}18)$$

式中：w_R 为舵对伴流分数的贡献，缺乏数据时可取 $w_R = 0.04$。 此外，如果式（9-18）给出的 $w_s > w_m$，则应取 $w_s = w_m$。 对双桨船，采用双尾鳍时建议与单桨船一样进行伴流的尺度效应修正；采用常规开式尾型时伴流较小，通常取 $w_s = w_m$。

（5）假定推力减额分数与相对旋转效率无尺度效应，即

$$t_s = t_m \qquad \eta_{Rs} = \eta_{Rm}$$

（6）实船性能的标准预估步骤与 ΔC_T、Δw 法相同，这里不再重复。

第二部分：根据各水池本身所积累的经验修正，给出实船航速、转速及功率之间的关系。

十五届 ITTC 性能委员会在分析不同单位提供的实际资料时发现，无论采用何种公式所得的 ΔC_T 与 Δw 数据总是相当离散，难以得出一致的规律。造成这种离散的原因是由于各水池的模型试验及实船试航程序不同所致。因此，需要引进一个所谓结合本单位的修正项，以便提供比较切合实际的实船性能预报。1981 年十六届 ITTC 建议：采用功率因子 C_P 及转速因子 C_N 进行修正，C_P 及 C_N 的数值由各水池根据自己积累的经验统计资料决定。在 1978 ITTC 规程的 2011 年版本中，该修正法仍是建议方法之一。

因此，经 C_P，C_N 修正后给出的实船试航性能预估数值为

转速 $\qquad\qquad\qquad\qquad N_T = C_N N_s$

收到功率 $\qquad\qquad\qquad P_{DT} = C_P P_{Ds}$

式中：N_s 及 P_{Ds} 为 ITTC 标准预估中得出之转速及螺旋桨收到功率。

此外，还可以采用 ΔC_{Fc} 和 Δw_c 进行修正：

$$\frac{K_T}{J^2} = \frac{S}{2D_s^2} \frac{C_{Ts} + \Delta C_{Fc}}{(1 - t_s)(1 - w_s + \Delta w_c)^2}$$

式中：ΔC_{Fc} 和 Δw_c 为相关因子；C_{Ts}、t_s 及 w_s 均为 1978ITTC 标准预估值。根据上式可计算考虑相关因子后实桨的 K_T/J^2 值，从实桨敞水性征曲线得到实桨的 J_s 和 K_{Qs} 值，并按以下式子预估实船试航性能：

转速 $\qquad\quad N_T = \dfrac{(1 - w_s + \Delta w_c)V_s}{J_s D_s} \times 60 \qquad\quad$ （r/min）

收到功率 $\qquad P_{DT} = 2\pi \rho_s D_s^5 \left(\dfrac{N_T}{60}\right)^3 \dfrac{K_{Qs}}{\eta_{Rs}} \times 10^{-3} \qquad$ （kW）

按上述方法所得到的结果，同样可以绘制如图 9-3 所示之曲线。

3. 实船船模相关因子的选取

如前所述，根据船模自航试验结果预估实船性能时，相关因子的合理选取对预估的正确性极为重要。在进行实船性能的预估时，目前应采用 1978ITTC 标准预估方法，但不少水池仍按传统习惯沿用 ΔC_T、Δw 法。在我国制订的《单桨船模自航试验及数据的标准表达方法》标准文件中，规定采用 1978ITTC 标准预估方法，但也可以使用 ΔC_T、Δw 法。因此，这里简要介绍两种预估方法中相关因子的选取问题。

1）1978ITTC 预估方法

在1978ITTC 的预估方法中，十六届 ITTC 规定采用功率因子 C_P 及转速因子 C_N 进行修正。因此，C_P，C_N 即为实船-船模的相关因子。根据上海交通大学拖曳水池对 7 条单桨船的实船及船模相关分析的结果，C_P，C_N 值如图 9-4 所示。

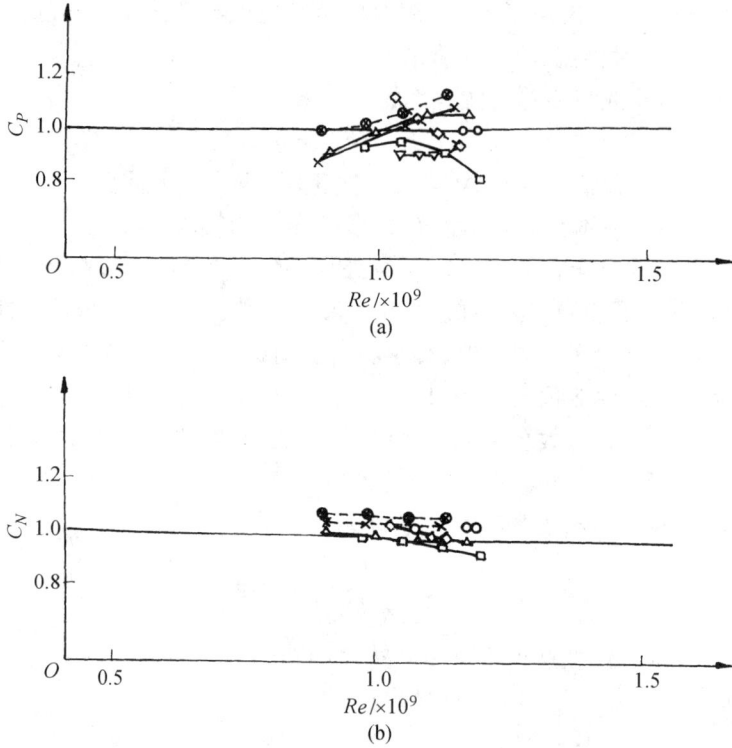

图 9-4　实船船模相关因子 C_P、C_N 的分析结果

平均来说，$C_P=0.9725$，$C_N=1.0234$。十六届 ITTC 性能委员会认为上述数据在合理范围之内。

2）ΔC_T、Δw 法

在 ΔC_T、Δw 预估方法中，实船阻力按传统的傅汝德二因次方法由船模阻力试验结果换算而得，其中摩擦阻力系数采用 1957ITTC 公式进行计算。根据上海交通大学拖曳水池对有关实船及船模相关分析的结果，相关因子 ΔC_T 如图 9-5 所示。图中同时给出了日本三菱水池的分析结果。

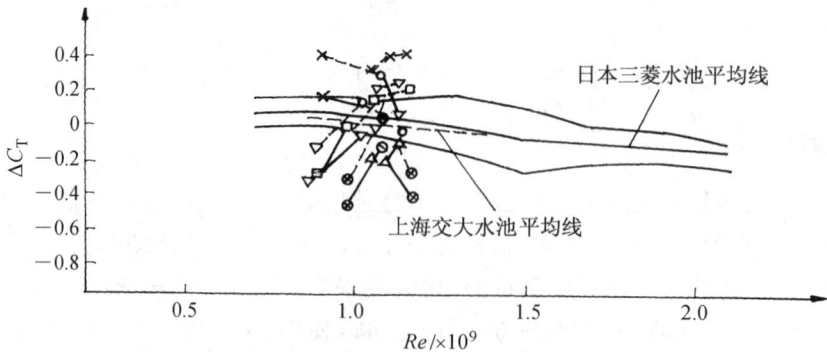

图 9-5　实船船模相关因子 ΔC_T 的分析结果

由图中可见,相关因子 ΔC_{T} 比较离散,其平均数值可按图中的虚线选取,或按下列经验公式计算:

$$\Delta C_{\mathrm{T}} = -1.615\,4 \times 10^{-10} Re + 0.183\,1 \tag{9-19}$$

至于相关因子 Δw,其实质是实船伴流分数 w_{s} 与船模伴流分数 w_{m} 之差,即 $\Delta w = w_{\mathrm{s}} - w_{\mathrm{m}}$。因此,问题可归结为既知 w_{m} 如何估算 w_{s},根据我们的经验,可按本书第 5-4 节中式 (5-56) 或式 (5-57) 进行计算。

严格来说,实船船模的相关因子应按各水池自己积累的经验选取,但在资料缺乏的情况下,上述数据可供实船性能预估时参考使用。

9-3 实船试航速度预报、螺旋桨与主机的配合情况

对于产品任务来说,自航试验的目的是希望预先了解实船能达到的试航速度,螺旋桨与主机的配合情况。

在上节中所给出的 P_{Ds}-V_{s} 及 n_{s}-V_{s} 的关系曲线,表示所试验的船体配上螺旋桨推船前进时 V_{s}、P_{Ds}、n_{s} 之间的关系。亦即螺旋桨以转速 n_{s} 旋转时,如果能收到功率 P_{Ds} 的话,则这个螺旋桨就可推船以速度 V_{s} 前进。因此,如图 9-3 所示之曲线仅仅表示螺旋桨与船体的关系,还没有涉及与主机的关系。

当给定主机的功率和转速时,我们即可预报实船试航速度和判断螺旋桨与主机配合情况。设螺旋桨设计工况所对应的主机的转速为 N、功率为 P_{S}、轴系传送效率为 η_{S},则主机在转速 N 时能够供给螺旋桨的功率为 P'_{Ds}。将此数值画在自航试验所得之实船 P_{Ds}-V_{s},n_{s}-V_{s} 曲线,如图 9-6 所示。

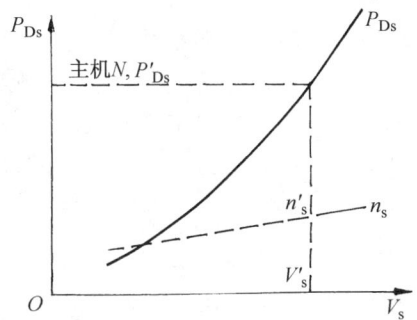

图 9-6　实船试航速度预报

P'_{Ds} 直线与 P_{Ds} 曲线的交点表示主机供给螺旋桨的功率恰为螺旋桨所需要吸收的功率,此点为主机与螺旋桨在功率上平衡一致。从该交点可读得螺旋桨的转速为 n'_{s},船速为 V'_{s}。现在需要考察螺旋桨转速 n'_{s} 与主机转速 N 之间的关系,这可能有下列 3 种情况:

(1) $P'_{\mathrm{Ds}} = P_{\mathrm{Ds}}$,$N = n'_{\mathrm{s}}$。

表明螺旋桨与主机不仅在功率上平衡一致,两者在转速上也一致。因此,主机与螺旋桨配合良好,符合设计要求。预计的实船试航速度可达 V'_{s}。

(2) $P'_{\mathrm{Ds}} = P_{\mathrm{Ds}}$,$N < n'_{\mathrm{s}}$。

由于在同样功率时螺旋桨的转速较主机为高,因而可以断定相对于设计工况来说,螺旋桨的负荷过轻,即当该桨在转速 N 运转时,其吸收的功率将小于设计工况主机提供的功率。

(3) $P'_{\mathrm{Ds}} = P_{\mathrm{Ds}}$,$N > n'_{\mathrm{s}}$。

此时,相对于设计工况来说,螺旋桨负荷过重。即当该桨在转速 N 运转时,其吸收的功率将超过设计工况主机提供的功率,如果以额定转速和额定功率作为设计工况的话,则该桨只能降低转速运转。

船体、螺旋桨、主机三者配合一致是船舶设计者必须力争做到的。从自航试验的结果来看,第一种情况符合这个要求,因此可以预计所设计的船体、螺旋桨与主机是配合一致的,同时

可以预报在主机功率 P_s，转速 N 时实船可达到的试航速度为 V'_s。情况（2）、（3）都出现船体、螺旋桨与主机不配合，表明原设计存在问题，需要加以改进而使三者配合一致。一般来说，由于船体、主机已定，修改螺旋桨比较方便省事，在自航试验预估中如出现情况（2）或情况（3），船模试验研究机构应负责提供修改方案，即推荐一个能与船体，主机相匹配的螺旋桨，以纠正原设计的错误。

在机翼理论和螺旋桨理论基本知识中我们已知，改变螺旋桨的负荷可以有两种办法：① 保持原来叶切面的形状而改变螺距；② 保持原来的螺距而改变叶切面的形状（即改变叶切面的拱度）。因此，如果在自航试验预估中发现螺旋桨负荷过轻，则可以用增加螺距或增加叶切面拱度的办法使之改进；在螺旋桨负荷过重的情况下，则可以借减少螺距或减小叶切面拱度的办法使之改进。实用上以修改螺距较为简单，对于原先用图谱设计的螺旋桨尤其方便，这是因为使用图谱系列资料很快可以得出修改后螺旋桨的数据，同时原先设计的螺旋桨一般都已进行空泡校核及强度计算，少量修改螺距对这方面的影响一般不大。

下面简要介绍根据螺旋桨敞水系列试验曲线对螺旋桨进行修改的大体步骤。

已知原设计桨（如图 9-6 中的交点）在吸收功率 P_{Ds}、转速 n'_s 时船速为 V'_s，且该桨之直径为 D，螺距比为 P/D。据 P_{Ds}、n'_s 及 D 等可算出该螺旋桨的 K_{QB}，再根据自航试验所得的 η_R 可得该桨的敞水转矩系数 K_{Q0}。

主机在转速 N 时能供给螺旋桨的功率为 P'_{Ds}。若螺旋桨的直径不变，则可以得出主机能供给该桨的 K'_{QB} 和相应的敞水 K'_{Q0}，或者根据 $P'_{Ds}=P_{Ds}$（功率一致），也可得出两者之关系。

$$2\pi N K'_{QB}\rho N^2 D^5 = 2\pi n'_s K_{QB}\rho n'^2_s D^5$$
$$N^3 K'_{QB} = n'^3_s K_{QB} \tag{9-20}$$

同时，可有

$$K'_{Q0} = \left(\frac{n'_s}{N}\right)^3 K_{Q0} \tag{9-21}$$

修改后螺旋桨的敞水 K'_{Q0} 满足上式的要求，则可与主机的功率及转速配合一致。

然后，假定若干个船速 V 并算得对应的进速系数 J，根据上面计算的 K'_{Q0} 及 J 在敞水曲线图谱中查得若干组 P'/D 和 K'_T，并得到对应的 $T'_e(V)$，最后可由 $T'_e(V)=R(V)$ 确定修改后螺旋桨的螺距比 P'/D 和船速 V。

如果不按上述办法修改，则也可以根据船模试验所得出的有关数据，如 R_{Ts}，t_m，w_s，η_{Rm} 等，重新进行螺旋桨设计。

在许多情况下，船模自航试验使用的是备用螺旋桨模型而不是设计桨的模型。所谓备用螺旋桨模型是指船模试验池已有的库存螺旋桨模型。各国船模试验池普遍采用备用螺旋桨进行自航试验的原因是：① 对于船型系列试验研究项目，无明确对应的实船，则选用大体合适的备用桨进行自航试验以便提供船型系列有关的各推进效率成分资料；② 对于新设计船舶的产品试验研究来说，由于设计者要求尽快提供新船的推进性能，作为方案设计审查的依据，按设计螺旋桨新造一个模型相当费工费时，为了节省时间，只好选用船池中已有的桨模；③ 备用桨所得的试验结果用之于实际尚能满足工程上的要求而没有显著的误差。

选用备用桨进行自航试验虽然可以免除设计桨模型的加工制造，但我们需要的是设计桨与船体、主机匹配是否良好，以及用设计桨后船舶能达到的航速等。因此，用备用桨进行试验所得的数据必须加以换算并给出相应于设计桨的结果。现就有关问题说明如下：

（1）备用桨的选择原则。备用桨的螺距比、叶数及盘面比应尽可能与设计桨相近，即使有些差别，问题不大。但是，备用桨的直径必须与设计桨相同，这是因为直径不同会影响到 w、t、η_R 等因素，故备用桨的直径务必与设计桨一致。关于这一要求是极易做到的。假定设计桨的实桨直径为 D_s，船池中现有比较合适的备用桨的直径为 D_m，则可以根据 $\dfrac{D_s}{D_m}=\lambda$ 作为实船和船模的缩尺比，这样便保证了备用桨模型直径与设计桨模型的直径相同。

（2）按备用桨进行自航试验后的船模推进效率成分分析方法与第 9-1 节第 4 小节相同。所用的分析资料是船模阻力曲线，备用桨的敞水性征曲线及自航试验曲线。由此所得到的对应于实船自航点的各种效率成分如 η_0、η_R、t、w、η_D 以及转速 n_m 等都是备用桨的数值。

（3）根据船模试验数据的统计分析，当螺旋桨直径相同时，由于其他因素变化对 η_R、t、w 的影响较小，因此可以认为，用备用桨自航分析所得的 η_R，t，w 等数值完全适用于设计桨。

（4）在用 ΔC_T、Δw 法或 1978ITTC 方法进行实船性能预估时，只要根据备用桨得出之模型 η_R、t、w 等数值及设计桨的敞水性征曲线，参照本章 9-2 节中所介绍的办法进行分析，便可得出相应于设计桨的实船性能预估曲线，即 P_{Ds}-V_s 和 N_s-V_s 曲线。

由此可见，对于新设计船舶以备用桨进行自航试验的前提是：必须已知设计桨的敞水性征曲线，否则将无法预估实船的性能。

9-4 实船-船模相关分析

从前面的许多讨论中我们可以清楚地看到，由于船模试验不是（也不可能是）在全相似的条件下进行，因此根据船模试验结果进行实船性能预估时，不得不利用经验统计数据，以期提高预估的正确性，这些经验统计数据可统称为实船船模的相关数据。这些数据是从船模试验与相应的实船试航资料分析比较而得来的。这种分析比较可统称为实船-船模的相关分析。

为了提高实船性能预估的正确性，需要积累大量的实船试航资料。为了寻求合理的船模换算方法，也需要积累大量的实船试航资料。因此，重视实船试航以取得可靠的数据，认真进行船模实船相关分析，是十分重要的。

在进行实船船模相关分析时，所需要的资料是：

（1）实船试航数据，即 N_T，P_{DT}-V_s 曲线（见图 9-7）。

（2）相应的船模试验给出的实船性能预估，即 N_s，P_{Ds}-V_s 曲线（见图 9-8）。

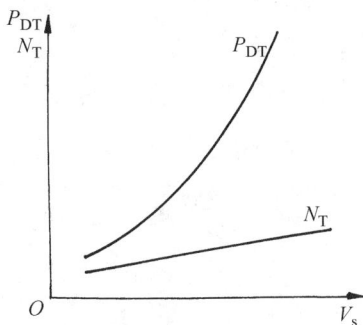

图 9-7 实船试航曲线

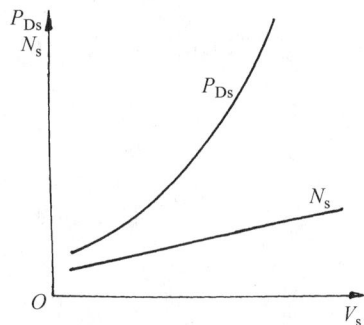

图 9-8 实船性能预估曲线

相关分析可按如下步骤进行。

1. 功率因子 C_P 及转速因子 C_N 的相关分析

这种相关分析比较简便。对于某一船速 V_s，从实船试航数据得出的功率为 P_{DT}，螺旋桨的转速为 N_T，但根据船模自航试验用 1978ITTC 标准方法预估实船在 V_s 时的功率为 P_{Ds}，转速为 N_s 则可得相关因子如下：

功率相关因子
$$C_P = \frac{P_{DT}}{P_{Ds}}$$
(9-22)

转速相关因子
$$C_N = \frac{N_T}{N_s}$$
(9-23)

2. ΔC_T、Δw 因子的相关分析

对于某一船速 V_s，从实船试航数据得出功率 P_{DT}，螺旋桨的转速 N_T，则可利用相应的船模自航数据及螺旋桨敞水性征曲线进行相关分析。

根据实船螺旋桨的收到功率 P_{DT} 按下式算出船后转矩：
$$Q_{TB} = \frac{P_{DT}}{2\pi N_T}$$

利用船模自航试验所得的相对旋转效率 η_{Rm} 按下式求得实桨敞水转矩 Q_{T0}：
$$Q_{T0} = \eta_{Rm} Q_{TB}$$

根据实桨的直径 D_s，转速 N_T 及水的密度 ρ 按下式求得实桨敞水转矩系数 K_{Q0}：
$$K_{Q0} = \frac{Q_{T0}}{\rho N_T^2 D_s^5}$$

根据上述 K_{Q0} 在螺旋桨敞水性征曲线上查得实桨的工作点 J 及推力系数 K_T，由此可得：

实桨的推力
$$T = K_T \rho N_T^2 D_s^4$$

实桨的进速
$$V_A = J N_T D_s$$

根据实船的航速 V_s 可算出伴流分数为
$$w_s = 1 - \frac{V_A}{V_s}$$

利用船模自航试验所得的推力减额分数 t_m，可得实船的总阻力为
$$R_{Ts} = T(1 - t_m)$$

根据实船的航速 V_s，船的湿面积 S 及水的密度可得实船总阻力系数为
$$[C_{Ts}]_A = \frac{R_{Ts}}{\frac{1}{2}\rho S V_s^2}$$

上述 $[C_{Ts}]_A$，w_s 是实船试航分析所得的实际总阻力系数与伴流分数。据此可得相关因子如下：
$$\Delta C_T = [C_{Ts}]_A - [C_{Ts}]_m$$
$$\Delta w = w_s - w_m$$

式中：$[C_{Ts}]_m$为船模换算所得的实船总阻力系数；w_m为船模自航分析所得的模型伴流分数。

3. ΔC_{Fc}、Δw_c 因子的相关分析

当采用 ΔC_{Fc} 和 Δw_c 作为相关因子时，分析方法如下：

$$\Delta C_{Fc} = [C_{Ts}]_A - [C_{Ts}]_m$$

$$\Delta w_c = [w_s]_A - [w_s]_m$$

式中：$[C_{Ts}]_A$ 和 $[w_s]_A$ 分别为试航数据分析得到的实船总阻力系数和实船伴流分数，具体计算方法同上述 ΔC_T、Δw 因子的相关分析；$[C_{Ts}]_m$ 和 $[w_s]_m$ 分别为1978ITTC标准预估方法给出的实船总阻力系数和实船伴流分数，前者基于式(9-11)或式(9-16)或式(9-17)，后者基于式(9-18)。

9-5　实　船　试　速

船舶在建造或维修工作完成后，照例要进行试航，以检验船舶在快速性、操纵性、主辅机性能及船舶装置等营运性能是否达到规定的技术指标。由于实船快速性试验是其中一项重要内容，因此，也常称为实船试速。

此外，大量实船试航资料的积累对于建立各家水池的实船船模相关数据，以提高实船性能预估的正确性是非常重要的。就"船舶推进"这门学科而言，最关心的是取得如图9-7所示的实船试速的可靠数据。

关于实船试速的条件和方法，我国已制定了标准化文件，本节只作简单的介绍。

1. 试速条件

1）测速区

应选择水面宽广，有足够深度，风浪、潮流影响较小的水域作测试区。

以前多采用叠标法测速，因此测速区不宜离岸边太远，目前一般采用差分GPS定位的方法。以叠标法为例，测速区的标桩设置如图9-9所示。在岸上设立 A_1、A_2、B_1、B_2 4个标桩，标桩 A_1A_2 与 B_1B_2 的垂直距离为测速段长度，通常取1～2 n mile。为使船舶在进入测速段前达到稳定的航速，在测速段两端设有助航段，助航段长度视船舶大小而定，中小型船舶约为2～3 n mile（或25倍船长），大型船舶（50 000 t以上）应大于40倍船长。采用GPS测速时，对测速区的要求也基本如此。

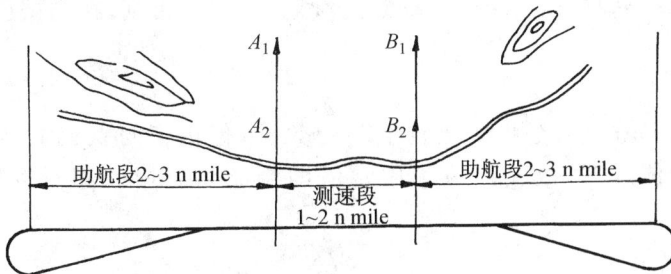

图 9-9　实船试航测速区

175

2）环境要求

风力应不大于蒲氏风标三级,海况不大于二级浪,能见度良好。

试速区水深应满足以下两式中较大者:

$$h > 2.75\frac{V^2}{g} \quad \text{或} \quad h > 3\sqrt{BT}$$

式中：h 为水深(m);

V 为船速(m/s);

g 为重力加速度(m/s²);

B 为船宽(m);

T 为吃水(m)。

3）船舶状况

为进行船模和实船相关分析,要求试验船舶处于设计装载状态,即与船模自航试验的状态一致。船体水下部分及螺旋桨表面没有污损。

2. 测试方法

仍以叠标法为例说明测速方法。

1）试验工况

试验工况一般分 4～5 档,主机从低负荷向高负荷依次递增,直至容许的超负荷工况,例如主机额定功率的 60%、75%、90%、100% 及 110% 超负荷工况。

对于每一工况至少应进行正反航向 3 个连续单航次的试验,每一工况 3 个航次的主机转速应尽可能保持不变。每个航次都应保持船的航向同标桩方位正交,且尽可能在同一测速线上,尽量少操舵,为保持航向而必须操舵时,操舵角要求不大于 5°。

2）测量数据

（1）航速。

至少由 3 位观察者用秒表(精度应可读至 1/100 s)测定船舶在测速段内航行的时间。由所测跑标时间及已知标桩距离可以计算出每一航次船舶的对地速度 V_G。将跑标时间及对地速度填入表格。表格中也希望同时填入进标及出标时间、航次等,以便查考。

当然也可利用近期发展的一些新型高精度测速装置,无需跑标就可精确测定船舶对水速度或对地速度。但跑标仍不失为一种方便可靠、乐于为人们所采用的方法。

（2）轴转矩和转速测量。

用扭力仪测定轴转矩及轴转速,便可以计算出轴功率,扣除尾轴系的传递损失后可得到螺旋桨的船后收到功率。轴转矩及转速最好是连续同步记录,否则,在测试段内至少应作 3～4 次的数据记录。

（3）推力测量。

推力是船模和实船相关分析中比较重要的数据,但由于目前尚缺少足够满意的测量实船推力的仪器及传感器,故实际应用中常借助自航试验中的相对旋转效率 η_R 来进行分析。

（4）其他观察测量项目。

为了能够对试速结果进行深入分析和以备查考,有必要对下列诸项目进行观察或测量:

航向——记录每航次的实际罗经航向；

操舵情况——在测速段内记录航行时的操舵次数及舵角；

风速、风向——测定每一航次的相对风速 V_R 及相对风向角 θ；

海况——试速区海面的波浪情况；

海流——若有可能,测量潮流大小及方向；

海水的温度及重量密度——试速前后,测定试速区一定深度处的水温和重量密度；

船舶吃水情况——试速前后都应观测船舶首、中、尾的吃水。

上述测量和观察结果均应记录在试速的表格内。

3. 数据整理和分析

严格讲,尽管前面规定了实船试速的条件,但实船试速所遭受的外界影响仍不同于船模试验,外界影响主要是风力、潮流及波浪。为了使在实际环境中试速得到的结果能同模型试验结果进行对比,就必须用适当的数据处理办法排除风力、潮流及波浪的影响,将试速结果修正为相当于无风、无潮流及无波浪状态的结果。关于风力和潮流的影响已有一些可行的修正方法,而对于波浪的影响至今尚无恰当的修正方法。

1) 对风力影响的修正

目前有两种修正方法,一种是将有风状态的试速结果扣除全部空气阻力的影响部分,得到所谓"无空气"状态的推进性能;另一种方法是仅扣除风力的影响部分,还保留船在静止空气中运动时遭受的空气阻力的影响部分,也就是得到所谓"无风"状态的推进性能。后者似乎更切合实船情况,因为在无风时实船实际上仍遭受速度和船速相同的迎风阻力,但前者却更切合于船模情况,因为在船模试验时并不安装上层建筑。

关于风力影响的修正在不少书籍和文章中都有介绍,除了要求合理选择不同上层建筑在不同迎风角度下的风阻系数外,处理方法并不复杂,因此这里不予赘述。另外,根据我们的经验,在较理想的试航条件下,根据目前现有的各类数据测量精度,不必专门进行风力影响的修正。将此项影响包含在总的实船和船模的相关系数中,从工程实际观点出发还是可行的。

2) 对潮流的修正

潮流仅改变船舶对地速度,并不改变对水速度,因此,若测速时测定的是对水速度,则不必进行潮流修正。现行的测速方法,大多数是测定对地速度,因此需作潮流修正。对潮流影响的较实用的修正方法也有两种:

(1) 假定同一工况内相邻两航次的中间时刻的平均潮流速度等于这两个航次的对地速度之差的一半,再以时刻为横坐标绘出整个试航时刻范围内的平均潮流速度变化曲线,由该曲线可以求出每一航次对应的潮流速度,从而求得船舶对水速度。

目前,有些国家在试速时,同时测量测试段内潮流随时间的变化曲线,这样可以直接从对地速度扣除潮流速度后求出船舶的对水速度。

(2) 假定潮流速度随时间的变化规律(例如假定是线性关系或二次曲线关系),然后将同一工况内若干航次的对地速度用次第平均法求得该工况的对水速度。

如前所述,试速时对每一工况一般进行正反航向 3 个连续单航次的试验,每一工况 3 个航次的主机转速尽可能保持不变。若 3 个航次测得的数据如表 9-5 所示。

表 9-5　3 个航次的测量数据

试　验　航　次	对地船速/kn	转速/(r/min)	主机功率/kW
1	V_1	N_1	P_{s1}
2	V_2	N_2	P_{s2}
3	V_3	N_3	P_{s3}

按次第平均法可以消除潮流速度,因而得出该工况的平均对水船速

$$V = \frac{V_1 + 2V_2 + V_3}{4} \tag{9-24}$$

平均转速

$$N = \frac{N_1 + 2N_2 + N_3}{4} \tag{9-25}$$

平均主机功率

$$P_s = \frac{P_{s1} + 2P_{s2} + P_{s3}}{4} \tag{9-26}$$

这就是目前在实船试速时常采用的最简便的方法。考虑到轴系传送效率 η_s 后,就可以得到如图 9-7 所示的实船试航数据 N, P_D -V 曲线。由于船模试验预报的实船航行性能通常是指标准温度 15℃ 及某一排水量(如满载排水量)时的情况。因此需将上述实船试航结果修正至标准状态后再进行船模实船相关分析。对于排水量的差别可近似地应用海军常数相同的方法进行修正。至于温度的差别主要影响船体的摩擦阻力,因此可以先估计温度不同对于有效功率的修正百分数,在假定推进效率相同的情况下将此百分数直接用于修正螺旋桨的收到功率。

第10章 特种推进器

上述各章中我们所讨论的推进器均为普通螺旋桨,广泛用于一般商船和军舰。除普通螺旋桨外,还有许多其他形式的推进器,如导管螺旋桨、可调螺距螺旋桨、对转螺旋桨、喷水推进器和风帆等。各类推进机构在特殊情况下各有其优点,为了更好地满足各种特殊船舶所要求的性能,采用相应的推进器是有利的。由于篇幅所限,本章将着重讨论应用较广的导管螺旋桨和可调螺距螺旋桨,其他类型的推进器仅作一般介绍。

10-1 导管螺旋桨

导管螺旋桨亦称套筒螺旋桨(见图10-1),是在螺旋桨的外围加上一个环形套筒而成,套筒的剖面为机翼型或折角线型。由于它能改善重载螺旋桨的效率,故首先在螺旋桨载荷较重的船舶上得到广泛应用(如拖船、顶推船以及拖网渔船)。最近几十年来,船舶向大型化、高功率发展,导致螺旋桨的载荷加重,实践证明,此类船上采用导管螺旋桨不仅可提高推进效率,而且有利于减小振动。

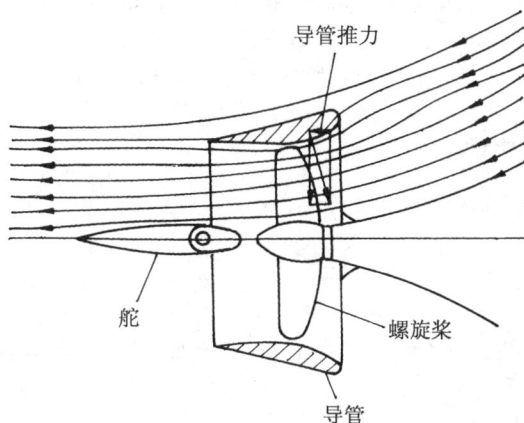

图 10-1 导管螺旋桨

图10-2为各类船用推进器最佳效率的比较,图的上方还标出了各类船舶 B_P 的大致范围。从图中可以看出,当 B_P 值约为 25 时,导管螺旋桨开始显示出其优越性,载荷越高,效率收益越大。近代大型油船的 B_P 值一般在 40 以上,采用导管螺旋桨能使效率有明显的收获。至于渔船及拖船,其 B_P 值分别在 60 及 100 以上,导管螺旋桨的效率远远超过普通螺旋桨,故在这类船上采用导管螺旋桨的优越性是毫无疑问的。

采用导管螺旋桨除能提高重载螺旋桨的效率外,尚有下列优点:

(1)将导管兼作舵用,可显著提高船舶的操纵性能。

(2)导管螺旋桨盘面处的水流速度受船速变化的影响远较普通螺旋桨为小,因此导管螺旋桨吸收的功率受船速变化的影响较小,在各种载荷(如拖曳或自由航行等)情况下都能良好

179

地运转。

（3）纵摇较小，可减小波浪中失速。

（4）保护螺旋桨不与异物相碰，浅吃水时可防止空气吸入现象。

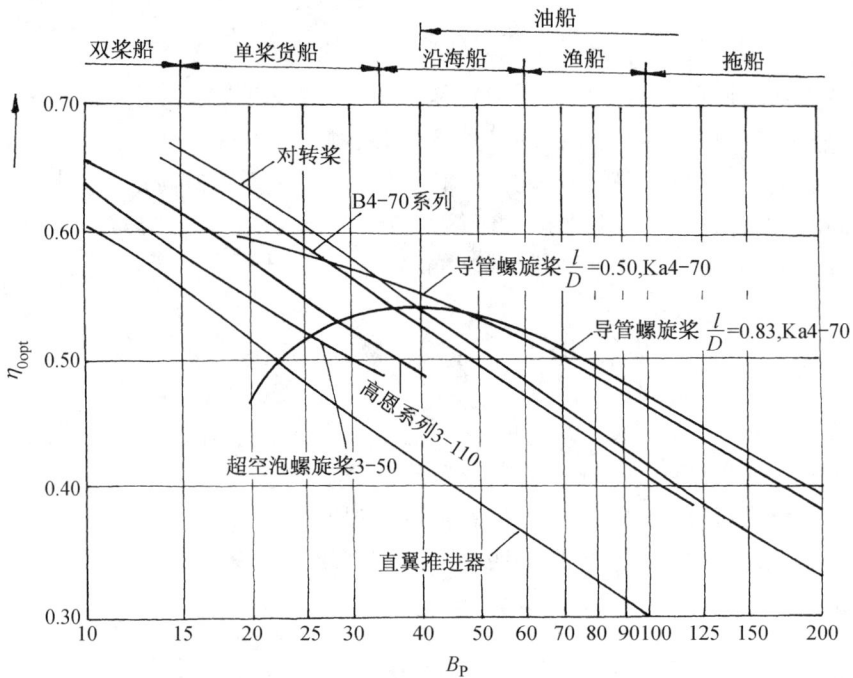

图 10-2　各类推进器最佳效率的比较

1. 导管螺旋桨的工作原理

在第 3 章中，我们已求得推进器的理想效率 η_{iA} 与载荷系数 σ_T 之间的关系如下：

$$\eta_{iA} = \frac{2}{1 + \sqrt{1 + \sigma_T}} \tag{10-1}$$

式（10-1）也可用尾流截面积（图 3-1 中的 CC_1 断面）A_1 来表示，根据连续性方程有

$$A(V_A + u_{a1}) = A_1(V_A + u_a)$$

将上述关系式代入式（3-5），得

$$T_i = \rho A_1 (V_A + u_a) u_a$$

从上式解出 u_a，得

$$u_a = -\frac{V_A}{2} + \frac{1}{2}\sqrt{V_A^2 + \frac{4T_i}{\rho A_1}}$$

代入式（3-7）并经整理后可得

$$\eta_{iA} = \frac{4}{3 + \sqrt{1 + \frac{4T_i}{\rho A_1 V_A^2}}} \tag{10-2}$$

180

式中：$\sigma_T = \dfrac{T_i}{\dfrac{1}{2}\rho A V_A^2}$ 为推进器的载荷系数；ρ 为水的密度；T_i 为推进器的推力；V_A 为推进器进速；A 为推进器盘面积；A_1 为尾流截面积。

从式(10-1)及式(10-2)可见，理想效率随推进器载荷系数 σ_T 的增加或尾流截面积的减小而降低。若要提高推进器的理想效率，必须设法减小推进器的载荷系数或尾流截面积的收缩(这两方面实际上是一致的)。而要减小尾流收缩，正确的途径只有增加单位时间内通过桨盘的流量。在螺旋桨叶梢外面加上导管后，就可以大致达到这一目的。事实证明，加上导管后，不仅可以减少尾流收缩，有时还能使尾流稍有扩展。

为了探讨导管螺旋桨的工作原理，我们仍用鼓动盘来代替整个推进器，简化后的导管螺旋桨的流动模型如图 10-3(a)所示。

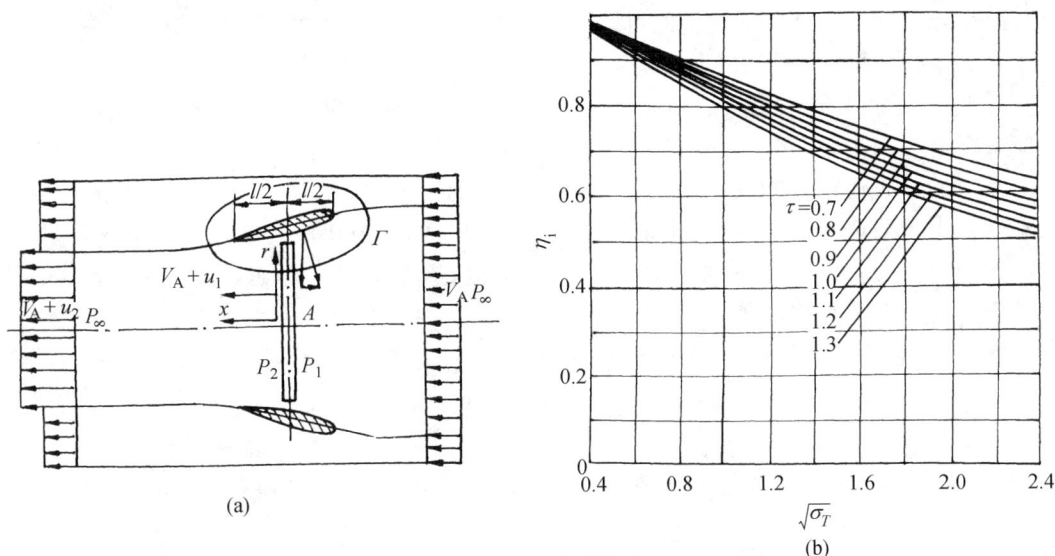

图 10-3　导管桨的简化流动模型及理想效率曲线

由于忽略了尾流中水流的旋转，得出的结果虽然比较粗略，但可用以定性地分析导管螺旋桨的性能。

由动量理论(见图 10-3)可知，导管螺旋桨整个系统的总推力为

$$T = \rho(V_A + u_1)A u_2 \tag{10-3}$$

式中：u_1 为推进器在盘面处的诱导速度与导管产生的诱导速度之和；u_2 为无限远后方的诱导速度。

分别对盘面前后应用伯努利定理，并计算桨盘前后的压力差，可求得螺旋桨产生的推力为

$$T_P = \rho\left(V_A + \frac{u_2}{2}\right)A u_2 \tag{10-4}$$

由于单位时间内流过盘面的流体质量为 $\rho(V_A + u_1)A$，故尾流中的动能损失为

$$E = \frac{1}{2}\rho(V_A + u_1)A u_2^2 \tag{10-5}$$

181

因此，导管螺旋桨系统的理想效率可表达为

$$\eta_i = \frac{TV_A}{TV_A + E} = \frac{2}{1 + \sqrt{1 + \tau \sigma_T}} \qquad (10\text{-}6)$$

式中：$\tau = \dfrac{T_P}{T}$ 为螺旋桨推力与总推力之比，简称推力比。

在没有导管的情况下，图 10-3(a) 中的 u_1 等于 $\dfrac{1}{2} u_2$，则式（10-3）与式（10-4）完全相同，即 $T = T_P$，因而 $\tau = 1$，此时式（10-6）也就与式（10-1）完全相同，但在导管存在的情况下，围绕导管的环流将使桨盘处的水流加速，有可能使 $u_1 > \dfrac{1}{2} u_2$，$T > T_P$。从式（10-6）可见，对此类型式的导管来说，由于 $\tau < 1$，在同样的总推力系数下，导管螺旋桨与普通螺旋桨相比，有较高的理想效率，τ 越小效率越高，故 τ 值可以看作衡量导管螺旋桨性能的一个指标。图 10-3(b) 表示了理想效率、载荷系数及推力比三者之间的关系。

实际上水具有黏性，τ 值的减小受到在导管上发生水流分离的限制。τ 值过小，意味着要求导管承担过大的推力，这时导管剖面的升力系数也就很大，在机翼理论中我们已经知道翼切面升力系数的最大值一般约在 1.0～1.5 之间（具体数值视机翼形状而定），大于上述数值时翼背的某处将出现分离点，导管上发生水流分离的原因与此极为相似。理论和实验都表明，对某一个给定的总推力，大致存在一个使效率最佳的 τ 值，这个 τ 值也就是对应于这一载荷时为保证不发生水流分离所允许的最小值。

此外，水的黏性还使导管本身产生阻力，所以导管螺旋桨的实际效率将由下面两个部分组成：

$$\eta_0 = \eta_i \eta_\epsilon \qquad (10\text{-}7)$$

式中：η_i 为理想效率；η_ϵ 即为结构效率，其数值与导管的阻力 D_N 有关，

$$\eta_\epsilon = \frac{T - D_N}{T} \qquad (10\text{-}8)$$

有时两个导管螺旋桨在某一个载荷时 τ 值有明显的不同，但效率上并无多大差异，甚至 τ 值小者效率反略低，这似乎与式（10-6）所得出的结论相矛盾，在引入结构效率之后，这一现象也能得到合理的解释。

在简单讨论了导管螺旋桨的原理之后，就可以对导管螺旋桨能使重载螺旋桨效率提高的原因做进一步的说明。

导管螺旋桨效率的提高，并不是由于在导管上产生了什么额外的推力，因为在导管上产生推力的同时，桨盘处的水流受到加速，螺旋桨产生的推力减小了，所以这仅是总推力分配关系的改变。但是螺旋桨的部分推力转移到导管上，却意味着螺旋桨的一部分尾涡变成了导管的附着涡（正是这些涡引起导管上的环流），从而减少了尾流的能量损失，只要这种减小的损失在数量上超过导管本身阻力的损失，那么导管螺旋桨的效率就高于普通桨。螺旋桨的载荷越重，尾流能量损失越大，采用导管带来的好处就越多。对于轻载情况，由于尾流收缩很小，损失能量亦小，导管阻力的损失反而高于尾流的损失，因而也就得不偿失，故轻载时（如 B_P 在 20 以下）不宜采用此类导管。

上面所讨论的导管称为加速型导管，其作用可改善重载螺旋桨的效率。导管本身对进入

桨盘的水流速度具有控制作用,采用不同形状的导管,可使流入桨盘的水流加速或减速,所以近年来还出现了一种减速型导管(见图10-4)。由于减速导管使进入桨盘处的水流速度降低,能延缓空泡的发生,且有利于减少噪声,故可用于军用舰艇,但总的来说,目前使用得最普遍的还是加速型导管,本节将着重介绍加速型导管。

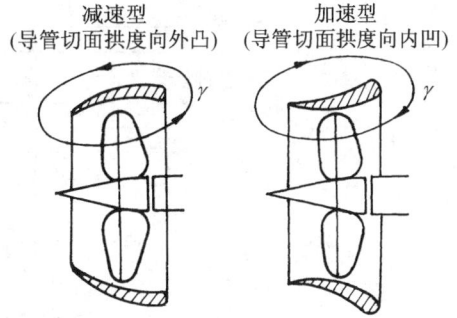

图10-4 加速型及减速型导管示意图

2. 导管螺旋桨系列试验及设计图谱

导管螺旋桨除导管及螺旋桨各自的几何形状对其性能有影响外,还与两者互相配合的一些几何参数有关,如叶梢间隙、螺旋桨在导管中的位置等。三言两语未必能分析清楚各种参数对性能的影响,鉴于多数设计者感兴趣的是利用现有优秀形式导管螺旋桨的图谱设计导管螺旋桨,故本节着重介绍有关这方面的资料。

在国外发表的导管螺旋桨系列试验资料中,以荷兰船模试验池的 No.19A＋Ka 螺旋桨系列最为著名,随后,为改善后退性能又提供了 No.37＋Ka 螺旋桨系列,其结果都已绘制成 $B_p\text{-}\delta$ 型设计图谱可供应用。国内对导管螺旋桨的研究也相当活跃。中国船舶科学研究中心通过对两组六个不同剖面的导管与螺旋桨系列的敞水试验,研究了导管各种几何参数对导管螺旋桨性能的影响,并推荐了性能优良的导管螺旋桨系列。上海交通大学船舶流体力学研究室根据使用单位要求简化导管的加工工艺,在系列研究基础上推荐了两组简易导管螺旋桨系列,即 JD75＋Ka 螺旋桨系列和 JD7704＋Ka 螺旋桨系列。前者适用于改善操纵性能的转动导管,后者是兼顾后退性能的导管,由于其加工方便,而性能又与机翼型导管相接近,故为不少单位所采用。

1) No.19A 导管＋Ka 螺旋桨系列

19A 导管的长度 l 与螺旋桨直径 D 的比值(简称长径比)$l/D=0.5$,其切面形状如图10-5所示,切面型值列于表10-1。切面沿轴线方向的位置以横坐标 y 与导管长度 l 的比值 y/l 表示;外表面和内表面坐标分别用 X_u 和 X_i 与 l 的比值 X_u/l 及 X_i/l 表示。

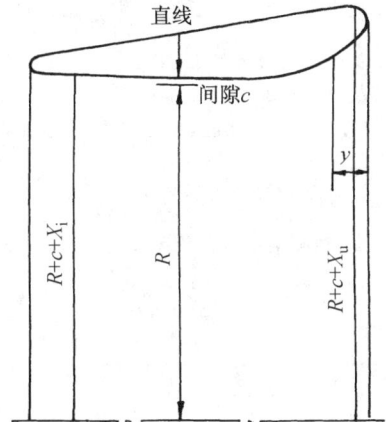

图10-5 19A 导管剖面图

表 10-1 No.19A 导管剖面型值表

y/l	0	1.25	2.50	5.0	7.5	10	15	20	25	30	40	50	60	70	80	90	95	100
X_i/l	18.25	14.66	12.80	10.87	8.00	6.34	3.87	2.17	1.10	0.48		圆柱部分		0.29	0.82	1.45	1.86	2.36
X_u/l	—	20.72	21.07	20.80					直 线 部 分									6.36

Ka 系列螺旋桨是等螺距螺旋桨,其外形为宽叶梢的扇形轮廓,根部切面为机翼型,梢部切面为弓形,如图10-6所示。桨叶形状和切面型值列于表10-2。

183

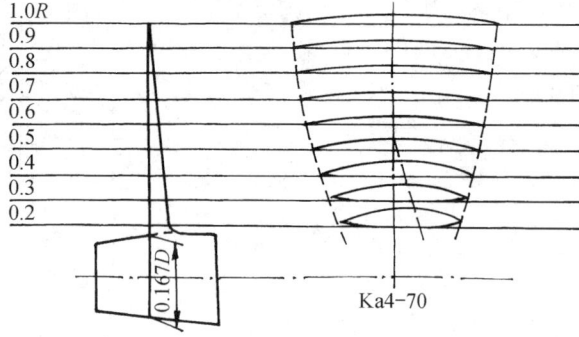

图 10-6

表 10-2　Ka 螺旋桨系列的尺度和纵坐标

Ka 螺旋桨系列的尺寸

	r/R	0.2	0.3	0.4	0.5	0.6	0.7	0.8	0.9	1.0	
以 0.6R 处的叶片切面最大长度的百分比表示的叶片切面长度	从中心线到随边	30.21	36.17	41.45	45.99	49.87	52.93	55.04	56.33	56.44	在 0.6R 的叶片切面长度 $= 1.969\dfrac{1}{Z}\cdot\dfrac{A_E}{A_D}D$
	从中心线到导边	36.94	40.42	43.74	47.02	50.13	52.93	55.04	56.33	56.44	
	总　　长	67.15	76.59	85.19	93.01	100.00	105.86	110.08	112.66	112.88	
以直径的百分比表示的最大叶片厚度		4.00	3.52	3.00	2.45	1.90	1.38	0.92	0.61	0.50	在轴中心的最大厚度 $= 0.049D$
以切面长度百分比表示的最大厚度与导边间的距离		34.98	39.76	46.02	49.13	49.98	—	—	—	—	

Ka 螺旋桨系列的纵坐标

纵坐标距最大厚度的距离

	从最大厚度到随边					从最大厚度到导边						
r/R	100%	80%	60%	40%	20%	20%	40%	60%	80%	90%	95%	100%
	叶背纵坐标											
0.2	—	38.23	63.65	82.40	95.00	97.92	90.83	77.19	56.00*	43.75*	36.50*	—
0.3	—	39.05	66.63	84.14	95.86	97.63	90.06	75.62	53.02	37.87	27.57	—
0.4	—	40.56	66.94	85.69	96.25	97.22	88.89	73.61	50.00	34.72	25.83	—
0.5	—	41.77	68.59	86.42	96.60	96.77	87.10	70.46	45.84	30.22	22.24	—
0.6	—	43.58	68.26	85.89	96.47	96.47	85.89	68.26	43.58	28.59	20.44	—
0.7	—	45.31	69.24	86.33	96.58	96.58	86.33	69.24	45.31	30.79	22.88	—
0.8	—	48.16	70.84	87.04	96.76	95.76	87.04	70.84	48.16	34.39	26.90	—
0.9	—	51.75	72.94	88.09	97.17	97.17	88.09	72.94	51.75	38.87	31.87	—
1.0	—	52.00	73.00	88.00	97.00	97.00	88.00	73.00	52.00	39.25	32.31	—

	叶面纵坐标										
0.2	20.21	7.29	1.77	0.1	—	0.21	1.46	4.37	10.52	16.04	20.62	27.50*
0.3	13.85	4.62	1.07	—		0.21	0.83	2.72	6.15	8.28	10.30	14.20*
0.4	9.17	2.36	0.56	—	—	—	0.42	1.39	2.92	3.89	4.44	13.47
0.5	6.62	0.68	0.17	—	—	—	0.17	0.51	1.02	1.36	1.530	7.81

注：① 纵坐标的百分比为对相应切面的最大厚度而言；
② 原荷兰给出的数据中,0.2R 切面近导边部分纵坐标和 0.3R 切面的导边纵坐标无法光顺,为此我们在伸长轮廓上作了等厚度曲线,在弦长方向和半径方向进行光顺。表中有 * 号的数据是我们所采用的。

导管螺旋桨的敞水试验方法及数据表达方式与普通螺旋桨相同,只是在测量螺旋桨推力时,须同时测量导管的推力。结果以图 10-7 的敞水性征曲线形式给出。图 10-7 为 No.19A 导管＋Ka4-70 系列敞水试验结果,其中：$K_T = \dfrac{T}{\rho n^2 D^4} = \dfrac{T_P + T_N}{\rho n^2 D^4}$ 为导管螺旋桨总推力系数；

$K_{T_N} = \dfrac{T_N}{\rho n^2 D^4}$ 为导管推力系数；$K_Q = \dfrac{Q}{\rho n^2 D^5}$ 为螺旋桨转矩系数；$J = \dfrac{V_A}{nD}$ 为进速系数；$\eta_0 = \dfrac{K_T}{K_Q}$

$\dfrac{J}{2\pi}$ 为导管螺旋桨的效率。 从图 10-7 的敞水性征曲线组可以看出,其效率曲线的包络线比较平坦,这一特点意味着螺旋桨螺距比的变化对效率的影响不大,因此导管螺旋桨具有较宽的最佳直径范围。在图 10-8 中,作出了 $P/D=1.0$ 的螺旋桨的总推力系数 K_T、导管推力系数 K_{T_N} 及螺旋桨推力系数 K_{T_P} 对进速系数 J 的曲线。由图可见,K_{T_P} 曲线比较平坦,在 $J=0\sim0.4$ 的范围内,K_{T_P} 几乎保持不变,这说明尽管进速有变化,导管内的平均速度几乎为常数,这也是导管螺旋桨

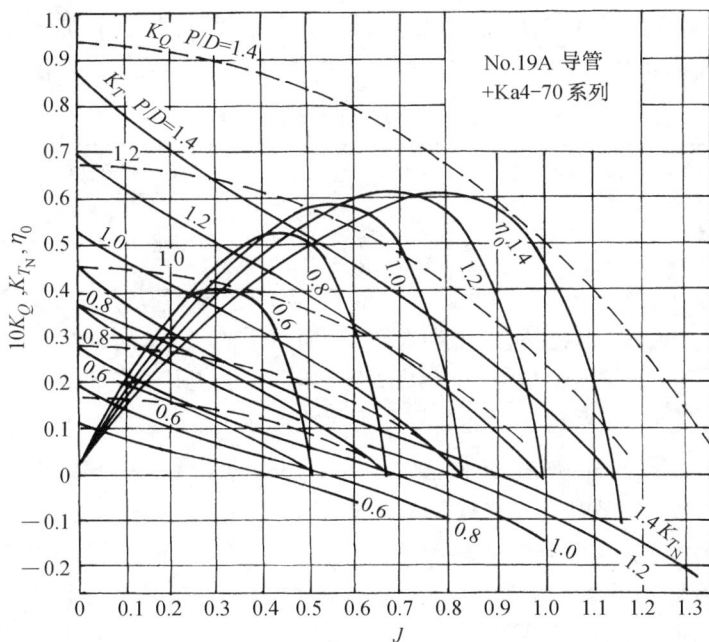

图 10-7 19A 导管＋Ka4-70 桨的敞水性征曲线

185

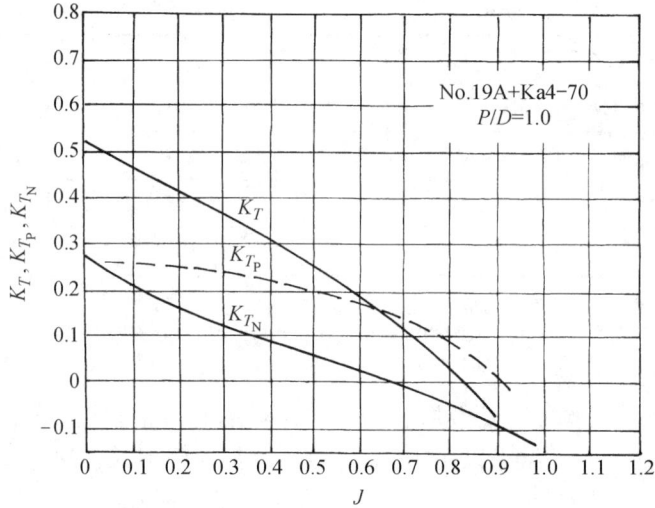

图 10-8　K_T、K_{T_P}、K_{T_N} 与 J 的关系曲线

的特点之一。这一特点带来的好处是螺旋桨吸收的功率受船速变化的影响较小。

　　导管螺旋桨设计图谱的绘制与普通螺旋桨相同,19A 导管＋Ka 系列螺旋桨的 B_P-δ 图谱所用的单位和计算系数与 B 型螺旋桨系列的 B_P-δ 图谱完全相同。

　　2）No.37＋Ka 系列螺旋桨

　　1972 年,荷兰船模试验池又发展了一种特别适用于后退工作的新型导管 No.37。37 号导管的长径比 l/D 也为 0.5,其切面形状如图 10-9 所示。试验结果也已绘制成 B_P-δ 图谱。

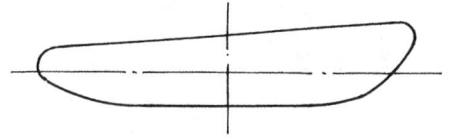

图 10-9　No.37 导管剖面形状

　　3）简易导管螺旋桨

　　所谓简易导管,是指考虑简化加工工艺而设计的折角线形切面形状的导管。JD75 和 JD7704 导管的切面形状如图 10-10 所示,相应的参数列于表 10-3。

表 10-3　简易导管主要参数

型号	L/D	L_m/L	L_z/L	D_L/D_H	D_T/D_H	d_l/D_H	d_t/D_H	α_f	α_β
JD75	0.8	0.4	0.2	1.153 6	1.060 3	0.049 4	0.021 7	1.330 7	1.124 3
JD7704	0.655 2	0.5	0.207 6	1.193 7	1.126 5	0.069 6	0.055 7	1.424 9	1.269 0

　　JD75 导管是考虑改善操纵性能的转动导管,因而可兼作舵用,所以也称导管舵。此类导管对操纵性能要求较高的港作拖轮最为适用。JD7704 导管除具有优良的后退性能外,前进性能也很好,故非常适用于内河推轮及渔轮。上述简易导管的特点在于加工工艺的简便而仍有较优良的水动力性能。上述两组简易导管螺旋桨系列已以 $\sqrt{B_P}$-δ 形式的图谱发表,该图谱使用公制单位。

　　JD 简易导管＋Ka 系列螺旋桨在近年来的使用中已显示出性能较佳、加工简便的优越性,但有些船在实际使用中发现桨叶叶梢时有损坏。除空泡剥蚀外,主要是由于 Ka 系列螺旋桨的梢部过阔,导边及随边两缘厚度较薄,因而偶与异物相碰容易发生卷曲乃至断裂。再则由于叶梢过阔致使桨盘面处轴向"通道"甚小,杂物一旦吸入导管便不易通过而往往卡在叶梢与导管之间引起桨叶损坏,对航行于浅水以及水上漂浮物较多区域的船舶,这一问题尤为严重。为

186

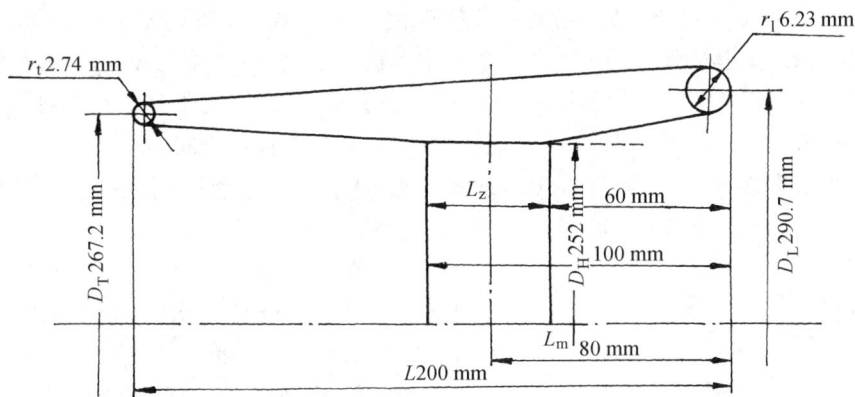

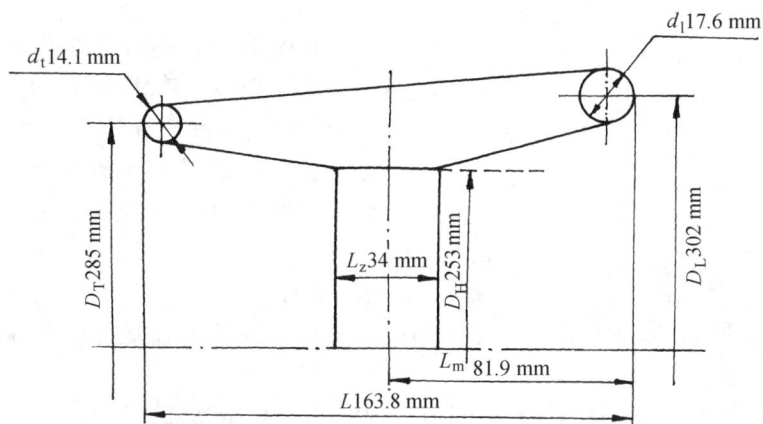

图 10-10　简易导管的剖面形状

(a) JD75 导管模型形状；(b) JD7704 导管模型形状

此,上海交通大学船舶流体力学研究室还进行了修改 Ka 系列桨梢部形状的试验研究,并称之为修改的 Ka 系列螺旋桨。

修改的 Ka 系列螺旋桨的外形如图 10-11(a)所示,桨叶形状之改善是将梢部两缘的尖角

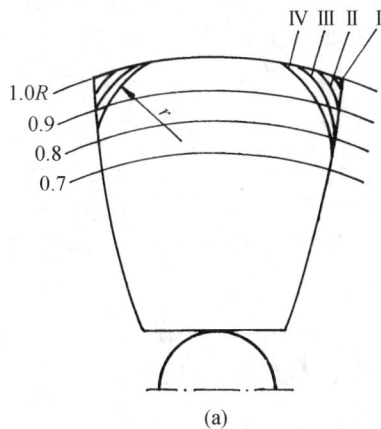

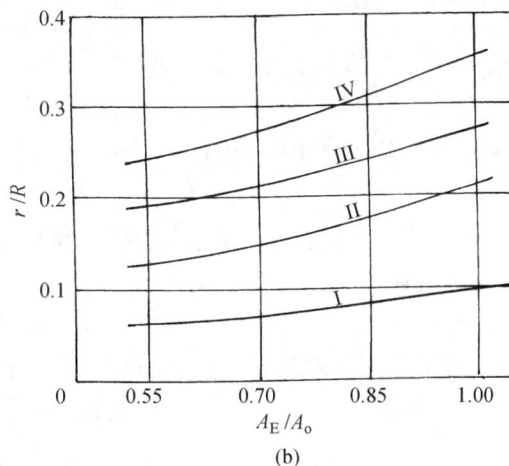

图 10-11　Ka 桨叶梢修改的外形及圆弧相对半径

削成圆弧的方法来实现的,圆弧根据桨展开轮廓之梢椭圆及导边、随边相切作出,切割后叶切面的导边、随边两缘以小圆弧光顺,其余各处型值仍按 Ka 系列螺旋桨不变。切割的大小共有Ⅰ、Ⅱ、Ⅲ、Ⅳ四种,图 10-11(b)给出了各种盘面比的 Ka 系列螺旋桨桨叶在各种切割情况下的圆弧相对半径值。设计者按上述原则可简便地解决新桨叶的制图问题。

试验研究结果表明,叶梢削成圆弧后对螺旋桨的水动力性能影响甚微。只需引入桨叶螺距比的微小修正即可等价于桨叶几何形状的变化。

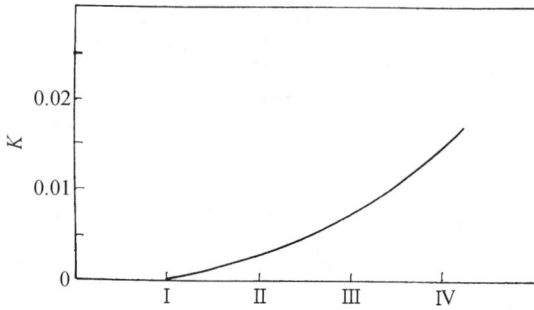

图 10-12　叶梢切割后螺距比的修正系数

在具体设计时,设计者可应用原简易导管螺旋桨系列设计图谱决定螺旋桨的几何参数,然后将图谱所得的螺距比 P/D 按下式求出切割后的 Ka 螺旋桨的螺距比 $(P/D)'$:

$$(P/D)' = (1+K)(P/D)$$

式中:K 为与切割对应的螺距比修正系数,由图 10-12 给出。这样在保持其他参数相同的条件下,JD 简易导管＋螺距比为 $(P/D)'$ 的修正的 Ka 螺旋桨其敞水性能等价于 JD 简易导管＋螺距比为 (P/D) 的原 Ka 系列螺旋桨。

3. 导管螺旋桨设计须知

导管螺旋桨的设计方法与普通桨基本相同。但由于导管螺旋桨具有本身的特点,设计时还需注意下列几点:

(1) 导管螺旋桨的导管和螺旋桨在设计时必须视为一个整体。

(2) 导管螺旋桨的最佳直径不如普通螺旋桨那样严格,这是因为导管螺旋桨螺距的变化对效率影响不大,故在设计时甚至可预先选定直径,使设计更为简便。

(3) 导管螺旋桨的伴流分数和推力减额分数与同样设计条件下普通桨的数值不尽相同,但由于目前尚缺乏这方面的试验资料,故在设计加速型导管螺旋桨时,伴流分数、推力减额分数及相对旋转效率仍近似地采用普通桨的数值。例如,对于单桨船不妨采用泰洛公式(5-30)估计伴流分数,即

$$w = 0.5C_B - 0.05$$

用商赫公式(5-43)估计推力减额分数,即

$$t = 0.7w$$

而相对旋转效率直接取 1.0,即

$$\eta_R = 1.0$$

就当前我国的实际使用情况来看,导管螺旋桨大多应用于小型的多工况船,如拖船、渔船等,因而尚须说明下列情况:

伴流分数 w 选取的正确与否不会像一般商船那样直接影响船体、螺旋桨、主机三者的配合关系,因为对多工况船来说,若对自由航行不利,则对拖带状态有利,或反之。

推力减额分数 $t = 0.7w$ 系指自由航行,或折衷设计工况的数值。在系缆状态,即 $J = 0$ 时,应取

$$t = 0.04$$

188

在介于设计工况(或自由航行)与系缆状态之间的所谓中间工况,其推力减额分数 t 可用线性内插方法求得。

日本伊藤一男建议可按表 10-4 选取 w 和 t 值。

表 10-4　建议选取的 w 和 t 值

	w	t
单螺旋桨船	0.15~0.20	0.15~0.18
双螺旋桨船	0.07~0.10	0.10~0.12

(4) 在无专用的空泡图谱时,导管螺旋桨空泡校核可近似地按下式决定螺旋桨的展开面积比 A_E/A_o:

$$\frac{A_E}{A_o} = \frac{245 P_D}{nD^3(p_0 - p_v - 0.8R\gamma)} \approx \frac{P_D}{42nD^3} \tag{10-9}$$

式中:$p_0 = p_a + \gamma h_s = 10\,330 + \gamma h_s$;

$\gamma = 1\,025\,\text{kgf/m}^3$,海水重量密度;

h_s 为桨轴中心线沉深(m);

p_v 为饱和蒸汽压;

R 为螺旋桨半径;

n 为螺旋桨每秒转数;

P_D 为收到马力(英制,因近似计算,可用公制代替);

D 为螺旋桨直径(m)。

(5) 关于叶梢间隙。在模型系列试验时,螺旋桨叶梢与导管内壁的间隙即图 10-5 中所标的 c 一般取 1 mm(也有取 1.5 或 2 mm 者)。在实桨制造中这个参数不必满足相似条件,间隙过小将给加工带来不便,而过大又将影响效率,一般实桨的叶梢间隙为 5~10 mm,最好不要大于 10 mm。

(6) 有时因受船舶尾部结构的限制,不得不将导管的一部分削去,或与隧道顶端连接,使导管的一部分失去作用。在计算时应扣除失去作用部分的导管推力系数,其大小可约略按该部分占整个导管周长的比值计算。一般应以试验资料作依据。

4. 实例比较

我们曾对某 600 hp 渔轮螺旋桨进行设计比较,表 10-5 给出了采用 B 型螺旋桨和导管螺旋桨的计算结果。设计条件为:主机马力 $P_S = 545$ hp(主机实际能力),额定转速 $N = 400$ r/min。设计了 4 只螺旋桨:

(1) 设计航速为 7 kn,JD7704+Ka4-70,$D = 1.4$ m。

(2) 设计航速为 12 kn,JD7704+Ka4-70,$D = 1.4$ m。

(3) 设计航速为 7 kn,B4-70,$D = 1.59$ m。

(4) 设计航速为 12 kn,B4-55,$D = 1.60$ m。

结果表明:导管螺旋桨在重载时的效率显著大于普通螺旋桨,且螺旋桨的吸收功率受船速变化的影响也小于普通螺旋桨。

表 10-5　导管螺旋桨和 B 型螺旋桨的计算结果

		系柱工况			自航工况			拖网工况/(3 kn)		
		拖力/kgf	转速/(r/min)	P_S/hp	航速/kn	转速/(r/min)	P_S/hp	拖力/kgf	转速/(r/min)	P_S/hp
导管螺旋桨	(1) 7 kn 占主机马力百分比	7 747.3	371.6	506.4 93%	11.5	400	405.2 74.3%	6 050	377	514.9 94.5%
	(2) 12 kn 占主机马力百分比	7 211	329	448 82.2%	12.3	400	527.8 96.8%	5 550	335	456.3 83.7%
普通桨	(3) 7 kn 占主机马力百分比	5 613	338	461 84.6%	11.15	400	389.7 71.5%	4 720	356	484 88.8%
	(4) 12 kn 占主机马力百分比	4 942	289.5	394.4 72.4%	12.4	400	540.2 99.1%	4 350	308	420 77%

10-2　可调螺距螺旋桨

通过设置于桨毂中的操纵机构,使桨叶能够转动而调节螺距的螺旋桨,称可调螺距螺旋桨(简称可调桨)。

固定螺距螺旋桨在设计条件下运行时,能充分利用主机的功率和达到预期的航速,而且螺旋桨本身的效率亦为最佳数值。这对于螺旋桨工作状况变化不大的一般商船是合适的。但对于多工况船舶(如拖船、渔船、破冰船等),由于螺旋桨工况变化较大,无法使各种工况下都能充分发挥主机的功率。而可调桨可借助于桨毂中的操纵机构改变桨叶的螺距,从而提供了在各种工况下充分吸收主机功率的可能。

1. 桨叶在不同位置时的工作情况

现以半径 r 处的桨叶切面为代表,说明可调桨在各种工作情况下均可充分发挥主机功率的原因。参阅图 10-13,设可调桨在正常情况时的进速为 V_A,转速为 n,半径 r 处叶切面的螺距角为 θ,来流攻角为 α,相应的作用力为:升力 L、阻力 D、合成推力 T 和旋转阻力 F。当船速由于某种原因而降低时,螺旋桨的进速为 V'_A,如保持主机的转速不变,则来流攻角加大,推力及旋转阻力亦随之增加,螺旋桨所需转矩超过主机限制转矩,只能降低转速,螺旋桨处于"重载"状态。由于可调桨可将叶片转动,使该切面的螺距角减为 θ'。若叶片转动的角度适宜,可使新工况下所需的旋转阻力 F' 与设计状态下的旋转阻力 F 相等。这样,在转速不变的情况下主机马力亦保持不变,因而螺距调整以后的螺旋桨既适应了新的航行状态,又能使主机仍然发挥全部功率。

当螺旋桨"轻载"时,在保持转速不变的情况下,借适当增加桨叶螺距,使 F' 等于 F,从而也能充分发

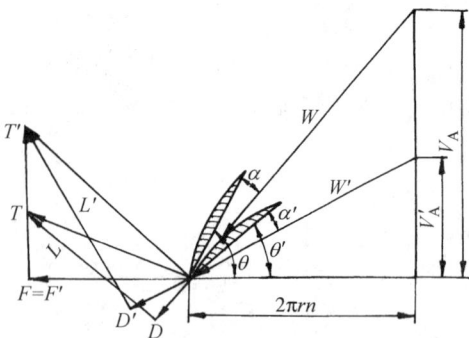

图 10-13　可调桨叶片调节后切面的速度多角形及受力情况

挥主机的功率。因此在任何情况下,主机的转向、转速和功率均无需变化,这对主机的性能和寿命都很有利。图 10-14 表示可调桨在不同工作情况时叶片所处的典型位置。

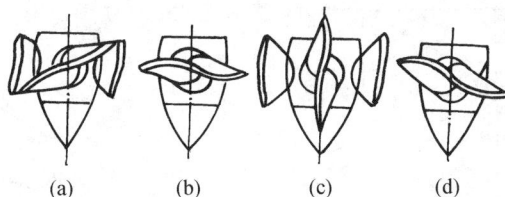

图 10-14 可调桨叶片调节的典型位置
(a) 前进;(b) 停止;(c) 顺流;(d) 后退

2. 可调桨的操纵机构

可调桨的桨叶与桨毂中支持桨叶的承座相连接。通过桨毂中的旋转机构便可操纵桨叶旋转(见图 10-15)。桨叶根部除承受推力和转矩外,还承受从调距机构传来的使桨叶转动的旋转力矩。因桨毂中安装有桨叶的紧固件和旋转机构,故要求桨叶与桨毂连接处必须水密,以防止水进入桨毂中。

桨叶的旋转机构一般有两种形式,即齿轮式和曲柄式,如图 10-16 所示。前者由于齿轮的强度较弱,制造和调整比较复杂,故一般较少使用,大多采用曲柄机构。图 10-16(b)为曲柄连杆的一种形式,滑杆在桨轴中间沿轴向移动并带动曲柄连杆运动,从而使桨叶转动。

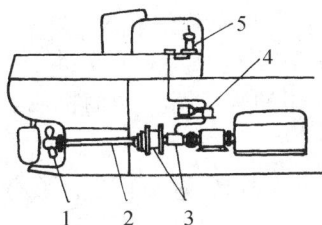

图 10-15 可调桨操纵机构

1—可调桨;2—尾轴;3—调距机构;
4—调距机构动力部分;5—操纵台

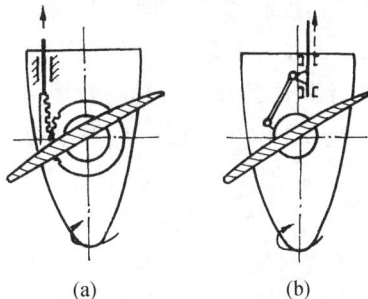

图 10-16 桨叶的旋转机构

(a) 齿条传动;(b) 曲柄连杆传动

调距机构的作用是带动操纵杆在桨轴中滑动,从而达到转动叶片调节螺距的目的。调距机构一般有液压、电机-机械、机械和人力等形式,用得较多的是液压式。液压调距机构一般安装在推进轴与主机之间,作为轴系的一部分。

在变更可调桨的螺距时各叶片需同时转动,故桨叶宽度(或盘面比)不宜过大,以防止各叶片在转动过程中发生相互碰撞。在一般情况下,可调螺距螺旋桨的盘面比小于 0.75。

若桨叶在某一位置时各半径之螺距皆相等(见图 10-17),则桨叶转动后各半径处叶切面所增加或减少之螺距角相同,故桨叶转动后各半径处的螺距不等。转动叶片的轴线通常垂直于桨轴,桨叶转动后之切面形状发生畸变。图 10-18 表示某一半径处叶切面形状在叶片转动后(未转动时的螺距比为 P/D)的变化情况。为了减小操纵机构转动叶片时所需的力矩,应将转动叶片的轴线置于桨叶的压力中心线处。实践表明,桨叶转至零推力附近处转动机构所受的力矩最大,故通常即据此决定转动机构所需的功率。此外,螺旋桨操作时桨叶上所产生的推力、离心力及旋转阻力均直接作用于转动机构,因而转动机构之各零件均需具有足够的强度。

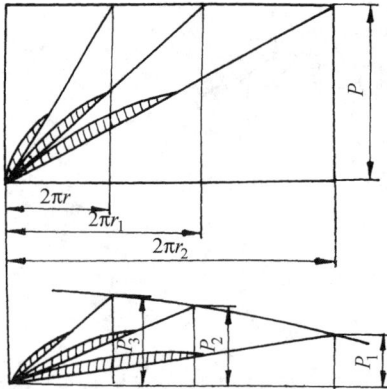

图 10-17　桨叶转动后各半径处螺距的变化　　　图 10-18　桨叶转动后切面形状的畸变

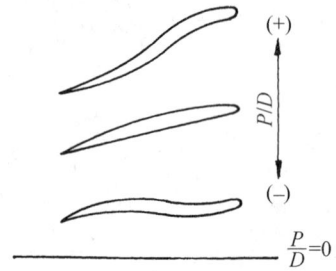

为了容纳转动桨叶的操纵机构,可调桨的毂径较大,其毂径比通常为 0.3 左右。且因桨叶根部需厚而窄之切面,故在正常运行情况下其效率较定距桨约低 3%~4%。

3. 可调桨的优缺点及其应用范围

综上所述,可调桨的优点可简要地归纳如下:

(1) 在任何航行条件下均可充分利用主机的全部功率。

(2) 在不改变主机转速的情况下,可借调节螺距适应船舶的各种航行状态。可以缩短船舶从全速航行至后退所需的时间及距离,船舶的操纵性能得到显著的改善。

(3) 因船舶在前进、减速、后退等过程中可完全不改变主机的转速及转向,故主机的调速次数显著减少,减轻了机器部件的磨损程度,延长主机使用期限。对于柴油机或涡轮机船舶来说,采用可调桨后可省去主机的整套换向装置。

(4) 若同时改变主机转速 n 及螺距比 P/D 并使之配合适当,则可使船舶在一定时间内消耗的燃料为最少,因而改善了船舶的续航力及经济性。

(5) 多螺旋桨船在航行时可将一个或几个螺旋桨的桨轴锁制,并使叶片置于顺流状态,因而减少了所遭受的阻力。

但是,可调桨也有下列缺点:

(1) 桨毂中的转动机构及整套操纵机构复杂,保养及修理相当困难。

(2) 毂径比较大,且因配合叶片转动需要,桨毂不易制成光顺的流线型,故在设计情况下,其效率较定螺距螺旋桨约低 3%~4%。

(3) 因叶片转动及保证强度的需要,叶根部分切面的厚度比较大,易产生空泡现象。

(4) 造价较高。

由上述分析可知,下列 3 类船舶宜采用可调桨:

(1) 对灵敏性要求较高,需要经常灵活地前进、停车及倒退之船舶,如扫雷艇、港内拖船、轮渡等。

(2) 航程远且具有多种工况的船舶,如拖网渔船、捕鲸船及潜艇等。

(3) 在各种航道及气候条件下需要远航(虽然只有一种航速)之船舶,如燃气轮机货船(因为燃气轮机不能变速和倒车)。

至于对一般货船、油船及客船等采用可调桨,则可能得不偿失。

4. 可调桨设计

目前,比较完整的可调桨设计图谱有 JDC3 叶可调桨系列图谱及日本 4 叶可调桨系列图谱两种。JDC3 叶可调桨的几何特征和切面型值如图 10-19 和表 10-6 所示。

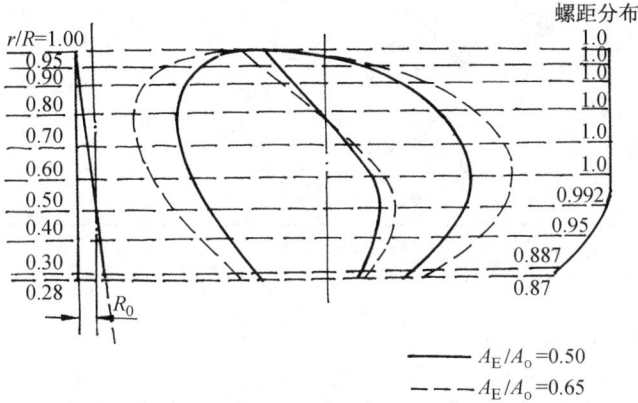

图 10-19 JDC3 叶可调桨的几何特征

表 10-6(a) JDC 系列主要参数

螺旋桨编号	7701	7702	7703	7704	7705	7706	7707	7708	7709	7710
螺旋桨直径 D/m	0.267 9					0.267 9				
毂径比 d_h/D	0.28					0.28				
初始螺距比 P/D	0.4	0.6	0.8	1.0	1.2	0.4	0.6	0.8	1.0	1.2
盘面比 A_E/A_o	0.50					0.65				
叶厚度比 t_o/D	0.05					0.05				
平均叶宽比 $\bar{c}/D$	0.363 6					0.472 7				
最大宽度比 C_{max}/D	0.441 03					0.573 34				
叶数 Z	3					3				
纵倾角	0					0				
叶轴位置 R_0/mm	5.38	5.80	6.40	7.04	7.65	5.38	5.80	6.40	7.04	7.65
R_0/D	0.020 0	0.021 6	0.025 8	0.026 2	0.028 5	0.020 0	0.021 6	0.025 8	0.026 2	0.028 5

表 10-6(b) 桨叶主要尺度

r/R	$\dfrac{c_r Z}{DA_E/A_o}$	a_r/c_r	b_r/c_r	t_r/D	r_e/t_r	r_t/t_r	$(P/D)_r$
0.28	1.336 34	0.545 50	0.320	0.036 8	0.145	0.044 0	0.870
0.30	1.455 42	0.550 00	0.320	0.035 9	0.134	0.044 5	0.887
0.40	2.013 77	0.542 71	0.320	0.031 2	0.102	0.045 0	0.950

193

r/R	$\dfrac{c_r Z}{D A_E/A_o}$	a_r/c_r	b_r/c_r	t_r/D	r_e/t_r	r_t/t_r	$(P/D)_r$
0.50	2.455 68	0.538 70	0.325	0.026 5	0.083	0.045 5	0.992
0.60	2.619 75	0.516 16	0.349	0.021 8	0.064	0.046 0	1.000
0.70	2.646 21	0.484 80	0.402	0.017 1	0.046	0.046 5	1.000
0.80	2.507 55	0.436 15	0.454	0.012 4	0.048	0.047 0	1.000
0.90	2.040 76	0.341 29	0.489	0.007 7	0.078	0.068 0	1.000
0.95	1.544 06	0.216 11	0.500	0.005 35	0.000	0.000	1.000
1.00	—	—	—	0.003 0	—	—	1.000

注：最大宽度在 $0.7R$ 处：$c_{0.7} = 2.646\,21\dfrac{A_E/A_o \times D}{Z}$；

$1.0R$ 处随边到母线距离：$c_{1.0} = 0.579\,52\dfrac{A_E/A_o \times D}{Z}$。

表中：c_r 为半径 r 处叶切面弦长；Z 为叶数；D 为螺旋桨直径；A_E/A_o 为盘面比；a_r 为导边至母线距离；b_r 为最大厚度至导边的距离；t_r 为切面的最大厚度；r_e 为导边圆角半径；r_t 为随边圆角半径。

此类图谱除了 $\sqrt{B_P}$-δ 或 B_P-δ 型设计图谱外，还需提供不同初始螺距比和不同转角下可调桨的敞水性征曲线及不同初始螺距比、不同转角下可调桨的水动力叶力矩系数和离心力叶力矩系数。

可调桨的设计与普通螺旋桨稍有不同，设计计算大致按下述步骤进行：

（1）根据 B_P-δ 图谱，按普通螺旋桨的设计方法计算自由航行工况下螺旋桨的几何要素、螺旋桨敞水效率及航速等。

（2）根据 B_P-δ 图谱，按普通螺旋桨的设计方法计算拖带（拖网、挖泥等）航行工况下螺旋桨的几何要素、敞水效率、航速（规定拖力）或拖力（规定拖速）。

（3）对自由航行及拖带航行两种工况进行空泡校核计算，确定盘面比。在目前尚无专供可调桨空泡校核资料的情况下，可仍以伯利尔限界线为依据。

（4）根据（1）、（2）及（3）项计算，可决定上述两种工况下可调桨的参数——盘面比、直径、螺距比、敞水效率、最大航行速度、拖带工况的拖力及拖速。

然后在上述计算的基础上选取盘面比、直径及设计螺距比：① 选取盘面比，拖带工况下船速较低，螺旋桨负荷较重，所需的盘面比较大，为保证螺旋桨在重负荷下不发生空泡，应取较大的盘面比；② 直径的选取，一般来说，自由航行工况下计算所得的直径较小，按拖带航行设计的直径较大，如果直径不受尾部形状的限制，则取较大的直径为宜；③ 设计螺距比，除了对航行工况有明确要求的船舶选定自由航行或拖带航行工况的螺距比为设计螺距比外，为考虑不同工况时桨叶切面畸变不至于过大，通常设计螺距比以折中办法选取较好，其数值的大小可按经验决定。

（5）根据前面计算和选定的螺旋桨进行如下计算：

a. 螺旋桨强度计算，按中国船级社 2001 年《钢质海船入级与建造规范》规定的方法。

b. 桨叶重量及惯性矩的计算。

表 10-6（c）　JDC 系列切面型值表

r/R																		
0.28	x	0.00	2.00	4.00	6.00	10.00	15.00	20.00	30.00	32.00	40.00	50.00	60.00	70.00	80.00	90.00	95.00	100.00
	y_B	35.00	51.85	59.75	66.15	76.05	85.25	92.20	99.80	100.00	97.80	91.10	81.25	69.35	56.60	42.00	34.20	25.55
	y_F		24.25	19.05	15.00	10.00	5.40	2.35					2.25	5.00	10.00	15.80	19.55	
0.30	x	0.00	2.00	4.00	6.00	10.00	15.00	20.00	30.00	32.00	40.00	50.00	60.00	70.00	80.00	90.00	95.00	100.00
	y_B	35.00	51.85	59.75	66.15	76.05	85.25	92.20	99.80	100.00	97.80	90.50	79.85	66.95	52.40	37.40	29.55	19.80
	y_F		24.25	19.05	15.23	10.00	5.40	2.35					1.00	4.00	7.50	12.15	14.85	
0.40	x	0.00	2.00	4.00	6.00	10.00	15.00	20.00	30.00	32.00	40.00	50.00	60.00	70.00	80.00	90.00	95.00	100.00
	y_B	35.00	51.85	59.75	66.15	76.05	85.25	92.20	99.80	100.00	97.80	90.30	78.50	63.95	47.95	31.16	22.40	12.80
	y_F		24.25	19.05	15.23	10.00	5.40	2.35						0.25	2.30	5.75	8.05	
0.50	x	0.00	2.03	4.06	6.09	10.16	15.23	20.31	30.47	32.50	40.44	50.37	60.29	70.22	80.15	90.07	95.04	100.00
	y_B	34.00	51.85	59.75	66.15	76.05	85.25	92.20	99.80	100.00	97.80	90.00	78.20	63.20	45.65	26.25	16.35	5.60
	y_F		24.25	19.05	15.00	9.45	5.40	2.35								0.25	1.20	
0.60	x	0.00	2.18	4.36	6.54	10.91	16.36	21.81	32.72	34.90	42.56	52.13	61.70	71.28	80.85	90.43	95.21	100.00
	y_B	30.00	49.60	58.00	64.75	75.20	84.84	91.80	99.80	100.00	97.75	89.95	78.15	63.15	45.25	25.30	15.00	4.50
	y_F		23.60	18.10	14.25	7.70	5.00	2.25										
0.70	x	0.00	2.51	5.03	7.54	12.56	18.84	25.12	37.69	40.20	47.23	56.03	64.82	73.62	82.41	91.21	95.60	100.00
	y_B	30.00	42.90	52.20	59.90	71.65	82.35	90.60	99.80	100.00	97.75	89.95	78.15	63.15	45.25	25.30	15.00	4.50
	y_F		20.50	15.45	11.95	7.70	4.10	1.75										
0.80	x	0.00	2.84	5.68	8.51	14.19	21.28	28.38	42.56	45.40	51.82	59.85	67.88	75.91	83.94	91.97	95.99	100.00
	y_B	21.00	32.45	41.70	50.10	64.60	78.45	88.90	99.80	100.00	97.75	89.95	78.15	63.15	45.25	25.30	15.00	4.50
	y_F		14.00	10.45	8.05	5.05	2.70	1.15										
0.90	x	0.00	3.06	6.11	9.17	15.28	22.92	30.56	45.85	48.90	54.91	62.42	69.94	77.64	84.97	92.49	96.24	100.00
	y_B	8.30	21.10	31.50	40.90	57.45	74.70	87.45	99.70	100.00	98.65	92.75	83.05	69.35	51.85	30.80	19.40	6.85
	y_F		4.00	2.70	2.05	1.20	0.70	0.30										
0.95	x	0.00	3.13	6.25	9.38	15.63	23.44	31.25	46.87	50.00	55.88	63.23	70.59	77.94	85.30	92.65	96.32	100.00
	y_B	6.00	19.65	30.00	39.60	56.75	74.30	87.30	99.65	100.00	99.00	93.85	84.65	71.65	54.30	33.50	21.50	8.00
	y_F																	

注：x 为从导边量起的距离，以弦长百分数表示；y_B 为叶背坐标，以切面最大厚度百分数表示；y_F 为叶面坐标，以切面最大厚度百分数表示。

对于 JDC 3 叶系列可按下式计算：

桨叶重量

$$G_B = 0.04869\gamma\frac{A_E}{A_o}D^3 \quad (\text{kgf}) \tag{10-10}$$

式中：γ 为材料重量密度（kgf/m^3）；A_E/A_o 为盘面比；D 为螺旋桨直径（m）。

惯性矩

$$I_{mp} = 2.701G_B D^2 \quad (\text{kgf}\cdot\text{m}^2) \tag{10-11}$$

c. 水动力叶力矩计算。

可调桨的转叶力矩是由水动力叶力矩，离心力叶力矩及摩擦力叶力矩 3 部分组成的。由于毂内调距机构不同，摩擦力叶力矩需视具体情况而定。

水动力叶力矩系数 K_{SH} 由下式表示：

$$K_{SH} = \frac{Q_{SH}}{\rho n^2 D^5} \tag{10-12}$$

式中：Q_{SH} 为水动力叶力矩（$\text{kgf}\cdot\text{m}$）。

d. 离心力叶力矩计算。

离心力叶力矩系数 K_{SC} 由下式表示：

$$K_{SC} = \frac{Q_{SC}}{\rho n^2 D^5} \tag{10-13}$$

式中：Q_{SC} 为离心力叶力矩（$\text{kgf}\cdot\text{m}$）。

K_{SH} 曲线表示成图 10-20 所示的形式，K_{SC} 可用理论方法计算，其形式如图 10-21 所示。

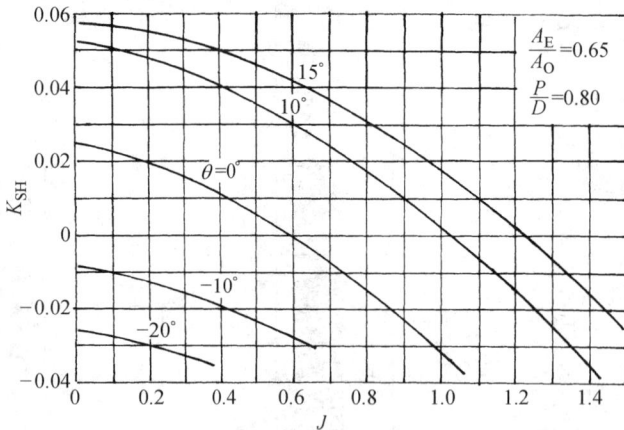

图 10-20　水动力叶力矩系数曲线　　　　图 10-21　离心力叶力矩系数曲线

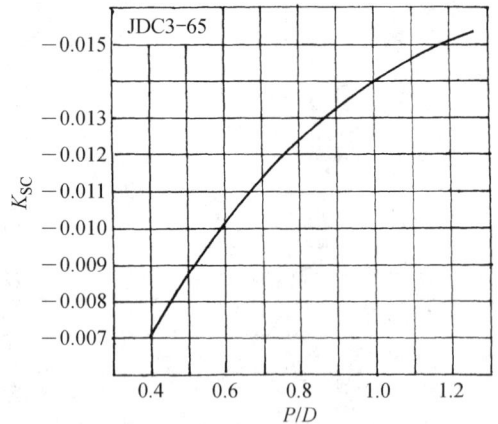

e. 自由航行工况校核计算。

f. 拖带（或其他）航行工况的校核计算。

在 e 和 f 两项计算中需利用在不同转角下螺旋桨的敞水性征曲线，以决定具有设计螺距比的可调桨在不同工况时所需的转角值，计算同时包括各工况下航速、拖力、转叶力矩和敞水效率。

g. 校核不同工况下的空泡性能。

10-3 其他形式特种推进器简介

1. 风帆

风帆作为船舶的推进装置有其悠久的历史,19世纪后半期可说是帆船的鼎盛时期,大型高速帆船已达到相当完善的程度。其后由于蒸汽船的出现才被逐渐淘汰。自1973年石油危机以来,燃油价格急剧上涨,燃料费用在船舶营运开支中从原来的百分之十几增加到百分之四五十。为了节能的需要,在现代船舶上采用风帆推进装置的方案又重新提出。在国外已成功地发展了机主帆副的船舶,据统计,由于利用风帆而得到的节能效果约15%左右,每平方米帆面积平均获得的功率约0.3~0.4 hp。

为了克服传统帆船的缺点和保证船舶运输的定时性,现在船舶以机主帆副为宜,这便是通常所称的风帆助航节能船舶。

用于推进船舶的风帆形式繁多。从帆的外形来看,有方形帆、三角帆;从帆与桅杆的相对位置来看,有纵帆和横帆;从帆的结构形式来看,有硬帆和软帆;从帆的横断面拱度线形状来看,有层流型、圆弧型等。对于不同形状风帆的研究结果表明:圆弧型风帆的空气动力性能比较优良,制造和操纵又比较简便易行,似乎最适用于现代船舶。圆弧型风帆又可分为硬帆和软帆两种。有些船舶采用圆弧型硬帆,当风向不利时,帆的两翼可以收拢,其横断面近似于流线型[见图10-22(a)],借自动控制可将收拢的帆转至受风阻力最小的位置。在风向有利时,帆的两翼可张开成圆弧型薄翼[见图10-22(b)],借自动控制可将帆转至最佳的迎风角度,以得到最大的推力。圆弧型硬帆在收拢时仍有相当高大的帆面积,即使已转至受风阻力最小的位置,对船舶稳性仍会带来不利影响。因此有些船舶愿意采用圆弧型软帆,在风向不利时,帆可下落收拢至离甲板一定的高度处;在风向有利时,帆可升起并转至最佳的迎风角度。图10-23是圆弧型软帆的示意图。

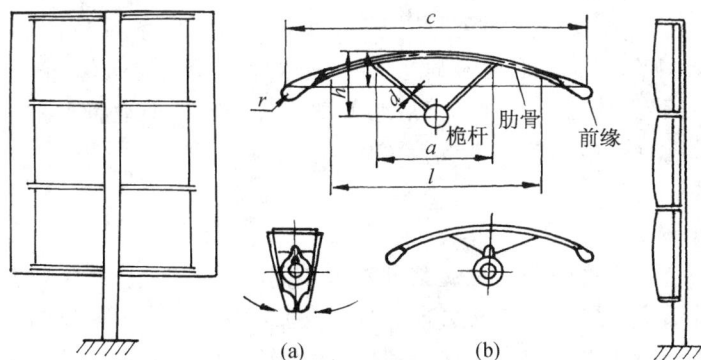

图 10-22 圆弧型硬帆   图 10-23 圆弧型软帆

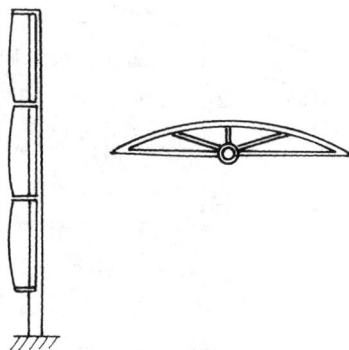

上述简便而有效的操帆可由控制系统根据一定的程序来实现。程序中最主要的部分是风帆本身的空气动力性能资料,当外界的风向、风速等信息输入时,控制系统可发出张帆、收帆和转帆的指令。上海交通大学船舶流体力学研究室于20世纪80年代初对圆弧型风帆进行过系列试验研究,并提供了风帆设计的有关资料,可供设计者参考。

2. 串列螺旋桨

两只普通螺旋桨安装在同一根尾轴上者称为串列螺旋桨。其优点是：

（1）与其他特种推进器相比，构造简单，制造加工和维修都较方便。

（2）在总盘面比相同的条件下，在负荷较轻时（$B_p = 10 \sim 35$），串列螺旋桨和普通螺旋桨具有相当的最佳效率，但串列螺旋桨最佳直径约小 8%。在中等负荷时，串列螺旋桨的效率约高 1.5%，直径约小 3%。在直径受到限制时，串列螺旋桨效率高于普通螺旋桨，限制直径 10% 时，效率约高 3%，限制直径 20% 时，则效率约高 6%。

（3）外界负荷变化对主机转速影响不大，主机功率发挥较好。

（4）由于功率和推力由两只螺旋桨分担，故能缓和由推进器引起的尾部振动。

缺点是尾轴较长，重量较大，造价高于普通螺旋桨。

对于多工况的船舶如拖轮、油轮，尤其是直径受限制的浅水内河船，采用串列螺旋桨可以收到较显著的效果。近年来，由于船舶主机功率急速增大，推进器负荷不断升高，空泡、振动问题更加突出，串列螺旋桨可望有发展前途。

为了探讨串列螺旋桨的性能，上海船舶运输科学研究所进行了模型的敞水系列试验，并提供了下述系列的 $\sqrt{B_p}$-δ 图谱，可供设计者参考选用：

CLB4-55-2　　　　CLN4-40-2

CLB4-40-2　　　　CLB4-55-1

CLB4-55-3　　　　CLB-5540-1

CLB4-5540-2

符号意义是：CL 表示串列的汉语拼音；B 表示叶型及切面形式采用楚思德 B 型螺旋桨；N 表示叶梢较宽，叶根较窄，并采用改进的 NACA66 机翼型切面；数字依次表示"叶数-盘面比-前后桨螺距比之差"，如：CLB4-40-2 表示 B 型，前后桨均为 4 叶，盘面比都是 0.4，前后桨的螺距比之差为 0.2；而 5540 表示前桨盘面比为 0.55，后桨盘面比为 0.40。

利用上述 $\sqrt{B_p}$-δ 图谱设计串列桨的方法与普通螺旋桨基本相同。对于船体影响系数（w、t 及 η_R 等）可按普通螺旋桨的相应公式估算。从图谱查得的螺距比系后桨之值，前桨螺距比需从此值减去螺距差。从串列螺旋桨和普通螺旋桨空泡水筒试验的有关资料看，在总盘面比相同时，两者的空泡性能相近，故通常先计算前后桨的功率分配或近似地将功率平均分配，再按普通螺旋桨所用的方法进行空泡校核。强度校核也可做类似处理。

3. 对转螺旋桨

对转螺旋桨或称双反转螺旋桨，乃将两普通螺旋桨分别装于同心之两轴上，以相反方向旋转，如图 10-24 所示。因为前后螺旋桨尾流的旋转方向相反，其总结果是减少了尾流的旋转损失。若前后桨配合适当，可使尾流中几乎没有周向诱导速度，故对转螺旋桨的效率较普通螺旋桨高。对转之前后两螺旋桨的转矩方向相反，大小约略相等，作用在运动体上的扭转力矩很小，故此种装置多年来普遍用作鱼雷之推进器，其目的为避免鱼雷在航行中转动而产生航向偏离。又因其总的叶面积增加，故在吸收同样功率时，负荷较

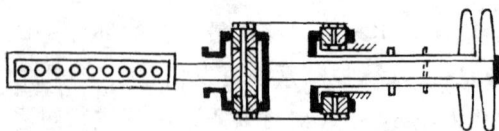

图 10-24　对转桨及轴系示意图

单螺旋桨为低,有利于避免空泡的产生。在一定负荷下,对转螺旋桨所需直径较普通螺旋桨小,因此对解决浅吃水船舶的推进问题具有一定的意义。但对转螺旋桨之轴系构造极为复杂,制造工艺要求高,造价和维修费用也贵,故未能得到广泛应用。

4. 喷水推进器

利用水泵吸水并向船后喷射获得水的反作用力而推船前进者称为喷水推进。为实现吸水和喷水的装置称为喷水推进器。

早在17世纪,人们就已利用喷水装置作为船舶的推进器,有关喷水装置的试验研究一直延续至今。但早期的喷水推进装置相当笨重,管路损失严重,推进效率很低,长期以来它的应用仅限于浅吃水或对操纵性要求特高的某些专用船上。自从20世纪70年代以来,专用推进泵的研制取得了相当的进展,从而大大提高了喷水推进的效率,当前已有总推进效率为55%的喷水推进装置,在高速艇上其效率可以与螺旋桨相匹敌。因而喷水推进在高速艇及低噪声推进船上得到日益广泛的应用。典型的喷水推进系统见图10-25。图中(a)、(b)、(c)、(d)、(e)、(f)分别为低速船、滑行艇、水翼艇、侧壁气垫船、驱逐舰及鱼雷的喷水装置示意图。各种类型船舶的喷水推进装置形式虽然有所不同,但其组成大致是水泵、管道以及附属装置如隔栅、整流片等。通常把管道分成进口段 AC 和出口段 DE,如图10-25所示。喷口部分常做成可转动式借以改变水流的喷射方向,使船舶能倒退或转向,见图10-25(b)、(c)、(d)。我国在喷水推进器的研制方面取得了可喜的成果,并积累了一定的设计经验。

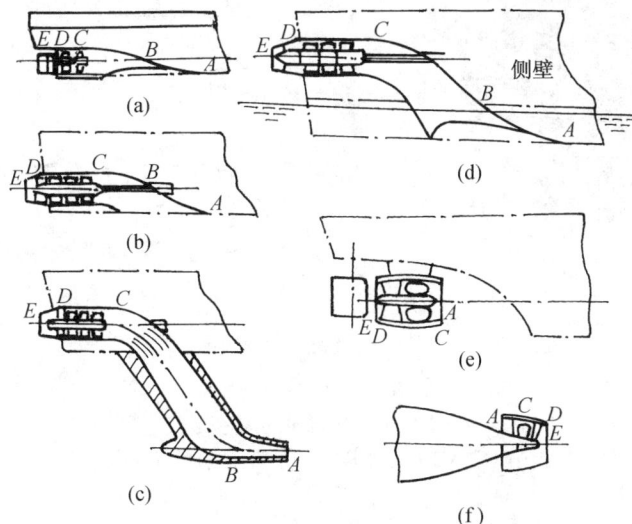

图 10-25 典型的喷水推进系统

5. 吊舱式推进器

吊舱式推进器(podded propulsor)是20世纪80年代末问世的一种新型推进器,1990年功率为1500 kW的该式推进器首次装船使用,之后又有功率为11400 kW的该式推进器装在两艘德国油轮上使用,实际航行结果表明,这种推进装置非常有效。嗣后几家大型螺旋桨公司竞相研究开发各自的系列,最大功率高达30000 kW,并在旅游船、大型渡船、5万吨级邮船、油轮等多种类型的民用船上使用,有些国家已在考虑用之于军用舰艇。

吊舱式推进器是在传统的电力推进系统的基础上改进而发展的一种新型推进器,它由吊舱和螺旋桨组成。流线型水下吊舱悬挂在船下,由法兰盘与船体相接,吊舱内安装的电动机直接驱动螺旋桨。柴油发电机组安装在船舱内,电力经电缆和滑环装置传送至吊舱内的电动机。吊舱可作360°回转,能起到舵的作用,能显著改善船的操纵性能和紧急机动性能。根据螺旋桨的数目及位置,吊舱式推进器可分为前桨(牵引式)、后桨(推式)或串列式等,也可使用对转桨、导管桨等多种形式的推进器。从水动力学的观点来看,吊舱螺旋桨的敞水性能与普通螺旋桨相同,但对吊舱的性能、螺旋桨与流线型吊舱之间的相互影响以及吊舱推进器整体与船体的相互作用等问题,应根据具体布置进行专门的研究。

由于推进系统本身完全包含在吊舱内,船身主体省去了轴支架、尾柱等附体,原动机(柴油机等)及发电机组在船内可以比较灵活自由布置,尾轴、减速齿轮以及传动轴系等都可省去,因而提高了舱容。此外,在船上不再需要舵及侧推器等操纵装置。与传统的螺旋桨推进方式相比,吊舱式推进器在船舶设计、制造及维修等方面有很多优点,因而发展相当迅速,使用日益广泛。图 10-26 给出了吊舱推进器的概貌。

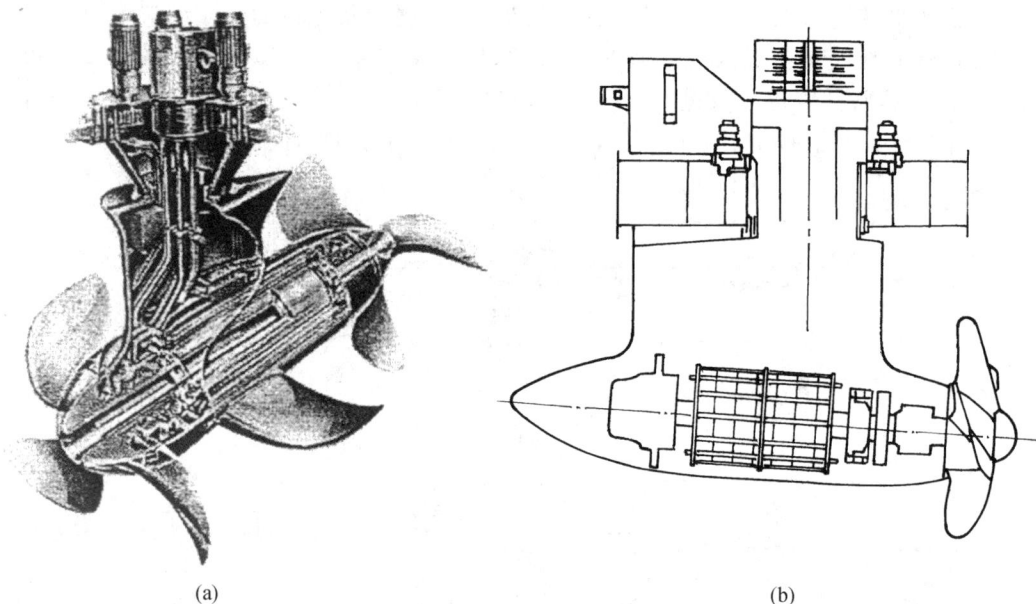

(a)　　　　　　　　　　　　　　　　(b)

图 10-26　吊舱推进器概貌

(a) 串列(双桨)吊舱推进器;(b) 单桨(牵引式)吊舱推进器

第11章 螺旋桨理论设计基础

11-1 螺旋桨升力线理论导言

前面我们已经详细地讨论了螺旋桨的图谱设计方法。由于计算方便,易为人们所掌握,而且如选用的图谱合适,结果也较满意,故目前仍是应用较广的一种设计方法。但是实际螺旋桨运转于非均匀的船后尾流场内,实践表明,这种尾流场的不均匀性发展到一定程度后,将会发生螺旋桨空泡和引起船体振动等问题。在这种情况下,用环流理论方法所设计的螺旋桨将显示出它的优越性。环流理论设计方法是根据环流理论及各种桨叶切面的试验或理论数据进行螺旋桨设计。用此种方法可以分别选择各半径处最适宜的螺距和切面形状,以考虑到船后伴流不均匀性的影响。因而对于螺旋桨的空泡和振动问题能进行比较正确的考虑。以往由于此方法计算繁复,加工工艺也较复杂,故在我国除某些军用船外应用甚少。随着电子计算机技术在造船事业中应用的发展,尤其是中国造船工程学会船舶力学委员会船舶推进和空泡学组举办"螺旋桨环流理论设计方法和螺旋桨激振力"的研讨班后,不少设计单位和船厂已具有相应的设计程序,有力地促进了环流理论螺旋桨的应用。本章将介绍螺旋桨环流理论基础及其应用,以便掌握以升力面理论修正的螺旋桨升力线理论设计计算程序。至于对螺旋桨环流理论进一步的有关知识,请参阅董世汤编著的《船舶螺旋桨理论》。

螺旋桨环流理论是利用流体力学的理论方法来解决螺旋桨下列两类问题:

(1)给定螺旋桨的几何形状和运转条件(包括它所处的伴流场)通过理论计算的方法求出螺旋桨的水动力、桨叶切面的压力分布等。实际上就是借助于理论方法来确定螺旋桨性能的问题。通常人们称之为(计算的)正问题,亦有人称为(设计的)逆问题。本书中称此为正问题。

(2)给定螺旋桨的运转条件(包括所处的伴流场),并提出对螺旋桨水动力性能的某些设计要求,例如提高效率,推迟空泡发生或缩小空泡区域,降低激振力或推迟梢涡空泡噪声的发生等,然后根据理论研究的成果去控制某些变量或参数,设计出尽可能符合这些要求的螺旋桨几何形状。这类问题有人称为(计算的)逆问题,亦有人称为(设计的)正问题。本书中称它为逆问题或设计问题。

螺旋桨的叶数实际上是有限的,并且桨叶有旋转运动,因此在空间的固定坐标系中,对指定的场点来说,由于桨叶对场点的相对位置随时间而变化,故流场是非定常的。但在与螺旋桨固定在一起的旋转坐标系中看问题时,如果螺旋桨在敞水或一个轴对称的伴流场中运转,则在该运动坐标系中的场点(与运动坐标系固定在一起)与桨叶的相对位置不随时间而变化,桨叶所遇的来流条件亦不随时间变化,因此运动坐标系所表现的流场也不随时间而变化,在螺旋桨理论中,是用此运动坐标系中的流场来定义定常或非定常的。如在这种运动坐标系中,流场不随时间变化,则定义为定常运动,反之为非定常运动。显然,在周向不均匀的伴流场中,由于桨叶所遇的来流条件随时间而变化,引起桨叶的扰动亦随时间变化,因此即使在运动坐标系中,流场仍然是非定常的。实际上运转于船后的螺旋桨都属于这种情况,即非定常运动。为简化起见,常将伴流场理想化,或视作均匀流场(敞水情况),或视作轴对称流场(所谓船后状态)。

螺旋桨叶片是一个做螺旋运动的机翼,所以机翼中的环流理论(也称旋涡理论)是螺旋桨理论的基础。事实上,螺旋桨理论中不少基本概念及模型的建立是从机翼理论中引申过来的,只是由于螺旋桨不但有前进运动并且还有旋转运动,故在处理上要比机翼理论复杂。

1. 螺旋桨的旋涡模型

1) 机翼旋涡模型及其处理方法

螺旋桨的环流理论或称旋涡理论,是把流体力学中的机翼理论用于研究螺旋桨的作用力与其周围流体速度场之间的基本规律,从而确定螺旋桨的水动力特性。这里先简单回顾一下机翼的旋涡模型及其解决问题的概念,对于理解螺旋桨问题是有帮助的。

无限翼展的机翼(即二因次机翼)在计算其升力时,可把机翼用一无穷长的涡线来代替,此涡线称为附着涡。但对于有限翼展的机翼,由于上下表面压力不同(上表面——吸力面,高速低压;下表面——压力面,低速高压),在机翼两端形成自下而上的横向绕流,致使在翼端处上

图 11-1　环绕三因次机翼的曲面 S

下压力趋于相等,亦即该处升力趋于零(见图 3-8),升力沿翼展方向是变化的。因此它不能用等强度的附着涡来代替以计算其升力。根据亥姆霍茨(Helmholtz)定理:涡线的强度保持不变并且不能中断于流体内部,从而就可设法寻求相应的旋涡模型。在图 11-1 所示的机翼上,作一曲面 S 环绕它,曲面 S 有一割缝,AB 和 CD 为其两岸。对沿曲面 S 周界作速度的线积分,由于割缝两岸积分方向相反,故割缝两岸的速度线积分相互抵消,从而使

$$\oint \boldsymbol{v} \cdot \mathrm{d}\boldsymbol{l} = \Gamma_1 - \Gamma_2$$

式中:Γ_1 为绕机翼截面 I 的环量;

Γ_2 为绕机翼截面 II 之环量。

根据斯托克斯定理:

$$\oint \boldsymbol{v} \cdot \mathrm{d}\boldsymbol{l} = 穿过曲面 S 的涡的总强度$$

由于三因次机翼中 $\Gamma_1 \neq \Gamma_2$,故必有涡穿过曲面 S 向外泄出,泄出的涡称为自由涡或尾涡,尾涡的存在是三因次机翼区别于二因次机翼的主要特征。由此可见

$$\Gamma_1 = \Gamma_2 + 两截面间泄出的自由涡总强度$$

这样,保持涡强度的总和不变,符合亥姆霍茨定理。

根据上述现象,普朗特(Prandtl)提出了描绘三因次机翼的旋涡模型,如图 11-2 所示。它是由无数个具有无限小强度的不同展长的马蹄形涡组成,整个涡系分两部分:所有沿翼展方向的涡线段称为附着涡系,所有向下游泄出的涡线称为自由涡系。这样,对于每一条马蹄形涡线是等强度的,但绕机翼每一截面的环量取决于穿过该截面的附着涡的总强度,故它沿翼展方向是变化的。

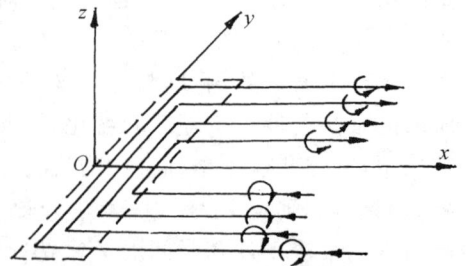

图 11-2　三因次机翼的旋涡模型

如取（x、y、z）坐标系如图 11-2 所示，x 方向为来流方向，y 为翼展方向，z 垂直于 xOy 平面。若绕截面Ⅰ的环量为 Γ_1，绕截面Ⅱ的环量为 Γ_2，则在截面Ⅰ与Ⅱ之间泄出的环量必为

$$\Delta\Gamma = \Gamma_1 - \Gamma_2$$

由于环量 Γ 沿展向连续变化，是 y 的函数，如自由涡线以向下游取为正，则分布在 $\mathrm{d}y$ 区间的自由涡强为

$$-\frac{\mathrm{d}\Gamma}{\mathrm{d}y} \cdot \mathrm{d}y$$

对于大展弦比的机翼，普朗特再将上述涡系做进一步简化，他认为此时可把所有的附着涡看成是束集在一条线上，也即以一条附着涡线来代替，称之为升力线。实际上所谓升力线就是强度沿展向变化的一条附着涡线，如图 11-3 所示，自由涡从升力线向下游泄出，形成一个自由涡片（或称尾涡片），此即享有盛名的机翼升力线旋涡模型。上述自由涡片与观察到的并不完全一致，实际上自由涡片并不稳定，在离机翼尾端不远处变形而卷成两个涡卷，如图 11-4 所示，被来流冲向下游。要根据实际形成的涡卷做理论上的讨论是困难的，故实际计算中仍采用图 11-3 所示的模型，认为机翼后面的自由涡片是延伸至无穷远后方的平面涡片。

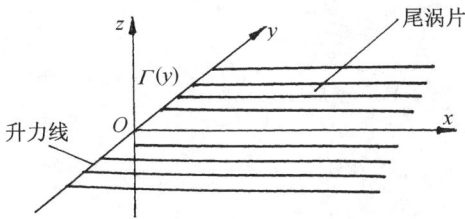

图 11-3 机翼升力线旋涡模型

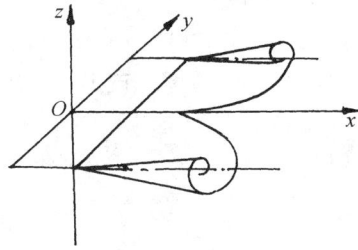

图 11-4 自由涡片的变形成涡卷

流场中的速度 v 可看成由 3 部分合成：

$$v = V + v_\mathrm{b} + v_\mathrm{f}$$

式中：V 为来流速度；v_b 为附着涡（即升力线）产生的诱导速度；v_f 为自由涡系产生的诱导速度。

通过升力线上各点可作相应的平行于 xOz 平面的平面，普朗特把此平面内的流动用一个二因次流动来代替。引入一个速度 V_m，如下式：

$$V_\mathrm{m} = V + v_\mathrm{i}$$

式中：v_i 为升力线上的 v_f 在 z 方向的分量，称为下洗速度。

把 V_m 当作假想的二因次流动的来流速度，用 v_i 来体现自由涡的影响。然后把平均于 xOz 平面的平面内的流动看作二因次问题，它在升力线处的速度可表达为

$$v = V_\mathrm{m} + v_\mathrm{b}$$

形式上与真正的二因次流动一致。但必须注意，此时的来流速度已是 V_m 而不是 V，故按茹可夫斯基定理计算的升力 L 垂直于 V_m。把 L 分解为垂直于 V 的分量 L'（实际上的升力）和沿速度 V 方向的分量 D'（诱导阻力），如图 11-5 所示。

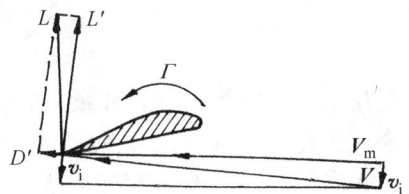

图 11-5 三因次机翼的下洗速度和诱导阻力

由此可见，即使在理想流体中，三因次机翼也是存在阻力的。

二因次机翼的升力系数 C_L 可由下式给出：

$$C_L = \frac{\mathrm{d}C_L}{\mathrm{d}\alpha}(\alpha + \alpha_0) = a_0(\alpha + \alpha_0) \tag{11-1}$$

式中：α 为机翼对于来流速度的攻角；

　　α_0 为机翼切面的零升力角；

　　a_0 为 C_L-α 曲线的斜率。

由于现在某机翼截面的来流速度为 $\boldsymbol{V}_{\mathrm{m}}$，它与 $\boldsymbol{V}$ 之间有夹角 $\Delta\alpha$，称为下洗角。若仍以 α 表示机翼对于 $\boldsymbol{V}$ 的攻角，则式(11-1)应改写为

$$C_L = a_0(\alpha + \alpha_0 + \Delta\alpha) = a_0\left(\alpha + \alpha_0 + \frac{v_{\mathrm{i}}}{V}\right) \tag{11-2}$$

升力系数还可由下式表示：

$$C_L = \frac{L}{\frac{1}{2}\rho b(y)V^2} \tag{11-3}$$

式中：ρ 为流体密度；

　　$b(y)$ 为 y 处机翼切面的弦长；

　　L 为切面单位长度上的升力，由下式表示：

$$L = \rho V_{\mathrm{m}}\Gamma(y) \approx \rho V\Gamma(y) \tag{11-4}$$

因此，将式(11-4)代入式(11-3)可得

$$C_L = \frac{2\Gamma(y)}{b(y)V} \tag{11-5}$$

再将式(11-5)代入式(11-2)，经整理即可有

$$\Gamma(y) = \frac{1}{2}a_0 b(y)V\left(\alpha + \alpha_0 + \frac{v_{\mathrm{i}}}{V}\right) \tag{11-6}$$

如前所述，自由涡强为 $-\dfrac{\mathrm{d}\Gamma}{\mathrm{d}y}\mathrm{d}y$，故自由涡产生的诱导速度 v_{i} 可按毕奥-萨伐公式求得：

$$v_{\mathrm{i}}(y) = -\frac{1}{4\pi}\int_l \frac{\frac{\mathrm{d}\Gamma}{\mathrm{d}y_0}\mathrm{d}y_0}{y_0 - y} \tag{11-7}$$

代入式(11-6)，就有下列积分微分方程：

$$\Gamma(y) = \frac{a_0}{2}b(y)V\left[\alpha(y) + \alpha_0(y) - \frac{1}{4\pi V}\int_l \frac{\frac{\mathrm{d}\Gamma}{\mathrm{d}y_0}\mathrm{d}y_0}{y_0 - y}\right] \tag{11-8}$$

利用式(11-8)可以求解环量 $\Gamma(y)$。解出 $\Gamma(y)$ 后，则 v_{i}、下洗角 $\Delta\alpha$、升力和诱导阻力均可解决。由此也可看到，上述处理过程中，仅通过假想的二因次截面建立方程，并未考虑物面上的边界条件，因此，升力线理论是一个近似的理论，对于展弦比较小的机翼，必然导致较大的误差。

所谓升力面理论，是把附着涡连续分布在整个翼面上以构成一个附着涡的涡片。对于小

攻角和小拱度的机翼,上述附着涡分布在 xOy 平面上以近似代替翼面上的分布,如图 11-6 所示。$\gamma_b(x,y)$ 定义为附着涡的强度分布密度,故在 dx 区间,附着涡的强度为 $\gamma_b(x,y)dx$。在三因次问题中,在 dx 区间的一束附着涡涡强沿 y 方向变化,可按升力线模型的规则,泄出自由涡,且其强度 $\bar{\gamma}_f(y)dy$ 可由下式表达:

$$\bar{\gamma}_f(y)dy = -\frac{\partial}{\partial y}[\gamma_b(x,y)dx]dy$$

因为自由涡是从泄出点起向下游延伸至无穷远,故在翼区内任一点 (x,y,O) 上,自由涡强度不但包含所在点泄出的涡,而且还有上游泄出的所有自由涡,以图 11-6 所示的矩形翼为例,该点自由涡强度为

$$\gamma_f(x,y)dy = -\int_0^x \frac{\partial}{\partial y}[\gamma_b(x_0,y)]dx_0 dy \tag{11-9}$$

自由涡密度为

$$\gamma_f(x,y) = -\int_0^x \frac{\partial}{\partial y}[\gamma_b(x_0,y)]dx_0 \tag{11-10}$$

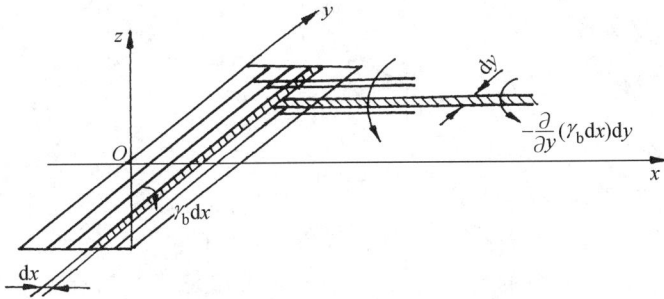

图 11-6   三因次机翼的升力面模型

由式(11-10)可见,在翼区 S 内,γ_f 是 x,y 的函数。但在机翼尾缘之后,因不再有新的自由涡加入,故自由涡强度沿 x 方向就不再变化,而只是 y 的函数,即

$$\gamma_f(x,y) = \gamma_f(y) = -\int_0^b \frac{\partial}{\partial y}[\gamma_b(x_0,y)]dx_0 \tag{11-11}$$

式中:b 为弦长。对于非矩形的翼,上述 3 式还要考虑到导边和尾缘的处理。升力面模型就是用上述的附着涡分布及自由涡合成的涡系来代替机翼。由式(11-10)可见,γ_f 取决于 γ_b,故整个涡分布的未知函数仅是 $\gamma_b(x,y)$。附着涡系和自由涡系在机翼上各点所产生的诱导速度 $u(x,y)$ 可以通过毕奥-萨伐公式与涡分布建立关系,亦即建立 $u(x,y)$ 与 $\gamma_b(x,y)$ 的关系式。然后根据 $u(x,y)$ 在机翼表面上所需满足的边界条件,建立一个求解 $\gamma_b(x,y)$ 的积分微分方程,这就是升力面理论处理机翼问题的基本概念。

2)螺旋桨的升力线模型

螺旋桨的叶片是做螺旋运动的机翼,从螺旋桨运转时周围水流运动情况的观察可以清晰地看到,螺旋桨的旋涡形式与机翼十分相似。图 11-7 为螺旋桨运转时周围的水流运动情况,在桨叶的叶梢和叶根(桨毂处)各有一股旋涡顺流冲向螺旋桨后方,与机翼不同的只是由于螺旋桨具有旋转运动,

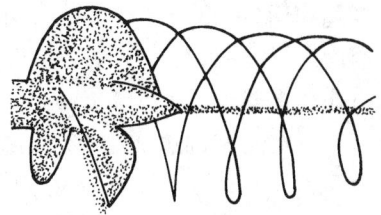

图 11-7   桨叶泄出的螺旋形涡线

因而桨叶随边泄出的旋涡呈螺旋形。

与机翼类似,螺旋桨叶也可用附着涡来代替,由于实际桨叶具有一定的长度,叶梢具有横向绕流,因而形成自由涡。与三因次机翼的情况相似,附着涡的环量沿桨叶长度方向(即半径方向)是变化的,尾涡(自由涡)沿整个桨叶随边泄入尾流并成一连续的自由涡片。

由此我们可建立螺旋桨升力线模型:把螺旋桨叶看作有限翼展的机翼,并以一根径向的升力线(即一条附着涡线)来代替螺旋桨叶,升力线的环量随半径方向是变化的,故自升力线上每一点有自由涡线下泄(见图11-8)。在叶梢处,因叶面和叶背压力趋于相等,故不存在升力(亦即环量为零)。至于叶根部分,因与桨毂连在一起,处理上比较复杂。有人认为桨毂虽能阻挡同一叶片压力面和吸力面之间的压力中和,但由于根部处叶与叶之间很靠近,一叶之压力面将与相邻叶片之吸力面发生压力的中和,因此使该处的环量也为零(见图11-9);但也有人认为在根部环量并不一定为零,因而在处理上有些不同。

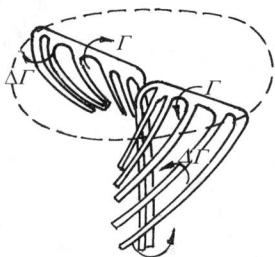

图 11-8　螺旋桨升力线模型

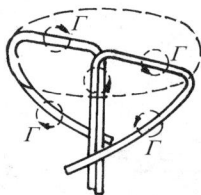

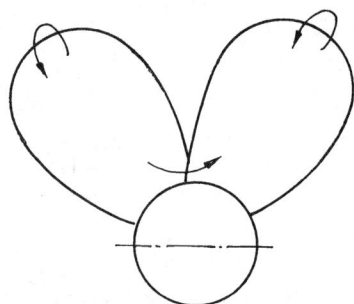

图 11-9　叶根处的环量

令 $\Gamma(r)$ 为一个叶子的附着涡在半径 r 处的环量,由于它沿半径 r 方向连续变化,如取自由涡线向下游为正,则该点下泄的自由涡强度 $\bar{\Gamma}$ 与附着涡环量之间有如下关系:

$$\bar{\Gamma} = -\frac{d\Gamma(r)}{dr} \tag{11-12}$$

如前所述,由于螺旋桨运转时一边前进,一边旋转,故在升力线处下泄的自由涡线呈螺旋线状,无数螺旋线状自由涡线组成螺旋面涡片。每个叶片后面有一个螺旋状涡片,Z 个叶子就有 Z 个螺旋涡片。又因螺旋桨叶片是对称的,故螺旋桨后面的螺旋涡片也是对称的。

事实上,螺旋桨后面的螺旋形自由涡片是不稳定的,在离螺旋桨稍远处即卷成两个旋涡带(见图11-7),一个在叶梢附近,一个在叶根附近,分别称为梢涡和根涡,各叶的根涡汇集成一个总的轴向旋涡带,而梢涡则呈螺旋状涡管,梢涡数目与叶数相同,在理论研究时,为方便起见,假定螺旋涡片并不卷起,一直延伸到无穷远。

3) 桨叶上的力和转矩

我们以升力线涡线系代替螺旋桨,认为此涡系所诱导的速度场与螺旋桨运动所诱导的速度场相同,如果能够计算出自由涡系在桨叶上(即升力线上)的诱导速度,那么,考虑了此诱导速度之后,可将桨叶上每一个叶元体当作二因次机翼来处理,应用茹可夫斯基升力公式可以求出作用在桨叶上的力和力矩。

设螺旋桨的进速为 V_A,角速度为 ω,如在半径 r 处截取 dr 微段,则此 dr 微段的轴向速度为 V_A,周向速度为 ωr,如图11-10所示。此叶元体相对于静水的合速度为

$$V_0 = \sqrt{V_A^2 + (\omega r)^2}$$

V_0 与周向速度的夹角 β 称为进角,其正切可由下式表示:

$$\tan\beta = \frac{V_A}{\omega r} \tag{11-13}$$

设所有自由涡片对升力线处的诱导速度为 u_a、u_t 和 u_r。由于径向诱导速度 u_r 与附着涡环量 $\Gamma(r)$ 方向相同,不产生升力,所以对水动力的计算不起作用。轴向诱导速度 u_a 的方向与螺旋桨前进方向相反,使桨叶与附近水流的轴向相对速度增加。周向诱导速度 u_t 的方向与螺旋桨旋转方向相同,使桨叶与附近水流的相对周向速度减小。因此,考虑自由涡系的诱导速度以后,水流与螺旋桨叶元体的相对速度为 V_R,如图 11-10 所示。V_R

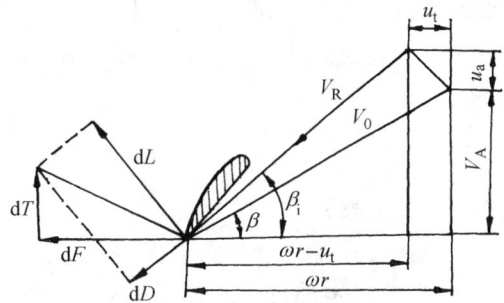

图 11-10 叶剖面的速度及作用力

与周向速度的夹角 β_i 称为水动力螺距角,其正切可由下式表示:

$$\tan\beta_i = \frac{V_A + u_a}{\omega r - u_t} \tag{11-14}$$

若忽略离心力的影响,则作用在 dr 微段上的升力可表达为

$$dL = \rho V_R \Gamma(r) dr$$

其方向与 V_R 垂直。

在实际流体中,除升力外尚有翼型阻力(包括摩擦阻力和旋涡阻力),以 dD 表示,方向与 V_R 相同,如图 11-10 所示。以 ε 表示翼型的阻升比,即

$$\varepsilon = \frac{dD}{dL} \quad 或 \quad dD = \varepsilon\, dL$$

将 dL 和 dD 的合力在轴向投影,则得到叶元体所产生的推力为

$$dT = dL\cos\beta_i - dD\sin\beta_i = dL\cos\beta_i(1 - \varepsilon\tan\beta_i) \tag{11-15}$$
$$= \rho V_R \Gamma(r)\cos\beta_i(1 - \varepsilon\tan\beta_i) dr$$

将 dL 和 dD 的合力在周向投影,则得到叶元体所受的旋转阻力

$$dF = dL\sin\beta_i + dD\cos\beta_i = dL\sin\beta_i\left(1 + \frac{\varepsilon}{\tan\beta_i}\right)$$
$$= \rho V_R \Gamma(r)\sin\beta_i\left(1 + \frac{\varepsilon}{\tan\beta_i}\right) dr \tag{11-16}$$

因而,dF 所形成的转矩

$$dQ = r\, dF = \rho\, \Gamma(r) V_R \sin\beta_i\left(1 + \frac{\varepsilon}{\tan\beta_i}\right) r\, dr \tag{11-17}$$

由图 11-10 可知:

$$V_R\cos\beta_i = \omega r - u_t$$
$$V_R\sin\beta_i = V_A + u_a$$

故作用在 dr 微段上的推力和转矩为

$$dT = \rho\, \Gamma(r)(\omega r - u_t)(1 - \varepsilon\tan\beta_i) dr \tag{11-18}$$

$$dQ = \rho\,\Gamma(r)(V_A + u_a)\left(1 + \frac{\varepsilon}{\tan\beta_i}\right)r\,dr \tag{11-19}$$

将 dT 和 dQ 沿半径 r 积分,即得一个叶片的推力和转矩,乘以叶数 Z 即为整个螺旋桨发出的推力 T 和吸收的转矩 Q,即

$$\left.\begin{aligned}
T &= \rho Z \int_{r_h}^{R} \Gamma(r)(\omega r - u_t)(1 - \varepsilon \tan\beta_i)\,dr \\
Q &= \rho Z \int_{r_h}^{R} \Gamma(r)(V_A + u_a)\left(1 + \frac{\varepsilon}{\tan\beta_i}\right)r\,dr
\end{aligned}\right\} \tag{11-20}$$

式中:r_h 为桨毂半径。

上述公式中环量分布 $\Gamma(r)$ 和自由涡系在升力线处的诱导速度之间有一定的关系,可以通过毕奥-萨伐定理或速度势理论建立这种关系。所以,问题就归结为求解环量分布。

至于确定诱导速度和自由涡强度 $\overline{\Gamma}\,dr = -\dfrac{d\Gamma}{dr}dr$ 之间的关系,与机翼理论一样,可以利用毕奥-萨伐公式或速度势理论,但是由于螺旋桨后面的自由涡系是 Z 个对称的螺旋涡片,所以问题比平面机翼要复杂一些。

在决定自由涡系的诱导速度时,首先必须知道自由涡线的形状,而自由涡线的形状又依赖于诱导速度的大小,即诱导速度和自由涡线形状是相互依赖的,所以不得不做些近似假定。在实际处理中,一般将螺旋桨分为 3 种类型:轻载螺旋桨、中载螺旋桨和重载螺旋桨。

所谓轻载螺旋桨,是指诱导速度与螺旋桨运动速度相比为很小的情况。对于这类螺旋桨,一般忽略诱导速度对涡片形状的影响,升力线上每一点的运动轨迹就是自由涡线的位置。设螺旋桨前进速度为 V_A,角速度为 ω,则半径 r 处叶元体与静水的相对速度为 $V_0 = \sqrt{V_A^2 + (\omega r)^2}$。在 r 处下泄的自由涡线就假定沿 V_0 方向,它在静水中的轨迹为螺旋线,其螺距为

$$P = 2\pi r \tan\beta = 2\pi r \frac{V_A}{\omega r} = 2\pi \frac{V_A}{\omega} \tag{11-21}$$

式中:β 为螺旋涡线的螺距角,即式(11-3)中的进角。

由式(11-21)可见,将自由涡线放置在 V_0 方向来计算诱导速度时,不同半径处螺旋涡线的螺距都相同,这些等螺距螺旋线组成一个等螺距螺旋面,每个叶子后面有一个螺旋涡面,Z 个叶子就有 Z 个对称的等螺距螺旋涡面。所以这个假定忽略了诱导速度、离心力和尾流收缩等影响。

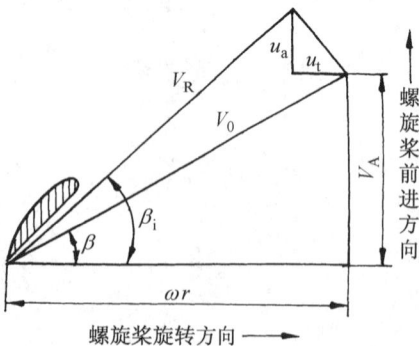

图 11-11　中载螺旋桨自由涡线的处理

中载螺旋桨(除拖船以外,一般船舶的螺旋桨均属中载螺旋桨)是指其诱导速度的二次项及高次项与进速相比可以忽略的情况。也就是说须考虑诱导速度对自由涡片形状的影响,但仍忽略尾流收缩的影响,故升力线 r 处下泄的自由涡线总是位于同一半径 r 的圆柱面上。此时,自由涡线的半径 r 和螺距沿轴向都没有变化,这种轴向等螺距螺旋线称为真正的螺旋线。至于不同半径处自由涡线的螺距是否相同,则视载荷分布情况而定。令 u_a 和 u_t 分别表示自由涡系在升力线某半径 r 处的轴向和周向诱导速度,如图 11-11 所示,对中载螺旋桨,假定自

由涡线沿着 V_R 方向,则其螺距角为 β_i,螺距

$$P = 2\pi r \tan\beta_i = 2\pi r \frac{V_A + u_a}{\omega r - u_t}$$ (11-22)

至今,以中载荷螺旋桨理论发展最为充分,应用亦较广,大部分螺旋桨问题都可按此来处理,故本书主要介绍中载荷螺旋桨理论。

如果螺旋桨负荷加重,径向诱导速度已不能忽略,则须考虑尾涡的收缩,这种螺旋桨称为重载螺旋桨,处理这类问题需采用相应的重载螺旋桨理论,否则会有明显误差。但有关重载螺旋桨理论的文献至今还很少。

2. 对称螺旋涡线诱导速度场的若干几何特性

根据上面的假定忽略尾流收缩,认为自升力线处下泄的自由涡线是等螺距螺旋线,因此,我们先研究 Z 根孤立的对称螺旋涡线的诱导速度场的几何特性。

引入动坐标系统 (x, y, z),x 轴与螺旋桨的一个叶子重合,也即与一根升力线重合,升力线在 $z = 0$ 的平面内,z 轴与螺旋桨前进方向相反,采用右手坐标系,坐标轴 (x, y, z) 与螺旋桨固定在一起运动,如图 11-12 所示。

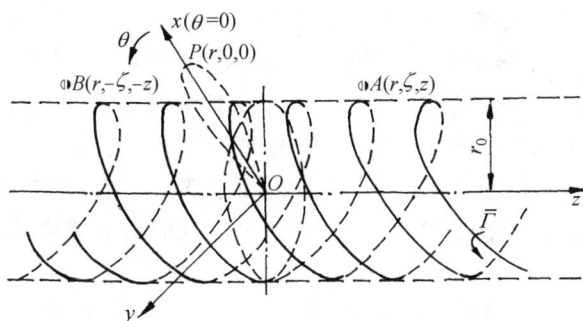

图 11-12　螺旋桨的动坐标系统

设在半径 r_0 处 $\mathrm{d}r_0$ 段下泄 Z 根对称螺旋涡线,其强度为 $\overline{\Gamma}\mathrm{d}r_0 = -\dfrac{\mathrm{d}\Gamma}{\mathrm{d}r}\bigg|_{r=r_0} \mathrm{d}r_0$,涡线的螺距角为 β_{i0},涡线的螺距

$$P = 2\pi r_0 \tan\beta_{i0} = 2\pi h_0$$

式中:$h_0 = r_0 \tan\beta_{i0}$,对每一半径处的螺旋涡线其值为常数。

令在编号为零叶半径 r_0 处下泄的螺旋涡线上任一点的坐标为 x、y、z,则

$$x = r_0 \cos\theta$$
$$y = r_0 \sin\theta$$
$$z = r_0 \theta \tan\beta_{i0}$$

所以,零螺旋涡线在圆柱坐标系 (r, θ, z) 中的方程式为

$$\begin{cases} r = r_0 \\ \theta - \dfrac{1}{h_0}z = 0 \end{cases}$$

类似地,从第 k 叶下泄的螺旋涡线的方程式为

$$\begin{cases} r = r_0 \\ \theta - \dfrac{1}{h_0} z = \dfrac{2\pi}{Z} k \end{cases}$$

式中：$k = 0, 1, 2, \cdots, Z-1$；Z 为桨叶数。

为方便起见,在讨论这种对称等螺距螺旋涡线速度场的几何特性时,引入螺旋曲面坐标系统 (r, ζ, z),其中,$r=$常数,表示半径为 r 的圆柱面；$\zeta = \theta - \dfrac{1}{h_0} z =$ 常数,表示螺距 $P = 2\pi h_0$ 的等螺距螺旋面,ζ 表示此螺旋面在 $z=0$ 平面上的交线与 x 轴的夹角；$z=$常数,表示垂直于 z 轴的平面。以上 3 个面相交得一交点,决定空间一点的位置：r, ζ, z。

在 (r, ζ, z) 的螺旋曲面坐标系中,自由涡线的方程可表示为

$$\begin{cases} r = r_0 \\ \zeta = \theta - \dfrac{z}{h_0} = \dfrac{2\pi}{Z} k \end{cases} \qquad k = 0, 1, 2, \cdots, Z-1$$

每一 k 值相应于自第 k 叶下泄的涡线。

先将螺旋桨后方(右边)Z 根半无穷长的螺旋涡线向桨前方(左边)延伸至无穷远处,这样就形成两边都伸向无穷的 Z 根螺旋涡线。再将右边半无穷长涡系绕 Ox 轴转过 $180°$,使 $\zeta=0$ 的右边半根涡线与左边的半根涡线正好重合,右边 $\zeta=C$ 与左边 $\zeta=-C$ 的螺旋涡线完全重合,而右边点 $A(r, \zeta, z)$ 与左边点 $B(r, -\zeta, -z)$ 重合(见图 11-12)。

旋转后,右边 Z 根半无穷长螺旋涡线与左边 Z 根半无穷长的螺旋涡线相互重合,由于合成后总旋涡强度为零,故对空间任一点的诱导速度必然为零。亦即右边半涡系在 $A(r, \zeta, z)$ 点的诱导速度旋转后与左边半涡系在 $B(r, -\zeta, -z)$ 点的诱导速度相互抵消。所以,其径向诱导速度关系为

$$u_{rd}(r, -\zeta, -z) + u_r(r, \zeta, z) = 0$$

即

$$u_{rd}(r, -\zeta, -z) = -u_r(r, \zeta, z) \tag{11-23}$$

式中：u_{rd} 为左边半涡系诱导的径向诱导速度；

u_r 为右边半涡系诱导的径向诱导速度。

至于轴向和周向诱导速度因右半涡系在 $A(r, \zeta, z)$ 点的轴向和周向诱导速度旋转后方向相反,故

$$u_{ad}(r, -\zeta, -z) - u_a(r, \zeta, z) = 0$$

即

$$u_{ad}(r, -\zeta, -z) = u_a(r, \zeta, z) \tag{11-24}$$

式中：u_{ad}, u_a 分别为左边和右边半涡系诱导的轴向诱导速度。及

$$u_{td}(r, -\zeta, -z) - u_t(r, \zeta, z) = 0$$

即

$$u_{td}(r, -\zeta, -z) = u_t(r, \zeta, z) \tag{11-25}$$

式中：u_{td}, u_t 分别为左边和右边半涡系诱导的切向诱导速度。

根据以上的结果,可以证明以下几点：

（1）

$$u_a(r, 0, 0) = \frac{1}{2} u_{a\infty}(r, 0) \tag{11-26}$$

$$u_t(r, 0, 0) = \frac{1}{2} u_{t\infty}(r, 0) \tag{11-27}$$

式中：$u_{a\infty}(r, 0)$ 和 $u_{t\infty}(r, 0)$ 表示两边延伸到无穷远的对称涡线对螺旋线（$r=r$，$\zeta=0$）上任一点的轴向和周向诱导速度，它们相当于对称半无穷长螺旋涡线在其无穷远后方螺旋线（$r=r$，$\zeta=0$）上的轴向和周向诱导速度；

$u_a(r, 0, 0)$ 和 $u_t(r, 0, 0)$ 表示半无穷长涡线对升力线处（r，0，0）点的轴向和周向诱导速度。

应用式(11-24)及式(11-25)很容易证明式(11-26)和式(11-27)成立。

由式(11-24)可得

$$u_{ad}(r, 0, 0) = u_a(r, 0, 0)$$

而

$$u_{ad}(r, 0, 0) + u_a(r, 0, 0) = u_{a\infty}(r, 0)$$

所以

$$u_a(r, 0, 0) = \frac{1}{2}u_{a\infty}(r, 0)$$

同样，应用式(11-25)可以证明式(11-27)成立。

（2）在螺旋桨远后方涡带 $\left(\zeta = \dfrac{2\pi}{Z}k\right)$ 上的径向诱导速度为零。由式(11-23)可得

$$u_{rd}(r, 0, 0) = -u_r(r, 0, 0)$$

所以

$$u_{r\infty}(r, 0) = r_{rd}(r, 0, 0) + u_r(r, 0, 0) = 0$$

（3）$u_{a\infty}(r, \zeta)$ 是 ζ 的偶函数，即

$$u_{a\infty}(r, \zeta) = u_{a\infty}(r, -\zeta) \tag{11-28}$$

由式(11-24)

$$u_{ad}(r, -\zeta, -z) = u_a(r, \zeta, z)$$

同理有

$$u_a(r, -\zeta, -z) = u_{ad}(r, \zeta, z)$$

将上面两式相加，显然等式左边即为 $u_{a\infty}(r, -\zeta)$，而右边为 $u_{a\infty}(r, \zeta)$，从而使 $u_{a\infty}(r, -\zeta) = u_{a\infty}(r, \zeta)$。

（4）$u_{t\infty}(r, \zeta)$ 是 ζ 的偶函数，即

$$u_{t\infty}(r, \zeta) = u_{t\infty}(r, -\zeta) \tag{11-29}$$

证法与(3)相同。

（5）$u_{r\infty}(r, \zeta)$ 是 ζ 的奇函数，即

$$u_{r\infty}(r, \zeta) = -u_{r\infty}(r, -\zeta) \tag{11-30}$$

由式(11-23)可得

$$u_{rd}(r, -\zeta, -z) = -u_r(r, \zeta, z)$$

$$u_r(r, -\zeta, -z) = -u_{rd}(r, \zeta, z)$$

两式相加，即可得到 $u_{r\infty}(r, \zeta) = -u_{r\infty}(r, \zeta)$。

（6）因为螺旋桨桨叶是对称的，所以诱导速度必然是关于 ζ 的周期性函数，其周期为 $\dfrac{2\pi}{Z}$。即

$$u_{a\infty}(r, \zeta) = u_{a\infty}\left(r, \zeta + \frac{2\pi}{Z}\right) = u_{a\infty}\left(r, \zeta + \frac{2\pi}{Z}k\right)$$

$$u_{t\infty}(r, \zeta) = u_{t\infty}\left(r, \zeta + \frac{2\pi}{Z}k\right)$$

$$u_{r\infty}(r, \zeta) = u_{r\infty}\left(r, \zeta + \frac{2\pi}{Z}k\right) \qquad (11\text{-}31)$$

（7）$u_{a\infty}$、$u_{t\infty}$ 和 $u_{r\infty}$ 仅是 r 和 ζ 的函数，与 z 无关，也就是说在同一螺旋线上的诱导速度分量处处相同。

11-2 螺旋涡线的速度势

前已提及，大部分螺旋桨问题可按中载荷螺旋桨理论来处理。对于中载螺旋桨，每根尾涡线的半径 r_0 和螺距 $P = 2\pi r_0 \tan\beta_{i0} = 2\pi h_0$ 不随 z 而变，且其螺距等于升力线处的螺距。但这并不意味在不同半径处升力线下泄的螺旋涡线的螺距都一样。因此，在一般情况下，尾涡面是径向变螺距螺旋面。这样，问题就归结为求解径向变螺距自由涡面的诱导速度。确定自由涡面产生的诱导速度场，除了利用毕奥-萨伐定理外，还可以用速度势法。下面将结合目前螺旋桨升力线理论中应用最广的勒勒斯诱导因子法做较为详细的讨论。

首先，我们讨论自半径 r_0 处泄出的 Z 根对称螺旋涡线对升力线处 $(r, 0, 0)$ 点的诱导速度，然后将涡线元沿半径叠加，就可以得到整个涡面对升力线处的诱导速度。我们知道，半无穷长涡线的诱导速度场是一个三元问题，处理比较复杂，但从式（11-26）和式（11-27）可知，半无穷长螺旋涡线在升力线的诱导速度可以由无穷远后方的诱导速度来求得，即 $u_a = \frac{1}{2}u_{a\infty}$，$u_t = \frac{1}{2}u_{t\infty}$。 由此，问题简化为求两边都延伸到无穷远的螺旋涡线的诱导速度。

设两边延伸到无穷远的 Z 根对称螺旋涡线，其环量为 $\bar{\Gamma} = -\dfrac{\mathrm{d}\Gamma}{\mathrm{d}r_0}$，螺距角为 β_{i0}，整个流场（除在涡线上外）均存在速度势，$\Phi'(r, \theta, z)$ 即为 Z 根对称螺旋涡线的诱导速度势。显然，它必须满足拉普拉斯方程：

$$\Delta\Phi' = \frac{\partial^2\Phi'}{\partial r^2} + \frac{1}{r}\frac{\partial\Phi'}{\partial r} + \frac{1}{r^2}\frac{\partial^2\Phi'}{\partial\theta^2} + \frac{\partial^2\Phi'}{\partial z^2} = 0 \qquad (11\text{-}32)$$

从流体力学知道，诱导速度与速度势的关系如下：

$$\left.\begin{aligned} u_{a\infty} &= \frac{\partial\Phi'}{\partial z} \\ u_{t\infty} &= -\frac{1}{r}\frac{\partial\Phi'}{\partial\theta} \\ u_{r\infty} &= \frac{\partial\Phi'}{\partial r} \end{aligned}\right\} \qquad (11\text{-}33)$$

请读者注意，大多数作者对周向诱导速度的正向取与 θ 坐标的正方向相反。

考虑到螺旋桨的工作情况，速度势 Φ' 必须满意下列边界条件：

（1）在离涡线无限远处，流体不受干扰，即当 $r \to \infty$ 时，诱导速度 $u_{a\infty} = u_{t\infty} = u_{t\infty} = 0$，或可写成（当 $r \to \infty$ 时）：

$$\frac{\partial \Phi'}{\partial z} = \frac{\partial \Phi'}{\partial \theta} = \frac{\partial \Phi'}{\partial r} = 0 \qquad (11\text{-}34)$$

（2）在 $r=0$ 处，流体不可能有径向流动，即当 $r \to 0$ 时，$u_r = 0$，或

$$\left. \frac{\partial \Phi'}{\partial r} \right|_{r \to 0} = 0 \qquad (11\text{-}35)$$

除上述边界条件外，Φ' 尚需满足对称涡线速度场的若干几何条件，为此在解速度势时采用螺旋面坐标系 (r, ζ, z)，其中（见第 11-1 节）：

$$\zeta = \theta - \frac{1}{h_0} z \qquad (11\text{-}36)$$

相应把 $\Phi'(r, \theta, z)$ 也记作 $\Phi(r, \zeta, z)$。

上一节中，我们已知螺旋面坐标系中诱导速度场的几何特性为

（1）$u_{a\infty}$，$u_{t\infty}$ 和 $u_{r\infty}$ 仅是 r 和 ζ 的函数，与 z 无关。

（2）
$$u_{a\infty}(r, \zeta) = u_{a\infty}(r, -\zeta)$$
$$u_{t\infty}(r, \zeta) = u_{t\infty}(r, -\zeta)$$
$$u_{r\infty}(r, \zeta) = -u_{r\infty}(r, -\zeta)$$

（3）诱导速度是关于 ζ 的周期性函数，其周期为 $\dfrac{2\pi}{Z}$。

此外，根据斯托克斯定理，在 $r > r_0$ 的任何封闭圆周线上速度线积分等于周线内所包含涡线环量的总和，也就是说：

当 $r > r_0$ 时 $\qquad \Phi(r, \zeta + 2\pi) - \Phi(r, \zeta) = 2\overline{\Gamma}$
当 $r < r_0$ 时 $\qquad \Phi(r, \zeta + 2\pi) - \Phi(r, \zeta) = 0$ $\qquad (11\text{-}37)$

根据以上条件，可以把速度势展开为下列形式：

$$\Phi = C_0 + C_1 \zeta + C_2 z + C_3 f_0(r) + \sum_{n=1}^{\infty} f_n(r) \sin Zn\zeta \qquad (11\text{-}38)$$

式中：C_1、C_2、C_3、$f_n(r)$ 为需根据边界条件、几何条件和基本方程确定的系数或函数。因在 $r \geqslant r_0$ 和 $r \leqslant r_0$ 区域内边界条件不同，故应分成两个区域求解，并对有关系数或函数分别标以下角 e 或 i，以免混淆。

1. 在 $r \geqslant r_0$ 区域内的解

（1）由于 $r \geqslant r_0$ 时，

$$\Phi(r, \zeta + 2\pi) - \Phi(r, \zeta) = 2\overline{\Gamma}$$

所以
$$C_{1e} = \frac{Z\overline{\Gamma}}{2\pi}$$

（2）由式（11-33）和式（11-36）知：

$$u_{t\infty} = -\frac{1}{r} \frac{\partial \Phi}{\partial \theta} = -\frac{1}{r} \frac{\partial \Phi}{\partial \zeta}$$

$$u_{a\infty} = \frac{\partial \Phi}{\partial \zeta} \cdot \frac{\partial \zeta}{\partial z} + \frac{\partial \Phi}{\partial z} = -\frac{1}{h_0} \frac{\partial \Phi}{\partial \zeta} + \frac{\partial \Phi}{\partial z}$$

所以

$$\frac{\partial \Phi}{\partial z} = u_{a\infty} - \frac{1}{h_0} r u_{t\infty} = C_{2e}$$

又据式(11-34)和式(11-37)可知,当 $r \to \infty$ 时,

$$u_{a\infty} = 0$$

$$\int_0^{2\pi} r u_{t\infty} \mathrm{d}\theta = -Z\overline{\Gamma}$$

因此,可以求出系数 C_{2e} 为

$$C_{2e} = \frac{Z\overline{\Gamma}}{2\pi h_0}$$

(3) 当 $r \to \infty$, $u_{a\infty} = u_{t\infty} = 0$,要求 $f_{ne}(r) = 0$。

(4) 因整个流场的散度为零,所以对于 $z =$ 常数平面的任何圆周,要求

$$r \int_0^{2\pi} u_r \mathrm{d}\theta = 0$$

或

$$u_r(r, \zeta) = -u_r(r, -\zeta)$$

所以

$$C_{3e} = 0$$

又因为,当 $r \to \infty$ 时, $u_{r\infty} = 0$,故要求 $f'_{ne}(r) = 0$。

综上所述,在 $r \geqslant r_0$ 区域内的速度势 Φ_e 可表达为

$$\Phi_e = C_{0e} + \frac{Z\overline{\Gamma}}{2\pi}\zeta + \frac{Z\overline{\Gamma}}{2\pi h_0}z + \sum_{n=1}^{\infty} f_{ne}(r)\sin Zn\zeta$$

将上式代入式(11-32),则可得到

$$\frac{\mathrm{d}^2 f_{ne}(r)}{\mathrm{d}r^2} + \frac{1}{r}\frac{\mathrm{d}f_{ne}(r)}{\mathrm{d}r} - \left[(Zn)^2\left(\frac{1}{r^2} + \frac{1}{h_0^2}\right)f_{ne}(r)\right] = 0$$

令

$$t = \frac{Znr}{h_0}$$

并代入上式,则得到变型贝塞尔函数的微分方程:

$$\frac{\mathrm{d}^2 f_{ne}(t)}{\mathrm{d}t^2} + \frac{1}{t}\frac{\mathrm{d}f_{ne}(t)}{\mathrm{d}t} - \left(\frac{Z^2 n^2}{t^2} + 1\right)f_{ne}(t) = 0$$

此方程式的通解为

$$f_{ne}(r) = C_n \mathrm{I}_{Zn}\left(\frac{Zn}{h_0}r\right) + d_n \mathrm{K}_{Zn}\left(\frac{Zn}{h_0}r\right)$$

式中: I_{Zn} 和 K_{Zn} 分别为第一类和第二类变型的贝塞尔函数。

前面已经提到,当 $r \to \infty$ 时, $u_{a\infty} = u_{t\infty} = u_{r\infty} = 0$,要求 $f_{ne}(r) = 0$,和 $f'_{ne}(r) = 0$,而根据贝塞尔函数的性质,当 $r \to \infty$ 时,

$$\mathrm{I}_{Zn}\left(Zn\frac{r}{h_0}\right) \to \infty$$

所以必须使 $C_n = 0$,以满足当 $r \to \infty$ 时, $f_{ne}(r) = 0$ 和 $f'_{ne}(r) = 0$,因此

$$f_{ne}(r) = d_n \mathrm{K}_{Zn}\left(\frac{Zn}{h_0}r\right)$$

214

最后,我们可以得到:

$r > r_0$ 时

$$\Phi_e = C_{0e} + \frac{Z\overline{\Gamma}}{2\pi}\zeta + \frac{Z\overline{\Gamma}}{2\pi h_0}z + \sum_{n=1}^{\infty} d_n K_{Zn}\left(Zn\frac{r}{h_0}\right)\sin Zn\zeta \tag{11-39}$$

2. 在 $r \leqslant r_0$ 区域内的解

(1) 因在 $r \leqslant r_0$ 区域内

$$\Phi(r,\ \zeta + 2\pi) - \Phi(r,\ \zeta) = 0$$

所以
$$C_{1i} = 0$$

(2) 当 $r = r_0$ 时,对于任何 z 值应满足

$$\Phi_e(r_0,\ \zeta,\ z) = \Phi_i(r_0,\ \zeta,\ z)$$

由此可得
$$C_{2i} = C_{2e} = \frac{Z\overline{\Gamma}}{2\pi h_0}$$

(3) 与前类似,根据整个流场的散度为零的条件,要求 $C_{3i} = 0$。

(4) 当 $r = 0$ 时,$\dfrac{\partial \Phi}{\partial r} = 0$,则要求:

$$f'_{ni}(r) = 0$$

这样,对于 $r \leqslant r_0$ 区域内的速度势 Φ_i 可表达成

$$\Phi_i = C_{0i} + \frac{Z\overline{\Gamma}}{2\pi h_0}z + \sum_{n=1}^{\infty} f_{ni}(r)\sin Zn\zeta$$

将 Φ_i 代入拉普拉斯方程式(11-32),与 Φ_e 同样可以解出:

$$f_{ni}(r) = a_n I_{Zn}\left(Zn\frac{r}{h_0}\right) + b_n K_{Zn}\left(Zn\frac{r}{h_0}\right)$$

根据贝塞尔函数的另一特性:

当 $r \to 0$ 时,$K_{Zn}\left(Zn\dfrac{r}{h_0}\right) \to \infty$,故必须

$$b_n = 0$$

从而

$$f_{ni}(r) = a_n I_{Zn}\left(Zn\frac{r}{h_0}\right)$$

最后,同样可以得到:

$r \leqslant r_0$ 时的速度势

$$\Phi_i = C_{0i} + \frac{Z\overline{\Gamma}}{2\pi h_0}z + \sum_{n=1}^{\infty} a_n I_{Zn}\left(Zn\frac{r}{h_0}\right)\sin Zn\zeta \tag{11-40}$$

3. 常数 a_n 和 d_n 的确定

速度势 Φ_e 和 Φ_i 中的常数 d_n 和 a_n 可以由连续条件来确定,即:当 $r = r_0$ 时,要求

$$\Phi_e = \Phi_i$$

$$\frac{\partial \Phi_e}{\partial r} = \frac{\partial \Phi_i}{\partial r}$$

令任意常数 $C_{0i} = \dfrac{Z\overline{\Gamma}}{2}$，$C_{0e} = (Z-1)\dfrac{\overline{\Gamma}}{2}$，以使

$$C_0 = C_{0i} - C_{0e} = \frac{\overline{\Gamma}}{2} \tag{11-41}$$

并将 ζ 在 $0 \leqslant \zeta \leqslant \dfrac{2\pi}{Z}$ 的区间展开成傅里叶级数：

$$\zeta = \frac{\pi}{2} - 2\sum_{n=1}^{\infty} \frac{1}{Zn} \sin Zn\zeta \tag{11-42}$$

将式(11-41)和式(11-42)代入式(11-39)，并令 $r = r_0$ 处，$\Phi_e = \Phi_i$，从而得到

$$a_n \mathrm{I}_{Zn}\left(Zn\frac{r_0}{h_0}\right) - d_n \mathrm{K}_{Zn}\left(Zn\frac{r_0}{h_0}\right) = -\frac{\overline{\Gamma}}{n\pi} \tag{11-43}$$

在 $r = r_0$ 处，令 $\dfrac{\partial \Phi_e}{\partial r} = \dfrac{\partial \Phi_i}{\partial r}$，得出

$$a_n \mathrm{I}'_{Zn}\left(Zn\frac{r_0}{h_0}\right) = d_n \mathrm{K}'_{Zn}\left(Zn\frac{r_0}{h_0}\right) \tag{11-44}$$

利用变型贝塞尔函数之间的关系式：

$$\mathrm{I}_n(x)\mathrm{K}'_n(x) - \mathrm{I}'_n(x)\mathrm{K}_n(x) = -\frac{1}{x}$$

从式(11-43)及式(11-44)解得

$$a_n = \frac{r_0}{h_0}\frac{Z\overline{\Gamma}}{\pi}\mathrm{K}'_{Zn}\left(Zn\frac{r_0}{h_0}\right)$$

$$d_n = \frac{r_0}{h_0}\frac{Z\overline{\Gamma}}{\pi}\mathrm{I}'_{Zn}\left(Zn\frac{r_0}{h_0}\right) \tag{11-45}$$

所以，Z 根对称无穷长螺旋涡线的速度势为

当 $r \leqslant r_0$ 时：

$$\Phi_i = \frac{Z\overline{\Gamma}}{2} + \frac{Z\overline{\Gamma}}{2\pi}\frac{z}{h_0} + \frac{Z\overline{\Gamma}}{\pi}\frac{r_0}{h_0}\sum_{n=1}^{\infty}\mathrm{I}_{Zn}\left(\frac{Znr}{h_0}\right)\mathrm{K}'_{Zn}\left(\frac{Znr_0}{h_0}\right) \cdot \sin Zn\left(\theta - \frac{z}{h_0}\right) \tag{11-46}$$

当 $r \geqslant r_0$ 时：

$$\Phi_e = \frac{Z\overline{\Gamma}}{2\pi}\left[\zeta - \left(\pi - \frac{\pi}{Z}\right)\right] + \frac{Z\overline{\Gamma}}{2\pi}\frac{z}{h_0} + \frac{Z\overline{\Gamma}}{\pi}\frac{r_0}{h_0}\sum_{n=1}^{\infty}\mathrm{K}_{Zn}\left(\frac{Znr}{h_0}\right) \cdot \mathrm{I}'_{Zn}\left(\frac{Znr_0}{h_0}\right)\sin Zn\left(\theta - \frac{z}{h_0}\right)$$

或

$$\Phi_e = \frac{Z\overline{\Gamma}}{2\pi}\left[\theta - \frac{(Z-1)\pi}{Z}\right] + \frac{Z\overline{\Gamma}}{\pi}\frac{r_0}{h_0}\sum_{n=1}^{\infty}\mathrm{K}_{Zn}\left(\frac{Znr_0}{h_0}\right) \cdot \mathrm{I}'_{Zn}\left(\frac{Znr_0}{h_0}\right)\sin Zn\left(\theta - \frac{z}{h_0}\right)$$

$$\tag{11-47}$$

11-3 螺旋涡线对升力线处的诱导速度

求得式(11-46)和式(11-47)所示的速度势后,就不难求出其速度场。对于半无穷长的螺旋涡线来说,此速度场相当于在无穷远后方的速度场。如果把涡线看成是升力线上泄出的自由涡线,则利用关系式(11-26)和式(11-27)可以求出 Z 根对称螺旋涡线在升力线处 $P(r,0,0)$ 点的诱导速度为

当 $r < r_0$ 时:

$$
\left.
\begin{aligned}
\mathrm{d}u_{\mathrm{ai}} &= \frac{1}{2}\frac{\partial \Phi_{\mathrm{i}}}{\partial z} = \frac{Z\overline{\Gamma}}{4\pi}\frac{1}{h_0}\left\{ 1 - 2Z\frac{r_0}{h_0}\sum_{n=1}^{\infty} n\mathrm{I}_{Zn}\left(\frac{Zn}{h_0}r\right)\mathrm{K}'_{Zn}\left(\frac{Zn}{h_0}r_0\right) \right\} \\
\mathrm{d}u_{\mathrm{ti}} &= -\frac{1}{2}\frac{1}{r}\frac{\partial \Phi_{\mathrm{i}}}{\partial \zeta} = -\frac{1}{r}\frac{Z^2\overline{\Gamma}}{2\pi}\frac{r_0}{h_0}\sum_{n=1}^{\infty} n\mathrm{I}_{Zn}\left(\frac{Zn}{h_0}r\right)\mathrm{K}'_{Zn}\left(\frac{Zn}{h_0}r_0\right)
\end{aligned}
\right\}
\tag{11-48}
$$

当 $r > r_0$ 时:

$$
\left.
\begin{aligned}
\mathrm{d}u_{\mathrm{ae}} &= \frac{1}{2}\frac{\partial \Phi_{\mathrm{e}}}{\partial z} = -\frac{Z^2\overline{\Gamma}}{2\pi}\frac{r_0}{h_0^2}\sum_{n=1}^{\infty} n\mathrm{K}_{Zn}\left(\frac{Zn}{h_0}r\right)\mathrm{I}'_{Zn}\left(\frac{Zn}{h_0}r_0\right) \\
\mathrm{d}u_{\mathrm{te}} &= -\frac{1}{2}\frac{1}{r}\frac{\partial \Phi_{\mathrm{e}}}{\partial \zeta} = -\frac{1}{r}\frac{Z\overline{\Gamma}}{4\pi}\left\{ 1 + 2Z\frac{r_0}{h_0}\sum_{n=1}^{\infty} n\mathrm{K}_{Zn}\left(\frac{Zn}{h_0}r\right)\cdot\mathrm{I}'_{Zn}\left(\frac{Zn}{h_0}r_0\right) \right\}
\end{aligned}
\right\}
\tag{11-49}
$$

因为径向诱导速度在这里没有意义,故不予讨论。

为了数值计算式(11-48)和式(11-49),将式中的贝塞尔函数用涅克尔逊(Nicholson)渐近公式来替代。渐近公式的形式如下:

$$
\mathrm{I}_n(ny) = \left[\frac{1}{2\pi n\sqrt{1+y^2}}\right]^{0.5}\mathrm{e}^{nY}
$$

$$
\mathrm{K}_n(ny) = \left[\frac{\pi}{2n\sqrt{1+y^2}}\right]^{0.5}\mathrm{e}^{-nY}
$$

$$
Y = \sqrt{1+y^2} - \frac{1}{2}\ln\frac{\sqrt{1+y^2}+1}{\sqrt{1+y^2}-1}
$$

经过运算以后,最后可得式(11-48)和式(11-49)的简化表达形式如下:

$$
\left.
\begin{aligned}
\mathrm{d}u_{\mathrm{ai}} &= \frac{1}{h_0}\frac{Z\overline{\Gamma}}{4\pi}(1+B_2) \\
\mathrm{d}u_{\mathrm{ti}} &= \frac{1}{r}\frac{Z\overline{\Gamma}}{4\pi}B_2 \\
\mathrm{d}u_{\mathrm{ae}} &= -\frac{1}{h_0}\frac{Z\overline{\Gamma}}{4\pi}B_1 \\
\mathrm{d}u_{\mathrm{te}} &= -\frac{1}{r}\frac{Z\overline{\Gamma}}{4\pi}(1+B_1)
\end{aligned}
\right\}
\tag{11-50}
$$

其中:$B_{1,2} = \left(\frac{1+y_0^2}{1+y^2}\right)^{0.25}\left[\frac{1}{\mathrm{e}^{Z\cdot A_{1,2}}-1} \pm \frac{1}{2Z}\frac{y_0^2}{(1+y_0^2)^{1.5}}\ln\left(1+\frac{1}{\mathrm{e}^{ZA_{1,2}}-1}\right)\right]$

$$A_{1,2} = \pm \left(\sqrt{1+y^2} - \sqrt{1+y_0^2} \right) \mp \frac{1}{2} \ln \frac{\left(\sqrt{1+y_0^2} - 1 \right)\left(\sqrt{1+y^2} + 1 \right)}{\left(\sqrt{1+y_0^2} + 1 \right)\left(\sqrt{1+y^2} - 1 \right)}$$

$$y_0 = \frac{r_0}{h_0} = \frac{1}{\tan \beta_{i0}} \qquad y = \frac{r}{h_0} = \frac{r}{r_0 \tan \beta_{i0}}$$

如果计算点趋近于涡线,即 $r \to r_0$ 时,速度分量的表达式趋于无穷大,这就大大影响在 r_0 邻近的数值计算的精确性。为了解决这个困难,引进诱导因子,其定义是:

$$du_t = -\frac{\overline{\Gamma}}{4\pi(r-r_0)} i_t$$

$$du_a = -\frac{\overline{\Gamma}}{4\pi(r-r_0)} i_a$$

式中:i_a 称为轴向诱导因子;

i_t 称为周向诱导因子,

也可表达为:

$$\left.\begin{array}{l} i_t = -\dfrac{du_t}{\dfrac{\overline{\Gamma}}{4\pi(r-r_0)}} \\[2em] i_a = -\dfrac{du_a}{\dfrac{\overline{\Gamma}}{4\pi(r-r_0)}} \end{array}\right\} \tag{11-51}$$

诱导因子是个无量纲量。显然,$\dfrac{\overline{\Gamma}}{4\pi(r-r_0)}$ 是一根位于 r_0 处平行于 z 轴从 $z=0$ 一直延伸到 $z = +\infty$,强度为 $\overline{\Gamma}$ 的半无穷长直线涡对 $P(r,0,0)$ 点的诱导速度。

当 $r \to r_0$ 时,du_a(或 du_t)与 $\dfrac{\overline{\Gamma}}{4\pi(r-r_0)}$ 以同一量级趋于 ∞,所以其比值,即诱导因子保持有限。

将式(11-50)代入式(11-51),则可以得到:

$$\left.\begin{array}{l} i_{ai} = Z \dfrac{x}{x_0 \tan \beta_{i0}} \left(\dfrac{x_0}{x} - 1 \right)(1 + B_2) \\[1.5em] i_{ae} = -Z \dfrac{x}{x_0 \tan \beta_{i0}} \left(\dfrac{x_0}{x} - 1 \right) B_1 \\[1.5em] i_{ti} = Z \left(\dfrac{x_0}{x} - 1 \right) B_2 \\[1.5em] i_{te} = -Z \left(\dfrac{x_0}{x} - 1 \right)(1 + B_1) \end{array}\right\} \tag{11-52}$$

式中:x 和 x_0 为无量纲的半径,$x = \dfrac{r}{R}$,$x_0 = \dfrac{r_0}{R}$;

R 为螺旋桨半径。

218

根据式(11-52)这组公式,勒勃斯对于 $Z=3$、4 和 5 计算出诱导因子数值,并将结果绘成便于查阅的图谱,如图 11-13 所示(共有 12 幅,在此仅举 $Z=4$ 的 4 幅图为例)。计算表明,诱导因子仅与几何参数 $\dfrac{x_0}{x}$、叶数 Z 和 β_{i0} 有关,而与环量 $\overline{\Gamma}$ 的大小无关。由此可见,诱导因子可以理解为螺旋涡线的曲率修正数。

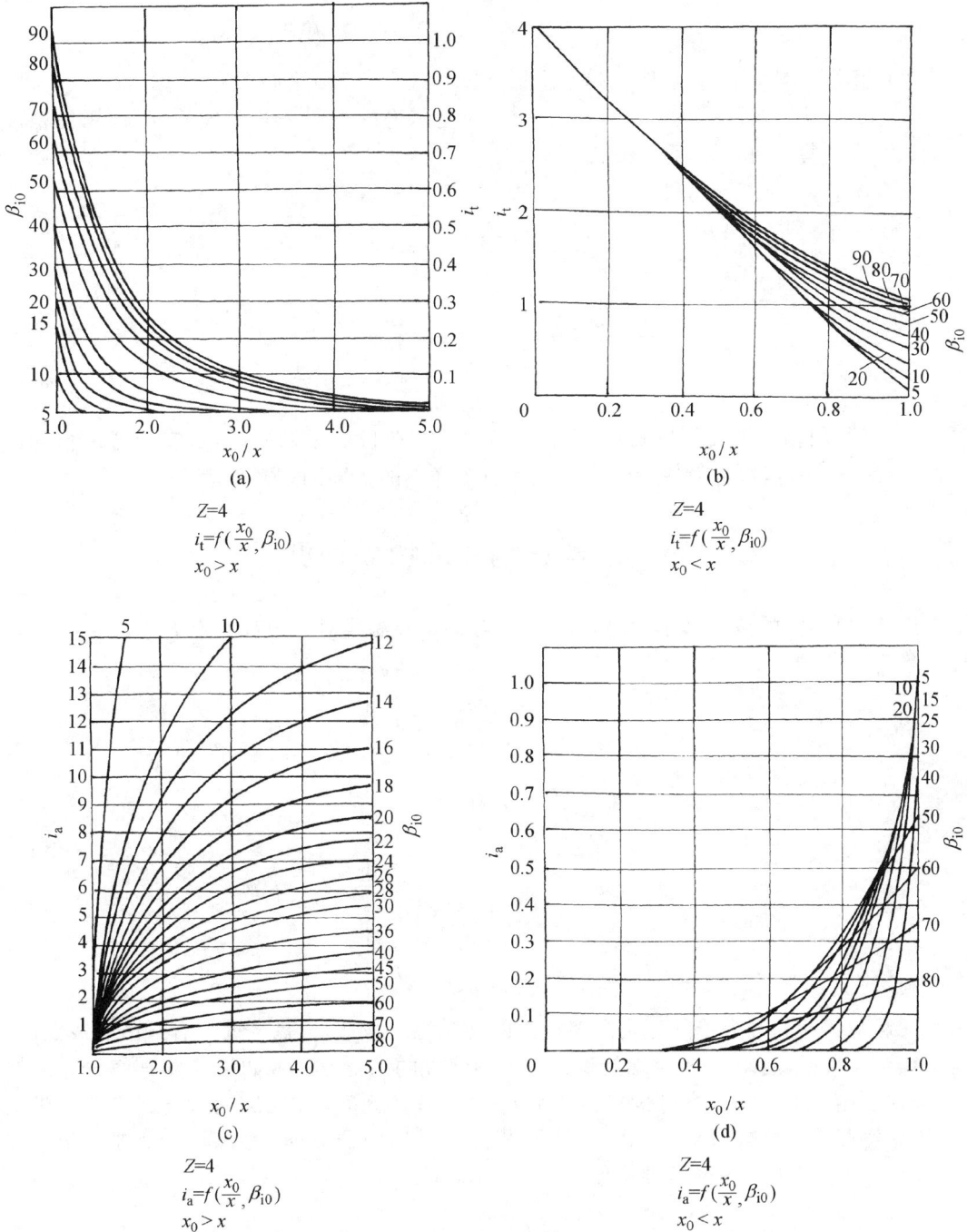

(a)

$Z=4$
$i_t = f(\dfrac{x_0}{x}, \beta_{i0})$
$x_0 > x$

(b)

$Z=4$
$i_t = f(\dfrac{x_0}{x}, \beta_{i0})$
$x_0 < x$

(c)

$Z=4$
$i_a = f(\dfrac{x_0}{x}, \beta_{i0})$
$x_0 > x$

(d)

$Z=4$
$i_a = f(\dfrac{x_0}{x}, \beta_{i0})$
$x_0 < x$

图 11-13　勒勃斯诱导因子图谱($Z=4$)

此外,从式(11-52)中还可以得到如下几个极限值:

$$
\left.
\begin{aligned}
&\text{当}\frac{r_0}{r}\to 0\text{ 时},i_a\to 0 && i_t\to Z \\[2mm]
&\text{当}\frac{r_0}{r}\to\infty\text{ 时},i_a\to\frac{Z}{\tan\beta_{i0}} && i_t\to 0 \\[2mm]
&\text{当}\frac{r_0}{r}\to 1\text{ 时},i_a\to\cos\beta_{i0} && i_t\to\sin\beta_{i0}
\end{aligned}
\right\}
\tag{11-53}
$$

如果应用电子计算机来处理问题,则直接利用式(11-52)进行数值计算,而不必求助于图 11-13。顺便提一下,后来雷奇(Wrech)认为涅克尔逊的近似公式精度不够,他用更精确的渐近近似公式计算 I_n 和 K_n,重新导出了

$$
B_{1,2}=\left(\frac{1+y_0}{1+y}\right)^{1/4}\left\{\frac{1}{A_{1,2}-1}\mp\frac{1}{24Z}\left[\frac{9y_0^2+2}{(1+y_0^2)^{3/2}}+\frac{3y^2-2}{(1+y^2)^{3/2}}\right]\cdot\ln\left(1+\frac{1}{A_{1,2}-1}\right)\right\}
$$

式中:

$$
A_1=\left(\frac{\sqrt{1+y^2}-1}{y}\frac{y_0}{\sqrt{1+y_0^2}-1}\right)^Z e^{(\sqrt{1+y^2}-\sqrt{1-y_0^2})Z}
$$
$$
A_2=A_1^{-1}
$$

计算结果表明,勒勒斯用式(11-52)计算的诱导因子前两位数是精确的,从实用考虑精度已足够。摩根(Morgen)据雷奇方法用计算机也算出了详细的诱导因子数值表。

11-4 螺旋涡片的诱导速度

利用式(11-52)的诱导因子即可求得 Z 根对称螺旋涡线对升力线上点 $P(r,0,0)$ 的诱导速度分量为

$$
\left.
\begin{aligned}
\mathrm{d}u_{te}&=-\frac{\overline{\Gamma}}{4\pi(r-r_0)}i_{te} \\[2mm]
\mathrm{d}u_{ti}&=-\frac{\overline{\Gamma}}{4\pi(r-r_0)}i_{ti} \\[2mm]
\mathrm{d}u_{ae}&=-\frac{\overline{\Gamma}}{4\pi(r-r_0)}i_{ae} \\[2mm]
\mathrm{d}u_{ai}&=-\frac{\overline{\Gamma}}{4\pi(r-r_0)}i_{ai}
\end{aligned}
\right\}
\tag{11-54}
$$

表征螺旋桨叶的升力线的环量沿半径方向是变化的,不同半径 r 处均有自由涡线泄出,因此对于螺旋桨来说,应求解 Z 个螺旋涡片在升力线上的诱导速度。如果 Z 组连续分布的螺旋涡线,分别起始于 $z=0$,$\theta=\theta_k$ 的径向线上 $r_h\leqslant r\leqslant R$ 区间,向无穷远后方延伸 Z 个螺旋涡面,其诱导速度只需将式(11-54)沿 r_h 到 R 积分。以周向诱导速度为例,Z 个螺旋涡面对升力线上 $P(r,0,0)$ 点产生的诱导速度

$$
u_t=\int_{r_h}^R -\frac{\overline{\Gamma}}{4\pi(r-r_0)}i_t\mathrm{d}r_0=\frac{1}{4\pi}\int_{r_h}^R\frac{\mathrm{d}\Gamma}{\mathrm{d}r_0}\frac{1}{r-r_0}i_t\mathrm{d}r_0
$$

式中：r_h 为桨毂半径。

若引进无量纲的量 $x = \dfrac{r}{R}$；$x_0 = \dfrac{r_0}{R}$；及无量纲的环量

$$G = \frac{\Gamma}{\pi D V_A} \tag{11-55}$$

就可以得到诱导速度的无量纲的表达式

$$\frac{u_t}{V_A} = \frac{1}{2} \int_{x_h}^1 \frac{\mathrm{d}G}{\mathrm{d}x_0} \frac{1}{x - x_0} i_t \mathrm{d}x_0 \tag{11-56}$$

同理，可得轴向诱导速度的无量纲的表达式

$$\frac{u_a}{V_A} = \frac{1}{2} \int_{x_h}^1 \frac{\mathrm{d}G}{\mathrm{d}x_0} \frac{1}{x - x_0} i_a \mathrm{d}x_0 \tag{11-57}$$

积分式(11-56)和式(11-57)与有限翼展机翼理论中出现的诱导速度无量纲的量表达式相类似，其区别仅在于这里多了一个诱导因子，如前所述，它是考虑螺旋涡线曲率影响的修正。因此，与机翼理论一样，可应用葛劳渥方法来确定此积分的主值。

引入参数 φ，使 $x = x_h$ 时，$\varphi = 0$；$x = 1$ 时，$\varphi = \pi$，其关系可由下式表示：

$$x = \frac{1}{2}(1 + x_h) - \frac{1}{2}(1 - x_h)\cos\varphi \tag{11-58}$$

根据环量 G 在 $x_h \leqslant x \leqslant 1$ 或 $0 \leqslant \varphi \leqslant \pi$ 区间内的分布为连续函数，
且 $x = x_h$ 即 $\varphi = 0$ 时，$\qquad\qquad G = 0$
当 $x = 1$ 即 $\varphi = \pi$ 时，$\qquad\qquad G = 0$
的条件，可以将 G 展开为级数如下：

$$G = \sum_{m=1}^{\infty} G_m \sin(m\varphi) \tag{11-59}$$

由图 11-13 可知，诱导因子除了依赖于桨叶数和涡线螺距以外，还取决于 φ 和 φ_0，因此将 i 也展开为 φ_0 的傅里叶级数：

$$i(\varphi, \varphi_0) = \sum_{n=0}^{\infty} I_n(\varphi)\cos(n\varphi_0) \tag{11-60}$$

于是式(11-56)即可改写成

$$\frac{u_t}{V_A} = \frac{1}{1 - x_h} \sum_{m=1}^{\infty} m G_m h_m^t(\varphi) \tag{11-61}$$

式中：

$$h_m^t(\varphi) = \int_0^\pi \frac{i_t(\varphi, \varphi_0)\cos m\varphi_0}{\cos\varphi_0 - \cos\varphi} \mathrm{d}\varphi_0$$

$$= \frac{1}{2} \sum_{n=0}^{\infty} I_m^t(\varphi) \left\{ \int_0^\pi \frac{\cos(m+n)\varphi_0}{\cos\varphi_0 - \cos\varphi} \mathrm{d}\varphi_0 + \int_0^\pi \frac{\cos(m-n)\varphi_0}{\cos\varphi_0 - \cos\varphi} \mathrm{d}\varphi_0 \right\}$$

利用葛劳渥积分

$$\int_0^\pi \frac{\cos\mu\varphi_0}{\cos\varphi_0 - \cos\varphi} \mathrm{d}\varphi_0 = \pi \frac{\sin\mu\varphi}{\sin\varphi}$$

即可得到

$$h_m^{\mathrm{t}}(\varphi)=\frac{\pi}{\sin\varphi}\left[\sin(m\varphi)\sum_{n=0}^{m}\mathrm{I}_n^{\mathrm{t}}(\varphi)\cos(n\varphi)+\cos(m\varphi)\sum_{n=m+1}^{\infty}\mathrm{I}_n^{\mathrm{t}}(\varphi)\sin(n\varphi)\right] \quad (11\text{-}62)$$

与此相类似,轴向诱导速度分量可以表达为

$$\frac{u_{\mathrm{a}}}{V_{\mathrm{A}}}=\frac{1}{1-x_{\mathrm{h}}}\sum_{m=1}^{\infty}mG_m h_m^{\mathrm{a}}(\varphi) \quad (11\text{-}63)$$

式中:

$$h_m^{\mathrm{a}}(\varphi)=\frac{\pi}{\sin\varphi}\left[\sin(m\varphi)\sum_{n=0}^{m}\mathrm{I}_n^{\mathrm{a}}(\varphi)\cos(n\varphi)+\cos(m\varphi)\sum_{n=m+1}^{\infty}\mathrm{I}_n^{\mathrm{a}}(\varphi)\sin(n\varphi)\right] \quad (11\text{-}64)$$

但在 h_m^{a} 和 h_m^{t} 的计算中,当 $\varphi=0$ 和 $\varphi=\pi$(即在叶根和叶梢时),$h_m^{\mathrm{a,t}}$ 变成没有意义。勒勃斯对式(11-62)及式(11-64)应用罗必达法则求极限,得到

$$h_m^{\mathrm{t,a}}(0)=\pi\left[m\sum_{n=0}^{m}\mathrm{I}_n^{\mathrm{t,a}}(0)+\sum_{n=m+1}^{\infty}n\mathrm{I}_n^{\mathrm{t,a}}(0)\right] \quad (11\text{-}65)$$

$$h_m^{\mathrm{t,a}}(\pi)=-\pi\cos(m\pi)\left[m\sum_{n=0}^{m}\mathrm{I}_n^{\mathrm{t,a}}\cos(n\pi)+\sum_{n=m+1}^{\infty}n\mathrm{I}_n^{\mathrm{t,a}}\cos(n\pi)\right] \quad (11\text{-}66)$$

式(11-61)和式(11-63)把诱导速度分量与环量分布及诱导因子联系在一起,而诱导因子有图谱可查或可按式(11-52)进行数值计算,因此对于任何环量分布都可以计算其诱导速度。但在实际上,环量又与涡线螺距即与诱导速度有关,具体解时必须采用逐次迭代法。

11-5 等螺距螺旋涡片的诱导速度的正交性

由式(11-61)和式(11-63)所表达的诱导速度分量依赖于其他各半径处自由涡线的螺距,在一般情况下,诱导速度 u_{a} 和 u_{t} 的合成速度对于涡面既有法向分量又有切向分量。但在特殊情况下,诱导速度在涡面上只有法向分量,也即诱导速度的合成速度垂直于涡面。现对这种特殊情况讨论如下。

在式(11-48)和式(11-49)中,令:

$$S_1=\sum_{n=1}^{\infty}n\mathrm{K}_{Zn}\left(\frac{Zn}{h_0}r\right)\mathrm{I}'_{Zn}\left(\frac{Zn}{h_0}r_0\right)$$

$$S_2=\sum_{n=1}^{\infty}n\mathrm{I}_{Zn}\left(\frac{Zn}{h_0}r\right)\mathrm{K}'_{Zn}\left(\frac{Zn}{h_0}r_0\right)$$

则轴向和周向诱导速度可分别表达为

$$u_{\mathrm{a}}=\frac{Z^2}{2\pi}\int_{r_{\mathrm{h}}}^{r}\frac{\mathrm{d}\Gamma}{\mathrm{d}r_0}\frac{r_0}{h_0^2}S_1\mathrm{d}r_0-\frac{Z}{4\pi}\int_{r}^{R}\frac{\mathrm{d}\Gamma}{\mathrm{d}r_0}\frac{1}{h_0}\mathrm{d}r_0+\frac{Z^2}{2\pi}\int_{r}^{R}\frac{\mathrm{d}\Gamma}{\mathrm{d}r_0}\frac{r_0}{h_0^2}S_2\mathrm{d}r_0 \quad (11\text{-}67)$$

$$u_{\mathrm{t}}=\frac{1}{r}\frac{Z}{4\pi}\int_{r_{\mathrm{h}}}^{r}\frac{\mathrm{d}\Gamma}{\mathrm{d}r_0}\mathrm{d}r_0+\frac{1}{r}\frac{Z^2}{2\pi}\int_{r_{\mathrm{h}}}^{r}\frac{\mathrm{d}\Gamma}{\mathrm{d}r_0}\frac{r_0}{h_0}S_1\mathrm{d}r_0+\frac{1}{r}\frac{Z^2}{2\pi}\int_{r}^{R}\frac{\mathrm{d}\Gamma}{\mathrm{d}r_0}\frac{r_0}{h_0^2}S_2\mathrm{d}r_0 \quad (11\text{-}68)$$

对径向螺距不等的涡片,其 $h_0=r_0\tan\beta_{\mathrm{i0}}$ 是半径 r 的函数,但如果涡片为径向等螺距的螺旋涡片,则 h_0 与 r 无关,即

$$h_0=r_0\tan\beta_{\mathrm{i0}}=r\tan\beta_{\mathrm{i}}=\text{常数}$$

因此,可将式(11-67)和式(11-68)中的 h_0 提到积分号的外面,并将式(11-67)乘以

$$(-\tan\beta_{i0}) = \left(-\frac{h_0}{r_0}\right)$$ 以后再与式(11-68)相加,可得

$$u_t - u_a\tan\beta_i = \frac{Z}{4\pi}\frac{1}{r}\int_{r_h}^{R}\frac{\mathrm{d}\Gamma}{\mathrm{d}r_0}\mathrm{d}r_0 = \frac{Z}{4\pi}\frac{1}{r}(\Gamma_R - \Gamma_{r_h})$$

因为 $\Gamma_R = \Gamma_{r_h} = 0$,所以

$$u_t\cos\beta_i - u_a\sin\beta_i = 0 \tag{11-69}$$

也即

$$u_t = u_a\tan\beta_i \tag{11-70}$$

式(11-70)说明,如果涡片是一个径向等螺距螺旋涡片(有时称为真实的螺旋面),则升力线上 u_a 及 u_t 之合速度垂直于当地的螺旋涡线,此即等螺距螺旋涡片诱导速度的正交条件。

11-6 最佳环量分布螺旋桨设计问题

所谓最佳环量分布螺旋桨也称最小诱导损失螺旋桨,乃指螺旋桨具有最高效率时的环量分布,故也称最高效率螺旋桨。

设计螺旋桨时,在给定直径 D 和进速 V_A 下,希望螺旋桨所消耗的功率最小而保证发出所需的推力。螺旋桨工作时所消耗的功率可分为两部分:一部分是尾流具有诱导速度而产生的诱导损失;另一部分是由于黏性引起的翼型阻力损失。若同时考虑这两部分是比较困难的,为了简便起见,这里先讨论理想流体情况下最小诱导损失的条件也即最佳环量分布的条件。

1. 敞水最佳环量分布条件

在式(11-20)中,令阻升比 $\varepsilon = 0$,得到螺旋桨的理想推力和理想转矩为

$$\left.\begin{aligned}T_i &= Z\rho\int_{r_h}^{R}\Gamma(r)(\omega r - u_t)\mathrm{d}r \\ Q_i &= Z\rho\int_{r_h}^{R}\Gamma(r)(V_A + u_a)r\mathrm{d}r\end{aligned}\right\} \tag{11-71}$$

螺旋桨工作时,尾流具有诱导速度而产生诱导损失,此种能量损失等于螺旋桨所吸收的功减去螺旋桨所作的有用功,令 E_i 表示单位时间内的能量损失,则有

$$E_i = Q_i\omega - T_iV_A = Z\rho\int_{r_h}^{R}\Gamma(r)(V_Au_t + \omega ru_a)\mathrm{d}r \tag{11-72}$$

式(11-72)表示能量损失可用环量 $\Gamma(r)$ 及其相应的诱导速度来表示。

求诱导损失最小的条件实质上是在保证发出给定推力下,能量损失 E_i 为最小的极值条件。现从物理的观点进行讨论。设在半径 r 处 $\mathrm{d}r$ 段叶元体上增加微环量 $\Delta\Gamma$(这一环量的增加可借加大叶元体的弦长或螺距的结果)。在 $\mathrm{d}r$ 段叶元体上增加 $\Delta\Gamma$ 后,将使叶元体本身所受的力以及桨叶其他半径处的力发生改变,其结果使整个螺旋桨增加了推力 ΔT_i 及转矩 ΔQ_i。因此有用功率增加了 ΔT_iV_A,螺旋桨吸收的能量增加了 $\Delta Q_i\omega$。令 k 表示这两种能量增加之比,即

$$k = \frac{\Delta T_iV_A}{\Delta Q_i\omega}$$

现在假定取某适当的环量增加,使之产生一定量的 $\Delta T_i V_A$,如果在不同半径处增加微环量 $\Delta\Gamma$ 得到不同 k 值的话,那么只要在 k 值小的地方减少环量,而在 k 值大的地方增加环量,这样可使原来的推力不变,减少供给螺旋桨的功率,从而得到较高的螺旋桨效率。所以环量沿桨叶的最佳分布条件是 k 值沿桨叶必须是常数。

如果在螺旋桨某一半径处的附着涡环量增加 $\Delta\Gamma$(亦可减小 $\Delta\Gamma$),则必有强度分别为 $\pm\Delta\Gamma$ 的自由涡泄出,加入尾涡中去(见图 11-14)。整个加上去的涡形成一螺旋马蹄形涡。设想把 $\Delta\Gamma$ 的螺旋马蹄形涡整个地顺着尾涡片下滑到无穷远方 $b-b$ 处(见图 11-15),然后再从 $b-b$ 处的远后方 $c-c$ 处去观察流场。显然,两个图上在 $c-c$ 处的自由涡片的强度分布是相同的。因为螺旋桨的推力和转矩取决于无穷远后方的流场,所以上述两种情况下的总推力和总转矩都是相同的,按图 11-15,因 $\Delta\Gamma$ 在远后方,故可忽略其对原桨叶上的环量分布的影响,亦即可认为原桨上的作用力不变。这样,ΔT_i 和 ΔQ_i 纯粹是由在 $b-b$ 位置上的 $\Delta\Gamma$ 所产生。令 $\Delta\Gamma$ 加在尾流半径 r 处 $\mathrm{d}r$ 微段上,该处由螺旋涡片所产生的诱导速度是 $u_{a\infty}$ 和 $u_{t\infty}$,则由 $\Delta\Gamma$ 所产生的推力及转矩为

$$\Delta T_i = \rho\Delta\Gamma(\omega r - u_{t\infty})\mathrm{d}r$$

$$\Delta Q_i = \rho\Delta\Gamma(V_A + u_{a\infty})r\mathrm{d}r$$

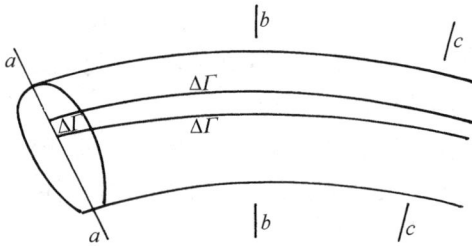

图 11-14 桨叶上增加 $\Delta\Gamma$ 后泄出的自由涡   图 11-15 $\Delta\Gamma$ 螺旋马蹄形涡沿尾涡片下滑情况

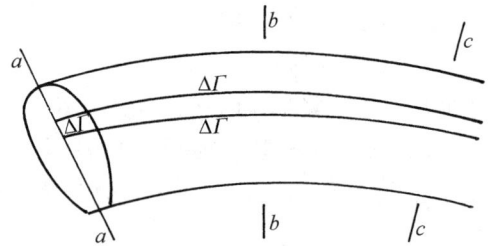

因此

$$k = \frac{\Delta T_i V_A}{\Delta Q_i \omega} = \frac{V_A(\omega r - u_{t\infty})}{\omega r(V_A + u_{a\infty})} = 常数 \tag{11-73}$$

式(11-73)即为最小诱导损失的条件,即不同半径 r 处的 k 值为常数。我们知道:

$$\tan\beta_{i\infty} = \frac{V_A + u_{a\infty}}{\omega r - u_{t\infty}}$$

式中:$\beta_{i\infty}$ 为该处自由涡线的螺距角。

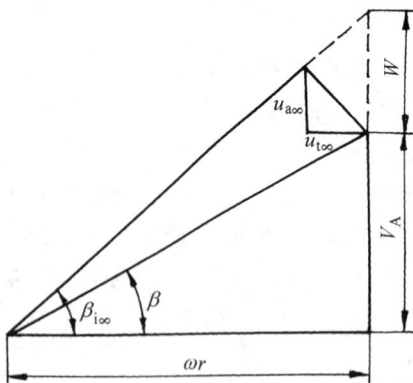

图 11-16 半径 r 远后方的速度多角形

由图 11-16 可见,式(11-73)可以表达为

$$k = \frac{\tan\beta(r)}{\tan\beta_{i\infty}(r)}$$

即

$$\tan\beta_{i\infty}(r) = \frac{V_A + u_{a\infty}}{\omega r - u_{t\infty}} = \frac{1}{k}\frac{V_A}{\omega r} = \frac{V_A + W}{\omega r}$$

所以

$$k = \frac{V_A}{V_A + W}$$

由此可见,如果要求满足式(11-73)中的 k 值不随

半径而变,即保持常数,则图 11-16 中所示的 W 值也必须为一常数。无穷远后方尾涡线的螺距

$$P = 2\pi r \tan \beta_{i\infty} = 2\pi \frac{V_A + W}{\omega} = 常数$$

表示无穷远后方自由涡线的螺距不随半径而变化,此即我们所熟悉的等螺距螺旋面。因此,敞水中最佳环量分布的条件就是螺旋桨远后方尾流中的自由涡片是等螺距螺旋面。上述条件称为贝兹条件。

下面进一步讨论升力线处的情况。

如果诱导速度 u_a 和 u_t 的二次项可以忽略的话,则下式成立:

$$\left(\frac{\omega r - u_t}{V_A + u_a} \right)^2 \frac{V_A}{\omega r} = \frac{\omega r - 2u_t}{V_A + 2u_a} = \frac{\omega r - u_{t\infty}}{V_A + u_{a\infty}}$$

将上式代入式(11-73),则得

$$k = \left(\frac{\omega r - u_t}{V_A + u_a} \right)^2 \left(\frac{V_A}{\omega r} \right)^2$$

或

$$\frac{V_A}{\omega r} \frac{\omega r - u_t}{V_A + u_a} = \sqrt{k} = 常数 \tag{11-74}$$

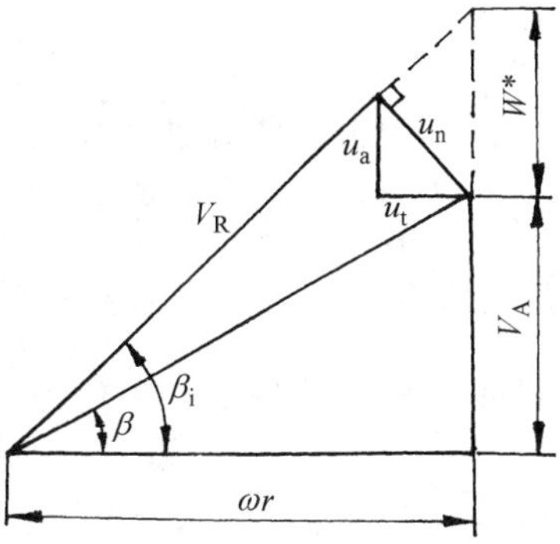

图 11-17 半径 r 升力线处的速度多角形

由图 11-17 可见:

$$\frac{\tan \beta}{\tan \beta_i} = 常数 \tag{11-75}$$

综上所述,如果忽略诱导速度的二次和高次项,贝兹条件就可以在升力线处满足,即在升力线处下泄的尾涡线的螺距不随半径而变,其螺距

$$P = 2\pi r \tan \beta_i = 2\pi \frac{V_A + W^*}{\omega} = 常数$$

即

$$W^* = 常数$$

本章第 11-5 节中已经证明,径向等螺距螺旋涡片的轴向诱导速度 u_a 和周向诱导速度 u_t 之合成速度与当地的螺旋涡线正交,即与图 11-17 中的相对来流 V_R 正交。以 u_n 表示 u_a 和 u_t 的合成速度,可得

$$u_n = W^* \cos \beta_i \tag{11-76}$$

这里需要指出,在推导式(11-74)中应用了 $2u_t = u_{t\infty}$ 和 $2u_a = u_{a\infty}$,这种关系的成立有一前提,即螺旋涡线的螺距角沿轴向是不变的。如果无穷远后方自由涡线的螺距角为 $\beta_{i\infty}$,则在升力线处无形中也接受了自由涡线的螺距角也为 $\beta_{i\infty}$,故 u_a 和 u_t 的合成速度与 $u_{a\infty}$ 和 $u_{t\infty}$ 的合成速度 $u_{n\infty}$ 平行,因此该合成速度亦与涡线正交,与 $V_{R\infty}$(无穷远后方的相对来流)的方向正交。但是 $\beta_{i\infty} \neq \beta_i$,则在升力线处自由涡线没有与相对速度 V_R 平行,致使 u_a 和 u_t 之合成速度不与 V_R 正交,这一情况的出现,是由于人为地假定了自由涡线的螺距角沿涡线不变,而这一假定本身与"涡线平行于相对流线"这一原则相抵触。实际上只有无穷远后方的相对流线的螺距角保持不变,在近场是会变的。但在处理升力线理论中的近场问题时,

把自由涡线的螺距角取为 β_i，这在升力线处该涡线与相对流线平行。在计算中为了简化，把整条螺旋涡线的螺距角均取为 β_i 不变，这就忽略了涡线与相对流线平行的原则，然后，对 β_i 的径向分布按

$$r \tan \beta_i = 常数$$

作为最佳环量分布的条件。这样自由涡面仍然是一等螺距面，根据正交条件可知，u_a 和 u_t 的合成速度 u_n 与自由涡线正交，亦与 V_R 方向正交。而在无穷远后方 $u_{a\infty}$ 和 $u_{t\infty}$ 的合成速度仍与涡线正交，但与 $V_{R\infty}$ 就不正交。因此在应用时，如研究无穷远后方的流场，可按 $r\tan\beta_{i\infty} =$ 常数处理，它对无穷远后方是正确的；如研究近场的流动就按 $r\tan\beta_i =$ 常数来处理，这是近似的。

2. 配合伴流螺旋桨最佳条件

所谓配合伴流螺旋桨，系指运转于轴对称非均匀流场的螺旋桨。

单螺旋桨船在桨盘处伴流沿半径方向是不均匀的，如令 w 表示平均伴流，$w(x)$ 表示在半径 $x = \dfrac{r}{R}$ 处圆周上轴向伴流的平均值。图 11-18(a) 为某单桨船 $w(x)$ 的分布情况。不同船型的 $\dfrac{1-w(x)}{1-w}$ 分布各不相同[见图 11-18(b)]。一般单桨船，近桨毂处伴流大，所以局部进速小，从而 $\tan\beta = \dfrac{V_A}{\omega r}$ 亦小。在叶梢处伴流小，局部进速就大。根据伴流径向分布规律来设计的螺旋桨称为配合伴流螺旋桨或适伴流螺旋桨。

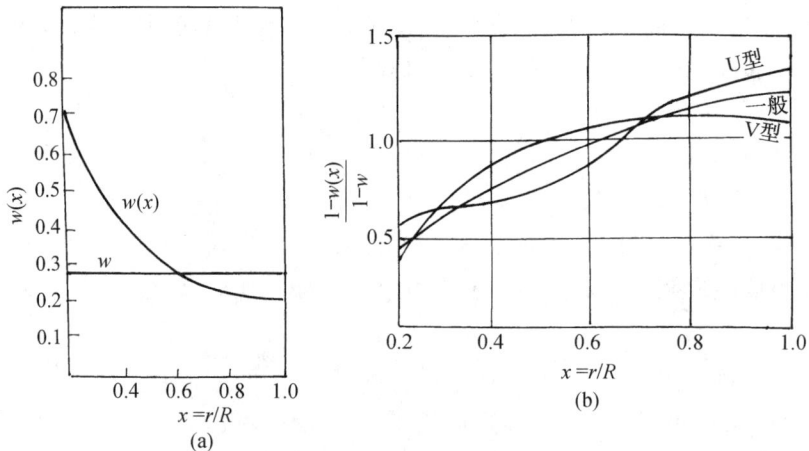

图 11-18　单桨船伴流沿半径的分布情况

对于船后螺旋桨来说，应从"船＋螺旋桨"系统的推进效率 η_D 来考虑。处理方法可类似于上述敞水情况。升力线某 r 处的 dr 微段上增加一个微环量 $\Delta\Gamma$ 及与它连在一起的自由涡沿尾涡片下滑到无穷远后方，则由此 $\Delta\Gamma$ 产生之 ΔT_i 和 ΔQ_i 即为整个螺旋桨的推力增量和转矩增量。

不计摩擦的理想推进效率

$$\eta_{Di} = \frac{T_{ei}V_s}{Q_i\omega} = \frac{T_i(1-t)V_A}{Q_i\omega(1-w)}$$

故对于 dr 微段叶元体相应有

$$k = \frac{\Delta T_{ei}V_s}{\Delta Q_i\omega} = \frac{\Delta T_i[1-t(x)]V_A}{\Delta Q_i\omega[1-w(x)]}$$

$$= \frac{1-t(x)}{1-w(x)}\frac{V_A}{\omega r}\frac{\omega r - u_{t\infty}}{V_A + u_{a\infty}} = 常数 \tag{11-77}$$

类似地,式(11-77)即为配合伴流最佳环量分布条件。

如果忽略诱导速度的二次项及高次项,即

$$\left(\frac{\omega r - u_t}{V_A + u_a}\right)^2 \frac{V_A}{\omega r} = \frac{\omega r - u_{t\infty}}{V_A + u_{a\infty}}$$

成立,则有

$$\left(\frac{V_A}{\omega r}\right)\left(\frac{\omega r - u_t}{V_A + u_a}\right) = C\sqrt{\frac{1-w(x)}{1-t(x)}} \tag{11-78}$$

此即轴对称非均匀流场中最佳环量分布的条件,式中 C 为常数。上式亦可写成

$$\frac{\tan\beta}{\tan\beta_i} = C\sqrt{\frac{1-w(x)}{1-t(x)}} \tag{11-79}$$

由此可以看出,对于伴流场中的最佳分布,不能得到自由涡片是等螺距面的结果,从而正交条件亦不成立。

常数 C 可由给定的输入功率系数或推力系数决定,勒勃斯认为,此值可近似地取为

$$C \approx \eta_{0i}\sqrt{\frac{1-t}{1-w}} \tag{11-80}$$

式中:η_{0i} 为在进速 $V_A = V_s(1-w)$ 下,吸收功率等于给定功率(或要求的有用功率)的敞水螺旋桨的最高理想效率,可由喀拉麦(Kramer)图谱确定(见图 11-19)。w 为桨盘面上的平均实效伴流分数,t 为平均推力减额分数。

以近似式(11-80)代入式(11-79),可得

$$\frac{\tan\beta}{\tan\beta_i} = \eta_{0i}\sqrt{\frac{1-t}{1-w}}\sqrt{\frac{1-w(x)}{1-t(x)}}$$

如忽略推力减额分数径向分布的影响,即假定

$$t \approx t(x)$$

则最佳条件成为

$$\frac{\tan\beta}{\tan\beta_i} = \eta_{0i}\sqrt{\frac{1-w(x)}{1-w}} \tag{11-81}$$

范·曼能(van Manen)亦发表过伴流场中的最佳环量分布条件,他的处理没有把 $\Delta\Gamma$ 下滑到远后方去计算 ΔT_i 和 ΔQ_i,而就在升力线上进行计算(即忽略了 $\Delta\Gamma$ 在升力线上对邻近叶切面的影响),相应的条件形式如下:

$$\frac{\tan\beta}{\tan\beta_i} = C\frac{1-w(x)}{1-t(x)} \tag{11-82}$$

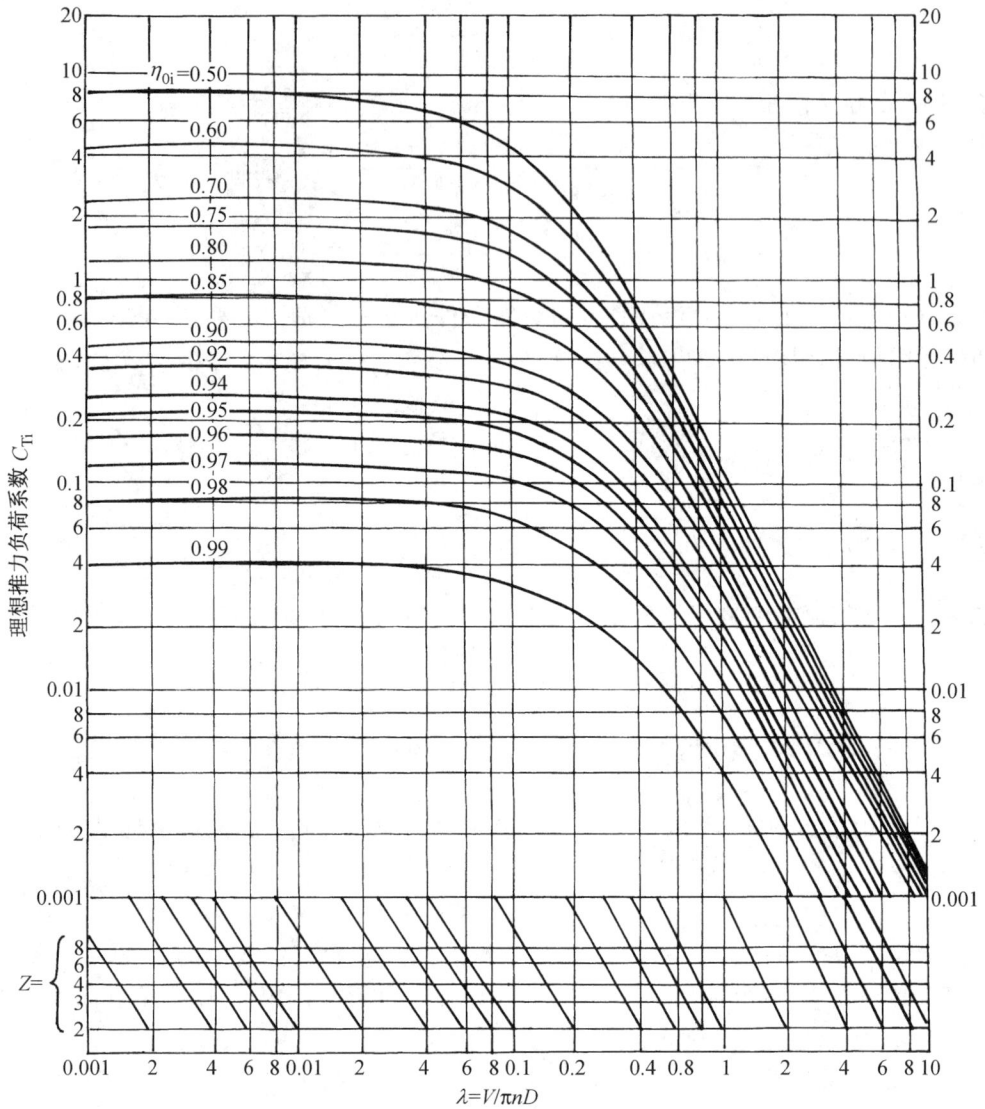

图 11-19　确定 η_{0i} 的喀拉麦图谱

3. 敞水最佳环量分布螺旋桨设计方法

根据上面的推导可得敞水最佳环量分布的条件,如式(11-74)所示:

$$\frac{\tan\beta}{\tan\beta_i}=\frac{V_A}{\omega r}\frac{\omega r-u_t}{V_A+u_a}=\text{常数}$$

亦就是说,$W^*=$ 常数(见图 11-17)。

此时,螺旋桨后面的涡片是一等螺距螺旋涡面,诱导速度垂直于涡面,所以

$$u_a\cos\beta_i+u_t\sin\beta_i=W^*\cos\beta_i$$

或者

$$\frac{u_a}{V_A}+\frac{\lambda_i}{x}\frac{u_t}{V_A}=\frac{W^*}{V_A} \tag{11-83}$$

228

式中：
$$\lambda_i = x \tan \beta_i = x \frac{V_A + W^*}{\omega r} = \frac{V_A}{\omega R}\left(1 + \frac{W^*}{V_A}\right) = \lambda\left(1 + \frac{W^*}{V_A}\right)$$

$$\lambda = \frac{V_A}{\omega R} = \frac{V_A}{\pi n D}$$

一般设计问题为已知桨叶数、毂半径 r_h、λ（即 V_A、n 和 D）和理想推力系数 C_{Ti}（或理想功率系数 C_{Pi}），求最佳环量分布、诱导速度和效率。

首先将式(11-56)和式(11-57)代入式(11-83)，即可得到求解无量纲的环量 G 的积分微分方程：

$$\int_{x_h}^{x} \frac{dG}{dx_0} \frac{1}{x - x_0}\left(i_{ae} + \frac{\lambda_i}{x} i_{te}\right) dx_0 + \int_{x}^{1} \frac{dG}{dx_0} \frac{1}{x - x_0}\left(i_{ai} + \frac{\lambda_i}{x} i_{ti}\right) dx_0 = 2 \frac{W^*}{V_A} \quad (11\text{-}84)$$

上式通过诱导因子把最佳环量分布 G 和 $\dfrac{W^*}{V_A}$ 联系起来，而 $\dfrac{W^*}{V_A}$ 的大小与给定的理想推力系数 C_{Ti} 有关。

实际上，已知条件应该是螺旋桨在实际流体中的推力系数 C_T，其定义如下：

$$C_T = \frac{T}{\frac{\rho}{2}\pi V_A^2 R^2} \quad (11\text{-}85)$$

式中：T 为螺旋桨发出的推力；

ρ 为流体密度；

V_A 为敞水进速；

R 为螺旋桨的半径。

理想推力系数 C_{Ti} 定义为

$$C_{Ti} = \frac{T_i}{\frac{\rho}{2}\pi V_A^2 R^2} \quad (11\text{-}86)$$

式中：T_i 为螺旋桨理想推力。

在具体设计时首先应由给定的 C_T 求取 C_{Ti}，一般可采用如下近似公式估算：

$$C_{Ti} = \frac{C_T}{1 - 2\varepsilon\lambda_i} = (1.02 \sim 1.06)C_T \quad (11\text{-}87)$$

式中：$\lambda_i = x \tan \beta_i$；

ε 为平均阻升比。

利用式(11-71)，可以将 C_{Ti} 与环量和诱导速度之间建立起下列关系式：

$$C_{Ti} = \frac{T_i}{\frac{\rho}{2}\pi V_A^2 R^2} = \frac{\rho \int_{r_h}^{R} (Z\Gamma)(\omega r - u_t) dr}{\frac{\rho}{2}\pi V_A^2 R^2}$$

$$= 2\int_{r_h}^{R} \frac{ZG\pi(2R)V_A(\omega r - u_t)dr}{R^2 \pi V_A^2}$$

$$= 4Z \int_{x_h}^{1} G\left(\frac{x}{\lambda} - \frac{u_t}{V_A}\right) \mathrm{d}x \tag{11-88}$$

对于敞水最佳环量分布螺旋桨,可利用图 11-17 的速度多边形,得

$$\frac{u_t}{V_A} = \frac{W^*}{V_A} \cos\beta_i \sin\beta_i = \frac{W^*}{V_A}\left(1 + \frac{W^*}{V_A}\right)\lambda \frac{x}{x^2 + \lambda^2\left(1 + \dfrac{W^*}{V_A}\right)^2} \tag{11-89}$$

将式(11-89)代入式(11-88),可得

$$C_{Ti} = 4Z \int_{x_h}^{1} G\left[\frac{x}{\lambda} - \frac{W^*}{V_A}\left(1 + \frac{W^*}{V_A}\right)\lambda \frac{x}{x^2 + \lambda^2\left(1 + \dfrac{W^*}{V_A}\right)^2}\right] \tag{11-90}$$

根据式(11-84)和式(11-90),可以解出满足给定推力系数的最佳环量分布 $G(x)$ 和未知数 $\dfrac{W^*}{V_A}$。

求得环量分布以后,就可应用式(11-56)和式(11-57)计算轴向和周向诱导速度分量。

在实际计算时,应用本章 3-11-4 节中所述方法,将诱导速度分量表达式(11-61)和式(11-63)代入式(11-84)得

$$\sum_{m=1}^{M} mG_m\left[h_m^a(\varphi) + \frac{\lambda_i}{x}h_m^t(\varphi)\right] = (1 - x_h)\frac{W^*}{V_A} \tag{11-91}$$

同样,对式(11-88)也用级数展开形式代入,可得

$$2(1 - x_h)Z \sum_{n=1}^{M} G_n \int_0^\pi \left[\frac{x}{\lambda} - \frac{1}{1 - x_h}\sum_{m=1}^{M} mG_m h_m^t(\varphi)\right] \cdot \sin(n\varphi)\sin\varphi \, \mathrm{d}\varphi = C_{Ti}$$

$$\tag{11-92}$$

式(11-92)中 M 表示环量 G 展成傅里叶级数时所取的项数,若用手算的话,取 $M=5$ 已够了。由于式(11-92)的复杂性,故直接求解是困难的。具体计算时,一般假定一组 $\dfrac{W^*}{V_A}$ 值,对于每一个假定的 $\dfrac{W^*}{V_A}$ 值,首先利用下式确定 $\tan\beta_i$ 的分布:

$$\tan\beta_{i0} = \frac{V_A + W^*}{\omega r_0} = \frac{\lambda}{x_0}\left(1 + \frac{W^*}{V_A}\right)$$

根据此 β_{i0} 和 x_0 可决定 i_a 和 i_t,从而由式(11-62)和式(11-64)求出 $h_m^a(\varphi)$ 和 $h_m^t(\varphi)$,利用此 $h_m^a(\varphi)$ 和 $h_m^t(\varphi)$ 则可由式(11-91)解出 G_m,将结果代入式(11-92)求出对应于此 $\dfrac{W^*}{V_A}$ 值的理想推力系数 C_{Ti},用内插法求得满足给定推力系数的 $\dfrac{W^*}{V_A}$,然后重新求解 G_m,即认为是所求的解。为了进行校核,有必要利用此结果再求对应的 C_{Ti} 与给定值比较,如果达不到要求的精确度,则可把这一次的 $\dfrac{W^*}{V_A}$ 值和 C_{Ti} 参加到数列中去,再进行内插,以求得更精确的 $\dfrac{W^*}{V_A}$ 值,再求解,依此类推。

4. 最佳船后螺旋桨

船后伴流场是周向不均匀的,这里只能把伴流场进行周向平均后,作为一个轴对称的径向非均匀伴流来处理。

一般的设计问题,在计算一个方案时是指定了桨叶数,直径 D,毂径比 x_h,伴流分数周向平均值沿径向的分布 $w(x)$ 及 λ,在满足一定的理想推力系数 C_{Ti}(或理想功率系数 C_{Pi})值的条件下,求最佳环量分布。

为了表达方便,在讨论此问题之前先引入下列一些系数和符号:

无量纲的环量
$$G_s = \frac{\Gamma}{\pi D V_s}$$

进速系数
$$\lambda_s = \frac{V_s}{\pi n D}$$

船速
$$V_s$$

输入功率系数
$$G_{Pi} = \frac{P_i}{\frac{\rho}{2}\pi R^2 V_s^3}$$

有用功率系数

$$C_{Pu} = \frac{P_u}{\frac{\rho}{2}\pi R^2 V_s^3} = \frac{V_s\int_{x_h}^1 \mathrm{d}T_i[1-t(x)]\mathrm{d}x}{\frac{\rho}{2}\pi R^2 V_s^3}$$

基于茹可夫斯基升力公式,可求得

$$C_{Pi} = \frac{Q_i\omega}{\frac{\rho}{2}\pi R^2 V_s^3} = \frac{4Z}{\lambda_s}\int_{x_h}^1 G_s\left\{[1-w(x)]+\frac{u_a}{V_s}\right\}x\,\mathrm{d}x \tag{11-93}$$

$$C_{pu} = \frac{\int_{x_h}^1 \mathrm{d}T_i[1-t(x)]\mathrm{d}x}{\frac{\rho}{2}\pi R^2 V_s^3} = 4Z\int_{x_h}^1 G_s\left(\frac{x}{\lambda_s}-\frac{u_t}{V_s}\right)[1-t(x)]\mathrm{d}x \tag{11-94}$$

式中诱导速度分量与环量分布相联系的积分微分方程类似地有

$$\left.\begin{array}{l} \dfrac{u_a}{V_s} = \dfrac{1}{2}\displaystyle\int_{x_h}^1 \dfrac{\mathrm{d}G_s}{\mathrm{d}x_0}\dfrac{1}{x-x_0}i_a\,\mathrm{d}x_0 \\[3mm] \dfrac{u_s}{V_s} = \dfrac{1}{2}\displaystyle\int_{x_h}^1 \dfrac{\mathrm{d}G_s}{\mathrm{d}x_0}\dfrac{1}{x-x_0}i_t\,\mathrm{d}x_0 \end{array}\right\} \tag{11-95}$$

与式(11-59)一样,将 G_s 也表示成傅里叶级数如下:

$$G_s = \sum_{m=1}^M G_m\sin m\varphi \tag{11-96}$$

从而诱导速度分量为

231

$$\left.\begin{array}{l} \dfrac{u_{\mathrm{a}}}{V_{\mathrm{s}}}=\dfrac{1}{1-x_{\mathrm{h}}}\sum_{m=1}mG_{m}h_{m}^{\mathrm{a}} \\[3mm] \dfrac{u_{\mathrm{t}}}{V_{\mathrm{s}}}=\dfrac{1}{1-x_{\mathrm{h}}}\sum_{m=1}mG_{m}h_{m}^{\mathrm{t}} \end{array}\right\} \tag{11-97}$$

最高效率问题实质上是在指定的 C_{Pi} 值下使 C_{Pu} 最大。如前所述,这是个多元函数条件极值的问题,求解甚不方便,故一般采用下述方法。

根据前面的讨论,船后最佳环量分布的条件可表达为

$$\frac{\tan\beta}{\tan\beta_{\mathrm{i}}}=C\sqrt{\frac{1-w(x)}{1-t(x)}} \tag{11-98}$$

即

$$\tan\beta_{\mathrm{i}}=\frac{\lambda_{\mathrm{s}}[1-w(x)]}{x}\frac{1}{C}\sqrt{\frac{1-t(x)}{1-w(x)}} \tag{11-99}$$

但按图 11-17 的速度多边形有

$$\tan\beta_{\mathrm{i}}=\frac{V_{\mathrm{A}}+u_{\mathrm{a}}}{\omega r-u_{\mathrm{t}}}=\frac{[1-w(x)]+\dfrac{u_{\mathrm{a}}}{V_{\mathrm{s}}}}{\dfrac{x}{\lambda_{\mathrm{s}}}-\dfrac{u_{\mathrm{t}}}{V_{\mathrm{s}}}} \tag{11-100}$$

目前在实际计算中还只能取

$$t(x)=t$$

式中：t 为常数,即盘面内平均推力减额分数。现令

$$f(x)=\frac{\lambda_{\mathrm{s}}[1-w(x)]}{x}\sqrt{\frac{1-t}{1-w(x)}} \tag{11-101}$$

据式(11-99)和式(11-100)可得

$$C\frac{u_{\mathrm{a}}}{V_{\mathrm{s}}}+f(x)\frac{u_{\mathrm{t}}}{V_{\mathrm{s}}}=f(x)\frac{x}{\lambda_{\mathrm{s}}}-C[1-w(x)] \tag{11-102}$$

设 G_{s} 按式(11-96)取 M 项近似,$u_{\mathrm{a}}/V_{\mathrm{s}}$ 和 $u_{\mathrm{t}}/V_{\mathrm{s}}$ 按式(11-97)代入式(11-102),并对 M 个 φ 值,$\varphi=\varphi_{j}$,$j=1,2,\cdots,M$,建立方程式,即

$$\frac{1}{1-x_{\mathrm{h}}}\sum_{m=1}^{M}mG_{m}[Ch_{m}^{\mathrm{a}}(\varphi_{j})+f(x_{j})h_{m}^{\mathrm{t}}(\varphi_{j})]=f(x_{j})\frac{x_{i}}{\lambda_{\mathrm{s}}}-C[1-w(x_{j})]$$

$$j=1,2,\cdots,M \tag{11-103}$$

另外,对于船后情况,类似于式(11-92),C_{Ti} 可表达为

$$C_{Ti}=2(1-x_{\mathrm{h}})Z\sum_{n=1}^{M}G_{n}\int_{0}^{\pi}\sin(n\varphi)\sin\varphi\left[\frac{x}{\lambda_{\mathrm{s}}}-\frac{1}{1-x_{\mathrm{h}}}\sum_{m=1}^{M}mG_{m}h_{m}^{\mathrm{t}}(\varphi)\right]\mathrm{d}\varphi$$

$$\tag{11-104}$$

联立式(11-103)与式(11-104)组成方程组,共有 $M+1$ 个方程,根据给定的 C_{Ti} 可解出常数 C 和 M 个系数 G_{m} 值。对于方程的求解,一般可这样来做：因 $f(x)$ 是已知的,可先假定一组 C 值,对应于每一个 C 值可用式(11-99)求得 $\tan\beta_{\mathrm{i}}(x)$,从而可得 h_{m}^{a} 和 h_{m}^{t},通过方程组(11-103)解出 G_{m}。再用式(11-104)得出与 C 值对应的 C_{Ti}。然后用内插法求得与所需 C_{Ti}

相对应的 C 值,按此 C 值再求解 G_m。

5. 确定叶切面升长积沿径向分布

上面我们已经解决了给定推力系数下桨叶上沿半径方向的最佳环量分布 G 及相应的水动力螺距角 β_i,诱导速度 $\frac{u_a}{V_s}$、$\frac{u_t}{V_s}$ 的分布。对于升力线来说,知道了 $\frac{u_a}{V_s}$、$\frac{u_t}{V_s}$ 和 β_i 亦就可以确定进流方向和算出进流速度 V_R 的大小,速度关系如图 11-20 所示。然后根据二因次机翼切面的特性来确定桨叶各半径处叶切面的形状和相应的螺距角,使之能产生所需要的环量。

在具体选择翼型切面之前,首先求出叶切面升长积沿半径方向的分布。取 dr 微段叶元体,其所受的升力可按以 V_R 为相对来流的二因次机翼来考虑。此时 dr 段叶元体上所受的升力可以有两种不同的方法来表示。

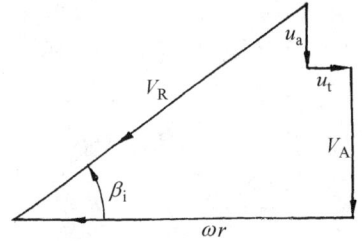

图 11-20　半径 r 处的速度关系

按升力定理:

$$dL = \rho \Gamma(r) V_R dr \tag{11-105}$$

或一般水动力的表示法:

$$dL = \frac{\rho}{2} C_L V_R^2 b\, dr \tag{11-106}$$

式中:b 为叶元体的弦长;C_L 为叶元体的升力系数。由式(11-105)和式(11-106)可得

$$\Gamma(r) = \frac{1}{2} C_L(r) b(r) V_R(r) \tag{11-107}$$

将 $\Gamma(r)$ 用无量纲环量 G_s 表示,则上式可写成

$$\pi D V_s G_s = \frac{1}{2} C_L b V_R$$

即

$$\frac{C_L b}{D} = \frac{2\pi V_s G_s}{V_R} \tag{11-108}$$

由图 11-20 可见,相对来流 V_R 与周向速度有如下关系:

$$V_R = \frac{\omega r - u_t}{\cos\beta_i}$$

将上式代入式(11-108),经简化后可得升长积为

$$\frac{C_L b}{D} = \frac{2\pi G_s \cos\beta_i}{\dfrac{\omega r}{V_s} - \dfrac{u_t}{V_s}} = \frac{2\pi G_s \cos\beta_i}{\dfrac{x}{\lambda_s} - \dfrac{u_t}{V_s}} \tag{11-109}$$

从式(11-109)可以看到,式中的 G_s 是根据给定的推力系数 C_{Ti} 求得的环量分布。因此,按上式求出的 $\frac{C_L b}{D}$ 是满足了要求的推力及其对应的环量分布。在求得 $\frac{C_L b}{D}$ 沿半径方向的分布规律后,必需根据其他条件将其分成两个因子,即升力系数 $C_L(x)$ 和弦长 $b(x)$。这在 11-8 节中再行讨论。

11-7 任意环量分布螺旋桨设计问题

众所周知,螺旋桨的性能与桨叶上的环量分布形式直接有关。前面我们纯粹从效率的观点出发,讨论了最佳环量的分布形式,其实这只是问题的一个方面,环量分布还会影响桨叶上的空泡情况,因而与桨叶剥蚀、螺旋桨激振力和噪声等问题密切有关。

如在桨叶上某一半径处增加环量,则该处切面的升力将相应地增加,从而叶背吸力增大,导致背空泡提前发生;如减少环量,则可推迟空泡的发生。内半径处切面运动的线速度较外半径者

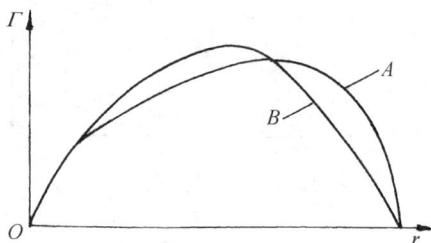

图 11-21 环量沿桨叶半径的分布

为低,在相同的 C_L 的情况下,内半径处的切面比外半径者不易发生空泡,另外,自由涡的强度 $\left(-\dfrac{\mathrm{d}\Gamma}{\mathrm{d}r}\mathrm{d}r\right)$ 与环量分布的梯度直接有关,梯度绝对值大者自由涡强度亦大,容易出现尾涡空泡,反之可推迟尾涡空泡的发生。图 11-21 中曲线 A 所代表的环量分布与最佳形式相近,但在梢部梯度大,容易发生梢涡空泡;曲线 B 在梢部的梯度小,可推迟梢涡空泡的发生。由于空泡的产生会引起空泡剥蚀、螺旋桨激振力与螺旋桨噪声等问题,有时为了推迟桨叶上空泡的发生,不得不牺牲些效率,减小叶梢部分的载荷,将最大载荷适当内移。所谓给定环量分布的螺旋桨设计问题是由此而提出的。

1. 敞水任意环量分布螺旋桨设计

这类问题的实质是:根据给定载荷系数 C_{Ti}(或 C_{Pi})、λ、x_h 和环量分布形式,决定环量分布、诱导速度分量和效率。由于推力和转矩取决于环量分布,故给定的环量分布未必能满足推力或转矩的要求。因此,只能给定环量分布的形式 $F(x)$,与上面一样,也可将 $F(x)$ 展开成傅里叶级数如下:

$$F = \sum_{m=1}^{\infty} F_m \sin(m\varphi) = \sum_{m=1}^{M} F_m \sin(m\varphi) \tag{11-110}$$

则满足要求的理想推力系数 C_{Ti} 又具有此种环量分布形式的环量分布:

$$G = kF = k\sum_{m=1}^{M} F_m \sin(m\varphi) \tag{11-111}$$

式中:k 是与半径无关的待定常数,由给定的载荷系数来确定。

将式(11-111)代入诱导速度分量表达式(11-56)和式(11-57)后可得

$$\frac{u_t}{V_A} = \frac{1}{2}\int_{x_h}^{1} \frac{\mathrm{d}G}{\mathrm{d}x_0} \frac{1}{x-x_0} i_t \mathrm{d}x_0 = \frac{k}{2}\int_{x_h}^{1} \frac{\mathrm{d}F}{\mathrm{d}x_0} \frac{1}{x-x_0} i_t \mathrm{d}x_0 = \frac{k}{1-x_h}\sum_{m=1}^{M} mF_m h_m^t$$

$$\tag{11-112}$$

$$\frac{u_a}{V_A} = \frac{1}{2}\int_{x_h}^{1} \frac{\mathrm{d}G}{\mathrm{d}x_0} \frac{1}{x-x_0} i_a \mathrm{d}x_0 = \frac{k}{2}\int_{x_h}^{1} \frac{\mathrm{d}F}{\mathrm{d}x_0} \frac{1}{x-x_0} i_a \mathrm{d}x_0 = \frac{k}{1-x_h}\sum_{m=1}^{M} mF_m h_m^a$$

$$\tag{11-113}$$

由式(11-88)知推力系数可表达为

$$C_{Ti} = 4Z \int_{x_h}^1 G\left(\frac{x}{\lambda} - \frac{u_t}{V_A}\right) \mathrm{d}x = 4kZ \int_{x_h}^1 F\left(\frac{x}{\lambda} - \frac{u_t}{V_A}\right) \mathrm{d}x$$

将 $\dfrac{u_t}{V_A}$ 的表达式代入上式即可得

$$\left\{2Z \int_{x_h}^1 F(x)\left[\int_{x_h}^1 \frac{\mathrm{d}F(x_0)}{\mathrm{d}x_0} \frac{1}{x - x_0} i_t \mathrm{d}x_0\right]\mathrm{d}x\right\}k^2 - \left[4Z\int_{x_h}^1 F(x)\frac{x}{\lambda}\mathrm{d}x\right]k + C_{Ti} = 0$$

$$(11\text{-}114)$$

将式(11-112)代入式(11-114),整理后有

$$\left[2Z\int_0^\pi \sin\varphi \sum_{n=1}^M F_n \sin(n\varphi) \sum_{m=1}^M m F_m h_m^t(\varphi)\mathrm{d}\varphi\right]k^2 -$$

$$\frac{2Z(1-x_h)}{x}\left[\int_0^\pi x\sin\varphi \sum_{m=1}^M F_m \sin(m\varphi)\mathrm{d}\varphi\right]k + C_{Ti} = 0 \qquad (11\text{-}115)$$

式(11-115)对 k 来说是一个简单的二次代数方程,其中 F_m 是已知的,但因为 $h_m^t(\varphi)$ 与 i_t 有关,从而是未知函数 $\beta_i(x)$ 的函数,且有如下关系式:

$$\tan\beta_i = \frac{V_A + u_a}{\omega r - u_t} = \frac{1 + \dfrac{u_a}{V_A}}{\dfrac{x}{\lambda} - \dfrac{u_t}{V_A}} = \frac{1 + \dfrac{k}{1-x_h}\sum\limits_{m=1}^M m F_m h_m^a(\varphi)}{\dfrac{x}{\lambda} - \dfrac{k}{1-x_h}\sum\limits_{m=1}^M m F_m h_m^t(\varphi)} \qquad (11\text{-}116)$$

式(11-115)和式(11-116)即为求解 k 和 $\tan\beta_i$ 的联立方程组。

由于方程中与诱导因子 i_t、i_a 有关的 h_m^t、h_m^a 取决于 $\tan\beta_i$,计算时必须采用逐次迭代法,具体步骤如下:

(1) 第一次近似时,取 $\tan\beta_i = \tan\beta$,利用式(11-62)和式(11-64)求出 h_m^t、h_m^a,再从方程式(11-115)解出对应给定 C_{Ti} 的 k 值的第一次近似。

(2) 将第一次近似 k 值及(1)中的 h_m^t、h_m^a 代入方程式(11-116)求出 $\tan\beta_i$ 的第二次近似值,以此再用式(11-62)和式(11-64)去求第二次的 h_m^t、h_m^a,由式(11-115)解出 k 值的第二次近似。

重复上述过程,一般进行三次迭代就能达到足够的精度。

解出 k 和水动力螺距角 β_i 后,可由式(11-111)、(11-112)和式(11-113)确定环量分布函数 $G(x)$ 及诱导速度 $\dfrac{u_a(x)}{V_A}$、$\dfrac{u_t(x)}{V_A}$ 的分布。

2. 船后任意环量分布螺旋桨的设计

这个问题的处理方法基本上类似于敞水任意环量分布问题,差别仅在于这里以船速 V_s 代替螺旋桨进速 V_A 来表示计算中各系数(见第 11-6 节中第 4 小节)。因此,这里仅简单列出其相应公式。

令无量纲的环量分布为

$$G_s = kF(x) = k\sum_{m=1}^{M} F_m \sin(m\varphi)$$

则其相应诱导速度由下式给出：

$$\frac{u_t}{V_s} = \frac{k}{1-x_h}\sum_{m=1}^{M} mF_m h_m^t$$

$$\frac{u_a}{V_s} = \frac{k}{1-x_h}\sum_{m=1}^{M} mF_m h_m^a$$

常数 k 可以根据与式(11-115)和式(11-116)完全类似的下列两方程式求解：

$$k^2 - k\frac{1-x_h}{\lambda_s}\frac{\displaystyle\int_{x_h}^{1} xF(x)\mathrm{d}x}{\displaystyle\int_{x_h}^{1} F(x)\left(\sum_{m=1}^{M} mF_m h_m^t\right)\mathrm{d}x} +$$

$$C_{Ti}\frac{1-x_h}{4Z}\frac{1}{\displaystyle\int_{x_h}^{1} F(x)\left(\sum_{m=1}^{M} mF_m h_m^t\right)\mathrm{d}x} = 0 \tag{11-117}$$

$$\tan\beta_i = \frac{[1-w(x)]+\dfrac{u_a}{V_s}}{\dfrac{x}{\lambda_s}-\dfrac{u_t}{V_s}} = \frac{[1-w(x)]+\dfrac{k}{1-x_h}\displaystyle\sum_{m=1}^{M} mF_m h_m^a}{\dfrac{x}{\lambda_s}-\dfrac{k}{1-x_h}\displaystyle\sum_{m=1}^{M} mF_m h_m^t} \tag{11-118}$$

式(11-117)和式(11-118)即为求解船后任意环量分布螺旋桨问题的 k 和 $\tan\beta_i$ 的联立方程组,同样采用逐次迭代法来处理,这里不再赘述。

11-8　桨叶切面的选择

无论是最佳环量分布或给定环量分布的螺旋桨设计问题,都可由升力线理论求得满足给定载荷系数 C_{Ti}(或 C_{Pi})的升长积 $\dfrac{C_L b}{D}$ 的分布。这就是说,只要各半径处所选切面的弦长 b 和升力系数 C_L 在给定螺旋桨直径条件下满足相应的 $\dfrac{C_L b}{D}$ 值,螺旋桨就能够发出要求的理想推力(或吸收给定的理想功率)。

在升力线理论中,桨叶切面是从已有的翼型系列试验资料或理论计算资料中来选取的。选择翼型时一般要求：

(1) 具有较低的阻升比,以减小由于黏性而引起的效率损失。

(2) 能较好地抵制或推迟空泡的发生。

NACA 切面是船用螺旋桨中应用最广泛、资料最齐全的一类翼切面,而其中又以 NACA16 及 NACA66 更适用于船用螺旋桨,一般采用 $a=0.8$ 的拱弧线,因为它在理想流体及黏性流体中的压力分布相差不多。但在实际使用中感到 NACA66 切面尾缘太薄,因而强度不够,修改成抛物线尾部后称为 NACA66-mod。根据压力分布计算,发现此种切面导边处出现小的吸力峰,不利于空泡,因此美国舰船研究发展中心又将其修改成 NSRDC-NACA-66-mod 切面。表 11-1 提供了 NACA 切面半厚度及拱弧线的有关数据。

表 11-1　NACA 切面半厚度及拱弧线

x	NACA16	NSRDC-NACA-66-mod	$\alpha=0.8$ 拱弧
	t/t_{max}	t/t_{max}	f/f_{max}
0	0	0	0
0.005		0.066 5	0.042 3
0.007 5		0.081 2	0.059 5
0.012 5	0.107 7	0.104 4	0.090 7
0.025	0.150 4	0.146 6	0.158 6
0.05	0.209 1	0.206 6	0.271 2
0.075	0.252 7	0.252 5	0.365 7
0.1	0.288 1	0.290 7	0.448 2
0.15		0.352 1	0.586 9
0.2	0.388 7	0.400 0	0.699 3
0.25		0.436 3	0.790 5
0.3	0.451 7	0.463 7	0.863 5
0.35		0.483 2	0.920 2
0.4	0.487 9	0.495 2	0.961 5
0.45		0.500 0	0.988 1
0.5	0.500 0	0.496 2	1.0
0.55		0.484 6	0.997 1
0.6	0.486 2	0.465 3	0.978 6
0.65		0.438 3	0.943 4
0.7	0.439 1	0.403 5	0.889 2
0.75		0.361 2	0.812 1
0.8	0.349 9	0.311 0	0.702 7
0.85		0.253 2	0.542 5
0.9	0.209 8	0.187 7	0.358 6
0.95	0.117 9	0.114 3	0.171 3
0.975		0.074 8	0.082 3
1.0	0.100	0.033 3	0

在桨叶切面的类型选定后,应根据其二因次特性求出叶切面的弦长 b、攻角 α、拱度和厚度,这些参数的确定系基于以下几个条件:

(1) 使产生应有的环量,亦即产生应有的升力。

(2) 翼表面的压力分布能在设计条件下避免发生空泡。在周向不均匀的伴流场中要完全做到这一点实际上是较困难的,如果空泡不可避免,则应尽可能减轻其危害。

(3) 厚度与弦长的选择应同时满足叶片强度的要求。

在第 6-1 节中已经提到,叶切面上产生空泡的条件是

$$\xi_{max} \geqslant \sigma \tag{11-119}$$

式中:ξ_{max} 为切面的最大降压参数;σ 为来流空泡数。

因此,为了避免在切面上出现空泡,在选取翼型和参数时尽可能使

$$\xi_{max} < \sigma$$

为考虑伴流的周向不均匀性,一般常取

$$\xi_{max} < 0.8\sigma \tag{11-120}$$

对于一个指定的翼型切面,有它特定的 ξ_{max} 与切面来流攻角 α 的关系图,称为空泡斗(见图 11-22)。根据空泡斗,可以判断切面在某工作条件下发生空泡的情况,图中在 $\alpha_2 < \alpha < \alpha_1$ 的攻角范围内的进流称为无振进流。如果流动是定常的话,攻角处于此范围内是最有利的。

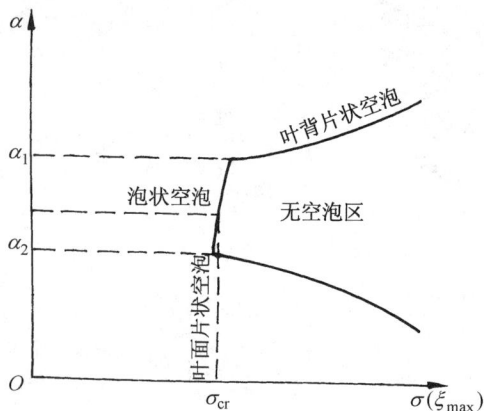

图 11-22　桨叶切面的空泡斗

20 世纪 60 年代以前用升力线理论设计螺旋桨就是按无振进流来选择翼型参数的,因此时 ξ_{max} 低,可取较小的弦长 b,从而可减小黏性损失。每一种类型的翼型,都可以通过理论方法计算压力分布,从而求得一个理想的无振进流的攻角 α_i,它取决于 C_L 值。在此攻角下可以通过压力分布的理论计算,得到 ξ_{max} 与 $\dfrac{t}{b}$,$\dfrac{f}{b}$ 与 $\dfrac{C_L b}{t}$ 的关系,其中 t、f 分别为桨叶切面的最大厚度及最大拱度。图 11-23 和图 11-24 分别给出 NACA-16,$\alpha = 0.8$ 拱弧线和 NACA-66-mod,$\alpha = 0.8$ 拱弧线两类切面的这种关系的图谱形式,可称为空泡初生图。

在进行一般性的讨论以后,现对确定螺旋桨有关几何参数的步骤介绍如下。

1. 叶厚分数及厚度分布的初步估算

从图 11-23 给出的图谱形式可见,作为其中参数之一是 $\dfrac{C_L b}{t}$,而不是升长积系数 $\dfrac{C_L b}{D}$,故在利用此图谱之前先要确定桨叶的厚度分布。

叶厚分数根据泰勒(Taylor)公式估算,化成公制后为

$$\frac{t_0}{D} = \frac{1}{D} \sqrt[3]{\frac{C_1 P_D}{2103 Z N \sigma_c}} \tag{11-121}$$

式中:$\dfrac{t_0}{D}$ 为叶厚分数;

C_1 为由 $0.7R$ 处螺距比 $(P/D)_{0.7}$ 决定的系数,由表 11-2 给出;

P_D 为螺旋桨收到马力(hp);

Z 为桨叶数;

N 为螺旋桨每分钟转数;

σ_c 为材料的最大许用应力。

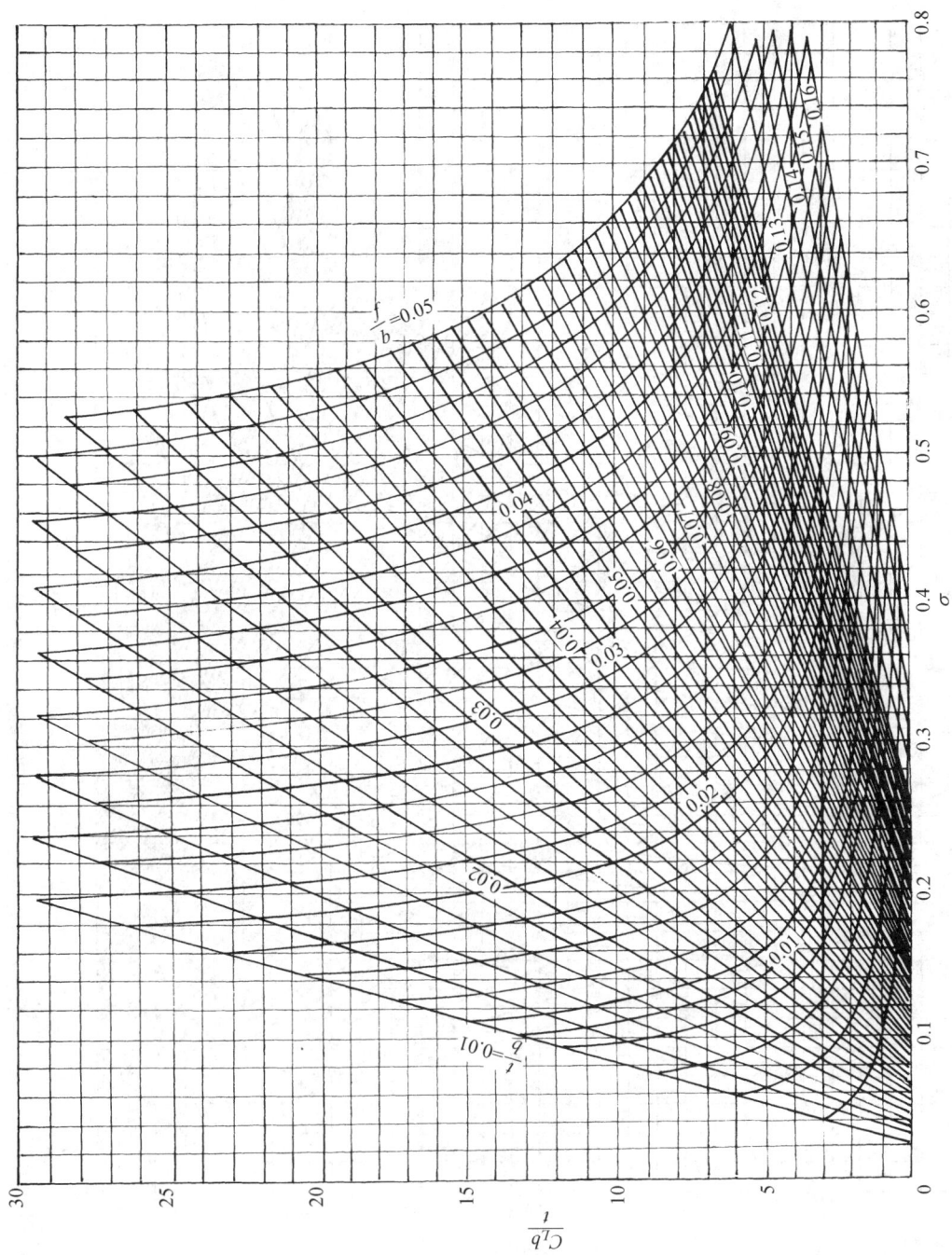

图11-23 NACA-16切面$\alpha=0.8$型拱弧线的初生空泡曲线图

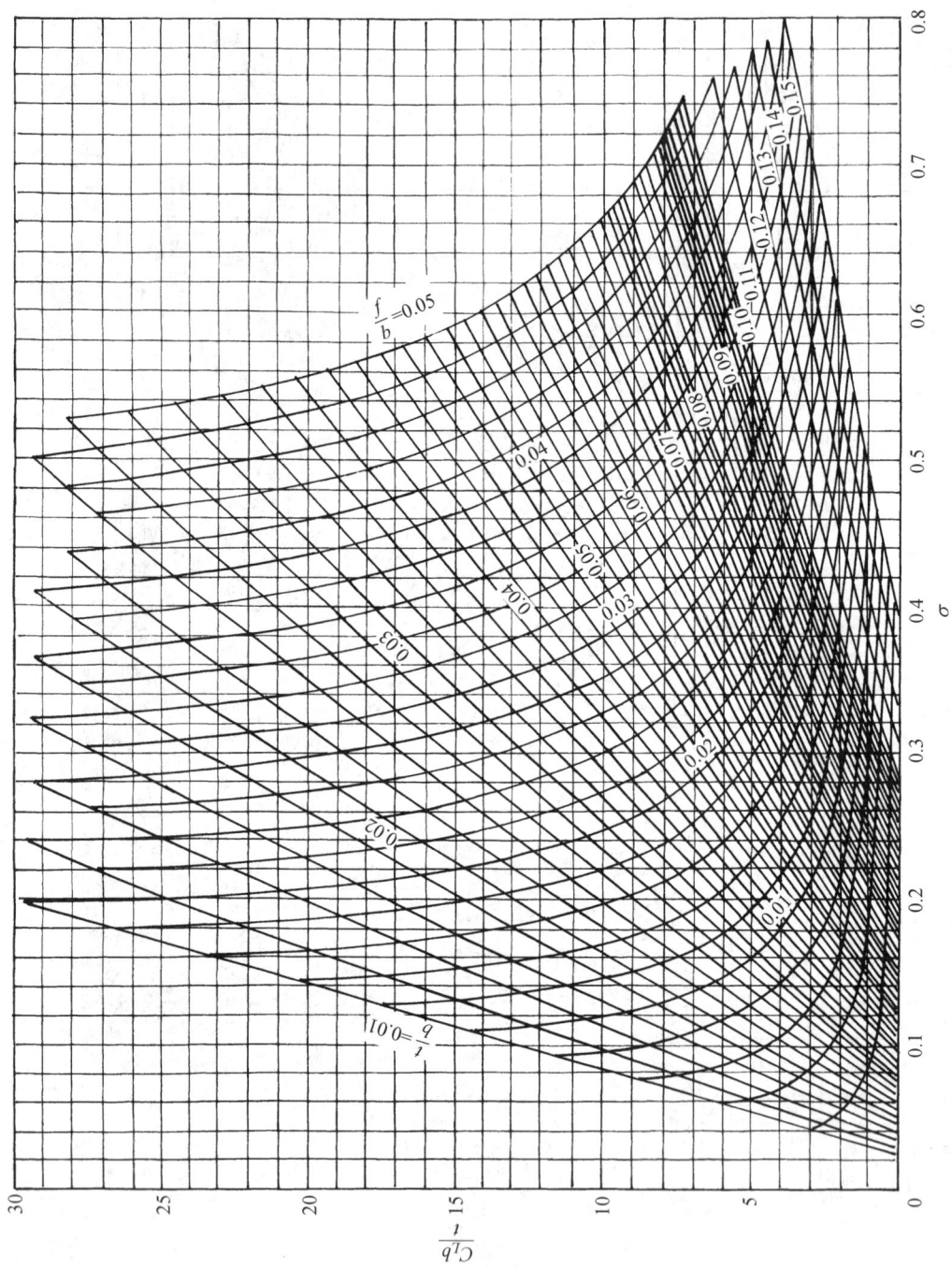

图11-24 具有NACA-66鼻形和抛物线尾形以及α=0.8拱弧线切面的初生空泡曲线图

表 11-2　系数 C_1

C_1	$(P/D)_{0.7}$	C_1	$(P/D)_{0.7}$
1 800	0.564	950	1.1
1 450	0.7	840	1.3
1 140	0.9		

表 11-3　系数 f_t

x	f_t	x	f_t
0.2	0.788	0.7	0.251
0.3	0.665	0.8	0.162
0.4	0.551	0.9	0.079
0.5	0.443	0.95	0.039
0.6	0.344		

然后可按范·曼能(van Manen)与楚思德(Troost)公式估算厚度分布。

$$\frac{t(x)}{D} = \frac{t_{Tip}}{D} + f_t\left(\frac{t_0}{D} - \frac{t_{Tip}}{D}\right) \tag{11-122}$$

式中 f_t 是随半径而变的系数,可查表 11-3。

为了减少计算机输入常数,推荐用下面公式:

$$\frac{t(x)}{D} = \frac{t_{Tip}}{D} + \left\{\left[(0.222\,2x - 0.122\,14)\,x - 1.100\,06\right]x + 1\right\}\left(\frac{t_0}{D} - \frac{t_{Tip}}{D}\right)$$

$$\tag{11-123}$$

式中: $\dfrac{t_{Tip}}{D}$ 为叶梢厚度比,可按螺旋桨直径选取(见第 7-3 节)。

2. 切面参数的确定

根据式(11-123)的 $\dfrac{t(x)}{D}$ 与已知的 $\dfrac{C_L b}{D}$ 就可以计算:

$$\frac{C_L b}{t} = \frac{C_L b}{D}\frac{D}{t} \tag{11-124}$$

又取叶切面空泡数的计算公式如下:

$$\sigma(x) = \frac{\left[(p_a - p_v) + \gamma h_s - \dfrac{x\gamma D}{2}\right]\tan^2\beta_i(x)}{\dfrac{\rho}{2}V_s^2\left[(1 - w(x)) + \dfrac{u_a(x)}{V_s}\right]^2\left[1 + \tan^2\beta_i(x)\right]} \tag{11-125}$$

式中: p_a 为大气压强(kgf/m²);

　　　p_v 为饱和水汽压强(kgf/m²);

　　　γ 为水的重量密度(kgf/m³);

h_s 为螺旋桨轴沉深(m);

V_s 为船速(m/s);

$w(x)$ 为相对半径 $x=r/R$ 处轴向伴流分数的平均值;

$u_a(x)$ 为轴向诱导速度;

$\beta_i(x)$ 为水动力螺距角;

ρ 为水的密度。

考虑到伴流不均匀性的影响,将上述 $\sigma(x)$ 打某一折扣(常取 0.8)作为空泡初生数 σ_i,即

$$\sigma_i = 0.8\sigma(x) \tag{11-126}$$

根据 $\dfrac{C_L b}{t}$ 及 σ_i 两个数值可在选定的翼型切面形状的空泡初生图(见图 11-23 或图 11-24)

求得对应的 $\dfrac{t}{b}$ 和 $\dfrac{f}{b}$。从 $\dfrac{C_L b}{t}$ 和 $\dfrac{t}{b}$ 可以得出 C_L,从 $\dfrac{t}{b}$ 和 $\dfrac{t}{D}$ 可以得到 $\dfrac{b}{D}$。

对于指定的拱弧线,可以按 C_L 来决定理想攻角 $\alpha_i(°)$,如 NACA $\alpha=0.8$ 的拱弧线,有

$$\alpha_i = 1.54 C_L \tag{11-127}$$

以保证无振进流的条件,也即有预定的压力分布。

取 $\alpha = \alpha_i$ 后,则叶切面的螺距角

$$\theta = \beta_i + \alpha \tag{11-128}$$

至此,从原则上讲,θ、$\dfrac{t}{b}$、$\dfrac{f}{b}$、$\dfrac{b}{D}$ 和 C_L 均已求出,几何形状也就确定了,并且符合所需的 C_L 及抗空泡要求。

用上述空泡初生图进行计算不适用于计算机。意大利人卡斯塔纳托(E-Castagneto)与马奥里(Maioli)于 1968 年提出了船用螺旋桨翼型在无振进流条件下,离导边 60% 弦长处吸力面上最大降压系数公式:

$$\frac{\Delta p}{\frac{1}{2}\rho V^2} = \left(1 + K_1 \frac{t}{b} + K_2 \frac{C_{Lf}}{1 + K_3 \frac{t}{b}} + K_4 C_{La}\right)^2 - 1 \tag{11-129}$$

式中:C_{Lf} 为拱度所产生的升力系数部分;

C_{La} 为攻角所产生的升力系数部分。

考虑空泡裕度后,可以得到求解弦长比的方程如下:

$$1 + K_1 \frac{t(x)}{D}\left(\frac{b(x)}{D}\right)^{-1} + K_2 \frac{Y(x)\left(\frac{b(x)}{D}\right)^{-1}C}{1 + K_3 \frac{t(x)}{D}\left(\frac{b(x)}{D}\right)^{-1}} +$$

$$\left. K_4(1-C)Y(x)\left(\frac{b(x)}{D}\right)^{-1}\right\}^2 - 1 \leqslant 0.8\sigma \tag{11-130}$$

式中:$Y(x) = \dfrac{C_L b}{D}$ 为升长积系数;

C 为升力分配系数(如 $C=1$,则升力全由拱度提供;$C=0$,则升力全由攻角提供);

K_1，K_2，K_3，K_4 为系数，如表 11-4 所示。

表 11-4　系数 K_1，K_2，K_3，K_4

翼　型		K_1	K_2	K_3	K_4
厚　度	拱弧线				
NACA-16	$\alpha=0.8$	1.132	0.278	0.88	0.131
NACA-66-mod	$\alpha=0.8$	1.27	0.278	0.82	0.13

由式（11-130）可以求得满足空泡要求的切面弦长沿半径的分布 $\dfrac{b(x)}{D}$。由于该式是 $\dfrac{b(x)}{D}$ 的四次方程，实际使用时宜适当处理，然后以迭代法求解。有兴趣者可参阅文献[22]。

确定了 $\dfrac{b(x)}{D}$ 的分布以后，就可以利用下述关系式计算升力系数 C_L 与相应的拱度比 f/b 等。

$$C_{Lf}=14.75\frac{f}{b}\left(1+K_t\frac{t}{b}\right) \tag{11-131}$$

即

$$\frac{f}{b}=\frac{Y(x)C}{14.75\dfrac{b(x)}{D}\left[1+K_t\dfrac{t(x)}{b(x)}\right]} \tag{11-132}$$

式中：对 NACA-16，$K_t=0.88$；

对 NACA-66-mod，$K_t=0.82$。

为保证无振进流所需的理想攻角：

$$\alpha_i=1.54C_{Lf}(°)$$

由攻角产生的升力系数 C_{La} 可由下式求得：

$$C_{La}=5.8\left(1+0.25\frac{t}{b}\right)\alpha \tag{11-133}$$

式中：α 即为附加攻角，由下式计算：

$$\alpha(x)=\frac{(1-C)Y(x)}{5.8\dfrac{b(x)}{D}\left[1+0.25\dfrac{t(x)}{b(x)}\right]}\,(\text{rad}) \tag{11-134}$$

3. 确定伸张轮廓外形

从原则上讲，根据上面计算所得的桨叶弦长分布 $\dfrac{b(x)}{D}$ 即可以绘制伸张轮廓。但由于叶根部分的负荷不大，加之翼切面的空泡数又较高，因而满足空泡要求的最小弦长就很小，往往难以满足实用上，特别是强度上的要求。从减小翼型阻力的观点出发，希望叶根处的切面不要过厚，一般把叶根处切面的厚度比限制在 $0.18\sim0.22$ 之间。由此确定的根部切面弦长与 $0.6R$

以上计算所得的各切面弦长连成光顺的曲线,因此叶根与0.6R之间各切面的弦长是由光顺插值求得的。对于这部分切面应根据给定的升力系数确定其相应的拱度比、厚度比及攻角。

11-9　螺旋桨升力面理论修正

根据上述升力线理论设计出来的螺旋桨在实际使用中一般都达不到预期的推力,究其原因,在于升力线理论中未能考虑环量的面分布和桨叶厚度的影响,因此没有满足桨叶表面的边界条件。为了克服这一缺点,在20世纪50年代曾采用比较粗糙的近似方法对切面的拱度或攻角进行适当的修正,这种修正称为升力面修正。60年代后期,由于电子计算机技术的发展,螺旋桨升力面理论也日趋完善,因此已能利用升力面理论进行螺旋桨设计。然而,升力面理论的设计毕竟比较复杂,升力线理论加升力面修正的螺旋桨设计方法能够满足工程实用上的需要,为人们所乐于采用,因此,不少学者提供了更加合理的升力面修正因数。升力面修正通常包括下列两项:由环量的面分布引起的修正称为宽度修正;由厚度影响引起的修正称为厚度修正。

通常宽度修正反应在对拱度和理想攻角需引入修正因子K_c和K_a。厚度影响仅修正理想攻角,以K_t作为修正因子,而对拱度的影响可以忽略。

升力线理论中,各半径上切面的性能都是应用二因次机翼的结果,但经过修正以后,可以认为切面在三因次流中能够维持预定的载荷。为了清楚起见,我们将上节升力线理论求得的结果加注下标"0",以示区别。

具体的修正办法如下:

(1) 对拱度的宽度修正:

$$\frac{f}{b} = K_c \left(\frac{f}{b}\right)_0 \tag{11-135}$$

式中:$\left(\dfrac{f}{b}\right)_0$为式(11-132)的计算结果。

(2) 对理想攻角的宽度修正:

二因次流中,NACA $\alpha=0.8$拱弧线的理想攻角为

$$\alpha_{i0} = 1.54 C_{Lf} \, (°)$$

三因次流中的理想攻角为

$$\alpha_i = K_a \alpha_{i0} \, (°) \tag{11-136}$$

(3) 对理想攻角的厚度修正:

$$\alpha_t = K_t \left(\frac{t_0}{D}\right) \, (\text{rad})$$

$$= 57.3 K_t \left(\frac{t_0}{D}\right) \, (°) \tag{11-137}$$

式中:$\dfrac{t_0}{D}$为叶厚分数。

综合式(11-134)、(11-135)、(11-136)和(11-137)等的计算结果,桨叶切面的拱度比为

$\dfrac{f}{b}$，切面的螺距角为

$$\theta = \beta_i + \alpha(x) + \alpha_i + \alpha_t \tag{11-138}$$

再结合升力线理论中求得的切面其他各参数，如弦长比、厚度比等，就可得到在三因次流中达到预定载荷的螺旋桨几何参数。

中国船舶科学研究中心将国外有关的升力面修正系数重新作了回归分析，得到 3、4、5、6 叶桨的修正系数的回归多项式：

$$K_{c,\alpha,t} = \sum_{m=1}^{n} \beta_{ijk} x^i \lambda_i^j (A_E/A_o)^k \tag{11-139}$$

下标 c、α、t 分别表示升力面影响对拱度、理想攻角及厚度影响的修正；m 分别代表角标 i、j、k；x 为无量纲的半径；λ_i 为诱导进度比；$\dfrac{A_E}{A_o}$ 为面积比。叶数 Z，侧斜角 θ_s 均未参加回归，而以 Z，θ_s 为参数，对 x、λ_i、$\dfrac{A_E}{A_o}$ 进行三元回归。因此对每一个 Z，每一个 θ 有一组回归系数 β_{ijk}。

式（11-139）对应的取值范围为

对 3 叶桨：

$0.3 \leqslant x \leqslant 0.9$

$0.1667 \leqslant \lambda_i \leqslant 0.3333$

$0.35 \leqslant \dfrac{A_E}{A_o} \leqslant 0.75$

$0° \leqslant \theta_s \leqslant 14°$

对 4、5、6 叶桨：

$0.3 \leqslant x \leqslant 0.9$

$0.1273 \leqslant \lambda_i \leqslant 0.6366$

$0.35 \leqslant \dfrac{A_E}{A_o} \leqslant 1.15$

$0° \leqslant \theta_s \leqslant 21°$

相应的各修正因子 K_c、K_α、K_t 的回归系数及幂次见文献[22]。

11-10 叶 型 阻 力

上面介绍的螺旋桨理论设计问题中，都是以理想推力系数 C_{Ti}（或理想功率系数 C_{Pi}）为出发点进行设计计算的。但实际螺旋桨运转于黏性流体中，而且要求发出的推力系数 C_T（或吸收的功率系数 C_P）也是指实际流体中的情况。前面曾提出以式（11-87）来考虑 C_{Ti} 与 C_T 之间的关系，这里有必要对此作些补充讨论。同时还应了解所设计的螺旋桨在实际流体中是否能够达到预期的载荷。

考虑到由黏性所引起的翼型阻力后，作用在 dr 微段叶元体上的力和力矩为［见式（11-18）和（11-19）］：

$$dT = dT_i(1 - \varepsilon \tan\beta_i)$$

$$dQ = dQ_i\left(1 + \frac{\varepsilon}{\tan\beta_i}\right)$$

式中：$\varepsilon = \dfrac{dD}{dL}$ 为叶切面的阻升比。

将 dT 和 dQ 沿半径积分，则得到

$$T = T_i \left(1 - \frac{\int_0^1 \varepsilon \tan\beta_i \dfrac{\mathrm{d}T_i}{\mathrm{d}x}\mathrm{d}x}{T_i} \right) \tag{11-140}$$

$$Q = Q_i \left(1 + \frac{\int_0^1 \dfrac{\varepsilon \dfrac{\mathrm{d}Q_i}{\mathrm{d}x}}{\tan\beta_i}\mathrm{d}x}{Q_i} \right) \tag{11-141}$$

要求出上述两式中积分,必须知道 $\varepsilon = \varepsilon(x)$ 和 $\dfrac{\mathrm{d}T_i}{\mathrm{d}x} = f_1(x)$,$\dfrac{\mathrm{d}Q_i}{\mathrm{d}x} = f_2(x)$ 的函数关系。

在初步近似估算时,可以假定:

$$\varepsilon = \varepsilon(x) = \text{平均阻升比}$$

$$\frac{\mathrm{d}T_i}{\mathrm{d}x} = f(x) = mx$$

即认为 $\dfrac{\mathrm{d}T_i}{\mathrm{d}x}$ 沿半径为线性分布,m 为待定的比例常数。将上式自 $x = 0 \sim 1.0$ 积分得

$$T_i = \frac{1}{2}mx^2 \Big|_0^1 = \frac{1}{2}m$$

所以

$$m = 2T_i \qquad \frac{\mathrm{d}T_i}{\mathrm{d}x} = 2T_i x$$

于是,式(11-140)的积分部分进行计算:

$$\int_0^1 \varepsilon \tan\beta_i \frac{\mathrm{d}T_i}{\mathrm{d}x}\mathrm{d}x = \varepsilon\int_0^1 2T_i x \tan\beta_i \mathrm{d}x = \varepsilon\int_0^1 2\lambda_i T_i \mathrm{d}x = 2\varepsilon\lambda_i T_i$$

将其代入式(11-140)得

$$T = T_i(1 - 2\varepsilon\lambda_i) \tag{11-142}$$

由于

$$\mathrm{d}F_i = \mathrm{d}T_i \tan\beta_i$$

从而

$$\frac{\mathrm{d}Q_i}{\mathrm{d}x}\mathrm{d}x = r\mathrm{d}F_i = 2T_i x \tan\beta_i r\mathrm{d}x = 2T_i\lambda_i r\mathrm{d}x$$

所以

$$Q_i = R\int_0^1 2T_i\lambda_i x\,\mathrm{d}x = \lambda_i T_i R$$

于是,式(11-141)中的积分部分变成

$$\int_0^1 \frac{\varepsilon\dfrac{\mathrm{d}Q_i}{\mathrm{d}x}\mathrm{d}x}{\tan\beta_i} = \int_0^1 \frac{2\varepsilon T_i x \tan\beta_i r\mathrm{d}x}{\tan\beta_i} = 2\varepsilon R T_i\int_0^1 x^2\mathrm{d}x = \frac{2}{3}\varepsilon T_i R = \frac{2}{3}\frac{\varepsilon Q_i}{\lambda_i}$$

代入式(11-141),可得

$$Q = Q_i \left(1 + \frac{2}{3}\frac{\varepsilon}{\lambda_i} \right) \tag{11-143}$$

根据式(11-142)和式(11-143)及推力系数和功率系数的定义可得

$$C_{Ti} = \frac{C_T}{1 - 2\varepsilon\lambda_i} \tag{11-144}$$

$$C_{Pi} = \frac{C_P}{1 + \frac{2}{3}\frac{\varepsilon}{\lambda_i}} \tag{11-145}$$

由式(11-144)和式(11-145)可见,对相同的 λ_i 值,黏性对于 C_T 的影响小于 C_P。故在螺旋桨计算中从推力出发较从功率出发为好。

在开始计算时,我们并不知道 λ_i、ε,则可取

$$C_{Ti} = (1.02 \sim 1.06)C_T \tag{11-146}$$

鉴于上述情况,当我们完成螺旋桨设计后,表明该桨能够达到预期的 C_{Ti},但在实际流体中运转时能否达到要求的 C_T,须经过校核计算予以验证。

在校核中引进阻升比

$$\varepsilon = \frac{0.008}{C_L} \tag{11-147}$$

对于敞水螺旋桨可按下列公式计算 C_T 和 C_P:

$$C_T = \frac{T}{\frac{\rho}{2}\pi R^2 V_A^2} = 4Z\int_{x_h}^{1.0} G\left(\frac{x}{\lambda} - \frac{u_t}{V_A}\right)(1 - \varepsilon\tan\beta_i)\mathrm{d}x$$

$$= Z\int_{x_h}^{1.0}(1 - \varepsilon\tan\beta_i)\frac{\mathrm{d}C_{Ti}}{\mathrm{d}x}\mathrm{d}x \tag{11-148}$$

式中: $G = \dfrac{\Gamma}{\pi D V_A}$; $\lambda = \dfrac{V_A}{\pi n D}$; $\dfrac{\mathrm{d}C_{Ti}}{\mathrm{d}x} = 4G\left(\dfrac{x}{\lambda} - \dfrac{u_t}{V_A}\right)$。

$$C_P = \frac{Q\omega}{\frac{\rho}{2}\pi R^2 V_A^3} = \frac{4Z}{\lambda}\int_{x_h}^{1.0} G\left(1 + \frac{u_a}{V_A}\right)\left(1 + \frac{\varepsilon}{\tan\beta_i}\right)x\,\mathrm{d}x$$

$$= \frac{4Z}{\lambda}\int_{x_h}^{1.0} G\left(\frac{x}{\lambda} - \frac{u_t}{V_A}\right)x(\tan\beta_i + \varepsilon)\mathrm{d}x$$

$$= \frac{Z}{\lambda}\int_{x_h}^{1.0} x(\tan\beta_i + \varepsilon)\frac{\mathrm{d}C_{Ti}}{\mathrm{d}x}\mathrm{d}x \tag{11-149}$$

从而可得螺旋桨的敞水效率

$$\eta_0 = \frac{C_T}{C_P} \tag{11-150}$$

对于船后螺旋桨则相应有

$$C_T = \frac{T}{\frac{\rho}{2}\pi R^2 V_s^2} = 4Z\int_{x_h}^{1.0} G_s\left(\frac{x}{\lambda_s} - \frac{u_t}{V_s}\right)(1 - \varepsilon\tan\beta_i)\mathrm{d}x$$

$$= Z\int_{x_h}^{1.0}(1 - \varepsilon\tan\beta_i)\frac{\mathrm{d}C_{Ti}}{\mathrm{d}x}\mathrm{d}x \tag{11-151}$$

式中：$G_s = \dfrac{\Gamma}{\pi D V_s}$；$\lambda_s = \dfrac{V_s}{\pi n D}$；$\dfrac{dC_{Ti}}{dx} = 4G_s\left(\dfrac{x}{\lambda_s} - \dfrac{u_t}{V_s}\right)$。

$$C_P = \dfrac{Q\omega}{\dfrac{\rho}{2}\pi R^2 V_s^3} = \dfrac{4Z}{\lambda_s}\int_{x_h}^{1.0} G_s\left[(1-w(x)) + \dfrac{u_a}{V_s}\right]\left(1 + \dfrac{\varepsilon}{\tan\beta_i}\right)x\,dx$$

$$= \dfrac{4Z}{\lambda_s}\int_{x_h}^{1.0} G_s\left(\dfrac{x}{\lambda_s} - \dfrac{u_t}{V_s}\right)x(\tan\beta_i + \varepsilon)\,dx$$

$$= \dfrac{Z}{\lambda_s}\int_{x_h}^{1.0} x(\tan\beta_i + \varepsilon)\dfrac{dC_{Ti}}{dx}\,dx \tag{11-152}$$

由式(11-151)和式(11-152)即可得到船后螺旋桨的敞水效率

$$\eta_0 = \dfrac{C_T}{C_P(1-w)} \tag{11-153}$$

式中：w 为螺旋桨盘面内平均伴流分数。

按式(11-148)或式(11-151)计算所得的 C_T 与给定的推力系数 C_T 之间的允许误差一般为 $1\% \sim 2\%$，否则需要重新计算。同时还可利用式(11-149)或式(11-152)计算螺旋桨要求的收到功率。当然设计螺旋桨之能否符合预期要求，最可靠的办法是进行模型试验。

11-11　强　度　校　核

强度校核计算通常采用分析计算法。在一般情况下，作用在切面上的离心应力较小，故计算中仅考虑推力和转矩所引起的应力。

在半径 x_0 处的切面如图 11-25 所示，对于 $x_0 = \dfrac{r_0}{R}$ 处切面，由推力和转矩所引起的弯矩为

$$\left.\begin{aligned}M_T &= \dfrac{\rho}{2}\dfrac{R^3\pi}{Z}V_s^2\int_{x_0}^{1}(x-x_0)(1-\varepsilon\tan\beta_i)\dfrac{dC_{Ti}}{dx}\,dx \\[2mm] M_Q &= \dfrac{\rho}{2}\dfrac{R^3\pi}{Z}V_s^2\int_{x_0}^{1}(x-x_0)(\tan\beta_i + \varepsilon)\dfrac{dC_{Ti}}{dx}\,dx\end{aligned}\right\} \tag{11-154}$$

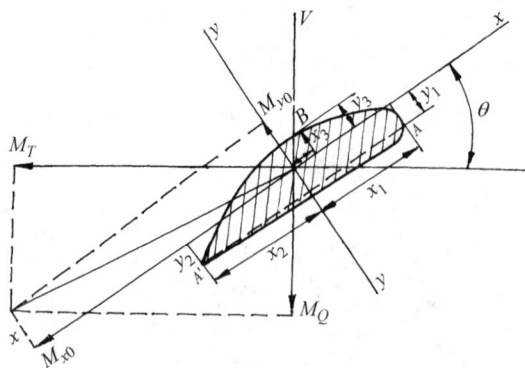

图 11-25　半径 x_0 处切面所受的弯矩

设切面的螺距角为 θ，xx、yy 为切面的惯性主轴，它们通过切面的中心，并近似取 xx 轴与切面内弦（鼻尾线）平行，则对应于 $x_0 = \dfrac{r_0}{R}$ 处叶切面上 xx、yy 轴的弯曲力矩为

$$\left.\begin{array}{l} M_{x0} = M_T \cos\theta + M_Q \sin\theta \\ M_{y0} = M_T \sin\theta - M_Q \cos\theta \end{array}\right\} \tag{11-155}$$

这里 M_{x0} 由右手定则向随边为正，M_{y0} 由右手定则向叶背为正。

以 I_{x0}，I_{y0} 表示切面绕惯性主轴的惯性矩，则得到叶切面上的应力分别为：

（1）在导边 A 点上的应力为

$$\sigma_A = -\frac{y_1 M_{x0}}{I_{x0}} - \frac{x_1 M_{y0}}{I_{y0}} \tag{11-156}$$

（2）在随边 A' 点上的应力为

$$\sigma_{A'} = -\frac{y_2 M_{x0}}{I_{x0}} - \frac{x_2 M_{y0}}{I_{y0}} \tag{11-157}$$

（3）在叶背最大厚度处 B 点的应力为

$$\sigma_B = -\frac{y_3 M_{x0}}{I_{x0}} - \frac{x_3 M_{y0}}{I_{y0}} \tag{11-158}$$

应力正值表示拉应力，负值表示压应力。导边、随边、叶背最大厚度点的坐标大小及正负由下述公式计算。

对 NACA-16 及 NACA-66-mod 两种切面的几何特性由下列公式给出（只适用于厚度比 $\dfrac{t}{b} < 0.21$，拱度比 $\dfrac{f}{b} < 0.05$）：

（1）NACA-16。

切面面积 $A = 0.986\left(a\,\dfrac{t}{b}\right)b^2$

$$x_1 = \left(0.4838 - 0.026\,\frac{f}{b}\right)b$$

$$x_2 = x_1 - b$$

$$x_3 = x_1 - 0.5b$$

$$y_1 = -\left(0.113\,\frac{t}{b} + 0.782\right)\left(\frac{f}{b}\right)b$$

$$y_2 = y_1$$

$$y_3 = \left(0.5\,\frac{t}{b} + \frac{f}{b}\right)b + y_1$$

$$I_{x0} = 0.9925\left[c\left(\frac{f}{b}\right)^2 + 0.04487\left(\frac{t}{b}\right)^3\right]b^4$$

$$I_{y0} = 0.946\left(d\,\frac{t}{b}\right)b^4$$

（2）NACA-66-mod。

$$A = 0.963 \left(a \, \frac{t}{b} \right) b^2$$

$$x_1 = \left(0.473 - 0.026 \, \frac{f}{b} \right) b$$

$$x_2 = x_1 - b$$

$$x_3 = x_1 - 0.45b + 0.12 \left(\frac{f}{b} \right) \left(\frac{t}{b} \right) b$$

$$y_1 = -\left(0.115 \, \frac{t}{b} + 0.80 \right) \left(\frac{f}{b} \right) b$$

$$y_2 = y_1$$

$$y_3 = \left(0.5 \, \frac{t}{b} + 0.99 \, \frac{f}{b} \right) b + y_1$$

$$I_{x0} = 0.945 \left[c \left(\frac{f}{b} \right)^2 + 0.04487 \left(\frac{t}{b} \right)^3 \right] b^4$$

$$I_{y0} = 0.914 \left(d \, \frac{t}{b} \right) b^4$$

式中：b 为切面弦长；

$\dfrac{f}{b}$ 为切面拱度比；

$\dfrac{t}{b}$ 为切面厚度比；

a、c、d 为系数，分别为 $\dfrac{f}{b}$ 或 $\dfrac{t}{b}$ 的函数。

其数值可由表 11-5 查得。

在强度校核中通常只校核根部及 $0.6R$ 处的切面，但在实际计算中，常发现 $0.4R$ 附近的叶切面不能满足要求。建议对 $0.6R$ 以内各切面都进行校核计算，若 $0.95 < \dfrac{\sigma_{\max}}{\sigma_c} < 1.05$，则认为满足（$\sigma_c$ 为许用应力）。否则，以 $\sqrt[3]{\dfrac{\sigma_{\max}}{\sigma_c}}$ 作为修正系数对原来的厚度进行修正，使各切面都能满足要求。

表 11-5　系数 a、c、d 的值

f/b	a	t/b	c	f/b	d
0	0.746	0	0	0	0.044 138
0.01	0.746 12	0.04	0.001 52	0.01	0.044 103
0.02	0.746 58	0.08	0.003 2	0.02	0.043 945
0.03	0.747 46	0.12	0.005 2	0.03	0.043 7
0.04	0.749	0.16	0.007 63	0.04	0.043 355
0.05	0.751 42	0.20	0.010 54	0.05	0.042 955

第12章 螺旋桨激振力

12-1 概 述

1. 船舶振动之振源

在 20 世纪 60 年代前后,由于造船工业和航运事业的迅速发展,船舶吨位、尺度越来越大,主机功率成倍增长,在船舶性能方面出现了一系列新的问题,如船舶振动、噪声、剥蚀等。多年来,这些问题一直为船舶设计师和业主所关注。本章将围绕船舶振动之主要原因——螺旋桨激振力问题作扼要的介绍,有关这方面的详细论述可参阅文献[9]。

船舶振动带来的危害主要有:

(1) 可能引起船舶主要构件的疲劳破坏。

(2) 可能使运行中的精密机械和设备产生严重的损坏。

(3) 可能使船上人员产生烦恼和不舒服,从而影响他们有效地执行任务。

现今,确实有相当数量的现代化船舶存在着各种振动问题,在国内的船上也屡有所见,我国从国外进口的万吨级远洋干货轮"玉林"号在出厂后的初期运营中发现船体振动剧烈,上层建筑多处出现裂缝,尾部水柜上的焊缝裂开 1 m 以上。我国自制的"浙海 403"轮也有类似的振动现象。

引起振动的原因是多种多样的,大量的调查结果表明:对于上层建筑产生振动问题的船舶,在各类振源(螺旋桨、主机、海浪等)中,螺旋桨是主要原因者约占 80%。

螺旋桨成为当前船舶振动的主要振源是由于它在不均匀流场中工作的结果。大家知道,民用螺旋桨通常是按平均进流来设计的,即将船速与轴向伴流速度之差视作平均进流,然后根据主机的功率和转速利用设计图谱确定螺旋桨诸要素。即使用环流理论设计螺旋桨,也是以各半径上的周向平均进速作为设计前提。两者各自认为不同半径的桨叶切面在整个运转过程中都在大致相同的较佳攻角下工作。但实际螺旋桨运转于不均匀的三向伴流场中。图 12-1 所示为某单桨船的三向伴流场一例,伴流分数是径向 r 及周向 θ 的函数,即:$w_a(r, \theta)$、$w_t(r, \theta)$ 和 $w_r(r, \theta)$。因此,忽略螺旋桨诱导速度后,半径 r 处桨叶切面的速度多边形如图 12-2(a)所示。图 12-2(a)中的 β 为考虑周向伴流后的进角,以下式表示:

$$\beta(r, \theta) = \arctan\left\{\frac{J_s[1 - w_a(r, \theta)]}{\pi x + J_s w_t(r, \theta)}\right\} \tag{12-1}$$

式中:$J_s = \dfrac{V_s}{nD}$;

$\omega = 2\pi n$;

$\beta_0 = \arctan \dfrac{J_s}{\pi x}$;

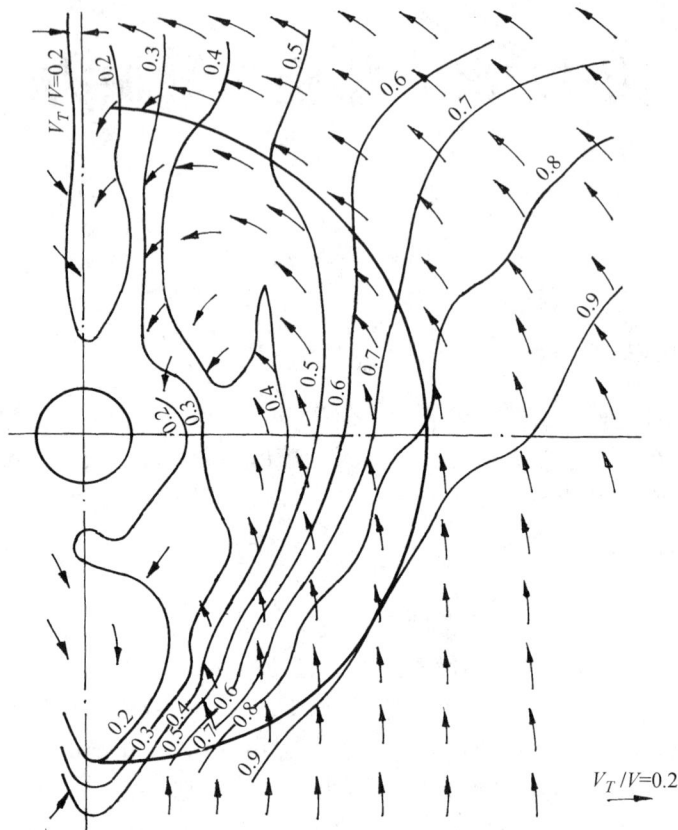

图 12-1　某单桨船的三向伴流场

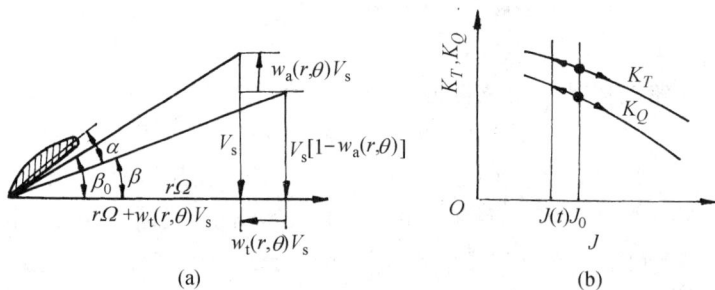

(a)　　　　　　　　　(b)

图 12-2　叶切面的速度多角形及 K_T，K_Q 的变化

$$x = \frac{r}{R}。$$

　　由此可见，各叶切面在一周内的工作状态是随当地伴流的不同而变化的。若以 $\xi = 0.7$ 代表无量纲的半径(也有称等值切面)，则在 θ 角位置时的进角和进速系数分别为

$$\beta(\theta) = \arctan\left\{ \frac{J_s(1 - w_a(\theta))}{\pi\xi + J_s w_t(\theta)} \right\} \qquad (12\text{-}2)$$

$$J(\theta) = J_s\left\{ \frac{1 - w_a(\theta)}{1 + \tan\beta_0 w_t(\theta)} \right\} \qquad (12\text{-}3)$$

$$\beta_0 = \arctan \frac{J_s}{\pi \xi} \tag{12-4}$$

由螺旋桨的敞水性征曲线(图12-2b)可知,不同 θ 角位置(即不同时间 t)时的推力系数 K_T 和转矩系数 K_Q 为

$$\left. \begin{array}{l} K_T(t) = K_T[J(t)] \\ K_Q(t) = K_Q[J(t)] \end{array} \right\} \tag{12-5}$$

这就表明,螺旋桨运转于不均匀伴流场中将导致在桨叶上承受周期性的变化力。

与螺旋桨设计有关的另一个问题是空泡校验。民用螺旋桨的空泡校核多半使用空泡衡准曲线,如伯利尔限界线或瓦根宁根限界线等。这些衡准线主要是根据以前的一些实船资料或模型试验加以统计而得的。事实证明,以此来校核桨盘面积是否足够并不是充分可靠的方法。图6-21表明了原先以为不发生空泡的螺旋桨,但在实际运转中仍有不少发生了空泡剥蚀,"浙海403"轮的螺旋桨就是一例,其原因也是由于伴流场的不均匀性所引起的。

按环流理论设计的螺旋桨,虽然对于各个切面能分别予以考虑,但它所考虑的只是每个半径上的轴向伴流平均值,无法顾及局部进流。如果我们以空泡数为横坐标,以攻角为纵坐标,则每一切面都有如图6-11所示那样的空泡限界线(空泡斗)。实际上桨叶在一周中处于不同的空泡数 σ 和攻角 α 下工作[见图12-2(a)]。当 $\alpha_{\max}$ 和 $\alpha_{\min}$ 超出空泡斗的界限曲线时,叶切面上就会时而出现背空泡,时而出现面空泡。近年来的研究表明,一周中空泡的初生和溃灭,即体积变化的空泡不仅导致材料的剥蚀,而且将在船体表面上产生极大的脉动压力,其数值大大超过无空泡条件下螺旋桨诱导之脉动压力。

综上所述,螺旋桨在不均匀伴流场中运转是引起船体激振的主要原因。

2. 引起船体振动的激振力

参阅图12-3,引起船体振动的激振力主要有:

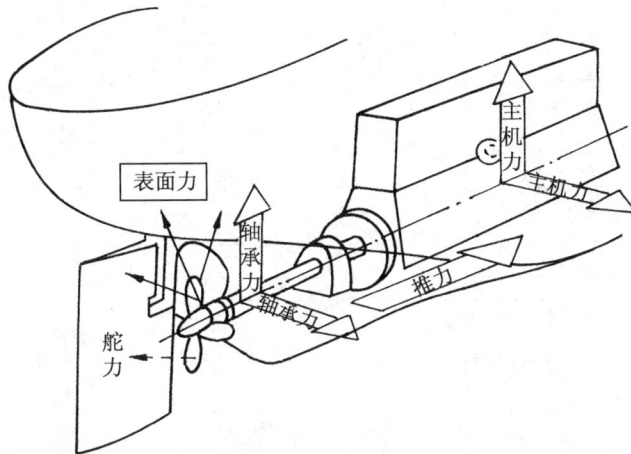

图12-3　引起船体振动的激振力

(1)主机装置产生的自由力和横向轴承力。

(2)螺旋桨叶不定常载荷引起桨轴的纵向、垂向、横向的力和力矩,并通过轴系传递到船体,此类激振力称为轴承力。

（3）螺旋桨诱导的压力场经过水扩散到船体表面的脉动压力,称为表面力。

（4）处于变动尾流场中的舵的舵力。

如前所述,螺旋桨乃是导致船体振动的主要根源,因此,本章中以螺旋桨在不均匀流场中运转所产生的激振力作为研究对象,并统称其为螺旋桨激振力。

3. 振动衡准

为了保证建造的船舶不产生强烈的或破坏性的振动,需要有一个技术文件作为衡准设计的优劣,以便在设计初始阶段合理选择各种参数。

振动衡准包括的方面较广,如人员反应、轴系振动（轴的扭转振动、纵向振动）、结构的疲劳、机器和设备等。总的要求是将船舶振动限制在一般可接受的级别,在这个级别之下将不会引起船员的不舒服或烦恼,也不会导致主机系统的破坏和加速船上机器、设备的损坏或失灵。在这些因素中又以人员的反应为先,所以目前的船体振动衡准通常是以人员反应作为依据的。不少国家,尤其是国际标准化组织（ISO）已有指导性文件。图 12-4 是国际标准化组织提出的临时性文件。

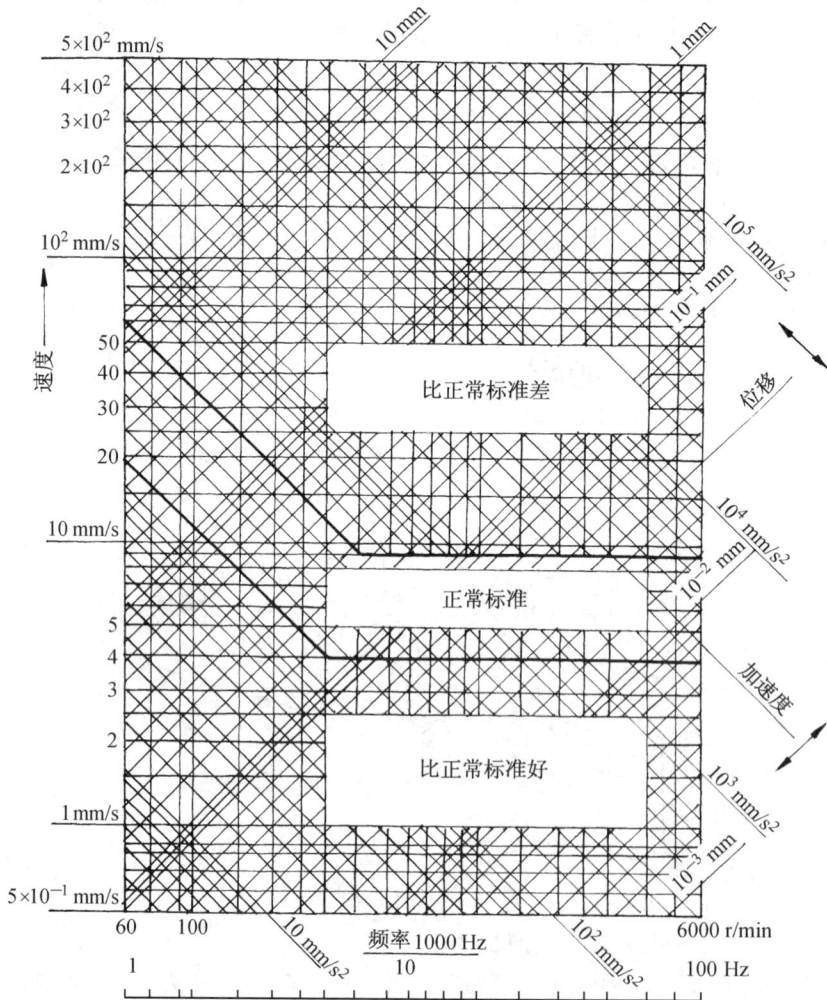

图 12-4 ISO 关于船体振动的标准

在船舶设计初始阶段直接判断其振动情况是有困难的,这是因为在设计初始阶段还缺少具体的技术资料,特别是有关结构方面的资料。上面已经提到,螺旋桨是引起船体振动最主要的振源,因此预估螺旋桨的激振力和确立相应的衡准数就显得更有现实意义。

12-2 螺旋桨激振力的预估方法

预估螺旋桨激振力一般可以通过下列途径:

(1) 模型试验。

(2) 经验公式。

(3) 理论计算。

本节仅就前两种途径择要介绍。

螺旋桨激振力分为轴承力和表面力两类,对于后者又有两种情况:无空泡螺旋桨诱导的表面力和空泡螺旋桨诱导的表面力。螺旋桨轴承力的计算,对于研究轴系振动和与桨叶强度有关的应力分布是很重要的。然而,实践证明,对于船体振动来说,轴承力并非尾部剧振之主要原因。现已确认尾部剧振之根源来自螺旋桨诱导的表面力,特别是空泡螺旋桨诱导的表面力。桨叶空泡导致脉动压力的剧增和各点相位趋于相同,特别是在不均匀程度比较严重的伴流场中工作的重载螺旋桨,当桨叶进入高伴流区,不可避免地出现空泡,随着桨叶离开高伴流区,空泡又消失,这种时生时灭的非定常空泡在流场中引起变幅很大的脉动压力,它较之定常空泡情况要高得多。图 12-5 为表示两者差别的例子。

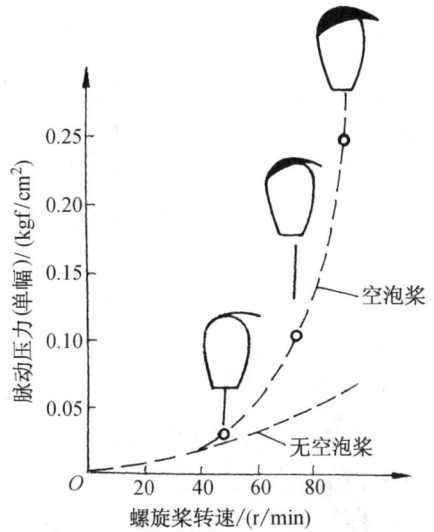

图 12-5 螺旋桨有无空泡时的
脉动压力

这就表明在考虑螺旋桨诱导船体振动问题时,对于预估螺旋桨诱导表面力,尤其是螺旋桨空泡诱导表面力应给予充分的注意。

1. 模型试验

螺旋桨诱导脉动压力的测量通常在空泡水筒中进行。一般以船模后半体和金属网格来模拟伴流场,小型空泡水筒常只用金属网格来模拟伴流场。从上面讨论中已经明确,一旦螺旋桨产生空泡,其体积变化将导致很大的激振力,而空泡体积的变化又与叶切面在一周中攻角的变化即伴流场的不均匀性密切有关,因此正确模拟伴流场对于螺旋桨诱导压力场是非常重要的问题。试验证明:当无空泡螺旋桨运转于模型伴流场或模拟的实船伴流场内时,两者对脉动压力的影响可以忽略。但对空泡螺旋桨尤其是体积随时间变化的空泡诱导的脉动压力,在两种伴流场内测试结果相差甚大。在模型伴流场中测得的脉动压力往往低估实船的相应数值,而用模拟实船伴流场中测得的值预估实船脉动压力,则与实船上的实测值基本相同。图 12-6 是说明在试验中模拟实船伴流场重要性的一个实例。

常规试验时,一般在螺旋桨上方平板上布置 4～5 个压力传感器,或者在螺旋桨上方和前方的船模后半体上布置 3～4 个压力传感器(见图 12-7)。船模的后半体和实船严格相似,以

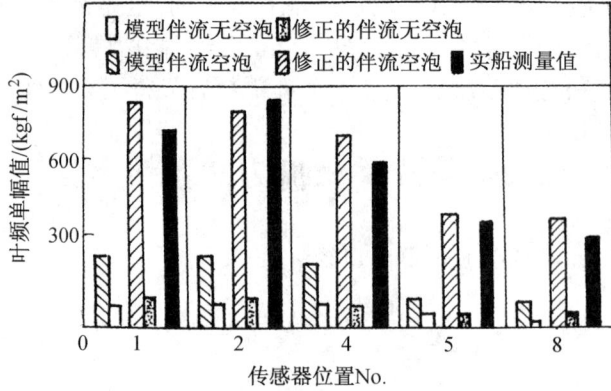

图 12-6　脉动压力测量结果比较

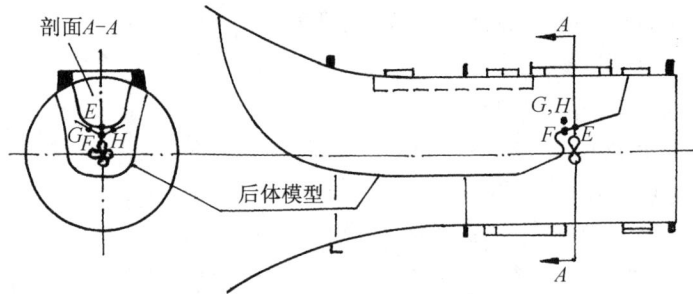

图 12-7　压力传感器布置示意图

考虑船体形状对脉动压力的影响,但前部是缩短了的较任意的形状。伴流场是由后半体和金属网格来模拟的。进行脉动压力测量时,螺旋桨应在相当于实船伴流场内运转。

螺旋桨脉动压力的测量一般应在满足下述条件下进行:

(1) 与实桨载荷 K_T 或 K_Q 系数所对应的 J 值。

(2) 模型与实桨有相同的标称伴流场。

(3) 对应于实桨的空泡数,一般以在螺旋桨轴上面 $0.7R$ 处为准。

(4) 尽可能高的雷诺数。

测得的脉动压力幅值可以表达成无量纲的形式:

$$K_P = \frac{P}{\rho n^2 D^2} \tag{12-6}$$

模型和实船的 K_P 值是相等的。

式中:P 是脉动压力的幅值;

n 为螺旋桨转速;

ρ 为水密度;

D 为螺旋桨直径。

脉动压力是以桨叶频率为基本频率的周期函数。测量时,除记录一般空泡试验的有关数据外,还要求记录螺旋桨运转过程中压力传感器上脉动压力信号,以及附加两个供采样要求的脉冲信号:每转一个脉冲,一般在螺旋桨某一桨叶通过正上方位置时给出;一转有 120 个等间距脉冲(也可以是 60、90、180 或 360 个等间距脉冲),其中有一个和前者重合。图 12-8 为测试信号的式样。

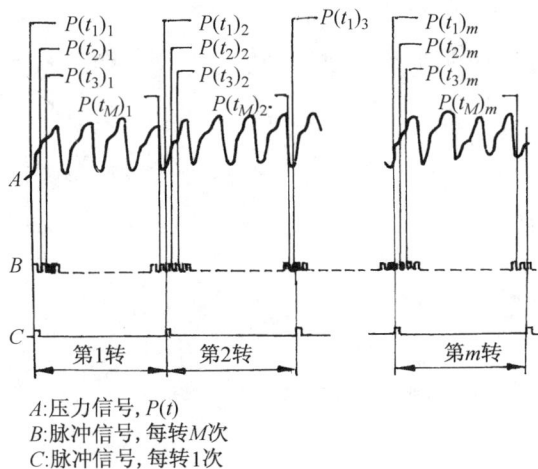

A:压力信号,*P*(*t*)
B:脉冲信号,每转*M*次
C:脉冲信号,每转1次

图 12-8 脉动压力测量信号记录

首先将螺旋桨在各周期中对应位置上的压力加起来取平均:

$$P(t_i) = \frac{1}{m} \left[\sum_{j=1}^{m} P(t_i)_j \right] \qquad i = 1, 2, \cdots, M$$

多数情况下 $M=120$, m 一般取 200 个。这样对每一个压力传感器得到一周由 M 个分离压力组成的脉动压力平均曲线,实际上这些就是相应的不同螺旋桨转角位置上的当地压力值。

将上述一组数据进行傅里叶分析,则可求得脉动压力各阶谐调分量的幅值和相位角:

$$P(t) = \sum_{k=1}^{q} P_{mk} \sin(kZ\omega t + \varphi_k) \tag{12-7}$$

式中:$P(t)$ 为螺旋桨诱导的脉动压力;

P_{mk} 为脉动压力第 k 阶叶频谐调分量的幅值;

φ_k 为对应的相位角;

Z 为螺旋桨叶数;

ω 为 $2\pi n$;

n 为螺旋桨每秒钟转数。

一般,$t=0$ 表示桨叶处于正上方位置。

如螺旋桨上方位置的脉动压力叶频分量的幅值,即式(12-7)中的 P_{m1} 小于 $800\,\mathrm{kgf/m^2}$,则实船上不致引起剧烈的不可接受的尾振。

2. 经验公式

随着电子计算机的广泛应用和计算技术的不断发展,螺旋桨激振力的理论计算方法逐步趋向完善。

近年来,计算表面力的经验公式也有了发展,它们是根据实船或模型试验的数据,用统计分析方法归纳成公式或图表,这些方法可用于船舶设计的初始阶段预估船体表面上螺旋桨诱导的脉动压力或表面力。

根据本课程的要求,这里不准备涉及螺旋桨激振力的理论计算方法,但为了照顾实际应用的需要,分别介绍有关螺旋桨轴承力和诱导脉动压力的经验公式。

1）无空泡螺旋桨轴承力的近似计算方法

本方法的基本假设是忽略周向伴流,推力和转矩集中作用在某一半径位置。

推力:

$$
\left.\begin{aligned}
&F_x = F_{x0} + \sum_{n=1}^{\infty} (F_x)_n \cos[n\omega t - (\phi_{F_x})_n] \\
&F_{x0} = T_0 \\
&(F_x)_n = T_0 \frac{K'_{T0}}{K_{T0}} \frac{J_0}{1-w_0} \sqrt{w_{nZ,c}^2 + w_{nZ,s}^2} \\
&(\phi_{F_x})_n = \arctan\left(\frac{w_{nZ,s}}{w_{nZ,c}}\right)
\end{aligned}\right\}
\qquad (12\text{-}8)
$$

垂直力:

$$
\left.\begin{aligned}
&F_z = F_{z0} + \sum_{n=1}^{\infty} (F_z)_n \cos[n\omega t - (\phi_{F_z})_n] \\
&F_{z0} = -\frac{Q_0}{2r} \frac{K'_{Q0}}{K_{Q0}} J_0 \frac{w_{1,s}}{1-w_0} \\
&(F_z)_n = \frac{Q_0}{2r} \frac{K'_{Q0}}{K_{Q0}} \frac{J_0}{1-w_0} \sqrt{(w_{nZ-1,c} - w_{nZ+1,c})^2 + (w_{nZ-1,s} - w_{nZ+1,s})^2} \\
&(\phi_{F_z})_n = \arctan\left[\frac{-(w_{nZ-1,c} - w_{nZ+1,c})}{-(w_{nZ-1,s} - w_{nZ+1,s})}\right]
\end{aligned}\right\}
\qquad (12\text{-}9)
$$

侧向力:

$$
\left.\begin{aligned}
&F_y = F_{y0} + \sum_{n=1}^{\infty} (F_y)_n \cos[n\omega t - (\phi_{F_y})_n] \\
&F_{y0} = -\frac{Q_0}{2r} \frac{K'_{Q0}}{K_{Q0}} J_0 \frac{w_{1,c}}{1-w_0} \\
&(F_y)_n = \frac{Q_0}{2r} \frac{K'_{Q0}}{K_{Q0}} \frac{J_0}{1-w_0} \sqrt{(w_{nZ-1,c} + w_{nZ+1,c})^2 + (w_{nZ-1,s} + w_{nZ+1,s})^2} \\
&(\phi_{F_y})_n = \arctan\left[\frac{-(w_{nZ-1,s} + w_{nZ+1,s})}{-(w_{nZ-1,c} + w_{nZ+1,c})}\right]
\end{aligned}\right\}
\qquad (12\text{-}10)
$$

转矩:

$$
\left.\begin{aligned}
&M_x = M_{x0} + \sum_{n=1}^{\infty} (M_x)_n \cos[n\omega t - (\phi_{M_x})_n] \\
&M_{x0} = Q_0 \\
&(M_x)_n = Q_0 \frac{K'_{Q0}}{K_{Q0}} \frac{J_0}{1-w_0} \sqrt{w_{nZ,c}^2 + w_{nZ,s}^2} \\
&(\phi_{M_x})_n = \arctan\left(\frac{-w_{nZ,s}}{-w_{nZ,c}}\right)
\end{aligned}\right\}
\qquad (12\text{-}11)
$$

水平弯矩:

$$M_z = M_{z0} + \sum_{n=1}^{\infty} (M_z)_n \cos[n\omega t - (\phi_{M_z})_n]$$

$$M_{z0} = \frac{1}{2} T_0 r \frac{K'_{T0}}{K_{T0}} J_0 \frac{w_{1,s}}{1 - w_0}$$

$$(M_z)_n = \frac{1}{2} T_0 r \frac{K'_{T0}}{K_{T0}} \frac{J_0}{1 - w_0} \cdot \sqrt{(w_{nZ-1,c} - w_{nZ+1,c})^2 + (w_{nZ-1,s} + w_{nZ+1,s})^2}$$

$$(\phi_{M_z})_n = \arctan\left[\frac{-(w_{nZ-1,c} - w_{nZ+1,c})}{-(w_{nZ-1,s} - w_{nZ+1,s})}\right]$$

$$(12\text{-}12)$$

垂直弯矩：

$$M_y = M_{y0} + \sum_{n=1}^{\infty} (M_y)_n \cos[n\omega t - (\phi_{M_y})_n]$$

$$M_{y0} = -\frac{1}{2} T_0 r \frac{K'_{T0}}{K_{T0}} J_0 \frac{w_{1,c}}{1 - w_0}$$

$$(M_y)_n = \frac{1}{2} T_0 r \frac{K'_{T0}}{K_{T0}} \frac{J_0}{1 - w_0} \cdot \sqrt{(w_{nZ-1,c} + w_{nZ+1,c})^2 + (w_{nZ-1,s} + w_{nZ+1,s})^2}$$

$$(\phi_{M_y})_n = \arctan\left[\frac{-(w_{nZ-1,s} - w_{nZ+1,s})}{-(w_{nZ-1,c} - w_{nZ+1,c})}\right]$$

$$(12\text{-}13)$$

式中：$\omega = 2\pi nZ$，为对应于叶频的元周波数；

$T_0 = K_{T0}\rho n^2 D^4$；

$Q_0 = K_{Q0}\rho n^2 D^5$；

K_{T0}、K_{Q0} 为 $J = J_0$ 时之敞水推力和转矩系数；

$J_0 = \dfrac{V_s}{nD}(1 - w_0)$；

D 为螺旋桨直径；

n 为每秒转数；

V_s 为船速；

$K'_{T0} = -\left(\dfrac{\mathrm{d}K_T}{\mathrm{d}J}\right)_{J=J_0}$；

$K'_{Q0} = -\left(\dfrac{\mathrm{d}K_Q}{\mathrm{d}J}\right)_{J=J_0}$；

Z 为叶数；

r 为载荷集中半径，通常取 $0.7R$；

w_0，$w_{n,c}$，$w_{n,s}$ 分别为伴流的谐调成分：

$$w = w_0 + \sum_{n=1}^{\infty} (w_{n,c}\cos n\theta + w_{n,s}\sin n\theta)$$

为便于计算使用,图 12-9(a),(b)和图 12-10(a),(b)所示为 B 系列螺旋桨的 $\dfrac{K'_{T0}}{K_{T0}}$ 和

$$\frac{K'_{Q0}}{K_{Q0}} = f\left(\frac{A_E}{A_o},\ \frac{P}{D},\ Z,\ J_0\right) \text{图}。$$

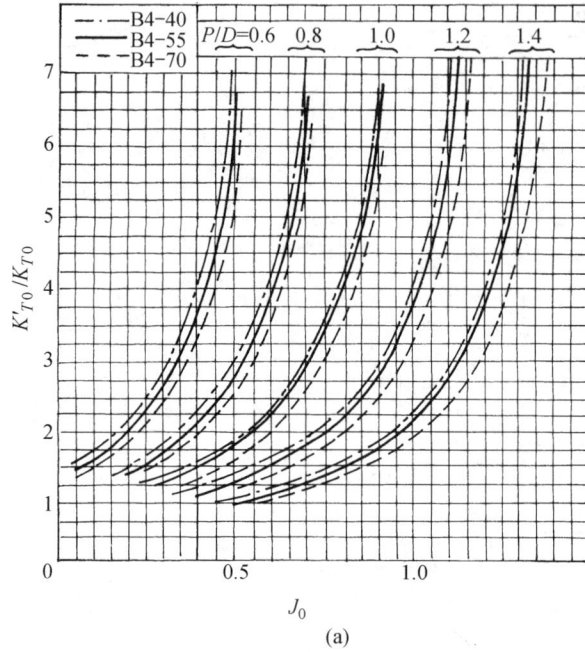

(a)

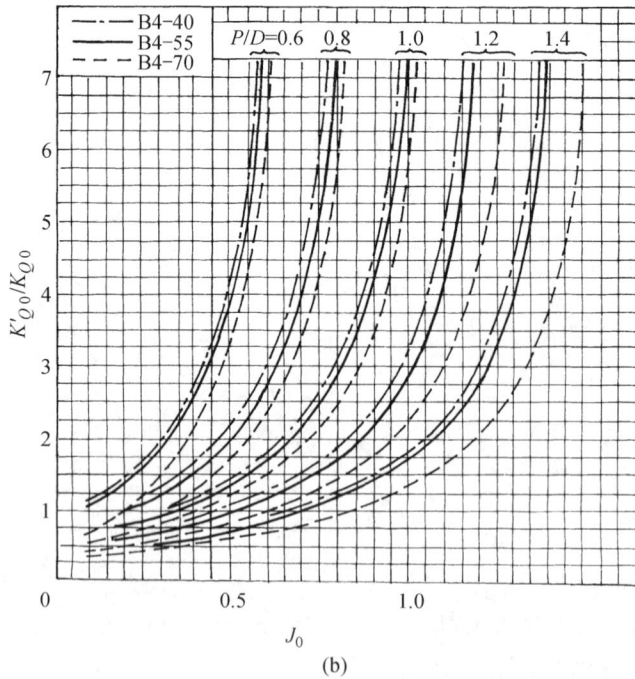

(b)

图 12-9　B 系列 4 叶桨 $\dfrac{K'_{T0}}{K_{T0}}$、$\dfrac{K'_{Q0}}{K_{Q0}}$ 曲线

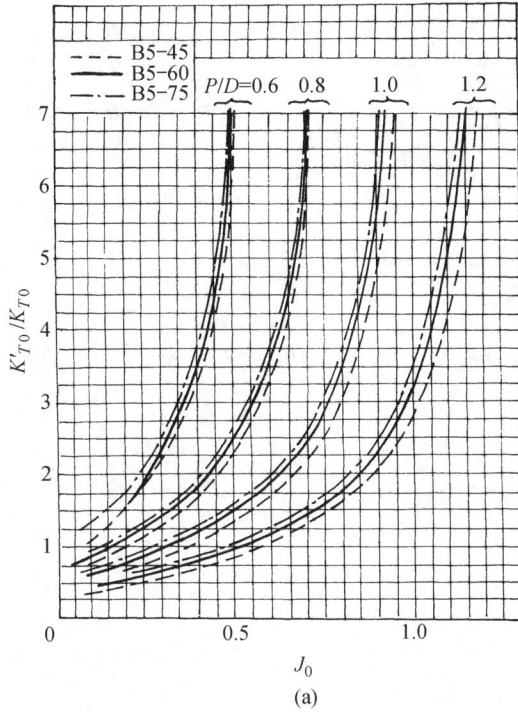

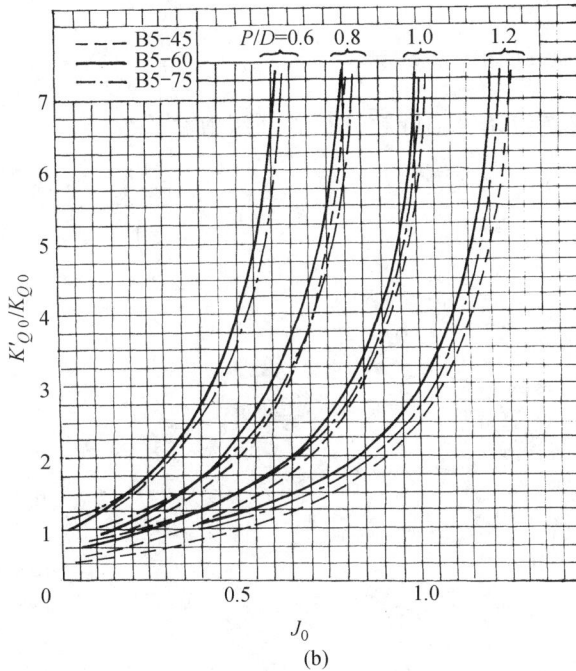

图 12-10　B 系列 5 叶桨 $\dfrac{K'_{T0}}{K_{T0}}$、$\dfrac{K'_{Q0}}{K_{Q0}}$ 曲线

　　至于空泡螺旋桨的轴承力,在有现成的空泡螺旋桨敞水图谱时,计算也相当方便。经验表明,螺旋桨空泡对轴承力的影响远小于对表面力的影响,因此对于螺旋桨轴承力不妨可取无空泡螺旋桨的情况。

2）螺旋桨表面力（霍尔腾方法）

挪威船级社几年来在 72 条船上进行大量实船试验，用回归分析方法总结出评价船体激振力的衡准数和相应的经验公式。

利用本公式估算螺旋桨诱导的叶频分量脉动压力幅值 ΔP_Z，从而可按衡准数 $\Delta P_Z < 800 \, \mathrm{kgf/m^2}$ 来预估船舶可能产生的振动情况。

首先计算无空泡螺旋桨诱导的叶频脉动压力幅值为

$$\Delta P_0 = 12.45 \rho \, n^2 D^2 \frac{1}{Z^{1.53}} \left(\frac{t}{D}\right)^{1.33} \frac{1}{\left(\dfrac{d}{R}\right)^X} \quad (\mathrm{kgf/m^2}) \qquad (12\text{-}14)$$

式中：d 为船体上的计算点到桨叶在正上方位置时 $0.9R$ 处的距离；

R 为螺旋桨半径；

当 $\dfrac{d}{R} \leqslant 2.0$ 时，$X = 1.8 + 0.4 \dfrac{d}{R}$；

当 $\dfrac{d}{R} > 2.0$ 时，$X = 2.8$；

ρ 为水的密度；

n 为螺旋桨每秒钟转数；

D 为螺旋桨直径；

Z 为螺旋桨叶数；

t 为 $\dfrac{r}{R} = 0.7$ 处的桨叶切面的厚度。

然后，计算螺旋桨叶空泡诱导的叶频分量脉动压力幅值为

$$\Delta P_c = 0.098 \rho \, n^2 D^2 (J_1 - J_M) f_2 \frac{1}{\sigma^{0.5}} \frac{1}{\left(\dfrac{d}{R}\right)^{X_1}} \quad (\mathrm{kgf/m^2}) \qquad (12\text{-}15)$$

式中：当 $\dfrac{d}{R} < 1.0$ 时，$X_1 = 1.7 - 0.7 \dfrac{d}{R}$；

但在 $\dfrac{d}{R} < 0.2$ 时，取 $\dfrac{1}{\left(\dfrac{d}{R}\right)^{X_1}} = 5$；

当 $\dfrac{d}{R} \geqslant 1.0$ 时，$X_1 = 1.0$；

$\sigma = \dfrac{(h_s + 10.4) \cdot 1000}{0.5 \rho V_{0.7}^2}$；

h_s 为桨轴沉深（m）；

$V_{0.7} = 0.7 \pi n D$；

$f_2 = \dfrac{\left(f \dfrac{P}{D}\right)_{0.95}}{\left(f \dfrac{P}{D}\right)_{0.80}}$；

$\dfrac{P}{D}$ 为螺距比；

f 为切面拱度，下角表示相对半径位置；

$J_M = \dfrac{V_s(1-w_{T_{\max}})}{nD}$，相应于螺旋桨 $\dfrac{r}{R} = 0.9 \sim 1.0$ 区间内最小进速的进速比；

V_s 为船速（m/s）；

$J_1 = J_0 + \Delta J$；

$J_0 = \dfrac{V_s}{nD}(1-w_0)$；

w_0 为平均实效伴流分数；

$\Delta J = \Delta K_T \dfrac{1}{\dfrac{\Delta K_T}{\Delta J}}$；

$\Delta K_T = \dfrac{f_1 - 1.0}{f_1} \dfrac{T_0}{\rho n^2 D^4}$；

T_0 为螺旋桨推力（kgf）；

$f_1 = \dfrac{\left(\dfrac{A_E}{A_o}\right)_N \cdot 2.13D}{b_{0.9R} Z}$；

$b_{0.9R}$ 为 $0.9R$ 处切面弦长；

$\left(\dfrac{A_E}{A_o}\right)_N = \dfrac{T_0}{\dfrac{\pi D^2}{4}} \dfrac{1}{\dfrac{1}{2}\rho V_{0.7}^2 (0.235\sigma + 0.063)\left[1.067 - 0.23\left(\dfrac{P}{D}\right)_{0.8}\right]}$

如无 $\dfrac{\Delta K_T}{\Delta J}$ 的确切数据，则可按下法近似选取：

当 $Z = 3$ 时，$\dfrac{\Delta K_T}{\Delta J} = 0.32 \pm 0.03$；

当 $Z = 4$ 时，$\dfrac{\Delta K_T}{\Delta J} = 0.36 \pm 0.03$；

当 $Z = 5$ 时，$\dfrac{\Delta K_T}{\Delta J} = 0.42 \pm 0.03$；

当 $Z = 6$ 时，$\dfrac{\Delta K_T}{\Delta J} = 0.48 \pm 0.03$。

根据上述 ΔP_0 和 ΔP_c 可以求出螺旋桨诱导的叶频分量脉动压力幅值为

$$\Delta P_Z = \sqrt{\Delta P_0^2 + \Delta P_c^2 - 2\Delta P_0 \Delta P_c \cos(180 - \phi)} \qquad (12\text{-}16)$$

式中：$\phi = \left[25 - \arctan\left(-\dfrac{y}{x}\right)\right]Z$；

(y, x) 为船体上计算点坐标；

Z 为桨叶数。

图 12-11 是上述计算中所采用的坐标系。

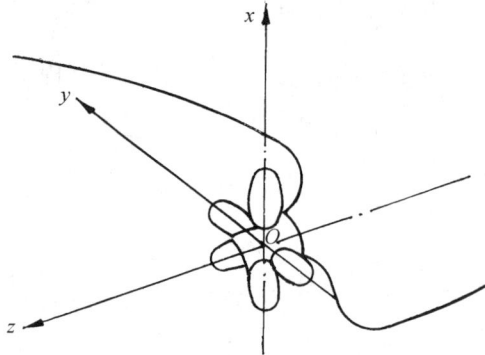

图 12-11　计算表面力的坐标系

12-3　减 振 措 施

如何避免由于螺旋桨诱导过度的振动已成为当前船舶设计和建造的一个关键问题。有些船舶虽有优良的快速性能,但由于存在剧烈的振动,以致无法交船,或即使提交以后也无法投入正常运行。因此,当前船舶设计者已致力于设计既有优良的推进性能又无强烈振动的船舶,在螺旋桨设计中须权衡其效率与激振力,设计出最小诱导激振力的螺旋桨。现时对于所设计的船舶除进行常规的阻力、自航试验外,还应进行伴流场测量乃至螺旋桨的空泡试验及脉动压力的测量,以便判断所设计的船舶是否存在严重的螺旋桨激振以及应该采取的对策。

第 12-1 节中已经提到,产生螺旋桨激振力的根源在于船尾流场的不均匀,因此,从伴流场的不均匀度可以大致估计船舶可能产生的振动情况。在船舶设计的初始阶段,当线型初步决定后进行船模阻力试验的同时就进行伴流场测量,并由此可以判断尾部线型是否需要修改。

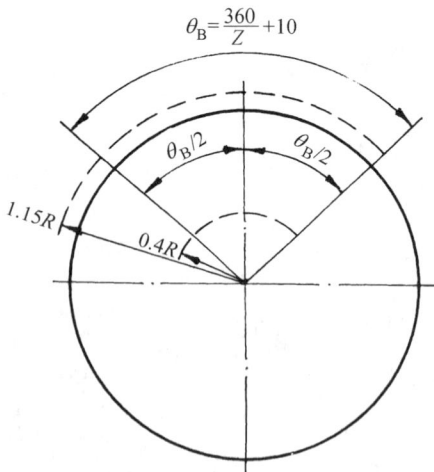

图 12-12　桨盘面上最大伴流判断区域

1. 伴流不均匀性的允许度

英国船舶研究协会(BSRA)在休赛(Huse)工作的基础上,分析了有关的实船振动和模型伴流数据,提出了判断船模伴流场不均匀程度的办法,满足如下 5 个条件者可谓比较理想的伴流场,预计其不均匀程度不致引起严重的螺旋桨激振。

(1) 在螺旋桨盘面的上方 $\theta_B = 10 + \dfrac{360}{Z}$ 和 $0.4R$ 到 $1.15R$ 的区域内(见图 12-12)测量到的轴向最大伴流分数应满足下面两个不等式之小者:

$$w_{max} < 0.75$$

和

$$w_{max} < C_B$$

式中：R 是螺旋桨半径；

　　　Z 是叶数；

　　　C_B 是方形系数。

（2）最大可接受的伴流峰值与 $0.7R$ 半径处的平均伴流满足如下关系式：

$$w_{max} < 1.7 w_{0.7R}$$

式中：w_{max} 为（1）中所述的轴向最大伴流分数；

　　　$w_{0.7R}$ 为在 $0.7R$ 半径上轴向伴流分数的平均值。

（3）在 $1.0R$ 半径圆周上伴流峰的宽度不应该小于 θ_B。对于伴流峰的定义如图 12-13 所示。图中曲线表示轴向伴流分数在 $1.0R$ 圆周上的分布,要求图中所示的伴流峰宽度对应的角度不应该小于（1）中定义的 θ_B 角度。

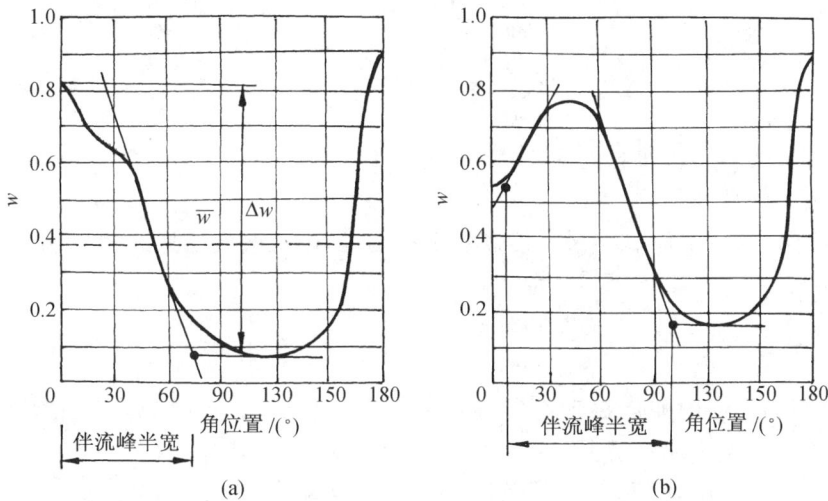

图 12-13　伴流峰的定义

（4）根据螺旋桨叶梢的空泡数

$$\sigma_n = \frac{p_a - p_v + \rho g H'}{\frac{1}{2}\rho(\pi n D)^2}$$

$$= \frac{9.903 - \dfrac{D}{2} - Z_P + T_A}{0.051(\pi n D)^2}$$

和在半径为 $1.0R$ 上无量纲的伴流梯度：

$$\left[\frac{\Delta w}{(1-w)}\right] = \left(\frac{w_{max} - w_{min}}{1-w}\right)_{1.0R}$$

确定对应点在图 12-14 中所在位置,从而了解此伴流场可能产生的振动情况。

上述两式中：

　　　H' 为叶梢沉深（指桨叶在正上方位置时）;

　　　D 为螺旋桨直径；

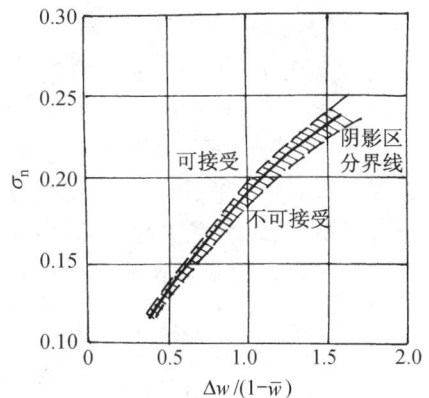

图 12-14　检验诱导振动程度
的分界线

Z_P 为螺旋桨轴中心线到基线的距离；

p_a 为大气压强；

p_v 为饱和蒸汽压强；

n 为螺旋桨每秒钟转数；

T_A 为船尾部吃水；

Δw、w 如图 12-13 所示。

图 12-14 的分界线是根据 40 艘实船的实测结果归纳而得的，这些船的船长范围是 91～300 m。点子落在阴影区的右下方则表示螺旋桨将诱导强烈的不可接受的振动。

（5）对空泡敏感的螺旋桨（接近图 12-14 中的阴影区，或就在阴影区内），则对于 θ_B 角度范围内 $0.7R \sim 1.15R$ 各半径的局部伴流梯度满足：

$$\frac{1}{\dfrac{r}{R}} \left| \frac{\dfrac{\mathrm{d}w}{\mathrm{d}\theta}}{1-w} \right| < 1.0$$

式中：w 为局部伴流分数，即对应于 r 和 θ 位置的值；

θ 以弧度（rad）表示。

若船模轴向伴流场的测试结果未能满足上述衡准，则宜改变船尾线型，以避免可能出现剧烈的尾部振动。

2. 减振措施的分类

螺旋桨激振力引起的船体振动有时会造成极其不良的后果。因此，了解如何避免（或减小）这种不能承受的振动现象是十分重要的。下面将扼要介绍有关措施。

按照振动存在的物理原因，减小螺旋桨诱导激振力的方法基本上可分 3 大类。如图 12-15 和图 12-16 所示。

（1）改善伴流分布，使之尽可能均匀。

（2）改进螺旋桨设计，使之减小脉动载荷分量。

（3）结构上的措施，改变振动特性。

实践证明，第一类方法最为有效。伴流场的不均匀性乃是螺旋桨桨叶上不定常流现象的根源，因此这一类措施是治本的。在伴流分布已不能进一步改善的情况下可采取第二类措施，使螺旋桨适应于伴流分布。这类方法有时收效甚高，有时则平平。至于第三类措施是治表的，通常在第一、二类方法都不能达到理想效果时才采用。何友声、王国强编著的《螺旋桨激振力》一书中综合介绍了各类减振措施具体实施办法，可供参考。

图 12-15 左侧流程图

尾部形状

改善伴流场

修改尾部和肋骨形状	球尾	加鳍	充气

伴流

螺旋桨

减小轴承力

改变叶数	减少直径	加大间隙	侧斜

轴承激振

改善轴与轴承动力响应

改变叶数，即移开激振频率	使轴与轴承的动力响应适应于激振频率

轴与轴承力动力响应

船体激振

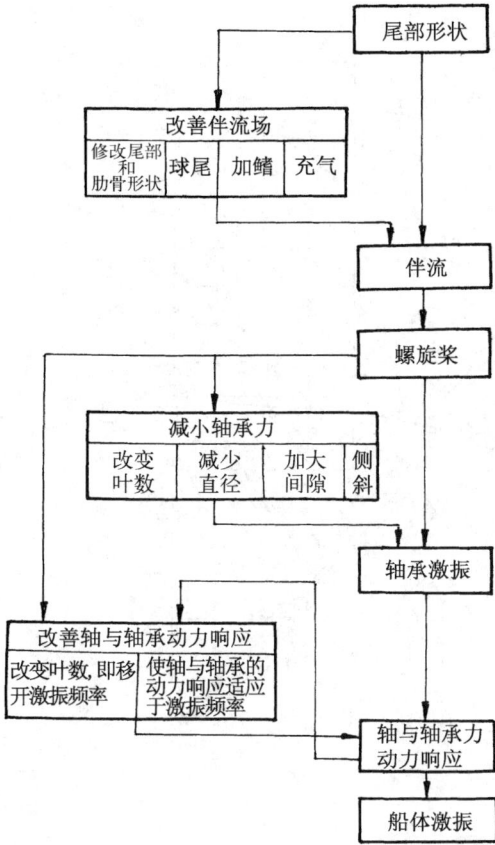

图 12-15　减小船体激振措施之一

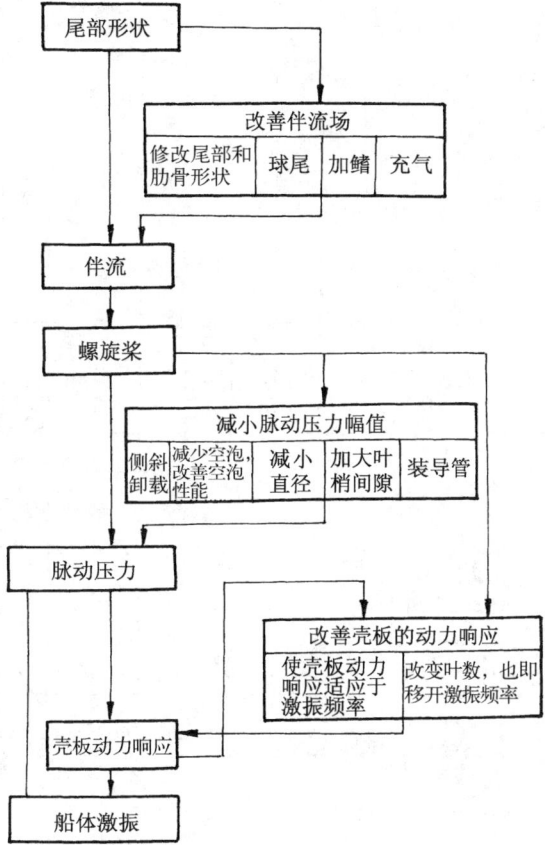

图 12-16 右侧流程图

尾部形状

改善伴流场

修改尾部和肋骨形状	球尾	加鳍	充气

伴流

螺旋桨

减小脉动压力幅值

侧斜卸载	减少空泡，改善空泡性能	减小直径	加大叶梢间隙	装导管

脉动压力

改善壳板的动力响应

使壳板动力响应适应于激振频率	改变叶数，也即移开激振频率

壳板动力响应

船体激振

图 12-16　减小船体激振措施之二

267

本篇附录 螺旋桨设计图谱

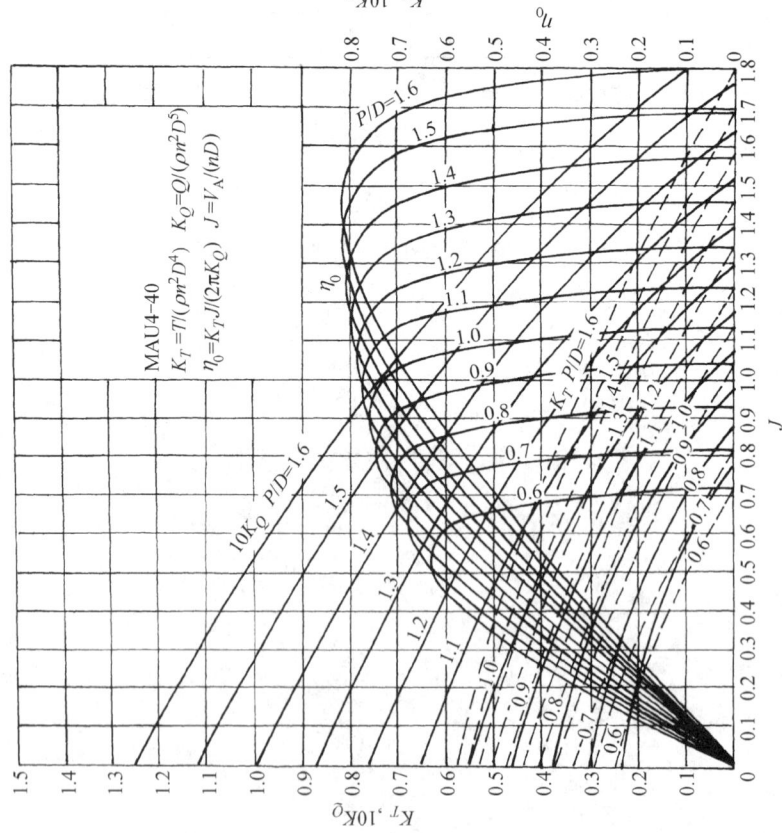

附录图1 MAU4-40 $K_T \cdot K_Q - J$ 图

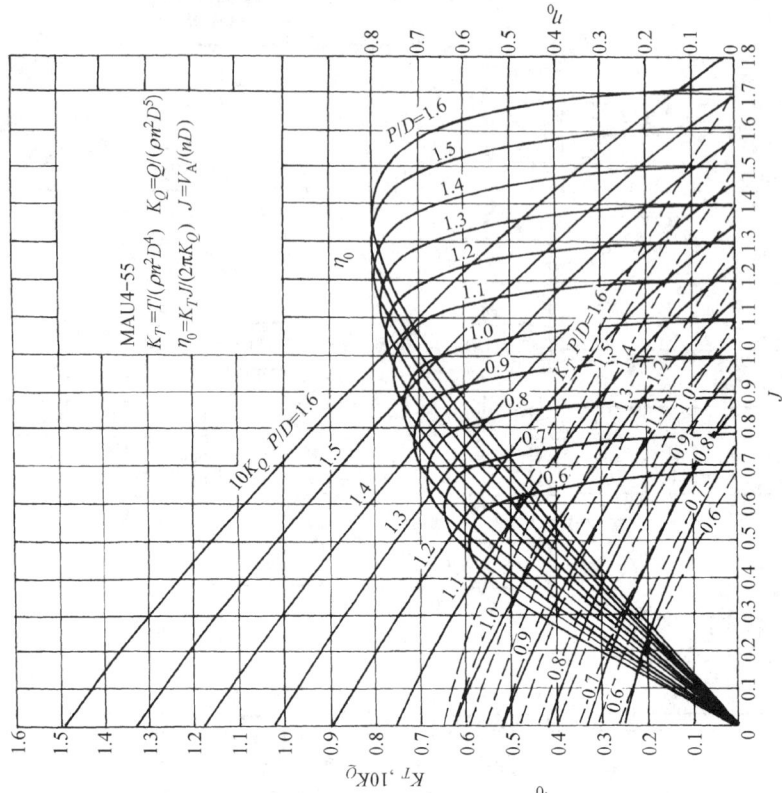

MAU4-40
$K_T = T/(\rho n^2 D^4)$ $K_Q = Q/(\rho n^2 D^5)$
$\eta_0 = K_T \cdot J/(2\pi K_Q)$ $J = V_A/(nD)$

附录图2 MAU4-55 $K_T \cdot K_Q - J$ 图

MAU4-55
$K_T = T/(\rho n^2 D^4)$ $K_Q = Q/(\rho n^2 D^5)$
$\eta_0 = K_T \cdot J/(2\pi K_Q)$ $J = V_A/(nD)$

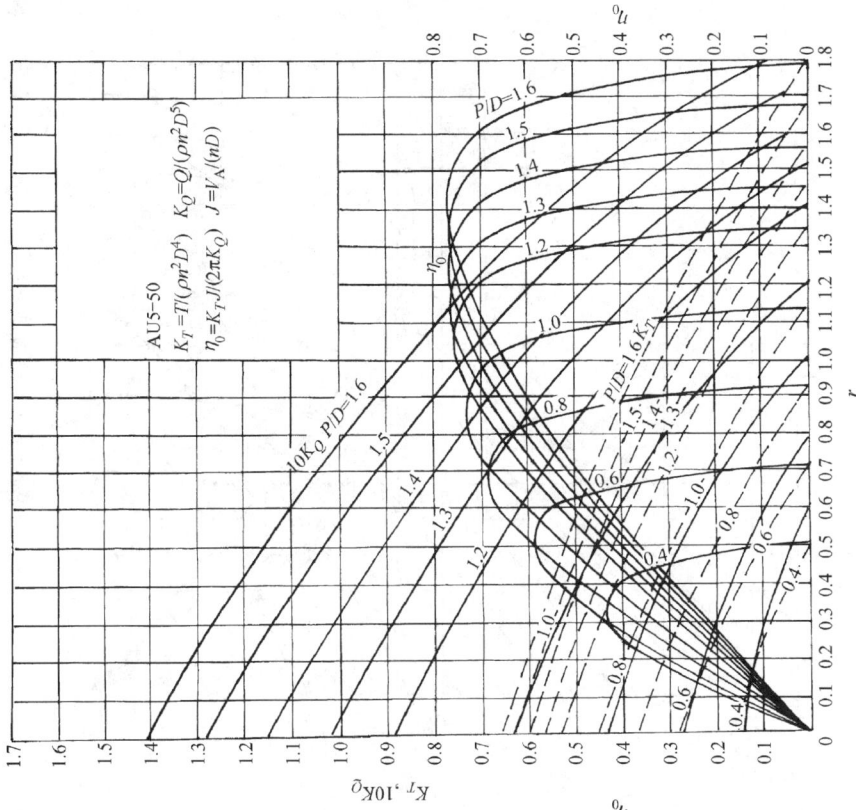

附录图4 AU5-50 K_T,K_Q-J 图

AU5-50

$K_T = T/(\rho n^2 D^4)$ $K_Q = Q/(\rho n^2 D^5)$

$\eta_0 = K_T \cdot J/(2\pi K_Q)$ $J = V_A/(nD)$

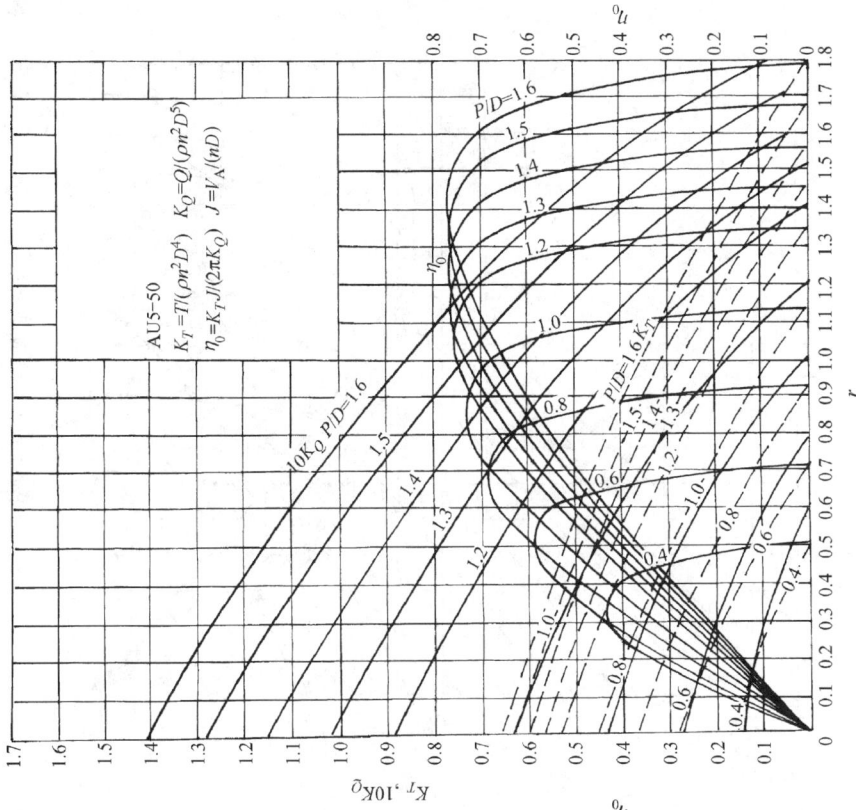

附录图3 MAU4-70 K_T,K_Q-J 图

MAU4-70

$K_T = T/(\rho n^2 D^4)$ $K_Q = Q/(\rho n^2 D^5)$

$\eta_0 = K_T \cdot J/(2\pi K_Q)$ $J = V_A/(nD)$

269

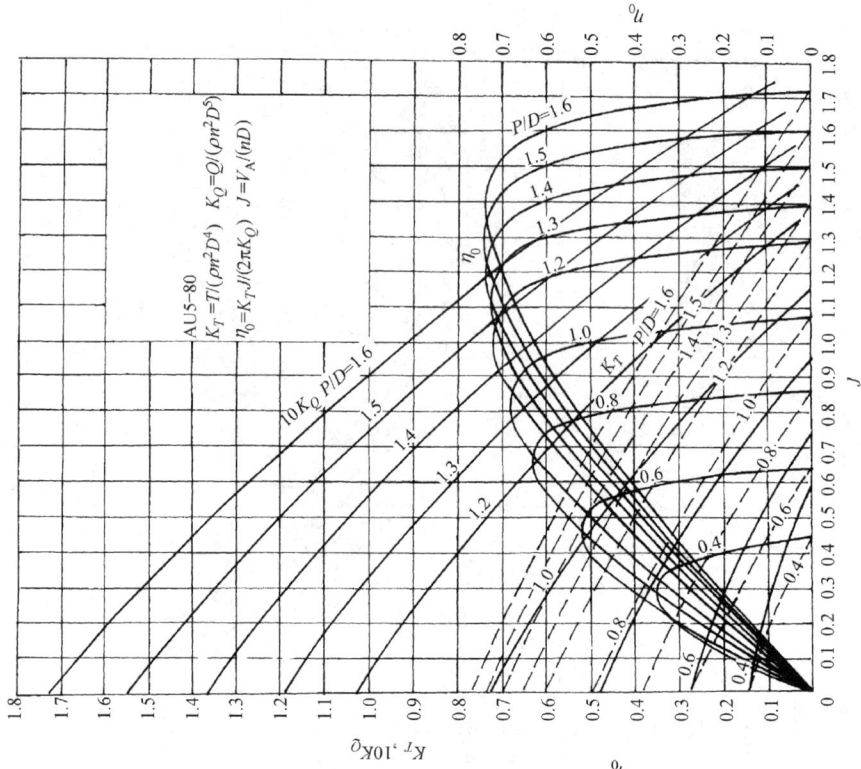

附录图6　AU5-80 K_T、K_Q-J 图

AU5-80
$K_T = T/(\rho n^2 D^4)$　$K_Q = Q/(\rho n^2 D^5)$
$\eta_0 = K_T J/(2\pi K_Q)$　$J = V_A/(nD)$

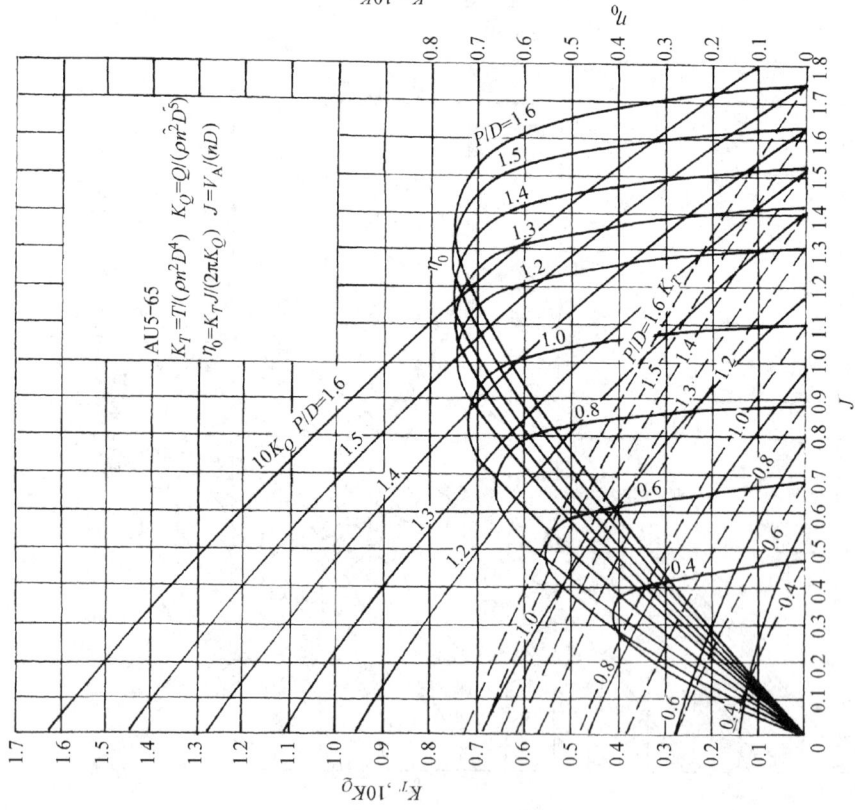

附录图5　AU5-65 K_T、K_Q-J 图

AU5-65
$K_T = T/(\rho n^2 D^4)$　$K_Q = Q/(\rho n^2 D^5)$
$\eta_0 = K_T J/(2\pi K_Q)$　$J = V_A/(nD)$

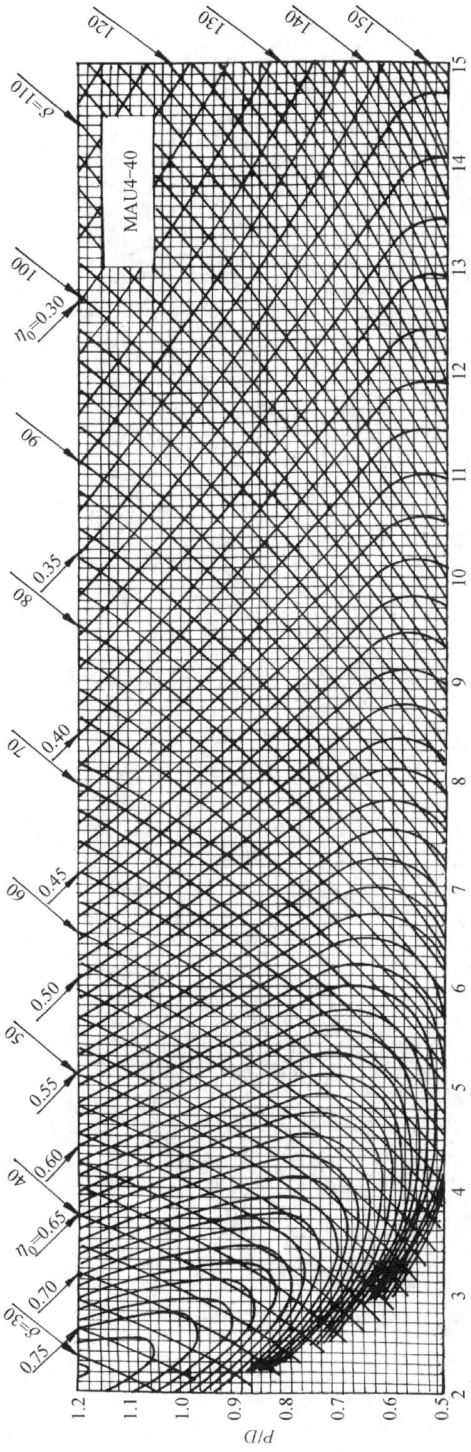

附录图7　MAU4-40 $\sqrt{B_P}$-δ 图谱

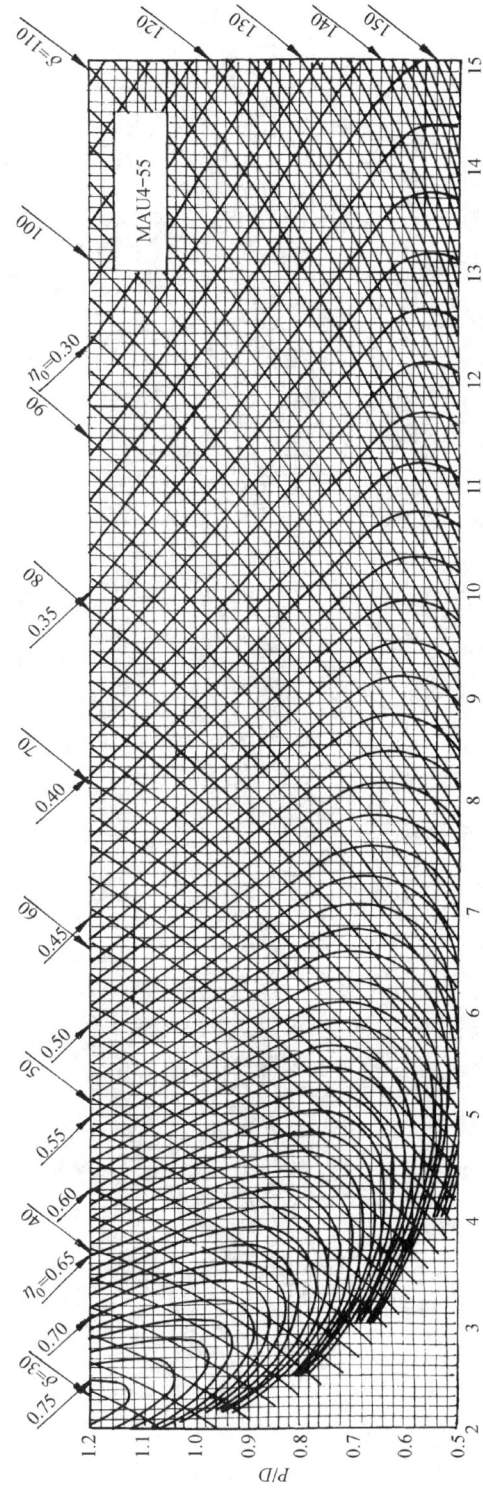

附录图8　MAU4-55 $\sqrt{B_P}$-δ 图谱

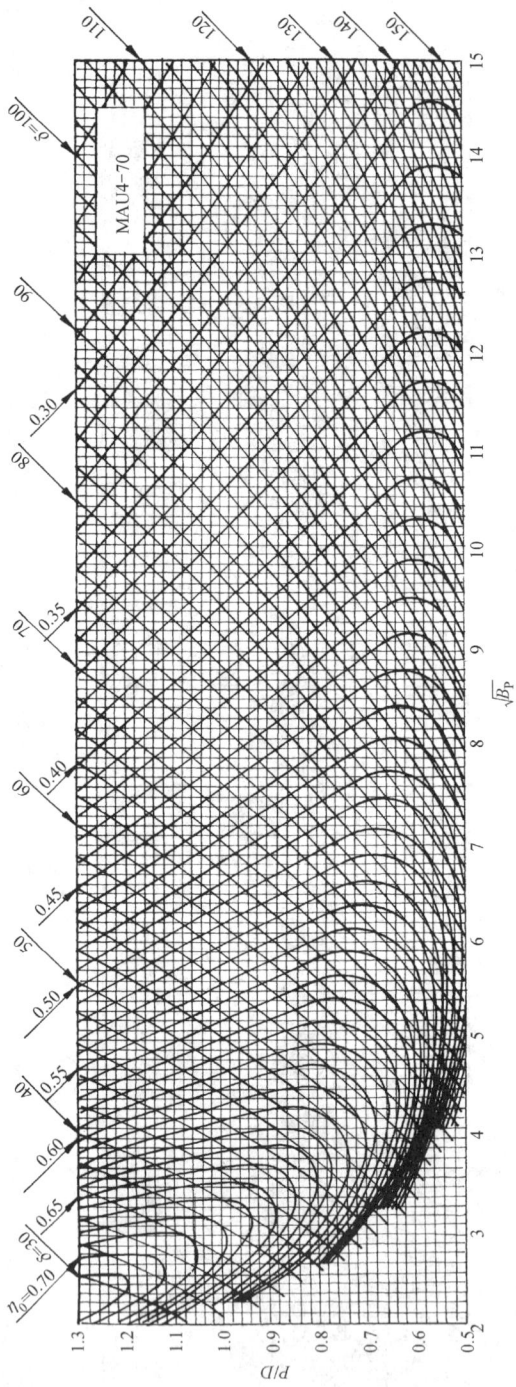

附录图9　MAU4-70 $\sqrt{B_P}-\delta$ 图谱

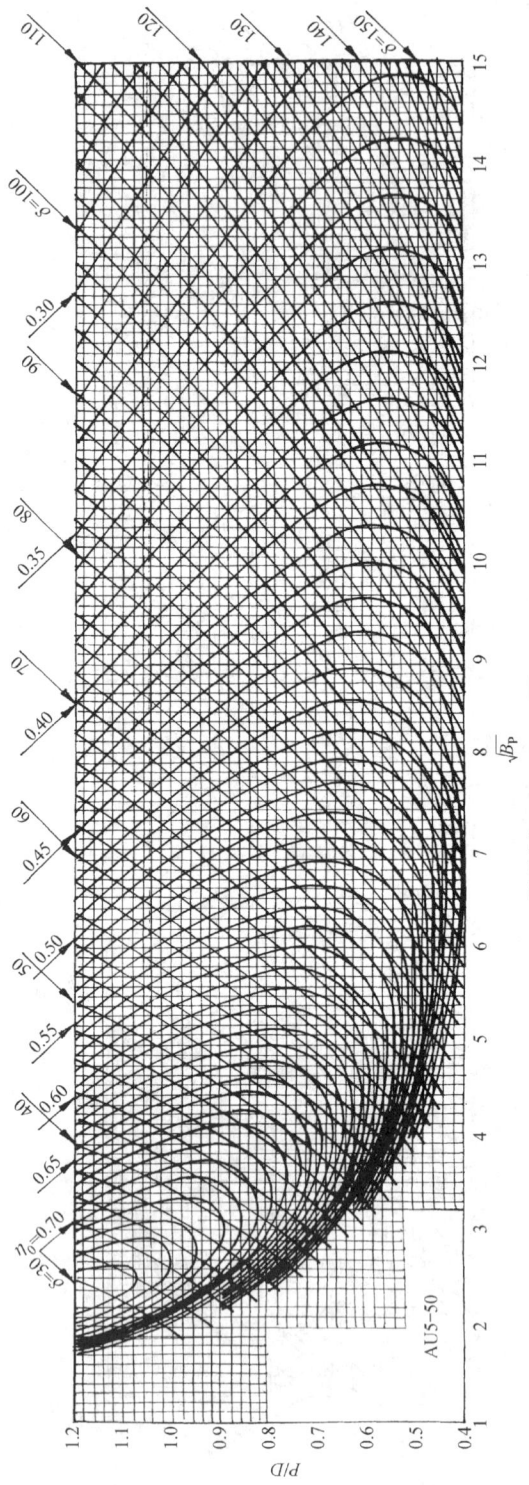

附录图10　AU5-50 $\sqrt{B_P}-\delta$ 图谱

272

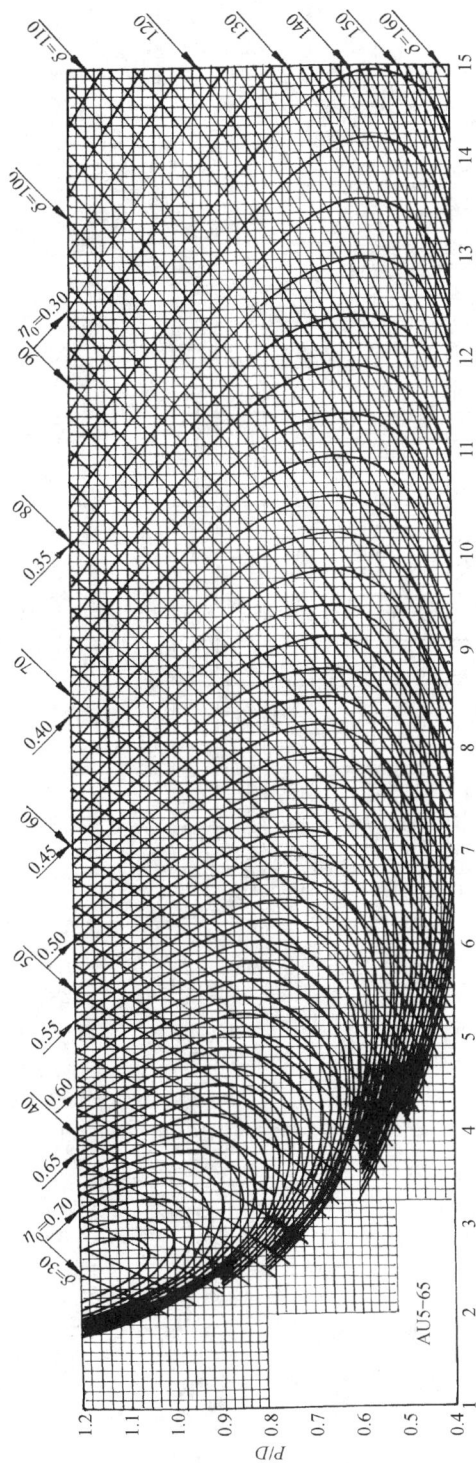

附录图11 AU5-65 $\sqrt{B_P}-\delta$ 图谱

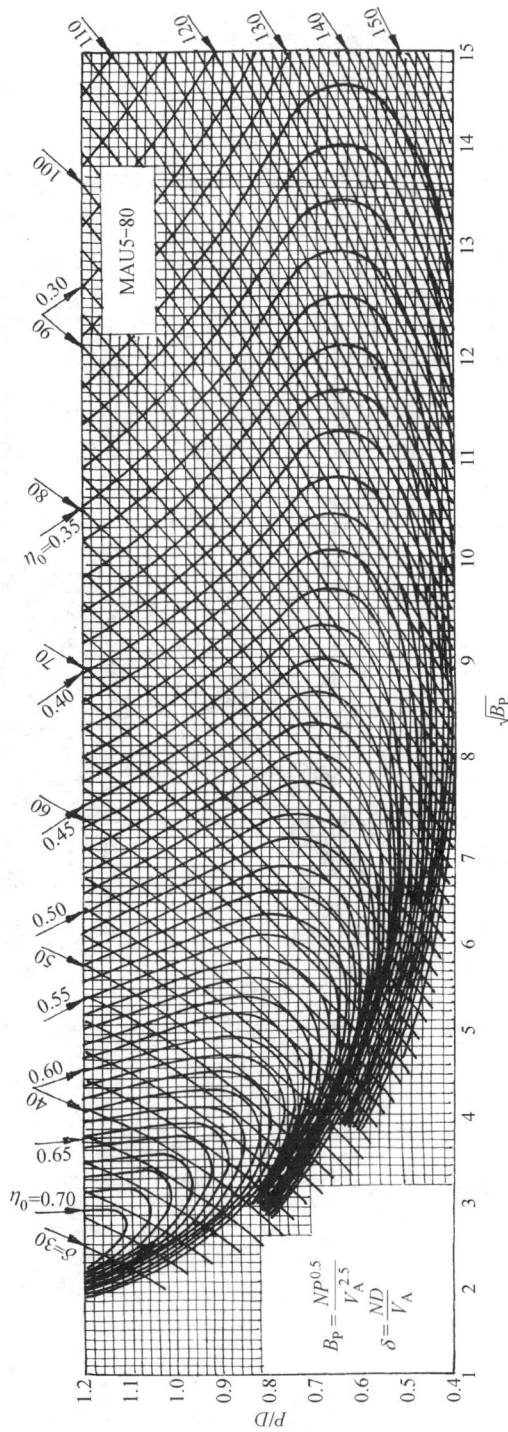

附录图12 MAU5-80 $\sqrt{B_P}-\delta$ 图谱

$$B_P = \frac{NP^{0.5}}{V_A^{2.5}}$$

$$\delta = \frac{ND}{V_A}$$

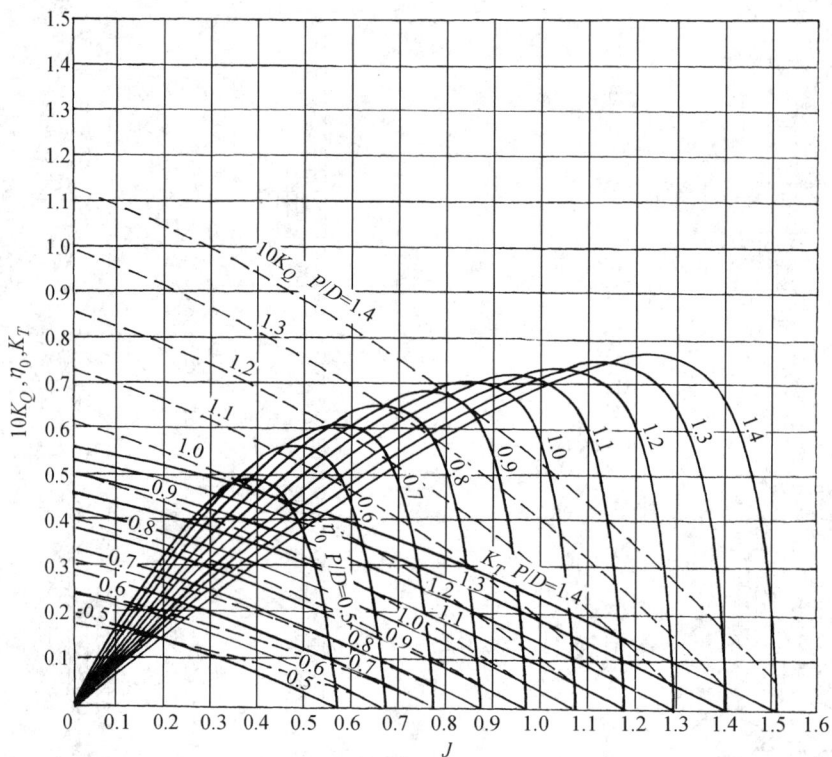

附录图13　B4-55 K_T, η_0, K_Q-J 图

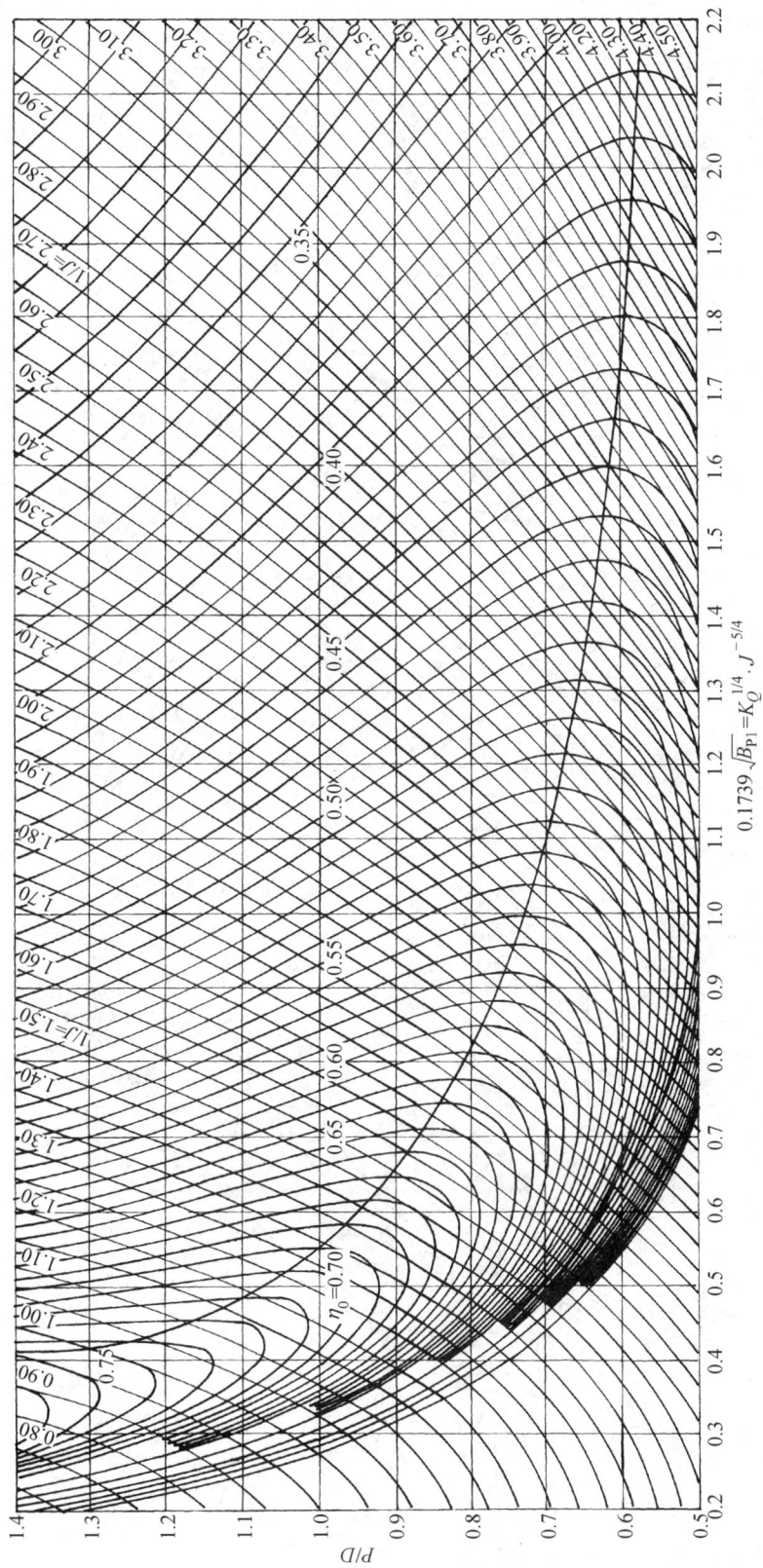

附录图14 B4-55 B_{P1}-1/J 图谱

$0.1739\sqrt{B_{P1}} = K_Q^{1/4} \cdot J^{-5/4}$

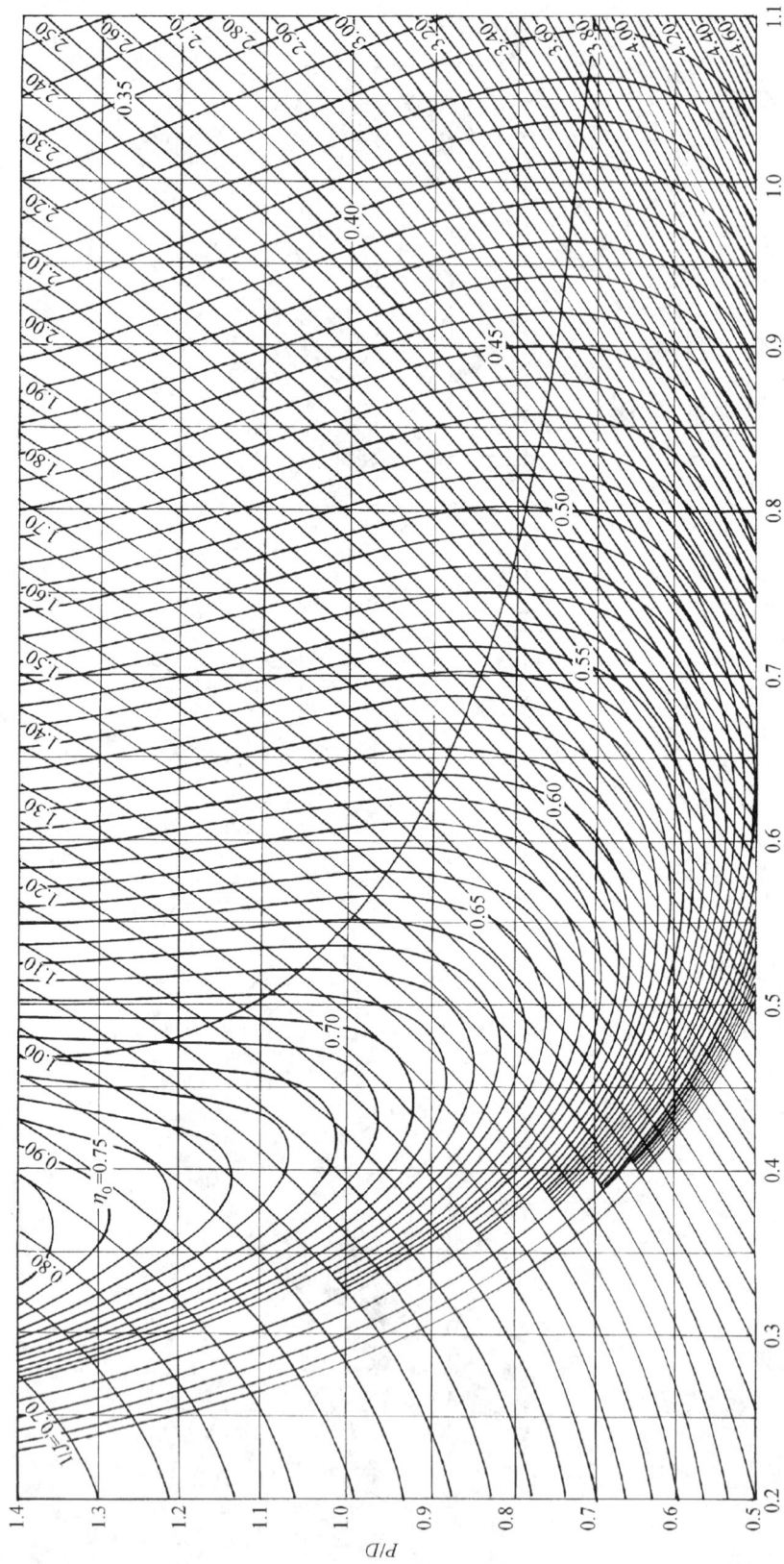

$1.75\sqrt{B_{P2}} = K_Q^{1/4} \cdot J^{-3/4}$

附录图15 B4-55 B_{P2}-1/J 图谱

本篇参考文献

[1] 王公衡.船舶推进[M].上海：上海交通大学教材供应科,1959.

[2] 盛振邦.船舶推进[M].北京：北京科学教育编辑室,1963.

[3] 张佐厚,胡志安.船舶推进[M].北京：国防工业出版社,1980.

[4] 王国强,盛振邦.船舶推进[M].北京：国防工业出版社,1985.

[5] 王国强,盛振邦.船舶推进(修订本)[M].上海：上海交通大学出版社,1995.

[6] В И Соловьев, Д А Чумак. Коробельные Движители[M]. Москова, 1948.

[7] 盛振邦,杨家盛,柴杨业.中国船用螺旋桨系列试验图谱集[M].北京：中国造船编辑部出版,1983.

[8] 董世汤.船舶螺旋桨理论[M].上海：上海交通大学出版社,1985.

[9] 何友声,王国强.螺旋桨激振力[M].上海：上海交通大学出版社,1987.

[10] W P A van Lammeren, J D van Menen, M W C Oosterveld. The Wageningen B-Screw series[J]. SNAME, 1969.

[11] 上海市 3203 信箱.船用螺旋桨设计参考资料[M].

[12] 上海交通大学船模试验池,一系 14041 工人进修班.对 1969 年楚思德 B4-40 和 B4-55 设计图谱的校核分析[J].船舶设计通讯,1975(1).

[13] 哈尔滨船舶工程学院.荷兰船模水池 B 型螺旋桨系列新图谱[M].

[14] 王国强,刘岳元,曹梅亮,诸汉鑫.简易导管螺旋桨[J].中国造船.1978(63).

[15] 张云彩,盛振邦.圆弧型风帆空气动力性能的试验研究[C].造船和海洋工程新发展学术讨论会.上海交通大学,1983.

[16] 孙勤,顾蕴德,郑淑珍.串列螺旋桨的模型系列试验和图谱设计方法[J].中国造船,1979(3).

[17] 金平仲.喷水推进的应用及主要参数的选择[J].舰船科研与设计,1975(1).

[18] W Lerbs. Moderately loaded propellers with a finite number of blades and an arbitrary distribution of circulation[J]. SNAME, 1952.

[19] W B Morgen, J W Wrench. Some computational aspects of propeller design[J]. Methods in Computational Physics, 1965(4).

[20] K N Kramer. The induced efficiency of optimum propellers having a finite number of blades[J]. NACA, 1939, T.M.884.

[21] E Castagneto, P G Maioli. Theoretical and experimental study on the dynamics of hydrofoils as applied to naval propellers[C]. 7th Sym. on Naval Hydrodyna-mics, 1968.

[22] 叶永兴.螺旋桨升力线理论设计计算程序[J].舰船性能研究,1978(4).

[23] International Towing Tank Conference. Recommended procedure 7.5-02-03-02.1, Propulsor Open Water Test, Revision 02, Effective Date 2008.

[24] International Towing Tank Conference. Recommended procedure 7.5-02-03-01.4, 1978

ITTC Performance Prediction Method，Revision 02，Effective Date 2011.

[25] International Towing Tank Conference. Recommended procedure 7.5-02-02-01，Resistance Test，Revision 03，Effective Date 2011.

第 四 篇
船 舶 操 纵

邹早建　修订

第1章 概 述

船舶操纵性是船舶在控制装置的作用下按照驾驶者(或自动驾驶仪)的意图保持或改变其运动状态(包括航速、航向和所处位置等)的能力。传统上,船舶操纵性限于研究船舶在静水中的三自由度操纵运动(在水平面内的纵向、横向运动和绕垂直轴的旋转运动)。但实际上,船舶在进行操纵运动的过程中,常常会受到风、浪等环境干扰的作用,特别是海船需要在海浪中航行,其操纵运动和操纵性能必然要受到海浪的影响,对于这些船舶,需要研究其在波浪中的操纵性。另外,对于高速舰船和集装箱船等船型,在其进行操纵运动的过程中常常伴随有明显的横倾运动,对于这些船舶,需要考虑包括横倾的四自由度操纵运动。

在本篇中,我们限于讨论水面船舶在静水中在水平面内的三自由度操纵运动。

1-1 船舶操纵性包含的内容

传统上,以舵为控制装置的船舶,其操纵性可分为小舵角下的航向稳定性、中等舵角下的机动性(转首性,又称为应舵性或初始回转能力)和满舵(通常为 35°舵角)下的回转性。所以,传统上船舶操纵性研究的主要是稳定性、回转性和转首性。其中航向稳定性是船舶克服小扰动维持一定航向航行的能力,回转性是船舶在满舵作用下进行回转运动的能力,转首性是船舶在操舵初期对操舵及时响应而转首的能力。

现代对船舶操纵性进行了更详细的划分,其涉及的内容如下。

(1)固有稳定性,又称为直线稳定性。做匀速直线运动的船舶受到小扰动的作用而偏离其航线和航向,在扰动去除以后,如果船舶能够在没有控制装置作用的情况下回到匀速直线运动状态,则称该船具有固有稳定性;反之,如果船舶最后进入了一个非定常的回转运动,则称该船不具有固有稳定性。图 1-1 中给出了具有和不具有固有稳定性的船舶在受到小扰动作用后的运动情况。

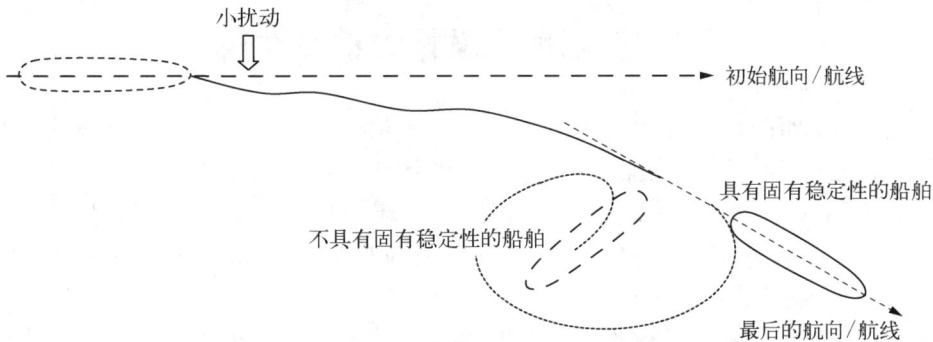

图 1-1 无控制装置作用时受小扰动作用后船舶的运动情况

(2)航向保持能力(航向稳定性),又称为方向稳定性。做匀速直线运动的船舶受到小扰动的作用而偏离其航线和航向,在扰动去除以后,如果船舶能够在控制装置的作用下回到其初始航向,则称该船具有航向稳定性;反之,则称该船不具有航向稳定性。实际上,无论船舶是否具有固有稳定性,一般都能借助控制装置的作用下回到其初始航向,因而都具有航向稳定性。如果船舶在控制装置的作用下,不仅能够回到其初始航向,而且能够回到其初始航线,则称该船具有位置稳定性。同样,无论船舶是否具有固有稳定性,一般都能借助控制装置的作用回到其初始航线,因而都能具有位置稳定性。航向稳定性和位置稳定性统称为控制稳定性。显然,具有固有稳定性的船舶更容易借助控制装置的作用回到其初始航向和航线,而不具有固有稳定性的船舶需要频繁地操作控制装置才能回到其初始航向和航线,因而,具有固有稳定性的船舶相比不具有固有稳定性的船舶,具有更好的航向稳定性和位置稳定性。图 1-2 中给出了船舶在受到小扰动作用后,在控制装置的作用下回到其初始航向和初始航线的情况。

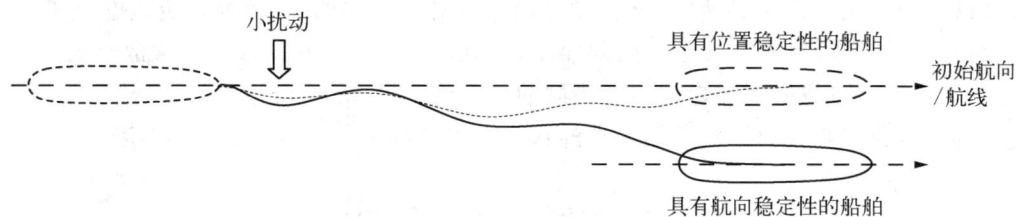

图 1-2　受小扰动作用后船舶在控制装置作用下的运动情况

（3）初始回转能力（航向改变能力）,又称为应舵性、转首性。是船舶对控制装置的作用进行响应而改变其首向的能力。具有好的初始回转能力（航向改变能力）的船舶,能够对控制装置的作用迅速响应而快速进入转首运动。

（4）转首纠偏能力。处于回转运动的船舶,在朝与当前转首方向相反的方向施加控制装置作用后,如果船舶能够迅速对控制装置的作用作出响应而朝相反的方向转首,则称该船具有好的转首纠偏能力。

（5）回转能力,又称为回转性。船舶在最大的控制装置作用（如满舵）下进行回转运动的能力。

（6）制动能力,又称为制动性。全速前进的船舶,当主机停机后,或主机不仅停机而且还全速反转后,船舶在水中停下来的能力,前者称为惯性制动能力,后者称为紧急制动能力。通常制动能力指的是紧急制动能力。

1-2　船舶操纵性的重要性

船舶操纵性是船舶重要的水动力性能之一,与船舶的航行安全性和经济性密切相关。从安全性的角度看,操纵性差的船舶,在航行环境复杂的水域如限制水域、水上交通繁忙水域中航行时,很容易发生碰撞等海难事故。例如,对于初始回转能力或回转性差的船舶,在航行中或实施操纵回转时,有可能会与航道中的障碍物或航道岸壁发生碰撞,如图 1-3 所示。

从经济性的角度看,固有稳定性差的船舶,在海上航行时受到外界扰动后很容易偏离其初始航向、航线,需要频繁地使用控制装置才能维持一定的航向、航线航行,如图 1-4 所示。这不仅增加了航行的里程,而且需要消耗更多的功率来操作控制装置,因而完成其航行任务需要消耗的能源更多,影响其营运的经济性。

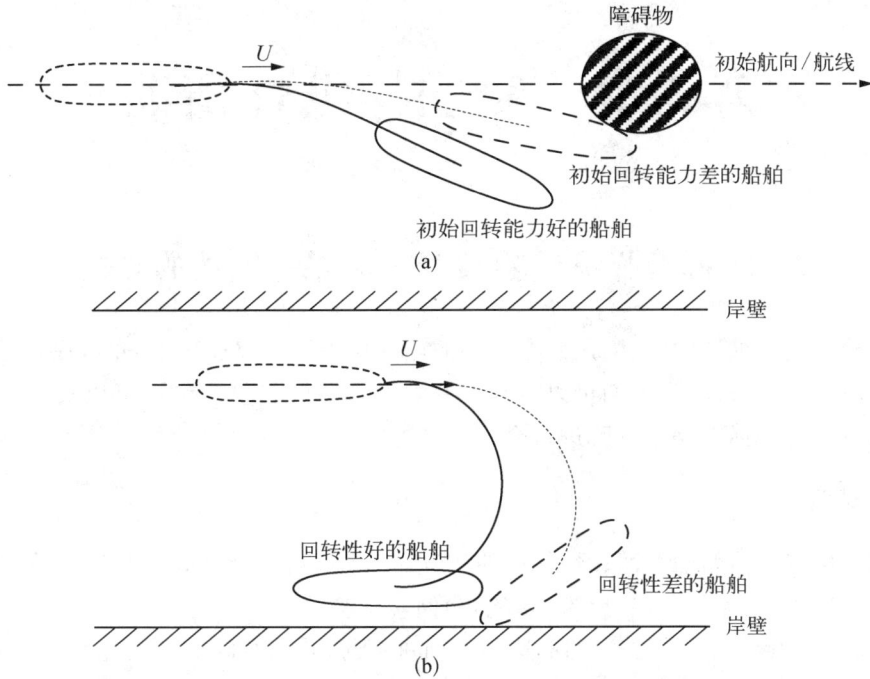

初始航向／航线

障碍物

U

初始回转能力差的船舶

初始回转能力好的船舶

(a)

岸壁

U

回转性好的船舶

回转性差的船舶

岸壁

(b)

图 1-3　船舶操纵性和航行安全性的关系

(a) 初始回转能力和航行安全性；(b) 回转性和航行安全性

环境扰动

U

出发港

固有稳定性较好的船舶的航迹　　　固有稳定性较差的船舶的航迹

目的港

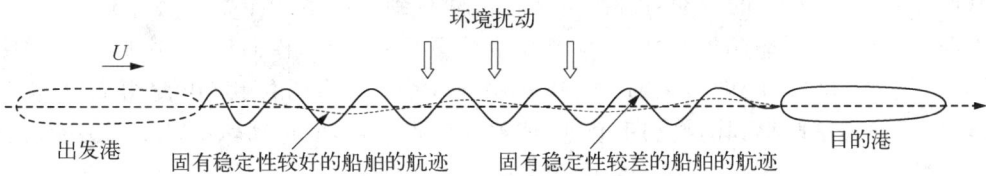

图 1-4　船舶操纵性和航行经济性的关系

1-3　操纵船舶的闭环控制

　　控制船舶操纵运动的过程是一个闭环的过程：航行状态（航速、航向、船位等）偏差监测装置测得要求的航行状态和实际的航行状态的偏差，驾驶者（或自动驾驶仪）根据测得的航行状态偏差，给控制装置发出执行操作的指令，使控制装置产生所需要的控制力，从而使船舶的航行状态发生改变，以减小所存在的航行状态的偏差；然而，旧的航行状态偏差纠正了，又会出现新的航行状态偏差，又需要给控制装置发出新的指令以纠正新的偏差。这样的过程周而复始，形成一个闭环控制的过程。因此，研究船舶操纵性，应该对由船舶、航行状态偏差监测装置、驾驶者（或自动驾驶仪）、控制装置等组成的闭环系统整体进行研究，即需要研究闭环操纵性。本篇只讨论船舶-控制装置组成的系统的操纵性，不涉及航行状态偏差监测装置、驾驶者（或自动驾驶仪）和操作控制装置的设备等环节，因此可以说，本篇只讨论船舶-控制装置组成的开环系统，所以讨论的只是所谓的开环操纵性。

第2章 船舶操纵性衡准

2-1 标准操纵试验及表征船舶操纵性的参数

为了评价船舶操纵性的优劣,人们在长期的船舶操纵性研究过程中,先后提出了一些船舶标准操纵试验,从这些试验中人们可以得到一些参数,借助于这些参数,可以对船舶操纵性进行评价。以下对这些标准操纵试验进行介绍。

1. 回转试验

回转试验用来评估船舶的回转性。以使用舵为控制装置的船舶为例,一般分别进行操左舵和操右舵的满舵(最大舵角,一般为35°舵角)回转试验。

回转试验的步骤:船舶以一定的航速匀速前进;下操舵指令将舵角匀速转至最大舵角,并保持该舵角不变;当首向角改变达到540°时,停止试验和数据记录。

回转试验中记录的数据为舵角、首向角、回转角速度、航速等随时间变化的曲线以及船舶重心处(或船长中点位置)的运动轨迹。由回转试验得到的参数为定常回转直径、定常回转角速度、首向角改变90°时船舶重心处(或船长中点位置)的纵向和横向位移(由此得到进距和横距)、首向角改变180°时船舶重心处(或船长中点位置)的横向位移(由此得到战术直径)。图2-1给出了回转试验得到的船舶重心处(或船长中点位置)的运动轨迹以及有关参数。

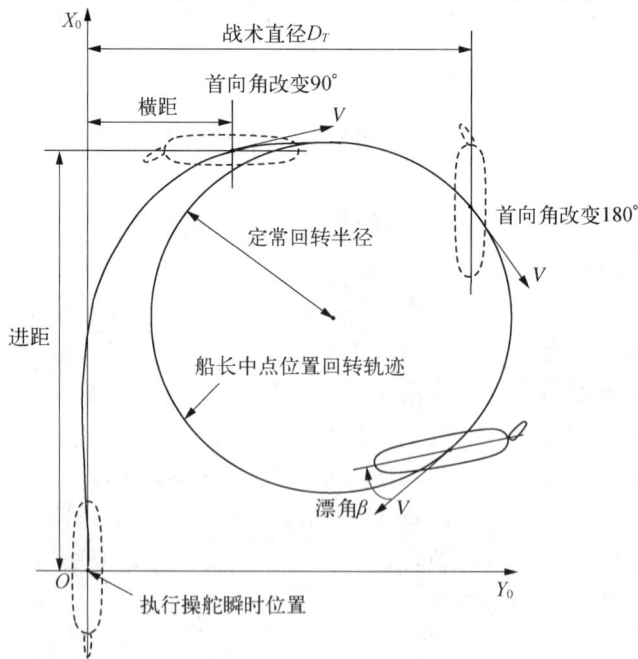

图 2-1 回转试验结果

2. Z 形试验

Z 形试验由 Günther Kempf 在 1932 年首次提出,用来评估船舶的初始回转能力、转首纠偏能力和方向稳定性。以使用舵为控制装置的船舶为例,一般分别进行操左舵和操右舵开始的 Z 形试验。

Z 形试验的步骤为:船舶以一定的航速匀速前进;下操舵指令匀速操舵至规定的舵角(操 10°舵角进行 10°/10° Z 形试验,操 20°舵角进行 20°/20° Z 形试验),并保持该舵角不变(第一次操舵);当首向角改变达到规定的角度(10°或 20°)时,将舵角操向另一侧至规定的舵角,并保持该舵角不变(第二次操舵);当首向角改变在另一侧达到规定的角度(10°或 20°)时,将舵角操向另一侧至规定的舵角,并保持该舵角不变(第三次操舵);当首向角改变在另一侧达到规定的角度(10°或 20°)时,将舵角操向另一侧,并保持该舵角不变(第四次操舵);当首向角改变在另一侧达到规定的角度(10°或 20°)时,停止试验和数据记录。

Z 形试验中记录的数据为舵角、首向角、回转角速度、航速等随时间变化的曲线。由 Z 形试验得到的参数为第 1、第 2 超越角,初始回转时间。图 2-2 给出了 Z 形试验记录的舵角、首向角的时历曲线以及有关参数。

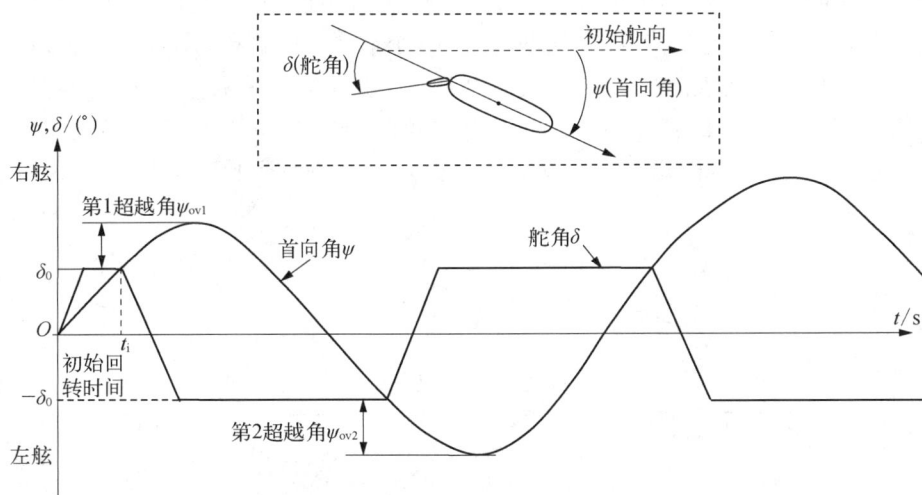

图 2-2　Z 形试验舵角、首向角时历曲线

3. 制动试验

制动试验用来评估船舶的制动能力。通常进行紧急制动试验。其试验步骤为:船舶以一定的航速匀速前进;下停车指令开始制动试验,并下全速倒车指令;直到船舶在水中完全停下来,停止试验。试验时记录从下停车指令到船舶停下来时为止的时间,称为停船时间,记录船舶重心处(或船长中点位置)的运动轨迹,并由此量取路径长度,称为冲程,如图 2-3 所示。

4. 螺线试验

螺线试验用来评估船舶的固有稳定性。有两种螺线试验,一种为正螺线试验,该试验最初由 Jean Dieudonné 于 1949—1950 年间提出,所以也称为 Dieudonné 螺线试验;另一种为逆螺线试验,该试验最初由 Morgen Bech 于 1966 年提出,所以也称为 Bech 螺线试验。

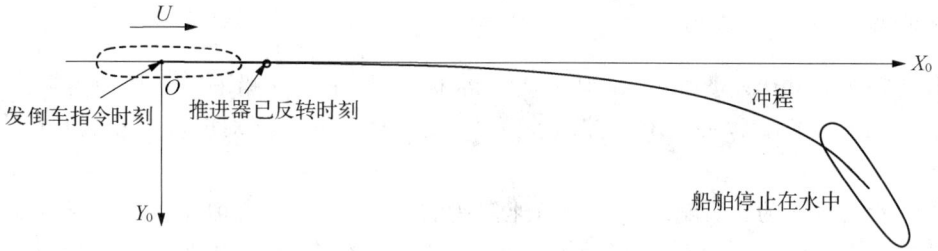

图 2-3 紧急制动试验船长中点位置运动轨迹

正螺线试验由一系列的中、小舵角的回转试验组成。其试验步骤为：船舶以一定的航速匀速前进；操右舵 15°使船舶进入定常回转，记录下相应的定常回转角速度；再将舵角转到 10°让船舶进入定常回转，记录下相应的定常回转角速度；如此按 $+15°→+10°→+5°→0°→-5°→-10°→-15°→-10°→-5°→0°→+5°→+10°→+15°$ 的顺序依次操舵，得到一组定常回转角速度 r_0 与舵角 δ 的数据，将这组数据绘成 r_0-δ 曲线（见图 2-4），其中，图 2-4(a)是具有固有稳定性的船舶得到的 r_0-δ 曲线，图 2-4(b)是不具有固有稳定性的船舶得到的 r_0-δ 曲线。从图 2-4(b)中可以看到，对于不具有固有稳定性的船舶，无法由正螺线试验得到完整的 r_0-δ 曲线；在一定的小舵角范围内，对应一个舵角（包括零舵角），存在两个符号相反的定常回转角速度，这意味着在这个舵角范围内，对应一个右舵，船舶有可能向右回转，也可能向左回转；同样，对应一个左舵，船舶有可能向左回转，也可能向右回转。这是不具有固有稳定性的船舶的典型特征。图 2-4(b)中，上述小舵角的范围给出了不稳定环宽，零舵角时的正负回转角速度给出了不稳定环高。显然，不稳定环宽和/或不稳定环高越大，船舶越不稳定。

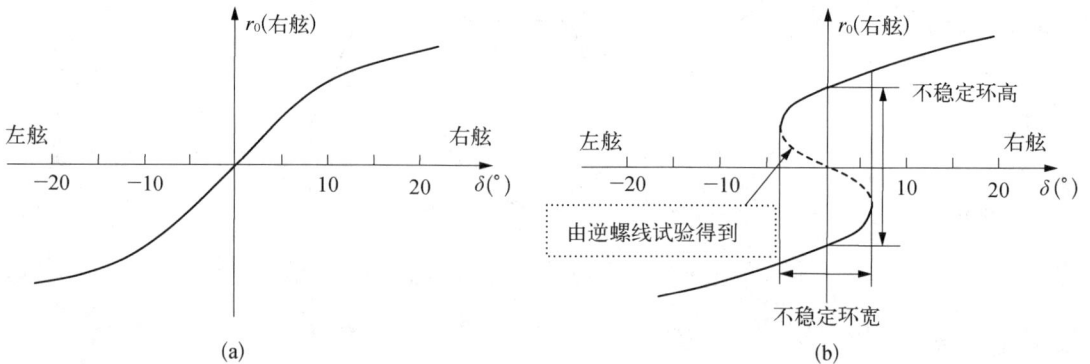

图 2-4　由螺线试验得到的 r_0-δ 曲线

(a) 具有固有稳定性的船舶；(b) 不具有固有稳定性的船舶

由正螺线试验不仅得不到完整的 r_0-δ 曲线，而且由于舵角较小，船舶回转半径大，回转慢，因而所需水域大，试验时间长。这样不仅费时，而且一般不能在室内水池中进行试验，而必须在露天水池或天然湖泊中试验，但又易于受到环境的干扰。所以，为了克服正螺线试验的缺陷，Bech 提出了逆螺线试验方法。

逆螺线试验是先给定希望船舶达到的定常回转角速度，然后通过调整舵角，使船舶快速进入以这一角速度回转的定常回转运动。由于逆螺线试验是通过调节舵角主动使船舶进入规定的定常回转运动，所以所需的试验时间短；同时，由于试验是以定常回转角速度为自变量，以相应的舵角为因变量,所以对应一个定常回转角速度,只有一个舵角,这样可以得到单值的r_0-δ曲线。对于具有固有稳定性的船舶,逆螺线试验得到的r_0-δ曲线和正螺线试验得到的r_0-δ曲线完全一样;而对于不具有固有稳定性的船舶,逆螺线试验可以得到图 2-4(b)中包括图中虚线部分的完整的r_0-δ曲线。

5. 脱开试验

脱开试验也是用来评估船舶的固有稳定性的标准操纵实验。该试验由 Roy Burcher 于1969 年提出,这一试验通常可以紧接着回转试验进行。其试验步骤为:进行舵角为 20°左右的定常回转试验,当船舶已进入定常回转后,将舵角回零,开始记录回转角速度随时间变化的曲线,根据船舶的回转角速度是否最终趋近于零,可判断船舶是否具有固有稳定性,以及对于不稳定的船舶,其不稳定的程度到底有多大。一般分别进行右舵和左舵回转的脱开试验,如图 2-5 所示。

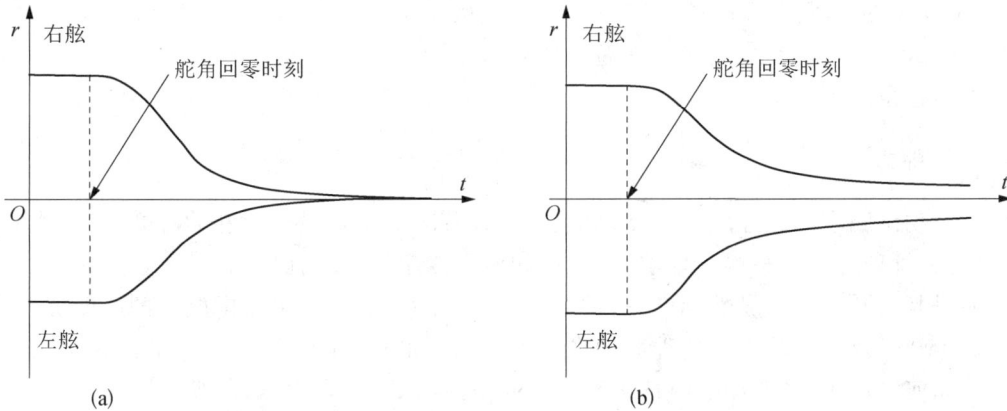

图 2-5   由脱开试验得到的回转角速度时历曲线
(a) 具有固有稳定性的船舶;(b) 不具有固有稳定性的船舶

2-2   IMO 船舶操纵性标准

为了提高船舶航行安全性,减少乃至避免因海难事故造成的生命财产损失和海洋环境污染,需要加强船舶操纵性的衡准和预报工作,确保所设计、建造的船舶具有良好的操纵性。国际海事组织(international maritime organization,IMO)作为负责海事安全的国际性权威机构,在这方面做出了长期不懈的努力,为推动船舶操纵性研究,提高船舶航行安全性,发挥了重要作用。IMO 于 1993 年和 2002 年分别颁布了"船舶操纵性暂行标准"和"船舶操纵性标准",对船舶操纵性提出了明确的定量要求,并要求在船舶设计阶段进行船舶操纵性预报,以确定所设计、建造的船舶是否满足 IMO 的"船舶操纵性标准",从而保证所设计、建造的船舶具有良好的操纵性。

根据 IMO 的"船舶操纵性标准",船舶应满足以下定量要求。

1. 回转能力

在回转试验中,纵距应小于 4.5 倍船长;战术直径应小于 5 倍船长。

2. 初始回转能力

操10°舵角使船舶回转,当船舶首向改变10°时,船舶航行的距离应小于2.5倍船长;这等价于要求在10°/10°Z形试验中,船舶的初始回转时间 t_i 小于 $2.5L/U$(其中 L 为船长、U 为船速)。

3. 转首纠偏能力和航向保持能力

在10°/10°Z形试验中,对第1超越角的要求:

如果 $L/U<10\,\mathrm{s}$,则第1超越角应小于10°;如果 $L/U\geqslant30\,\mathrm{s}$,则第1超越角应小于20°;如果 $10\,\mathrm{s}\leqslant L/U<30\,\mathrm{s}$,则第1超越角应小于 $(5+0.5)/(L/U)$。

在10°/10°Z形试验中,对第2超越角的要求:

如果 $L/U<10\,\mathrm{s}$,则第2超越角应小于25°;如果 $L/U\geqslant30\,\mathrm{s}$,则第2超越角应小于40°;如果 $10\,\mathrm{s}\leqslant L/U<30\,\mathrm{s}$,则第2超越角应小于 $(17.5+0.75)/(L/U)$。

在20°/20°Z形试验中,对第1超越角的要求:

第1超越角应小于25°。

4. 制动能力

紧急制动试验中的冲程应小于15倍船长;如果这个要求对于大排水量的船舶是不现实的,可由有关管理部门调整这一要求,但无论如何不能超过20倍船长。

目前IMO的"船舶操纵性标准"是针对在静水、深水、非限制水域中航行的船舶提出的,适用于船长100 m及以上的采用各种舵和推进类型的船舶,对于化学品液货船和液化气船则不管其长度如何均适用。"船舶操纵性标准"中的标准操纵试验在满载、无纵倾工况下进行,试验航速不小于对应于85%的主机最大输出功率时船速的90%。

2-3　船舶操纵性预报方法

评判船舶是否满足IMO"船舶操纵性标准",可以在船舶建造好后进行实船标准操纵试验,也可以在船舶设计时采用几何相似的船模进行标准操纵试验(自由自航模试验),或基于船舶操纵运动数学模型,采用计算机模拟标准操纵试验的方法对操纵性进行预报。为了避免设计、建造的船舶不满足IMO的"船舶操纵性标准",IMO要求在船舶设计阶段就对船舶操纵性进行预报。

目前在船舶设计阶段进行操纵性预报,可采用的方法如下。

1. 经验公式估算方法

传统上,在设计阶段预报船舶操纵性是采用经验公式(回归公式)估算方法;现代的数据库方法也属于一种经验公式估算方法。传统的经验公式(回归公式)估算方法以及现代的数据库方法是通过对现有大量船舶的操纵性数据进行分析、归纳,总结出船舶主尺度、船型系数等和操纵性参数之间的关系,据此可以方便、快捷地对所设计船舶的操纵性进行预报。显然,经验公式(回归公式)估算方法和数据库方法的预报精度取决于所设计的船舶是否与导出经验公式(回归公式)和建立数据库时所用到的船型属于同类的船型;对于新开发的船型,经验公式(回归公式)估算方法和数据库方法难以给出精确、可靠的操纵性预报。

2. 自由自航模试验方法

自由自航模试验方法是制作与所设计的船舶几何形状相似的模型,在操纵性水池或天然湖泊中进行自由自航模标准操纵试验(Z形试验、回转试验、制动试验、螺线试验等),由试验测得表征船舶操纵性的参数,从而对船舶操纵性做出预报。自由自航模试验方法是一种很直观的、简便易行的船舶操纵性预报方法,但该方法的一个固有缺陷是存在"尺度效应"的影响;更重要的是,该方法不便于分析船型和操纵装置(如舵)的变化对操纵性的影响,对于任何船型或操纵装置(如舵)的变化,需要重新制作船模进行试验,因而不便在船舶初始设计阶段使用,也不便于在船舶设计阶段对操纵性进行优化设计。

3. 数学模型加计算机模拟的方法

近三十余年来,在设计阶段预报船舶操纵性最常用、最有效的一种方法是数学模型(操纵运动方程)加计算机模拟的方法。该方法首先建立描述船舶操纵运动的数学模型,然后采用求解微分方程的数值方法(如 Runge-Kutta 法)对数学模型(操纵运动方程)进行求解,在计算机上数值模拟各种标准操纵试验,从而对船舶操纵性作出预报。采用该方法的前提是建立数学模型(操纵运动方程),而建立数学模型的关键是求取数学模型中的水动力导数和船-桨-舵水动力干扰系数。

4. 基于 CFD 的标准操纵试验直接模拟方法

近十余年来,随着计算机科学技术及基于计算流体动力学(computational fluid dynamics, CFD)的数值船池技术的迅猛发展,采用基于 CFD 的数值模拟方法直接对船舶操纵运动(标准操纵试验)进行数值模拟,进而对船舶操纵性进行预报已成为可能。该方法通过联立求解黏性流体运动方程和船舶运动方程,用时间步进的方法在时域内对船舶操纵运动进行直接的数值模拟,从而实现用纯数值的方法对船舶操纵性进行预报。采用该方法可以精确地捕捉到复杂的船舶操纵运动黏性绕流场的流动细节,有助于分析其水动力学机理;可以针对船舶及其控制装置几何参数的变化重复地进行操纵运动数值模拟,从而方便地分析船舶及其控制装置几何的变化对操纵性的影响,有助于进行操纵性优化设计。该方法代表了当今船舶操纵性预报的国际最前沿水平,但是对计算机性能有很高的要求,需要有功能很强大的计算软、硬件,需要很长的数值模拟时间。所以,目前该方法还未能达到工程实用的要求。

第3章　船舶操纵运动方程

根据 IMO"船舶操纵性标准"的要求,在船舶设计阶段就应该对船舶操纵性做出预报。目前,船舶操纵运动数学模型加计算机模拟的方法是在船舶设计阶段对船舶操纵性进行预报的一种最实用和有效的方法,采用该方法的前提是建立船舶操纵运动数学模型。本章将重点讨论船舶操纵运动数学模型的推导。

3-1　坐标系及船舶操纵运动方程

研究水面船舶的操纵性通常采用两个右手直角坐标系:固定于空间的地球固定坐标系 O_0-$x_0 y_0 z_0$ 和固定于船上并随船一起运动的运动坐标系 O-xyz。考虑船舶在水平面内的三自由度操纵运动,所采用的两个坐标系如图 3-1 所示,其中 O_0-$x_0 y_0$ 和 O-xy 平面位于无扰动自由面上,x_0 轴指向船舶的初始首向,z_0 轴垂直向下;x 轴指向船首,y 轴指向右舷,z 轴垂直向下。在图 3-1 中,G 为船舶的重心位置,(x_{0G}, y_{0G}) 为船舶重心在地球固定坐标系中的水平面坐标分量,ψ 为船舶的首向角。(x_{0G}, y_{0G}) 和 ψ 完全确定了船舶所在的位置和朝向。船舶在水平面的操纵运动由其水平面内的平动速度 V 和绕 z 轴的回转角速度 $r(r=\dot{\psi})$ 给定,平动速度 V 在随船运动坐标系中的纵向、横向分量为 u,v,有

$$u = V\cos\beta$$
$$v = -V\sin\beta \qquad\qquad (3\text{-}1)$$

式中:$V = |\boldsymbol{V}|$;β 为漂角,定义为从速度矢量 $\boldsymbol{V}$ 转到 x 轴顺时针为正。

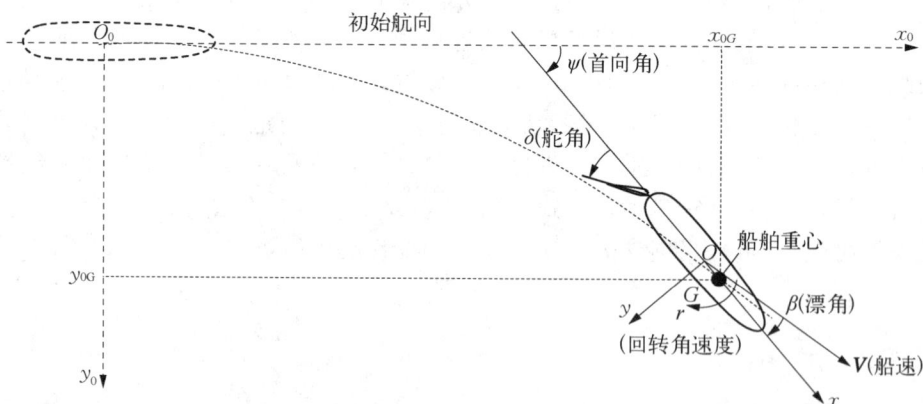

图 3-1　坐标系

地球固定坐标系 O_0-$x_0 y_0 z_0$ 是一个惯性坐标系,在该坐标系下可以直接应用牛顿第二定律得到船舶的运动方程。记作用在船体上的外力在 x_0 轴和 y_0 轴的分量分别为 X_0 和 Y_0,绕 z 轴的外力矩为 N_0,m 为船舶的质量,I_{zG} 为船舶绕 z 轴的惯性矩,则有

$$\left.\begin{array}{l} X_0 = m\ddot{x}_{0G} \\ Y_0 = m\ddot{y}_{0G} \\ N_0 = I_{zG}\ddot{\psi} \end{array}\right\} \tag{3-2}$$

对于船舶操纵性预报研究,更便利的是采用船体固定坐标系中的运动方程,因为在船体固定坐标系中可以利用船体左右对称这一特性使问题简化。为此,我们利用地球固定坐标系和船体固定坐标系下坐标值或矢量的分量之间的关系,由地球固定坐标系中的船舶操纵运动方程导出船体固定坐标系中的船舶操纵运动方程。

首先,假设船体固定坐标系的原点位于船舶重心处,平动速度 V 在船体固定坐标系中的纵向、横向分量为 u_G,v_G;作用在船体上的外力在 x 轴和 y 轴的分量分别为 X 和 Y,绕船体 z 轴的外力矩为 N_0。

如图 3-2 所示,假设空间任意一点 P 在地球固定坐标系和船体固定坐标系下的坐标值分别为 (x_0,y_0,z_0) 和 (x,y,z),则有以下关系式:

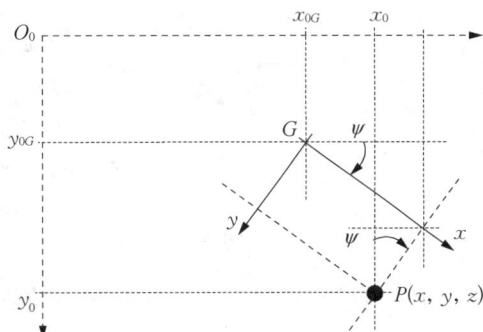

图 3-2　不同坐标系下坐标值的关系

$$\left.\begin{array}{l} x_0 = x_{0G} + x\cos\psi - y\sin\psi \\ y_0 = y_{0G} + x\sin\psi + y\cos\psi \\ z_0 = z \end{array}\right\} \tag{3-3}$$

或反过来,有

$$\left.\begin{array}{l} x = (x_0 - x_{0G})\cos\psi + (y_0 - y_{0G})\sin\psi \\ y = -(x_0 - x_{0G})\sin\psi + (y_0 - y_{0G})\cos\psi \\ z = z_0 \end{array}\right\} \tag{3-4}$$

由式(3-3)可得两个坐标系下速度分量之间的关系为

$$\left.\begin{array}{l} \dot{x}_{0G} = u_G\cos\psi - v_G\sin\psi \\ \dot{y}_{0G} = u_G\sin\psi + v_G\cos\psi \end{array}\right\} \tag{3-5}$$

由式(3-4)可得两个坐标系下力分量之间的关系为

$$\left.\begin{array}{l} X = X_0\cos\psi + Y_0\sin\psi \\ Y = -X_0\sin\psi + Y_0\cos\psi \end{array}\right\} \tag{3-6}$$

将式(3-5)中的速度对时间求导一次,得到地球固定坐标系下的加速度分量为

$$\left.\begin{array}{l} \ddot{x}_{0G} = \dot{u}_G\cos\psi - u_G\dot{\psi}\sin\psi - \dot{v}_G\sin\psi - v_G\dot{\psi}\cos\psi \\ \ddot{y}_{0G} = \dot{u}_G\sin\psi + u_G\dot{\psi}\cos\psi + \dot{v}_G\cos\psi - v_G\dot{\psi}\sin\psi \end{array}\right\} \tag{3-7}$$

将以上加速度代入地球固定坐标系下的运动方程式(3-2),再代入式(3-6)中 X 和 Y 的表达式,得到原点位于船舶重心处的船体固定坐标系下的纵向和横向运动方程;而转首运动方程和地球固定坐标系下的转首运动方程完全相同,即有

$$\left.\begin{array}{l} X = m(\dot{u}_G - v_G\dot{\psi}) \\ Y = m(\dot{v}_G + u_G\dot{\psi}) \\ N_0 = I_{zG}\ddot{\psi} \end{array}\right\} \tag{3-8}$$

在实际使用操纵运动方程时,把船体固定坐标系的原点放在船长中点位置常常更方便(重心位置可能发生变化,而船长中点位置不会变化)。可以根据船体固定坐标系的原点位于重心处和位于船长中点位置处两种情况下运动分量和外力分量之间的关系,由船体固定坐标系的原点位于重心处的运动方程导出船体固定坐标系的原点位于船长中点位置处的运动方程。

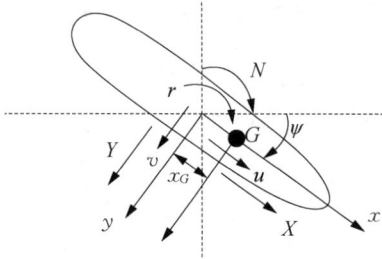

图 3-3　两种船体固定坐标系

在原点位于船长中点位置的船体固定坐标系下,船舶的速度分量为 u 和 v,绕 z 轴的回转角速度为 $r(r=\dot{\psi})$;外力在 x 轴和 y 轴的分量分别为 X 和 Y,绕 z 轴的外力矩为 N(见图 3-3)。船舶重心处和原点处的速度、加速度分量之间的关系为

$$u_G=u,\quad v_G=v+x_G\dot{\psi}\ \Rightarrow\ \dot{u}_G=\dot{u},\quad \dot{v}_G=\dot{v}+x_G\ddot{\psi}$$

(3-9)

所以,可得在原点位于船长中点位置的船体固定坐标系下的纵向和横向运动方程为

$$\left.\begin{array}{l}X=m(\dot{u}-v\dot{\psi}-x_G\dot{\psi}^2)\\Y=m(\dot{v}+u\dot{\psi}+x_G\ddot{\psi})\end{array}\right\}$$

(3-10)

另一方面,绕过重心的垂直轴的外力矩 N_0 和绕过原点的垂直轴(z 轴)的外力矩 N 之间的关系为

$$N_0=N-Yx_G\ \Rightarrow\ N=N_0+Yx_G=I_{zG}\ddot{\psi}+Yx_G$$

(3-11)

将绕过重心的垂直轴的惯性矩 I_{zG} 和绕 z 轴的惯性矩 I_z 之间的关系式 $I_z=I_{zG}+mx_G^2$($I_{zG}=I_z-mx_G^2$)以及横向力 Y 的表达式 $Y=m(\dot{v}+u\dot{\psi}+x_G\ddot{\psi})$ 代入式(3-11),可得在原点位于船长中点位置的船体固定坐标系下的回转运动方程为

$$N=I_z\ddot{\psi}+mx_G(\dot{v}+u\dot{\psi})$$

(3-12)

将回转角速度 $r=\dot{\psi}$ 及回转角加速度 $\dot{r}=\ddot{\psi}$ 代入式(3-10)和式(3-12),最后可得原点位于船长中点位置的船体固定坐标系下的船舶操纵运动方程为

$$\left.\begin{array}{l}X=m(\dot{u}-vr-x_Gr^2)\\Y=m(\dot{v}+ur+x_G\dot{r})\\N=I_z\dot{r}+mx_G(\dot{v}+ur)\end{array}\right\}$$

(3-13)

如果已知作用在船上的外力和外力矩,就可以通过数值求解以上方程,数值模拟各种船舶标准操纵试验,得到船舶平动速度 u、v 和回转角速度 r,并进而得到空间固定坐标系下船舶重心处的速度 $\dot{x}_{0G}$、$\dot{y}_{0G}$ 以及位置 x_{0G}、y_{0G} 和首向角 ψ:

$$\left.\begin{array}{l}x_{0G}(t)=\displaystyle\int_0^t\dot{x}_{0G}(t)\mathrm{d}t\\[2mm]y_{0G}(t)=\displaystyle\int_0^t\dot{y}_{0G}(t)\mathrm{d}t\\[2mm]\psi(t)=\displaystyle\int_0^t\dot{\psi}(t)\mathrm{d}t\end{array}\right\}$$

(3-14)

式中

$$\dot{x}_{0G}(t) = u(t)\cos\psi(t) - [v(t) + x_G r(t)]\sin\psi(t)$$
$$\dot{y}_{0G}(t) = u(t)\sin\psi(t) + [v(t) + x_G r(t)]\cos\psi(t)$$
$$\dot{\psi}(t) = r(t)$$

由此借助船舶操纵运动方程（数学模型），采用计算机数值模拟的方法得到船舶重心处的运动轨迹和船舶首向角-时间曲线，从而实现对船舶操纵性的数值预报。

通常把作用在船上的外力和外力矩表达为各种能方便地确定的形式。在此仅限于讨论作用在船舶上的水动力和力矩。在船舶操纵性研究领域，有两种常用的水动力和力矩表达方式。其中一种是由美国麻省理工学院（MIT）的 Martin A. Abkowitz 教授在 1964 年提出来的，另一种是日本船舶操纵数学模型建模小组（manoeuvring modeling group，MMG）在 20 世纪 70 年代提出来的。

Abkowitz 把作用在船舶上的水动力和力矩表达为运动参数和控制量舵角的函数：

$$\left.\begin{array}{l} X = X(u,\ v,\ r,\ \dot{u},\ \dot{v},\ \dot{r},\ \delta) \\ Y = Y(u,\ v,\ r,\ \dot{u},\ \dot{v},\ \dot{r},\ \delta) \\ N = N(u,\ v,\ r,\ \dot{u},\ \dot{v},\ \dot{r},\ \delta) \end{array}\right\} \tag{3-15}$$

并将其在船舶匀速直航运动状态（$u_0 = U$，$v_0 = 0$，$r_0 = 0$，$\dot{u}_0 = 0$，$\dot{v}_0 = 0$，$\dot{r}_0 = 0$，$\delta_0 = 0$；其中 U 为船舶匀速直航运动速度）附近进行泰勒级数展开。取 $\Delta u = u - u_0 = u - U$，$\Delta v = v - v_0 = v$，$\Delta r = r - r_0 = r$；$\Delta \dot{u} = \dot{u} - \dot{u}_0 = \dot{u}$，$\Delta \dot{v} = \dot{v} - \dot{v}_0 = \dot{v}$，$\Delta \dot{r} = \dot{r} - \dot{r}_0 = \dot{r}$；$\Delta \delta = \delta - \delta_0 = \delta$，只保留三阶项，得到

$$X = X_0 + \frac{\partial X}{\partial u}(u-U) + \frac{\partial X}{\partial v}v + \frac{\partial X}{\partial r}r + \frac{\partial X}{\partial \dot{u}}\dot{u} + \frac{\partial X}{\partial \dot{v}}\dot{v} + \frac{\partial X}{\partial \dot{r}}\dot{r} + \frac{\partial X}{\partial \delta}\delta +$$
$$\frac{1}{2!}\left[\frac{\partial}{\partial u}(u-U) + \frac{\partial}{\partial v}v + \frac{\partial}{\partial r}r + \frac{\partial}{\partial \dot{u}}\dot{u} + \frac{\partial}{\partial \dot{v}}\dot{v} + \frac{\partial}{\partial \dot{r}}\dot{r} + \frac{\partial}{\partial \delta}\delta\right]^2 X +$$
$$\frac{1}{3!}\left[\frac{\partial}{\partial u}(u-U) + \frac{\partial}{\partial v}v + \frac{\partial}{\partial r}r + \frac{\partial}{\partial \dot{u}}\dot{u} + \frac{\partial}{\partial \dot{v}}\dot{v} + \frac{\partial}{\partial \dot{r}}\dot{r} + \frac{\partial}{\partial \delta}\delta\right]^3 X \tag{3-16a}$$

$$Y = Y_0 + \frac{\partial Y}{\partial u}(u-U) + \frac{\partial Y}{\partial v}v + \frac{\partial Y}{\partial r}r + \frac{\partial Y}{\partial \dot{u}}\dot{u} + \frac{\partial Y}{\partial \dot{v}}\dot{v} + \frac{\partial Y}{\partial \dot{r}}\dot{r} + \frac{\partial Y}{\partial \delta}\delta +$$
$$\frac{1}{2!}\left[\frac{\partial}{\partial u}(u-U) + \frac{\partial}{\partial v}v + \frac{\partial}{\partial r}r + \frac{\partial}{\partial \dot{u}}\dot{u} + \frac{\partial}{\partial \dot{v}}\dot{v} + \frac{\partial}{\partial \dot{r}}\dot{r} + \frac{\partial}{\partial \delta}\delta\right]^2 Y +$$
$$\frac{1}{3!}\left[\frac{\partial}{\partial u}(u-U) + \frac{\partial}{\partial v}v + \frac{\partial}{\partial r}r + \frac{\partial}{\partial \dot{u}}\dot{u} + \frac{\partial}{\partial \dot{v}}\dot{v} + \frac{\partial}{\partial \dot{r}}\dot{r} + \frac{\partial}{\partial \delta}\delta\right]^3 Y \tag{3-16b}$$

$$N = N_0 + \frac{\partial N}{\partial u}(u-U) + \frac{\partial N}{\partial v}v + \frac{\partial N}{\partial r}r + \frac{\partial N}{\partial \dot{u}}\dot{u} + \frac{\partial N}{\partial \dot{v}}\dot{v} + \frac{\partial N}{\partial \dot{r}}\dot{r} + \frac{\partial N}{\partial \delta}\delta +$$
$$\frac{1}{2!}\left[\frac{\partial}{\partial u}(u-U) + \frac{\partial}{\partial v}v + \frac{\partial}{\partial r}r + \frac{\partial}{\partial \dot{u}}\dot{u} + \frac{\partial}{\partial \dot{v}}\dot{v} + \frac{\partial}{\partial \dot{r}}\dot{r} + \frac{\partial}{\partial \delta}\delta\right]^2 N +$$
$$\frac{1}{3!}\left[\frac{\partial}{\partial u}(u-U) + \frac{\partial}{\partial v}v + \frac{\partial}{\partial r}r + \frac{\partial}{\partial \dot{u}}\dot{u} + \frac{\partial}{\partial \dot{v}}\dot{v} + \frac{\partial}{\partial \dot{r}}\dot{r} + \frac{\partial}{\partial \delta}\delta\right]^3 N \tag{3-16c}$$

式中 X_0、Y_0 和 N_0 为船舶匀速直航时受到的水动力和力矩，各种导数也取匀速直航状态（即 $u_0 = U$，$v_0 = 0$，$r_0 = 0$，$\dot{u}_0 = 0$，$\dot{v}_0 = 0$，$\dot{r}_0 = 0$，$\delta_0 = 0$）下的值。通常将这些导数简写为

$$\frac{\partial X}{\partial u} = X_u , \frac{\partial X}{\partial v} = X_v , \frac{\partial X}{\partial r} = X_r , \frac{\partial X}{\partial \dot{u}} = X_{\dot{u}} , \frac{\partial X}{\partial \dot{v}} = X_{\dot{v}} , \frac{\partial X}{\partial \dot{r}} = X_{\dot{r}} , \frac{\partial X}{\partial \delta} = X_{\delta} , \cdots$$

以上水动力表达式中的导数称为水动力导数,在船舶操纵性研究中假设它们是与时间无关的常数(准定常假设),在操纵运动方程中,它们不随时间而变,这样大大地方便了水动力和力矩的确定,也方便了采用由此得到的船舶操纵运动方程(数学模型)进行标准操纵试验数值模拟。

日本船舶操纵数学模型建模小组提出的水动力表达方法是对 Abkowitz 的水动力表达方法的改进。他们认为,Abkowitz 的水动力表达方法过于复杂,其中很多高阶导数的物理意义不明确,而且不便于分析桨、舵等控制装置的作用。他们通过研究发现,很多高阶导数项并不重要,可以略去。他们提出的水动力表达方法和 Abkowitz 的水动力表达方法的最重要的不同在于,把作用在船舶上的水动力和力矩分为作用在船体、螺旋桨和舵上的 3 部分之和:

$$\left. \begin{array}{l} X = X_H + X_P + X_R \\ Y = Y_H + Y_P + Y_R \\ N = N_H + N_P + N_R \end{array} \right\} \tag{3-17}$$

式中:下标 H、P 和 R 分别表示船体、螺旋桨和舵。通常,由螺旋桨产生的横向力 Y_P 和回转力矩 N_P 可以忽略。

MMG 给出了船体、螺旋桨和舵水动力和力矩的具体表达式以及各部分的相互干扰系数(船—桨—舵水动力干扰系数)。其中船体水动力(力矩)类似 Abkowitz 的水动力表达,将其表达为惯性类船体水动力导数和黏性类船体水动力导数;螺旋桨水动力(力矩)基于螺旋桨理论得到;舵水动力(力矩)基于机翼理论得到。

将用 Abkowitz 的水动力表达方法表达的水动力和力矩代入船舶操纵运动方程式(3-13),得到的操纵运动方程(数学模型)称为 Abkowitz 模型,又称为整体型模型;将用 MMG 的水动力表达方法表达的水动力和力矩代入船舶操纵运动方程式(3-13),得到的操纵运动方程(数学模型)称为 MMG 模型,又称为分离型模型。这两种数学模型统称为水动力模型,这是在船舶操纵性研究中最常用的两种数学模型。

3-2 求取操纵运动水动力的方法

求取船舶操纵运动方程中的水动力,即求取其中的水动力导数和船-桨-舵水动力干扰系数,目前可采用的主要方法如下。

1. 经验公式估算方法

传统的经验公式(回归公式)估算方法及现代的数据库方法是基于大量的约束模试验结果,通过分析得到船舶主尺度、船型系数等和水动力导数及船-桨-舵水动力干扰系数之间的关系,建立估算水动力导数及船-桨-舵水动力干扰系数的回归公式或数据库,从而可以根据所设计船舶的主尺度、船型系数等,快速、便捷地计算得到水动力导数及船-桨-舵水动力干扰系数。这类方法的水动力导数及船-桨-舵水动力干扰系数的计算精度取决于所设计的船舶是否与导出经验公式(回归公式)和建立数据库时所用到的船型属于同类的船型,因而其水动力导数和船-桨-舵水动力干扰系数的计算精度有限。对于新设计的船型,无法采用该方法得到船舶操纵运动方程中的水动力导数和船-桨-舵水动力干扰系数。

2. 约束模试验方法

约束模试验方法被认为是最可靠的一种获得船舶操纵运动水动力的方法。该方法是制作和所设计的船舶几何相似的模型,在水池(包括常规的拖曳水池、循环水槽和专用的旋臂水池、操纵性水池等)中进行一系列的强迫运动的约束模试验(斜拖试验,如图 3-4 所示;舵力试验,如图 3-5 所示;旋臂试验,如图 3-6 所示;平面运动机构(planar motion mechanism,PMM)试验,如图 3-7 所示;圆周运动试验(circular motion test,CMT),见图 3-8),由试验测量得到水动力,并通过分析得到水动力导数及船-桨-舵水动力干扰系数。

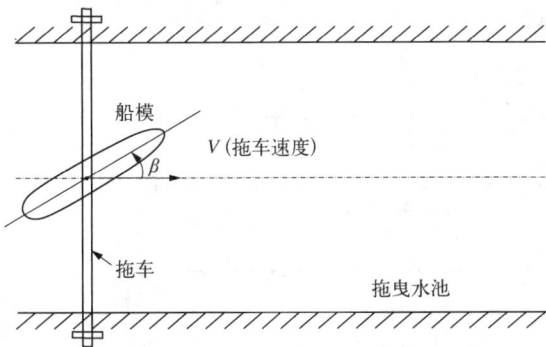

图 3-4　在拖曳水池中进行的斜拖试验

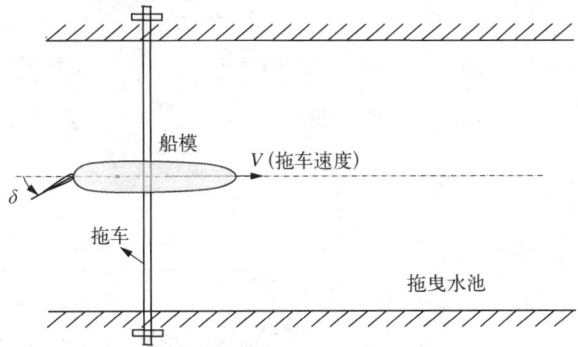

图 3-5　在拖曳水池中进行的舵力试验

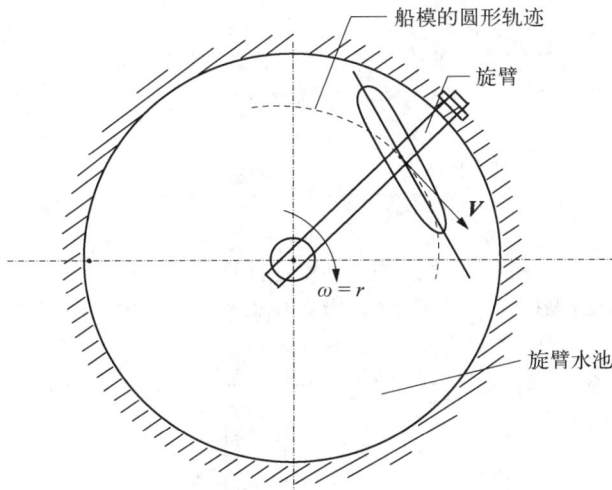

图 3-6　在旋臂水池中进行的旋臂试验

约束模试验中的斜拖试验主要用于测量和横向速度 v 相关的线性、非线性水动力导数;舵力试验主要用于测量和舵角 δ 相关的线性、非线性水动力导数;旋臂试验主要用于测量和转首角速度 r 相关的线性、非线性水动力导数。如果在这些试验中存在两个或两个以上的运动参数(如在斜拖试验中,船模不仅有一个漂角,还有一个舵角;或在旋臂试验中,船模不仅有一个回转角速度,还有一个漂角),则可以由相应的约束模试验得到与两个或两个以上运动参数

拖曳水池

沿横向运动的 Y 拖车

沿水池长度方向运动 X 拖车

(a)

船模运动轨迹

x_0

y_0

(b)

船模运动轨迹

x_0

y_0

(c)

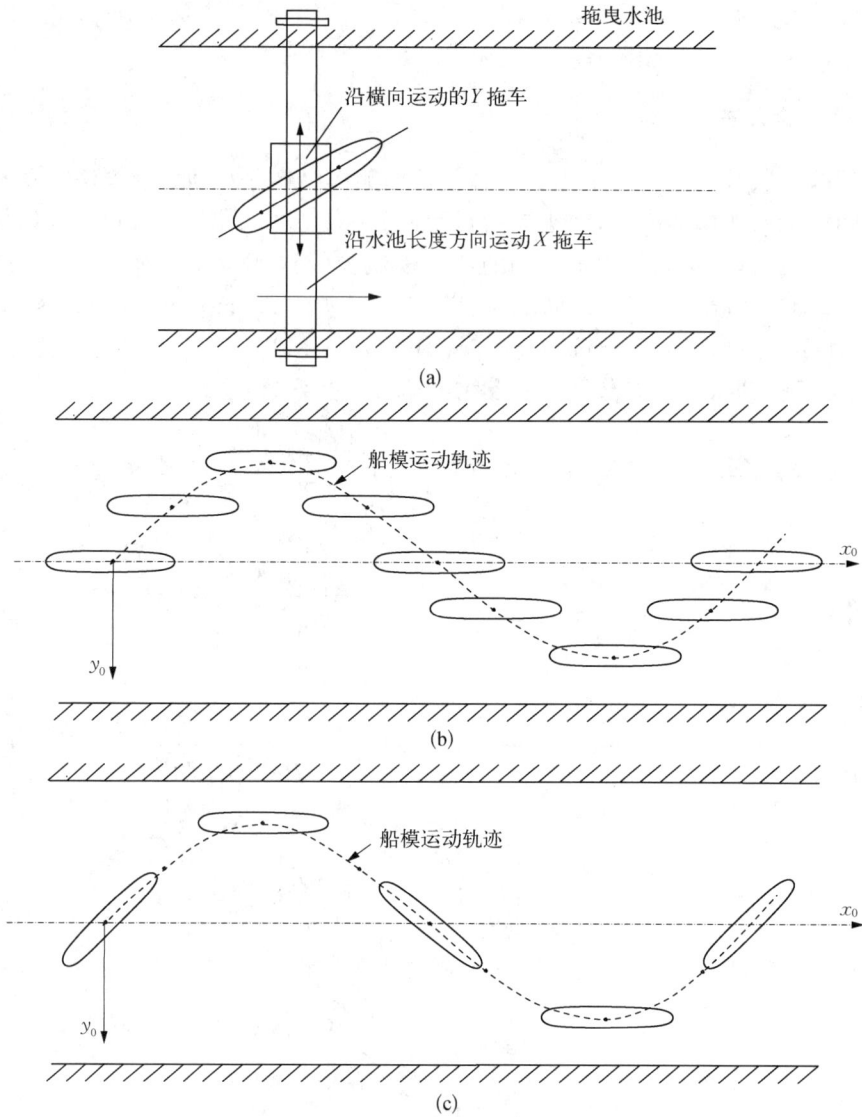

图 3-7　在拖曳水池中进行的 PMM 试验

（a）拖曳水池中的 PMM 试验；（b）PMM 纯横荡试验；（c）PMM 纯首摇试验

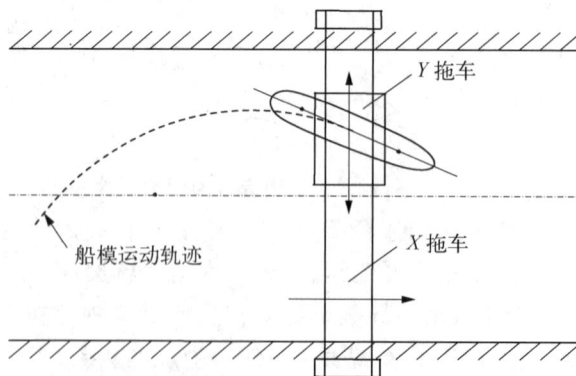

Y 拖车

X 拖车

船模运动轨迹

图 3-8　在操纵性水池中进行的圆周运动试验

296

相关的水动力导数,又称为交叉导数。在斜拖试验、舵力试验和旋臂试验这 3 种约束模试验中,船舶以一定的速度、舵角或转首角速度匀速运动,所以它们又称为静态约束模试验。在各种约束模试验中,PMM 是功能最为全面的一种,可以得到几乎所有的线性和非线性水动力导数。PMM 试验包括仅存在横荡速度的纯横荡 PMM 试验和仅存在首摇角速度的纯首摇 PMM 试验,以及同时存在横荡速度和首摇角速度的组合 PMM 试验。由 PMM 试验得到的水动力导数和频率相关,为了克服 PMM 试验这一缺陷,日本学者提出了所谓的圆周运动试验(CMT)。在圆周运动试验中,船模以任意的非定常速度(角速度)作各种幅度的运动,由此可以测量得到各种线性、非线性水动力导数。

与自由自航试验方法一样,约束模试验方法的缺陷是存在着"尺度效应"的影响,而且费时、费力,不便于分析船型和操纵装置(如舵)的变化对水动力导数及船-桨-舵水动力干扰系数的影响。

3. 自由自航模试验或实船试验加系统辨识的方法

自由自航模试验或实船试验加系统辨识的方法是应用系统辨识方法对自由自航模试验或实船试验的控制量(如舵角)和运动量(如船舶运动速度)测量数据进行分析,得到数学模型中的水动力导数及船-桨-舵水动力干扰系数。该方法如应用于自由自航模试验数据分析,得到的水动力导数及船-桨-舵水动力干扰系数存在"尺度效应"的影响。理论上,系统辨识方法也可以用于对实船标准操纵试验测量数据进行分析,从而可以避免"尺度效应"的影响;而将该方法同时用于对自由自航模试验和实船试验测量数据进行分析,可以分析"尺度效应"的影响。系统辨识方法应用于船舶操纵运动建模从 20 世纪 70 年代以来已有几十年的历史。近十余年来,随着试验测量技术的进步和新的系统辨识方法(如神经网络方法、支持向量机方法等)的出现,基于自由自航模试验和/或实船操纵性试验的系统辨识方法重新获得了人们的青睐,在船舶操纵运动建模中展现了很好的应用前景。

4. 理论与数值计算方法

理论与数值计算方法经历了半个世纪的发展,从早期的基于势流理论的各种简单方法如细长体理论、短翼理论、横流理论方法,到近二十余年来的基于势流理论的三维面元法(边界元法),再到近十余年来的基于黏性流求解的现代 CFD 方法,其计算能力不断增强,预报精度不断提高。目前已能应用基于黏性流求解的 CFD 方法数值模拟带桨、舵等附体的船舶操纵运动黏性流场,计算操纵运动水动力;已能数值模拟各种约束模试验的非定常黏性流场,计算得到各种线性和非线性水动力导数及船-桨-舵水动力干扰系数。由于基于黏性流求解的 CFD 方法对流体没有作任何假设,对船、桨、舵几何形状也可以不做任何假设,所以可以对水动力导数及船-桨-舵水动力干扰系数进行比较准确的预报。目前基于 CFD 的数值计算方法已经成为获取船舶操纵运动数学模型中的水动力导数和船-桨-舵水动力干扰系数的强大工具,今后在船舶设计阶段的操纵性预报和优化设计中必将发挥重要作用。

3-3　线性操纵运动方程及线性水动力导数

Abkowitz 模型和 MMG 模型都是非线性的,可以用以预报各种幅度的船舶操纵运动。对于小幅度的操纵运动,可以对数学模型线性化,即略去数学模型中的非线性项,得到线性化的数学模型。本篇仅限于讨论线性化的 Abkowitz 模型及其应用。

假设船舶操纵运动相对于匀速直航运动是小幅度的，即 $\Delta u = u - U$，$\Delta v = v$，$\Delta r = r$，$\Delta \dot{u} = \dot{u}$，$\Delta \dot{v} = \dot{v}$，$\Delta \dot{r} = \dot{r}$ 均为小量，且 $\Delta \delta = \delta$ 也是小量；则略去泰勒级数展开中的高阶项，得到线性水动力和力矩的表达式为

$$
\left.
\begin{aligned}
X &= X_0 + X_u(u-U) + X_v v + X_r r + X_{\dot{u}}\dot{u} + X_{\dot{v}}\dot{v} + X_{\dot{r}}\dot{r} + X_\delta \delta \\
Y &= Y_0 + Y_u(u-U) + Y_v v + Y_r r + Y_{\dot{u}}\dot{u} + Y_{\dot{v}}\dot{v} + Y_{\dot{r}}\dot{r} + Y_\delta \delta \\
N &= N_0 + N_u(u-U) + N_v v + N_r r + N_{\dot{u}}\dot{u} + N_{\dot{v}}\dot{v} + N_{\dot{r}}\dot{r} + N_\delta \delta
\end{aligned}
\right\}
\tag{3-18}
$$

同理，操纵运动方程式(3-13)中的 vr 和 r^2 两项也是高阶小量，可以略去；而其中的 ur 为 $ur = (u-U+U)r = (u-U)r + Ur \approx Ur$。所以，由式(3-13)和式(3-18)可以得到线性化的船舶操纵运动方程为

$$
\left.
\begin{aligned}
m\dot{u} &= X_0 + X_u(u-U) + X_v v + X_r r + X_{\dot{u}}\dot{u} + X_{\dot{v}}\dot{v} + X_{\dot{r}}\dot{r} + X_\delta \delta \\
m(\dot{v} + Ur + x_G\dot{r}) &= Y_0 + Y_u(u-U) + Y_v v + Y_r r + Y_{\dot{u}}\dot{u} + Y_{\dot{v}}\dot{v} + Y_{\dot{r}}\dot{r} + Y_\delta \delta \\
I_z\dot{r} + mx_G(\dot{v}+Ur) &= N_0 + N_u(u-U) + N_v v + N_r r + N_{\dot{u}}\dot{u} + N_{\dot{v}}\dot{v} + N_{\dot{r}}\dot{r} + N_\delta \delta
\end{aligned}
\right\}
$$
$$
\tag{3-19}
$$

实际上，式(3-19)中还有一些项应该为零，例如，由于船舶匀速直航时不受水动力和力矩的作用，所以有 $X_0 = 0$，$Y_0 = 0$，$N_0 = 0$。另外，由于船体左右对称，根据数学中导数的意义和水动力导数的定义，显然有 $X_v = 0$，$X_r = 0$，$X_{\dot{v}} = 0$，$X_{\dot{r}} = 0$，$X_\delta = 0$(以 X_v 为例，见图3-9，由于船体左右对称，正的横向运动速度和负的横向运动速度引起的纵向力应该相同，所以 X-v 曲线关于 X 轴对称，其原点处的导数为零)。同样，有 $Y_u = 0$，$Y_{\dot{u}} = 0$，$N_u = 0$，$N_{\dot{u}} = 0$(以 Y_u 为例，由于船体左右对称，船舶的纵向运动速度不会引起横向的力和力矩，所以 Y-u 曲线是水平直线，其原点处的导数为零)。

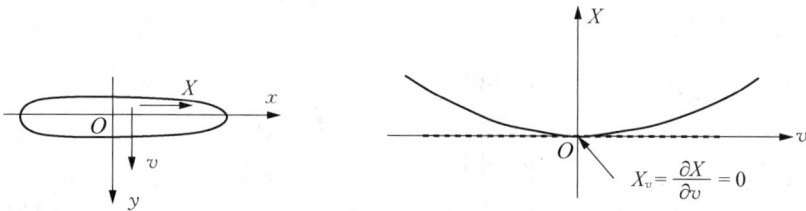

图 3-9　X-v 曲线

所以，由式(3-19)可以得到线性船舶操纵运动方程如下：

$$
\left.
\begin{aligned}
m\dot{u} &= X_u(u-U) + X_{\dot{u}}\dot{u} \\
m(\dot{v} + Ur + x_G\dot{r}) &= Y_v v + Y_r r + Y_{\dot{v}}\dot{v} + Y_{\dot{r}}\dot{r} + Y_\delta \delta \\
I_z\dot{r} + mx_G(\dot{v}+Ur) &= N_v v + N_r r + N_{\dot{v}}\dot{v} + N_{\dot{r}}\dot{r} + N_\delta \delta
\end{aligned}
\right\}
\tag{3-20}
$$

以上线性船舶操纵运动方程还可以改写为

$$
\left.
\begin{aligned}
(m - X_{\dot{u}})\dot{u} - X_u(u-U) &= 0 \\
(m - Y_{\dot{v}})\dot{v} - Y_v v + (mx_G - Y_{\dot{r}})\dot{r} + (mU - Y_r)r &= Y_\delta \delta \\
(mx_G - N_{\dot{v}})\dot{v} - N_v v + (I_z - N_{\dot{r}})\dot{r} + (mx_G U - N_r)r &= N_\delta \delta
\end{aligned}
\right\}
\tag{3-21}
$$

研究船舶操纵性通常采用无量纲化的操纵运动方程。为此，用 $\frac{1}{2}\rho U^2 L^2$ 除以式(3-21)中

的纵向和横向运动方程的两边,用 $\dfrac{1}{2}\rho U^2 L^3$ 除以回转运动方程的两边,得到无量纲化的线性操纵运动方程如下:

$$\left.\begin{array}{l}(m'-X'_{\dot{u}})\dot{u}'-X'_u(u'-U')=0 \\ (m'-Y'_{\dot{v}})\dot{v}'-Y'_v v'+(m'x'_G-Y'_{\dot{r}})\dot{r}'+(m'U'-Y'_r)r'=Y'_\delta\delta \\ (m'x'_G-N'_{\dot{v}})\dot{v}'-N'_v v'+(I'_z-N'_{\dot{r}})\dot{r}'+(m'x'_G U'-N'_r)r'=N'_\delta\delta\end{array}\right\} \qquad (3-22)$$

式中

$$m'=\dfrac{m}{\dfrac{1}{2}\rho L^3},\quad X'_{\dot{u}}=\dfrac{X_{\dot{u}}}{\dfrac{1}{2}\rho L^3},\quad \dot{u}'=\dfrac{\dot{u}L}{U^2},\quad X'_u=\dfrac{X_u}{\dfrac{1}{2}\rho UL^2},\quad u'=\dfrac{u}{U},\quad U'=1$$

$$Y'_{\dot{v}}=\dfrac{Y_{\dot{v}}}{\dfrac{1}{2}\rho L^3},\quad \dot{v}'=\dfrac{\dot{v}L}{U^2},\quad Y'_v=\dfrac{Y_v}{\dfrac{1}{2}\rho UL^2},\quad v'=\dfrac{v}{U}$$

$$x'_G=\dfrac{x_G}{L},\quad Y'_{\dot{r}}=\dfrac{Y_{\dot{r}}}{\dfrac{1}{2}\rho L^4},\quad \dot{r}'=\dfrac{\dot{r}L^2}{U^2},\quad Y'_r=\dfrac{Y_r}{\dfrac{1}{2}\rho UL^3},\quad r'=\dfrac{rL}{U},\quad Y'_\delta=\dfrac{Y_\delta}{\dfrac{1}{2}\rho U^2 L^2}$$

$$N'_{\dot{v}}=\dfrac{N_{\dot{v}}}{\dfrac{1}{2}\rho L^4},\quad N'_v=\dfrac{N_v}{\dfrac{1}{2}\rho UL^3},\quad I'_z=\dfrac{I_z}{\dfrac{1}{2}\rho L^5},\quad N'_{\dot{r}}=\dfrac{N_{\dot{r}}}{\dfrac{1}{2}\rho L^5},\quad N'_r=\dfrac{N_r}{\dfrac{1}{2}\rho UL^4},\quad N'_\delta=\dfrac{N_\delta}{\dfrac{1}{2}\rho U^2 L^3}$$

下面对各线性水动力导数的正负和大小量级进行分析。

1) $X_{\dot{u}}$ 和 X_u

$X_{\dot{u}}$ 是由单位纵向加速度($\dot{u}=1$)引起的纵向力 X ,这个纵向力会阻止船舶纵向加速或减速,即当 $\dot{u}$ 为正(加速)时, X 将为负(阻止加速);当 $\dot{u}$ 为负(减速)时, X 将为正(阻止减速)。所以, X 总是与 $\dot{u}$ 反号, X-$\dot{u}$ 曲线如图 3-10 所示,可见 $X_{\dot{u}}$ 为负值。 $-X_{\dot{u}}$ 定义为纵向附加质量,通常也表示为 m_{11} ,其量级约为 $-X_{\dot{u}}\approx 0.05\sim 0.15$ m。

X_u 是由单位纵向速度($u=1$)引起的纵向力 X ,这个纵向力会阻止船舶纵向运动,即当 u 为正(前进)时, X 将为负(阻止前进);当 u 为负(后退)时, X 将为正(阻止后退)。所以, X 总是与 u 反号, X-u 曲线的形状类似图 3-10 中所示 X-$\dot{u}$ 曲线的形状,所以 X_u 为负值。 $-X_u$ 定义为纵向阻尼系数,类似船舶阻力问题中的阻力系数,其大小和船型有关。

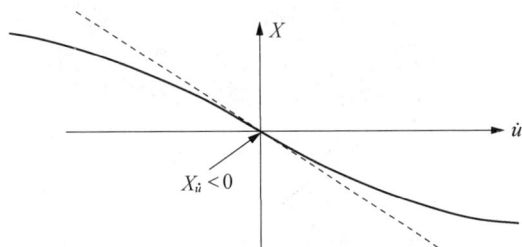

图 3-10 X-$\dot{u}$ 曲线

2) Y_v 和 N_v ; $Y_{\dot{v}}$ 和 $N_{\dot{v}}$

Y_v 、 N_v 分别为单位横向速度($v=1$)引起的横向力 Y 和回转力矩 N ; $Y_{\dot{v}}$ 、 $N_{\dot{v}}$ 分别为单位横向加速度($\dot{v}=1$)引起的横向力 Y 和回转力矩 N 。

因为一个正的横向速度会引起一个负的横向力,一个负的横向速度会引起一个正的横向力,所以 Y-v 曲线呈如图 3-11 中的形状,由此可知 Y_v 为负值。另一方面,作用在船体前半部分的横向力和作用在船体后半部分的横向力方向相同,即 Y 由作用在船体前半部分的横向力和作用在船体后半部分的横向力叠加而成,所以 Y 的绝对值很大,Y-v 曲线较陡,Y_v 的绝对值很大。又由于作用在船体前半部分的横向力对船中的力矩和作用在船体后半部分的横向力对船中的力矩方向相反,回转力矩 N 是作用在船体前半部分的横向力对船中的力矩和作用在船体后半部分的横向力对船中的力矩相减的结果,所以 N 的绝对值很小,其值可能为正,也可能为负;这导致 N-v 曲线很平坦,N_v 的绝对值很小,其值可能为正,也可能为负。

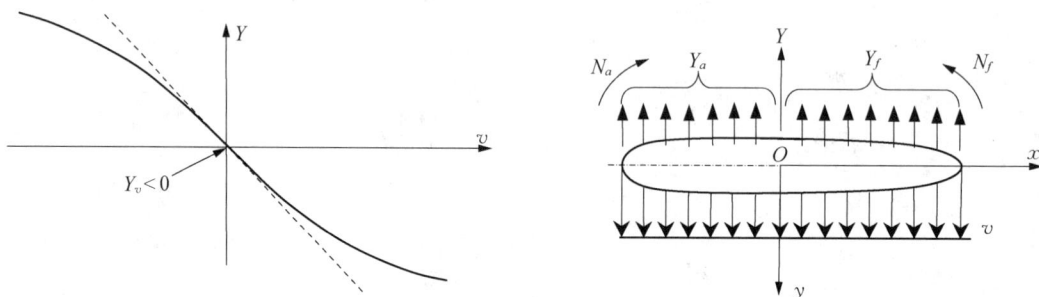

图 3-11　Y-v 曲线

总之,由以上的分析可知,Y_v 为负值,其绝对值很大;N_v 正负不定,但绝对值很小。由类似的分析,可知 $Y_{\dot{v}}$ 为负值,其绝对值很大;$N_{\dot{v}}$ 正负不定,但绝对值很小。$-Y_{\dot{v}}$ 定义为横向附加质量,通常也表示为 m_{22},其量级约为 $-Y_{\dot{v}} \approx 0.9 \sim 1.2\,\mathrm{m}$。

3) Y_r 和 N_r;$Y_{\dot{r}}$ 和 $N_{\dot{r}}$

Y_r、N_r 分别为单位回转角速度($r=1$)引起的横向力 Y 和回转力矩 N;$Y_{\dot{r}}$、$N_{\dot{r}}$ 分别为单位回转角加速度($\dot{r}=1$)引起的横向力 Y 和回转力矩 N。

如图 3-12 所示,一个正的回转角速度会引起一个负的回转力矩,一个负的回转角速度会引起一个正的回转力矩,所以 N-r 曲线呈如图 3-12 中的形状,由此可知 N_r 为负值。而且,作用在船体前半部分的回转力矩和作用在船体后半部分的回转力矩方向相同,即 N 由作用在船体前半部分的回转力矩和作用在船体后半部分的回转力矩叠加而成,所以 N 的绝对值很大,N-r 曲线较陡,N_r 的绝对值很大。另一方面,回转角速度 r 在船体前半部分和船体后半部分引起的横向力方向相反,横向力 Y 是作用在船体前半部分的横向力和作用在船体后半部分的横向力相减的结果,所以 Y 的绝对值很小,其值可能为正,也可能为负;这导致 Y-r 曲线很平坦,Y_r 的绝对值很小,其值可能为正,也可能为负。

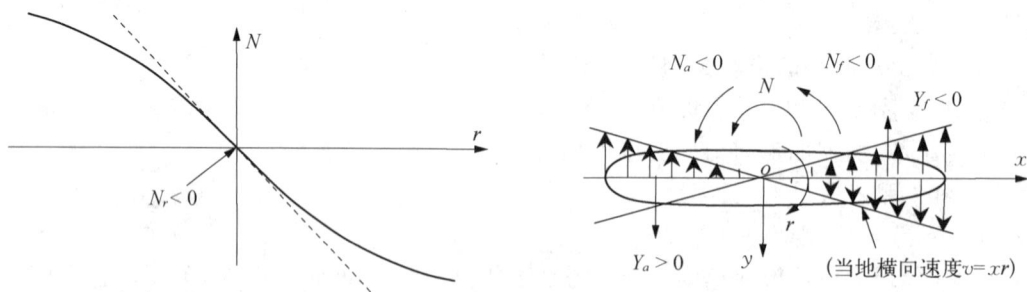

图 3-12　N-r 曲线

总之,由以上的分析可知,N_r 为负值,其绝对值很大;Y_r 正负不定,但绝对值很小。由类似的分析,可知 $N_{\dot{r}}$ 为负值,其绝对值很大;$Y_{\dot{r}}$ 正负不定,但绝对值很小。

4) Y_δ、N_δ

Y_δ、N_δ 分别为单位舵角($\delta=1$)引起的横向力 Y 和回转力矩 N，这两个水动力导数又称为控制导数。

Y_δ、N_δ 的正负和正负舵角的定义有关，其绝对值的大小和舵的水动力性能有关。传统上，定义右舵为正。以下在此定义下分析 Y_δ、N_δ 的正负。

如图 3-13 所示，一个正的舵角(右舵)会引起一个负的横向力和一个正的回转力矩，而一个负的舵角(左舵)会引起一个正的横向力和一个负的回转力矩，所以 Y-δ 曲线和 N-δ 曲线呈如图 3-13 中的形状。由此可知，在定义右舵为正的前提条件下，Y_δ 为负值，N_δ 为正值。易于证明，如果定义左舵为正，则 Y_δ 为正值，N_δ 为负值。

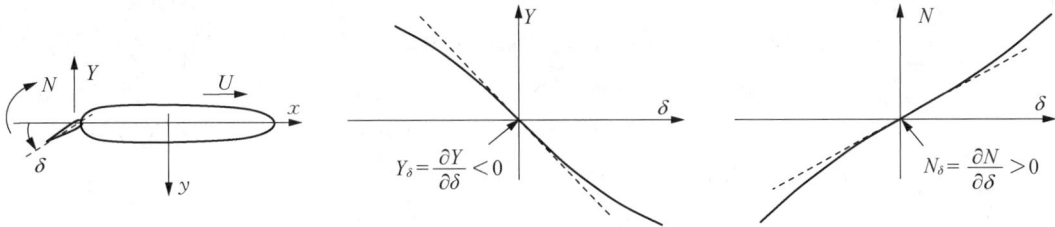

图 3-13　控制导数(定义右舵为正)

3-4　响应模型及 K、T 指数

在船舶操纵性研究中，除了上述水动力模型(包括 Abkowitz 模型和 MMG 模型)外，还经常用到一种所谓的响应模型。该类模型表达的是船舶回转运动与控制装置作用(如舵角)之间的关系，即表示的是船舶对控制装置作用的转首运动响应，因而称为响应模型。响应模型主要用于船舶控制研究和自动舵的设计。

分析线性操纵运动方程式(3-21)或其无量纲形式的式(3-22)可知，纵向运动方程中只含有纵向运动参数，与其他两个方程无关，因而可以独立求解。而横向运动方程和转首运动方程是相互耦合的，需要联立求解。实际上，操纵运动涉及的运动方程主要是这两个方程，因而在此也主要讨论这两个方程。本节从线性横向运动方程和转首运动方程出发导出线性响应模型。

将线性的横向运动方程和回转运动方程改写为

$$\left.\begin{array}{l}(m-Y_{\dot{v}})\dot{v}+(-Y_v)v=[Y_\delta\delta-(mx_G-Y_{\dot{r}})\dot{r}-(mU-Y_r)r]\\(mx_G-N_{\dot{v}})\dot{v}+(-N_v)v=[N_\delta\delta-(I_z-N_{\dot{r}})\dot{r}-(mx_GU-N_r)r]\end{array}\right\} \quad (3\text{-}23)$$

根据线性代数中的克莱姆法则[①]，可以由以上方程求得 v 和 $\dot{v}$：

---

① 克莱姆法则(Cramer's rule)：形如

$$a_1x+b_1y=c_1$$
$$a_2x+b_2y=c_2$$

的二元一次线性代数方程组，其解为

$$x=\frac{\begin{vmatrix}c_1&b_1\\c_2&b_2\end{vmatrix}}{\begin{vmatrix}a_1&b_1\\a_2&b_2\end{vmatrix}}=\frac{c_1b_2-c_2b_1}{a_1b_2-a_2b_1}; \quad y=\frac{\begin{vmatrix}a_1&c_1\\a_2&c_2\end{vmatrix}}{\begin{vmatrix}a_1&b_1\\a_2&b_2\end{vmatrix}}=\frac{a_1c_2-a_2c_1}{a_1b_2-a_2b_1}$$

$$v = \frac{(m-Y_{\dot{v}})[N_\delta\delta - (mx_G U - N_r)r - (I_z - N_{\dot{r}})\dot{r}] - (mx_G - N_{\dot{v}})[Y_\delta\delta - (mU - Y_r)r - (mx_G - Y_{\dot{r}})\dot{r}]}{Y_v(mx_G - N_{\dot{v}}) - N_v(m - Y_{\dot{v}})}$$

$$\dot{v} = \frac{Y_v[N_\delta\delta - (mx_G U - N_r)r - (I_z - N_{\dot{r}})\dot{r}] - N_v[Y_\delta\delta - (mU - Y_r)r - (mx_G - Y_{\dot{r}})\dot{r}]}{Y_v(mx_G - N_{\dot{v}}) - N_v(m - Y_{\dot{v}})}$$

将以上第 1 式两边对时间求导,并令其求导结果等于第 2 式,可得

$$T_1 T_2 \ddot{r} + (T_1 + T_2)\dot{r} + r = K\delta + K T_3 \dot{\delta} \tag{3-24}$$

式中

$$T_1 T_2 = \frac{(m - Y_{\dot{v}})(I_z - N_{\dot{r}}) - (mx_G - N_{\dot{v}})(mx_G - Y_{\dot{r}})}{-Y_v(mx_G U - N_r) + N_v(mU - Y_r)};$$

$$T_1 + T_2 = \frac{-Y_v(I_z - N_{\dot{r}}) + N_v(mx_G - Y_{\dot{r}}) + (m - Y_{\dot{v}})(mx_G U - N_r) - (mx_G - N_{\dot{v}})(mU - Y_r)}{-Y_v(mx_G U - N_r) + N_v(mU - Y_r)};$$

$$K = \frac{-Y_v N_\delta + N_v Y_\delta}{-Y_v(mx_G U - N_r) + N_v(mU - Y_r)};$$

$$K T_3 = \frac{-Y_\delta(mx_G - N_{\dot{v}}) + N_\delta(m - Y_{\dot{v}})}{-Y_v(mx_G U - N_r) + N_v(mU - Y_r)};$$

$$T_3 = \frac{K T_3}{K} = \frac{-Y_\delta(mx_G - N_{\dot{v}}) + N_\delta(m - Y_{\dot{v}})}{-Y_v N_\delta + N_v Y_\delta}.$$

式(3-24)即为二阶线性响应模型,其中 K、T_1、T_2、T_3 称为操纵性指数。

引入符号 A、B、C、D、E 如下:

$$A = (m - Y_{\dot{v}})(I_z - N_{\dot{r}}) - (mx_G - N_{\dot{v}})(mx_G - Y_{\dot{r}})$$

$$B = -Y_v(I_z - N_{\dot{r}}) + N_v(mx_G - Y_{\dot{r}}) + (m - Y_{\dot{v}})(mx_G U - N_r) - (mx_G - N_{\dot{v}})(mU - Y_r)$$

$$C = -Y_v(mx_G U - N_r) + N_v(mU - Y_r)$$

$$D = -Y_v N_\delta + N_v Y_\delta$$

$$E = -Y_\delta(mx_G - N_{\dot{v}}) + N_\delta(m - Y_{\dot{v}})$$

则有

$$T_1 T_2 = \frac{A}{C}, \quad T_1 + T_2 = \frac{B}{C}, \quad K = \frac{D}{C}, \quad K T_3 = \frac{E}{C}, \quad T_3 = \frac{E}{D}$$

因此,可将二阶线性响应模型式(3-24)改写为

$$A\ddot{r} + B\dot{r} + Cr = D\delta + E\dot{\delta} \tag{3-25}$$

如果假设 $x_G \approx 0$,且船体前后近似对称,则有 $Y_r \approx 0$, $Y_{\dot{r}} \approx 0$, $N_v \approx 0$, $N_{\dot{v}} \approx 0$,可得

$$K \approx -\frac{N_\delta}{N_r}, \quad T_1 + T_2 \approx -\frac{I_z - N_{\dot{r}}}{N_r} - \frac{m - Y_{\dot{v}}}{Y_v}, \quad T_3 \approx -\frac{m - Y_{\dot{v}}}{Y_v}, \quad T_1 + T_2 - T_3 \approx -\frac{I_z - N_{\dot{r}}}{N_r}$$

另一方面,由式(3-23)中的回转运动方程可得

$$(I_z - N_{\dot{r}})\dot{r} - N_r r \approx N_\delta \delta \quad \Rightarrow \quad -\frac{I_z - N_{\dot{r}}}{N_r}\dot{r} + r \approx -\frac{N_\delta}{N_r}\delta \qquad (3\text{-}26)$$

所以,记 $T = T_1 + T_2 - T_3$,可得

$$T\dot{r} + r = K\delta \qquad (3\text{-}27)$$

式(3-27)即为一阶响应模型,它最早由日本大阪大学的 Kensaku Nomoto(野本谦作)教授于 1956 年导出,因而通常称为 Nomoto 模型。Nomoto 模型中的操纵性指数和操纵性有直接的关系,其中 K 指数和回转性有关,K 越大,回转性越好;T 指数和稳定性及应舵性有关,T 越小,稳定性及应舵性越好。

第4章 稳 定 性

航向稳定性是船舶操纵性的重要内容之一。固有稳定性(直线稳定性)是航向稳定性的基础：具有固有稳定性的船舶一定具有航向稳定性；固有稳定性好的船舶，其航向稳定性也好。不具有固有稳定性的船舶可以借助控制装置的作用使其具有航向稳定性，但为了维持一定的航向航行，需要频繁地使用控制装置。本章应用前面介绍的知识对固有稳定性(直线稳定性)进行讨论。

4-1 稳 定 性 分 类

稳定性是一个力学概念。一个物体受到外界扰动而偏离其平衡状态，在扰动去除以后，如果物体能够回到其原来的平衡状态，则称该物体具有稳定性，否则，称该物体不具有稳定性。在船舶操纵性研究领域，如在第1-1节所述，稳定性包括固有稳定性和控制稳定性，控制稳定性又包括方向稳定性(航向稳定性)和位置稳定性。固有稳定性是在不施加任何控制作用时船舶自身所具有的稳定性，控制稳定性是在控制装置的控制作用下船舶所具有的稳定性。

处于匀速直航运动的船舶，受到"小扰动"而偏离其匀速直航运动状态(在此"小扰动"意味着船舶在该扰动作用下偏离其匀速直航运动状态的横向运动和回转运动是"小"的)，在扰动去除以后，如果船舶在不施加控制作用的情况下能够回到其匀速直线运动状态，则称该船具有固有稳定性，否则称该船不具有固有稳定性。事实上，处于匀速直航运动的船舶，受到小扰动而偏离其匀速直航运动状态，如果不施加控制装置作用，船舶最多只能回到其原先的直线运动状态，而不能回到其原先的航向和航线上来，所以不具有航向稳定性和位置稳定性。由于具有航向稳定性和位置稳定性是对船舶使用性的基本要求，所以，对于船舶控制稳定性而言，控制装置是至关重要的。不管船舶是否具有固有稳定性，都应该也能够借助于控制装置的作用而使其具有航向稳定性和位置稳定性。

4-2 直线稳定性的分析与判据

线性化的纵向运动方程和横向运动方程及回转运动方程是去耦的，可以单独求解。将式(3-21)中的线性纵向运动方程改写为

$$\frac{\mathrm{d}(u-U)}{\mathrm{d}t} - \frac{X_u}{m-X_{\dot{u}}}(u-U) = 0 \tag{4-1}$$

这是一个一阶常系数微分方程，其解为

$$u-U = c_3 \mathrm{e}^{\sigma_3 t} \tag{4-2}$$

式中：$\sigma_3 = \dfrac{X_u}{m-X_{\dot{u}}}$；$c_3$ 为由初始条件决定的积分常数。

因为 $X_u < 0$，$m-X_{\dot{u}} > 0$，所以 $\sigma_3 < 0$。这意味着，当 $t \to \infty$ 时，$\mathrm{e}^{\sigma_3 t} \to 0$，$u-U \to 0$，

即经历了较长一段时间后，$u \to U$。所以，纵向运动速度 u 最终将趋近于其最初的匀速直航运动速度 U，其值是一个常数。当然，这是线性化的结果。

另一方面，考虑没有控制作用时的情况，令二阶响应模型式(3-25)中的舵角 δ 和操舵速度 $\dot{\delta}$ 为零，可得

$$A\ddot{r} + B\dot{r} + Cr = 0 \tag{4-3}$$

这是一个二阶常系数微分方程，其解为

$$r = r_1 e^{\sigma_1 t} + r_2 e^{\sigma_2 t} \tag{4-4}$$

式中：r_1 和 r_2 是由初始条件决定的积分常数；而 σ_1 和 σ_2 是相应的特征方程的两个根：

$$\begin{bmatrix} \sigma_1 \\ \sigma_2 \end{bmatrix} = \frac{1}{2}\left[-\frac{B}{A} \pm \sqrt{\left(\frac{B}{A}\right)^2 - 4\frac{C}{A}} \right] \tag{4-5}$$

根据本篇第 3-4 节中 T_1 和 T_2 与系数 A、B 和 C 的关系，可以得到 σ_1 和 σ_2 与 T_1 和 T_2 的关系如下：

$$\sigma_1 \cdot \sigma_2 = \frac{C}{A} = \frac{1}{T_1 T_2} = \left(-\frac{1}{T_1}\right) \cdot \left(-\frac{1}{T_2}\right), \quad \sigma_1 + \sigma_2 = -\frac{B}{A} = -\frac{T_1 + T_2}{T_1 T_2} = \left(-\frac{1}{T_1}\right) + \left(-\frac{1}{T_2}\right)$$

显然，当 σ_1 和 σ_2 均为负实数，或实部为负的复数时，当 $t \to \infty$ 时，同时有 $e^{\sigma_1 t} \to 0$，$e^{\sigma_2 t} \to 0$，这时有 $r \to 0$。这意味着，随着 $t \to \infty$，船舶的回转角速度 $r \to 0$，船舶将进入一个新的匀速直线运动，所以船舶具有固有稳定性。反之，如果不满足 σ_1 和 σ_2 均为负实数，或实部为负的复数的条件，随着 $t \to \infty$，船舶的回转角速度 r 将不会趋于零，船舶将一直处于回转运动中，这表明船舶不具有固有稳定性。

所以，判断船舶是否具有固有稳定性，只要看是否满足 σ_1 和 σ_2 均为负实数，或实部为负的复数的条件。要求 σ_1 和 σ_2 满足上述条件，等价于要求

$$\sigma_1 \cdot \sigma_2 > 0 \text{ 且 } \sigma_1 + \sigma_2 < 0。$$

$\sigma_1 \cdot \sigma_2 > 0$ 表示 σ_1 和 σ_2 同号；在 σ_1 和 σ_2 同号的前提下，$\sigma_1 + \sigma_2 < 0$ 表示 σ_1 和 σ_2 同时为负。由 $\sigma_1 \cdot \sigma_2 > 0$ 可得，$\sigma_1 \cdot \sigma_2 = \frac{C}{A} > 0$；由 $\sigma_1 + \sigma_2 < 0$ 可得，$\sigma_1 + \sigma_2 = -\frac{B}{A} < 0 \Rightarrow \frac{B}{A} > 0$。所以，判断船舶是否具有固有稳定性，只要看是否同时满足 $\frac{C}{A} > 0$ 和 $\frac{B}{A} > 0$。

根据 A 的表述式，由于 $m - Y_{\dot{v}}$ 和 $I_z - N_{\dot{r}}$ 均为很大的正值，x_G、$N_{\dot{v}}$ 和 $Y_{\dot{r}}$ 均为绝对值很小的量，所以可以判断 $A > 0$。同理可以判断 $B > 0$。所以，$\frac{C}{A} > 0$ 和 $\frac{B}{A} > 0$ 的条件简化为 $C > 0$。也就是说，如果 $C > 0$，则船舶具有固有稳定性，否则船舶不具有固有稳定性。C 称为稳定性衡准数，而固有稳定性的判别式为

$$C = -Y_v(mx_G U - N_r) + N_v(mU - Y_r) > 0 \tag{4-6}$$

其相应的无量纲固有稳定性判别式为

$$C' = -Y_v'(m'x_G' - N_r') + N_v'(m' - Y_r') > 0 \tag{4-7}$$

由于 $-Y_v > 0$，$mU - Y_r > 0$，用 $-Y_v(mU - Y_r)$ 除以式(4-6)两边，得到

$$\frac{N_r - mx_G U}{Y_r - mU} - \frac{N_v}{Y_v} = l_r - l_v > 0 \tag{4-8}$$

式中

$$l_r = \frac{N_r - mx_G U}{Y_r - mU}, \quad l_v = \frac{N_v}{Y_v}$$

分别表示由转首运动引起的水动力力臂和由横向运动引起的水动力力臂。式(4-8)表明,当由转首运动引起的船体水动力的作用点在由横向运动引起的船体水动力的作用点之前时,船舶才具有固有稳定性。

第 5 章 转首性和回转性

转首性和回转性是船舶操纵性的主要内容。在标准的回转试验中,作为控制装置的舵被匀速地转到最大舵角(满舵,通常为 35°),由回转试验可以对船舶的转首性和回转性进行分析。本章针对以舵为控制装置的船舶,利用线性操纵运动方程对回转试验过程进行分析,进而对船舶转首性和回转性进行分析。由于本章的讨论基于线性操纵运动方程,而线性操纵运动方程是基于操纵运动较小的假设导出的,所以理论上本章讨论的结论仅适用于小舵角的回转试验;用线性操纵运动方程分析大舵角的回转运动存在较大的误差,因而只能是定性分析。

5-1 回转试验的三阶段

可以将回转试验过程分成 3 个阶段:转舵阶段、过渡阶段和定常回转阶段。在转舵阶段,舵被匀速地转到规定的舵角,随后舵角保持不变;在舵力和舵力矩的作用下,船舶开始回转,经过一段时间过渡后,船舶最后进入定常回转阶段。图 5-1 给出了回转试验过程中舵角的时历曲线。图中 t_0 为转舵时间;δ_0 为操舵角。

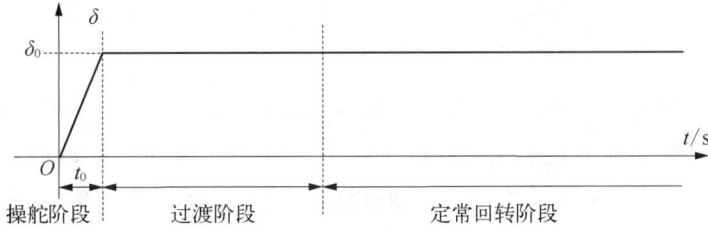

图 5-1 回转试验舵角时历曲线

5-2 回转运动分析

以下利用线性操纵运动方程式(3-21)中的横向运动方程和回转运动方程依次对 3 个阶段的回转运动进行分析。

1. 转舵阶段

转舵阶段,舵角的变化规律为

$$\delta = \frac{\delta_0}{t_0}t, \quad 0 \leqslant t \leqslant t_0 \tag{5-1}$$

舵角产生舵力 $Y_\delta\delta$ 和舵力矩 $N_\delta\delta$,舵力产生横向运动加速度 $\dot{v}$,舵力矩产生回转运动角加速度 $\dot{r}$;由于操舵时间通常很短,船舶的惯性通常很大,所以可以假设船舶还来不及产生明显的横向速度和回转角速度。所以,转舵阶段的运动特点为

$$\dot{v} \neq 0, \ \dot{r} \neq 0; \ v \approx 0, \ r \approx 0 \qquad (5\text{-}2)$$

由线性横向运动方程和回转运动方程得到转舵阶段的船舶运动方程为

$$(m - Y_{\dot{v}})\dot{v} + (mx_G - Y_{\dot{r}})\dot{r} = Y_\delta \delta$$
$$(mx_G - N_{\dot{v}})\dot{v} + (I_z - N_{\dot{r}})\dot{r} = N_\delta \delta \qquad (5\text{-}3)$$

由线性代数中的克莱姆法则可求得横向运动加速度 $\dot{v}$ 和回转运动角加速度 $\dot{r}$ 分别为

$$\dot{v} = \frac{(I_z - N_{\dot{r}})Y_\delta - (mx_G - Y_{\dot{r}})N_\delta}{(m - Y_{\dot{v}})(I_z - N_{\dot{r}}) - (mx_G - N_{\dot{v}})(mx_G - Y_{\dot{r}})}\delta = \frac{(I_z - N_{\dot{r}})Y_\delta - (mx_G - Y_{\dot{r}})N_\delta}{A}\delta$$

$$\dot{r} = \frac{(m - Y_{\dot{v}})N_\delta - (mx_G - N_{\dot{v}})Y_\delta}{(m - Y_{\dot{v}})(I_z - N_{\dot{r}}) - (mx_G - N_{\dot{v}})(mx_G - Y_{\dot{r}})}\delta = \frac{(m - Y_{\dot{v}})N_\delta - (mx_G - N_{\dot{v}})Y_\delta}{A}\delta$$

$$\qquad (5\text{-}4)$$

由于 $A > 0$，且有

$$(I_z - N_{\dot{r}})Y_\delta - (mx_G - Y_{\dot{r}})N_\delta \approx (I_z - N_{\dot{r}})Y_\delta < 0$$
$$(m - Y_{\dot{v}})N_\delta - (mx_G - N_{\dot{v}})Y_\delta \approx (m - Y_{\dot{v}})N_\delta > 0$$

所以，对于一个正的舵角 δ（右舵），将有 $\dot{v} < 0$ 和 $\dot{r} > 0$。这意味着，船舶将向左舷横移和向右舷回转。此外，如果略去相对较小的项，可得

$$\dot{v} \approx \frac{Y_\delta}{m - Y_{\dot{v}}}\delta, \quad \dot{r} \approx \frac{N_\delta}{I_z - N_{\dot{r}}}\delta = \frac{K}{T}\delta \qquad (5\text{-}5)$$

由式(5-5)可知，K 越大，T 越小，则 $\dot{r}$ 越大，船舶能够更快速地回转，表明船舶具有更好的转首性（初始回转能力）。

2. 过渡阶段

在过渡阶段，舵角为常数（$\delta = \delta_0$），船舶的横向速度、横向加速度、回转角速度和回转角加速度均不为零，需要联立数值求解线性横向运动方程和回转运动方程，得到船舶的横向速度、横向加速度、回转角速度和回转角加速度。但相比于对转舵阶段和定常回转阶段，我们对过渡阶段并不是很感兴趣。

3. 定常回转阶段

在定常回转阶段，舵角为常数（$\delta = \delta_0$）；船舶的横向速度为常数（$v = v_0$），横向加速度为零；回转角速度为常数（$r = r_0$），回转角加速度为零。因此，此时的线性横向运动方程和回转运动方程为

$$\left.\begin{array}{l} -Y_v v_0 + (mU - Y_r)r_0 = Y_\delta \delta_0 \\ -N_v v_0 + (mx_G U - N_r)r_0 = N_\delta \delta_0 \end{array}\right\} \qquad (5\text{-}6)$$

由线性代数中的克莱姆法则可求得定常横向速度 v_0 和定常回转角速度 r_0 为

$$\left.\begin{array}{l} v_0 = \dfrac{-(mU - Y_r)N_\delta + (mx_G U - N_r)Y_\delta}{-Y_v(mx_G U - N_r) + N_v(mU - Y_r)}\delta_0 = \dfrac{-(mU - Y_r)N_\delta + (mx_G U - N_r)Y_\delta}{C}\delta_0 \\[4mm] r_0 = \dfrac{-Y_v N_\delta + N_v Y_\delta}{-Y_v(mx_G U - N_r) + N_v(mU - Y_r)}\delta_0 = \dfrac{D}{C}\delta_0 = K\delta_0 \end{array}\right\}$$

$$\qquad (5\text{-}7)$$

以上定常横向速度 v_0 的表达式,其分子为 $(-mUN_\delta + Y_r N_\delta + mx_G UY_\delta - N_r Y_\delta)\delta_0$。对于一个正的舵角(右舵)$\delta_0$,因为 $-mUN_\delta < 0$,$-N_r Y_\delta < 0$,$Y_r N_\delta$ 和 $mx_G UY_\delta$ 符号不定(因为 Y_r 和 x_G 符号不定),但绝对值较小,所以通常有 $-mUN_\delta + Y_r N_\delta + mx_G UY_\delta - N_r Y_\delta < 0$。所以,对于具有固有稳定性的船舶($C > 0$),通常有 $v_0 < 0$(见图 5-2)。

由以上定常回转角速度 r_0 的表达式,$r_0 = K\delta_0$,所以,在一定的舵角下,K 越大,定常回转角速度 r_0 越大。由图 5-2 可知,定常回转半径 R_0、定常回转角

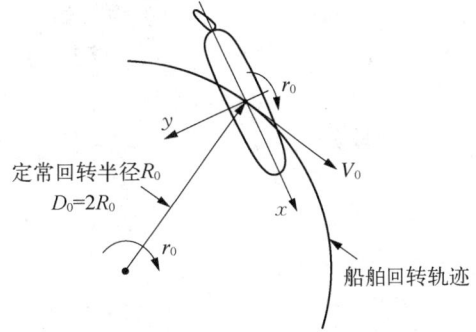

图 5-2　定常回转阶段 R_0、V_0 和 r_0 之间的关系

速度 r_0 和定常平动速度 $V_0 (V_0 = \sqrt{U^2 + v_0^2})$ 之间存在一定的关系:$R_0 \times r_0 = V_0$,回转角速度 r_0 越大,则定常回转半径 R_0 越小。所以,K 越大,回转半径越小,回转性越好。

定常回转直径为

$$D_0 = 2R_0 = 2\frac{V_0}{r_0} = 2\frac{V_0}{K\delta_0}$$

相应的无量纲定常回转直径为

$$D'_0 = \frac{D_0}{L} = 2\frac{V_0}{r_0 L} = 2\frac{V_0}{K\delta_0 L}$$

如果假设 $V_0 = \sqrt{U^2 + v_0^2} \approx U$,则有无量纲定常回转直径的计算公式为

$$D'_0 = \frac{D_0}{L} = 2\frac{V_0}{r_0 L} \approx 2\frac{U}{r_0 L} = \frac{2}{r'_0} = \frac{2}{K'\delta_0} \tag{5-8}$$

式中,无量纲 K 指数的计算公式为

$$K' = \frac{-Y'_v N'_\delta + N'_v Y'_\delta}{C'} \tag{5-9}$$

此外,以上定常回转角速度 r_0 的表达式,其分子为 $(-Y_v N_\delta + N_v Y_\delta)\delta_0$,分母为稳定性衡准数 C。因为 $-Y_v N_\delta > 0$,$N_v Y_\delta$ 符号不定,但绝对值较小(因为 N_v 符号不定,但绝对值较小),所以一般有 $-Y_v N_\delta + N_v Y_\delta > 0$。如果船舶具有固有稳定性($C > 0$),则对于一个正的舵角(右舵),将有 $r_0 > 0$,即船舶将向右舷回转;同理,对于一个负的舵角(左舵),将有 $r_0 < 0$,船舶将向左舷回转。反之,如果船舶不具有固有稳定性($C < 0$),则对于一个正的舵角(右舵),将有 $r_0 < 0$,船舶将向左舷回转;对于一个负的舵角(左舵),将有 $r_0 > 0$,船舶将向右舷回转。这种现象称为"反操"现象,这是不具有固有稳定性的船舶的典型特征。

同时,由于一般有 $-Y'_v N'_\delta + N'_v Y'_\delta > 0$,所以根据式(5-9)可知,$K'$ 一般和 C' 同号。所以,可以根据 K' 的正负来判断船舶是否具有固有稳定性。

另一方面,假设船舶具有固有稳定性,即 $C = -Y_v(mx_G U - N_r) + N_v(mU - Y_r) > 0$,因为 $K = (-Y_v N_\delta + N_v Y_\delta)/C$,所以,如果不改变舵的水动力性能($Y_\delta$、$N_\delta$ 保持不变),则对于一个大的 C 值,一般将给出一个较小的 K 值,这意味着,固有稳定性较好的船舶,其回转性一般较差;相反,对于一个小的 C 值,一般将给出一个较大的 K 值,这意味着,固有稳定性较差的船舶,其回转性一般较好。在这里,固有稳定性和回转性对线性水动力导数 Y_v 的要求是一致

的，一个绝对值较大的 Y_v 对固有稳定性和回转性都是有利的。但固有稳定性和回转性对线性水动力导数 N_v 的要求是相互矛盾的：从固有稳定性的角度，为了给出一个较大的 C 值（意味着较好的固有稳定性），希望 N_v 为较大的正值；但从回转性的角度，为了给出一个较大的 K 值（意味着较好的回转性），希望 N_v 为较大的负值。

5-3　回转过程中的伴随现象

在回转运动过程中，船舶会出现一些伴随现象，主要是回转横倾和回转速降。

回转横倾是船舶在回转运动时，由于作用在船-舵系统上的各种水动力的作用点的垂向高度不同而产生横倾力矩，从而使船舶发生横倾。在回转试验的不同阶段，船舶横倾的方向是不同的。在操舵阶段，作用在船-舵系统上的水动力主要是作用在舵上的水动力。船舶在舵力的作用下，一般将产生向回转一侧的横倾［即向右回转时将产生向右舷的横倾，向左回转时将产生向左舷的横倾，见图 5-3(a)］，图中 WL' 表示船舶横倾后新的水线。在定常回转阶段，一般而言作用在船体上的水动力占优，所以船舶将产生向外侧的横倾（即向右回转时将产生向左舷的横倾，向左回转时将产生向右舷的横倾，见图 5-3(b)）。在过渡阶段，有时舵力的作用占优，有时作用在船体上的水动力占优，所以船舶将产生向左右两侧的横摇，呈现出非定常的特性。

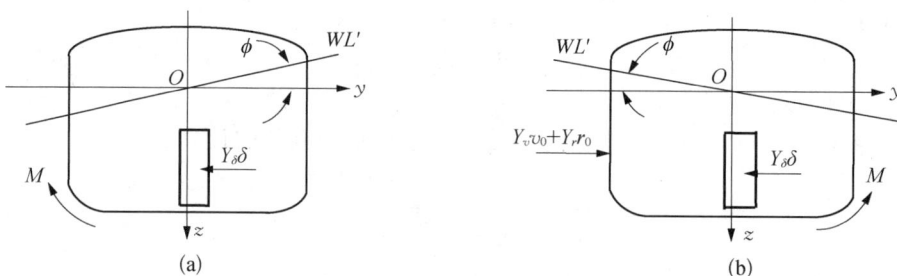

图 5-3　回转过程中的船体横倾（以右舵为例）

(a) 转舵阶段向内侧横倾；(b) 定常回转阶段向外侧横倾

回转速降是由于在回转的过程中，船舶航行的流场环境与设计工况相比变差，导致船体阻力增加、螺旋桨推进效率下降，快速性变差，从而造成速度下降。船舶在满舵回转运动过程中航速通常有明显的降低，严重的情况下速降可达初始航速的一半左右。

第6章 控制装置

提供控制作用使船舶保持或改变其运动状态的装置称为控制装置。没有控制装置的作用，船舶无法维持一定的航向航行，也不能完成改变航向和位置等基本作业，因而不能满足基本的使用要求。所以，控制装置的作用对船舶操纵性至关重要。研究船舶操纵性不能只研究船舶自身的操纵性，而应该研究船-舵系统这一组合体的操纵性。

6-1 控制装置的种类

控制装置一般可分为两大类，即被动控制装置和主动控制装置。被动控制装置需要利用与周围水的相对运动被动地产生控制力，所以，被动控制装置要产生控制力，需要与船体一起具有一定的前进速度；而主动控制装置能主动地产生控制力，即使控制装置没有前进速度也能产生控制力。主动控制装置比被动控制装置能够给船舶提供更好的控制作用，从而使船舶具有更好的操纵性。但是主动控制装置一般结构复杂，成本高，使用、维护费用高，所以主动控制装置通常只用在对操纵性有较高要求或经常需要低速航行的船舶上。

最简单、最常用的被动式控制装置为舵，包括常规舵和非常规舵。常规舵形状和结构简单，使用方便，主要用于满足一般的操纵性要求。非常规舵通常具有较高的水动力性能，即使在较低航速下也能给船舶提供较好的操纵性，但比常规舵结构要复杂，使用、维护费用也更高。最常用的非常规舵包括襟翼舵和转柱舵。襟翼舵是在常规舵的尾缘加装一个可以相对于主舵转动一定角度的襟翼；通过转动襟翼，可以增加襟翼舵的拱度，从而提高舵的水动力性能。转柱舵是在常规舵的前缘加装一个可以绕垂直轴旋转的转柱，通过转柱的旋转，可以增加绕舵叶的环量，从而提高舵的水动力性能。

图6-1、图6-2和图6-3分别展示了常规舵、转柱舵和襟翼舵的几何外形。

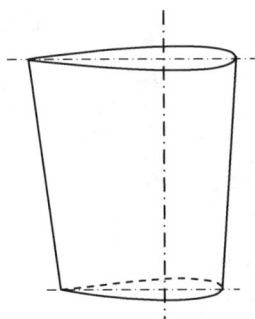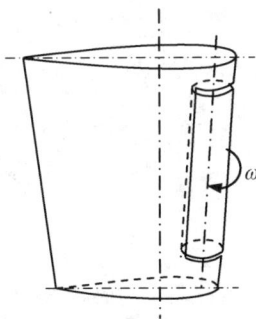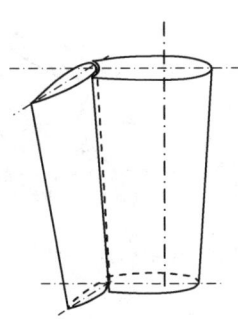

| 图6-1 常规舵 | 图6-2 转柱舵 | 图6-3 襟翼舵 |

最常用的主动控制装置是侧推器。这是一种安装在船首部（首侧推器）和/或尾部（尾侧推器）的一种控制装置，如图6-4所示。在船体水下部分贯穿左右舷的通道里安装有一个推进器，该推进器通过排水产生作用在船上的侧向力，这个侧向力给船舶提供维持或改变其运动状态的控制力。在侧推器的作用下，船舶可以在没有航速的情况下获得横向力和转首力矩，甚至

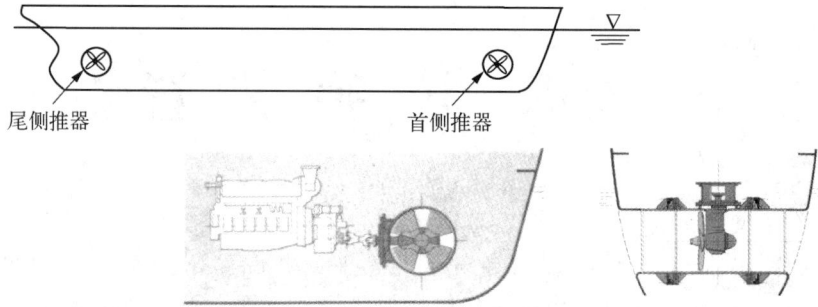

图 6-4　侧推器

可以原地回转。

其他主动控制装置包括全回转舵桨（又称为 Z 形推进器）、转向导管等。全回转舵桨一般安装在船尾，可绕垂直轴 360°回转，因而可以兼作推进装置和控制装置使用（舵桨的名称由此而来）。图 6-5 所示为用在拖船上的舵桨。

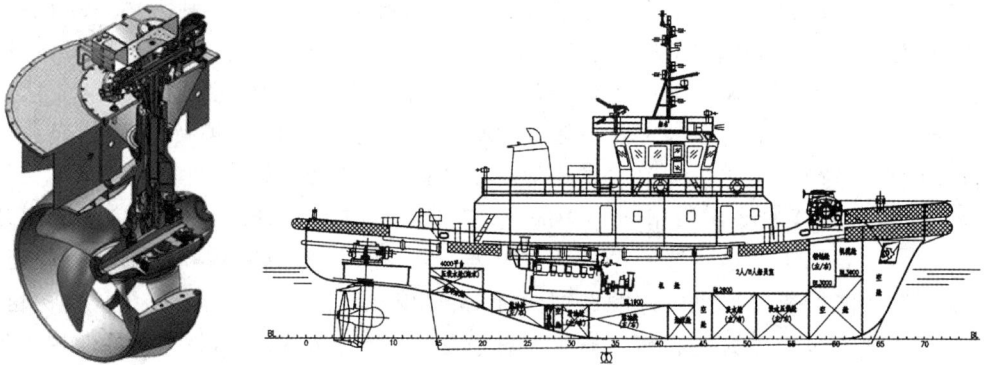

图 6-5　用在拖船上的舵桨

转向导流管由一个常规的螺旋桨和一个转向导流管组成，转向导流管上安装有固定的或可转动的鳍，如图 6-6 所示。转向导流管通过转到导流管产生使船舶横向运动和回转的控制力，通过转到导流管上的鳍可以提高控制效果。

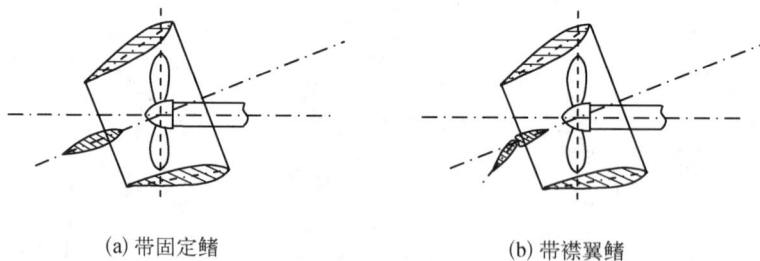

(a) 带固定鳍　　　　　　　　　(b) 带襟翼鳍

图 6-6　转向导流管

6-2　常规舵的几何特性及水动力特性

典型的常规舵的几何形状如图 6-7 所示。描述舵几何的参数主要有舵高、弦长、最大截面厚度、舵柱位置、舵的截面形状和舵面积。由于大多数舵的形状既不是矩形的，其厚度也不是

312

均匀的,所以通常采用它们的平均值作为描述舵几何的参数。

常规舵可以根据其不同的特点进行分类:

根据舵的支承情况可以分为多支承舵、双支承舵、半悬挂舵和悬挂舵;根据舵的剖面形状可以分为平板舵、流线型舵;根据舵轴在舵宽度上的位置可以分为不平衡舵(舵轴位于舵叶的首缘)、平衡舵和半平衡舵。

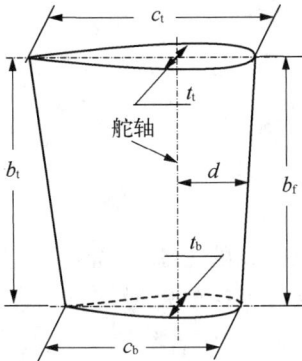

图 6-7 常规舵的几何参数

b_f—首缘舵高;b_t—尾缘舵高;c_t—顶边弦长;c_b—底边弦长;t_t—顶边截面厚度;t_b—底边截面厚度;d—首缘到舵轴的平均距离

常规舵是通过和周围水流的相对速度来产生控制力的。如图 6-8 所示,水流相对速度为 V;水流相对角度为 α;在舵上产生升力 L 和阻力 D,其合力为 $\boldsymbol{F}$,$\boldsymbol{F}$ 可以分解为垂直于舵面的法向力 F_N 和平行于舵面的切向力;CP 为压力重心。由图 6-8 有

$$F_N = L\cos\alpha + D\sin\alpha \tag{6-1}$$

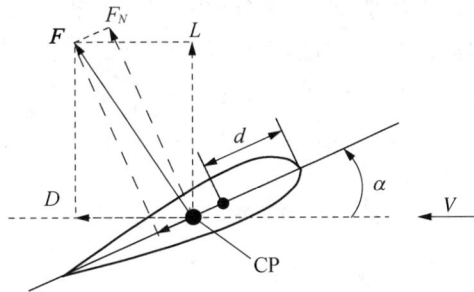

图 6-8 处于相对来流中典型常规舵的水动力

通常把升力、阻力、法向力表达为无量纲力系数形式:

$$C_L = \frac{L}{\frac{1}{2}\rho V^2 A_R}, \quad C_D = \frac{D}{\frac{1}{2}\rho V^2 A_R};$$

$$C_N = \frac{F_N}{\frac{1}{2}\rho V^2 A_R} = C_L\cos\alpha + C_D\sin\alpha \tag{6-2}$$

式中 A_R 为舵面积。

显然,设计舵应该使其升力系数 C_L 尽可能大,阻力系数 C_D 尽可能小,即使舵具有尽可能高的水动力性能。

6-3 舵 设 计

舵作为最常用的一种船舶控制装置,其设计历来是船舶设计的内容之一。舵设计的基本思想是提供适当的控制力,以满足对所设计船舶的操纵性要求。不同类型的船舶对操纵性的要求是不同的,如远洋船一般以维持一定的航速、航向航行为主,因而对小舵角下的航向稳定性有较高要求;内河船和沿海船经常需要改变航速、航向以及完成避碰、靠离泊、转弯掉头等作业,因而对中等和大舵角下的转首性和回转性有较高要求。因此,在舵设计时应该根据所设计船舶对操纵性的要求而有所侧重。

另一方面,舵安装在船后,通常和螺旋桨配套使用;为了充分利用螺旋桨尾流的加速效

应以提高舵效,舵一般安装在螺旋桨后的螺旋桨尾流中。船体-螺旋桨-舵作为一个整体,在舵设计时应该考虑船体、螺旋桨、舵之间的水动力相互作用,除了应尽可能地提高舵的水动力性能和舵效外,还应该考虑和船体、螺旋桨的配合,力求兼顾船体阻力性能和螺旋桨推进效率。

舵设计的主要内容包括:

（1）舵的数目和形式的选择。

（2）舵的尺度和形状的选择。

（3）舵力、舵杆扭矩计算及舵机功率估算。

1. 舵的数目和形式

舵的数目取决于船型,与螺旋桨数目也有很大关系。为了利用螺旋桨的尾流,通常舵的数目和螺旋桨的数目相同,如单桨单舵船、双桨双舵船等。但是,对于某些特殊的船型,也有舵的数目和螺旋桨的数目不相同的情况,如单桨双舵船、双桨单舵船等。对于因为各种原因造成舵高受限制,而又需要较大的舵面积以保证足够操纵性的船舶来说,可选择采用多舵,如单桨双舵船、双桨三舵船等。

舵形式的选择与船尾形式、航行条件及设备条件等有关。对于有尾框架的船尾,通常采用双支承平衡舵,借以减小舵杆扭矩和舵机功率;对于无尾框架的敞式船尾,采用半悬挂式半平衡舵,以此得到和船尾形式很好的配合。对于双桨船,通常采用悬挂式双平衡舵。

舵的安装位置应该与螺旋桨和船尾线型良好地配合起来,以保证螺旋桨有通畅的来流,舵能充分吸收螺旋桨尾流的能量并把它转化为推力和舵法向力。此外,舵上缘和船底间隙小一点可以提高舵的有效展弦比,从而提高舵效;舵安装在适当位置可以使舵有效地受到船体的屏蔽保护,从而避免损伤。

2. 舵的尺度和形状

增加舵面积可以同时提高航向稳定性和回转性。因此,从提高操纵性的角度出发,采用大一点的舵面积是有利的。但是,由于受船尾线型和吃水的限制,以及为了得到船体的屏蔽保护和适当的舵展弦比,舵面积的加大受到限制。此外,过大的舵面积通常会造成舵力和舵杆扭矩增大,带来舵的强度问题以及过大的舵机功率需求。因此,设计时需要综合考虑设计限制和各方面的因素,选择合适的舵面积。

舵高和舵宽的比值称为舵的展弦比。敞水舵的水动力性能与舵的剖面形状和展弦比密切相关。对于一定的剖面形状,敞水舵的水动力性能由展弦比决定。一般而言,展弦比较大的舵具有较高的水动力性能,因此,从提高操纵性的角度出发,采用大一点的舵展弦比是有利的。但是大的展弦比要求有较大的舵高和小的舵宽,而受船尾线型和吃水的限制,舵高的加大受到限制。此外,大展弦比的舵,其失速角较小,这对大舵角下的操纵性是不利的。因此,设计时需要综合考虑设计限制和各方面的因素,从而选择合适的舵展弦比。

关于舵的剖面形状,可供选择的有平板舵和流线型舵。平板舵结构简单,但水动力性能较差,因此仅在某些内河小船上采用。流线型舵的水动力性能优良,因此在各类船上得到广泛采用,已有很多的流线型舵剖面系列可供舵设计时选用。

3. 舵力、舵杆扭矩计算

在舵设计的过程中,当舵的主要参数和几何形状确定以后,需要进行舵的水动力(舵力、舵杆扭矩)及舵机转矩的计算,以便选用合适的舵机以及确定舵杆等部件的尺寸。

传统上,对于敞水舵的水动力和力矩计算,是采用基于系列模型试验的经验公式估算法和基于有限展弦比机翼理论的计算方法;对于位于船体、螺旋桨后的舵,需要考虑船体、螺旋桨对舵的来流的整流作用和加速、减速作用,得到舵的有效入流角和有效来流速度,再借鉴敞水舵的水动力计算公式,对船体、螺旋桨后舵的水动力进行计算。

如今,可以应用 CFD 技术,通过建立敞水舵和船体-螺旋桨-舵系统的数值模型,应用 CFD 软件求解相应的黏性流场,对敞水舵和船体-螺旋桨-舵系统的水动力和力矩进行计算,从而对敞水舵和船、桨后舵的水动力性能进行数值预报。

在计算得到作用在敞水舵或船、桨后舵上的水动力和力矩后,加上作用在上、下舵承和盖板上的摩擦力矩,可以得到舵杆扭矩和舵机转矩,从而为选用合适的舵机以及确定舵杆等部件的尺寸提供依据。

第7章　改善船舶操纵性的措施

船舶操纵性是船舶重要的航行性能之一,为了保障船舶的安全航行和高效作业,船舶需要具有良好的操纵性能。通过前面所介绍的操纵性预报和评估方法,可以判断船舶是否满足IMO"船舶操纵性标准"中对操纵性的要求。如果发现所设计的船舶不具有所要求的操纵性,需要采取一定的措施,以改进其操纵性。

通常,从控制装置的角度,采用较大面积的舵,可以提高船舶操纵性;采用非常规舵,可以提高船舶低速航行时的操纵性;采用主动式控制装置,不仅可以提高船舶低速航行时的操纵性,甚至可以在零航速下使船舶具有所要求的操纵性。可以根据所设计船舶的使用要求,从操纵性和经济性方面予以平衡,选择合适的控制装置。

从船形的角度考虑,船舶主尺度和船体几何对操纵性有一定的影响;船舶的侧投影面积,尤其是船舶首、尾部的侧投影面积对操纵性有较大的影响。需要综合考虑船舶的各种航行性能,在保证船舶其他各项航行性能足够好的前提下,通过改变船形,提高船舶操纵性。

以下根据操纵性指数的定义式及其与船舶操纵性的关系,简要说明如何通过改变船形来提高船舶操纵性能。以 K、T 指数和稳定性衡准数 C 为例,其定义式为

$$K \approx -\frac{N_\delta}{N_r}, \ T \approx -\frac{I_z - N_{\dot{r}}}{N_r} \tag{7-1}$$

$$C = -Y_v(mx_G U - N_r) + N_v(mU - Y_r), \ K = \frac{-Y_v N_\delta + N_v Y_\delta}{C} \tag{7-2}$$

正如在第 5 章所讨论的,较大的 K 值意味着较好的回转性,较小的 T 值意味着较好的稳定性和转首性;正的 C 意味着船舶具有固有稳定性,其值越大稳定性越好。从式(7-1)可知,由于 K 与 N_δ 成正比,提高舵的水动力性能,可以提高 N_δ 值,因而提高 K 值,可改进回转性;同时,减小船体回转阻尼,即减小 N_r 的绝对值,也可以提高 K 值,从而改进回转性。但从稳定性的角度,减小 N_r 的绝对值,会使 T 值增加,从而降低稳定性。在这里,我们再一次看到,如果不提高舵的水动力性能,在改进回转性的同时,必将降低稳定性;反之亦然。

从第 3-3 节的分析可知,线性水动力导数 N_r 和船首、尾部的侧投影面积密切相关:更丰满的船首、尾部侧投影面积将给出较大绝对值的 N_r,从而给出较好的稳定性,较差的回转性;反之,如果船首、尾部侧投影面积小,则 N_r 的绝对值较小,从而给出较差的稳定性,较好的回转性。因此,可以权衡对稳定性和回转性的要求设计船形,使其具有合适的首、尾部侧投影面积。

根据式(7-2),由于 x_G 的值通常很小,而 Y_v 和 N_r 通常为绝对值较大的负值,所以 $Y_v N_r$ 为正,且绝对值很大,$-Y_v(mx_G U - N_r)$ 也为正。此外,由于 N_v 和 Y_r 均为符号不定的小量,$mU \gg |Y_r|$,$mU - Y_r$ 为正,$N_v(mU - Y_r)$ 和 N_v 同号。如果 N_v 为正,则 $N_v(mU - Y_r)$ 为正,C 将为较大的正值。所以,为了得到较大的正 C 值(意味着较好的固有稳定性),Y_v 和 N_r 的绝对值应该尽可能的大,N_v 应该为尽可能大的正值。为此,船尾部的侧投影面积应该比船首部的侧投影面积更丰满。因此,在船尾部安装呆木、尾鳍等可以得到较大的正 N_v 值,从而

提高稳定性。同理,船体尾倾对提高稳定性也是有利的。当然,根据第 5-2 节的分析,如果不改变舵的水动力性能,稳定性提高的同时必将降低回转性,反之亦然。而采用较大的舵面积,不仅可以提高舵效,还可以增加船尾部的侧投影面积,所以可以同时改进稳定性和回转性。事实上,提高舵效和舵的水动力性能,是同时提高船舶稳定性和回转性的唯一途径。

本篇参考文献

［1］盛振邦，刘应中.船舶原理(下册)［M］.上海：上海交通大学出版社，2004.

［2］Abkowitz M A. Lectures on Ship Hydrodynamics — Steering and manoeuvrability［M］. Hydro-and Aerodynamics Lab，Lyngby，Denmark，1964.

［3］Edward V. Lewis. Principles of Naval Architecture［M］. Second Revision. USA：SNAME，1989.

［4］IMO. Standards for ship manoeuvrability［S］. Resolution MSC. 137(76). 2002.

［5］IMO. Explanatory notes to the standards for ship manoeuvrability［S］. MSC/Circ. 1053. 2002.

［6］Yasukawa H，Yoshimura Y. Introduction of MMG standard method for ship manoeuvring predictions［J］. Journal of Marine Science and Technologh，2014(20).

第 五 篇

船 舶 耐 波 性

马 宁 顾解忡 修订

第1章 耐波性概述

船舶耐波性(seakeeping performance)是船舶在波浪中运动特性的统称,它包括船舶在波浪中所产生的各种摇荡运动以及由这些运动引起的砰击、飞溅、上浪、失速、螺旋桨飞车和波浪弯矩变化等性能,直接影响船舶在风浪作用下维持其正常功能的能力,历来是船舶及其他海洋结构物的设计和使用者十分关心的问题。研究船舶在波浪中产生一系列运动的原因,是学习船舶耐波性的首要目的。了解了船舶在波浪中运动机理后,就可以探讨保证船舶在波浪中航行安全和维持其使用功能的措施,这是学习船舶耐波性的第二个目的。船舶在波浪中的运动是不可避免的,问题在于如何防止船舶在波浪中发生过大的运动,保证船舶安全和维持其使用功能不受损害,这是船舶设计中要考虑的重要课题。

在海上航行的船舶,像任何刚体一样,可以产生六自由度的运动。为了研究这些运动,通常采用以下 3 个右手坐标系(见图 1-1)。

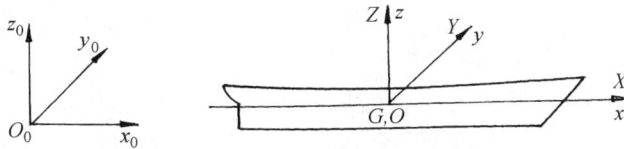

图 1-1   研究船舶运动的坐标系

1) 固定坐标系 $O_0 x_0 y_0 z_0$

它是固定在地球上的直角坐标系,$x_0 y_0$ 平面与静水面重合,z_0 轴向上为正。

2) 运动坐标系 $GXYZ$

它是以船舶重心位置 G 为原点而固定于船体上的直角坐标系。X 轴在中线面内,平行于基面,指向船首为正,Z 轴向上为正。X、Y 和 Z 轴可近似认为是船体的 3 根惯性主轴。

3) 半固定坐标系 $Oxyz$

它是以船速 V 随船一起运动的直角坐标系,其位置与在平衡状态的运动坐标系 $GXYZ$ 重合。

船舶任意时刻的运动可以分解为在 $Oxyz$ 坐标系内船舶重心 G 沿 3 个坐标轴的直线运动及船体绕 3 个坐标轴的转动。在这些运动中又有单向运动和往复运动之分,因此共有 12 种运动形式,如图 1-2 所示。在造船界中习惯采用的名称如表 1-1 所示。

表 1-1   12 种运动形式的习惯名称

坐标轴	转动		直线	
	单向运动	往复运动	单向运动	往复运动
x	横倾	横摇	前进或后退	纵荡
y	纵倾	纵摇	横漂	横荡
z	回转	首摇	上浮或下沉	垂荡

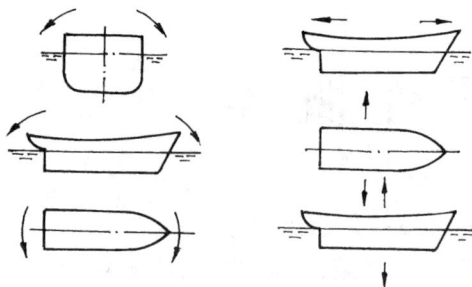

图1-2 船舶的运动形式

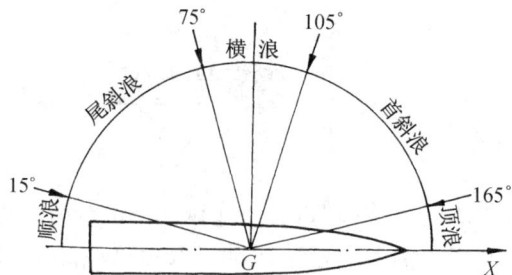

图1-3 船的遭遇浪向

船舶摇荡运动主要研究由波浪干扰引起的船舶往复运动,其中横摇、纵摇和垂荡对船舶航行影响最大,是研究船舶摇荡运动的主要内容。

船舶摇荡是指船舶在风浪作用下产生的摇荡运动,它们的共同特点是在平衡位置附近做周期性的振荡运动。产生何种摇荡运动形式取决于船舶首向与风浪传播方向之间的夹角,称为遭遇浪向。所谓首向是船舶首尾线指向船首的方向,即在 $GXYZ$ 坐标系中 X 轴的方向。当首向与风浪传播方向相一致时,遭遇浪向为零度,如图1-3所示。

当遭遇浪向在左、右舷 $0°\sim15°$ 之间时称为顺浪。遭遇浪向在左、右舷 $165°\sim180°$ 之间时称为顶浪。顺浪和顶浪统称纵向对浪,纵向对浪主要产生纵向运动,它包括纵摇、纵荡和垂荡,其中主要是纵摇和垂荡。遭遇浪向在左、右舷 $75°\sim105°$ 时称为横浪。横浪主要产生横向运动,它包括横摇、首摇和横荡,其中主要是横摇。遭遇浪向在左、右舷 $15°\sim75°$ 时称为尾斜浪。遭遇浪向在左、右舷 $105°\sim165°$ 时称为首斜浪。尾斜浪和首斜浪既产生纵向运动,也产生横向运动。

在海洋中,船舶的摇荡运动是由风浪引起的,由于风浪本身具有随机性,船舶摇荡也必然不同于一般的简谐运动而是具有随机性的运动形式。对船舶摇荡问题的研究大致分以下两个阶段:

(1) 1953年之前,主要在静水中或规则波条件下研究船舶摇荡问题。这种研究方法使复杂的问题得以简化,并在定性方面解决了设计中的一些具体问题。但是对于船舶在实际风浪中摇荡的估算或预报,除了受涌扰动外,一般情况下是无法实现的。

(2) 1953年丹尼斯(St.Denis)和皮尔逊(Pierson)将随机理论中的线性叠加原理应用到船舶摇荡中来,即假定船舶对实际风浪的响应等于所有组成风浪的各单元波的响应之和。这样就把船舶摇荡问题建立在概率论和数理统计的数学理论之上,使预报船舶在实际风浪中的摇荡及其他性能成为可能。

由于有了这一基本方法,使我们有可能从定量上来估计实际海浪中船舶的各种运动,这就把船舶摇荡的研究大大地向前推进了一步。近年来,在基本理论、模型试验及计算机应用等方面都取得了很大的进展。

耐波性是船舶在风浪中性能的综合体现,它包括以下主要内容。

1) 船舶摇荡

其中运动显著而影响严重的是横摇、纵摇和垂荡。

2) 砰击

由于严重的纵摇和垂荡,船体与风浪之间产生猛烈的局部冲击现象称为砰击。砰击多发生在船首部。砰击发生时首柱底端或船底露出水面,然后在极短的时间内以较大的速度落入水中而与水面发生猛烈的撞击。

3）上浪

船舶在风浪中剧烈摇荡时风浪涌上甲板的现象称为上浪。上浪时船首常常埋入风浪中，海水淹没首部甲板边缘，甲板上水。上浪主要是由严重的纵摇和垂荡引起的。

4）失速

它包括风浪失速和主动减速。风浪失速是指推进动力装置功率调定后，由于剧烈的摇荡，船舶在风浪中较静水中航行时航速的降低值。主动减速是指船舶在风浪中航行，为了减小风浪对船舶的不利影响，主动调低主机功率，使航速比静水中速度下降的数值。

5）螺旋桨飞车

船舶在风浪中航行时，部分螺旋桨叶露出水面，转速剧增，并伴有强烈振动的现象称为螺旋桨飞车。

船舶航行的环境条件和耐波性之间的关系，可以用图 1-4 的方块图来表示。

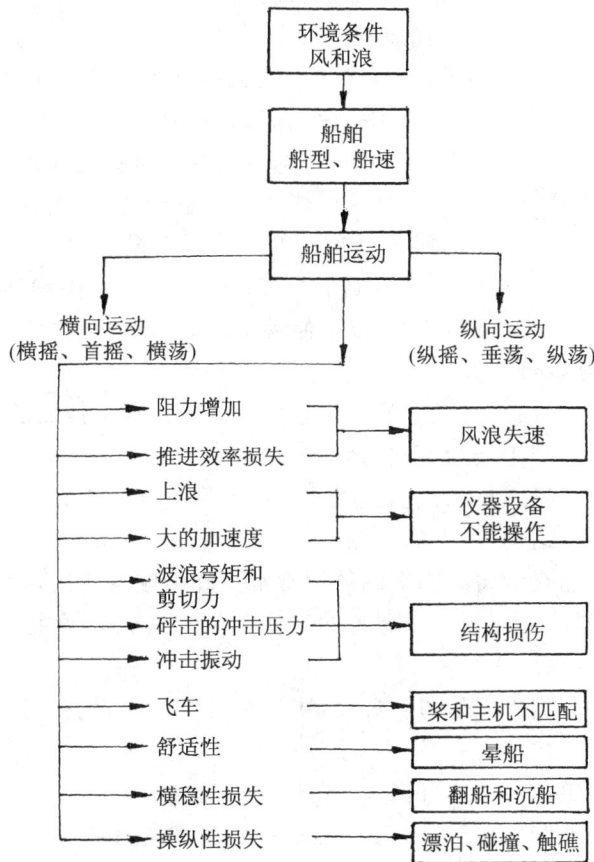

图 1-4　环境条件与耐波性之间的关系

船舶大多数情况都在风浪中航行，因此在设计中必须考虑船舶在风浪中的性能。一般来说，在静水中诸如稳性、快速性优良的船舶，在有风浪的海面上耐波性不一定优良，这种例子是很多的。有些船在风浪中的最大航速不是由主机功率决定，而是由它的耐波性决定的。由此看来，耐波性的优劣是衡量船舶性能好坏的重要指标之一，特别是经常航行于一类航区的船舶和海洋工作船更是如此,对于海洋钻井船,耐波性是最重要的性能。

由以上分析看出,船舶耐波性和船舶摇荡显然不是一回事,但是船舶摇荡是耐波性的主要内容,耐波性所涉及的其他内容主要是由船舶摇荡引起的,因此估算船舶摇荡是评定耐波性最基本的条件。根据船舶摇荡可以定量地计算出像砰击、上浪、飞车等性能。一般来说,船舶摇荡较缓和,则耐波性也较优良。我们将主要介绍横浪中的横摇和纵向对浪中的纵摇与垂荡,由此可以恰当地评价该船的其他耐波性能。

剧烈的横摇、纵摇和垂荡会对船舶产生一系列有害影响,甚至引起惨重后果,主要表现在以下 3 个方面。

1)对适居性的影响

船舶为了完成一定的任务,必须给乘员提供一个合适的环境,使他们能有效地进行工作。乘员的工作能力受两种运动特性的影响,即加速度和横摇周期。

加速度引起人们晕船。人的前庭系统,特别是内耳腔对线加速度和角加速度特别敏感,超过一定的刺激就要引起晕船。图 1-5 是由实测得到的某些船的基本关系。一般来说,发生晕船的频率随加速度增加而平行增加。最大的加速度发生在船尾或船首,主要是由纵摇和垂荡引起的。某些渔船在激烈的海面上船首加速度可达到 1 个重力加速度,可见工作条件的恶劣。

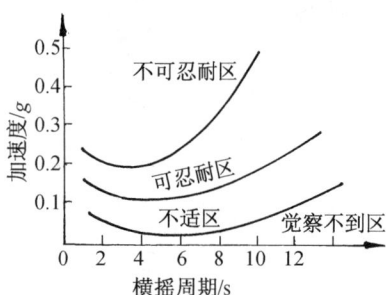

图 1-5　横摇周期、加速度
对适居性的影响

横摇角影响人的运动能力,大致可以分为 3 个区域:在 $0°\sim4°$ 范围内对人的活动没有明显影响,有些人的工作能力略有提高的趋势;在 $4°\sim10°$ 范围内使人的运动能力明显下降;$10°$ 以上使乘员吃饭、睡觉及在船上走动都发生困难。

2)对航行使用性的影响

船员利用船上的全部设备,在预定的海洋条件下完成其规定使命的能力称为航行使用性。剧烈的摇荡对航行使用性产生极为不利的影响。

由于纵摇和垂荡,使船舶造成失速,主机功率得不到充分利用。

严重的砰击使船首部结构损坏,船体颤振。在压载航行时,驾驶人员主动减速,主要是避免首部严重砰击。高速船在汹涛海面上的航速常常由砰击频度所决定,称为砰击限制航速。

上浪使甲板机械损坏,给船员造成恶劣的工作条件。满载船舶主动减速的重要因素是考虑上浪频度,称为上浪限制航速。

螺旋桨飞车使主轴受到极大的扭转振动,主机突然加速和减速,损坏主机部件,推进效率降低。

过大的摇荡使波浪负荷加大,可能损坏船体结构,甚至断裂。

大的风和浪加上激烈的摇荡,给船舶操纵带来困难,使船舶难以维持或改变航向。

以上各点都是由于剧烈的摇荡给航行使用性带来的影响。为了提高在风浪中的航行使用性就必须改善船舶的摇荡性能。

3)对安全性的影响

当激烈的运动损坏了船舶的主要部件,如主机、螺旋桨、舵及导航设备等以后,船可能失去控制而造成惨重后果。

大角度横摇可能使舱室进水、货物移动,由于这些原因造成的海难事件是经常发生的。

横摇降低了船舶的抗风能力,在风和浪的作用下,船舶出现了很大的横摇角。我国海船稳性规范规定,在计算最小倾覆力矩时要考虑横摇的影响,即考虑船舶在横摇最大角度时突然受到一个来自入水舷方向的阵风吹袭这种最危险的情况。

我们研究船舶摇荡的目的在于了解其运动规律和影响因素,以寻求有效的方法,避免或减轻摇荡引起的灾害,从而设计和建造耐波性优良的船舶。但是应该指出:耐波性对船体的要求往往与其他性能的要求相矛盾,因而要全面分析,分清主次,以求得到合理的解决。

最后顺便再次提出,船舶在风浪中产生摇荡运动时,船体本身具有角加速度和线加速度,属于非定常运动。因此,在研究船舶摇荡运动规律及船体受力时,除考虑船舶本身的惯性作用外,还必须考虑附加质量和附加惯性矩(或称附连水质量和附连水惯性矩)的影响。有关这方面的内容在本书第四篇第 1 章中有简略介绍。

第2章 海浪与统计分析

2-1 海浪概述

　　船舶在海上的摇荡运动主要是由海浪引起的。为了预报船舶在海浪上的性能,必须对海浪进行研究。

　　海浪主要指表层海水受外力影响而发生的起伏现象。引起海浪的原因是很多的,例如,由风引起的风浪,由日月引力引起的潮波,由地震引起的海啸以及船行波等。在海上分布最广、出现频率最多、对航行影响最大的是由风兴起的风浪,它是造船工作者最值得关心的。我们以下主要讨论风浪的特点。

1. 风浪的产生

　　笼罩在海洋上的大气不断地流动,这种空气的水平移动叫作风。由于空气流动的结果,使海面所受的压强发生变化。同时由于水面与空气的相对运动,在它们之间有摩擦力存在,使水表面承受切应力。正是由于大气压强的变化与切应力的存在,使平静的水面发生局部变形。重力使变形的水面有向原来平衡位置运动的趋势,惯性力又有使变形继续发展的趋势,此消彼长,从而水面不断地起伏,形成风浪。

　　应该指出,不管风浪的外形怎样复杂,在波形传播过程中,水质点本身并不随波形移动,而只是在平衡位置附近周期性振荡,像"麦浪"一样。这一点也可以借助在水面上漂浮的木块并不随波漂流的现象来佐证。

2. 风浪的发展

　　在开始的时候,风浪的传播速度小于风速。这时风把能量传给风浪是通过两种方式进行的:一是风对风浪的向风斜面上的正压力(与受力面垂直的作用力);另一是风沿着风浪轮廓流动时的切向作用力(与受力面平行的作用力)。当风浪的传播速度大于风速时,就完全依靠后一种方式传递能量了。由于风能的传递,每经过一个周期之后,水质点就从风那里获得一些新的能量,这样使得风浪含有的能量不断地增加。另一方面由于风浪不断地向外传播而带走部分能量,海水内部的摩擦也不断地消耗能量。当风浪成长到一定大小时,能量的增长和消耗达到相对平衡,风浪停止增长,即风浪含有的能量已经"饱和",风浪要素达到稳定状态。

　　风浪要素的大小,主要取决于以下3个条件:

　　(1)风速,即在水面规定高度上风的前进速度。

　　(2)风时,即稳定状态的风在水面上吹过的持续时间。

　　(3)风区长度,即风以接近于不变的方向和速度在开敞水面上吹过的距离。

　　风速越大,风时越久,风区长度越长,海水从风那里获得的能量越多,风浪要素越大。在一定风速作用下,风在相当大的风区海面上吹了足够长的时间以后,风浪要素达到稳定状态时的风浪,称为充分发展风浪。要达到充分发展风浪应有足够的风时和风区长度。表 2-1 给出不同风速下达到充分发展风浪的条件。

表 2-1　充分发展风浪的条件

风速/kn	风时/h	风区长度/n mile
10	2.4	10
20	10.0	75
30	23.0	280
40	42.0	710
50	69.0	1 420

在一定风速下,风区和风时不够长,风浪要素尚未达到充分发展值的风浪称为未充分发展风浪。在船舶工程的应用中,只要风浪不是迅速地衰减或增长,也把未充分发展风浪看成是稳定的。在有限风区,风时足够的风浪都是稳定的,即风浪要素几乎是不变的。

3. 海浪的分类

海浪大致分成 3 类:

1）风浪

它是在风直接作用下产生的,海面极不规则的海浪,也称为不规则波,是船舶航行中经常遇到的一种海浪。

2）涌浪

它是由其他风区传来的波,或由于当地的风力急剧下降,风向改变或风平息之后形成的海浪。涌的形态和排列比较规则,波及的区域也比较大。在一个海区内常见风暴未到而涌先到,或者风暴已过仍存在涌。

3）近岸浪

当水深小于波长的 $\frac{1}{2}$ 时,在海岸与浅滩附近所形成的波浪。

由于涌的形状比较规则,它可以近似地用规则波如余弦波来表示。对于风浪,由于它的随机性,因此风浪的要素必须用另外的方法来表示,目前普遍采用的是统计分析方法。

2-2　规则波的特性

波面可以用简单函数表达的波浪称为规则波。规则波不仅能近似表示涌,而且也是研究不规则波的基础。

余弦波是指波形轮廓是余弦曲线的规则波,如图 2-1 所示。沿 $O_0 x_0$ 方向传播的余弦波的波面方程为

$$\zeta = \zeta_A \cos(k x_0 - \omega t) \tag{2-1}$$

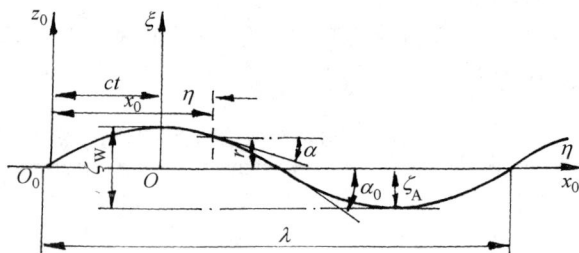

图 2-1　规则波浪

式中：ζ 为波面升高；

ζ_A 为波幅，波峰或波谷到静水面间的垂向距离，它和波高的关系为 $\zeta_w = 2\zeta_A$；

k 为波数，其值等于单位距离上出现的波浪个数的 2π 倍，是一个表示波形的参数；

ω 为波浪圆频率，简称频率。

与波峰线正交的垂向剖面上的波浪表面倾斜度称为波倾角 α，其大小由下式决定：

$$\alpha = \frac{\partial \zeta}{\partial x_0} = -k\zeta_A \sin(kx_0 - \omega t) = -\alpha_0 \sin(kx_0 - \omega t) \qquad (2\text{-}2)$$

式中：α_0 为最大波倾角，习惯上称波倾，其数值为

$$\alpha_0 = k\zeta_A = \frac{2\pi}{\lambda}\zeta_A \qquad (2\text{-}3)$$

式中：λ 为波长，是两相邻波峰或波谷之间的水平距离。

对于固定点，通过坐标原点的转换，波倾角随时间的变化可以写成

$$\alpha = \alpha_0 \sin \omega t \qquad (2\text{-}4)$$

若时间 t 固定不变，由式（2-1）可以看出，kx_0 每增加 2π，波面升高 ζ 保持不变，其间的距离为一个波长 λ，因此可以写成

$$k\lambda = 2\pi$$
$$k = \frac{2\pi}{\lambda} \qquad (2\text{-}5)$$

若位置 x_0 固定不变，ωt 每增加 2π，波面升高 ζ 保持不变，波形传递一个波长所需的时间为波浪周期 T，故有

$$\omega T = 2\pi$$
$$T = \frac{2\pi}{\omega} \qquad (2\text{-}6)$$

在深水条件下，波长 λ、周期 T 和波速 c 之间存在以下关系：

$$\left.\begin{array}{l} T = \sqrt{\dfrac{2\pi}{g}\lambda} \approx 0.8\sqrt{\lambda} \\[2mm] \lambda = 1.56T^2 \\[2mm] c = \dfrac{\lambda}{T} = \sqrt{\dfrac{g}{2\pi}\lambda} = 1.25\sqrt{\lambda} \end{array}\right\} \qquad (2\text{-}7)$$

事实上，深水波的波数与波频之间存在如下色散关系：

$$k = \frac{\omega^2}{g} \qquad (2-8)$$

由流体力学知道,波浪运动是由各水质点沿圆形轨道做匀速圆周运动构成的,水质点的这种运动称为轨圆运动,如图 2-2 所示。轨圆运动的周期即为波浪周期,轨圆运动的角速度即为波浪圆频率。轨圆半径 ζ_B 与水深 h_B 的关系为

$$\zeta_B = \zeta_A e^{-\frac{2\pi h_B}{\lambda}} \qquad (2-9)$$

式中: h_B 为质点运动的轨圆中心在静水表面下的深度。

从式(2-9)看出,轨圆半径是随水深以指数规律衰

图 2-2 水质点的轨圆运动

减的。当水深等于 $\dfrac{\lambda}{2}$ 时,由此式得到 $\zeta_B = \zeta_A e^{-\pi} \approx \dfrac{\zeta_A}{23}$,即如果表面波的波幅为 3 m,那么在 $\dfrac{\lambda}{2}$ 水深处水的波动只有0.13 m。从这里可以看出,若船在水下 $\dfrac{\lambda}{2}$ 水深处航行,几乎不受表面波浪的影响。所以有人认为要避免海浪对船体的影响,今后船舶应向潜水或半潜水船的方向发展。

波内压力场的流体动压力的分布可以用下式确定:

$$p = p_0 + \rho g h_B - \rho g \zeta_B \cos(k x_0 - \omega t) \qquad (2-10)$$

式中: p 为某点 B 的流体动压强;

$\quad p_0$ 为自由表面的大气压强;

$\quad \rho$ 为水的密度;

$\quad g$ 为重力加速度。

由式(2-10)看出,在深水中,由波浪引起的压强变化与轨圆半径的变化具有相同的规律,即随着水深的增加,压强变化以指数规律衰减,这种现象通常称为史密斯(Smith)效应。

对于自由表面,上式中 $p = p_0$, $\zeta_A = \zeta_B$,则有

$$h_B = \zeta_A \cos(k x_0 - \omega t) \qquad (2-11)$$

比较式(2-1)与式(2-11),发现波浪表面即为等压面。

现在考虑流场内部的等压面,由式(2-10)得到等压面方程为

$$h_B = \frac{p - p_0}{\rho g} + \zeta_B \cos(k x_0 - \omega t) \qquad (2-12)$$

由上式看出,等压面也是余弦曲线,此曲线的轴线位于静水面下的深度为 $\dfrac{p - p_0}{\rho g}$,波动的幅值等于相应水深下的水质点轨圆半径。因此,等压面也称为次波面。

波浪中水质点的振荡,并没有使水质点向前移动,也没有质量传递。但是水质点具有速度且有升高。因此波浪具有能量。余弦波单位波表面积,即单位长度和单位宽度的波浪内所包含的总能量为

$$E = \frac{1}{2} \rho g \zeta_A^2 \qquad (2-13)$$

式中, ρ 为水的密度。在总能量中,一半是动能,一半是位能。

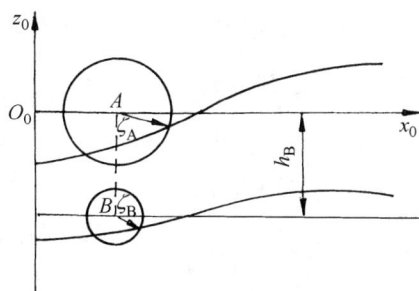

2-3 不规则波的理论基础

1. 不规则波的基本概念

1）确定性关系与统计关系

自然界中存在着两种不同的数量关系,一种是确定性的数量关系,例如求方程 $ax^2+bx+c=0$ 的解;另一种大量存在的是不确定性的关系,即所谓统计关系。例如,我们掷一分币,对于每一次是正面向上还是反面向上是难以预料的,但是经过大量的观察和研究表明,当多次投掷之后,就会发现分币正面或反面的出现具有一种特殊的规律,即所谓的统计规律,正面向上的可能性基本上接近反面向上的可能性。

我们所要讨论的不规则波及由不规则波引起的船舶摇荡运动等都是属于统计规律范畴之内的。例如,在海上某一具体的时间和地点将出现什么样波高和波长的波浪事先是无法确定的,但是经过大量的统计观察表明,如果外界条件没有显著变化,波浪的出现是有一定的规律性的。例如,在所有可能出现的波高中,一定的波高占总数的比例会是一个比较稳定的值。我们只要掌握经过大量试验所表现出的统计规律,就从总体上掌握了不规则波的特性。对于不规则波所引起的船舶运动及其他特性也是如此。

2）不规则波的叠加原理

实际海面上的风浪是极其不规则的,每一个波的波高、波长和周期都是随机变化的,因此用规则波的固定表示式是不能表达的。为了便于问题的讨论,我们假定不规则波是由许许多多不同波长、不同波幅和随机相位的单元波叠加而成的。根据式(2-1),考虑到相位(相互间的时间差)的随机性,不规则波波面升高的数学表示式可以写成

$$\zeta = \sum_{n=1}^{\infty} \zeta_{An}\cos(k_n x_0 - \omega_n t + \varepsilon_n) \tag{2-14}$$

式中随机相位 ε_n 可以取 $0\sim 2\pi$ 间的任意值。正因为如此,波面升高不能看成是位置和时刻的确定函数,而是随机变化的。为了理解这种情况,我们设想在平静水面的不同位置上投入许多小石子,每个石子形成一个不同频率的微小的单元波,许多石子形成一系列的波,在某一位置上的波形可以看成是这一系列单元波的叠加。

上述叠加的思想是处理不规则波的基本思想。为了使问题简化,假定组成不规则波的单元波都具有同一个前进方向,因此由这些单元波的总和所代表的不规则波也是在同一个方向传播,即所谓二因次不规则波,也叫长峰波,意思是指垂直于波前进方向的波峰线是很长的。当然,在自然界中没有真正的长峰波存在,只有涌比较接近于长峰波。通常风浪存在主传播方向,用长峰波的概念处理风浪能得到工程上满意的结果。当不规则波是由不同方向传播的单元波叠加而成时,称为三因次不规则波,也叫短峰波。

2. 随机过程

1）随机过程

考察某海区的波面升高 $\zeta(t)$,它每一次都取唯一的但不能预先确定的数值,因此波面升高是一个随机变量。同时,它又随时间连续地变化,这样的随机变量称为随机过程或随机

函数。

为了研究相同条件海区的风浪特性,设想把同一类型的浪高仪置于海面的不同位置,同时记录波面升高。每一个浪高仪的记录代表一个以时间为变量的随机过程 $\zeta(t)$,它是许多记录中的一个"现实"。所有浪高仪记录的总体表征了整个海区波浪随时间的变化,称为"样集",它是由许多现实组成的。对样集的观察,只能通过对每一个现实的记录来实现。如果各浪高仪记录的现实分别为 ${}^1\zeta(t)$,${}^2\zeta(t)$,$\cdots$,${}^n\zeta(t)$,则样集是由 n 个随机过程的现实构成的,如图 2-3 所示。为了充分反映海面的情况,浪高仪的个数 n 必须是一个很大的数目。任意一个浪高仪的记录只不过是样集中的一个特例。

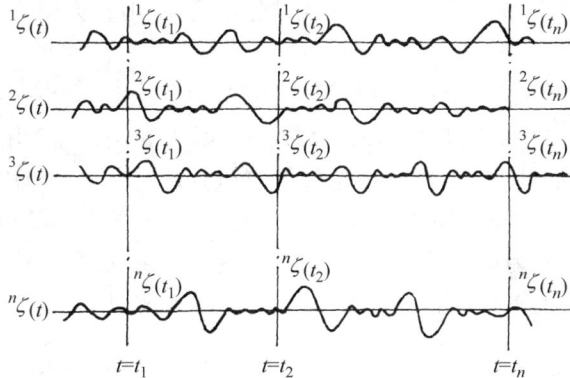

图 2-3　浪高仪在整个海区记录的"样集"

2）平稳随机过程

从图 2-3 可以看出,定义随机过程的统计特性有以下两种可能的方法:

（1）考虑时间 $t=t_1$、$t=t_2$ 等处的统计特性,称为横截样集的统计特性。

（2）考虑随时间而变化的统计特性,称为沿着样集的统计特性。

现在考虑波面升高的横截样集的统计特性。取固定时刻 $t=t_1$,则在每一个现实上得到一个相应的数值,组成一组随机变量,分别为 ${}^1\zeta(t_1)$,${}^2\zeta(t_1)$,$\cdots$,${}^n\zeta(t_1)$,它代表了 $t=t_1$ 时刻的横截样集中的一个现实。一般来说,横截样集中的每一现实的统计特性是不同的,它们是时间的函数。如果横截样集中每一现实的统计特性不随时间转移而变化,则称这种随机过程为平稳随机过程。平稳随机过程的统计特性可以用任意横截样集的统计特性来代表。这样就使随机过程统计特性的计算工作大大简化。

在造船工程中,通常把风浪和由此引起的船舶运动等都看成是平稳随机过程。迅速增长或衰减的海面不能认为是平稳随机过程。

3）各态历经性

对于平稳随机过程,当样集中每一个现实求得的统计特性都是相等的,而且样集在任一瞬间的所有统计特性等于在足够长时间间隔内单一现实的所有统计特性,满足这样条件的平稳随机过程称为具有各态历经性。具备各态历经性的随机过程,可以用单一记录的时间平均来代替 n 个记录的样集的平均,使随机过程的数据分析工作进一步简化。例如,分析某一海区的风浪特性,根据各态历经性的假定,只要取一个浪高仪足够长时间的记录,如 20 分钟的记录,对此进行分析所得的统计特性就能表征整个海区的统计特性。

具备各态历经性的平稳随机过程是风浪和船舶摇荡运动及其他性能统计分析的基本假定。

3. 随机过程的概率分布

为了研究某一海区的风浪统计特性,根据各态历经性的假定,取某一浪高仪足够长的一段记录曲线,以时间间隔 Δt 量取 n 个波面升高 ζ_1, ζ_2, …, ζ_i, …, ζ_n。为了充分反映海面的情况,Δt 应取足够小的值。然后把 n 个波面升高按大小分成 k 组,设在第 j 组内的波面升高的个数为 m_j,其平均波面升高为 $\overline{\zeta_j}$,则 j 组内波面升高出现的频率为

$$P_j = \frac{m_j}{n} \tag{2-15}$$

为了更清楚地表明各种数值的波面升高出现的可能性,用直方图表示更直观,如图 2-4(a) 所示。

在直方图的横坐标 x 上截取各组的范围,并以组距为底作长方形,使其面积等于该组出现的频率 P_j,见图 2-4(a)中的阶梯形折线,其纵坐标用 $f(x)$ 表示。当时间间隔无限缩小,波面升高的个数 n 无限增加,同时分组数 k 也无限增加时,则图 2-4(a)中的阶梯形折线将接近光滑曲线,波面升高出现的频率接近它的概率。此曲线表明了作为随机过程的波面升高取各种可能值的可能性大小,称为概率分布曲线。$f(x)$ 称为概率密度函数,其单位是随机过程单位的倒数。显然,分布曲线下的面积等于 1,因为它包括了波面升高取任何可能值,即

$$\int_{-\infty}^{\infty} f(x)\mathrm{d}x = 1 \tag{2-16}$$

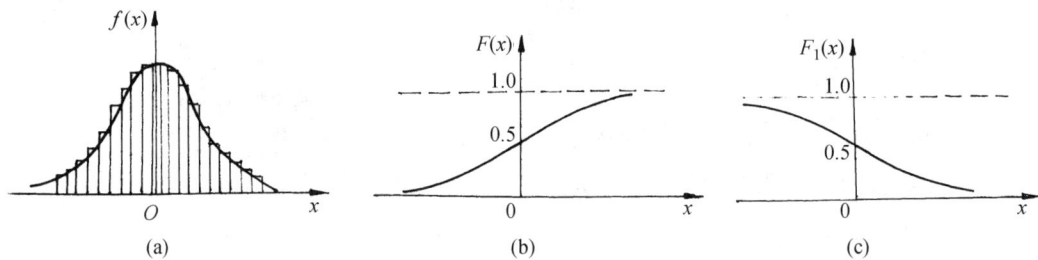

图 2-4 概率分布曲线

概率密度函数具有密度的性质,它表征了随机过程在给定的数值上是按此密度分布的。如果有一根沿着 x 轴横卧的、具有单位质量的细棒,则 $f(x)$ 相当于细棒的密度。

在实际上往往需要知道随机变量 X 小于某一定值 x 的概率 $P(X<x)$。例如,在某一海况下,求波面升高小于 2 m 的概率是多少? 显然,$P(X<x)$ 是确定值 x(此时 $x=2\,\mathrm{m}$)的函数,在数值上等于 $X<x$ 的所有概率元素之和,即

$$F(x) = P(X<x) = \int_{-\infty}^{x} f(x)\mathrm{d}x \tag{2-17}$$

式中 $F(x)$ 称为概率分布函数。它在几何上表示位于点 x 左边分布曲线下的面积,如图 2-4(b)所示。

有时需要用到随机变量 X 超过某一定值 x 的概率。例如,求波面升高超过 2 m 的概率是多少? 通常称为超过概率分布函数,亦称 $X>x$ 的保证率,以 $F_1(x)$ 表示,见图 2-4(c),即

$$F_1(x) = P(X>x) = \int_{x}^{\infty} f(x)\mathrm{d}x = \int_{-\infty}^{\infty} f(x)\mathrm{d}x - \int_{-\infty}^{x} f(x)\mathrm{d}x = 1 - F(x)$$

$$\tag{2-18}$$

从概率论的观点来看,概率分布曲线完整地描述了随机过程横截的统计特性,它不仅告诉我们随机过程能取哪些值,而且还告诉我们以什么样的概率取这些值。但是在实际应用中要确定概率密度函数并加以分析往往是困难的。为了便于进行运算和实际测量,我们下面引入随机过程的数字特征。

1) 随机过程的数字特征

(1) 数学期望。

设 $X(t)$ 是一随机过程,考虑固定时刻 t_1 的横截样集构成的一组随机变量 $X(t_1)$,它的概率密度函数为 $f(x_1,t_1)$,其数学期望定义为概率分布曲线面积中心的横坐标,记为

$$\mu_x(t_1) = E[X(t_1)] = \frac{\int_{-\infty}^{\infty} f(x_1,t_1)x_1 \mathrm{d}x_1}{\int_{-\infty}^{\infty} f(x_1,t_1)\mathrm{d}x_1} = \int_{-\infty}^{\infty} f(x_1,t_1)x_1 \mathrm{d}x_1 \tag{2-19}$$

对于具有各态历经性的平稳随机过程,数学期望是不随时间而变的常数,因此可以写成

$$\mu_x = E[X] = \int_{-\infty}^{\infty} f(x)x \mathrm{d}x \tag{2-20}$$

数学期望是描述随机变量分布集中趋势的数字特征,它可以理解为随机过程 $X(t)$ 在各个时刻的摆动中心。从式(2-19)和式(2-20)看出,数学期望是分布曲线下的面积对原点的一阶矩,它相当于前述单位质量细棒的质量中心位置。

例如,求由观测得到的波面升高 ζ_1,ζ_2,…,ζ_n 的数学期望。考虑到式(2-15),用有限和的形式代替式(2-20)中的积分,则得

$$\mu = E[\zeta] = \sum_{j=1}^{k} P_j \overline{\zeta}_j = \sum_{j=1}^{k} \frac{m_j \overline{\zeta}_j}{n} = \frac{1}{n}\sum_{i=1}^{n} \zeta_i \tag{2-21}$$

从式(2-21)看出,在大量试验中随机过程观测值的平均数逼近于它的数学期望,因此,数学期望又叫均值。

(2) 自相关函数。

为了描述随机过程在两个不同时刻状态间的关系,引入了自相关函数这一数字特征。

设 $X(t_1)$ 和 $X(t_2)$ 是随机过程 $X(t)$ 在任意两个时刻 t_1 和 $t_2 = t_1 + \tau$ 的两组随机变量,这时自相关函数定义为

$$R_{xx}(t_1,t_2) = E[X(t_1)X(t_2)] = \lim_{n \to \infty} \frac{1}{n}\sum_{k=1}^{n} x_k(t_1)x_k(t_2) \tag{2-22}$$

对于各态历经的平稳随机过程,可以用一个现实的时间平均代替样集平均来计算统计特征,这时自相关函数可以写成

$$R_{xx}(t_1,t_2) = R_{xx}(t_1,t_1+\tau) = R_{xx}(\tau) = E[X(t)X(t+\tau)]$$
$$= \lim_{2T \to \infty} \frac{1}{2T}\int_{-T}^{T} x(t)x(t+\tau)\mathrm{d}t \tag{2-23}$$

式中:$2T$ 为某一现实的记录区间;

τ 为时延。

自相关函数表示随机过程 $X(t)$ 在任意两个时刻状态之间的依从关系。若 $R_{xx}(\tau)$ 数值较大时,说明在时间间隔 τ 的取值有较强的相关性;反之亦然。

自相关函数简称相关函数,在不致引起混淆的情况下,常把 $R_{xx}(\tau)$ 记作 $R_x(\tau)$。

（3）均方值。

均方值 $\psi_x^2(t)$ 表示横截样集组成的随机变量 $X(t_1)$ 对原点的分布情况，定义为

$$\psi_x^2(t) = E[X^2(t_1)] = \lim_{n \to \infty} \frac{1}{n} \sum_{k=1}^{n} x_k^2(t_1) = R(t_1, t_1) \tag{2-24}$$

即 $\tau = 0$ 时的相关函数等于均方值。

对于各态历经的平稳随机过程，均方值

$$\psi_x^2 = E[X^2(t)] = R_x(0) = \lim_{2T \to \infty} \frac{1}{2T} \int_{-T}^{T} x^2(t) \, \mathrm{d}t \tag{2-25}$$

（4）自协方差函数。

自协方差函数简称协方差函数，它是表示横截样集中心化后随机过程在两个不同时刻状态之间的相关程度，定义为

$$C_{xx}(t_1, t_2) = E\{[X(t_1) - \mu_x(t_1)][X(t_2) - \mu_x(t_2)]\} \tag{2-26}$$

对于各态历经的平稳随机过程，协方差函数为

$$C_{xx}(\tau) = E\{[X(t) - \mu_x][X(t+\tau) - \mu_x]\}$$
$$= \lim_{2T \to \infty} \frac{1}{2T} \int_{-T}^{T} [x(t) - \mu_x][x(t+\tau) - \mu_x] \mathrm{d}t \tag{2-27}$$

符号 $C_{xx}(\tau)$ 常记为 $C_x(\tau)$。

（5）方差。

方差表示横截样集 $X(t_1)$ 在数学期望周围的分散程度，定义为

$$\sigma_x^2(t_1) = D[X(t_1)] = E\{[X(t_1) - \mu_x(t_1)]^2\} = C_x(0) \tag{2-28}$$

对于各态历经的平稳随机过程，方差为

$$\sigma_x^2 = D[X(t)] = C_x(0) = \lim_{2T \to \infty} \frac{1}{2T} \int_{-T}^{T} [x(t) - \mu_x]^2 \mathrm{d}t \tag{2-29}$$

方差的单位是随机过程单位的平方，这可能给应用带来不便，通常取方差平方根的正值作为随机过程 $X(t)$ 对于均值偏离程度的量度，称为均方差，记作

$$\sigma_x = \sqrt{\sigma_x^2} \tag{2-30}$$

对于均值为零的随机过程，如船舶及海洋工程中通常都是这样的随机过程，其相关函数等于协方差函数，均方值等于方差，即

$$R_x(\tau) = C_x(\tau) \tag{2-31}$$
$$\psi_x^2 = \sigma_x^2$$

由以上分析可知，诸数字特征中最主要的是均值和自相关函数，它们刻画了随机过程的主要统计特性，而且较概率密度函数易于观测和实际计算。事实上，工程中经常碰到的正态随机过程的概率密度函数完全由它的均值和方差所决定。

当已知概率密度函数 $f(x)$ 之后，就可以对随机过程的统计特性进行预报。在船舶工程中经常遇到的有以下几种概率分布。

2）几种概率分布

（1）正态分布。

正态分布（又称高斯分布）是常见的一种连续分布，它在数理统计中起着重要的作用。理论表明，若某一随机过程是由大量的相互独立的随机因素的综合影响所形成的，而其中每一个

别因素在总的影响中所起的作用都是微小的,这种随机过程往往近似地服从正态分布。在风作用下生成的海浪基本上能满足上述条件,因此,风浪波面升高的瞬时值符合正态分布的概率密度表达式:

$$f(x) = \frac{1}{\sqrt{2\pi}\sigma_x} \exp\left[-\frac{(x-\mu_x)^2}{2\sigma_x^2}\right] \tag{2-32}$$

式中:μ_x 为随机过程的均值;

σ_x^2 为随机过程的方差。

正态分布的密度曲线 $f(x)$ 如图 2-4(a)所示,它关于 $x=\mu_x$ 是对称的,并且在 $x=\mu_x$ 处取得最大值 $\frac{1}{\sqrt{2\pi}\sigma_x}$。在 $x=\pm\sigma_x$ 处,$f(x)$ 是一个拐点,密度函数的值随着离 μ_x 的距离增大而逐渐减少,特别当 x 趋于 $\pm\infty$ 时,曲线渐近于 x 轴。

正态过程的主要特点之一是,凡由正态过程经过线性变换得到的任一随机过程也是正态的。这就是说,若输入和输出之间存在线性关系,而且输入是正态的,则输出必然也是正态的。因此,若认为波浪是正态的,则由波浪所引起的船体运动、船体应力、航行中螺旋桨推力与转矩的变化等,所有这些过程的瞬时值都将服从正态分布。

(2)瑞利分布。

瞬时值服从正态分布的平稳随机过程,其幅值(或包络)服从瑞利分布。因此,风浪的波幅值、摇荡幅值和应力幅值等都服从瑞利分布。这是工程中极感兴趣的分布,因为工程中主要关心的是各种随机过程的幅值统计特性。瑞利分布是 1880 年由瑞利(Rayleigh)提出的,1945 年莱斯(Rice)证明了窄带、正态过程的峰值(或包络)服从瑞利分布。自 1952 年瑞利分布引入造船工程领域之后,成为造船统计分析中极其重要的工具。

瑞利分布的概率密度函数为

$$f(x) = \frac{2x}{R} e^{-\frac{x^2}{R}} \tag{2-33}$$

式中:R 为分布参数,它与相应的正态分布的方差存在如下关系:

$$R = 2\sigma_x^2 \tag{2-34}$$

瑞利分布的参数 R 可由实测中的一个现实估算得到,如果 x_1,x_2,$\cdots$,x_n 是由测量中得到的一组幅值,当数目 n 很大时(n 至少为 120),则存在关系

$$R = \frac{1}{n}\sum_{i=1}^{n} x_i^2 \tag{2-35}$$

对于瑞利分布而言,只要相应的正态分布的方差确定之后,整个分布就随之而定了。

(3)泊松分布。

船舶砰击和甲板上浪服从泊松分布,它们是计数的随机过程,表示事件发生的次数。在海上船体发生砰击是随机的,有时一艘船会以不同烈度连续砰击,然后在一个相当长的时间内无砰击发生,以后又突然发生一严重砰击。若令 $N(t)$ 为在时间从 0 到 t 的间隔中砰击发生的次数,它与时间 t 有关,因此是非平稳的。但是在任一时间间隔 $[t_i, t_j]$ 内的次数增量 $\{N(t_j) - N(t_i)\}$ 是不依赖于时间的平稳过程。一般来说,随机变量 $x=N(t_j)-N(t_i)$ 服从具有平均发生率 ν 的泊松分布,其分布律

$$P\{x=k\} = \mathrm{e}^{-\nu T}\,\frac{(\nu T)^k}{k!} = \mathrm{e}^{-\lambda}\,\frac{\lambda^k}{k!} \tag{2-36}$$

式中：x 为在时间区间 T 内砰击发生的次数；

k 为整数，$k=0$，1，2，…；

ν 为单位时间内砰击发生的平均数；

$\lambda = \nu T$ 为在时间 T 内砰击发生的数学期望（平均数）。

从式(2-36)看出，只要知道发生事件的数学期望就完全确定了泊松分布。

4. 瑞利分布的统计特性

下面以风浪为例来说明瑞利分布的概率密度与随机过程的统计特性之间的关系。风浪的瞬时波面升高符合正态分布，因此波幅符合瑞利分布。假设从某一风浪记录曲线上量得一系列波幅，其分布曲线如图 2-5 所示。从图中看出，当波幅 $\zeta_A \rightarrow 0$ 时，$f(\zeta_A)=0$；当 $\zeta_A \rightarrow \infty$ 时，曲线逐渐趋近于横轴。

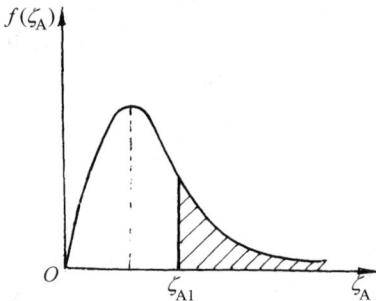

图 2-5　波幅分布曲线

对式(2-33)求导，然后令其等于 0，便可得到分布曲线峰值的位置 $(\zeta_A)_m = \sqrt{\dfrac{R}{2}} = \sigma_x$，即最大可能出现的波幅值。

波幅 ζ_A 超过 ζ_{A1} 的概率，即 $\zeta_A > \zeta_{A1}$ 的保证率，根据式(2-18)和式(2-33)，若波幅随机过程用 Z_A 表示，则得

$$F_1(\zeta_{A1}) = P(Z_A > \zeta_{A1})$$

$$= \int_{\zeta_{A1}}^{\infty} \frac{\zeta_A}{\sigma_\zeta^2}\exp\left(-\frac{\zeta_A^2}{2\sigma_\zeta^2}\right)\mathrm{d}\zeta_A = \exp\left(-\frac{\zeta_{A1}^2}{2\sigma_\zeta^2}\right) \tag{2-37}$$

实用上超过概率常以百分数表示。如超过概率 $p(\%)$（保证率 $p(\%)$），即图 2-5 中右端阴影线部分的面积为曲线总面积（等于 1）的 $p(\%)$。若把超过概率 $p(\%)$ 对应的波幅写成 $(\zeta_A)_{p(\%)}$，则有

$$p(\%) = \exp\frac{-\left[(\zeta_A)_{p(\%)}\right]^2}{2\sigma_\zeta^2} \tag{2-38}$$

两边取对数得

$$(\zeta_A)_{p(\%)} = \sqrt{2\ln\frac{1}{p(\%)}}\,\sigma_\zeta \tag{2-39}$$

表 2-2 给出不同保证率 $p(\%)$ 时的比值 $k = \dfrac{(\zeta_A)_{p(\%)}}{\sigma_\zeta}$ 的值。

表 2-2　不同保证率下的 k 值

$p/(\%)$	0.1	1	3	3.9	10	13.5	30	40	46.5	50	80	90	100
k	3.72	3.04	2.64	2.55	2.15	2.00	1.56	1.36	1.25	1.18	0.67	0.45	0

俄国和东欧各国习惯用不同保证率下的幅值表示随机过程的统计特征。

如果我们把测量的 m 个波幅 ζ_A 按大小排列，ζ_{A1}，ζ_{A2}，$\cdots$，ζ_{An}，超过 $\dfrac{1}{n}$ 最大波幅 $\zeta_{A/n}$ 的概率（保证率）为 $\dfrac{1}{n}$，根据式(2-37)，则有

$$\frac{1}{n} = \exp\left(-\frac{\zeta_{A/n}^2}{2\sigma_\zeta^2}\right)$$

两边取对数得

$$\zeta_{A/n} = \sqrt{2\ln n}\,\sigma_\zeta \tag{2-40}$$

表 2-3 给出不同 n 值所对应的比值 $\dfrac{\zeta_{A/n}}{\sigma_\zeta}$ 之值。式(2-39)和式(2-40)是等量的，只不过一个用百分数表示，一个用分数表示而已。

表 2-3　不同 n 值下的 $\dfrac{\zeta_{A/n}}{\sigma_\zeta}$ 值

n	2	5	10	20	50	100	200	500	1 000
$\dfrac{\zeta_{A/n}}{\sigma_\zeta}$	1.18	1.79	2.15	2.45	2.80	3.04	3.26	3.53	3.72

根据理论推导，N 个波幅中最大波幅的期望值可以写成

$$\zeta_{A/N} = \sqrt{\frac{\pi}{2}}\,\sigma_\zeta\left[N - \frac{N(N-1)}{2!\,\sqrt{2}} + \frac{N(N-1)(N-2)}{3!\,\sqrt{3}} + \cdots\right] \tag{2-41}$$

表 2-4 给出不同 N 值对应的比值 $\dfrac{\zeta_{A/N}}{\sigma_\zeta}$ 之值。

表 2-4　不同 N 值下的 $\dfrac{\zeta_{A/N}}{\sigma_\zeta}$ 值

N	1	2	5	20	100	500	1 000	10 000	100 000
$\dfrac{\zeta_{A/N}}{\sigma_\zeta}$	1.25	1.78	2.25	2.64	3.22	3.69	3.87	4.43	4.92

从表 2-4 看出，$\zeta_{A/N}$ 没有给出上界，随着波幅个数增加而不断增加，显然这与实际情况是不符合的，所以它只适用于波幅个数不过分大的情况。

下面求 $\dfrac{1}{n}$ 最大波幅的期望值，例如 $\dfrac{1}{3}$ 最大波幅的期望值。$\dfrac{1}{n}$ 最大波幅的期望值，可以视为图 2-5 中阴影面积中心的横坐标，即

$$\overline{\zeta}_{A/n} = \frac{\displaystyle\int_{\zeta_{A/n}}^{\infty}\zeta_A f(\zeta_A)\mathrm{d}\zeta_A}{\displaystyle\int_{\zeta_{A/n}}^{\infty}f(\zeta_A)\mathrm{d}\zeta_A} = n\int_{\zeta_{A/n}}^{\infty}\zeta_A f(\zeta_A)\mathrm{d}\zeta_A = n\int_{\zeta_{A/n}}^{\infty}\frac{\zeta_A^2}{\sigma_\zeta^2}\exp\left(-\frac{\zeta_A^2}{2\sigma_\zeta^2}\right)\mathrm{d}\zeta_A \tag{2-42}$$

把式(2-40)代入式(2-42)并进行积分,可以得到

$$\overline{\zeta}_{A/n}=\sqrt{2}\,\sigma_\zeta(\ln n)^{\frac{1}{2}}+\frac{\sqrt{\pi}\,n\sigma_\zeta}{\sqrt{2}}\left[1-\mathrm{erf}(\ln n)^{\frac{1}{2}}\right] \tag{2-43}$$

式中:$\mathrm{erf}(x)=\dfrac{2}{\sqrt{\pi}}\displaystyle\int_0^x \exp(-x^2)\mathrm{d}x$ 为误差函数,其值可查数学用表。

由式(2-43)看出,$\dfrac{1}{n}$ 最大波幅的期望值仅是均方差的函数,具体计算结果如下:

$$\left.\begin{array}{ll}\text{平均波幅}(n=1) & \overline{\zeta}_A=1.25\sigma_\zeta \\ \text{三一平均波幅}(n=3) & \overline{\zeta}_{A/3}=2.00\sigma_\zeta \\ \text{十一平均波幅}(n=10) & \overline{\zeta}_{A/10}=2.55\sigma_\zeta \\ \text{百三平均波幅}(n=33.3) & \overline{\zeta}_{3A/100}=2.99\sigma_\zeta\end{array}\right\} \tag{2-44}$$

三一平均波幅又叫有义波幅,它是把测得的波幅按大小依次排列,取最大 $\dfrac{1}{3}$ 的平均值。有义波幅接近海上目测的波幅,通常用于衡量风浪的大小。从表 2-2 看出,有义波幅相当于保证率为 13.5% 的波幅;平均波幅对应保证率为 46.5% 的波幅;十一平均波幅对应保证率 3.9% 的波幅。

以上结果虽然是对波幅推导的,但对任何服从瑞利分布的随机变量,像船体运动、船体应力的幅值分布等都是适用的。

5. 多年一遇的波浪预报

上述的预报方法属于短期预报,一般指二十分钟至数小时,在此期间海洋环境不发生变化。但是在考虑波浪影响的设计中,往往需要知道若干年中可能出现的最大值。从原则上讲,这种多年一遇的极值预报问题可以用极值分布理论解决。但多年一遇问题是小概率事件,往往不出现在已测量的记录中,推算多年的情况需要了解长期分布规律,例如,推算 50 年一遇的波高,一般需要 10 年以上的观察资料,这对我国大多数海域来说是困难的。下面介绍一种利用短期资料推算多年一遇波高的简单方法。

在波浪预报中,总是用已测得的那部分波高资料,选用某一理论分布进行拟合,以便达到外延的目的。如果用等比坐标纸,一般会产生很大的曲率变化,使外延发生困难。有一种特殊坐标分格坐标纸,可以使一定类型的分布曲线成为直线,这种坐标纸称为概率格纸。目前对各种分布都有相应的概率格纸。

设在一年中,每两小时观察一次波高,那么一年中共有 $365\times12=4\,380$ 个观察值,将这些值按大小分成 10 个区间,统计各区间中出现的次数和计算累计频率。将各区间相应的波高与累计频率点在选取的概率格纸上,用最佳直线通过这些点,经外延后可得到多年一遇的波高,如图 2-6 所示。

在分析中要注意重视周期与频率之间的关系,例如上例中,因一年有 4 380 个数据,对应的频率为 $\dfrac{1}{4\,380}=0.000\,228$,那么十年对应的频率应为 $0.000\,022\,8$,一百年对应的频率为 $0.000\,002\,28$,依次类推,这样就可以确定重现时间了。

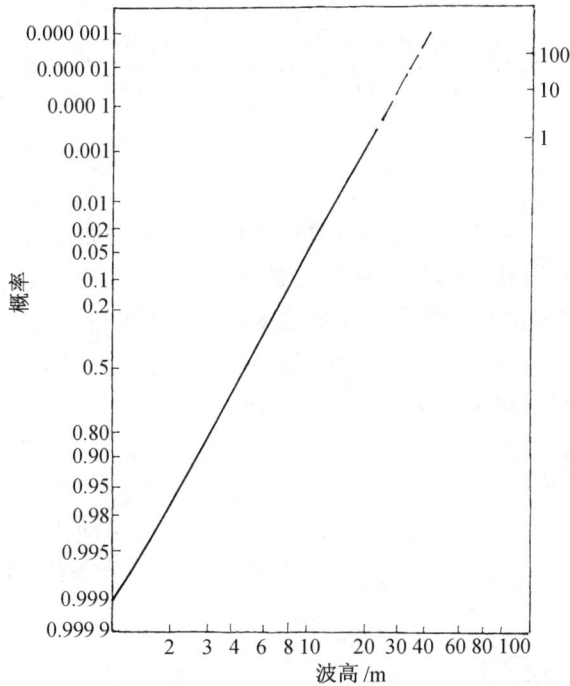

图 2-6　多年一遇波浪的预报

2-4　谱分析的理论基础

1. 频域分析和时域分析

一般说来,估计像风浪和船舶运动这样的平稳随机过程的统计特性有两种不同的途径:一是在时间域内对随机取样数据进行分析,称为时域分析方法;另一种是通过对随机取样数据在频域范围内的谱分析,结合瑞利分布的特性,对风浪、船体运动和船体应力等的统计特性进行预报,称为频域分析方法,这是一种应用较多的方法。

如果有一个非周期函数 $f(t)$,满足条件

$$\int_{-\infty}^{\infty} |f(t)| \, \mathrm{d}t < \infty \tag{2-45}$$

在区间 $[-\infty, \infty]$ 内的傅里叶积分

$$\left. \begin{aligned} F(\omega) &= \frac{1}{2\pi} \int_{-\infty}^{\infty} f(t) \mathrm{e}^{-\mathrm{j}\omega t} \, \mathrm{d}t \\ f(t) &= \int_{-\infty}^{\infty} F(\omega) \mathrm{e}^{\mathrm{j}\omega t} \, \mathrm{d}\omega \end{aligned} \right\} \tag{2-46}$$

式(2-46)中 $f(t)$ 是时域函数,$F(\omega)$ 是频率函数,两者之间存在傅里叶变换关系,时间域内的函数 $f(t)$ 可以看成在频率域内许多谐波的叠加,式中 ω 是谐波的圆频率。

在式(2-46)中,若把 $f(t)$ 视为输入,而将

$$\frac{1}{2\pi} \int_{-\infty}^{\infty} f(t) \mathrm{e}^{-\mathrm{j}\omega t} \, \mathrm{d}t$$

视为算子，则由时域转换到频域时，存在如下的输入和输出关系：

$$（时域）\xrightarrow[f(t)]{输入}\boxed{\frac{1}{2\pi}\int_{-\infty}^{\infty}f(t)e^{-j\omega t}dt}\xrightarrow[F(\omega)]{输出}（频域）$$

2. 谱密度函数

谱的概念来自光学，它在工程技术中有着广泛的应用。例如，随机波浪可以看作是不同单元波的叠加，随机波浪的谱就表示了各单元谐波的组成情况，可以表明哪些单元波起主要作用，哪些起次要作用。在海浪理论中谱分析的主要功能在于：

（1）预报波浪运动。

（2）确定物体在波浪作用下的响应。

（3）模拟波浪运动。

1）谱密度函数的定义

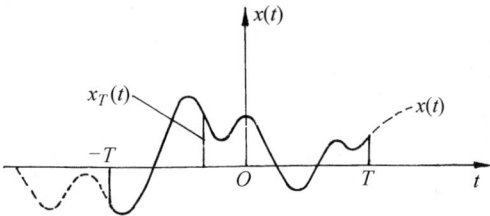

图 2-7　随机过程 $x(t)$ 曲线

如图 2-7 所示随机过程的一个现实 $x(t)$，为了满足傅里叶积分条件，作一截界函数 $x_T(t)$，使满足

$$x_T(t)=\begin{cases}x(t), & -T\leqslant t\leqslant T\\0, & T<|t|\end{cases}$$

$$(2\text{-}47)$$

根据式(2-46)的傅里叶变换关系，则可写成

$$x_T(t)=\int_{-\infty}^{\infty}X_T(\omega)e^{j\omega t}d\omega=\int_{-\omega_T}^{\omega_T}X_T(\omega)e^{j\omega t}d\omega$$

$$X_T(\omega)=\frac{1}{2\pi}\int_{-\infty}^{\infty}x_T(t)e^{-j\omega t}dt=\frac{1}{2\pi}\int_{-T}^{T}x_T(t)e^{-j\omega t}dt \qquad (2\text{-}48)$$

根据式(2-25)，随机过程的均方值为

$$\psi_x^2=\lim_{2T\to\infty}\frac{1}{2T}\int_{-T}^{T}[x_T(t)]^2dt=\lim_{2T\to\infty}\frac{1}{2T}\int_{-T}^{T}x_T(t)\int_{-\omega_T}^{\omega_T}X_T(\omega)e^{j\omega t}d\omega dt$$

$$=\lim_{2T\to\infty}\frac{1}{2T}\int_{-\omega_T}^{\omega_T}X_T(\omega)\int_{-T}^{T}x_T(t)e^{j\omega t}dt d\omega$$

$$=\lim_{2T\to\infty}\frac{2\pi}{2T}\int_{-\omega_T}^{\omega_T}X_T(\omega)\left[\frac{1}{2\pi}\int_{-T}^{T}x_T(t)e^{j\omega t}dt\right]d\omega$$

$$=\lim_{2T\to\infty}\frac{2\pi}{2T}\int_{-\omega_T}^{\omega_T}X_T(\omega)X_T^*(\omega)d\omega=\lim_{2T\to\infty}\frac{2\pi}{2T}\int_{-\omega_T}^{\omega_T}|X_T(\omega)|^2d\omega \qquad (2\text{-}49)$$

式中：

$$X_T^*(\omega)=\frac{1}{2\pi}\int_{-T}^{T}x_T(t)e^{j\omega t}dt$$

即 $X_T^*(\omega)$ 和 $X_T(\omega)$ 是共轭复数，定义

$$S_{x1}(\omega)=\lim_{2T\to\infty}\frac{2\pi}{2T}|X_T(\omega)|^2 \qquad (2\text{-}50)$$

为双边谱密度函数，它定义于 $(-\infty,\infty)$ 的区间内，是频率 ω 的实偶函数。若把式(2-50)代入

式(2-49),则随机过程的均方值可以写成

$$\psi_x^2 = \lim_{2\omega_T \to \infty} \int_{-\omega_T}^{\omega_T} S_{x1}(\omega)\,\mathrm{d}\omega = \int_{-\infty}^{\infty} S_{x1}(\omega)\,\mathrm{d}\omega \tag{2-51}$$

因为波浪等是零均值的随机过程,均方值等于方差,所以有

$$\sigma_x^2 = \int_{-\infty}^{\infty} S_{x1}(\omega)\,\mathrm{d}\omega \tag{2-52}$$

谱密度函数是从频率域角度描写随机过程,相关函数则从时间域角度描写随机过程,两者之间存在傅里叶变换关系,即所谓维纳-辛钦定理(Wiener-Хинчин)。下面证明这种关系。

根据式(2-23),自相关函数为

$$
\begin{aligned}
R_x(\tau) &= \lim_{2T \to \infty} \frac{1}{2T} \int_{-T}^{T} x_T(t) x_T(t+\tau)\,\mathrm{d}t \\
&= \lim_{2T \to \infty} \frac{1}{2T} \int_{-T}^{T} x_T(t) \left[\int_{-\omega_T}^{\omega_T} X_T(\omega) \mathrm{e}^{\mathrm{j}\omega(t+\tau)}\,\mathrm{d}\omega \right] \mathrm{d}t \\
&= \lim_{2T \to \infty} \frac{1}{2T} \int_{-\omega_T}^{\omega_T} X_T(\omega) \left[\int_{-T}^{T} x_T(t) \mathrm{e}^{\mathrm{j}\omega t}\,\mathrm{d}t \right] \mathrm{e}^{\mathrm{j}\omega\tau}\,\mathrm{d}\omega \\
&= \lim_{2\omega_T \to \infty} \frac{1}{2\omega_T} \int_{-\omega_T}^{\omega_T} X_T(\omega) X_T^*(\omega) \mathrm{e}^{\mathrm{j}\omega\tau}\,\mathrm{d}\omega = \lim_{2\omega_T \to \infty} \int_{-\omega_T}^{\omega_T} S_{x1}(\omega) \mathrm{e}^{\mathrm{j}\omega\tau}\,\mathrm{d}\omega \\
&= \int_{-\infty}^{\infty} S_{x1}(\omega) \mathrm{e}^{\mathrm{j}\omega\tau}\,\mathrm{d}\omega
\end{aligned} \tag{2-53}
$$

实用中平稳随机过程的相关函数 $R_x(\tau)$ 都满足条件式(2-45),因此存在傅里叶变换,即

$$S_{x1}(\omega) = \frac{1}{2\pi} \int_{-\infty}^{\infty} R_x(\tau) \mathrm{e}^{-\mathrm{j}\omega\tau}\,\mathrm{d}\tau \tag{2-54}$$

这表明双边谱密度 $S_{x1}(\omega)$ 与相关函数 $R_x(\tau)$ 有傅里叶变换的关系。

此外,由于 $S_{x1}(\omega)$ 和 $R_x(\tau)$ 都是实偶函数,若把 $\mathrm{e}^{\mathrm{j}\omega\tau}$ 和 $\mathrm{e}^{-\mathrm{j}\omega\tau}$ 用三角级数展开,取实部,则维纳-辛钦公式又可写成

$$
\left.
\begin{aligned}
S_{x1}(\omega) &= \frac{1}{\pi} \int_0^{\infty} R_x(\tau)\cos\omega\tau\,\mathrm{d}\tau \\
R_x(\tau) &= 2 \int_0^{\infty} S_{x1}(\omega)\cos\omega\tau\,\mathrm{d}\omega
\end{aligned}
\right\} \tag{2-55}
$$

为了数学推导方便,我们把双边谱密度 $S_{x1}(\omega)$ 的变量 ω 定义在 $(-\infty, \infty)$ 区间内,因此得到对称纵轴的谱密度。物理上可能实现的只能是 $\omega \geqslant 0$ 的单边谱密度,为此应把 $-\omega$ 上的 $S_{x1}(\omega)$ 值叠加到 $+\omega$ 的 $S_{x1}(\omega)$ 上,即

$$S_x(\omega) = 2S_{x1}(\omega) \qquad 0 \leqslant \omega < \infty \tag{2-56}$$

单边谱密度简称谱密度,是实验上可以测量的。对于单边谱密度的定义,维纳-辛钦公式成为

$$
\left.
\begin{aligned}
S_x(\omega) &= \frac{2}{\pi} \int_0^{\infty} R_x(\tau)\cos\omega\tau\,\mathrm{d}\tau \\
R_x(\tau) &= \int_0^{\infty} S_x(\omega)\cos\omega\tau\,\mathrm{d}\omega
\end{aligned}
\right\} \tag{2-57}
$$

这样定义的谱密度函数,其曲线下的面积等于过程的方差,故有时又称 $S_x(\omega)$ 为方差谱密

度,它表示平稳过程的方差随 ω 的分布情况。这是一个很重要的结论,知道谱密度就可以求得方差,然后根据瑞利分布特征就可以预报随机过程的统计值,即由确定性的谱来估计随机过程的统计值。

有时又称 $S_x(\omega)$ 为功率谱密度,这是因为若 $x(t)$ 代表电阻为 1Ω 时的电流,则 $S_x(\omega)$ 可视为在一微小频率带 $\delta\omega$ 中的平均功率分布。根据这种思想,我们也可以从能量的角度来定义谱密度 $S_x(\omega)$。因为不规则波是由许多规则的单元波叠加而成的,在频率区间 $(\omega,\omega+\Delta\omega)$ 的单元波在单位面积中的能量为

$$\frac{1}{2}\rho g \sum_{\Delta\omega} \zeta_{Ai}^2$$

如果这个能量用 $\rho g S_x(\omega)$ 表示,则得

$$\rho g S_x(\omega)\Delta\omega = \frac{1}{2}\rho g \sum_{\Delta\omega} \zeta_{Ai}^2$$

因此谱密度可以写成

$$S_x(\omega) = \frac{\dfrac{1}{2}\sum_{\Delta\omega}\zeta_{Ai}^2}{\Delta\omega} \tag{2-58}$$

不规则波的谱密度表示了不规则波内各单元谐波的能量分布情况,它表明了不规则波的组成中哪些频率的单元波起主要作用,哪些频率的单元波起次要作用,清楚地表明了不规则波的内部结构。谱密度曲线下的面积是单位波面内波浪总能量的量度,当然是衡量海况严重程度的主要因素。

不同类型的随机过程具有不同形式的相关函数和谱密度函数,图 2-8 给出 3 种典型情况的时间函数、相关函数和谱密度函数之间的关系,其中(a)是一般随机信号;(b)是窄带随机信号,即它的谐波分量集中在很窄的频率范围内;(c)是正弦随机信号,它的谱密度在给定频率下是无限大。

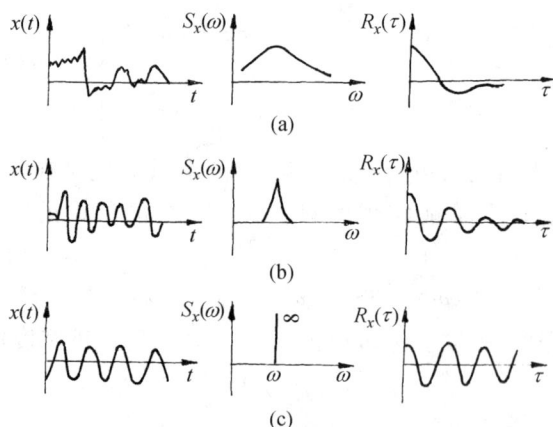

图 2-8 时间函数、相关函数和谱密度函数之间关系的 3 种典型情况

2)谱密度函数的数字特征

(1) n 阶谱矩 m_n。

谱密度对原点的 n 阶矩,表明谱密度对原点的分布情况,与力学中表征分布的矩有相同

的意义：

$$m_n = \int_0^\infty \omega^n S_x(\omega)\,\mathrm{d}\omega \quad n = 0, 1, 2, \cdots \tag{2-59}$$

当 $n=0$ 时，则有

$$m_0 = \int_0^\infty S_x(\omega)\,\mathrm{d}\omega = \sigma_x^2 \tag{2-60}$$

当 $n=2$ 时，则有

$$m_2 = \int_0^\infty \omega^2 S_x(\omega)\,\mathrm{d}\omega$$

对式(2-48)进行微分，则得

$$\dot{x}_T(t) = \frac{\mathrm{d}x_T}{\mathrm{d}t} = \int_{-\infty}^\infty \mathrm{j}\omega X_T(\omega)\mathrm{e}^{\mathrm{j}\omega t}\,\mathrm{d}\omega$$

其反变换即为

$$\mathrm{j}\omega X_T(\omega) = \frac{1}{2\pi}\int_{-\infty}^\infty \dot{x}_T(t)\mathrm{e}^{-\mathrm{j}\omega t}\,\mathrm{d}t$$

根据式(2-50)谱密度的定义，可以写成

$$S_{\dot{x}}(\omega) = \lim_{T\to\infty}\frac{2\pi}{T}\mid \dot{X}_T(\omega)\mid^2 = \lim_{T\to\infty}\frac{2\pi}{T}\mid X_T(\omega)\mid^2\omega^2 = \omega^2 S_x(\omega)$$

因此得到

$$m_2 = \int_0^\infty \omega^2 S_x(\omega)\,\mathrm{d}\omega = \sigma_{\dot{x}}^2 \tag{2-61}$$

即谱密度的二阶矩等于速度的方差。

当 $n=4$ 时，则有

$$m_4 = \int_0^\infty \omega^4 S_x(\omega)\,\mathrm{d}\omega = \sigma_{\ddot{x}}^2 \tag{2-62}$$

即谱密度四阶矩等于加速度的方差。

（2）谱宽参数 ε。

它表征谱密度的分布范围，定义为

$$\varepsilon = \sqrt{1 - \frac{m_2^2}{m_0 m_4}} \tag{2-63}$$

当 $\varepsilon=0$ 或接近 0 时，风浪中的能量相对集中，谱密度曲线窄而高，谱密度只分布在很窄的频率范围内，存在明显的主频率，称为窄带谱。窄带谱对应的随机过程的幅值服从瑞利分布，其时间历经如图 2-9(a)所示，幅值做缓慢的变化。

当 $\varepsilon=1$ 或接近 1 时，谱密度曲线宽而低，称为宽带谱。宽带谱对应的随机过程的峰值是具有平均值为零的正态分布，其时间历经见图 2-9(b)，它相当于一些高频低波幅波浪叠加于另一低频高波幅波浪的情况。

一般情况下，ε 介于 0 与 1 之间。为了应用瑞利分布（$\varepsilon=0$）的理论结果，需要对随机过程的标准差进行修正。如果 σ_ζ 代表符合瑞利分布的风浪标准差，则考虑谱宽影响的风

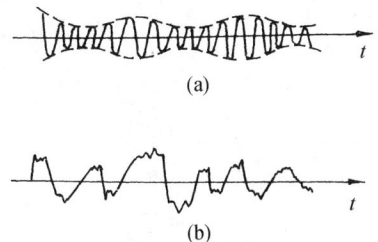

(a)

(b)

图 2-9　窄带谱、宽带谱随机幅值的时间历经

浪标准差为

$$\sigma_{\zeta_1} = \sqrt{1 - \frac{1}{2}\varepsilon^2}\, \sigma_\zeta \tag{2-64}$$

上述分析表明,在计算中,只要将谱密度曲线下的面积乘以因子$(1-\varepsilon^2/2)$,就可以应用瑞利分布的理论结果预报风浪的统计特性。例如,谱宽为ε的三一平均波幅为

$$\overline{\zeta}_{A/3} = 2.0\sqrt{\left(1 - \frac{1}{2}\varepsilon^2\right)m_0}$$

式中m_0为谱密度曲线下的面积。

根据式(2-64),把$1/n$最大平均波幅也可写成

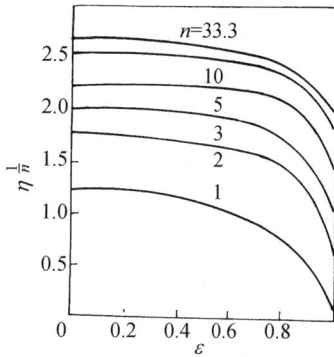

图 2-10 $\varepsilon\text{-}\eta^{(1/n)}$ 曲线

$$\overline{\zeta}_{A/n} = \eta^{(1/n)}\sqrt{m_0} \tag{2-65}$$

式中系数$\eta^{(1/n)}$根据ε的大小由图2-10查得。

从图2-10可以看出,当$\varepsilon < 0.4$时,可以不考虑谱宽的影响,而直接应用瑞利分布的理论结果。

风浪的过零周期,即两个相邻波浪在平衡位置处的平均时间间隔为

$$T_z = 2\pi\sqrt{\frac{m_0}{m_2}} \tag{2-66}$$

风浪的过零波长,即两个相邻波浪在平衡位置处的平均距离为

$$\lambda_z = 2\pi g\frac{m_0}{m_2} \tag{2-67}$$

2-5 风浪的谱密度公式

利用谱分析方法预报船舶在不规则波中的性能,首先需要对航行海区的风浪谱密度进行估算。实测一个海区的海浪谱是相当麻烦的工作。为此,海洋工作者和造船工作者根据大量的海上观测和理论工作得到了各种海浪谱的表达式。以下介绍几种常用的波谱公式。

1) P-M 谱

皮尔逊和莫斯克维奇根据在北大西洋一定点上测得的大量数据,1964 年提出了下面的谱公式:

$$S_\zeta(\omega) = \frac{A}{\omega^5}\exp\left(-\frac{B}{\omega^4}\right) \tag{2-68}$$

式中:$A = 0.008\,1g^2$;

$\quad\quad B = 0.74(g/U)^4$;

$\quad\quad g$ 为重力加速度;

$\quad\quad U$ 为离海面 19.5 m 处的风速。

目前采用的大多数标准波谱主要是基于 P-M 谱的形式建立的。

2）ITTC 谱

虽然海浪的能量来源于风,但是海浪的严重程度更直接地与海浪的波高有关,因此用有义波高来描述海浪谱更为合适。零阶谱矩(谱密度曲线下的面积)为

$$m_0 = \int_0^\infty S(\omega)\mathrm{d}\omega = \int_0^\infty \frac{A}{\omega^5}\exp\left(-\frac{B}{\omega^4}\right)\mathrm{d}\omega = \frac{A}{4B}$$

因 $\overline{\zeta}_{W/3} = 4(m_0)^{1/2}$,所以

$$B = \frac{4A}{\overline{\zeta}_{W/3}^2} \tag{2-69}$$

由于 P-M 谱中 $A = 0.0081g^2 = 0.78$,$B = \dfrac{3.12}{\overline{\zeta}_{W/3}^2}$,把以上关系代入 P-M 谱中,可得到由有义波高作为参数的海浪谱,表示为

$$S_\zeta(\omega) = \frac{0.78}{\omega^5}\exp\left(-\frac{3.12}{\overline{\zeta}_{W/3}^2 \omega^4}\right) \tag{2-70}$$

在第十一届国际船模水池会议(ITTC)上曾把式(2-70)作为暂定的标准海浪谱公式,简称为 ITTC 单参数谱。

当只给出风速而不知道有关波浪的信息时,可以应用 ITTC 推荐的风速和有义波高之间的关系,如表 2-5 所示。

表 2-5　风速和有义波高之间的关系

风速/kn	20	30	40	50	60
有义波高/m	3.1	5.1	8.1	11.1	14.6

ITTC 单参数谱是以北大西洋充分发展的海浪为背景导出的,在波频 $\omega = 1.256\overline{\zeta}_{W/3}^{(-1/2)}$ 处达到最大值,其值为 $0.25\exp\left[(-5/4)\overline{\zeta}_{W/3}^{(-5/2)}\right]$。很多实测资料表明,在未充分发展的海浪中,波谱的峰值位置偏离上述值。为了改善波谱公式,把波浪周期引入到谱公式中。经验表明,海上目测平均周期与谱心周期 T_1 比较接近,因此取特征周期 T_1 作为海浪谱的第二个参数,则有

$$m_1 = \int_0^\infty S(\omega)\omega\,\mathrm{d}\omega = \int_0^\infty \frac{A}{\omega^4}\exp\left(-\frac{B}{\omega^4}\right)\mathrm{d}\omega = \frac{1}{3}\frac{A}{B^{3/4}}\Gamma\left(1+\frac{3}{4}\right)$$

式中:Γ 为函数,$\Gamma(1+3/4) = 0.91906$,因此有

$$m_1 = 0.30638 A/B^{3/4}$$

$$T_1 = 2\pi m_0/m_1 = 5.127/B^{1/4} \quad 或 \quad B = 691/T_1^4$$

$$A = 4Bm_0 = \frac{B\overline{\zeta}_{W/3}^2}{4} = \frac{173\overline{\zeta}_{W/3}^2}{T_1^4}$$

这样便得到了由两个参数表示的海浪谱,ITTC 和 ISSC(国际船舶结构会议)都先后推荐了这个双参数波谱,它的一般形式为

$$S_\zeta(\omega) = \frac{173\overline{\zeta}_{W/3}^2}{T_1^4 \omega^5}\exp\left(-\frac{691}{T_1^4 \omega^4}\right) \tag{2-71}$$

对于双参数海浪谱,不仅适用于充分发展的海浪,也适用于成长中的海浪或含有涌浪成分的海浪,在波频 $\omega = 4.849 T_1^{-1}$ 处达到最大值,其值为 $0.065\exp[(-5/4)\overline{\zeta}_{W/3}^2 T_1]$。 如果在一定的风速下,经过一定的时间,海浪逐渐接近充分发展时,海面从风接受到的能量逐渐传给波长较长的波浪,谱的峰值位置也逐渐向低频方向移动,最后达到充分发展状态,这时峰值位置与单参数谱的位置重合,即

$$4.849 T_1^{-1} = 1.256 \overline{\zeta}_{W/3}^{(-1/2)}$$

由此得到

$$T_1 = 3.86 \sqrt{\overline{\zeta}_{W/3}}$$

若把此值代入双参数谱中可得到单参数谱的形式,这表明了单参数谱和双参数谱之间的关系。

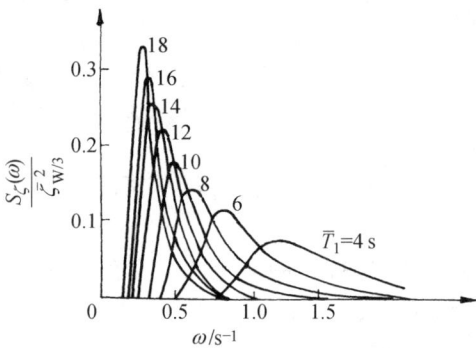

图 2-11 双参数海浪谱的变化趋势

以 $\dfrac{S_\zeta(\omega)}{\overline{\zeta}_{W/3}^2}$ 与 T_1 为变量的双参数海浪谱的变化趋势如图 2-11 所示。

在海浪谱的表达式中,有时还考虑其他的波浪特征周期,常用的有:

(1) 有效波周期 T_s,表示波列中波高最大的 1/3 波浪周期的平均值。

(2) 最大波高周期 $T_{\max}$,波列中最大波高的周期值。

(3) 谱峰周期 T_p,波谱峰值对应的周期。

(4) 谱能量周期 $T_{-1} = 2\pi m_{-1}/m_0$。

(5) 谱形心周期 $T_1 = 2\pi m_0/m_1$。

(6) 过零周期 $T_z = 2\pi(m_0/m_2)^{1/2}$。

这些特征周期之间的关系,不像特征波高之间的关系那样具有简单的形式,一般由实测资料的统计分析确定,表 2-6 的关系可供参考。

表 2-6　无限风区实测海浪各种周期的统计关系

	T_s/T_p	T_z/T_p	T_1/T_p	$T_{\max}/T_s$
平均值	0.93	0.76	0.78	1.00
标准差	0.03	0.06	0.02	0.03

3) JONSWAP 谱

由"北海海浪联合计划"测量分析得到的 JONSWAP 谱适合像北海那样的风程所限定的海域,其波谱公式有两种表示形式,一种以风速和风程表示,另一种以波高和波浪周期表示。

由风速和风程表示的谱公式为

$$S_\zeta(\omega) = \frac{\alpha g^2}{\omega^5} \exp\left[-1.25\left(\frac{\omega_p}{\omega}\right)^4\right] \gamma^{\exp\left[-\frac{(\omega-\omega_p)^2}{2(\sigma\omega_p)^2}\right]} \tag{2-72}$$

式中:α 为无量纲常数,可取 $\alpha = 0.076(gx/U^2)^{-0.22}$;

　　　x 为风区长度(风程);

　　　U 为平均风速;

346

ω_p 为谱峰频率,可取 $\omega_p = 22(g/U)(gx/U^2)^{-0.33}$;

γ 为谱峰提升因子,平均值为 3.3;

σ 为峰形参数,当 $\omega \leqslant \omega_p$ 时,可取 $\sigma = 0.07$;当 $\omega > \omega_p$ 时,取 $\sigma = 0.09$。

由波高和波浪周期表示的谱公式($\gamma = 3.3$)为

$$S_\zeta(\omega) = 319.34 \frac{\overline{\zeta}_{W/3}^2}{T_p^4 \omega^5} \left[-\frac{1948}{(T_p \omega)^4} \right] 3.3^{\exp\left[-\frac{(0.159\omega T_p - 1)^2}{2\sigma^2} \right]} \qquad (2\text{-}73)$$

式中:T_p 为谱峰周期,与其他特征周期的关系与无限海域的关系不同,如 $T_p = 1.280 T_z$。

4)方向谱

长峰不规则波的海浪谱假定海浪单一方向传播,而实际海浪除了沿主浪向传播外,还向其他方向扩散,称为短峰不规则波。短峰不规则波可以看成由不同传播方向的长峰不规则波叠加而成。描述海浪沿不同方向组成的波谱称为方向谱。方向谱的表达式通常引入方向扩展函数 $D(\omega, \theta)$,即

$$S(\omega, \theta) = S(\omega) D(\omega, \theta) \qquad (2\text{-}74)$$

式中:$S(\omega)$ 为长峰不规则波的海浪谱;

θ 为组成波与主浪向的夹角。

$D(\omega, \theta)$ 的一般形式为

$$D(\omega, \theta) = k_n \cos^n \theta \qquad \left(|\theta| \leqslant \frac{\pi}{2} \right) \qquad (2\text{-}75)$$

国际船舶结构会议(ISSC)建议采用以下两种 n 值:

$$n = 2, \ k_2 = \frac{2}{\pi} \qquad (2\text{-}76)$$

或

$$n = 4, \ k_4 = \frac{8}{3\pi} \qquad (2\text{-}77)$$

2-6 线性系统的响应关系

1. 线性系统与线性变换

航行在海上的船舶,由于不规则波的作用会产生不规则的摇荡运动。如果用物理学中能量转换器的概念加以解释,那么可以把不规则波 $\zeta(t)$ 看作为输入,通过作为能量转换器的船体 S 的转换,将其能量传递给作为输出的摇荡运动 $y(t)$。这里 $y(t)$ 可以是横摇 $\varphi(t)$、纵摇 $\theta(t)$ 或垂荡 $z(t)$ 等。图 2-12 给出了这种转换关系。

如果把上述关系形式上用数学表达式表示,则有

$$y(t) = L[\zeta(t)] \qquad (2\text{-}78)$$

图 2-12 输入与输出的转换

式中:L 为将 $\zeta(t)$ 转化为 $y(t)$ 的运算子;

$\zeta(t)$ 为对系统的扰动;

$y(t)$ 为系统对扰动的响应。

一系统若响应是可叠加的和齐次的,则该系统称为线性系统。系统的可叠加性表示为

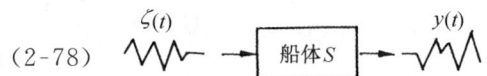

$$L[\zeta_1(t)+\zeta_2(t)]=L[\zeta_1(t)]+L[\zeta_2(t)]$$
$$=y_1(t)+y_2(t) \tag{2-79}$$

系统的齐次性表示为

$$L[a\zeta(t)]=aL[\zeta(t)]=ay(t) \tag{2-80}$$

式中：a 为任意常数。

如果系统的可叠加性和齐次性不随时间而变，则该系统称为时间恒定的线性系统。对于时间恒定的线性系统，当输入是一个平稳随机过程时，输出也是一个平稳随机过程。

解决船舶在不规则波中的运动问题，一般都假定船舶是时间恒定的线性系统。因此在风浪是平稳随机过程的假定下，由此引起的船舶运动也是平稳随机过程。同时根据正态概率分布的特性，正态随机过程经线性变换得到的任意随机过程也是正态随机过程。这就是说，如果船舶作为时间恒定的线性系统，在风浪是正态随机过程的假定下，由此而引起的船舶运动、船体应力等也都是正态随机过程，其幅值符合瑞利分布。因此，上述统计分析方法完全适用于船体运动和船体应力的分析。

2. 频率响应法与脉冲响应法

在波浪作用下船体的动态特性可以用频域范围内的频率响应法和时域范围内的脉冲响应法来描述，以下介绍这两种方法及它们之间的关系。

一般来说，线性系统的输入 $x(t)$ 和输出 $y(t)$ 之间的动态关系可以用常系数线性微分方程来描述：

$$b_n\frac{\mathrm{d}^n y}{\mathrm{d}t^n}+b_{n-1}\frac{\mathrm{d}^{n-1}y}{\mathrm{d}t^{n-1}}+\cdots+b_0 y=a_m\frac{\mathrm{d}^m x}{\mathrm{d}t^m}+a_{m-1}\frac{\mathrm{d}^{m-1}x}{\mathrm{d}t^{m-1}}+\cdots+a_0 x \tag{2-81}$$

这里假定 $n\geqslant m$，$-\infty<t<+\infty$。

我们采用拉普拉斯变换方法求解方程(2-81)。为此在方程两边乘以 e^{-St} 再从 $-\infty$ 到 $+\infty$ 进行逐次积分，根据拉普拉斯变换的微分性质可得

$$(b_nS^n+b_{n-1}S^{n-1}+\cdots+b_0)Y(S)=(a_mS^m+a_{m-1}S^{m-1}+\cdots+a_0)X(S) \tag{2-82}$$

式中：

$$X(S)=\int_{-\infty}^{\infty}x(t)\mathrm{e}^{-St}\mathrm{d}t$$
$$Y(S)=\int_{-\infty}^{\infty}y(t)\mathrm{e}^{-St}\mathrm{d}t \tag{2-83}$$
$$S=\alpha+\mathrm{j}\omega$$

这样式(2-82)可以写成

$$Y(S)=H(S)X(S) \tag{2-84}$$

式中：

$$H(S)=\frac{Y(S)}{X(S)}=\frac{a_mS^m+a_{m-1}S^{m-1}+\cdots+a_0}{b_nS^n+b_{n-1}S^{n-1}+\cdots+b_0} \tag{2-85}$$

$H(S)$ 与输入函数 $x(t)$ 无关，仅与系统的特性有关，称为线性系统的传递函数。

在一般情况下 S 是复变量，如果我们令 S 是纯虚数，即 $S=\mathrm{j}\omega$，那么，式(2-85)成为

$$H(\mathrm{j}\omega)=\frac{Y(\mathrm{j}\omega)}{X(\mathrm{j}\omega)}=\frac{a_m(\mathrm{j}\omega)^m+a_{m-1}(\mathrm{j}\omega)^{m-1}+\cdots+a_0}{b_n(\mathrm{j}\omega)^n+b_{n-1}(\mathrm{j}\omega)^{n-1}+\cdots+b_0} \tag{2-86}$$

称 $H(j\omega)$ 为频率响应函数,有时简写为 $H(\omega)$。由解析函数理论可知,对于物理上可以实现的稳定的线性系统,传递函数由频率响应函数唯一确定。

所谓频率响应就是系统对不同频率的正弦输入响应的稳态值。对于稳定的线性系统,如果输入是正弦函数,用复数表示为 $X = X_0 e^{j\omega t}$,其虚部表示真正的输入,那么输出的稳态值也是同频率的正弦函数 $Y = Y_0 e^{j(\omega t + \delta)}$,其虚部表示真正的输出。

这时的频率响应函数

$$H(j\omega) = \frac{Y(j\omega)}{X(j\omega)} = \frac{Y_0}{X_0} e^{j\delta} \tag{2-87}$$

$\frac{Y_0}{X_0} = |H(j\omega)|$ 表示正弦输出对正弦输入的幅值比,有时称为幅频特性,也称为响应幅值算子,常简写为 RAO(response amplitude operator)。

$\delta = \arg[H(j\omega)]$ 表示正弦输出对正弦输入的相位差,称为相频特性。

利用频率响应函数 $H(j\omega)$ 求解系统响应的方法称为频率响应法。求解系统响应的另一种方法是脉冲响应法,以下我们首先定义一个单位脉冲函数,也叫 δ 函数,它具有如下性质:

$$\left. \begin{array}{l} \delta(t - t_0) = 0, \ t \neq t_0 \\ \int_{t_0-\varepsilon}^{t_0+\varepsilon} \delta(t - t_0) dt = 1 \end{array} \right\} \tag{2-88}$$

在 $t = t_0$ 时刻,有一个脉冲 $\delta(t - t_0)$ 作用在系统上,产生一个响应 $h(t - t_0)$,叫脉冲响应函数(见图 2-13(b)),写作

$$L[\delta(t - t_0)] = h(t - t_0) \tag{2-89}$$

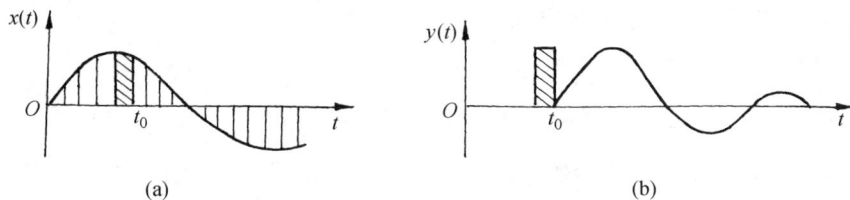

图 2-13 脉冲响应函数

脉冲响应函数给出了系统(船舶)对单位脉冲作用下的瞬态响应,它反映自终止扰动的瞬时起,直到系统重新恢复到静平衡为止的整个过程中的动态特性。对于船舶而言,脉冲响应相当于船体受到一个短促而强烈的突然作用之后的响应。

对于任意一个输入 $x(t)$,可以看成是大量脉冲的叠加,即把输入分成许多小梯形,每一个梯形相当于一个脉冲,见图 2-13(a),数学上可写成

$$x(t) = \int_{-\infty}^{\infty} x(t_0) \delta(t - t_0) dt_0 \tag{2-90}$$

对应的输出响应,根据线性系统的可加性,则为

$$y(t) = L[x(t)] = \int_{-\infty}^{\infty} x(t_0) L[\delta(t - t_0)] dt_0$$

$$= \int_{-\infty}^{\infty} x(t_0) h(t - t_0) dt_0 = \int_{-\infty}^{\infty} x(t - \tau) h(\tau) d\tau \tag{2-91}$$

式中:$\tau = t - t_0$。式(2-91)是一种卷积的形式,即线性系统的输出可以看作是输入在整个时域上的无穷加权之和,那么,解决由波浪引起的运动、应力等问题就变成了求权函数(脉冲响应

函数)的问题。在时域范围内,输入和输出之间是卷积关系;而在频域范围内,由式(2-84)看出是乘积关系。

脉冲响应函数有两个主要特性:

(1) 先有扰动,后有输出,只有 $\tau = t - t_0 > 0$ 时才有输出,即当 $\tau < 0$ 时,有

$$h(\tau) = 0$$

(2) 输出存在极限,即

$$\int_{-\infty}^{\infty} h(\tau) \mathrm{d}\tau < \infty$$

这说明可以对 $h(\tau)$ 进行傅里叶变换。

频率响应函数和脉冲响应函数都是系统本身动态特性的反映。以下分析这两者之间的关系,为此要对式(2-91)进行傅里叶变换。为使变换存在,同样要引入截界函数 $x_T(t)$ 和 $y_T(t)$,这时可写成

$$Y_T(\omega) = \int_{-\infty}^{\infty} \mathrm{e}^{-\mathrm{j}\omega t} \left[\int_{-\infty}^{\infty} x_T(t-\tau) h(\tau) \mathrm{d}\tau \right] \mathrm{d}t$$

$$= \int_{-\infty}^{\infty} h(\tau) \left[\int_{-\infty}^{\infty} \mathrm{e}^{-\mathrm{j}\omega t} x_T(t-\tau) \mathrm{d}t \right] \mathrm{d}\tau \qquad (2\text{-}92)$$

令 $u = t - \tau$,$\mathrm{d}u = \mathrm{d}t$,所以有

$$\int_{-\infty}^{\infty} \mathrm{e}^{-\mathrm{j}\omega t} x_T(t-\tau) \mathrm{d}t = \int_{-\infty}^{\infty} x_T(u) \mathrm{e}^{-\mathrm{j}\omega(u+\tau)} \mathrm{d}u = 2\pi X_T(\omega) \mathrm{e}^{-\mathrm{j}\omega\tau}$$

因此式(2-92)变为

$$Y_T(\omega) = 2\pi \int_{-\infty}^{\infty} h(\tau) X_T(\omega) \mathrm{e}^{-\mathrm{j}\omega\tau} \mathrm{d}\tau = 2\pi X_T(\omega) \int_{-\infty}^{\infty} h(\tau) \mathrm{e}^{-\mathrm{j}\omega\tau} \mathrm{d}\tau \qquad (2\text{-}93)$$

比较式(2-86)和式(2-93),则得

$$H(\mathrm{j}\omega) = 2\pi \int_{-\infty}^{\infty} h(\tau) \mathrm{e}^{-\mathrm{j}\omega\tau} \mathrm{d}\tau \qquad (2\text{-}94)$$

即频率响应函数是脉冲响应函数的傅里叶变换。

对于像不规则海浪那样的随机扰动,输入和输出的恰当表示是谱密度函数。下面讨论输入和输出谱密度函数之间的关系。

根据式(2-50),定义输出的谱密度函数为

$$S_y(\omega) = \lim_{T \to \infty} \frac{2\pi}{T} \mid Y_T(\omega) \mid^2 = \lim_{T \to \infty} \frac{2\pi}{T} \mid X_T(\omega) H(\mathrm{j}\omega) \mid^2$$

$$= \lim_{T \to \infty} \frac{2\pi}{T} \mid X_T(\omega) \mid^2 \mid H(\mathrm{j}\omega) \mid^2 = S_x(\omega) \mid H(\mathrm{j}\omega) \mid^2 \qquad (2\text{-}95)$$

由此得到一个谱分析中的重要结论:对于线性系统,输出的谱密度等于输入谱密度乘以系统的响应幅值算子(RAO)的平方。

从能量转换的角度来看,波能通过作为能量转换器的船舶转换为运动能。随机过程能量的恰当表示是谱密度,作为随机过程的风浪和船舶摇荡之间的不确定关系,转化为非随机的谱密度之间的确定关系。

讨论到这里就很容易理解谱分析方法的优点,即作为不确定的两个随机过程,在它们的谱密度之间存在着确定的响应关系。由此可以解决船舶工程中一系列实际问题,包括以下 3

方面：

（1）已知风浪谱密度和频率响应函数，求船舶运动等的谱密度。这是经常遇到的一类问题。风浪的谱密度用经验公式计算，频率响应函数通过计算或模型试验得到。然后根据式（2-95）计算运动等的谱密度。在窄带谱的假定下，可以对相应的统计特性进行预报。这种方法从丹尼斯和彼尔逊于 1953 年引入造船界之后，目前已成为船舶运动等预报的常规方法。

（2）已知风浪谱密度和由测量分析中得到运动的谱密度，从而可以求得响应幅值算子。这种情况主要用于不规则波中的模型试验。

（3）在某一海区用已知频率响应函数的船舶，测量其运动谱密度，从而可以得到该海区的风浪谱密度。

大量的实例都证明了上述的预报方法是适用的，但是在理论上它包括 3 个基本假定，因此在某些情况下要考虑它的适用范围：

（1）风浪和船舶运动等都认为是各态历经的平稳随机过程，因此对于迅速衰减或发展的海面条件使用时必须谨慎。

（2）风浪和船舶运动等视为窄带谱。

（3）船舶视为是时间恒定的线性系统。

在预报不规则波中的船舶运动时，可以应用叠加原理，即在不规则波中，船舶的响应可表示为船舶对各单元波响应的总和。当船舶运动比较激烈，特别是横摇角比较大时，非线性的影响是很严重的，船舶就不能再当成线性系统看待了。

3. 频率响应函数与频率转换

根据统计分析原理，当选取适当的风浪谱密度之后，只要求得相应的频率响应函数，便可以求得相应的船舶运动谱密度。可以设想，当一艘船舶的形状和装载确定之后，一定航行状态的频率响应函数就随之而定了。但是由于作用在船体上的水动力的复杂性，要正确地获得频率响应函数却不是一件容易的事情。目前确定频率响应函数通常用以下两种方法。

1）理论计算法

它通过船舶运动的受力分析，建立运动微分方程，求解方程来获得频率响应函数。

2）模型试验法

它包括规则波和不规则波的模型试验。我国各水池目前主要采用在规则波中的试验方法确定频率响应函数。

后面两章将详细讨论横摇、纵摇和垂荡的频率响应函数的求法，以及船型要素对频率响应函数的影响。

根据式（2-87）可以得到船舶运动的幅值响应算子为

$$Y_{y\zeta}(\omega) = \frac{y_A(\omega)}{\zeta_A} \tag{2-96}$$

式中：$Y_{y\zeta}(\omega)$ 为船舶运动的响应幅值算子；

ζ_A 为波幅；

$y_A(\omega)$ 为船舶的运动幅值。

上式的物理意义为，响应幅值算子在数值上等于单位波幅的规则波引起的运动幅值。例如，若在波幅为 ζ_A 的规则波中测得的横摇幅值为 ϕ_A，则根据上述定义，横摇的响应幅值算

子为

$$Y_{\phi\zeta}(\omega) = \frac{\phi_A}{\zeta_A} \qquad (2\text{-}97)$$

因此,可以通过船模在规则波中的试验,或者用规则波中的理论计算来确定响应幅值算子。由此也可以看出,规则波中船舶性能的研究是不规则波中船舶性能研究的基础。

通常,风浪谱密度是以其自然频率 ω 表示的,而当船以一定航速和遭遇浪向航行时,船体实际感受到的波浪频率已不同于波浪的自然频率,而是所谓的遭遇频率 ω_e。因此船舶的响应频率是 ω_e,这就需要进行频率转换。

设船以航速 V 和遭遇浪向 β 在规则波中航行,如图 2-14 所示。对于船上的观察者而言,由于相对运动的影响,他感受到的波浪传播速度为 $C - V\cos\beta$,波浪作用于船上的遭遇周期为

$$T_e = \frac{\lambda}{C - V\cos\beta} \qquad (2\text{-}98)$$

图 2-14　船在规则波
中航行示意

遭遇频率为

$$\omega_e = \frac{2\pi(C - V\cos\beta)}{\lambda} = \frac{2\pi C}{\lambda} - \frac{2\pi}{\lambda}V\cos\beta$$

把 $\omega = 2\pi C/\lambda$ 和 $2\pi/\lambda = \omega^2/g$ 代入上式,则得

$$\omega_e = \omega - \frac{\omega^2}{g}V\cos\beta \qquad (2\text{-}99)$$

当船舶以某一航速和遭遇浪向航行时,波浪对船舶扰动的频率是 ω_e,因此作为输入的风浪谱密度应以遭遇频率 ω_e 表示,而不应以自然频率 ω 表示。但是以不同频率表示谱密度时,遭遇谱下面的总面积与原来波谱下面的总面积应相等,也就是谱密度曲线下相应的微面积所代表的能量并没有变化。因此存在以下关系:

$$S_\zeta(\omega)\mathrm{d}\omega = S_\zeta(\omega_e)\mathrm{d}\omega_e$$

或

$$S_\zeta(\omega_e) = S_\zeta(\omega)\frac{\mathrm{d}\omega}{\mathrm{d}\omega_e} \qquad (2\text{-}100)$$

对式(2-99)求导,则得

$$\frac{\mathrm{d}\omega}{\mathrm{d}\omega_e} = \frac{1}{1 - \dfrac{2\omega}{g}V\cos\beta}$$

代入式(2-100),最后得

$$S_\zeta(\omega_e) = \frac{S_\zeta(\omega)}{1 - \dfrac{2\omega}{g}V\cos\beta} \qquad (2\text{-}101)$$

当船横浪航行时,$\beta = 90°$,则有

$$\omega = \omega_e$$
$$S_\zeta(\omega_e) = S_\zeta(\omega) \qquad (2\text{-}102)$$

当船顶浪航行时,$\beta = 180°$,则有

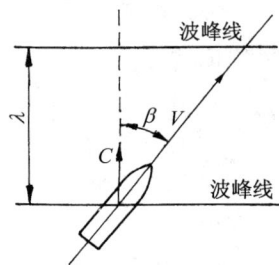

$$\omega_e = \omega + \frac{\omega^2}{g}V$$

$$S_\zeta(\omega_e) = \frac{S_\zeta(\omega)}{1 + \frac{2\omega}{g}V} \qquad (2\text{-}103)$$

当船顺浪航行时，$\beta = 0°$，则有

$$\omega_e = \omega - \frac{\omega^2}{g}V$$

$$S_\zeta(\omega_e) = \frac{S_\zeta(\omega)}{1 - \frac{2\omega}{g}V} \qquad (2\text{-}104)$$

4. 船舶摇荡预报的一般程序

根据统计分析原理，对船舶在不规则波中的横摇、纵摇和垂荡的统计特性预报的大致步骤如下：

（1）根据航区的特点和气象条件，确定估计海区的三一平均波高或风速，选取相应的谱密度公式。

（2）确定响应幅值算子 $Y_{y\zeta}(\omega)$。如果是用模型试验得到的响应幅值算子来预报实船的摇荡特性，则必须考虑尺度比转换。

（3）根据式（2-99）计算遭遇频率 ω_e。

（4）计算摇荡谱密度对原点的 n 阶谱矩 m_n，其中 $n = 0,2,4$。根据式（2-59），用 ω_e 代替 ω，则得

$$m_n = \int_0^\infty \omega_e^n S_{y\zeta}(\omega_e)\mathrm{d}\omega_e = \int_0^\infty \omega_e^n Y_{y\zeta}^2(\omega_e) S_\zeta(\omega_e)\mathrm{d}\omega_e = \int_0^\infty \omega_e^n Y_{y\zeta}^2(\omega) S_\zeta(\omega)\mathrm{d}\omega$$

$$(2\text{-}105)$$

必须注意到，在船舶以确定的航速和遭遇浪向航行的情况下，把频率响应函数 $Y_{y\zeta}(\omega)$ 转换为 $Y_{y\zeta}(\omega_e)$ 时，仅横坐标 ω 变为相应的 ω_e，相应的纵坐标并没有发生变化。也就是说，在相应 ω 和 ω_e 处，具有相同的频率响应函数 $Y_{y\zeta}(\omega)$。因此式（2-105）可以写成

$$m_n = \int_0^\infty \omega_e^n Y_{y\zeta}^2(\omega) S_\zeta(\omega)\mathrm{d}\omega \qquad (2\text{-}106)$$

当 $n = 0$ 时，则有

$$m_0 = \int_0^\infty Y_{y\zeta}^2(\omega) S_\zeta(\omega)\mathrm{d}\omega \qquad (2\text{-}107)$$

摇荡谱密度下的面积，在数值上等于摇荡随机过程的方差。

（5）根据式（2-63）计算谱宽参数为

$$\varepsilon = \sqrt{1 - \frac{m_2^2}{m_0 m_4}} \qquad (2\text{-}108)$$

（6）计算谱宽修正后的方差为

$$m_0' = \left(1 - \frac{\varepsilon^2}{2}\right) m_0 \qquad (2\text{-}109)$$

如果 $\varepsilon < 0.4$，对方差可不进行修正。

（7）计算摇荡的统计特性。综前所述，有以下一些主要结果：

20 次摇荡中最大幅值期望值 $= 2.64\sqrt{m_0'}$；

100 次摇荡中最大幅值期望值 $= 3.23\sqrt{m_0'}$；

500 次摇荡中最大幅值期望值 $= 3.68\sqrt{m_0'}$；

平均摇荡幅值 $= 1.25\sqrt{m_0'}$；

三一摇荡幅值 $= 2.00\sqrt{m_0'}$；

十一摇荡幅值 $= 2.55\sqrt{m_0'}$；

平均过零周期 $= 2\pi\sqrt{\dfrac{m_0}{m_2}}$。

估算中的定积分可以采用梯形法则计算，频率区间可取 $0.3\sim1.8\ \mathrm{s}^{-1}$，其频率间隔可取 $0.05\ \mathrm{s}^{-1}$。

船舶在不规则波中摇荡预报的具体计算步骤参照表 2-7。

表 2-7　船舶在不规则波中性能估算表

船　　名		日　　期	
估算内容		估算浪级	
航　　速		风浪谱密度	
遭遇浪向		频率响应曲线来源	

①	②	③	④	⑤	⑥	⑦	⑧	⑨	⑩
	ω/s^{-1}	$S_\zeta(\omega)$ /$(m^2\cdot s)$	ω_e/s^{-1}	$\omega_e^2/\mathrm{s}^{-2}$	$Y_{y\zeta}(\omega)$	$Y_{y\zeta}^2(\omega)$	$S_{y\zeta}(\omega)$	$\omega_e^2 S_{y\zeta}(\omega)$	$\omega_e^4 S_{y\zeta}(\omega)$
序号				④²		⑥²	③×⑦	⑤×⑧	⑤×⑨
1	0.30								
2	0.35								
3	0.40								
4	0.45								
⋮	⋮								
29	1.70								
30	1.75								
31	1.80								
32					Σ'				
33					$\Delta = \dfrac{1}{2}(首项+末项)$				
34					$\Sigma = \Sigma' - \Delta$				

354

(续表)

①	②	③	④	⑤	⑥	⑦	⑧	⑨	⑩
	ω/s^{-1}	$S_\zeta(\omega)$ $/(m^2\cdot s)$	ω_e/s^{-1}	ω_e^2/s^{-2}	$Y_{y\zeta}(\omega)$	$Y_{y\zeta}^2(\omega)$	$S_{y\zeta}(\omega)$	$\omega_e^2 S_{y\zeta}(\omega)$	$\omega_\zeta^4 S_{y\zeta}(\omega)$
35				$0.05\times\sum$					
36							m_0	m_2	m_4
37	$\varepsilon=\sqrt{1-\dfrac{m_2^2}{m_0 m_4}}$								
38	$m_0'=\left(1-\dfrac{1}{2}\varepsilon^2\right)m_0$								
39	三一摇荡幅值$=2.00\sqrt{m_0'}$								
40	十一摇荡幅值$=2.55\sqrt{m_0'}$								
41	100 次中最大幅值$=3.23\sqrt{m_0'}$								
42	平均摇荡周期$=2\pi\sqrt{\dfrac{m_0}{m_2}}$								

5. 设计极值预报

在船舶设计中,往往需要知道船舶一年或一生中在汹涛海浪里可能发生的船舶响应幅值(峰值或峰谷值)的最大值,称为设计极值。

假设在特定的海面上,船舶响应的峰值符合瑞利分布,那么在 n 次波动中,出现次数不超过一次的波幅期望值,有时称为最大可能的最大值。由式(2-40)给出:

$$x_{A_n}=\sqrt{2\ln n}\,\sigma_x \tag{2-110}$$

即测得 n 个波幅后,由小到大按顺序排列: x_{A_1}, x_{A_2}, $\cdots$, x_{A_n},其中最大的一个波幅 x_{A_n} 的期望值。由式(2-110)计算的 x_{A_n} 是多次实测中可能出现的平均值(期望值),可以认为是最可能出现的数值。事实上每次出现的值可能大于或小于式(2-110)给出的值,亦即表明 x_{A_n} 的出现是有一定概率分布的。从概率论的角度来看,合理的表示应是以某一概率可能出现的极值。若令 α 是 x_{A_n} 超过某一特定极值 $\hat{x}_{A_n}$ 的概率,则根据 x_{A_n} 本身的概率分布可以得到

$$\hat{x}_{A_n}=\sqrt{2\ln\frac{n}{\alpha}}\,\sigma_x \tag{2-111}$$

$\hat{x}_{A_n}$ 的物理意义可以理解为,若取 $\alpha=0.01$,则由上式给定的 $\hat{x}_{A_n}$ 是指 n 次观测中最大值 x_{A_n} 超过 $\hat{x}_{A_n}$ 的概率为 0.01。换句话说,当有 100 艘姐妹船在同一海洋环境下运行时,只有一艘可能经受高于 $\hat{x}_{A_n}$ 值,或理解为一艘船在同样海洋环境下航行 100 次,有 99 次其最大值不超过 $\hat{x}_{A_n}$。

在实际应用中,用船舶航行时间比用波动次数表示设计极值更为方便。设船在给定海况

下运行时间为 T 小时,船舶波动的平均周期由式(2-66)给出:

$$T_z = 2\pi \sqrt{\frac{m_0}{m_2}}$$

因此,在 T 小时内波动的次数

$$n = \frac{60^2 T}{2\pi} \sqrt{\frac{m_2}{m_0}} \tag{2-112}$$

式中:m_0 为响应谱的零阶矩;

　　　m_2 为响应谱的二阶矩。

把式(2-112)代入式(2-111),则得

$$\hat{x}_{A_n} = \sqrt{2\ln\left(\frac{60^2 T}{\alpha 2\pi} \sqrt{\frac{m_2}{m_0}}\right)} \sigma_x \tag{2-113}$$

为了确定相当长一段时间内船舶遭遇的设计极值,还必须决定船舶和每种海况遭遇的次数。例如,我们估计在 8 级浪级下的船舶一生中的设计极值,取置信度 99%,即 $\alpha = 0.01$,船舶在一生中可能遇到这种浪级 20 次,为了在预估值中保持 99% 的可靠性,系数 α 尚须用 20 除。一般而言,要船舶能遭遇 M 次特定浪级,则设计极值为

$$\hat{x}_{A_n} = \sqrt{2\ln\left(\frac{60^2 T}{\alpha 2\pi} M \sqrt{\frac{m_2}{m_0}}\right)} \sigma_x \tag{2-114}$$

确定在给定时间内船舶遭遇某种浪级的次数是很困难的,需要有这一海区的长期统计资料。表 2-8 给出惠尔顿(Walden)对北大西洋各浪级的遭遇频率。从表中看出,有义波高 10.7 m 的浪级发生次数是有义波高 15.2 m 发生次数的 12 倍;而有义波高 4.6 m 浪级发生次数是有义波高 10.7 m 浪级发生次数的 72 倍。

表 2-8　北大西洋海浪出现频率

有义波高 /m		频率/s^{-1}
平　均　值	区　　　间	
0.4	0.0~0.8	0.01
1.5	0.8~2.3	0.432
3.1	2.3~3.8	0.364
4.6	3.8~5.3	0.130
6.1	5.3~6.9	0.042
7.6	6.9~8.4	0.014
9.2	8.4~9.9	0.005
10.7	9.9~11.4	0.0018
12.2	11.4~13.0	0.0007
13.7	13.0~14.5	0.00035
15.2	14.5~16.0	0.00015

设计极值预报是对特定海况的长期预报,首先必须确定描述海况的波谱,并用线性叠加原理计算响应谱及零阶和二阶谱矩。同时要决定船舶在给定海况下的营运时间,在确定营运时间时,必须考虑不同海况的持续时间是不同的。例如,有义波高 9.15 m 的风暴海面最多不会超过 25 h,因此在这种海况下船舶营运时间不应大于 25 h,而有义波高 4.6 m 的海面维持时间可达 45 h。

置信度的系数 α 是由计算者选定的,设计极值随 α 下降而增加。建议在计算时取营运区域内所能预料的最恶劣的海况,选取 $\alpha=0.01$,即置信度 99%。事实上,由于航行时间 T 和系数 α 在对数符号内,在最初的几个小时里,极值随 T 的增加而明显增加,之后,随时间的推移,设计极值增加很慢。α 与设计极值的关系也相似,设计极值不随 α 的减小而大幅度地增加。

2-7　风级和浪级

为了实用上的方便,通常根据风对海面物体的影响程度定出风的等级,习惯上采用按风速的大小从 0 到 12 分成 13 级的蒲福(Beaufort)风级,其要点如表 2-9 所示。

表 2-9　蒲 福 风 级 表

风级	名称	风　速		海　面　征　状	参考有义波高 /m
		/kn	/(m/s)		
0	无风	1 以下	0～0.2	海面平静如镜	—
1	软风	1～3	0.3～1.5	鱼鳞状涟漪,没有浪花	0.1(0.1)
2	轻风	4～6	1.6～3.3	小波,尚短,但波形显著,波峰呈玻璃色,未破碎	0.2(0.3)
3	微风	7～10	3.4～5.4	较大的小波,波峰开始破碎,出现玻璃色浪花,间或有稀疏白浪	0.6(1.0)
4	和风	11～16	5.5～7.9	小浪,波长变长,白浪成群出现	1.0(1.5)
5	清劲风	17～21	8.0～10.7	中浪,具有较显著的长波形状,许多白浪形成(偶有飞沫)	2.0(2.5)
6	强风	22～27	10.8～13.8	大浪开始形成,带有白色浪花的波峰触目皆是(可能有些飞沫)	3.0(4.0)
7	疾风	28～33	13.9～17.1	大浪,碎浪的白色浪花开始沿风向被吹成带状	4.0(5.5)
8	大风	34～40	17.2～20.7	较长的中长浪,浪峰边缘开始破碎成为浪花,沿风向形成很显著的带状	5.5(7.5)
9	烈风	41～47	20.8～24.4	狂浪,沿风向出现密集的白浪花带,波峰开始摇动、翻滚,飞沫可影响能见度	7.0(10.0)
10	狂风	48～55	24.5～28.4	狂涛,波峰长而翻转,白色浪花大片地被风削去,沿风向形成条条密集的白带,整个海面呈白色,海面翻滚动荡更加猛烈,影响能见度	9.0(12.5)

风级	名称	风 速		海 面 征 状	参考有义波高 /m
		/kn	/(m/s)		
11	暴风	56～63	28.5～32.6	异常狂涛,沿风向伸展的大片白浪花完全覆盖着海面,视线所及浪峰边缘被吹到空中,影响能见度	11.5(16.0)
12	飓风	64 以上	32.6 以上	空中充满了白色的浪花和飞沫,被风驱赶的飞沫使海面完全呈白色,严重影响能见度	14.0

注:括号内是浪高极值。

风级和风速按以下近似关系确定:

$$U = 1.63\sqrt{F^3} \qquad (2\text{-}115)$$

式中: U 为风速(kn);

F 为蒲福风级。

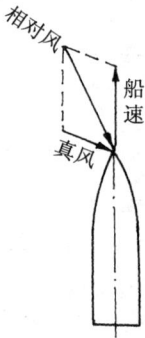

图 2-15
船速与风速、风向
的相对关系

通常把风速超过 64 kn 的特大风暴都称为 12 级,但是在自然界中 64 kn 以上的风速范围还是很广的。为此,在航运界常把 13 级扩展到 18 级。

这里需要指出的是由于空气黏性的影响,风速沿垂向的分布是不均匀的,越接近海面风速越慢。国际气象会议规定,以海面以上高度 10 m 处的风速作为确定蒲福风级的标准。

船舶静止后可以测得风速和风向。在航行的船上测得的风速和风向并不是自然界的真实风速和风向,如图 2-15 所示。

在观测海区,由其他海区传来的波,或由于当地的风力急剧下降,风向改变或风平息后所形成的涌,在航运界习惯根据涌高和涌长从 0 到 9 分成 10 级,其要点如表 2-10 所示。

表 2-10 涌 级 表

涌级	涌名	海 面 特 征	涌高/m
0	无涌		
1	小涌	短、中长的低涌	<0.3
2	小涌	长的低涌	0.3～0.8
3	中涌	短的稍高涌	0.8～1.3
4	中涌	中、长的稍高涌	1.3～2.0
5	大涌	长的稍高涌	2.0～3.5
6	大涌	短的高涌	3.5～6.1
7	巨涌	中、长的高涌	6.1～8.6
8	巨涌	长的高涌	8.6～11.0
9	巨涌	涌从两方面来,海面呈混乱状态	>11.0

注:短涌:涌长 100 m 以下,周期 8 s 以下;
　　中涌:涌长 100～200 m,周期 8.1～11.3 s;
　　长涌:涌长 200 m 以上,周期 11.4 s 以上。

风浪的级别是波动力的指示,而波动力是由风浪的尺度决定的。因此风浪的级别主要由风浪的尺度所决定。风浪越大,波动力越大,则风浪级别越高。目前各国风浪级别差别较大。通常习惯采用按波高大小从 0 到 9 分 10 个等级,波高的对应值见表 2-11。其中 $\bar{\zeta}_{w/3}$ 是三一平均波高,即 1/3 最大波高的平均值;$\bar{\zeta}_{w/10}$ 是十一平均波高,即 1/10 最大波高的平均值。

表 2-11 风 浪 等 级 表

浪 级	名 称	波 高 范 围 /m	
0	无波(无浪)	0	0
1	微波(微浪)	$\bar{\zeta}_{w/3} < 0.1$	$\bar{\zeta}_{w/10} < 0.1$
2	小波(小浪)	$0.1 \leqslant \bar{\zeta}_{w/3} < 0.5$	$0.1 \leqslant \bar{\zeta}_{w/10} < 0.5$
3	轻 浪	$0.5 \leqslant \bar{\zeta}_{w/3} < 1.25$	$0.5 \leqslant \bar{\zeta}_{w/10} < 1.5$
4	中 浪	$1.25 \leqslant \bar{\zeta}_{w/3} < 2.5$	$1.5 \leqslant \bar{\zeta}_{w/10} < 3.0$
5	大 浪	$2.5 \leqslant \bar{\zeta}_{w/3} < 4$	$3.0 \leqslant \bar{\zeta}_{w/10} < 5.0$
6	巨 浪	$4 \leqslant \bar{\zeta}_{w/3} < 6$	$5.0 \leqslant \bar{\zeta}_{w/10} < 7.5$
7	狂 浪	$6 \leqslant \bar{\zeta}_{w/3} < 9$	$7.5 \leqslant \bar{\zeta}_{w/10} < 11.5$
8	狂 涛	$9 \leqslant \bar{\zeta}_{w/3} < 14$	$11.5 \leqslant \bar{\zeta}_{w/10} < 18$
9	怒 涛	$\bar{\zeta}_{w/3} \geqslant 14$	$\bar{\zeta}_{w/10} \geqslant 18$

风是产生风浪的主要原因,但是必须具有充分的风时和风区长度才能形成与风级相称的风浪级别。

风作用于海面不仅产生不同尺度的风浪,同时也使海面的外貌发生变化,例如出现浪花、飞沫等现象。海面的外部特征取决于风速和风时,也和风区特点有很大关系,受到海岸、岛屿、水深等因素的影响。在风直接或间接作用下的海面所呈现的外貌称为海况。一般习惯把海况从 0 到 9 共分成 10 级,其要点如表 2-12 所示。

表 2-12 海 况 等 级 表

海况等级	海 面 征 象
0	海面光滑如镜,或仅有涌存在
1	波纹涟漪,或涌和波纹同时存在
2	波浪很小,波顶开始破裂,浪花不显白色,而呈玻璃色
3	波浪不大,但很注目,波顶开始翻倒,有些地方形成白色浪花——"白浪"
4	波浪具有显著的形状,波顶急剧翻倒,到处形成"白浪"
5	出现高大波浪,波顶上的浪花层占很大面积,风开始从波顶上削去浪花
6	波峰呈现风暴波,峰顶上削去的浪花开始一条条地沿着波浪斜面伸长
7	被风削去的浪花布满了波浪斜面,有些地方融合到波谷,波峰上布满了浪花层
8	稠密的浪花布满了波浪的斜面,因而海面变成白色,只有波谷内某些地方没有浪花
9	整个海面布满了稠密的浪花层,空气中充满了水滴和飞沫,能见度显著下降

风浪等级和海况这两个概念是有差别的。例如,在一定风速和风时作用下,浅海海岸附近的浪高要比广海的小,因此广海风浪级别要高于沿海。但是在海岸附近的海况常比广海激烈,波浪较陡而易破裂,出现布满浪花的波峰和飞沫等,因此沿海的海况等级可能比广海高。

第3章 船舶横摇

船在海上最易发生横摇,而且幅值最大,它影响船员生活和工作的各个方面,因此总是希望设计横摇性能优良的船舶。

正是因为横摇的角度比较大而且船型对水动力的影响比较复杂,给横摇的研究带来很大困难。目前,横摇运动的研究大致从以下两个方面着手。

(1)线性理论。

假定船舶是时间恒定的线性系统,横摇运动可以用常系数的线性微分方程表示,因此适用叠加原理。这样,在不规则波中横摇预报的主要问题是确定横摇响应幅值算子。

本章主要介绍横摇响应幅值算子的确定方法及其影响因素,供船舶设计时使用。只要线性的基本假定不遭到严重破坏,一般能得到满意的结果。

(2)非线性理论。

当横摇角比较大时,表征横摇运动的微分方程的系数不再是常数,船舶不能再看成是时间恒定的线性系统,上述的叠加原理不再适用,必须采用另外的处理方法。

3-1 由线性理论确定横摇响应幅值算子

1. 船舶在波浪上的运动特点

与静水中不同,船舶在波浪中的运动必然受到水质点轨圆运动的影响,给运动带来一些新特点。

1) 表观重力

首先讨论当水质点旋转到重合于静水面位置瞬时的受力情况(见图 3-1)。这时,质量为 m 的水质点受到两种力的作用:一为垂直向下的重力 mg;另一为沿着轨圆半径方向的离心力 $m\zeta_A\omega^2$。如果用 γ 表示其合力与垂线间的夹角,则有

$$\tan\gamma = \frac{m\zeta_A\omega^2}{mg} = \frac{\zeta_A\dfrac{2\pi g}{\lambda}}{g} = \frac{2\pi\zeta_A}{\lambda} = \alpha_0 \tag{3-1}$$

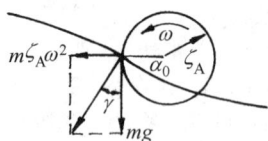

图 3-1 水质点的瞬时受力

图 3-2 表观重力垂直于波面

由上式看出,质点 m 的合力方向垂直于波面。也就是说,合力沿着波面的法线方向,此合力称为表观重力。对波面上任何位置的质点,上面的结论都可以证明是正确的,即表观重力沿着波面的法线方向。这个结论也可以由试验得到证明:把一软木片置于波面上,其上插一小杆,并在杆上吊一小摆,发现不管波面如何波动,摆总是位于垂直波面的位置上,如图 3-2 所示。

2）有效波倾

由表观重力的概念可以得到这样一个结论：漂浮在波面上的物体时刻都垂直于波面。同理，在波浪中船的表观重力也应垂直于波面。但是，船舶具有一定的宽度和吃水，在船宽的方向上波倾角是变化的，在吃水的范围内波浪的轨圆半径随水深急剧地减小。因此船的表观重力并不是垂直于波表面，而是垂直于水下某一深度的次波面。我们称该次波面为有效波面，对应的波倾角为有效波倾角。有效波倾角 α_m 和表面波倾角 α 存在如下关系：

$$\alpha_m = K_\phi \alpha = K_\phi \alpha_0 \sin \omega t = \alpha_{m0} \sin \omega t \tag{3-2}$$

式中：$\alpha_{m0} = K_\phi \alpha_0$。

α_{m0} 是有效波倾角的幅值，称为有效波倾，它代表对船舶整个水下体积起作用的波倾；K_ϕ 是有效波倾系数，它是表面波倾 α_0 与有效波倾 α_{m0} 的比例系数。根据上述定义，K_ϕ 应小于 1，它是船体形状、船宽与波长比、吃水和重心位置（与横摇瞬时轴位置有关）等因素的函数，同时也是波浪频率 ω 的函数。但是对于风浪中的横摇，以后我们将发现，其响应主要集中在谐摇区的狭窄的频带内，通常用谐摇时的 K_ϕ 代替整个频率区间内的 K_ϕ 不会引起太大的误差。在横摇计算中，有效波倾是一个很重要的参数，它直接影响计算的准确性。

使船产生横摇的波浪扰动力矩正比于波倾，因此有效波倾系数实际上代表作用在船上的横摇扰动力矩与根据表面波倾算出的扰动力矩的比例系数，它包括像斯密斯效应等在内的复杂的流体动力因素，用理论计算是相当复杂的，在工程上通常采用近似公式估算。

根据若干客船资料表明，对于船型一般且重心位置适中的船舶，在谐摇附近的规则波中，有效波倾系数可近似表示为

$$K_\phi = 0.13 + 0.60 \frac{Z_g}{d} \tag{3-3}$$

式中：Z_g 为由基线算起的重心高度；

d 为船的吃水。

由于这个公式简单且具有一定的准确性，我国海船稳性规范中对一般民用船舶，在计算有效波倾时采用了这个公式。为了使 K_ϕ 不过分小又不能大于 1，规范中对 Z_g/d 加了附加的条件，即 Z_g/d 的比值超过 1.45 时取 1.45，小于 0.917 时取 0.917。

勃拉哥维新斯基（Благовешенский）由理论推导得到的有效波倾系数为

$$K_\phi = K_{T\phi} K_{B\phi} \tag{3-4}$$

式中：$K_{T\phi}$ 为有限吃水的修正系数，它是吃水与波长比 d/λ 和垂向棱形系数 C_{vp} 的函数，可由图 3-3 查取；

$K_{B\phi}$ 为有限船宽的修正系数，

$$K_{B\phi} = 1 - \sqrt{C_w} \left(\frac{B}{\lambda} \right)^2 \tag{3-5}$$

式中：C_w 为水线面系数。

3）相对横摇角和绝对横摇角

在船舶横摇过程中，船舶的中线面与垂直线间形成的角度称为绝对横摇角 ϕ，简称横摇角。中线面与波面法线所成的角度称为相对横摇角，以 ϕ_r 表

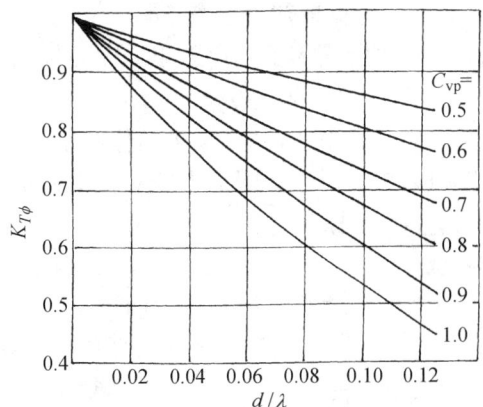

图 3-3　$K_{T\phi}$ 与 d/λ、C_{vp} 的关系曲线

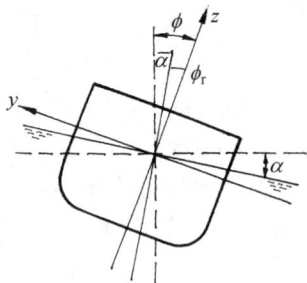

图 3-4 ϕ, ϕ_r 与 α 之间的关系

示。如果波面的波倾角为 α,那么,ϕ、ϕ_r 和 α 之间的关系如图 3-4 所示。也可以写成

$$\phi = \phi_r + \alpha \qquad (3-6)$$

相对横摇角和绝对横摇角有着不同的应用。例如,研究因横摇引起的甲板上浪、货物移动、舱室进水等情况应考虑相对横摇角;研究因横摇引起的晕船、计算惯性负荷等应考虑绝对横摇角。

2. 横摇的受力分析

在波浪的作用下,作为刚体的船舶绕 x 轴的转动称为横摇。可以用绕 x 轴摆动的角度 ϕ、角速度 $\dot{\phi}$ 和角加速度 $\ddot{\phi}$ 来表征横摇运动情况,并规定从船尾向船首看时,以顺时针方向为正,逆时针方向为负,如图 3-5 所示。

为了简化分析并得到单纯横摇的微分方程,在分析船体受力时作了以下假定:

(1) 遭遇浪向 $\beta = 90°$,即波峰线平行于船体中线面。

(2) 船宽远小于波长,因此可把波浪对船体的作用,近似用一作简谐角振荡的液平面来代替。

(3) 在横摇角比较小的情况下,可以认为是等体积倾斜,初稳性公式仍适用。

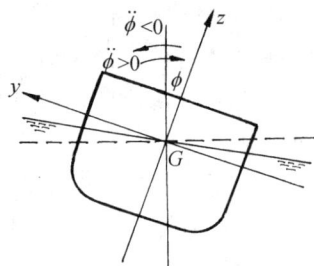

图 3-5

ϕ、$\dot{\phi}$ 和 $\ddot{\phi}$ 正负的规定

(4) 波内的压力场不因船体的存在而受影响。实际上由于船体的存在,船体和波浪之间相互影响十分复杂,在一般情况下,忽略这种影响所得结果与实际相差不大。

船舶在波浪中横摇所受的力矩可以看成船舶在静水中横摇所受的力矩加上波浪对正浮状态船体的扰动力矩。为此,船舶在波浪上的横摇受以下 4 种力矩的作用。

1) 复原力矩

当船舶横摇某一角度 ϕ 时,此时浮心和重力不再在同一垂直线上,形成一个使船回复到原来位置的力矩,即复原力矩 $M(\phi)$。当横摇角不太大时,可以应用初稳性公式:

$$M(\phi) = -Dh\phi \qquad (3-7)$$

式中:D 为船的排水重量;

h 为船的初稳性高。

式中负号表示复原力矩方向与横摇角方向始终相反。

2) 阻尼力矩

船在水中横摇时,由于船体和水之间存在相对速度,船体必然受到阻力。对于转动,则表现为力矩的形式。阻尼力矩主要由以下原因产生。

(1) 摩擦阻尼。

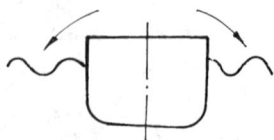

图 3-6 兴波阻尼的成因

它是由水的黏性引起的,其数值的大小一般认为与角速度的平方成比例。在横摇中,摩擦阻尼所占的比重是很小的,往往可以忽略。

(2) 兴波阻尼。

它是由于船的运动在水表面形成波浪,消耗了船体本身的能量而形成的,如图 3-6 所示。一般认为兴波阻尼比例于角速度的一

次方。

（3）旋涡阻尼。

它是在船体弯曲或突出物附近形成旋涡，损失部分能量而形成的。船舶加装舭龙骨的主要目的是为了增加旋涡阻尼成分，一般认为旋涡阻尼比例于角速度的平方。

此外，还有升力引起的阻尼，舭龙骨的兴波阻尼，舭龙骨与船体的干扰阻尼等。

船舶横摇阻尼力矩与船体形状、装载情况、舭龙骨、横摇频率和幅值等多种因素有关，精确地确定阻尼力矩是目前横摇研究中最困难的问题。用理论方法确定的阻尼力矩尚不能用于实际。最可靠的方法是进行实船或模型试验。在设计初期可以应用经验公式进行估计。

横摇阻尼是角速度的函数，一般表示为

$$M(\dot{\phi}) = -2N\dot{\phi} - W|\dot{\phi}|\dot{\phi} \tag{3-8}$$

式中：N 和 W 为横摇阻尼力矩系数，N 的单位为 N·m·s，W 的单位为 N·m·s^2。

大角度横摇时，阻尼力矩与角速度成平方关系更接近于实际情况，即

$$M(\dot{\phi}) = -W|\dot{\phi}|\dot{\phi} \tag{3-9}$$

小角度横摇时，认为船舶是时间恒定的线性系统，阻尼力矩与角速度呈线性关系：

$$M(\dot{\phi}) = -2N\dot{\phi} \tag{3-10}$$

3）惯性力矩

船舶在横摇过程中有角加速度存在，必然产生惯性力矩。横摇的惯性力矩由两部分组成，即船体本身的惯性力矩和附加惯性力矩。一般来说，它们都与角加速度呈线性关系：

$$M(\ddot{\phi}) = -(I_{xx} + J_{xx})\ddot{\phi} = -I'_{xx}\ddot{\phi} \tag{3-11}$$

式中：I'_{xx} 为船体本身惯性矩和附加惯性矩之和，称为总惯性矩。式中的负号表示惯性力矩的方向与角加速度方向相反。

4）波浪扰动力矩

波浪对正浮状态船体的扰动力矩由以下 3 部分组成：

（1）波浪改变了船体水下体积的形状，从而产生复原扰动力矩，即

$$M(\alpha_m) = Dh\alpha_m \tag{3-12}$$

（2）船体的存在阻止了波浪的运动，反之波浪也给船体一个作用力矩，此力矩即阻尼扰动力矩为

$$M(\dot{\alpha}_m) = 2N\dot{\alpha}_m$$

（3）附加质量部分原来作波浪轨圆运动，而船体的存在要求与船体相一致，使其速度发生变化，因此产生惯性扰动力矩为

$$M(\ddot{\alpha}_m) = J_{xx}\ddot{\alpha}_m \tag{3-13}$$

上述 3 种成分的扰动力矩是由波浪运动产生的，与船体运动产生的力矩方向刚好相反，因此都取"＋"号。波浪对船体总的扰动力矩可以写成

$$M(\alpha_m, \dot{\alpha}_m, \ddot{\alpha}_m) = Dh\alpha_m + 2N\dot{\alpha}_m + J_{xx}\ddot{\alpha}_m \tag{3-14}$$

一般情况下，$2N\dot{\alpha}_m$ 和 $J_{xx}\ddot{\alpha}_m$ 与 $Dh\alpha_m$ 相比较量值较小，为了简化分析可以忽略，于是有

$$M(\alpha_m) = Dh\alpha_m \tag{3-15}$$

3. 横摇微分方程的解及响应幅值算子

根据物体动力的平衡原理，船舶横摇的力矩平衡条件为 $\sum M = 0$，考虑到式（3-7）、

(3-10)、(3-11)和式(3-15),则得到

$$-I'_{xx}\ddot{\phi} - 2N\dot{\phi} - Dh\phi + Dh\alpha_m = 0$$

根据式(3-2),有

$$\alpha_m = \alpha_{m_0}\sin\omega t$$

因此,平衡方程可以写成

$$I'_{xx}\ddot{\phi} + 2N\dot{\phi} + Dh\phi = Dh\alpha_{m_0}\sin\omega t \tag{3-16}$$

把上式各项均除以 I'_{xx},并采用以下符号:

$$2\nu = \frac{2N}{I'_{xx}}$$

$$\omega_\phi^2 = \frac{Dh}{I'_{xx}} \tag{3-17}$$

则横摇运动方程最后写成

$$\ddot{\phi} + 2\nu\dot{\phi} + \omega_\phi^2\phi = \alpha_{m_0}\omega_\phi^2\sin\omega t \tag{3-18}$$

这是一个二阶常系数非齐次微分方程式,由于方程的系数是常数,它代表了作为线性系统的船舶横摇方程。根据微分方程理论,方程(3-18)的解是齐次方程的通解加上非齐次方程的特解,它的一般积分为

$$\phi = e^{-\nu t}(C_1\cos\omega'_\phi t + C_2\sin\omega'_\phi t) + \bar{\phi} \tag{3-19}$$

式中:

$$\omega'_\phi = \sqrt{\omega_\phi^2 - \nu^2} \tag{3-20}$$

式(3-19)中的第一项是齐次方程

$$\ddot{\phi} + 2\nu\dot{\phi} + \omega_\phi^2\phi = 0 \tag{3-21}$$

的通解,相当于船舶在静水中的自由横摇,当时间足够长时其幅值趋于零。因此,船舶在规则波中的横摇仅由式(3-18)的特解所决定,即仅由波浪的强迫横摇所确定,具有如下的形式:

$$\phi = \bar{\phi} = \phi_A\sin(\omega t - \delta) \tag{3-22}$$

式中:ϕ_A 为横摇幅值;

δ 为横摇运动与波浪扰动力矩之间的相位角。

船舶横摇运动方程(3-18)是常系数微分方程,从物理学观点来看,船体相当于一个能量转换器,输入是波浪的有效波倾角 $\alpha_m = \alpha_{m_0}\sin(\omega t)$,输出是横摇角 ϕ,方程(3-18)成为

$$\ddot{\phi} + 2\nu\dot{\phi} + \omega_\phi^2\phi = \omega_\phi^2\alpha_m$$

根据式(2-86),以有效波倾角 α_m 作为输入和横摇角 ϕ 作为输出的横摇响应幅值算子为

$$H(j\omega) = \frac{\omega_\phi^2}{(j\omega)^2 + 2\nu(j\omega) + \omega_\phi^2} = P - jQ \tag{3-23}$$

经过复数运算可得

$$P = \frac{\omega_\phi^2(\omega_\phi^2 - \omega^2)}{(\omega_\phi^2 - \omega^2)^2 + 4\nu^2\omega^2}$$

$$Q = \frac{\omega_\phi^2 2\nu\omega}{(\omega_\phi^2 - \omega^2)^2 + 4\nu^2\omega^2}$$

关于有效波倾角的横摇响应幅值算子是一个复数,其绝对值是幅频特性,表示输出对输入的幅值比,为区别关于波幅的横摇响应幅值算子,通常称为横摇放大因数;其辐角表示输入和输出之间的相位差。因此,在规则波的扰动下船舶横摇放大因数为

$$\frac{\phi_A}{\alpha_{m_0}} = |H(j\omega)| = \sqrt{P^2 + Q^2}$$

$$= \frac{\omega_\phi^2}{\sqrt{(\omega_\phi^2 - \omega^2)^2 + 4\nu^2\omega^2}} \tag{3-24}$$

波倾角与横摇角之间的相位差为

$$\delta = \arctan\frac{Q}{P} = \arctan\frac{2\nu\omega}{\omega_\phi^2 - \omega^2} \tag{3-25}$$

为了分析方便,引入无量纲系数 $\Lambda_\phi = \omega/\omega_\phi$ 和 $\mu = \nu/\omega_\phi$,这时式(3-24)和式(3-25)成为

$$\frac{\phi_A}{\alpha_{m_0}} = \frac{1}{\sqrt{(1-\Lambda_\phi^2)^2 + 4\mu^2\Lambda_\phi^2}}$$

$$\delta = \arctan\frac{2\mu\Lambda_\phi}{1-\Lambda_\phi^2} \tag{3-26}$$

在解方程中我们引入了一些参数,其物理意义综述如下:

$\nu = \dfrac{N}{I'_{xx}}(s^{-1})$ 称为衰减系数,它表征阻尼和惯性对横摇衰减影响的程度;

$\omega_\phi = \sqrt{(Dh)/I'_{xx}}(s^{-1})$ 称为横摇固有频率,它是表征横摇的一个重要参数,相当于假设船舶不受阻尼作用时在静水中的横摇频率,对于状态已经确定的船来说是一个固定的数值;

$$T_\phi = \frac{2\pi}{\omega_\phi} = 2\pi\sqrt{\frac{I'_{xx}}{Dh}} \ (s) \tag{3-27}$$

称为船的固有周期,它与固有频率一样,是表征横摇的一个重要参数;

$\omega'_\phi = \sqrt{\omega_\phi^2 - \nu^2}(s^{-1})$ 是船舶在水中计及水阻尼后的横摇频率,由于 ν 值很小,所以它接近横摇固有频率;

$\Lambda_\phi = \omega/\omega_\phi = T_\phi/T$ 称为横摇调谐因数,它等于波浪的频率与横摇固有频率之比;

$\mu = \dfrac{\nu}{\omega_\phi}$ 称为无量纲衰减系数,它表征了阻尼、惯性和复原力矩对横摇的影响,是表征横摇性能的又一重要参数;

ϕ_A/α_{m_0} 表示横摇幅值与有效波倾之比,称为放大因数,它表征了船舶在规则波中横摇大小的程度。

放大因数与横摇响应幅值算子之间有着密切的关系,根据式(2-97)有

$$Y_{\phi\zeta}(\omega) = \frac{\phi_A}{\zeta_A} = \frac{\phi_A}{\alpha_0}\frac{\omega^2}{g} = \frac{\phi_A}{\alpha_{m_0}}\frac{\omega^2}{g}K_\phi \tag{3-28}$$

由上式看出,放大因数的变化规律就代表了横摇响应幅值算子的变化规律。下面讨论放大因数的变化规律。

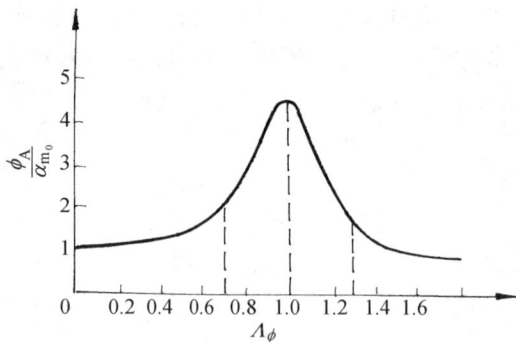

图 3-7 放大因数与调谐因数的关系曲线

确定的船舶在不同频率的规则波上,横摇幅值是不同的。为了清楚地反映这种变化趋势,以调谐因数 Λ_ϕ 为横坐标,以放大因数 ϕ_A/α_{m_0} 为纵坐标,根据式(3-26),绘成曲线,其形状如图 3-7 所示。

下面就放大因数曲线讨论几种特殊情况:

(1) $\Lambda_\phi \to 0$,即相当于 $T_\phi \ll T$ 的情形。根据式(3-26),分别得到

$$\delta \to 0$$

$$\frac{\phi_A}{\alpha_{m_0}} \to 1$$

这种情况相当于横摇周期很小的船处在很大的波浪中,形成"随波逐流"的现象,如图 3-8 所示。

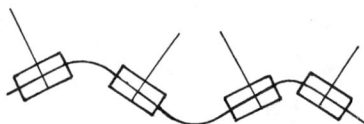

图 3-8　船在长波浪中的横摇

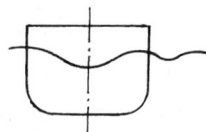

图 3-9　船在短波浪中的横摇

(2) $\Lambda_\phi \to \infty$,即相当于 $T_\phi \gg T$ 的情形,这时有

$$\delta \to \pi$$

$$\frac{\phi_A}{\alpha_{m_0}} \to 0$$

这相当于大船在小波上的情形,此时船的横摇幅值是很小的,形成"岿然不动"的现象,如图 3-9 所示。

(3) $\Lambda_\phi = 1$,即 $T_\phi = T$,则得到

$$\delta = \frac{\pi}{2}$$

$$\frac{\phi_A}{\alpha_{m_0}} = \frac{1}{2\mu} \tag{3-29}$$

由于无量纲衰减系数 μ 通常小于 0.1,因此,这时船的横摇幅值是很大的。船舶的固有周期等于波浪周期时称为谐摇,谐摇现象是航行中最危险的情况,必须特别注意。

4. 横摇的谐摇状态及临界状态

船舶因波浪的作用而不断地获得能量,从而产生横摇。同时又因为阻尼的存在而有能量消耗。当横摇幅值达到某一定值后,波浪对船做的功恰好补偿阻尼消耗的能量,此时横摇达到稳定。

波浪对船舶横摇做功的大小,既取决于波浪扰动力的大小,也取决于波浪频率与横摇固有频率之间的关系。一般情况下,波浪频率与横摇固有频率是不相等的,在波浪对船舶作用的一个周

期内,扰动力矩的方向和横摇运动的方向有时一致,有时相反。在方向一致时,扰动力矩对船舶作正功,供给船舶能量;当方向相反时,扰动力矩对船舶作负功,使船舶减少能量。只有当扰动力矩和横摇合拍时,也就是波浪自然频率等于横摇固有频率时,扰动力矩的方向才在整个周期范围内和横摇方向相一致,波浪对船作的功最多,横摇幅值最大,这种情况就是通常讲的谐摇。

从图 3-7 可以看出,不仅在谐摇($\Lambda_\phi = 1$)时放大因数 $\dfrac{\phi_A}{\alpha_{m_0}}$ 很大,而且在 $\Lambda_\phi = 1$ 附近的一定范围内 $\dfrac{\phi_A}{\alpha_{m_0}}$ 也是相当大的,通常称 $0.7 < \Lambda_\phi < 1.3$ 的范围为谐摇区。

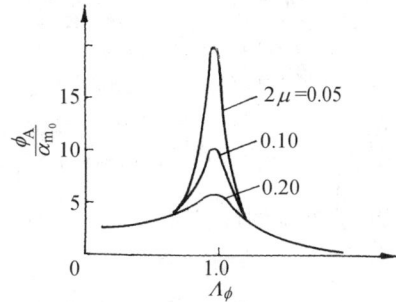

图 3-10 给出不同的无量纲衰减系数 2μ 值所对应的放大因数曲线。从图中看出影响谐摇区放大因数的主要因素是 2μ。随着 2μ 值的减小,曲线越来越尖,谐摇幅值迅速增加。如果没有阻尼,即 $\mu \to 0$,放大因数将趋于无穷大;随着远离谐摇区,2μ 对横摇的影响逐渐减弱。

图 3-10 衰减系数对放大因数曲线的影响

从以上分析看出,采用增大 2μ 的办法减小谐摇区的横摇幅值是极其有效的。在不规则波海面上,随着 μ 值的增加,横摇幅值也是减小的。

对规则波中谐摇的研究是有实际意义的,因为在涌中有可能发生类似规则波中的谐摇,从而造成船舶最危险的状态。对不规则波,根据叠加原理,减小谐摇幅值也能显著地改善横摇统计特性。

根据式(2-7),规则波的波长和周期关系如表 3-1 所示。

表 3-1　规则波波长和周期的关系

波长 λ/m	40	50	60	70	80	100	120	140	160	180
周期 T/s	5.2	5.7	6.2	6.7	7.1	8.0	8.7	9.5	10.1	10.8

世界主要海洋中经常发生的类似于涌的主要波长可参考表 3-2。

表 3-2　世界主要海洋中经常发生的涌的波长

	最大波长/m	最小波长/m	平均波长/m	观察次数
太平洋		24	73	14
南印度洋	236	32	108	23
南大西洋	210	25	98	32
北大西洋	168	35	91	15
中国南海	78	48	59	3

在船舶设计中,应使船舶避免与航行海区中最常遇到的主要波长发生谐摇。由于产生小波浪的机会较多,最好使 $\Lambda_\phi > 1.3$。例如,如果沿海取最常遇的主要波长 $\lambda = 60$ m,对应周期 $T = 6.2$ s,那么最好使船的横摇固有周期 $T_\phi > 6.2 \times 1.3 = 8.1$ s。对于远洋船,如果考虑周期 8 s 和波长 100 m 的波浪是常遇到的主要波浪,那么横摇固有周期最好为 $T_\phi > 8 \times 1.3 = 10.4$ s。

船舶遭遇各种波浪的概率是随机的,但是一般说来,在满足安全性的前提下,使横摇固有周期尽量大些,以便改善船舶的横摇性能。

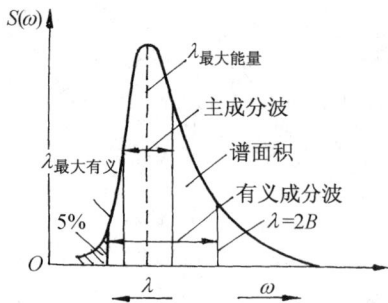

图 3-11　不规则波的内部结构

船舶在不规则波中的横摇,根据叠加原理,相当于遭受一系列波长的单元规则波作用的叠加。因此与单一规则波的作用有很大的区别,规则波中的谐摇和谐摇区的概念在这里就不再适用了。

不规则波是由无数单元波叠加而成的,它的内部结构的恰当表示是风浪谱密度。但是组成不规则波的各单元波对横摇的影响是不同的,这从图 3-11 中明显可以看出。

对应谱密度曲线的峰点的单元波,在不规则波的组成中含有最大的能量,称为最大能量的单元波。根据谱密度公式,对应的波长 $\lambda_{最大能量}$ 与三一平均波高 $\overline{\zeta}_{w/3}$ 的大致关系为

$$\lambda_{最大能量} \approx 40\overline{\zeta}_{w/3} \tag{3-30}$$

波长超过一定范围的波,它在整个单元波中占有很小的比例,不具备使船舶产生很大横摇的能量,这个波长界线称为最大有义波长 $\lambda_{最大有义}$。所有波长大于它的单元波的能量占总能量 5％者可定为最大有义波长,最大有义波长和三一平均波高的大致关系为

$$\lambda_{最大有义} \approx 60\overline{\zeta}_{w/3} \tag{3-31}$$

对于波长小于 2 倍船宽的波,即 $\lambda < 2B$,不具备使船产生很大横摇的扰动力矩。

考虑到上述情况,根据组成不规则波的各单元波对横摇的作用,我们对谱密度曲线作如下划分:

(1) 主成分波。取风浪谱密度等于最大能量单元波谱密度的 80％区间的单元波为主成分波,它大致相当于波长在 $30\overline{\zeta}_{w/3}$ 与 $50\overline{\zeta}_{w/3}$ 之间的单元波,对船舶横摇起主要作用。

(2) 有义成分波。最大有义波长与 $\lambda = 2B$ 区间的单元波称为有义成分波。在此区间外的单元波对横摇不产生明显的影响。

船舶横摇既取决于波浪能量的大小,也取决于谱密度曲线与放大因数曲线的关系。根据后者,对船舶在不规则波中的横摇可作如下划分:

(1) 亚临界区域。当船舶谐摇波长小于 2 倍船宽时,船舶不会发生很大的横摇,称为亚临界区域。它相当于周期很小的船在大风浪中的情况,对于一般的船舶是很难做到这一点的,如图 3-12 所示。

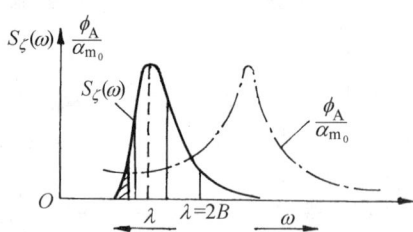

图 3-12　亚临界区

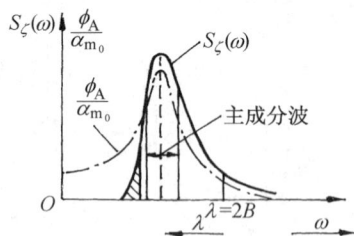

图 3-13　临界区

(2) 临界区域。当横摇的谐摇波长位于主成分波区间之内时,这时船舶产生最严重的横摇,称为临界区域。在航行中,对很多船来讲,进入横摇的临界区域是难以避免的。为了改善临界区域的横摇,增大横摇阻尼以减小谐摇时的放大因数是最有效的方法,如图 3-13 所示。

(3) 超临界状态。当横摇谐摇波长大于最大有义波长时,船舶横摇相当缓和,称为超临界区域。一般总是希望船舶处于横摇超临界区域中,为此需要增加横摇固有周期,这是设计中经

常采用的改善横摇性能的方法,如图 3-14 所示。

从式(3-30)可知,$\lambda_{最大有义}$ 随 $\overline{\zeta}_{w/3}$ 的增加而增加。因此在低浪级处于横摇超临界区域的船舶,在高浪级时往临界区域变动,这就要求航行于远洋的船舶应比沿海的船具有更大的横摇固有周期。

亚临界区域与临界区域之间称为亚临界过渡区域。

超临界区域与临界区域之间称为超临界过渡区域。

根据上述横摇临界状态的定义,我们可以很方便地估计船舶在特定风浪下所处的区域,从而推算横摇的严重与否。

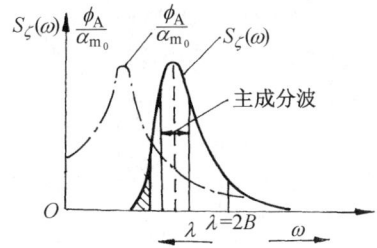

图 3-14　超临界区

例如,某船横摇固有周期 $T_\phi = 10\ \mathrm{s}$,在三一平均波高 $\overline{\zeta}_{w/3} = 4\ \mathrm{m}$ 的风浪中横浪航行,试分析其横摇临界状态。

$$\lambda_{主成分波} \approx 4 \times (30 \sim 50) = 120 \sim 200\ \mathrm{m}$$

$$\lambda_{最大有义} = 4 \times 60 = 240\ \mathrm{m}$$

$$\lambda_{\phi横摇谐摇波} = 1.56 T_\phi^2 = 156\ \mathrm{m}$$

由以上结果可以看出,该船处于横摇的临界区域,横摇是严重的。如果该船航行于 $\overline{\zeta}_{w/3} = 2.5\ \mathrm{m}$ 的风浪中,此时 $\lambda_{最大有义} = 150\ \mathrm{m}$,船舶就处于横摇的超临界区域,横摇不会太严重。

通过改型设计,船的横摇固有周期提高到 12.5 s,这时的谐摇波长为 244 m,船舶即使在 $\overline{\zeta}_{w/3} = 4\ \mathrm{m}$ 的风浪中横浪航行也是处于超临界状态,横摇不会严重。

当然,这里指的横摇严重与否是对同一个三一平均波高而言的,随着三一平均波高的增加,横摇幅值随之增加。

3-2　由模型试验确定横摇响应幅值算子

模型试验是研究耐波性的重要手段。由于横摇水动力的复杂性,目前理论计算尚未达到与纵向运动同等的计算精度。因此,模型试验仍然是确定横摇响应幅值算子和预报横摇的最可靠的方法。目前常用的横摇试验大致有下述 4 种形式:

(1) 静水中的横摇试验,目的是确定船的固有周期以及作用于船体上的水动力系数,特别是阻尼力矩系数。

(2) 规则波中的横摇试验,用以确定横摇响应幅值算子。

(3) 不规则波中的横摇试验,即按照预定要求在试验水池中产生一系列不规则波,测量模型船舶在此不规则波上的运动,由输入(波浪)及输出(运动)的谱分析计算出相应的响应幅值算子。

(4) 瞬态波试验,即在水池中产生一系列波,其频率随着时间从所要求的最高频率到最低频率线性地减小,传播快速的波(低频)赶上慢速的波(高频),那么在某一瞬时在水池中的某一点上产生一包含全部频率在内的很大的波,测量船模在这一瞬时最大波上的瞬时反应,通过对波和运动的谱分析,求得响应幅值算子。

1. 横摇模型试验的相似关系

为了把模型试验结果应用到实船中去,模型和实船之间必须满足以下 3 个相似条件:

1) 几何形状相似

模型和实船虽然大小不同,但其形状完全相似,即各对应部位夹角相等,所有对应尺度的大小成比例。

2) 运动相似

模型和实船上任意瞬时,其对应点上的同类物理量,如流体的速度,都有相同的比例。

3) 动力相似

在动力相似的系统中,水作用于船体的各种力相互成比例。其中包括黏性力相似、重力相似和惯性力相似。

为了保证黏性的水动力相似,要求模型和实船的雷诺数 $Re=(VL)/\nu$ 相等,其中 ν 是水的运动黏性系数;L 和 V 分别代表横摇的特征长度和速度。

重力相似准则是傅汝德数 $Fr=V/\sqrt{gL}$ 相等。

惯性力相似代表了不定常流动的相似条件,要求斯特劳哈尔数 $Sn=(Vt)/L$ 相等,其中 t 是时间参数,可以取横摇固有周期。

如果下标 m 指船模,下标 s 指实船,用 L 表示线尺度,则几何相似的条件可以写成

$$\frac{L_s}{L_m}=l$$

其中:l 为尺度比。

在横摇试验中要想满足全部动力相似的条件是困难的。由于黏性力在横摇中起次要作用,一般只保证重力相似和惯性力相似,即保证模型和实船的傅汝德数和斯特劳哈尔数相等,

$$\frac{V_m}{\sqrt{gL_m}}=\frac{V_s}{\sqrt{gL_s}}$$

$$\frac{V_m T_{\phi m}}{L_m}=\frac{V_s T_{\phi s}}{L_s}$$

由上面两式可以得到

$$\frac{T_{\phi s}}{T_{\phi m}}=\frac{V_m}{V_s}\frac{L_s}{L_m}=l^{1/2}$$

同样道理,可以求出船模和实船各相同量之间的对应关系,其结果列于表 3-3。

表 3-3　船模和实船各相同量间的比例关系

名　称	符　号	比　值	名　称	符　号	比　值
线性尺度	L_s/L_m	l	面　积	F_s/F_m	l^2
角　度	ϕ_s/ϕ_m	1	体　积	$\bigtriangledown_s/\bigtriangledown_m$	l^3
线速度	V_s/V_m	$l^{1/2}$	惯性矩	I_{xxs}/I_{xxm}	l^5
线加速度	$\dot{V}_s/\dot{V}_m$	1	压　力	P_s/P_m	l
角速度	$\dot{\phi}_s/\dot{\phi}_m$	$l^{-1/2}$	能　量	E_s/E_m	l^4
周　期	$T_{\phi s}/T_{\phi m}$	$l^{1/2}$	功　率	N_s/N_m	$l^{3.5}$

满足动力相似条件的几何形状相似模型,自然地满足运动相似的条件。

在船模试验时,除了几何形状相似以外,还应在船模排水量、重心的纵向位置和垂向位置、船模的质量惯性矩等方面满足表 3-3 中的对应关系,才能保证船模和实船之间的重力相似与惯性力相似条件。因此,在进行横摇模型试验前必须首先对船模的重量、重心位置和惯性矩进行校验,使之与给定的实船数据相对应。

试验船模的重量等于船壳的重量、仪器重量和可调压载的重量之和。为了能够调节船模使之满足与实船的相似关系,可调压载的重量应为总重量的 1/3 左右,这样就要求船模制造得薄而轻。

2. 规则波中横摇试验方法

目前我国多数单位是在拖曳水池中进行零航速横浪试验和静水中横摇试验的。

规则波中的试验方法是把调整好的船模置于水池的中间,使船舷正对规则波的传播方向,两端用细绳系于池壁,船模横向完全自由。然后按预定方案造一系列规则波,记录不同波长的规则波产生的横摇幅值 ϕ_A 和规则波的波高 ζ_w,计算出放大因数 ϕ_A/α_{m_0},绘制放大因数曲线,最后计算出不同频率下的响应幅值算子。

试验中应注意以下几点:

(1) 试验的频率范围应尽可能大,特别要包括谐摇区。这就要求根据造波范围恰当地选取船模的大小。如果 $T_{\phi m}$ 是船模的横摇固有周期,则试验水池的造波波长范围应在 $(0.7\sim3)$ $T_{\phi m}^2$ 之间。通常耐波性模型试验的船模长度在 $2\sim4$ m 之间。

(2) 在谐摇区要适当加密试验点,以提高试验的精确性。

(3) 为了使试验能保持在线性范围内,试验波高不宜过大,通常波高是波长的 $(1/50\sim 1/35)$ 左右。只有在较小波高的条件下,响应幅值算子才与波高无关。随着波高的增加,放大因数将减小。规则波中模型试验的方法适用于中等海况下船舶横摇统计特性的预报。对于高海况情况,预报值通常偏高。

(4) 试验求得的放大因数是以表面波倾表示的,单位波幅的响应幅值算子

$$Y_{\phi\zeta}(\omega) = \frac{\phi_A}{\alpha_0}\frac{\omega^2}{g} \tag{3-32}$$

$Y_{\phi\zeta}(\omega)$ 的量纲是 $[L]^{-1}$,所以模型试验结果用于实船时须进行量纲转换。船模和实船的响应幅值算子之间存在如下换算关系:

$$\{Y_{\phi\zeta}(\omega)\}_s = \{Y_{\phi\zeta}(\omega)\}_m \frac{L_m}{L_s} \tag{3-33}$$

3-3 横摇水动力系数的确定

船舶在波浪上的横摇是由它所遭受的水动力决定的。为了正确地确定横摇响应幅值算子,首先需要正确地确定水动力系数,它是横摇研究的重要内容。

在造船工程中,目前通常用模型试验或经验公式来确定横摇的水动力系数。

1. 横摇惯性矩

横摇惯性矩是由船体本身惯性矩 I_{xx} 和附加惯性矩 J_{xx} 两部分构成的,其中船体惯性矩取

决于船体的质量分布;附加惯性矩取决于船体水下部分的形状及重心位置等因素。由船体的质量分布计算 I_{xx} 或应用流体力学方法计算 J_{xx} 都是相当复杂的,工程上通常用经验公式进行估算。

1) 惯性半径法

$$I'_{xx} = \frac{D}{g}(K'_{xx})^2 \tag{3-34}$$

式中:D 为船舶排水重量(N);

K'_{xx} 为船体质量连同附加质量的惯性半径(m)。

对于一般船型,K'_{xx} 和船宽 B 的关系比较稳定,可以写成

$$K'_{xx} = CB \tag{3-35}$$

系数 C 取决于船舶类型和装载情况,大致在表 3-4 所列的范围内。

表 3-4　系数 C 与船舶类型及装载情况的关系

船型	货船(满载)	货船(空载)	客船	渔船	运煤船(满载)	运煤船(空载)	油船(满载)	油船(空载)
C	0.32～0.35	0.37～0.40	0.38～0.43	0.38～0.44	0.31～0.33	0.35～0.39	0.35～0.39	0.37～0.47

2) 加藤公式

日本学者加藤对若干实船的测量结果进行了分析整理,得到如下的经验公式:

$$\left(\frac{K'_{xx}}{B}\right)^2 = f\left[C_B C_u + 1.10 C_u (1 - C_B)\left(\frac{H_1}{d} - 2.20\right) + \left(\frac{H_1}{B}\right)^2\right] \tag{3-36}$$

式中:C_B 为方形系数;

C_u 为上甲板面积系数,即上甲板面积与 $(L \times B)$ 的比值;

H_1 为有效型深,

$H_1 = H + \frac{1}{L}\sum$(上层建筑和甲板室侧面积);

B、d、H、L 为船宽、吃水、型深、船长;

f 为由船舶类型决定的系数如表 3-5 所示。

表 3-5　取决于船舶类型的系数 f

船　型	客船、货船、客货船	油船	渔船	捕鲸船
f	0.125	0.133	0.200	0.177

加藤公式是由实测经过统计得到的,并考虑了较多的因素,对多种类型的船都有较高的准确性。由于加藤公式计算复杂,对于货船、客船和客货船可以采用简化的加藤公式计算:

$$\left(\frac{K'_{xx}}{B}\right)^2 = 0.125\left(\frac{H_1}{B}\right)^2 + 0.020\frac{H_1}{d}\left(1 + 3.7\frac{d - d_1}{d}\right) + 0.027 \tag{3-37}$$

式中:d 为满载吃水;

d_1 为任意装载吃水。

3）杜埃尔公式

$$I_{xx} = \frac{D}{12g}(B^2 + 4z_g^2) \tag{3-38}$$

式中：z_g 为以基线算起的重心高度。

这个公式是假定船体质量均匀分布在具有与船体同样长度 L、宽度 B 和高度 $2z_g$ 的直角平行六面体内，然后由理论推导得到的。从来源上讲它没有考虑附加惯性矩。如果考虑附加惯性矩应把系数改为 10 或 11。但是和若干实测数据比较，由上式计算的结果接近于总惯性矩，因此可以把上式当成总惯性矩的计算式，即

$$I'_{xx} = \frac{D}{12g}(B^2 + 4z_g^2) \; (\text{kg} \cdot \text{m}^2) \tag{3-39}$$

上式形式简单并具有相当的精确性，为此，我国海船稳性规范在计算横摇固有周期时就采用这个公式。

4）附加惯性矩

横摇时的附加惯性矩大约占船体惯性矩的 $10\% \sim 30\%$ 左右，对于无舭龙骨的船在 $5\% \sim 15\%$ 之间，有舭龙骨的船在 $10\% \sim 35\%$ 之间。由此看出，船型和舭龙骨对附加惯性矩的影响很大。目前尚缺少完整的资料，初步估算可取

$$J_{xx} = 0.25 I_{xx} \quad \text{或} \quad J_{xx} = 0.20 I'_{xx} \tag{3-40}$$

确定附加惯性矩最可靠的方法是模型试验。我国 24 000 t 油船由模型试验测得的资料为

$$J_{xx} = 0.28 I_{xx}$$

2. 横摇固有周期

假定船在静水中进行自由横摇，根据方程（3-19），这时的横摇微分方程为

$$\ddot{\phi} + 2\nu \dot{\phi} + \omega_\phi^2 \phi = 0 \tag{3-41}$$

它的解可以写成

$$\phi = e^{-\nu t}(C_1 \cos \omega'_\phi t + C_2 \sin \omega'_\phi t) \tag{3-42}$$

积分常数 C_1 和 C_2 是由横摇的初始条件决定的，假定在时刻 $t=0$ 时的初始条件为

$$\phi = \phi_{A_0} \qquad \dot{\phi} = 0$$

把初始条件代入式（3-42）及其一阶导数中，则得到常数

$$C_1 = \phi_{A_0} , \; C_2 = \frac{\phi_{A_0} \nu}{\omega_\phi}$$

代入式（3-42）中，得静水中自由横摇的横摇角

$$\phi = \phi_{A_0} e^{-\nu t} \left(\cos \omega'_\phi t + \frac{\nu}{\omega'_\phi} \sin \omega'_\phi t \right) \tag{3-43}$$

为了讨论方便，把上式化成单项式表示形式，为此令

$$\phi_{A_0} = \phi_m \cos \beta , \quad \frac{\nu \phi_{A_0}}{\omega_\phi} = \phi_m \sin \beta$$

则自由横摇的横摇角最后变为：

$$\phi = \phi_{\mathrm{m}} \mathrm{e}^{-\nu t} (\cos \beta \cos \omega'_\phi t + \sin \beta \sin \omega'_\phi t) = \phi_{\mathrm{m}} \mathrm{e}^{-\nu t} \cos(\omega'_\phi t - \beta) \tag{3-44}$$

式中：
$$\phi_{\mathrm{m}} = \phi_{A_0} \sqrt{1 + \left(\frac{\nu}{\omega'_\phi}\right)^2}$$

$$\tan \beta = \frac{\nu}{\omega'_\phi} \tag{3-45}$$

从式(3-44)可知，自由横摇幅值 $\phi_{\mathrm{m}} \mathrm{e}^{-\nu t}$ 随时间呈指数规律衰减，而横摇角随时间呈余弦变化规律。余弦函数的周期为 2π，当式(3-44)中的 $\omega'_\phi t$ 每增加 2π 时，横摇完成一个摇摆，对应的时间间隔为自由横摇周期 T'_ϕ，即

$$\omega'_\phi T'_\phi = 2\pi$$

或

$$T'_\phi = \frac{2\pi}{\omega'_\phi} = \frac{2\pi}{\omega_\phi} \frac{1}{\sqrt{1-\mu^2}} = T_\phi \frac{1}{\sqrt{1-\mu^2}} \tag{3-46}$$

式(3-46)中的 $1/\sqrt{1-\mu^2}$ 表示水阻尼对横摇周期的影响，但是实际上阻尼对周期的影响是很小的。如果不考虑水的阻尼，则 $\mu = 0$，式(3-46)对应的自由横摇周期即为横摇固有周期。如果对于阻尼相当大的船取 $\mu = 0.10$，根据上式则有

$$T'_\phi = 1.005 T_\phi$$

由此看出，阻尼只是稍稍增大了船的横摇固有周期。由于阻尼对运动周期的影响很小，因此，可以认为，船舶在静水中的自由横摇周期就代表了船的横摇固有周期。

由式(3-27)看出：计算 T_ϕ 的主要工作是计算 I'_{xx}，在实用上通常采用近似计算方法。

将式(3-34)和式(3-35)代入式(3-27)，得到

$$T_\phi = 2.01 \frac{CB}{\sqrt{h}} \tag{3-47}$$

在方案设计中，平均取 $C = 0.4$，上式又可进一步简化为

$$T_\phi = \frac{0.8B}{\sqrt{h}} \tag{3-48}$$

在资料尚不够充分的方案设计阶段，用式(3-48)估算横摇固有周期还是很方便的。

若将式(3-39)表示的杜埃尔公式代入式(3-27)，则得到

$$T_\phi = 0.58 \sqrt{\frac{B^2 + 4z_g^2}{h}} \tag{3-49}$$

由于上式相当简单，我国海船稳性规范采用上式计算横摇固有周期，其中初稳性高 h 取船舶未计及自由液面修正时的初稳性高值。在上式中，T_ϕ、z_g、B 和 h 之间的关系是比较复杂的，因为在 h 中包含了 B 和 z_g 的因素。

横摇固有周期的概念是建立在线性假定的基础上的，随着横摇幅值的增加，当横摇角超出了初稳性公式的应用范围，横摇的等时性就消失了。

应当指出，由式(3-27)计算的横摇固有周期只有在 $h > 0.15\,\mathrm{m}$ 的情况下才能应用，因为当 $h \to 0$ 时使得 $T_\phi \to \infty$，显然是不符合实际的。

当 $h < 0.05\,\mathrm{m}$ 时，建议采用下述公式计算：

374

$$T_\phi = \frac{10.3}{\phi_A} \sqrt{\frac{I'_{xx}}{Dr}} \qquad\qquad (3\text{-}50)$$

式中：ϕ_A 为横摇角幅值（rad）；

$\quad\quad r$ 为横稳心半径（m）。

当 $0.05\,\text{m} < h < 0.15\,\text{m}$ 时，取式（3-49）与式（3-50）的平均值。

横摇固有周期是表征横摇的重要参数，从图 3-7 可以看出，船舶的放大因数主要取决于横摇固有周期 T_ϕ 与波浪周期 T 之比（$\Lambda_\phi = T_\phi/T$）。对于同一个波长的规则波，不同 T_ϕ 的船，其横摇幅值的差别是很大的。

理论和实测均表明，船舶在中等风浪中的平均横摇周期接近于船的固有周期。因此，增加固有周期可以减小因横摇产生的加速度，增加乘员的舒适性。

当船舶受到扰动以后，横摇固有周期越大，衰减得越快；过小的固有周期，船体受到扰动以后，摇摆经久不息。

鉴于横摇固有周期的重要性，往往在设计任务书中对某种航行状态的船的固有周期提出要求。由于船的类型及大小的不同，横摇固有周期一般在以下范围内变化：

货船（万吨级）	8～13 s
客船（千吨至万吨级）	9～15 s
渔船	4～8 s

一般船舶的惯性矩比相应的线性尺度有更快的增长，对于小船即使有适度的初稳性高，其固有周期也比相似的大船小，因此比较不同大小船的固有周期是有困难的。统计资料表明，对于同类型不同大小的船，系数 $T_\phi\sqrt{g/B}$（称为横摇系数）比较稳定。海船横摇系数在 8～14 之间，取决于船型和装载情况。横摇系数小于 8，则横摇过于激烈；超过 14，则船太"软"，即船在受到外力干扰下产生的横摇角较大，而在外力干扰消除后船的回复又过于缓慢。

提高横摇固有周期是改善横摇性能的重要手段。从式（3-27）可以看出，提高 T_ϕ 可以用增加 I'_{xx} 或减小 h 两个途径达到。对于特定的船，惯性矩的变化是有限的，而且惯性矩过大使船舶受到扰动之后不易平静下来。在设计中增加 T_ϕ 的最有效方法是减小初稳性高，这一点有可能与稳性的要求相矛盾，合理的原则是在保证足够稳性的前提下取尽可能小的 h 值。如果由于 h 过小而使 T_ϕ 过大，则船倾斜后的复原力矩就变得很小，当船受到横向突风作用时，产生较大的横倾角，且当外界干扰消失后船又回复得很慢，亦即船显得太"软"，船员会产生不安全感。

3. 横摇阻尼系数

阻尼是影响横摇的重要因素，准确地计算阻尼力矩系数是估算横摇的重要前提。但是由于横摇时船体附近流场的复杂性及水黏性的影响，阻尼的理论计算是相当困难的。目前最可靠的方法是模型试验，工程上常采用经验公式计算。

假设船舶在静水中以初始倾角 ϕ_{A0} 进行自由横摇，由于水阻尼产生能量耗散，横摇幅值将逐渐减小。图 3-15 是由记录仪记录的横摇角随时间逐渐衰减的曲线（称为

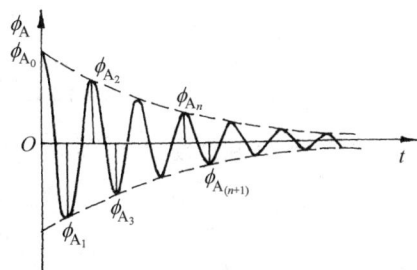

图 3-15　横摇衰减曲线

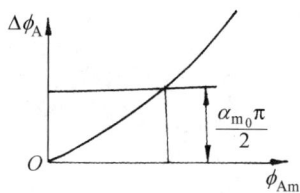

图 3-16　横摇消灭曲线

横摇衰减曲线)。

假定第 n 次横摇的幅值为 ϕ_{An},相隔半周期的下一个幅值为 $\phi_{A(n+1)}$,则相邻两次幅值之差为 $\Delta\phi_A = \phi_{An} - \phi_{A(n+1)}$,相邻两次的平均幅值为 $\phi_{Am} = \dfrac{1}{2}\left[\phi_{An} + \phi_{A(n+1)}\right]$。 以 ϕ_{Am} 为横坐标,$\Delta\phi_A$ 为纵坐标,绘成曲线,表示不同横摇幅值时的衰减情况,称为横摇消灭曲线,如图 3-16 所示。

一般情况下,横摇消灭曲线并非直线,而是曲线。可以证明,$\Delta\phi_A$ 对 ϕ_{Am} 的函数关系与阻尼力矩 $M(\dot\phi)$ 对角速度 $\dot\phi$ 的函数关系具有相同的形式,即若 $\Delta\phi_A$ 与 ϕ_{Am} 成一次方关系,$M(\dot\phi)$ 与 $\dot\phi$ 也是一次方关系;若 $\Delta\phi_A$ 出现 ϕ_{Am} 的平方项,$M(\dot\phi)$ 也出现 $\dot\phi$ 的平方项,其对应关系如下:

衰减关系

$\Delta\phi_A = a\phi_{Am} + b\phi_{Am}^2$

$\Delta\phi_A = B\phi_{Am}^2$

$\Delta\phi_A = a\phi_{Am}$

阻尼关系

$M(\dot\phi) = -2\dot{N}\phi - W\,|\dot\phi|\dot\phi$

$M(\dot\phi) = -W\,|\dot\phi|\dot\phi$

$M(\dot\phi) = -2\dot{N}\phi$

式中:a、b、B 为衰减系数;

N、W 为阻尼力矩系数。

利用能量关系可以证明,系数 a、b、B 和系数 N、W 之间存在如下关系:

$$a = \frac{T_\phi}{2I'_{xx}}N$$

$$B = b = \frac{4}{3}\frac{W}{I'_{xx}} \tag{3-51}$$

利用上式我们可以把消灭曲线得到的衰减系数换算成阻尼力矩系数,从而得到阻尼力矩。

应当指出,由于忽略了线性部分及高次项部分,纯平方项衰减系数 B 随横摇幅值而变化。一般说来,随着横摇幅值 ϕ_A 的增大,B 值是下降的。当 ϕ_A 大到一定程度之后,B 值渐渐趋于稳定。小角度时 B 值变化较快,大角度时 B 值变化较慢,甲板边缘入水之后,由于旋涡阻尼成分的增加,B 值显著增大。

根据发表的资料,不同横摇幅值下的 B 大致关系如表 3-6 所示。

表 3-6　不同横摇幅值下的 B 值

$\phi_A/(°)$	10	15	20	30
B_ϕ/B_{20}	1.25	1.1	1.0	0.88

根据上表中的数字,任一 ϕ_A 对应的 B_ϕ 与 20°时的 B_{20} 的关系可以写成

$$B_\phi = B_{20}\left(\frac{20}{\phi_A}\right)^{0.32}$$

表 3-7 中列出了不同类型船舶衰减系数的大致范围。

表 3-7　不同类型船舶的衰减系数

	a	b	B_{10}	B_{15}	B_{20}
小型客船	0.0500	0.0125			0.0150
小型货船	0.0300	0.0155			0.0170
大型客船			0.0200		
大型货船				0.0190	
大型油船				0.0170	
渔　船	0.1000	0.0140			0.0190

在初步估算时,一般船舶可取 $B_{20}=0.0200$。

线性阻尼假定之下的自由横摇运动的衰减规律如式(3-44)所示。在时间从 t_1 到 $t_2=t_1+T'_\phi/2$ 半个周期时间间隔内,横摇幅值的绝对值的变化为

$$\left|\frac{\phi_{A_2}}{\phi_{A_1}}\right|=\left|\frac{\phi_m e^{-[\nu t_1+(\nu T'_\phi/2)]}\cos\left[\omega'_\phi\left(t_1+\frac{T'_\phi}{2}\right)-\beta\right]}{\phi_m e^{-\nu t}\cos(\omega'_\phi t_1-\beta)}\right|=e^{-\nu T'_\phi/2} \tag{3-52}$$

如果考虑到 $T_\phi \approx T'_\phi$,则得到

$$\left|\frac{\phi_{A_2}}{\phi_{A_1}}\right|=e^{-\nu T_\phi/2}=e^{-\mu\pi} \tag{3-53}$$

由式(3-53)看出,在线性阻尼的假定下,每半个周期的自由横摇幅值按公差 $e^{-\mu\pi}$ 的几何级数衰减。无量纲衰减系数 $\mu=\nu/\omega_\phi$ 越大,横摇衰减越快,反之亦然,如图 3-17 所示。

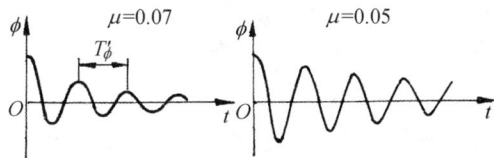

图 3-17　自由横摇运动的衰减

无量纲衰减系数 μ 是表征横摇性能的重要参数,μ 越大,自由横摇衰减越快,规则波中的响应幅值算子就越小,特别对谐摇区的影响最为显著。在船舶设计中总是希望 μ 值能大些。根据 μ 的定义可知

$$\mu=\frac{\nu}{\omega_\phi}=\frac{N}{I'_{xx}}\sqrt{\frac{I'_{xx}}{Dh}}=\frac{N}{\sqrt{I'_{xx}Dh}} \tag{3-54}$$

由式(3-54)看出,为了提高 μ 值可以增加 N,或者减小 I'_{xx} 和 h。船上设置舭龙骨的主要目的是增加阻尼系数 N,它可以显著地减小谐摇时的横摇幅值。减小总惯性矩固然能提高 μ 值,但使横摇固有周期 T_ϕ 也减小了,可能会对横摇产生不利的影响。减小初稳性高 h,不但能使 μ 值提高,而且也增大了 T_ϕ 值,这是一举两得的方法。但是减小 h 值必须在保证安全的前提下进行。

若干模型试验资料表明,在线性范围内,无舭龙骨的船,$\mu=0.035\sim0.05$;有舭龙骨的船,$\mu=0.055\sim0.07$。

随着横摇幅值的增加,阻尼的线性假定不再适用,而阻尼力矩与角速度平方成比例的非线性关系更接近于实际情况,此时有

$$M(\dot{\phi}) = -W\mid\dot{\phi}\mid\dot{\phi}$$

对应的衰减关系为

$$\Delta\phi_A = B\phi_A^2 \tag{3-55}$$

由于考虑非线性阻尼后的横摇微分方程是非线性的,用通常方法解决比较困难。为了应用横摇的线性理论结果,我们用能量观点把非线性阻尼力矩系数转化为相当线性阻尼力矩系数。为此,假定阻尼力矩从 0 到幅值 ϕ_A 的摇摆过程中所做的功等于相当线性阻尼力矩 $M(\dot{\phi}) = -2N\dot{\phi}$ 在相应运动过程中所做的功,即有

$$\int_0^{\phi_A} 2N\dot{\phi}\mathrm{d}\phi = \int_0^{\phi_A} W\dot{\phi}^2\mathrm{d}\phi \tag{3-56}$$

假定从 0 到 ϕ_A 这段横摇过程可以用固定幅值的简谐运动表示,即

$$\phi = \phi_A\sin\omega t$$

$$\dot{\phi} = \phi_A\omega\cos\omega t$$

$$\mathrm{d}\phi = \phi_A\cos\omega t\mathrm{d}(\omega t)$$

当 $\phi = 0$ 时,$\omega t = 0$;$\phi = \phi_A$ 时,$\omega t = \pi/2$。于是式(3-56)左边部分的积分为

$$\int_0^{\phi_A} 2N\dot{\phi}\mathrm{d}\phi = \int_0^{\pi/2} 2N\phi_A\omega\cos\omega t\phi_A\cos\omega t\mathrm{d}(\omega t)$$

$$= \frac{\pi}{2}N\phi_A^2\omega$$

式(3-56)右边部分的积分为

$$\int_0^{\phi_A} W\dot{\phi}^2\mathrm{d}\phi = \int_0^{\pi/2} W\phi_A^2\omega^2\cos^2\omega t\phi_A\cos\omega t\mathrm{d}(\omega t)$$

$$= \frac{2}{3}W\phi_A^3\omega^2$$

因此,式(3-56)变为

$$\frac{\pi}{2}N\phi_A^2\omega = \frac{2}{3}W\phi_A^3\omega^2$$

最后得

$$2N = \frac{8}{3\pi}\phi_A\omega W \tag{3-57}$$

将式(3-51)代入上式,则得到

$$\left.\begin{array}{l} 2N = \dfrac{2}{\pi}\phi_A\omega I'_{xx}B \\[2mm] 2\nu = \dfrac{2N}{I'_{xx}} = \dfrac{2}{\pi}\omega\phi_A B \\[2mm] 2\mu = \dfrac{2\nu}{\omega_\phi} = \dfrac{2}{\pi}\dfrac{\omega}{\omega_\phi}\phi_A B \end{array}\right\} \tag{3-58}$$

谐摇时,$\omega = \omega_\phi$,上式成为

$$2\mu = \frac{2}{\pi}\phi_A B \tag{3-59}$$

由式(3-59)看出,平方阻尼关系相当线性化以后,无量纲衰减系数 μ 是横摇幅值的函数。

求衰减系数可靠的方法是模型试验,在没有试验资料的情况下,可以应用近似公式计算。下面介绍几种求衰减系数的近似公式:

(1) 贝尔登公式。

$$B_{10} = 0.001\,84\,\frac{LB^4}{DhT_\phi^2}$$
$$B_{20} = 0.8B_{10} \tag{3-60}$$

这个公式是贝尔登在1873年根据许多民船和军舰的静水衰减曲线得到的。

(2) 尼古拉耶夫公式。

$$2\mu = k_1\frac{LB^4}{D(B^2 + H^2)}\phi_A \tag{3-61}$$

式中:L、B、H、D 为船长、型宽、型深、排水量;

$\quad k_1 = 0.055 \sim 0.060$;

$\quad \phi_A$ 为横摇幅值,平均取 0.5~0.6 rad。

如果有舭龙骨,上式的计算结果应乘以1.5倍。

(3) 渡边公式。

渡边根据船模资料,考虑到船型和舭龙骨的影响,得到了如下公式:

$$B_{20} = \frac{Ld}{DhT_\phi^2}\left[\left(0.02 + 1.1C_B\frac{d}{L}\right) + \sigma_0\frac{A_b}{L^2}\right]\left\{l^3\left[1 + \frac{1}{4}\left(\frac{d}{l}\right)^2\right] + \frac{f(C_w)B^4}{64d}\right\} \tag{3-62}$$

式中:L、d、D、C_B 为船长、吃水、排水量、方形系数;

$\quad h$、T_ϕ 为初稳性高、横摇固有周期;

$\quad l$ 为重心到吃水之半的距离,即 $l = z_g - \dfrac{d}{2}$;

$\quad A_b$ 为单边舭龙骨的面积;

$\quad \sigma_0$ 为方形系数 C_B 和舭龙骨长宽比 β 的函数,查图3-18可得;

$\quad f(C_w)$ 为水线面系数 C_w 的函数,查图3-19可得。

4. 由模型试验确定阻尼系数

用模型试验确定阻尼系数通常是在静水中进行的。虽然静水中试验没有考虑波浪水质点轨圆运动的影响,但在实用上已经足够精确。下面简要介绍静水模型试验确定阻尼系数的方法。

把按相似条件调整好的船模置于静水中,给予初始倾斜后任其自由横摇,记录船模的衰减曲线。根据衰减曲线上的时标,取相邻幅值间的时间间距,即为横摇的固有周期。如果预先测出了船模吊在空气中的自由横摇周期,那么它与船模在水中自由横摇周期之差,即可认为是由水的附加质量惯性矩引起的,从而可以推算出横摇附加惯性的大小。

把船模的自由横摇衰减曲线整理成消灭曲线,就可以确定出阻尼系数。为便于分析,通常采用 $\Delta\phi_A/\phi_A \sim \phi_A$ 的关系曲线,图3-20是其常见的几种形式。

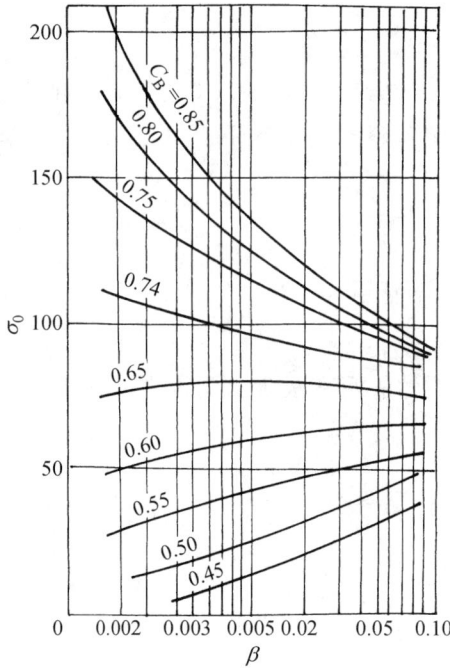

图 3-18 σ_0 与 C_B 及 β 的关系

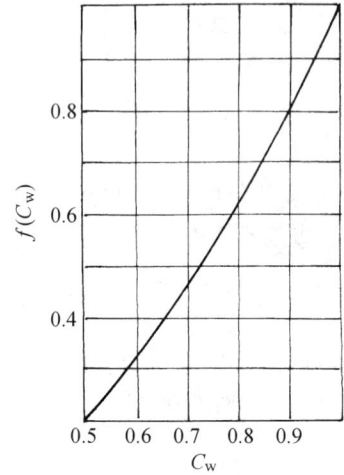

图 3-19 $f(C_w)$ 与 C_w 的关系

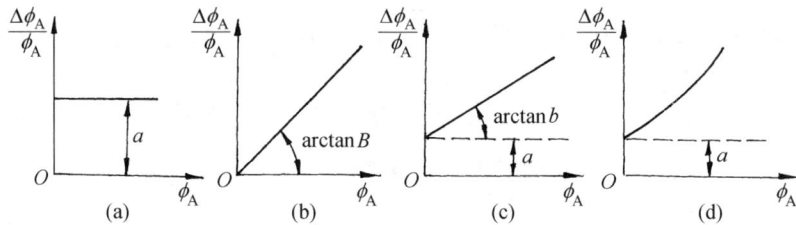

图 3-20 $\Delta\phi_A/\phi_A$ 与 ϕ_A 关系曲线的形式

图 3-20(a)为相对于阻尼的线性关系,即

$$\Delta\phi_A = a\phi_A$$

变换式(3-51),则有

$$N = \frac{2aI'_{xx}}{T_\phi} = \frac{a}{\pi}I'_{xx}\omega_\phi \quad \text{或} \quad \frac{N}{I'_{xx}\omega_\phi} = \frac{\nu}{\omega_\phi} = \frac{a}{\pi}$$

所以

$$\mu = \frac{a}{\pi} \tag{3-63}$$

如果船的横摇幅值很小,确认阻尼和角速度呈线性关系,那么,就可以直接应用线性横摇的理论结果,由式(3-53)直接得到

$$\mu = \frac{1}{\pi}\ln\left|\frac{\phi_{A_1}}{\phi_{A_2}}\right| \tag{3-64}$$

式中: ϕ_{A_1} 和 ϕ_{A_2} 为相邻半周期的自由横摇幅值, $\phi_{A_1} > \phi_{A_2}$。

图 3-20(b)相应于阻尼的纯平方关系,即

380

$$\Delta\phi_A = B\phi_A^2$$

在这种情况下,可以应用相应线性化的结果进行分析。

图 3-20(c)和(d)表示更一般的阻尼关系。

这里顺便指出,根据自由横摇试验和规则波中试验可以求出有效波倾系数。在谐摇时,由式(3-29)得到

$$\left(\frac{\phi_A}{\alpha_0}\right)_{T=T_\phi} = \frac{K_\phi}{2\mu}$$

所以

$$K_\phi = 2\mu \left(\frac{\phi_A}{\alpha_0}\right)_{T=T_\phi}$$

将式(3-63)代入上式,则得到

$$K_\phi = \frac{2}{\pi} \frac{\Delta\phi_A}{\phi_A} \left(\frac{\phi_A}{\alpha_0}\right)_{T=T_\phi}$$

把规则波中谐摇时的放大因数 $(\phi_A/\alpha_0)_{T=T_\phi}$ 和由消灭曲线上查得的相应值 $\Delta\phi_A/\phi_A$ 代入上式,便可以计算出谐摇时的有效波倾系数 K_ϕ。当然,对于非谐摇时的 K_ϕ 也可以用类似方法计算。

最后顺便指出,由模型试验结果换算到实船时存在尺度效应。摩擦阻尼在模型试验中所占的比例在百分之几范围内,在实船中摩擦阻尼一般不到百分之一。因此,比较精确的换算方法可以采用阻力的换算方式,即在模型试验分析时,首先扣除由摩擦阻尼引起的横摇幅值的减少 $\Delta\phi_{Af}$,然后作出相应的 $\Delta\phi_A$-ϕ_A 曲线进行分析。由摩擦引起的横摇幅值减少,根据上海交通大学船模试验池的试验结果,可采用如下的关系:

$$\Delta\phi_{Af} = 18.33\rho\sqrt{\nu}\,\frac{Sr^2}{DhT_\phi^{1.5}}\phi_A \tag{3-65}$$

式中: ρ 为水的密度;

ν 为水的运动黏性系数;

S 为船模湿面积;

$r = \dfrac{S}{\pi L}$ 为相当圆柱体半径;

h 为初稳性高;

D 为船模排水量;

T_ϕ 为船模横摇固有周期。

若干实测和船模试验结果表明,通常不需要进行摩擦阻力修正。

5. 航速对无量纲衰减系数的影响

上述讨论均指航速为零的情况,当船舶航速不为零时,船体周围的流场发生很大变化,必然对船的阻尼产生影响。一般情况下,随着航速的增加,横摇阻尼迅速加大,横摇幅值显著减小。作为初步估算可采用以下一些资料:

(1)根据模型试验发现,傅汝德数为 Fr 的无量纲衰减系数 $\mu(Fr)$ 与零航速的无量纲衰减系数 $\mu(0)$ 的比值有以下近似关系:

$$\frac{\mu(Fr) - \mu(0)}{\mu(0)} \approx \alpha Fr \qquad (3\text{-}66)$$

通常取 $\alpha \approx 3.3$，则上式变为

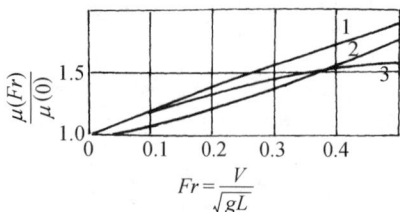

图 3-21　航速对系数 μ 的影响

$$\mu(Fr) = \mu(0)(1 + 3.3Fr) \qquad (3\text{-}67)$$

(2)

$$\mu(Fr) = \frac{\mu(Fr)}{\mu(0)}\mu(0) \qquad (3\text{-}68)$$

式中系数 $\mu(Fr)/\mu(0)$ 可查图 3-21。图中曲线 1 对应无舭龙骨的情况；曲线 2 对应总舭龙骨面积为水线面面积的 3％；曲线 3 对应总舭龙骨的面积为水线面面积的 6％。

3-4　非线性横摇

当横摇角度较小时，可以作为线性系统进行分析预报，预报结果基本与实际情况相符合。在考虑船舶安全性和耐波性等一系列实际问题时，往往需要研究大角度横摇，这时存在非线性问题，线性系统的分析方法不再适用。引起非线性的原因很多，大致可以分成两类，一类是环境条件的非线性；另一类是船体运动的非线性。本节仅考虑由于横摇角度过大产生的复原力矩非线性和阻尼力矩非线性两种情况。

非线性横摇运动方程式的重要特点是不适用叠加原理。因此，不能像线性解那样，把波浪中非线性横摇看成是自由衰减振荡运动和强迫振荡运动的叠加，它们有更复杂的运动形式。

复原力矩非线性是由静稳性曲线的形状确定的。在小角度情况下，复原力矩与倾角成正比，随着倾角增加，复原力矩的大小必须根据静稳性曲线的形状来确定。船舶横摇过大而倾覆的原因之一可能是由于静稳性曲线的非线性引起的，因此，研究复原力矩非线性具有现实意义。

横摇阻尼力矩本质上是非线性的，只是在横摇角度（角速度）较小时，线性成分占主要部分，才可以作为线性问题处理。

1. 考虑非线性复原力矩的横摇运动

船舶在波浪中非线性摇摆特性与船舶在静水中的运动周期有密切关系，所以我们首先讨论在线性阻尼力矩和非线性复原力矩组合作用下横摇周期问题。由于阻尼对周期的影响是小量，可以忽略，因此这时静水中不计及阻尼的横摇运动方程式为

$$I'_{xx}\ddot{\phi} + Dl(\phi) = 0 \qquad (3\text{-}69)$$

式中：$l(\phi)$ 为由静稳性曲线的实际形状确定的复原力臂。

由式(3-69)可得

$$\left.\begin{array}{l} \ddot{\phi} = -\dfrac{D}{I'_{xx}}l(\phi) \\[2ex] \ddot{\phi} = \dfrac{\mathrm{d}\dot{\phi}}{\mathrm{d}t} = \dfrac{\mathrm{d}\dot{\phi}}{\mathrm{d}\phi}\dfrac{\mathrm{d}\phi}{\mathrm{d}t} = \dot{\phi}\dfrac{\mathrm{d}\dot{\phi}}{\mathrm{d}\phi} \\[2ex] \dot{\phi}\,d\dot{\phi} = -\dfrac{D}{I'_{xx}}l(\phi)\,\mathrm{d}\phi \end{array}\right\} \qquad (3\text{-}70)$$

积分后得

$$\frac{\dot\phi^2}{2} = -\frac{D}{I'_{xx}}\int_{\phi_\mathrm{m}}^{\phi} l(\phi)\mathrm{d}\phi + C$$

根据初始条件 $\phi = \phi_\mathrm{m}$ 时，$\dot\phi = 0$，由此得到 $C = 0$，调换积分限后，得

$$\dot\phi^2 = \frac{2D}{I'_{xx}}\int_{\phi}^{\phi_\mathrm{m}} l(\phi)\mathrm{d}\phi = \frac{2D}{I'_{xx}}\left[\int_0^{\phi_\mathrm{m}} l(\phi)\mathrm{d}\phi - \int_0^{\phi} l(\phi)\mathrm{d}\phi\right] = \frac{2D}{I'_{xx}}(l_{d_0} - l_d)$$

式中：l_{d_0} 为倾角 ϕ_m 时的动稳性臂；

l_d 为倾角 ϕ 时的动稳性臂。

由上式可以得到

$$\dot\phi = \frac{\mathrm{d}\phi}{\mathrm{d}t} = -\sqrt{\frac{2D}{I'_{xx}}}\sqrt{l_{d_0} - l_d}$$

$$\mathrm{d}t = \frac{\mathrm{d}\phi}{\dot\phi} = -\sqrt{\frac{I'_{xx}}{2D}}\frac{\mathrm{d}\phi}{\sqrt{l_{d_0} - l_d}}$$

上式右边之所以加负号是因为倾角从 ϕ_m 到 ϕ 是减小的，角速度应是负值(见图 3-22)。积分后得

$$t = \int_{\phi_\mathrm{m}}^{\phi}\frac{\mathrm{d}\phi}{\dot\phi} = -\sqrt{\frac{I'_{xx}}{2D}}\int_{\phi_\mathrm{m}}^{\phi}\frac{\mathrm{d}\phi}{\sqrt{l_{d_0} - l_d}} + C$$

根据运动的初始条件，$t = 0$ 时，$\phi = \phi_\mathrm{m}$，由此得到 $C = 0$。

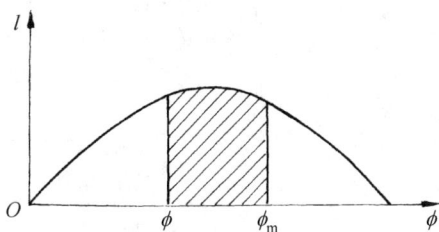

图 3-22　倾角从 ϕ_m 减至 ϕ 的情形

考虑到从 $\phi = \phi_\mathrm{m}$ 倾斜到 $\phi = 0$ 的时间应等于横摇周期的四分之一，可得到横摇周期的一般表达式为

$$T_\phi = 4\sqrt{\frac{I'_{xx}}{2D}}\int_0^{\phi_\mathrm{m}}\frac{\mathrm{d}\phi}{\sqrt{l_{d_0} - l_d}} \tag{3-71}$$

式(3-71)是非线性复原力矩情况下的横摇周期的一般表达式，但是不适用于实际计算，因为式中含有广义积分，在 $\phi = \phi_\mathrm{m}$ 时，被积函数将成为无限大。解决此问题的方法之一是用变换积分变量方法来消除表达式中的广义积分，令

$$l_d = l_{d_0}\sin^2\xi$$

式中：ξ 为新的积分变量。

若船舶的静稳性臂是 l，则根据静力学的关系有

$$\mathrm{d}l_d = l\mathrm{d}\phi$$

$$\mathrm{d}l_d = 2l_{d_0}\sin\xi\cos\xi\mathrm{d}\xi$$

$$\mathrm{d}\phi = \frac{2l_{d_0}\sin\xi\cos\xi\mathrm{d}\xi}{l}$$

现在来确定新变量的积分上下限。当 $\phi = 0$ 时，$l_d = 0$，$\sin\xi = 0$，即 $\xi = 0$；当 $\phi = \phi_\mathrm{m}$ 时，$l_d = l_{d_0}$，$\sin\xi = 1$，即 $\xi = \pi/2$，所以 ξ 的积分限从 0 到 $\pi/2$。于是，变量置换后大振幅横摇周期公式成为

$$T_\phi = 4\sqrt{\frac{I'_{xx}}{2D}}\int_0^{\phi_m}\frac{\mathrm{d}\phi}{\sqrt{l_{d_0}-l_d}} = 4\sqrt{\frac{I'_{xx}}{2D}}\int_0^{\pi/2}\frac{2l_{d_0}\sin\xi\cos\xi\,\mathrm{d}\xi}{\sqrt{l_{d_0}}\,l\cos\xi}$$

$$= 8\sqrt{\frac{I'_{xx}l_{d_0}}{2D}}\int_0^{\pi/2}\frac{\sin\xi\,\mathrm{d}\xi}{l} \tag{3-72}$$

大振幅横摇频率

$$\omega_\phi = \frac{2\pi}{T_\phi}$$

用上式计算周期时,在 $\xi=0$ 时,被积函数成为不定式,为了确定这个值,可以采用洛必达法则,即计算如下形式极限值:

$$\lim_{\xi\to 0}\left|\frac{\sin\xi}{l}\right|$$

为此,首先分别对其分子和分母对 ξ 进行求导,即

$$\lim_{\xi\to 0}\left|\frac{\sin\xi}{l}\right| = \lim_{\xi\to 0}\left|\frac{\dfrac{\mathrm{d}\sin\xi}{\mathrm{d}\xi}}{\dfrac{\mathrm{d}l}{\mathrm{d}\xi}}\right| = \lim_{\xi\to 0}\left|\frac{\cos\xi}{\dfrac{\mathrm{d}l}{\mathrm{d}\phi}\dfrac{\mathrm{d}\phi}{\mathrm{d}\xi}}\right| = \lim_{\xi\to 0}\left|\frac{\cos\xi}{\dfrac{\mathrm{d}l}{\mathrm{d}\phi}2l_{d_0}\dfrac{\sin\xi\cos\xi}{l}}\right|$$

$$= \frac{1}{2l_{d_0}(r-a)\lim\limits_{\xi\to 0}\left|\dfrac{\sin\xi}{l}\right|}$$

式中:

$$\frac{\mathrm{d}l}{\mathrm{d}\phi}\bigg|_{\phi\to 0} = r-a$$

式中:$(r-a)$ 为初稳性高,所以得到

$$\lim_{\xi\to 0}\left|\frac{\sin\xi}{l}\right| = \frac{1}{\sqrt{2l_{d_0}(r-a)}} \tag{3-73}$$

这样,我们可以用任意的近似积分法则来计算大振幅的横摇周期,计算时静稳性复原力臂 l 是新变量 ξ 的函数,具体计算可以参考表 3-8。

表 3-8　大振幅横摇周期的计算

序号	数值	$\xi/(°)$									
		0	10	20	30	40	50	60	70	80	90
I	$\sin\xi$	0	0.174	0.342	0.500	0.643	0.766	0.866	0.940	0.985	1.000
II	$\sin^2\xi$	0	0.030	0.117	0.250	0.413	0.587	0.750	0.884	0.970	1.000
III	l_d										
IV	l										
V	$\sin\xi/l$	*									

用表 3-8 计算时,III项是与新变量 ξ 对应的动稳性臂,IV项是与动稳性臂对应的静稳性

臂，V 项 $\xi=0$ 对应的表格中（有 * 处）填写 $1/[2l_{d_0}(r-a)]^{1/2}$ 值，在计算 V 项之和时应按梯形求和法则（或其他求和法则），并进行端点修正。显然，本法不适用于初稳性高小于或等于零的船舶。

在线性复原力矩假定下，船舶在静水中的运动周期与倾角无关，是一个不变的常数，称为船舶横摇固有周期。在大角度横摇时，由于复原力矩非线性的影响，船舶在静水中的运动周期与倾角有关，船舶横摇固有周期的概念不再存在。一般情况是倾角增加，与线性关系相比，复原力矩减小，船舶自摇周期增加，它将和周期更长的波浪产生谐摇。

与线性横摇相似，非线性横摇具有定常和不定常的特性。定常的非线性横摇运动是周期性的，具有固定的振幅和相位，运动频率等于波浪扰动频率。不定常横摇具有复杂和非周期特性。对于工程计算而言，非线性横摇的定常成分可以采用近似的和谐规律，即

$$\phi = \phi_A \sin(\omega t - \delta)$$

我们用上式近似表示非线性横摇的解，实质上是用线性微分方程式代替了非线性方程式。参考线性方程式的形式可以写成

$$\ddot{\phi} + 2\nu\dot{\phi} + \omega_\phi^2 \phi = \alpha_{m_0}\omega_\phi^2 \sin\omega t \tag{3-74}$$

式中：ω_ϕ 具有频率的量纲而与线性理论中固有频率相类似，但是 ω_ϕ 不是常数，而是横摇振幅的函数。在计算时，可以取 ω_ϕ 等于在静水中振幅相同的横摇频率，即 $\omega_\phi = \omega_\phi(\phi_A)$。在以上的假定之下，就可以应用线性理论的分析结果，横摇的放大因数为

$$\frac{\phi_A}{\alpha_{m_0}} = \frac{\omega_\phi^2}{\sqrt{(\omega_\phi^2 - \omega^2)^2 + 4\nu^2\omega^2}}$$

$$\tan\delta = \frac{2\nu\omega}{\omega_\phi^2 - \omega^2} \tag{3-75}$$

式中：ω_ϕ 是 ϕ_A 的函数。为了计算方便，首先去掉放大因数表达式中分母的根号，经过简单整理可得到 ω 的四次方程式：

$$\omega_\phi^4 \left[1 - \left(\frac{\alpha_{m_0}}{\phi_A}\right)^2\right] - 2(\omega_\phi^2 - 2\nu^2)\omega^2 + \omega^4 = 0 \tag{3-76}$$

解此方程式得

$$\omega^2 = (\omega_\phi^2 - 2\nu^2) \mp \sqrt{(\omega_\phi^2 - 2\nu^2)^2 - \left[1 - \left(\frac{\alpha_{m_0}}{\phi_A}\right)^2\right]\omega_\phi^4} \tag{3-77}$$

为了计算非线性横摇放大因数曲线，首先必须计算静水中横摇频率与振幅的关系曲线，并从该曲线量取一系列对应的 ϕ_A 和 ω_ϕ 值，将其代入式（3-77）可以计算出对应的 ω 值，绘出如图 3-23 所示的非线性横摇放大因数曲线。

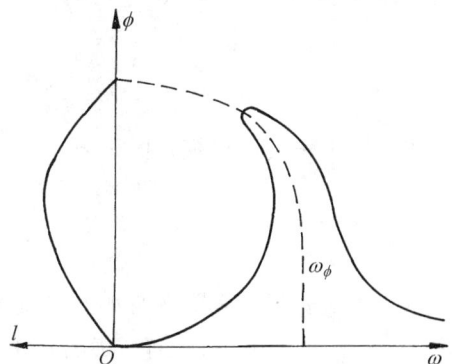

图 3-23　非线性横摇放大因数曲线

2. 考虑非线性阻尼力矩的横摇运动

在横摇角度较大时，应该考虑横摇阻尼力矩与横摇角速度的非线性关系。阻尼力矩在摇荡过程中要耗散船体的能量，通常用做功相等的原理使非线性阻尼

系数转化为线性化阻尼系数,然后按线性问题处理,称为等效线性化方法。对于阻尼力矩与角速度平方成比例的情况,式(3-59)给出在谐摇时等效无量纲衰减系数的表达式,将其代入谐摇时放大因数表达式(3-29),则得到

$$\frac{\phi_A}{\alpha_{m_0}} = \frac{1}{\dfrac{2}{\pi}\phi_A B}$$

$$\phi_A = \sqrt{\frac{\pi \alpha_{m_0}}{2B}} \tag{3-78}$$

式中:B 为横摇阻尼力矩按角速度平方规律变化时的衰减系数,可由模型试验或经验公式得到。

我国民用船舶稳性规范中计算谐摇摇幅的公式就是以式(3-78)为基础推演出来的。

在实际航行中,船舶经常遇到的是不规则波,通常在不规则波中 20~50 次的最大幅值的期望值约为相当规则波中谐摇幅值的 0.7 倍。若用规则波中的结果考虑不规则波中的横摇,取不规则波的影响系数为 0.7,则有

$$\phi_A = 0.7\sqrt{\frac{\pi \alpha_{m_0}}{2B}}$$

将式(3-2)和式(3-3)代入上式,则得到

$$\phi_A = 0.68\sqrt{\frac{\alpha_0}{B}\left(0.216 + \frac{z_g}{d}\right)} \tag{3-79}$$

根据我国有关水池的试验结果,衰减系数 B 是船型、舭龙骨面积 A_b 和 B/d 的函数,一般可以写成如下形式:

$$B = f\left(\frac{A_b}{LB}, \frac{B}{d}\right) = f_1\left(\frac{A_b}{LB}\right) f_2\left(\frac{B}{d}\right)$$

根据式(2-3),波倾为

$$\alpha_0 = \pi \frac{\zeta_w}{\lambda}$$

把以上两式代入式(3-79),并经改写,则有

$$\phi_A = 87.5 C_1 C_2 C_3 \sqrt{0.216 + \frac{z_g}{d}} \tag{3-80}$$

系数 C_1 代表波浪对横摇的影响,为

$$C_1 = \sqrt{\frac{\zeta_w}{\lambda}} \tag{3-81}$$

系数 C_2 代表船型和舭龙骨相对尺度对阻尼的影响,其中 A_b 是舭龙骨的总面积(m^2),L 是垂线间长,B 是型宽,对于有方龙骨的船,可将其侧面积计入舭龙骨面积 A_b 之内。C_2 的数值取自表 3-9。

表 3-9　系数 C_2 的数值

$\dfrac{A_b}{LB}$/%	1.0	1.5	2.0	2.5	3.0	3.5	4.0 及以上
货船、油船	0.85	0.80	0.75	0.71	0.68	0.68	0.68
客船、渔船、拖船	1.00	0.92	0.85	0.80	0.75	0.71	0.68

系数 C_3 表示 B/d 对阻尼的影响,其数值取自表 3-10。

表 3-10　系数 C_3 的取值

B/d	2.5 及以下	3.0	3.5	4.0 及以上
C_3	1.00	0.90	0.85	0.80

我国海船稳性规范在考虑风浪作用的情况下,可能遇到最危险状态的稳性标准时,采用了如下的标准:即假定船舶无航速在风浪中横摇,当横摇到一侧达最大值时,遇到自入水舷方向的阵风吹袭,此时欲保证船舶不倾覆,则要求计及横摇后的最小倾覆力矩应大于或等于风压倾侧力矩。由此衡准方法,风浪作用下的船舶稳性就归结为如何正确地估计风压力矩和风浪中的横摇幅值。

规范规定:对于有舭龙骨的圆舭船在风浪中的横摇幅值用式(3-80)计算。在计算中,C_2 和 C_3 取自表 3-9 和表 3-10。系数 C_1 与波高 ζ_w 和波长 λ 之比有关。波高与风速有关,波长为相当规则波的谐摇波长,因此它与横摇固有周期 T_ϕ 有关。所以系数 C_1 是风速和固有周期的函数。在稳性规范中,对危险状态的风速作了如下规定:

一类航区风速　　　　42 m/s;

二类航区风速　　　　31 m/s;

三类航区风速　　　　22 m/s。

船舶横摇固有周期根据式(3-49)计算。经理论研究和实际观察,对不同航区的危险状态的 C_1-T_ϕ 曲线,如图 3-24 所示。

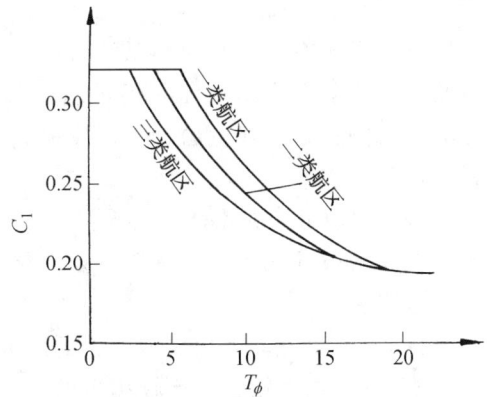

图 3-24　不同航区的 C_1-T_ϕ 曲线

3-5　横摇减摇装置

1. 减摇装置概述

船舶在风浪中过大的横摇,会给船舶航行的使用性能造成一系列有害影响,因此应设计横摇性能优良的船舶。由于横摇阻尼很小,复原力矩亦小,所以在所有摇荡中横摇是最容易控制的,设计专门的减摇装置是改善横摇性能的重要方法。随着船舶由木质船壳向钢质船壳的发展,横摇阻尼更加减小,横摇角度显著增加。在这种实践需要的基础上,促使人们寻找各种减摇装置。在提出的众多方法中,经过长期实践的考验,只有少数几种方法得到了应用和推广。

减摇装置按其本身是否具有动力可以分为主动式和被动式两大类。主动式减摇装置依靠本身的动力和控制系统使船产生稳定力矩,以减小横摇。被动式减摇装置本身不具有动力,仅根据使船横摇的风浪扰动力矩的大小而起作用。

从结构形式来看,目前最常用的减摇装置有下述 3 种。

1)舭龙骨

它是沿着船长方向安装在船的舭部,用以增加横摇阻尼从而达到减摇目的的被动式减摇装置。每艘海船都装有舭龙骨。

2)减摇鳍

它是减摇效果最好的主动式减摇装置,设计得好的减摇鳍在任何情况下都可以使横摇幅值保持在3°之内。在减小横摇的同时,在航速方面也可以得到好处。但是减摇鳍结构复杂,成本较高,需要动力和控制系统,目前多用在客船和军舰上。

3)减摇水舱

它是装在船体内的一种特制水舱,当船横摇时,水舱内的水能从一舷流向另一舷,从而产生抵抗横摇的稳定力矩。目前得到应用的有以下 3 种类型。

(1)主动式水舱。

它是借助泵,根据横摇情况,把水从一舷打向另一舷,以减小船的横摇。虽然主动式水舱的效果很好,但是需要很大的动力,以便在短时间内把水从一舷打向另一舷,因此实际上并没有得到广泛应用。

(2)被动式水舱。

它本身没有动力和控制系统,仅仅是依靠船本身的横摇产生减摇力矩。被动式水舱包括U 形减摇水舱和自由液面减摇水舱两种。设计得好的被动式水舱可以使横摇幅值减小一半左右。我国在自己建造的若干工作船、客船和客货船上装置被动式水舱的经验表明,它是减缓横摇的行之有效的方法。

(3)被动可控式水舱。

它是对被动式水舱的一个重要发展,人为地控制水的流动,使之在各种情况下都能产生满意的效果。

图 3-25 是各种类型减摇装置的放大因数曲线示意图。从图中可以看出,减摇鳍的效果最好,被动可控式水舱也是比较满意的。

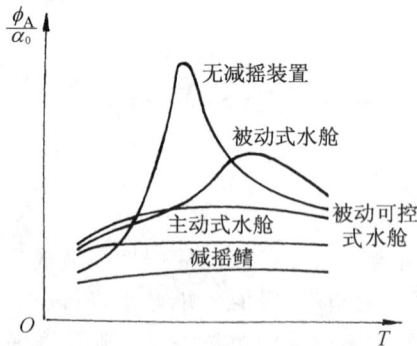

图 3-25　各类减摇装置的放大因数曲线示意图

表 3-11 是各类减摇装置的特征比较,其中减摇效果用减摇百分数表示。

表 3-11　各类减摇装置特性比较

型　式	收放式鳍	非收放式鳍	主动水舱	被动水舱	舭龙骨
减摇百分数/%	90	85	60	50	35
低航速有效性	无	无	有	有	有
占排水量比例/%	1	0.6	1～4	1～2	几乎没有
对初稳性影响	无	无	有	有	有
对阻力影响	工作时有	经常有	无	无	极小
动　力	小	小	大	无	无
船内空间	一般	少	一般	一般	无
横向贯穿船体	无	无	通常有	有	无
损伤可能性	收进时无	有	无	无	有
造　价	比较高	一般	一般	低	极低
维修费	一般	高	一般	低	低

　　减摇装置的效果在实用上可以有不同的表示方法。一般减摇装置的模型试验是在规则波中或是在模拟规则波作用的摇摆台上进行的,有时就用谐摇时横摇幅值的减少量作为减摇装置的减摇效果的衡量标准,即

$$\text{谐摇时的减摇效果} = \left(\frac{\phi_{\text{A未减摇}}}{\phi_{\text{A减摇}}}\right) \times 100\% \tag{3-82}$$

　　上述表示方法不能估计出在不规则波中的减摇效果。一般情况下,谐摇时的减摇效果是相当高的,这么高的减摇效果在实船中是无法得到证实的。

　　考虑到船舶在不规则波中的横摇情况,减摇装置的效果可以用减摇前和减摇后的三一横摇幅值的比值来表示,称为减摇比 K,即

$$K = \frac{(\overline{\phi}_{A/3})_{\text{未减摇}}}{(\overline{\phi}_{A/3})_{\text{减摇}}} \tag{3-83}$$

　　我国和其他一些国家经常用减摇百分数 K_1 来表示减摇装置的减摇效果,即

$$K_1 = \frac{(\overline{\phi}_{A/3})_{\text{未减摇}} - (\overline{\phi}_{A/3})_{\text{减摇}}}{(\overline{\phi}_{A/3})_{\text{未减摇}}} \times 100\% \tag{3-84}$$

　　减摇比和减摇百分数之间存在如下关系:

$$K_1 = 1 - \frac{1}{K} \tag{3-85}$$

　　模型和实船试验结果的比较表明,用减摇比表示的减摇效果两者是吻合的,而用谐摇时的减摇效果表示,则模型试验结果明显偏高。

　　对于减摇水舱而言,用中等陡度的规则波中的模型试验结果,估算中等海况下的减摇效果,能得到比较满意的精度。同时,船舶无舭龙骨时的减摇比要比有舭龙骨时大,即不装舭龙骨的船减摇效果好,但是其横摇幅值两者则是一样的。由于不是追求形式上的高效率,加上其他一些考虑(如船的稳性等),因而设置水舱的船一般仍保留舭龙骨。

船舶横摇类似于有阻尼的弹性振荡,波浪的扰动力矩以波倾表示,作为输出的横摇幅值可以看作是对波倾的动力放大,谐摇时动力放大作用是很大的。减摇装置的作用就在于提供一个额外的稳定力矩,起到抵消部分扰动力矩的作用,从而达到减小横摇的目的。因此,可以把减摇装置的作用看成是对波倾的减小,这种对波倾的减少量就称为减摇装置的容量或相当波倾量,记作 $\varphi_s(°)$,为

$$\varphi_s = \frac{减摇装置最大稳定力矩 \times 57.3}{Dh} \tag{3-86}$$

式中:D 为排水量;

h 为初稳性高。

式(3-86)表示在减摇装置的最大稳定力矩作用下船舶能达到的静倾角。

例如,某船在谐摇时放大因数为 6,在 4°波倾的作用下,谐摇幅值为 24°。如果设计减摇装置的相当波倾量为 2°,那么,加装减摇装置后,船舶在谐摇时的横摇值为 12°。

2. 舭龙骨

在船舶舭部安装舭龙骨的主要作用是在横摇时扰动船体周围的流场,使船产生附加阻尼。舭龙骨的附加阻尼由两部分构成:一是由舭龙骨正背两面压力差形成的龙骨板阻尼,它取决于舭龙骨的面积和水的相对速度;二是由于船体表面压力分布改变而形成的表面阻尼,它主要依赖于船体形状。由于横摇阻尼的增加,使船在风浪中的横摇幅值显著减小。同时也使横摇惯性矩有所增加,横摇固有周期略有增大。

舭龙骨装在船舷之外,在风平浪静时增加了航行阻力,一般使静水航速减小 1‰~2‰。但是在风浪中由于减缓了横摇,航速反而可能提高。

由于横摇流场的复杂性,因此在不进行模型试验的情况下,要精确地确定舭龙骨的减摇效果是困难的。作为设计中的初步参考,可以利用我国海船稳性规范中提供的数据,见表 3-9,表中 C_2 的百分数可以看作不同舭龙骨面积对横摇的影响。

在估计圆舭船舭龙骨的效果时,下式也可以作为参考:

$$q = \frac{z_g}{d} \frac{A_b}{LB} \left(\frac{l}{B}\right)^2 \times 10^3 \tag{3-87}$$

式中:z_g 为船舶重心高度(m);

d 为吃水(m);

A_b 为舭龙骨总面积(m^2);

l 为舭龙骨中心到重心的距离(m);

L、B 为船长、船宽(m)。

减摇比 K 与 q 的关系为

$$K = f(q) \tag{3-88}$$

q 与 K 的关系如表 3-12 所示。

表 3-12　q 与 K 的关系

q	0	1	2	3	4	5	$\geqslant 6$
K	1.00	1.08	1.15	1.25	1.35	1.49	1.61

目前舭龙骨的设计不是根据预定的减摇效果,而是根据母型船或船模试验来确定的。

1) 舭龙骨的位置

舭龙骨应设置在舭部距离横摇中心最远的部位,以产生尽可能大的稳定力矩(见图3-26)。为了靠离码头和搁浅时舭龙骨的安全,一般舭龙骨不应超出中站面的方框线之外。设计中,可参考图3-27来确定舭龙骨在中站面中的位置,图中 O 点为假想的横摇中心,取稳心和重心的中点,对于无搁浅可能的船取 $\angle BEF$ 在 10°~12° 之间。

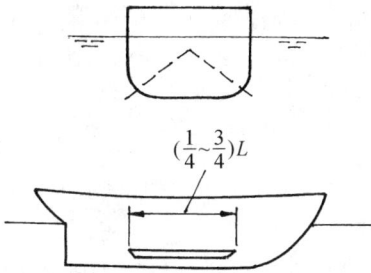

图 3-26　舭龙骨的位置

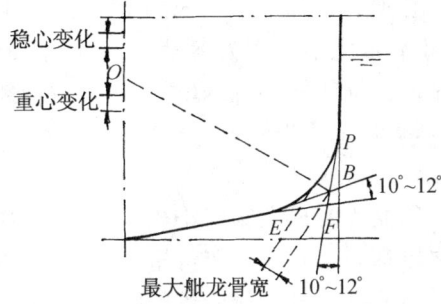

图 3-27　舭龙骨在中站面中的位置

为了减小前进时的阻力,舭龙骨在长度方向的位置应与满载时舭部流线相一致。上海交通大学船池用涂漆法确定船模舭部流线的位置。具体做法是用油漆在船模各站线处涂一窄带,然后马上在船池中以设计速度进行拖曳,让水流把漆带冲成木梳状的迹线。据此,就可以决定舭部的流线,从而也就确定了舭龙骨的位置。

对于营运中纵倾经常变化的小型船舶(如渔船),舭龙骨在长度方向的位置应根据实际情况确定。

2) 舭龙骨的尺度

舭龙骨在一舷的面积一般取 $L \times d$ 的 2%~4%。图3-28是单边舭龙骨的统计资料,C_M 是船的中站面系数,设计时可于上下限之间选取,方形系数大的船应取小一点的数值。

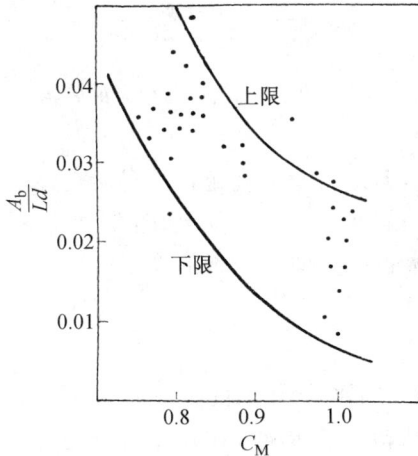

图 3-28　选取舭龙骨面积的参考范围

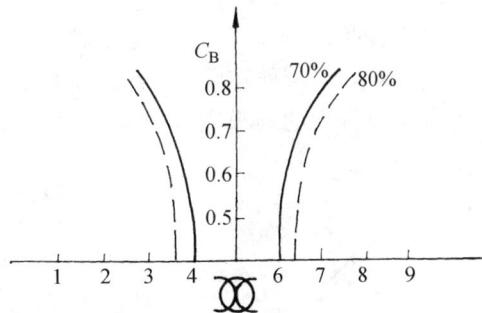

图 3-29　舭龙骨长度的有效范围

当舭龙骨的面积和宽度确定之后,长度也就随之而定了,一般在船长的 1/4~3/4 之间。试验表明,舭龙骨的附加阻尼随其宽度增加而增加,但是对于长度则有一个有效范围。当超过这个范围后,再增加长度时,舭龙骨的效果就变化不大。图3-29给出了有效范围的参考值,其中的百分数是不同船长位置处舭龙骨单位面积上产生的阻尼力矩与船中站面处相应数值的比值，C_B是方形系数。

随着C_B增大，舭部半径减小，在舭龙骨产生的附加阻尼中，表面阻尼部分增加较快。因此，C_B大的船，加宽舭龙骨的宽度得不到应有的效果，以采用长而窄的舭龙骨为佳。对于C_B小的船，一方面由于龙骨板阻尼的比例增加，另一方面由于随着舭龙骨长度的增加，舭龙骨至横摇中心的距离减小，舭龙骨效果迅速下降，因而宜采用宽而短的舭龙骨。

由于船型和舭部结构形式的不同，舭龙骨的宽度一般取 $0.2\sim1.2$ m，平均为船宽的 $2\%\sim5\%$，C_B小者取大值。作为参考，货船可取 $0.02B$，尖底船可取$(B/60+100)$ mm，但不应超出船的中站面方框线之外，最好用图 3-27 校核舭龙骨的最大宽度。对于小型船，由于风浪中的横摇严重，可以适当取宽些。

3）舭龙骨的结构形式

对于舭龙骨的最大宽度小于 600 mm 的中小型船舶，可采用图 3-30(a)的式样，顶端的圆钢可代之以球扁钢。对大船可采用图 3-30(b)的式样。

为了不使舭龙骨参加船体的纵向弯曲，舭龙骨应设计成轻型结构，并希望舭龙骨损伤时，不致损及船的舭板。因此舭龙骨不应与舭板直接连接，舭龙骨最好焊在一根连续的挖孔的扁钢上，再把扁钢焊在船体上。扁钢与舭板的连接应比舭龙骨与扁钢的连接强。舭龙骨上的端接缝、扁钢上的端接缝与船体上的端接缝都应互相错开。

由于舭龙骨的端部与外板连接处，在风浪中受到的打击非常厉害，因此应逐渐削斜而不能突然中断。同时在端点处的船体内，应适当加强，加复板，并终止在肋骨上。

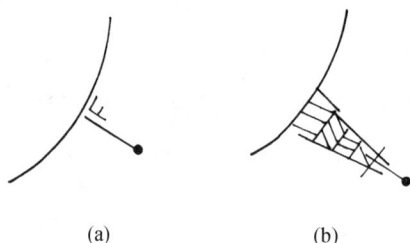

图 3-30　舭龙骨的结构形式

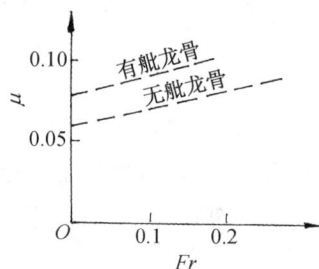

图 3-31　航速对舭龙骨效果的影响

4）航速对舭龙骨效果的影响

若干试验表明，航速增加，船本身的阻尼随之增加，但是与没有舭龙骨的阻尼之差是常数，即舭龙骨的绝对效果与航速无关，舭龙骨的相对效果随航速增加而下降，如图 3-31 所示。

任何海洋中行驶的船都应装舭龙骨，竖龙骨和呆木也有类似舭龙骨的作用。

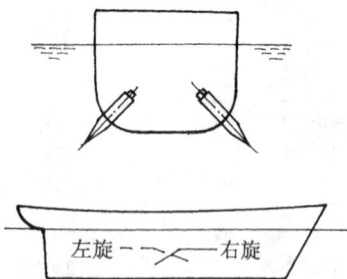

图 3-32　减摇鳍示意图

3. 减摇鳍

减摇鳍是通过船体中部两舷伸出的一对展弦比为 $1\sim2$ 的机翼型翼片。当船在风浪中横摇时，在自动控制系统的控制下，根据横摇情况，不断地改变鳍角 φ 的大小，使鳍上产生的升力在左右两舷的方向始终相反，一边产生向上的升力，另一边产生向下的升力，总的力矩恰好抵消风浪的扰动力矩，从而达到减小横摇的目的，如图 3-32 所示。

减摇鳍分为可把鳍收放在船体内的收放式和固定在舷外的非收放式两种。前者由于有鳍箱,需要占用一定的船内空间;后者不占用空间,但鳍易损坏。

从流体动力学的观点来看,鳍和舵没有什么区别。因此,有关鳍设计的参数选择可参考舵设计的有关内容。在减摇鳍的设计中,有以下几个问题需要注意。

1) 减摇鳍的自动控制

减摇鳍的自动控制大体上分为主控系统和转鳍系统两部分。

主控系统通常通过速度陀螺感受船舶横摇角速度 $\dot{\phi}$,并能输出按预先规定的合成信号:$u = K_1\phi + K_2\dot{\phi} + K_3\ddot{\phi}$,系数 K_1、K_2、K_3 的选取直接影响减摇鳍的效果。实际上,$K_1\phi$ 影响船舶的复原力矩,$K_2\dot{\phi}$ 影响横摇阻尼力矩,$K_3\ddot{\phi}$ 影响横摇惯性力矩。一般来说,横摇角速度的信号是主控信号,因为船在谐摇时,复原力矩和惯性力矩方向相反,有相互抵消的作用,横摇阻尼起着最重要的作用。通过 $\dot{\phi}$ 信号增加横摇阻尼,能最有效地发挥减摇作用,ϕ 和 $\ddot{\phi}$ 可以作为补偿信号。当船遇到周期较长的波浪或者首斜浪航行时,补偿信号 ϕ 能改善稳定力矩与波浪扰动力矩之间的相位关系,因而可以得到较好的减摇效果。当船遇到周期较短的波浪或者迎浪航行时,$\ddot{\phi}$ 的信号起重要作用,保证有较好的减摇效果。

主控信号 u 送到转鳍系统中,通过油马达或液压装置带动左右舷两鳍作相应转动。

自动控制的示意框图如图 3-33 所示。

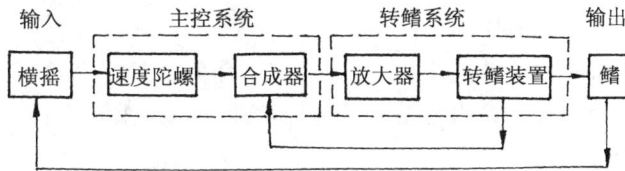

图 3-33　自控示意框图

2) 鳍的位置和干扰

鳍最理想的位置是在船中的舭部,这样使鳍和横摇中心的距离最大,以产生最大的稳定力矩,同时可以避免产生回转力矩使船偏航。

为了避免使鳍表面产生空泡,鳍必须位于水面下尽可能深的位置。

对于大船,有时左右两舷各装有两个鳍(共 4 个)或更多的鳍,这样就会出现鳍之间的干扰问题,位于前面的鳍由于破坏了流线而对后面的鳍产生影响。为了避免这种影响,最好能在前面鳍破坏的流线恢复正常后的位置上再安装后一个鳍。通常由一鳍中心线到另一鳍的中心线之间的距离大于 11 倍弦长时可以达到这个目的。

一般装有减摇鳍的船上仍装有舭龙骨,这样也存在两者之间的干扰问题。如果减摇鳍和舭龙骨安装在同一水平线上,应将鳍前端和后端的舭龙骨削去一段,而前端应削去更长些。如果鳍和舭龙骨不装在同一水平线上,两者之间的距离应大些,至少在 1 m 以上。

3) 减摇鳍的相当波倾量

如果船的航速为 V,鳍的升力系数为 C_y,总面积为 A_s,鳍中心到重心的距离为 l_s,则鳍的相当波倾量,根据式(3-86)有

$$\varphi_s = \frac{\frac{1}{2}\rho V^2 A_s l_s C_y}{Dh} \times 57.3\,(°) \tag{3-89}$$

鳍的总面积

$$A_s = \frac{\varphi_s Dh}{57.3 C_v \cdot \frac{1}{2}\rho V^2 l_s}$$ (3-90)

式(3-90)可以作为计算鳍面积的第一次近似值。

对于货船相当波倾量可以取 $\varphi_s = 4°$ 左右;

对于小型货船相当波倾量可以取 $\varphi_s = 5°$ 左右;

对于客船可以取 $\varphi_s = 5°$ 左右;

对于军舰则应取 $\varphi_s = 7°$ 左右。

从理论上讲,5°的相当波倾量刚好可以抵消5°波倾对船的扰动,但是由于主控系统的敏感程度和一些随机因素的影响,船总是要保持一定的剩余横摇幅值的。设计得好的减摇鳍,剩余横摇幅值在3°之内。一般说来,减摇鳍的相应波倾量是衡量减摇效果的重要指标,剩余横摇幅值也是一个重要指标。

4. 被动式减摇水舱

被动式减摇水舱依靠船舶横摇产生的能量,使水舱内的水在水道内往复运动和在舷边水柜内上下波动,借以产生抵抗横摇的稳定力矩。

减摇水舱有着悠久的发展历史,在货船、客船和工作船上都成功地得到了应用。我国多种类型的船上装有减摇水舱,实践表明它是改善横摇性能的一条重要途径。在可能的条件下,应大力提倡加装减摇水舱。

1) 减摇水舱的分类

U形减摇水舱由联通水道沟通部分充水的两个舷边水舱组成(见图3-34)。图3-35是设置在两舷的开式减摇水舱,适当地选取舱内水面的面积和舷侧开孔的面积之间的比值,在横摇时就可以使水舱内水产生稳定船舶横摇的力矩。

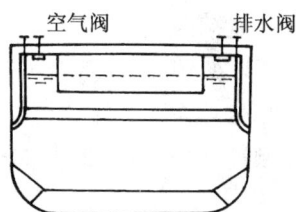

图 3-34　U 形减摇水舱　　　　图 3-35　开式减摇水舱

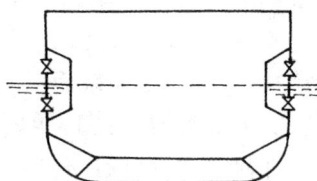

U形水舱早在20世纪初就已出现,至今仍广泛应用在各类船舶上。

自由液面减摇水舱是20世纪60年代初出现的平面型水舱。它对称设置于船舶两舷,有深槽横向连通,利用横摇时液面移动产生稳定力矩,从而起到减摇作用。由于有深槽连通两边水舱,所以又叫槽型水舱(见图3-41)。这种水舱适应性强,减摇效果好,我国于1964年已在实船上安装了这种水舱。

2) 水舱设计的基本思想

船舶的横摇响应主要集中在谐摇区内,因此减小谐摇区的放大因数是减小横摇幅值的关键。由此得到水舱设计的基本思想,即所谓双谐摇的设计原则。这就是在设计水舱时使水舱内水的自由振荡周期等于船舶的固有周期。当船舶谐摇时,船的横摇角滞后波倾角90°,这时水舱内的水正好也发生谐摇,水舱内水的运动滞后横摇角90°。因此,水舱内的水运动滞后波倾角180°,即水舱内水产生的稳定力矩刚好与波浪的扰动力矩相互抵消,达到最理想的减摇效果(见图 3-36)。由此看出,水舱的减摇效果不依赖于航速,这是优于减摇鳍的一个重要特点。

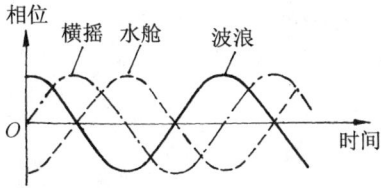

图 3-36 谐摇时波浪、横摇、水舱的相位

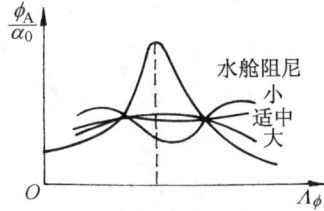

图 3-37 有、无水舱的横摇放大因数曲线

当横摇偏离谐摇状态以后,水舱的稳定力矩和波浪扰动力矩之间的相互关系随之发生变化。在远离谐摇的情况下,水舱的稳定力矩可能叠加在波浪扰动力矩之上,水舱不仅不减摇,反而要增摇(见图 3-37)。这是被动式水舱的一个重要缺点。

装有水舱的船的放大因数曲线形成双峰,这是由于装有水舱的船可以看成是两个自由度的振荡系统。一般来说,在峰值的地方横摇已经不太严重,但有可能使横摇幅值增加 1/4 以上,使水舱的减摇效果受到很大影响。为了改进上述缺点,近年来对可控式被动水舱的研究,取得了很大的进展。

图 3-38 是用空气阀控制水舱的示意图。在船接近谐摇时,敏感装置送出一个信号给阀,使空气流动不受阀存在的影响,按照设计要求,船能得到最佳的减摇效果。当输入的波浪周期改变时,敏感装置发出信号,阀限制了空气流动和水的流动,可以避免横摇不必要的增加,使放大因数曲线基本保持一条水平直线。当然,控制阀也可以直接安装在连通水道内,控制两边水舱内水的流动(见图 3-39)。由于控制装置结构简单,所需动力极小,所以是改进水舱性能的有效方法。

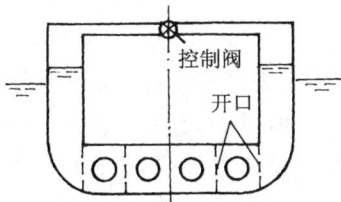

图 3-38 用空气阀控制水舱

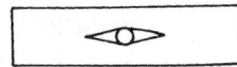

图 3-39 直接装在连通水道内的控制阀

3) 水舱的周期

水舱内水的流动是复杂的非定常流动,要精确地计算水流动的周期是相当困难的。在水舱的设计中可以采用一些近似方法。

对于图 3-40 所示的 U 形水舱,其周期近似为

$$T_w = 2\pi \sqrt{\frac{l_2 + l_1 \dfrac{A_2}{A_1}}{g}}$$

(3-91)

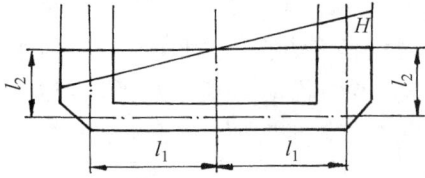

图 3-40　U 形水舱及有关尺寸

式中：A_1 为连通水道的断面积；

　　　　A_2 为边水舱的断面积；

　　　　l_1 和 l_2 为如图 3-40 所示。

从上式看出，在一定范围内，改变水舱的尺度和水量都可以改变水舱的周期。一般来说，$l_1(A_2/A_1)$ 比 l_2 大得多，因此，水量对周期的影响是很小的。当水舱的尺度确定之后，水舱的周期也就基本确定了，这是 U 形水舱的一个主要缺点。

对于图 3-41 所示的自由液面水舱，其周期近似为

$$T_{\mathrm{w}} = \frac{2\pi}{0.88} \frac{l}{\sqrt{gH_0}} = 2.27 \frac{l}{\sqrt{H_0}} \qquad (3\text{-}92)$$

从式（3-92）看出，水舱周期主要取决于 l 和 H_0。对于确定形状的水舱，其周期与水深的平方根成反比。因此，调节水量，就能使水舱周期在较大的范围内变化。

船舶在航行中，由于装载情况的差别及油水的消耗，横摇固有周期是经常变化的，为了达到理想的减摇效果，水舱的周期也应随之变化。在这一点上，自由液面水舱比 U 形水舱优越。对于自由液面水舱应提供水量和水舱周期的关系曲线，考虑到计算的近似性及模型试验的尺度效应，这个曲线最好由实船水舱试验确定。

在水舱的中部应装有水深标尺。但是只有在平静的海面条件下，船舶没有纵倾时才能测得准确的水位。为了掌握在风浪情况下水舱中的水位变化，应给出泵水时间与水位的关系曲线，这些数据是在停航时通过一系列泵水试验得到的。

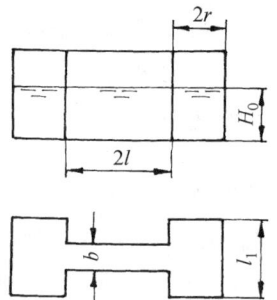

图 3-41　自由液面水舱及有关尺寸

如果水舱内的水量不足，水舱周期大于船的固有周期，或者水舱内的水量太大，水舱周期小于船的固有周期，这都将影响水舱的效果，只有水量适中才能得到理想的减摇效果。

船舶在中等风浪中是接近固有周期进行横摇的，因此可以预期，按双谐摇原则设计的水舱在风浪中能获得良好的减摇效果。

4）水舱阻尼

水舱阻尼的大小影响放大因数曲线的形状，图 3-37 表示了不同水舱阻尼的情况。阻尼小虽然谐摇时有较高的减摇效果，但在谐摇区外的横摇幅值增加较多。随着水舱阻尼的增加，放大因数曲线趋于平坦，两峰值下降。被动式水舱阻尼应设计得大些，使放大因数曲线不要波动太多。为了增加水舱阻尼，可在联通道中设阻尼栅、阻尼阀，或者做成波形舱壁和舱底等。

若水舱阻尼选择不当，水舱的作用就得不到充分发挥，为了寻求最佳阻尼，模型试验是必需的。

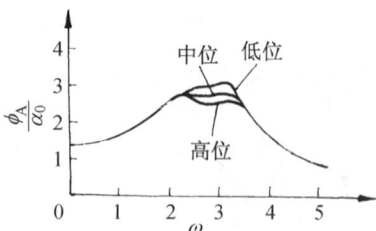

图 3-42　水舱不同高度的放大因数曲线

5）水舱的位置

船舶横摇时，水舱内的水从一舷流到另一舷，产生了稳定力矩。稳定力矩主要是由水重量的移动产生的，它取决于移动水的重量和移动距离。同时，当水舱高于船舶重心时，水移动时加速度产生的惯性力矩起着稳定作用。而水舱低于重心时，惯性力矩对船起扰动作用，降低了减摇效果。因此，水舱布置越高，其减摇效果越好。但是，实践表明，考虑到布置和结构条件，水舱布置低些，例如比重心低一点，水舱效果不会受到严重损害。图 3-42 是

不同位置水舱的放大因数曲线。

减摇水舱应在船舶设计阶段就给予考虑。在已建成的船上加装水舱往往得不到理想的位置和结构形状，使减摇效果受到影响。

6) 减摇水舱的相当波倾量

减摇水舱的作用可以理解为改变放大因数曲线的形状，也可以理解为是对有效波倾量的减小。根据式(3-86)，减摇水舱的相当波倾量等于把水舱中的水移到一舷时，船在静水中所产生的倾角。对于 U 形水舱和自由液面水舱可以用相当的方法计算。

假定船舶倾斜以后，水舱内的水对平衡位置的最大升高是 H，两舷的水位差是 $2H$，如图 3-40 所示。这时产生的倾斜力矩近似为

$$m_0 = \gamma A_2 \cdot 2H l_1$$

对于自由液面水舱，则有 $l_1 = l + r$。

因此，水舱的相当波倾量

$$\varphi_s = \frac{114.6 \gamma H l_1 A_2}{Dh} \tag{3-93}$$

当然，φ_s 越大，水舱的作用越大。但是实际上，φ_s 受到以下一些条件的限制：

(1) 为使水舱内的水不冲击舱顶及不产生严重的噪声，水的移动在高度方向应不受限制，为此，水舱的高度应不小于水深的 1.7 倍。

(2) 水舱内自由液面的稳性损失通常限制在使初稳性高减小 25% 的范围内，这样就限制了水舱的自由液面面积。

(3) 水舱内水的重量大约占排水量的 1%～2%。

(4) 船在航行中固有周期是在很大范围内变化的，水舱内的水量要留有余地，以便使水舱周期作相应的变化。

考虑到上述因素，水舱的相当波倾量一般在 2°～3° 左右，大于 3° 是不受欢迎的。由于水在水舱内的流动是波动的，因此实际的效果要小于计算的相当波倾量，通常只有 3/4 左右的作用。这样，在中等风浪条件下，水舱的减摇百分数只能在 35%～50% 左右。

大船装一个小水舱显然达不到预期效果；反之，小船装一个大水舱也没有好处。

7) 减摇水舱的设计步骤

在船舶的摇荡中，横摇是比较复杂的，如果再加上水舱，问题就更加复杂了。目前在水舱的设计中，理论只能定性地指导，准确的数量关系必须利用模型试验或摇摆台试验来确定，有些甚至要由实船试验最后确定。现在我国已有许多单位接受水舱设计业务。以下结合上海交通大学船池的试验结果简单介绍水舱尺度选择的大致步骤：

(1) 首先需要估算设计工况的横摇固有周期 T_ϕ。T_ϕ 估计准确与否是水舱设计的关键。对于自由液面水舱，可以选取经常遇到的几种工况，以便确定水位的变化范围。

这里需要指出的是，根据 T_ϕ 计算水舱要素时，可以不考虑水舱内水的存在。但是，只有在确定水舱尺度和水位时，水舱内水的重量和自由液面方可以忽略。在决定船舶稳性时，根据规范规定必须考虑所有未满舱的自由液面的影响，这当然也包括减摇水舱。这样，船舶才有一个真实的初稳性高。船舶在长波随浪中，或者在码头装卸货物时，为使初稳性高不太小，应将水舱的水泵出。

(2) 选择水舱的相当波倾量 φ_s，一般在 2°～3° 之间。

（3）选择水舱尺度时,应考虑到水舱周期和相当波倾量的要求。

为了能产生最大的稳定力矩,水舱的长度通常取等于船宽。对于自由液面水舱,可以取

$$\frac{2r}{l} = \frac{1}{3} \sim \frac{2}{5}$$

式中 l 对水舱周期起着主要影响,它应结合设计水位由式(3-92)决定。

槽宽 b 对阻尼有较大的影响,b 越小,水舱阻尼越大,一般取 $b/l=1/4$ 左右。边水舱 l_1 越大,水舱阻尼越大,但占据空间也增大了,这主要由船的布置所决定,大致为

$$bl = 2rl_1$$

U 形水舱可参考母型和布置情况选择尺度。

水舱的设计水位应使水舱的水有上下调节的余地,既不冲击水舱顶部,又不应使水舱底露出水面。

（4）校核。它包括对水舱周期、水舱的相当波倾量、水舱自由液面对稳性的影响及水舱内水量占排水量的比例等内容。

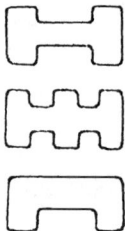

图 3-43
不同形状的
自由液面水舱

由以上分析看出,水舱尺度的确定是一个多次组合、反复修正的过程。通常都要分析比较多种方案。

初步选定尺度的水舱最好进行系列模型试验,以决定最后的水舱尺度。

由于船的类型及其结构的不同,水舱可以因地制宜进行设计,其形状和尺度都可能发生很大的变化。图 3-43 是不同形状的自由液面水舱。有些船可以利用双层底作为通道,设置 U 形水舱;对散货船可以应用顶边舱作为减摇水舱;或利用压载舱、油舱等作为减摇水舱;这样既可少占用有效空间,又能达到改善横摇的目的。

第4章 船舶纵摇和垂荡

4-1 船舶在波浪中的一般运动方程式

用流体力学理论研究船舶在波浪中的摇荡运动时,一般需要引进以下的一些基本假定:

(1) 假定船舶是一个刚体,忽略它的弹性变形。

(2) 不考虑水的黏性和可压缩性。对于船舶的横摇运动而言,黏性是不可忽视的,横摇阻尼中黏性成分占据支配地位,然而,如果横摇阻尼单独计算,则在确定其他流体动力时可以忽略流体的黏性,采用势流理论方法计算。

(3) 假定作用在船体上的是微幅规则波。一般情况下,大洋上表面波的波高与波长之比不大于1/20,在这样的波倾范围内,线性理论(微幅波理论)是成立的。

(4) 假定船舶摇荡的幅值是微小的,除了大角度的横摇之外,船舶在波浪中的受力和运动都可以作为线性问题处理,因而可以应用叠加原理。

船舶在波浪中摇荡运动时受到以下6种力的作用:

(1) 重力,在船舶运动过程中,其大小、方向和作用点是不变的;

(2) 船体本身的惯性力;

(3) 浮力在船舶运动过程中是变化的;

(4) 由船舶摇荡运动(船动水不动)而产生的辐射(radiation)流体动力;

(5) 波浪扰动力,包括不受船体扰动的入射波的变动水压力形成的流体动力,一般称为傅汝德-克雷洛夫(Froude-Krylov)力,以及由于船体表面不可穿透,波浪遇到船体产生绕射(diffraction),相当于水动船不动形成的绕射流体动力;

(6) 流体黏性力,除了横摇运动,一般不予考虑。

由于一般船体是左右形状对称的细长体,船体前后形状也大致对称,因此,船体6个自由度运动并不都互相耦合,从而可以把船舶摇荡运动分解成3个基本耦合方程组,它们是:

(1) 纵荡运动;

(2) 纵向运动,即在船体纵轴铅垂面内的纵摇和垂荡的耦合运动;

(3) 横向运动,即横摇、横荡和首摇的耦合运动。

为了推导方便,在船舶6个自由度模态中对应于纵荡、横荡、垂荡、横摇、纵摇和首摇的位移分别用 x_j, $j=1, 2, 3, 4, 5, 6$ 来表示。x_1、x_2、x_3 具有长度量纲,x_4、x_5、x_6 具有角度量纲。

在运动过程中,船舶在第 i 个模态运动方向上所受到的惯性力,可以表示为如下形式:

$$F_{1i} = \sum_{j=1}^{6} M_{ij}\ddot{x}_j \qquad (i=1, 2, \cdots, 6) \tag{4-1}$$

当船体形状左右对称,且坐标原点取在接近船舶重心附近时,通常可以忽略惯性积项,这样,船舶本身质量惯性力系数 M_{ij} 可以写成

$$\{M_{ij}\} = \left\{ \begin{matrix} m_0 & 0 & 0 & 0 & m_0 z_G & 0 \\ 0 & m_0 & 0 & -m_0 z_G & 0 & 0 \\ 0 & 0 & m_0 & 0 & 0 & 0 \\ 0 & -m_0 z_G & 0 & I_{11} & 0 & 0 \\ m_0 z_G & 0 & 0 & 0 & I_{22} & 0 \\ 0 & 0 & 0 & 0 & 0 & I_{33} \end{matrix} \right\} \qquad (4\text{-}2)$$

式中：m_0 为船体的质量；

z_G 为船舶重心垂向坐标；

$I_{ii}(i=1,2,3)$ 为船舶质量惯性矩。

通常把船舶运动时遭受的辐射力 $F_R(t)$ 分解为与船舶运动加速度和速度成比例的两部分。与加速度成比例的部分的比例系数称为广义附加质量,所谓广义是指相对于转动而言,应把平动的质量量纲换成转动的转动惯量量纲。与速度成比例的部分称为广义兴波阻尼。辐射流体动力可以表示为

$$F_{Ri} = -\sum_{j=1}^{6}\{m_{ij}\ddot{x}_j + N_{ij}\dot{x}_j\} \qquad (i=1,2,\cdots,6) \qquad (4\text{-}3)$$

上式中系数 m_{ij} 和 N_{ij} 是实数。m_{ij} 称为广义附加质量；N_{ij} 称为广义兴波阻尼系数。下标依次表示作用力和运动的方向,例如,$m_{53}x_3$ 表示船舶垂荡($j=3$)在纵摇方向($i=5$)引起的附加惯性力(具有力矩的因次),即表示耦合力的相应分量。

由于船体形状特点,耦合的辐射力中有一些项可以忽略。这时耦合力的分量只有垂荡和纵摇的耦合部分,以及横摇和首摇的耦合部分。因此,广义附加质量和广义兴波阻尼系数可分别表示为

$$\{m_{ij}\} = \left\{ \begin{matrix} m_{11} & 0 & 0 & 0 & 0 & 0 \\ 0 & m_{22} & 0 & m_{24} & 0 & m_{26} \\ 0 & 0 & m_{33} & 0 & m_{35} & 0 \\ 0 & m_{42} & 0 & m_{44} & 0 & m_{46} \\ 0 & 0 & m_{53} & 0 & m_{55} & 0 \\ 0 & m_{62} & 0 & m_{64} & 0 & m_{66} \end{matrix} \right\} \qquad (4\text{-}4)$$

$$\{N_{ij}\} = \left\{ \begin{matrix} N_{11} & 0 & 0 & 0 & 0 & 0 \\ 0 & N_{22} & 0 & N_{24} & 0 & N_{26} \\ 0 & 0 & N_{33} & 0 & N_{35} & 0 \\ 0 & N_{42} & 0 & N_{44} & 0 & N_{46} \\ 0 & 0 & N_{53} & 0 & N_{55} & 0 \\ 0 & N_{62} & 0 & N_{64} & 0 & N_{66} \end{matrix} \right\} \qquad (4\text{-}5)$$

只是在船舶横摇运动中需要考虑流体黏性力 $F_{V4}(t)$。一般情况下,黏性力是非线性的,但是可以用等效线性化的形式表示：

$$F_{Vi}(t) = -\sum_{j=1}^{6} N_{eij}\dot{x}_j \delta_{4j} \qquad (i=1,2,\cdots,6) \qquad (4\text{-}6)$$

式中：N_{eij} 为等效线性化形式的黏性阻尼系数；

δ_{4j} 为函数,定义为

$$\delta_{4j} = \begin{cases} 1 & (j = 4) \\ 0 & (j \neq 4) \end{cases} \tag{4-7}$$

在线性化范围内,复原力可写成如下一般形式:

$$F_{Si}(t) = -\sum_{j=1}^{6} C_{ij} x_j \qquad (i = 1, 2, \cdots, 6) \tag{4-8}$$

其中复原力系数

$$\{C_{ij}\} = \begin{Bmatrix} 0 & 0 & 0 & 0 & 0 & 0 \\ 0 & 0 & 0 & 0 & 0 & 0 \\ 0 & 0 & C_{33} & 0 & C_{35} & 0 \\ 0 & 0 & 0 & C_{44} & 0 & 0 \\ 0 & 0 & C_{53} & 0 & C_{55} & 0 \\ 0 & 0 & 0 & 0 & 0 & 0 \end{Bmatrix} \tag{4-9}$$

波浪扰动力与入射波的幅值 ζ_A 有关,可表示成

$$F_{Ei}(t) = \mathrm{Re}[\zeta_A E_i \mathrm{e}^{\mathrm{i}\omega t}] \qquad (i = 1, 2, \cdots, 6) \tag{4-10}$$

式中: E_i 为单位入射波对船舶产生的扰动力或力矩的复数表示,它是波长、波向、船体形状和航行速度的函数。

本节中 ω 表示与规则波的遭遇频率,$\mathrm{e}^{\mathrm{i}\omega t}$ 中的 i 表示虚数单位。

对于非黏性无旋的势流,原则上作用在船上的辐射流体动力和波浪扰动力均能通过理论计算方法得到,但是由于船体的三维几何特性和船舶具有前进速度,从理论上严格求解并不容易。对于细长的船体,在高频摇荡时,其三维船体的流体动力,可以用船体各剖面处二维的流体动力沿船长叠加来求得,这种处理方法称为"切片法"(strip method)。尽管切片方法在理论上还有许多不完善之处,但实际给出的结果除横摇运动外是令人满意的。在实际应用中,切片法已经超过了理论上的限制范围,就船体形状而言,不仅适用于细长体,也适用于一般船体;就频率而言,适用于从低频到高频的实用范围内;就航速而言,除了超过 $Fr = 1.0$ 的高速区域外,一般的航速范围都是适用的。为了保证切片方法计算的精度,一般要求切片数不少于 20 段,频率范围应覆盖整个响应的范围,大约在 0.20 rad/s 到 2.40 rad/s 之间取 20~30 个频率进行计算。1955 年柯尔文-克洛夫斯基(Korvin-Kroukovsky)首先提出了用切片的思想来计算船舶在波浪中的运动,虽然在理论上不够严密,但确立了切片法作为一种船舶运动实用计算方法的地位,该方法后来被称为普通切片法(ordinary strip method)。之后,很多学者对切片法进行了改进,相继提出了一些新的船舶运动的切片计算方法,如所谓新切片法、STF 切片法等,基本上大同小异。

根据牛顿定律,建立船舶受力平衡方程式,即船舶在规则波中的运动方程式:

$$F_{Ii}(t) = F_{Ri}(t) + F_{Vi}(t) + F_{Si}(t) + F_{Ei}(t) \tag{4-11}$$

代入各种力的具体表达式,经整理后可得下列运动方程式:

$$\sum_{j=1}^{6} \{(M_{ij} + m_{ij})\ddot{x}_j + (N_{ij} + N_{eij}\delta_{4j})\dot{x}_j + C_{ij}x_j\} = \mathrm{Re}[\zeta_A E_i \mathrm{e}^{\mathrm{i}\omega t}] \qquad (i = 1, 2, \cdots, 6)$$

$$\tag{4-12}$$

考虑到耦合关系,可以把六自由度运动方程式分成 3 组:

(1) 纵荡运动方程式。

$$(m_0 + m_{11})\ddot{x}_1 + N_{11}\dot{x}_1 = \text{Re}[\zeta_A E_1 e^{i\omega t}] \tag{4-13}$$

（2）纵向运动方程组，即纵摇和垂荡耦合运动方程组

$$\begin{bmatrix} m_0 + m_{33} & m_{35} \\ m_{53} & I_{22} + m_{55} \end{bmatrix} \begin{bmatrix} \ddot{x}_3 \\ \ddot{x}_5 \end{bmatrix} + \begin{bmatrix} N_{33} & N_{35} \\ N_{53} & N_{55} \end{bmatrix} \begin{bmatrix} \dot{x}_3 \\ \dot{x}_5 \end{bmatrix} +$$

$$\begin{bmatrix} C_{33} & C_{35} \\ C_{53} & C_{55} \end{bmatrix} \begin{bmatrix} x_3 \\ x_5 \end{bmatrix} = \begin{bmatrix} \text{Re}[\zeta_A E_3 e^{i\omega t}] \\ \text{Re}[\zeta_A E_5 e^{i\omega t}] \end{bmatrix} \tag{4-14}$$

（3）横向运动方程组，即横荡、横摇和首摇耦合运动方程组

$$\begin{bmatrix} m_0 + m_{22} & m_{24} - m_0 z_G & m_{26} \\ m_{42} - m_0 z_G & I_{11} + m_{44} & m_{46} \\ m_{62} & m_{64} & I_{33} + m_{66} \end{bmatrix} \begin{bmatrix} \ddot{x}_2 \\ \ddot{x}_4 \\ \ddot{x}_6 \end{bmatrix} + \begin{bmatrix} N_{22} & N_{24} & N_{26} \\ N_{42} & N_{44} + N_{e44} & N_{46} \\ N_{62} & N_{64} & N_{66} \end{bmatrix} \begin{bmatrix} \dot{x}_2 \\ \dot{x}_4 \\ \dot{x}_6 \end{bmatrix} +$$

$$\begin{bmatrix} 0 & 0 & 0 \\ 0 & C_{44} & 0 \\ 0 & 0 & 0 \end{bmatrix} \begin{bmatrix} x_2 \\ x_4 \\ x_6 \end{bmatrix} = \begin{bmatrix} \text{Re}[\zeta_A E_2 e^{i\omega t}] \\ \text{Re}[\zeta_A E_4 e^{i\omega t}] \\ \text{Re}[\zeta_A E_6 e^{i\omega t}] \end{bmatrix} \tag{4-15}$$

每组方程式独立求解，可以得到船舶在规则波中 6 个自由度运动的位移 $x_i (i=1, 2, 3, \cdots, 6)$，进而可以求得速度、加速度和其他有关的衍生运动。

4-2　纵摇和垂荡的耦合运动计算

1. 运动方程式的建立和求解

以下用普通切片法的思想来讨论船舶在规则波中顶浪航行时的纵摇和垂荡的耦合运动。为了直观，纵摇角以 θ 代替 x_5，垂荡位移以 z 代替 x_3。

在分析船体某一切片作垂荡和纵摇耦合运动时的受力之前，我们首先分析切片的运动，当船体作小幅度纵摇和垂荡运动时，可以近似地认为船体切片作垂向运动。

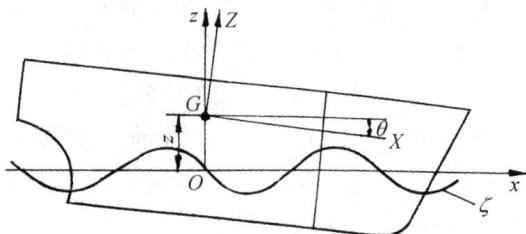

图 4-1　船体横剖面切片的运动

试考察在运动坐标系 $GXYZ$ 中 X 处船体横剖面切片的运动（见图 4-1）。切片因垂荡随重心上升了 z，由于纵摇下降了 $-X\theta$，此时剖面处的波面坐标为 ζ，因此该剖面与波面的垂向相对位置为

$$z_R = z - X\theta - \zeta \tag{4-16}$$

在考虑波动引起切片的受力时，需要考虑流场内史密斯效应的影响，即不能直接用表面波的升高进行计算，而需要用某一深度的等效波来计算。在工程计算中，可以取切片的平均吃水作为等效波的深度。若水线以下切片面积为 S，切片宽为 $2b$，则平均吃水为

$$T_m = \frac{S}{2b}$$

那么等效波面的方程为

$$\zeta^* = e^{-kT_m} \zeta_A \cos(kx\cos\beta - ky\sin\beta + \omega_e t) \tag{4-17}$$

有 3 种成分的流体动力作用在垂向运动的切片上：

（1）流体静力。

由于切片吃水的变化，单位长度上浮力为

$$F'_1 = -2\rho g b(z - X\theta - \zeta^*) \tag{4-18}$$

（2）兴波阻力。

对式(4-16)进行微分可以得到切片垂向速度为

$$\dot{z}_R = \frac{\mathrm{d}}{\mathrm{d}t}(z - X\theta - \zeta^*) = \dot{z} - X\dot{\theta} - \theta\frac{\mathrm{d}X}{\mathrm{d}t} - \dot{\zeta}^* \tag{4-19}$$

注意到船以速度 V 在水中前进，如果我们在半固定坐标系上观察船的运动，相当于观察该剖面通过空间某固定位置时的情况，即

$$x_0 = Vt + X = 常数$$

$$\frac{\mathrm{d}X}{\mathrm{d}t} = -V \tag{4-20}$$

这样，式(4-19)可改写成

$$\dot{z}_R = \dot{z} - X\dot{\theta} + V\theta - \dot{\zeta}^* \tag{4-21}$$

阻尼力定义为与速度成比例的力，若阻尼系数为 N_H，则切片上的阻尼力

$$F'_2 = -N_H(\dot{z} - X\dot{\theta} + V\theta - \dot{\zeta}^*) \tag{4-22}$$

（3）附加惯性力。

由于切片的运动引起水的加速运动，这时由于附加质量产生的动量等于

$$M_H(\dot{z} - X\dot{\theta} + V\theta - \dot{\zeta}^*)$$

式中：M_H 为单位长度切片的附加质量。

因为动量的变化率等于附加惯性力，所以

$$F'_3 = -\frac{\mathrm{d}}{\mathrm{d}t}[M_H(\dot{z} - X\dot{\theta} + V\theta - \dot{\zeta}^*)]$$

$$= -M_H\left(\ddot{z} - X\ddot{\theta} - \frac{\mathrm{d}X}{\mathrm{d}t}\dot{\theta} + V\dot{\theta} - \ddot{\zeta}^*\right) - \frac{\mathrm{d}M_H}{\mathrm{d}X}\frac{\mathrm{d}X}{\mathrm{d}t}(\dot{z} - X\dot{\theta} + V\theta - \dot{\zeta}^*)$$

$$= -M_H(\ddot{z} - X\ddot{\theta} + 2V\dot{\theta} - \ddot{\zeta}^*) + V\frac{\mathrm{d}M_H}{\mathrm{d}X}(\dot{z} - X\dot{\theta} + V\theta - \dot{\zeta}^*) \tag{4-23}$$

式中 $\frac{\mathrm{d}M_H}{\mathrm{d}X}$ 为附加质量沿船长的变化率。

由船体运动而产生的作用在整个船体上的垂荡力 F_z 以及纵摇力矩 M_θ 可以把上述诸力，或将各个力乘以 X 所得力矩，沿船长方向从船尾($X = L_a$)至船首($X = L_f$)积分得到：

$$F_z = \int_L (F'_1 + F'_2 + F'_3)\mathrm{d}X \tag{4-24}$$

$$M_\theta = \int_L X(F'_1 + F'_2 + F'_3)\mathrm{d}X \tag{4-25}$$

在计算中可以对含有 $\frac{\mathrm{d}M_H}{\mathrm{d}X}$ 项的积分进行简化，例如，

$$\int_L V \frac{\mathrm{d}M_H}{\mathrm{d}X} \mathrm{d}X = V \int_L \mathrm{d}M_H = V M_H \Big|_{L_a}^{L_f} \tag{4-26}$$

当船首和船尾二切片的附加质量为零时，上式积分为零。

根据牛顿第二定律，惯性力和外力平衡，船体垂荡和纵摇运动方程分别为

$$\frac{D}{g}\ddot{z} = F_z$$

$$I_{YY}\ddot{\theta} = M_\theta \tag{4-27}$$

式中：D 为排水量；

I_{YY} 为纵向惯性矩。

把各力的表示式代入式(4-27)便得到如下形式的运动方程：

$$\left. \begin{aligned} a_{zz}\ddot{z} + b_{zz}\dot{z} + c_{zz}z + a_{z\theta}\ddot{\theta} + b_{z\theta}\dot{\theta} + c_{z\theta}\theta = F_{zc}\cos\omega_e t + F_{zs}\sin\omega_e t \\ a_{\theta\theta}\ddot{\theta} + b_{\theta\theta}\dot{\theta} + c_{\theta\theta}\theta + a_{\theta z}\ddot{z} + b_{\theta z}\dot{z} + c_{\theta z}z = F_{\theta c}\cos\omega_e t + F_{\theta s}\sin\omega_e t \end{aligned} \right\} \tag{4-28}$$

式(4-28)中的第一式是垂荡运动方程，$a_{z\theta}\ddot{\theta} + b_{z\theta}\dot{\theta} + c_{z\theta}\theta$ 是纵荡对垂荡的影响，即耦合项，等式右端是波浪产生的垂荡扰动力。

式(4-28)中的第二式是纵摇运动方程，$a_{\theta z}\ddot{z} + b_{\theta z}\dot{z} + c_{\theta z}z$ 是垂荡对纵摇的影响，即耦合项，等式右端是波浪产生的纵摇扰动力矩。

式(4-28)中的系数为

$$\left. \begin{aligned} a_{zz} &= \frac{D}{g} + \int_L M_H \mathrm{d}X \\ b_{zz} &= \int_L N_H \mathrm{d}X \\ c_{zz} &= 2\rho g \int_L b \,\mathrm{d}X \\ a_{z\theta} &= -\int_L M_H X \mathrm{d}X \\ b_{z\theta} &= -\int_L N_H X \mathrm{d}X + V \int M_H \mathrm{d}X \\ c_{z\theta} &= -2\rho g \int_L b X \mathrm{d}X + V \int_L N_H \mathrm{d}X \\ a_{\theta\theta} &= I_{yy} + \int_L M_H X^2 \mathrm{d}X \\ b_{\theta\theta} &= \int_L N_H X^2 \mathrm{d}X \\ c_{\theta\theta} &= 2\rho g \int_L b X \mathrm{d}^2 X - V \int_L N_H X \mathrm{d}X - V^2 \int_L M_H \mathrm{d}X \\ a_{\theta z} &= -\int_L M_H X \mathrm{d}X \\ b_{\theta z} &= -\int_L N_H X \mathrm{d}X - V \int_L M_H \mathrm{d}X \\ c_{\theta z} &= -2\rho g \int_L b X \mathrm{d}X \end{aligned} \right\} \tag{4-29}$$

式中：D 为船体排水量；

V 为航速；

ρ 为水的密度；

g 为重力加速度；

M_H 为各切片的附加质量；

N_H 为各切片的阻尼系数；

b 为水线面半宽；

I_{YY} 为船体纵向惯性矩。

波浪对船体的扰动力系数和扰动力矩系数分别为

$$\begin{bmatrix} F_{zc} \\ F_{zs} \end{bmatrix} = \omega \int_L e^{-kT_m} N_H \begin{bmatrix} \sin k^* X \\ -\cos k^* X \end{bmatrix} dX - \omega \omega_e \int_L e^{-kT_m} M_H \begin{bmatrix} \cos k^* X \\ \sin k^* X \end{bmatrix} dX +$$

$$2\rho g \int_L e^{-kT_m} b \begin{bmatrix} \cos k^* X \\ \sin k^* X \end{bmatrix} dX \qquad (4\text{-}30)$$

$$\begin{bmatrix} F_{\theta c} \\ F_{\theta s} \end{bmatrix} = \omega \int_L e^{-kT_m} N_H X \begin{bmatrix} -\sin k^* X \\ \cos k^* X \end{bmatrix} dX + \omega \omega_e \int_L e^{-kT_m} M_H X \begin{bmatrix} \cos k^* X \\ \sin k^* X \end{bmatrix} dX -$$

$$\omega V \int_L e^{-kT_m} M_H \begin{bmatrix} \sin k^* X \\ -\cos k^* X \end{bmatrix} dX - 2\rho g \int_L e^{-kT_m} b X \begin{bmatrix} \cos k^* X \\ \sin k^* X \end{bmatrix} dX$$

式中：$T_m = S/2b$；

S 为切片水线下面积；

$k^* = k\cos\beta$；

$k = \omega^2/g$，波数；

β 为浪向角；

$\int_L$ 为表示沿船长积分，不计端部影响。

此外，在上述诸表达式中已假定波幅为 1。

设方程（4-28）的解具有以下形式：

$$z = z_c\cos\omega_e t - z_s\sin\omega_e t = z_0\cos(\omega_e t + \varepsilon_{z\zeta})$$

$$\theta = \theta_c\cos\omega_e t - \theta_s\sin\omega_e t = \theta_0\cos(\omega_e t + \varepsilon_{\theta\zeta}) \qquad (4\text{-}31)$$

式中：

$$z_c = \frac{KM + LN}{M^2 + N^2}$$

$$z_s = \frac{ML - KN}{M^2 + N^2}$$

$$z_0 = \sqrt{\frac{K^2 + L^2}{M^2 + N^2}}$$

$$\varepsilon_{z\zeta} = \arctan\frac{ML - KN}{KM + LN}$$

$$\theta_c = \frac{HM + NT}{M^2 + N^2}$$

$$\theta_s = \frac{MT - NH}{M^2 + N^2}$$

$$\theta_0 = \sqrt{\frac{H^2 + T^2}{M^2 + N^2}}$$

$$\varepsilon_{\theta\zeta} = \arctan\frac{MT - NH}{HM + NT}$$

式中：

$$M = \left[(-a_{z\theta}\omega_e^2 + c_{z\theta})(-a_{\theta z}\omega_e^2 + c_{\theta z}) - b_{z\theta}b_{\theta z}\omega_e^2\right] -$$
$$\left[(-a_{zz}\omega_e^2 + c_{zz})(-a_{\theta\theta}\omega_e^2 + c_{\theta\theta}) - b_{\theta\theta}b_{zz}\omega_e^2\right]$$

$$N = \left[b_{z\theta}\omega_e(-a_{\theta z}\omega_e^2 + c_{\theta z}) + b_{\theta z}\omega_e(-a_{z\theta}\omega_e^2 + c_{z\theta})\right] -$$
$$\left[b_{zz}\omega_e(-a_{\theta\theta}\omega_e^2 + c_{\theta\theta}) + b_{\theta\theta}\omega_e(-a_{zz}\omega_e^2 + c_{zz})\right]$$

$$K = \left[F_{\theta c}(-a_{z\theta}\omega_e^2 + c_{z\theta}) + F_{\theta S}b_{z\theta}\omega_e\right] - \left[F_{zc}(-a_{\theta\theta}\omega_e^2 + c_{\theta\theta}) + F_{zS}b_{\theta\theta}\omega_e\right]$$

$$L = \left[F_{\theta c}b_{z\theta}\omega_e - F_{\theta S}(-a_{z\theta}\omega_e^2 + c_{z\theta})\right] - \left[F_{zc}b_{\theta\theta}\omega_e - F_{zS}(-a_{\theta\theta}\omega_e^2 + c_{\theta\theta})\right]$$

$$H = \left[F_{zc}(-a_{\theta z}\omega_e^2 + c_{\theta z}) + F_{zS}b_{\theta z}\omega_e\right] - \left[F_{\theta c}(-a_{zz}\omega_e^2 + c_{zz}) + F_{\theta S}b_{zz}\omega_e\right]$$

$$T = \left[F_{zc}b_{\theta z}\omega_e - F_{zS}(-a_{\theta z}\omega_e^2 + c_{\theta z})\right] - \left[F_{\theta c}b_{zz}\omega_e - F_{\theta S}(-a_{zz}\omega_e^2 + c_{zz})\right]$$

由于假定波浪的波幅为 1，故式（4-31）表示的方程解是单位波幅引起的纵摇和垂荡，其幅值 θ_0 和 z_0 相当于纵摇和垂荡的响应幅值算子；$\varepsilon_{\theta\zeta}$ 和 $\varepsilon_{z\zeta}$ 分别是纵摇和垂荡对波浪的相位。

2. 摇荡的衍生运动

根据上述纵摇和垂荡的计算结果，可以得到以下衍生运动的计算结果。

1）沿船长方向距船中 X 处的垂向位移

$$z(X) = z_{x_0}\cos(\omega_e t + \varepsilon_{zr}) = z_{x_c}\cos\omega_e t - z_{x_s}\sin\omega_e t \tag{4-32}$$

式中：

$$z_{x_c} = z_c - (X - X_g)\theta_c$$
$$z_{x_s} = z_s - (X - X_g)\theta_s$$
$$z_{x_0} = \sqrt{z_{x_c}^2 + z_{x_s}^2}$$

2）沿船长方向距船中 X 处船体的垂向加速度

$$A(X) = A_{x_0}\cos(\omega_e t + \varepsilon_a) = A_{x_c}\cos\omega_e t - A_{x_s}\sin\omega_e t \tag{4-33}$$

式中：

$$A_{x_c} = -\omega_e^2 z_{x_c}$$
$$A_{x_s} = -\omega_e^2 z_{x_s}$$
$$A_{x_0} = \sqrt{A_{x_c}^2 + A_{x_s}^2} = \omega_e^2 z_{x_0}$$

3）沿船长方向距船中 X 处相对于波浪的位移

$$z_r(X) = z_{r_0}\cos(\omega_e t + \varepsilon_{zr}) = z_{r_c}\cos\omega_e t - z_{r_s}\sin\omega_e t \tag{4-34}$$

式中：

$$z_{r_c} = z_{x_c} - \cos[k(X-X_g)\cos\beta]$$
$$= z_c - (X-X_g)\theta_c - \cos[k(X-X_g)\cos\beta]$$
$$z_{r_s} = z_{x_s} - \sin[k(X-X_g)\cos\beta]$$
$$= z_s - (X-X_g)\theta_s - \sin[k(X-X_g)\cos\beta]$$
$$z_{r_0} = \sqrt{z_{r_c}^2 + z_{r_s}^2}$$

4）沿船长方向距船中 X 处相对于波浪的速度

$$V_r(X) = V_{r_0}\cos(\omega_e t + \varepsilon_{V_r})$$
$$= V_{r_c}\cos\omega_e t - V_{r_s}\sin\omega_e t \tag{4-35}$$

式中：

$$V_{r_c}(X) = -\omega_e z_{x_s} + V\theta_c - \omega\sin[k(X-X_g)\cos\beta]$$
$$V_{r_s}(X) = -\omega_e z_{x_c} + V\theta_s - \omega\cos[k(X-X_g)\cos\beta]$$
$$V_{r_0} = \sqrt{V_{r_c}^2 + V_{r_s}^2}$$

5）沿船长方向任意点 X 处甲板上浪

根据求得的船体运动方程的解，船体上任意位置相对于水面的位移

$$z_{r\zeta} = z - (X-X_g)\theta - \zeta - h_d - f_s \tag{4-36}$$

式中：$z - (X-X_g)\theta$ 为船体相对静水面的位移；

ζ 为相对静水面的波面升高；

h_d 为船在波浪中航行时由于船的运动引起的水位上升，即所谓动态水位升高；

f_s 为船在静水中航行时产生的船侧波高。

因此，如果船的几何干舷为 F，则引起甲板上浪的条件为

$$F - f_s < -[z - (X-X_g)\theta - \zeta - h_d] \tag{4-37}$$

我们称 $f'(X) = F - f_s$ 为静水航行时的有效干舷，如图 4-2 所示。

对于静水中航行时的船侧波高 f_s 可以用经验公式表示为

$$f_s = \zeta_f\cos\left[\frac{2\pi(1-\xi)}{17.2Fr} - 0.78\right]e^{0.35(\xi-1)} -$$

$$(0.0025Fr + 0.005)L\cos\left(\frac{\pi\xi}{2}\right) \tag{4-38}$$

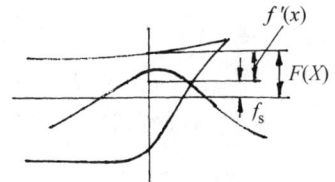

图 4-2　静水中航行的有效干舷

式中：ζ_f 可以利用田畸从大型油船及高速货船的模型试验结果分析整理得出的数据为

$$\zeta_f = 0.75\frac{BL}{L_e}Fr^2 \tag{4-39}$$

式中：L_e 为水线面进流段长度；

B 为船宽；

L 为船长；

$\xi = \dfrac{2X}{L}$。

船舶航行时引起的动态水位升高,根据田才的公式为

$$h_{\mathrm{d}} = k_{\mathrm{d}} \omega_{\mathrm{e}} [z - (X - X_{\mathrm{g}})\theta - \zeta] \tag{4-40}$$

式中:

$$k_{\mathrm{d}} = \frac{1}{3}(C_{\mathrm{B}} - 0.45) \sqrt{\frac{L}{g}}$$

式中:g 为重力加速度;

C_{B} 为方形系数。

6) 波浪中的阻力增加

波浪中阻力的增加,根据 1972 年格雷兹玛给出的公式可以写成

$$R_{\mathrm{aw}} = \frac{k}{2\omega_{\mathrm{e}}} \int_{L} b' V_{\mathrm{r0}}^{2} \mathrm{d}X \tag{4-41}$$

式中:$k = \dfrac{\omega^{2}}{g}$;

$$b' = N_{\mathrm{H}} - V \frac{\mathrm{d}M_{\mathrm{H}}}{\mathrm{d}X};$$

N_{H} 和 M_{H} 为剖面的阻尼系数和附加质量。

7) 砰击

船体任意横剖面处的船底是否产生砰击,可由船底是否露出水面,而且船和波浪的相对速度是否超过某一临界速度 V_{CR} 来判断,即

$$z_{\mathrm{r}}(X) > T(X) \tag{4-42}$$
$$V_{\mathrm{r}}(X) > V_{\mathrm{CR}} \tag{4-43}$$

式中:$z_{\mathrm{r}}(X)$、$V_{\mathrm{r}}(X)$、$T(X)$ 分别为 X 位置上的相对位移、相对速度和剖面吃水;

V_{CR} 为临界速度。

根据船底砰击波面时发生振动速度而确定临界速度的奥奇(Ochi)经验公式为

$$V_{\mathrm{CR}} = 0.09 \sqrt{gL} \tag{4-44}$$

8) 螺旋桨出水

构成螺旋桨露出水面的条件是

$$z_{\mathrm{p}} - \frac{N-2}{2N} D_{\mathrm{p}} < z_{\mathrm{r}}(X_{\mathrm{p}}) \tag{4-45}$$

式中:$\dfrac{1}{N}$ 为螺旋桨出水分数;

D_{p} 为螺旋桨直径;

z_{p} 为螺旋桨中心的浸深;

$z_{\mathrm{r}}(X_{\mathrm{p}})$ 为螺旋桨盘面处的相对位移。

3. 不规则波中的统计特性

根据谱分析理论,船舶在不规则波中的纵摇是其谱密度 $S_{\theta\zeta}(\omega_{\mathrm{e}})$ 所决定的。而 $S_{\theta\zeta}(\omega_{\mathrm{e}})$ 等于风浪的谱密度乘以纵摇响应幅值算子的平方 $Y_{\theta\zeta}^{2}(\omega_{\mathrm{e}})$,即存在关系:

$$S_{\theta\zeta}(\omega_e) = Y_{\theta\zeta}^2(\omega_e)S_\zeta(\omega_e) \qquad (4\text{-}46)$$

由于取单位波幅进行计算,因此,由式(4-31)解得的 θ_0 即为纵摇响应幅值算子:

$$Y_{\theta\zeta}(\omega_e) = \theta_0(\omega_e)$$

当由式(4-46)得到谱密度 $S_{\theta\zeta}(\omega_e)$ 之后,可以用统计分析方法预报船舶在风浪中的统计特性,例如纵摇的方差为

$$m_0 = \int_0^\infty S_{\theta\zeta}(\omega_e)\,\mathrm{d}\omega_e$$

在风浪中三一纵摇幅值为

$$\theta_{A/3} = 2.00\sqrt{m_0}$$

对于垂荡、相对波浪运动、相对波浪速度、相对加速度等完全与纵摇相类似。

根据瑞利分布性质,$X > x$ 的保证率为

$$P(X > x) = \exp\left(-\frac{x^2}{2m_0}\right) \qquad (4\text{-}47)$$

因此,根据发生砰击的两个条件,发生砰击的概率可以表示为

$$P_{SL} = P_z(z_r > T)P_V(V_r > V_{CR})$$
$$= \exp\left(-\frac{T^2}{2m_{z_{r_0}}} - \frac{V_{CR}^2}{2m_{v_{r_0}}}\right) \qquad (4\text{-}48)$$

式中:$m_{z_{r_0}}$ 和 $m_{v_{r_0}}$ 分别为砰击发生位置的相对位移和相对速度的方差。

同样,螺旋桨出水的概率为

$$P_p = \exp\left(-\frac{z_p - \dfrac{N-2}{2N}D_p^2}{2m_{r_{p_0}}}\right) \qquad (4\text{-}49)$$

式中:$m_{r_{p_0}}$ 为螺旋桨盘面处相对位移的方差。

甲板上浪的概率

$$P_{aw} = \exp\left[-\frac{(F - f_s)^2}{2m_{s_{p_0}}}\right] \qquad (4\text{-}50)$$

式中:$m_{s_{p_0}}$ 为上浪位置的相对位移 $[z - (X - X_g)\theta - \zeta_A - h_d]$ 的方差。

上述诸概率是表示次数的概率。如 $p = 0.25$,则表示在 100 次振荡中有大约 25 次左右出现所讨论的事件。

日本人谷口中认为风浪中阻力增加的响应幅值算子可以写成

$$Y_{\Delta R} = \left(\frac{R_{aw}}{\zeta_A^2}\right)^{1/2} \qquad (4\text{-}51)$$

式中:R_{aw} 为由式(4-41)表示的规则波中的阻力增加。

在相当长时间内不规则波中阻力增加的平均值可以写成

$$\Delta\overline{R}_w = \int_0^\infty S_\zeta(\omega_e)\,|Y_{\Delta R}|^2\,\mathrm{d}\omega_e \qquad (4\text{-}52)$$

4-3 纵摇和垂荡运动的工程分析

1. 纵摇和垂荡运动参数

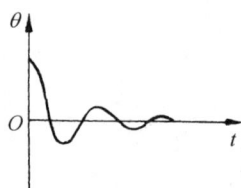

作为振荡运动,阻尼无疑是一个重要参数。由于船很长,纵摇的阻尼力矩很大。船舶纵倾复原力矩很大,使纵摇固有周期很小。所以,在静水中自由纵摇衰减极快,图4-3是某船的减幅曲线。正因为纵摇衰减快,故无法像横摇那样绘出衰减曲线,求出相应的衰减系数。少数试验资料表明,纵摇无量纲的衰减系数 μ_θ 在 0.3 至 0.5 之间,而横摇只是在 0.05 至 0.07 之间。

图 4-3 自由纵摇衰减曲线

增加纵摇阻尼是改善纵摇的一个途径,例如,在船首加装首龙骨和减纵摇鳍都是以增加纵摇阻尼为出发点的。

垂荡与纵摇相类似,垂荡的无量纲衰减系数 μ_z 在 0.3 至 0.4 之间。

船舶在静水中的自由纵摇周期与自由垂荡周期,在耦合运动的情况下有些变化,但是它们仍然是运动的一个重要衡准。

与横摇情况相类似,根据式(3-27),纵摇固有周期可以写成

$$T_\theta = \frac{2\pi}{\omega_\theta} = 2\pi \sqrt{\frac{I_{YY} + J_{YY}}{DH}} \tag{4-53}$$

式中:H 为纵稳性高。

在静水中自由纵摇周期,根据式(3-46),可以写成

$$T'_\theta = T_\theta \frac{1}{\sqrt{1 - \mu_\theta^2}} \tag{4-54}$$

一般来说,阻尼对纵摇周期的影响是不可忽略的。但是为了实用上的方便,习惯上把自由纵摇周期仍写成固有周期的形式,阻尼的影响考虑到附加惯性矩中去,即认为纵摇固有周期等于静水中自由纵摇周期,其附加惯性矩中包括了阻尼的影响。

船体的纵摇惯性矩 I_{YY} 与附加惯性矩相接近,即

$$I_{YY} + J_{YY} = 2I_{YY}$$

I_{YY} 可以用下式近似确定:

$$I_{YY} = 0.07C_w \frac{D}{g} L^2$$

式中:C_w 为水线面系数;

L 为船长。

纵稳性高 H 用纵稳心半径 R 代替,并用近似公式表示:

$$H \approx R = \frac{C_w^2}{14C_B} \frac{L^2}{d}$$

式中:C_B 为方形系数;

d 为吃水。

将上述诸式代入式(4-53),得到

$$T_\theta = 2\pi \sqrt{\frac{1.96 d C_B}{g C_w}}$$

考虑到垂向棱形系数 $C_{vp} = C_B / C_w$，则上式变为

$$T_\theta = 2.8 \sqrt{C_{vp} d} \tag{4-55}$$

对一般船型，取 $C_{vp} = 0.9$，则得到

$$T_\theta = 2.4 \sqrt{d} \tag{4-56}$$

纵摇固有周期也可以用另外一些公式近似计算，例如田宫公式：

$$T_\theta = 2.01 \sqrt{(0.77 C_B + 0.26)(0.92 d + 0.44 B)} \tag{4-57}$$

在模型试验中，为了保证惯性力相似，对实船惯性矩的估算多采用惯性半径法，把船体纵摇惯性矩写成

$$I_{YY} = \frac{D}{g} K_{YY}^2 \tag{4-58}$$

式中：K_{YY} 为纵摇惯性半径。

如果船体重量是按三角形分布的（见图 4-4(a)），则 $K_{YY} = 0.204L$；如果重量是按矩形分布的（见图 4-4(b)），则 $K_{YY} = 0.289L$。 一般船的纵向重量分布介于三角形和矩形之间，因此

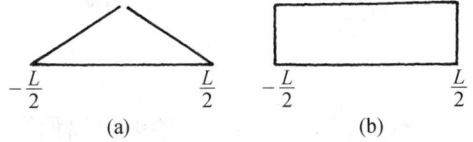

$-\frac{L}{2}$ $\frac{L}{2}$ $-\frac{L}{2}$ $\frac{L}{2}$

(a)   (b)

图 4-4　船体重量分布的两种极端假定

$$0.204 < \frac{K_{YY}}{L} < 0.289$$

船舶满载时，K_{YY} 较小，在 $0.22L$ 与 $0.27L$ 之间；压载时 K_{YY} 较大，在 $0.27L$ 与 $0.28L$ 之间；在不能确切知道惯性矩的情况下，作为比较基础，通常取 $K_{YY} = 0.25L$。

船舶垂荡与纵摇情况完全相类似。垂荡的质量为 D/g，附加质量为 m_z，在水线面附近船体为直壁式的假定下，垂荡的复原力为 $\gamma A_w z$，其中 A_w 是水线面面积，z 是垂荡位移。仿照式 (4-53)，垂荡的固有周期为

$$T_z = \frac{2\pi}{\omega_z} = 2\pi \sqrt{\frac{\dfrac{D}{g} + m_z}{\gamma A_w}} \tag{4-59}$$

垂荡时的附加质量接近船体的质量，即

$$m_z = \frac{D}{g}$$

船的排水量为

$$D = \gamma C_B L B d$$

水线面面积为

$$A_w = C_w L B$$

把上述诸式代入式 (4-59) 中并考虑到 $C_{vp} = C_B / C_w$，则得到

$$T_z = 2.8 \sqrt{C_{vp} d} \tag{4-60}$$

比较式 (4-55) 和式 (4-60)，则得到

$$T_\theta = T_z \tag{4-61}$$

根据式(4-61),我们得到一个重要的结论,纵摇和垂荡的固有周期是接近的。应该注意,这里指的固有周期实际上是在静水中的自由摇荡周期,对于一般船型大约在 2~5 s 之间,约为横摇固有周期的 1/2。

垂荡固有周期也可以用另外一些公式计算,例如,有

$$T_z = \sqrt{\frac{d + 0.24B}{C_w}} \tag{4-62}$$

2. 用模型试验确定频率响应函数

根据式(2-95),纵摇和垂荡的谱密度分别为

$$S_{\theta\zeta}(\omega) = Y_{\theta\zeta}^2(\omega)S_\zeta(\omega)$$
$$S_{z\zeta}(\omega) = Y_{z\zeta}^2(\omega)S_\zeta(\omega) \tag{4-63}$$

与横摇相同,计算摇荡谱密度的关键是确定响应幅值算子。根据式(3-28),纵摇响应幅值算子为

$$Y_{\theta\zeta}(\omega) = \frac{\theta_A}{\alpha_0}\frac{\omega^2}{g} \tag{4-64}$$

根据式(2-96),垂荡的响应幅值算子为

$$Y_{z\zeta}(\omega) = \frac{z_A}{\zeta_A} \tag{4-65}$$

响应幅值算子可以用理论方法计算,或用模型试验方法确定。水池中确定纵向对浪航行时纵摇和垂荡的响应幅值算子的主要步骤如下:

(1) 为了得到完整的响应幅值算子数据,水池造波机应能造出 0.5~2.0 倍船模长的波。为此,船模长度一般取 2~4 m 之间。船模按相似关系调整,使之满足重力相似和惯性力相似的条件。

(2) 选取 10 至 15 个试验波长,在船长附近应加大试验点密度,以提高试验精度。波长的变化是通过改变造波机的频率得到的。

试验波高的选取须保证运动和波高呈线性关系,以便应用叠加原理。在模型试验中,波高在 $\lambda/50 \sim \lambda/30$ 之间能符合线性关系。

(3) 在纵向对浪试验中,一般选用 4~5 个船速,对每一选定的船速在试验中应保持船模速度不变,依次改变波长。试验时船模的最大速度不必超过静水中全马力所能达到的航速,因为波浪中的航速总比静水中航速小。

在试验中,通过专门仪器,例如适航仪,记录纵摇和垂荡的时间经历,然后根据平均的概念量取纵摇和垂荡的幅值。

在用模型试验结果预报实船性能时,须注意模型和实船响应幅值算子之间的量纲转换。如果下标 s 表示实船,m 表示船模,则有

$$\{Y_{\theta\zeta}(\omega)\}_s = \{Y_{\theta\zeta}(\omega)\}_m \frac{L_m}{L_s} \tag{4-66}$$

$$\{Y_{z\zeta}(\omega)\}_s = \{Y_{z\zeta}(\omega)\}_m$$

模型试验结果一般绘制成曲线的形式。一种是响应幅值算子对 λ/L 曲线,其典型形式如图 4-5 所示。从这些曲线可以分析不同波浪和航速情况下的船舶响应情况。

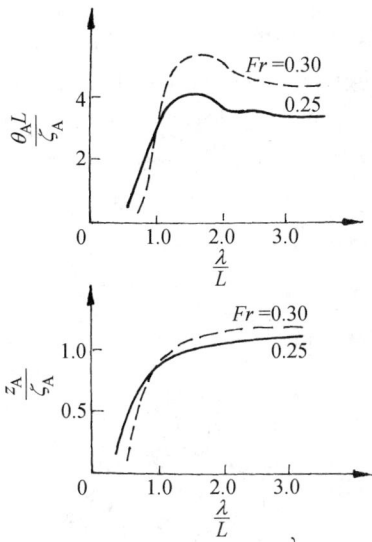

图 4-5 频率响应函数对 $\dfrac{\lambda}{L}$ 曲线

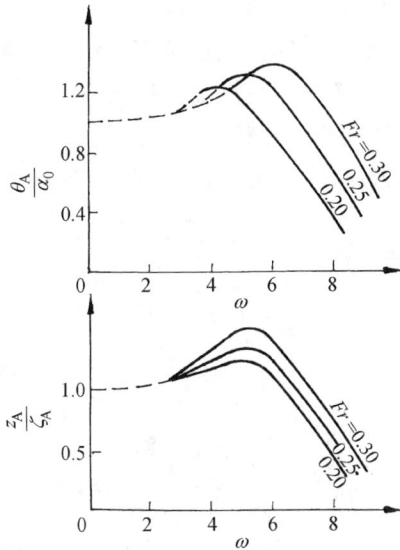

图 4-6 频率响应函数对 ω 曲线

为了预报船舶在不规则波中的摇荡,把 θ_A/α_0 和 z_A/ζ_A 作为频率的函数更为方便,如图 4-6 所示。

由于试验波长的限制,不可能由试验结果绘出完整的变化曲线。

根据线性理论(参看 3-1 节),当 $\omega \rightarrow 0$ 时,$\theta_A/\alpha_0 \rightarrow 1$,$z_A/\zeta_A \rightarrow 1$。因此在绘制 θ_A/α_0 和 z_A/ζ_A 对 ω 曲线时,可以把 $\theta_A/\alpha_0\,|_{\omega=0}$ 和 $z_A/\zeta_A\,|_{\omega=0}$ 光顺到坐标为 $(0,1)$ 点处。

纵摇和垂荡的频率响应函数确定之后,可以根据 2-6 节中船舶摇荡预报的一般程序,对在波浪中的纵摇和垂荡进行预报。

3. 谐摇状态与临界状态

波浪对船体的扰动力周期为遭遇周期。当船以航速 V 在规则波中顶浪航行时,其遭遇周期为

$$T_e = \frac{\lambda}{C+V} = \frac{\lambda}{1.25\sqrt{\lambda} + V} \tag{4-67}$$

上式对航速 V 求解,则有

$$V = \frac{\lambda - 1.25\sqrt{\lambda}\, T_e}{T_e} \tag{4-68}$$

由式(4-67)对波长 λ 求解,则有

$$\lambda = (VT_e + 0.78T_e^2) + \sqrt{(VT_e + 0.78T_e^2)^2 - V^2 T_e^2} \tag{4-69}$$

从式(4-67)看出:当波长一定时,随着航速增加,遭遇周期减小;当航速一定时,随着波长的增加,遭遇周期增加。

当遭遇周期 T_e 等于纵摇固有周期 T_θ 或垂荡固有周期 T_z 时,将发生谐摇。谐摇时,摇荡幅值可能很大。但是,对于纵摇和垂荡而言,规则波对船体扰动力的大小与波长对船长之比有很大关系,而且航速的影响也很显著。因此纵向运动是随航速、波长对船长之比及调谐因数

（即遭遇周期）而变化的。

图 4-7 是某军舰模型在规则波中顶浪纵摇试验结果，从中可以看出船舶对波浪响应的一般特点。图中横坐标是纵摇调谐因数 $\Lambda_\theta = T_\theta / T_e$，纵坐标是纵摇放大因数 θ_A / α_0，Fr 是傅汝德数，λ/L 是波长对船长之比。从图中可以看到，λ/L 是影响纵摇的重要因素。λ/L 越小，纵摇越缓和，大船在小的波浪上纵摇是不会很大的；当 $\lambda/L \leqslant 3/4$ 时，纵摇幅值不会太大，即使发生谐摇也是如此；当 $\lambda/L \geqslant 1.0$ 时，无论是否发生谐摇，纵摇都是严重的。航速越高，纵摇越激烈。当调谐因数 $\Lambda_\theta > 1.2$ 时，在任何情况下纵摇幅值都不会太大。

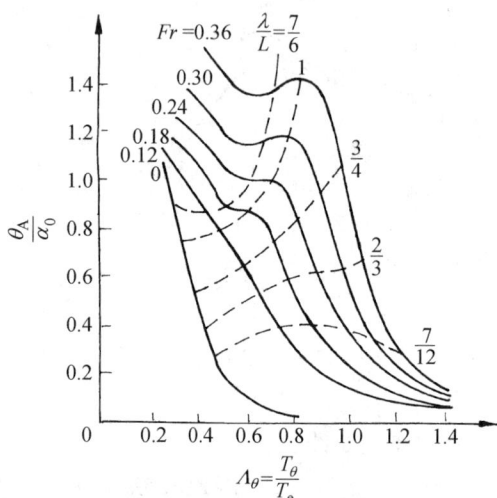

图 4-7　某船模在规则波中顶浪纵摇试验结果

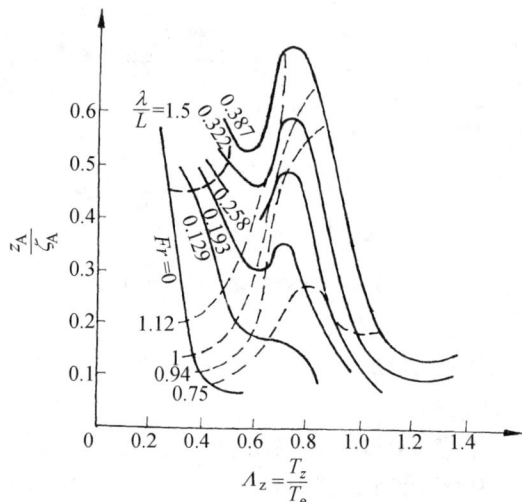

图 4-8　垂荡试验结果

图 4-8 是某军舰模型在规则波中顶浪情况下的垂荡试验结果。图中横坐标是垂荡调谐因数 $\Lambda_z = T_z / T_e$，纵坐标是垂荡频率响应函数 z_A / ζ_A。从图中看出，λ/L 是影响垂荡幅值的主要因素。当 $\lambda/L \leqslant 3/4$ 时，即使发生谐摇，垂荡幅值也是很小的。当 $\lambda/L \geqslant 1$ 时，即小船遇到了长波，无论是否发生谐摇，都不可避免要发生较大的垂荡。当 $\Lambda_z > 1$ 时，垂荡是不严重的。航速越高，垂荡越激烈。

当船以一定的航速在不规则波中顶浪前进时，根据叠加原理，它相当于遭遇一系列波长变化的规则波的作用，这时有关谐摇的概念不再适用了。以下用临界状态的概念来说明顶浪航行于不规则波中船舶的摇荡情况。

根据组成不规则波的各单元波对纵向运动的作用，我们对风浪谱密度作如下划分（见图 4-9）。

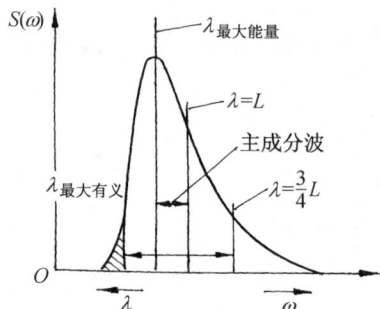

图 4-9　不规则波成分波的划分

1）单元波的划分

（1）主成分波。

波长等于船长的单元波和最大能量单元波之间的单元波，称为主成分波。它们对纵向运动起着主要的作用。

（2）有义成分波。

波长等于 3/4 船长的单元波与最大有义波之间的单元波，称为有义成分

414

波区间之外的单元波,对船舶纵向运动不产生明显的影响。

2) 在不规则波中顶浪航行时的纵向运动区域划分

船舶的纵向运动既取决于风浪能量的大小,也取决于风浪谱密度与响应幅值算子之间的关系。根据后者,对在不规则波中顶浪航行时的纵向运动(以纵摇为例,垂荡完全相类似)作如下划分。

(1) 亚临界区域。

以某一航速航行的船舶,当谐摇波长小于 3/4 船长时,则定义该船处于亚临界区域,如图 4-10 所示。处于亚临界区域航行的船舶,纵摇和垂荡十分缓和,甲板干燥,不产生砰击,因此总是希望船舶能处于该区域航行。从图 4-10 看出,为了扩大亚临界区域的范围,应减小纵摇和垂荡的固有周期。

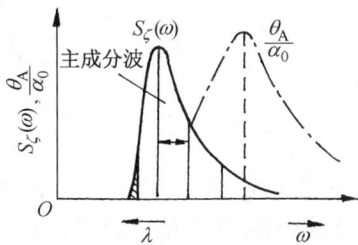

图 4-10 亚临界区域   图 4-11 临界区域

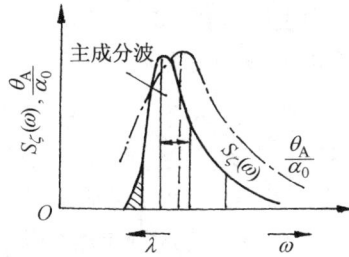

(2) 临界区域。

当船舶的谐摇波长位于主成分波区间时,这时波浪给予船舶较多的能量,因而产生激烈的运动,称为临界区域,如图 4-11 所示。

在临界区域内,船舶的纵摇和垂荡都是十分严重的,甚至出现严重的砰击和上浪,使驾驶者不得不被迫减速。对于快速船有砰击限制航速和上浪限制航速。一艘新设计的船,要选择适当的干舷高度,使临界区域内的上浪限制航速大于砰击限制航速。因此,一般来说,砰击是决定风浪中快速船速度的主要因素。

所有的船舶都有可能处在临界状态,产生严重的纵向运动。为了改善临界区域的纵摇特性,增加阻尼是一项重要的措施。例如采用 V 形剖面、方尾、减纵摇鳍等都可以提供较大的纵摇阻尼,改善纵摇性能。

(3) 超临界区域。

当谐摇波长大于 $\lambda_{最大有义}$ 时,称为超临界区域,如图 4-12 所示。超临界区域相当于中速货船在微波中航行,或者快艇顶着中等海浪的航行情况,船舶纵向运动十分缓和。在一般情况下,难以提供足够的航速,使船舶达到超临界区域。

介于亚临界区域与临界区域之间的称为亚临界过渡区域。

介于临界区域与超临界区域之间的称为超临界过渡区域。

图 4-12 超临界区域

一般来说,船舶在风浪中以低速航行时,其摇荡是中等的,可以认为是在亚临界区域航行。当航速增加时,摇荡随之增加,在某一个速度范围内摇荡十分激烈,船舶进入了临界区域。航速进一步增加,摇荡逐渐减小,当航速高到一定程度时,摇荡又成为中等程度的,船舶进入了超临界区域,如图 4-13 所示。一般海船多半处在亚临界区域和亚临界过渡区域,应该避免在临

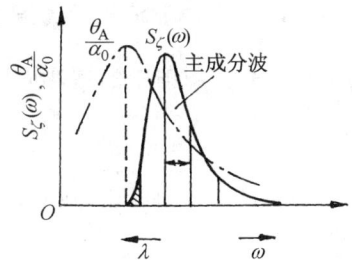

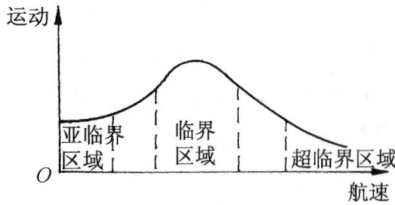

图 4-13　航速与临界区示意图

界区域下航行。

根据上述临界状态的定义，我们很容易判断纵向对浪航行时船舶的摇荡情况。

例如，某万吨级货船，船长 $L=147.18$ m 纵摇和垂荡的固有周期为 $T_\theta=T_z=6.1$ s，以航速 $V=17$ kn $=8.74$ m/s 在三一平均波高 $\bar\zeta_{w/3}=4$ m 的风浪中顶浪航行，试判断其临界状态。

把条件 $T_e=T_\theta=6.1$ s 和 $V=8.74$ m/s 代入式(4-69)，则得到谐摇波长为 $\lambda=145$ m。根据式(3-30)，最大能量单元波的波长为

$$\lambda_{最大能量}=40\bar\zeta_{w/3}=160 \text{ m}$$

主成分波区间为：$147.18\sim160$ m。

根据式(3-31)，最大有义波长为

$$\lambda_{最大有义}=60\bar\zeta_{w/3}=240 \text{ m}$$

有义成分波区间为 $110\sim240$ m。

由上述分析看出，船舶在接近临界区域航行，纵摇和垂荡是比较严重的。如果船舶航速降为 10 kn，根据式(4-69)得到相应的谐摇波长为 111 m，船舶处在亚临界过渡区域航行。

如欲使该船达到超临界区域航行，把 $\lambda=240$ m 和 $T_e=T_\theta=6.1$ s 代入式(4-68)中，则可以得到进入超临界区域的最低航速

$$V=20 \text{ m/s}=39 \text{ kn}$$

对于一般货船，这样高的航速是难以达到的。

4-4　斜浪中的船舶摇荡

当船舶以一定的航速和遭遇浪向在规则波中航行时，6 个自由度的运动可能同时发生，上节从理论计算的角度讨论了这一问题，本节从工程角度来讨论斜浪中的横摇及斜浪中的纵摇和垂荡。

1. 斜浪中波浪扰动力周期

船舶在斜浪中的遭遇周期为

$$T_e=\frac{\lambda}{C-V\cos\beta} \tag{4-70}$$

从式(4-70)看出，在确定的波浪情况下，遭遇周期随航速和遭遇浪向而变化，可能的变化范围为

$$\frac{\lambda}{C+V}\leqslant T_e\leqslant\frac{\lambda}{C-V} \tag{4-71}$$

遭遇周期是波浪作用于船舶的实际扰动力周期，船舶是以遭遇周期进行响应的。船舶谐摇发生在固有周期等于遭遇周期之时。对于横摇，斜浪中的谐摇条件为

$$T_e=\frac{\lambda}{C-V\cos\beta}=T_\phi \tag{4-72}$$

而其谐摇区为

$$0.7T_\phi < T_e < 1.3T_\phi \qquad (4-73)$$

根据式(4-72)对 $V\cos\beta$ 求解,可以得到使船舶产生谐摇的航速和遭遇浪向的配合为

$$V\cos\beta = 1.25\lambda - \frac{\lambda}{T_\phi} \qquad (4-74)$$

例如,某船横摇固有周期 $T_\phi = 13.7\,\mathrm{s}$,航行于 $\lambda = 100\,\mathrm{m}$ 的涌浪中,其谐摇条件为

$$V\cos\beta = 1.25\sqrt{100} - \frac{100}{13.7} = 5.2\,\mathrm{m/s}$$

凡使 $V\cos\beta = 5.2\,\mathrm{m/s}$ 的组合都能使船发生横摇谐摇,其对应值如表 4-1 所示。

表 4-1　横摇谐摇时 V 与 β 的关系

$V/(\mathrm{m\cdot s^{-1}})$	10	12	15
$\beta/(°)$	58	64	69

由此看出,通过改变遭遇浪向可以避免产生严重的横摇。如果船的固有周期大于涌浪的周期,那么在尾斜浪中可能产生较大的横摇;反之,在首斜浪中可能产生较大的横摇。但是应注意,随着船偏离横浪,波浪对船舶的横摇扰动力矩随之减小。

纵摇和垂荡有与横摇相类似的情况,在规则波中,当遭遇周期 T_e 等于纵摇固有周期 T_θ 时,纵摇产生谐摇。由于垂荡的固有周期接近纵摇的固有周期,因此,两者的谐摇是同时发生的。纵摇和垂荡的固有周期较小,通常首斜浪比尾斜浪更容易发生谐摇。

2. 遭遇浪向对扰动力幅值的影响

波浪对船舶的横摇扰动力矩可以简略地认为是由波倾角的变化引起的。如果波浪的自然波长为 λ,斜浪对横摇扰动的相应波长为 λ_2(见图 4-14),则有

$$\lambda_2 = \frac{\lambda}{\sin\beta} \qquad (4-75)$$

波幅 ζ_A 并不因遭遇浪向而变化,因此斜浪中的波倾

$$\alpha_{\beta_0} = \frac{2\pi\zeta_A}{\lambda_2} = \alpha_0 \sin\beta \qquad (4-76)$$

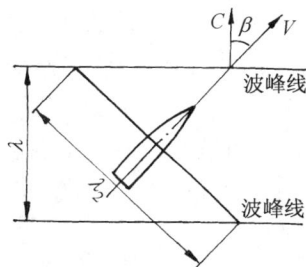

图 4-14　船舶航行的遭遇浪向

由此看来,随着船舶偏离横浪,相应于产生横摇的波倾是逐渐减小的。如果设横浪($\beta = 90°$)时为 1,则波倾随遭遇浪向的变化如表 4-2 所示。

表 4-2　波倾随遭遇浪向变化

遭遇浪向/(°)	90	75 或 105	60 或 120	45 或 135
比例系数	1	0.96	0.87	0.71

这里特别需要指出,船舶在斜浪中某一瞬间,在船长的不同位置上,不仅波倾角的大小不同,而且方向也可能不同。因此,式(4-76)得到的是偏高的波倾估计。斜浪中的有效波倾系数

可以近似取横浪中的数值。

　　船舶在斜浪中的横摇,常常存在一个平均倾角或固定倾角,这是由于波浪入射的一舷水压增高,使横摇在一个平均倾角下进行,构成带倾横摇。某船在遭遇浪向 120°时,记录到平均倾角达 5°。在一般情况下,高速船在波长较短的斜涌中航行,其平均倾角较大。

　　为了把横浪中的横摇频率响应函数用于斜浪中的横摇估算,从上述分析看出,应满足以下两个条件:

　　(1)选取横浪的波长,使波浪周期等于斜浪中的遭遇周期;

　　(2)选取横浪的波高,使横浪波倾等于斜浪中的相当波倾。

　　根据以上两个条件及斜浪中线性理论,只要把横浪中放大因数中的波浪周期用斜浪中的遭遇周期代替,并乘以 $\sin\beta$ 即可,则

$$\frac{\phi_A}{\alpha_{m_0}} = \frac{\sin\beta}{\sqrt{(1-\Lambda_\phi^2)^2 + 4\mu^2\Lambda_\phi^2}} \tag{4-77}$$

　　理论和实践表明,在斜浪中,只要波浪不十分严重,摇荡不十分激烈,统计分析方法是适用的。

　　对于纵摇和垂荡,波浪的扰动力矩和力与波长对船长之比有密切关系。船在斜浪中航行,波面与中线面所构成的交线仍是余弦曲线,其波幅为 ζ_A,相应的波长为

$$\lambda_1 = \frac{\lambda}{\cos\beta} \tag{4-78}$$

　　在斜浪中,相应产生纵向运动的波长有所增加。这样,在斜浪中,使自然波长短于船长的波变为更加重要。例如,遭遇浪向 150°时的 87 m 长的波,在几何上与顶浪中 100 m 波长的波相当;遭遇浪向 120°时,波长相当于增加一倍。

　　从以上分析看出,满足以下两个条件可以把顶浪中的纵摇和垂荡的频率响应函数用于斜浪中纵摇和垂荡的估算:

　　(1)顶浪中波高不变,波长等于 $\lambda_1 = \lambda/\cos\beta$;

　　(2)选择顶浪中的航速,使顶浪中的遭遇周期等于斜浪中的遭遇周期。

　　对航行于波浪中的船舶,在一般情况下顶浪时的纵摇和垂荡最严重,横浪中的零速横摇最严重。因此,大多数情况下,考虑顶浪中的纵摇和垂荡及横浪中的零速横摇是足够的。

第 5 章 船舶的耐波性设计和
实船试验

5-1 船舶主要尺度和形状对耐波性的影响

船舶在海上的航行性能,既决定于外部风浪的大小,也和船体本身的要素有密切关系。往往排水量相近的船舶在风平浪静时性能相差不多,但在风浪海面上,一艘船舶因摇荡激烈而无法航行,另一艘船舶却能安全航行。因此,在船舶设计中,为了保证具有良好的耐波性,船舶的主要尺度和船型的选择除了要考虑静水中的性能之外,尚须兼顾耐波性的要求。对于某些特殊类型的船舶,例如海洋钻井船,则主要考虑耐波性的要求。

1. 船舶主尺度对耐波性的影响

1) 船长

从耐波性角度来看,船长主要影响纵摇和垂荡。在规则波中,当 $L/\lambda \approx 1$ 时,波浪的扰动力最大,纵摇和垂荡十分激烈。当 $L/\lambda > 1.3$ 时,无论是否发生谐摇,纵摇和垂荡都不会很大。如果船舶在它航行的海区内经常遇到涌或混合浪,那么船长应避开经常遇到的涌长,最好使船长大于 1.3 倍涌长。

在不规则波中,船越长,谱密度曲线的主成分波区间越狭窄,摇荡越难处于临界区域,因此增加船长对纵摇和垂荡都是有利的。船长较小的船舶难免会发生较大的纵摇和垂荡。

设计中船长的选择涉及许多因素,例如,船长增加使船的回转性变坏、钢材重量增加、造价提高等。通常在船长选取时以静水阻力的峰谷关系和总布置为主,适当考虑耐波性和其他性能的要求。

2) 船宽

从性能上讲,船宽主要影响稳性和横摇,对纵摇和垂荡的影响不大。一般来说,船宽减小,使初稳性下降而对横摇有利,船体的砰击也有改善。船宽对横摇固有周期的影响不及重心高度敏感,而且在一定排水量之下,船宽减小必将使方形系数增加,船舶前进阻力可能增加。因此在设计中,很少用改变船宽的方法来改进船舶的横摇性能。但是也有相反的情况,为了减小横摇的扰动力矩,大大加宽船宽,使船舶在任何情况下横摇都是很小的,某些海洋钻井船和平台就是采用这种方式。我国第一艘海洋钻井船"勘探一号"为了加大船宽,采用双体的形式,实践表明横摇性能相当优良。

3) 吃水

随着吃水的增加,波浪对横摇的扰动力矩略为下降,横摇趋于缓和。对于中小型船,由于船长受到限制,不可避免地要发生较大的纵摇和垂荡。如果平均吃水减小,纵摇和垂荡的固有周期下降,即使谐摇,也是在较小的波浪中发生,纵摇和垂荡也不会太大。

从船舶砰击的角度来看,要求吃水大些,因为船舶砰击常发生在空载和压载航行状态,尤其对具有尾倾而吃水较小的船更是如此。吃水深,能够减少砰击的频率和砰击的强度。在设计中,最好使船舶在各种航行状态下都能使吃水对船长之比大于 0.045,为此应准备足够的压载水舱,以避免压载航行时首吃水过小。

从以上分析看出,即使仅从耐波性角度考虑,对吃水的要求也是矛盾的,因此需要全面均衡,决定吃水的大小。

4) 初稳性高

初稳性高是船舶安全的重要衡准,同时也是横摇的重要参数。初稳性高影响横摇固有周期,减小初稳性高 h 时,横摇固有周期 T_ϕ 增加,横摇缓和。但是必须注意,为了船舶的安全,在任何情况下都必须保证 h 具有适当的数值。如果 h 过小,不仅降低了船的抗风能力,而且在顺浪中,当波峰位于船中时,有可能丧失稳性而引起横甩甚至最终导致倾覆。同时也要估计到有自由液面的油水舱往往比设计中的理想情况为多,初稳性高要留有一定的余地。

改变初稳性高最有效的方法是改变重心位置。重心 z_g 提高,h 下降,T_ϕ 显著增加。对于因重心过低而使 T_ϕ 过小的船,在设计中可以采取一些措施加以改善。例如,对散货船可以加顶边水舱,以提高压载航行或装重货时的重心;加高双层底的高度,以提高满载时的重心;采用深舱,以提高全船的重心,等等。总之,在各种合理的装载状态之下,使 h 值变化不大,保持在合理的范围内。当然,在营运中可以通过不同配载,借以调节重心高度,改进横摇性能。

5) 船型系数

方形系数 C_B 增加,通常横摇阻尼随之增加,而对纵摇和垂荡不利,失速和砰击增加。在设计中,C_B 主要由快速性和排水量的要求选取。

横摇阻尼随船中站面系数 C_M 增加而增加。为了改善横摇性能,通常保持 C_B 不变,采用较大的 C_M,适当减小棱形系数 C_P,这样对快速性略有好处。

水线面系数 C_w 增加,能减小波浪对横摇的扰动力矩,横摇有所改进,同时纵摇和垂荡也略有改进。

减小棱形系数 C_P 能减小砰击压力和失速。某些试验表明:在 $C_P > 0.75$ 时船在风浪中失速是严重的。

船长对排水量比 $L/\nabla^{1/3}$ 增加,对摇荡影响不大,但失速可以改善。

L/B 增加,纵向运动得到改善。

6) 干舷和舷弧

富裕的干舷和舷弧能显著地改善上浪和溅浪。快速船舶在汹涛海面上航行,迫使驾驶者减速的原因往往是砰击和上浪,为了充分利用主机功率,总是希望上浪限制航速大于砰击限制航速,为此需要适当地加高首部干舷。航速越高,船兴波中首波的第一个波峰越高,其位置越往后移。因此要求首部干舷更高些,并在较大范围内维持高干舷。对于经常在斜浪中航行的船舶,加长舷墙是改善上浪的重要因素。

舷弧可以增加首尾部的储备浮力,对改善纵摇、垂荡和上浪是有利的。小型船舶舷弧可以大些,高干舷的大船可以小些,以利于操纵。

增加干舷和舷弧,使上层建筑增高,从而导致重心的提高,使初稳性下降,同时大倾角稳性得到改善,但增加了船舶受风面积。

2. 船舶形状对耐波性的影响

1）船舶型线

船体型线与快速性、耐波性、稳性、操纵性、布置、容积及施工工艺都有密切关系,在设计中须权衡轻重,分清主次。

由于问题的复杂性,同一个因素在不同的条件下可能得到不同的结果,因此在考虑时必须慎重。

不同尺度的船舶,在海洋中所处情况不同,因此对横剖面的选择有以下几种类型:

（1）大型船舶（$L \geqslant 150$ m, $D \geqslant 20\,000$ t）。

它们在纵向对浪时处于亚临界区域,纵向运动较小,横剖面的选择以静水中的快速性为主。

（2）中型船舶（$L = 120 \sim 150$ m, $D = 10\,000 \sim 20\,000$ t）。

它们在纵向对浪时处在临界区域或接近临界区域的机会较多,因此纵向运动激烈,首部甲板上浪,船体受砰击,并有明显的失速,所以船首部的型线选择很重要。目前选用首部型线有两种趋势:一是以西欧为代表的采用中 V 形前体剖面,前倾首柱,并切去前踵,这种形状使纵摇和垂荡都得到改善。图 5-1 是某船模在顶浪中的试验结果。另一类是以美国为代表的采用 U 形前体剖面,首端呈球形,首部船体结构加强,这类形状的船舶具有良好的静水阻力性能。

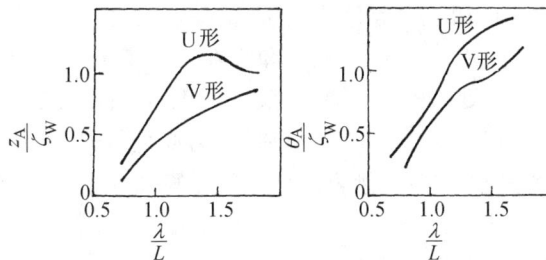

图 5-1　船模顶浪试验结果

（3）低速货船（$D = 5\,000 \sim 8\,000$ t）。

它们在风浪中失速严重,前体以采用 V 形为宜。

（4）小型船（$D = 700 \sim 1\,500$ t）。

它们包括小型运输船、工作船、渔船、救护船等,经常坚持在风浪中作业,因此耐波性是型线设计的重要内容。这类船舶多采用 V 形前体剖面,切去前踵,首柱显著前倾,满载水线以上的水线较丰满,甲板处略为外飘。这样,使首部下沉时,排水体积逐渐加大,可以减小纵摇幅值,使水沫向外飞溅,减小首部甲板上浪。同时应增加前甲板梁拱,便于迅速排水。

船舶中站面的形状主要影响横摇性能。舭部越尖,横摇阻尼越大,横摇幅值可望减小。但是尖舭的船舶在横摇时可能有突然停止的感觉。

首部形状对纵向运动有较大的影响。为了改善耐波性,通常采用前倾首柱,切去前踵,首部水线平直,水线以上适度外飘。但是,过度外飘容易引起波浪局部冲击,溅浪现象严重。

尾部形状以巡洋舰尾为宜,可以减少尾波。尾部的水线侧影宜向后倾,以避免倒车时上浪。

水线面形状瘦削有助于减小纵摇和垂荡。漂心位于重心之前,可以改善顶浪中的性能,船头不容易钻入浪中。

2)静稳性曲线的形状

具有适当初稳性高 h 的 S 形静稳性曲线对横摇有利。在横摇幅值比较小时,因为它具有较小的初稳性高而使横摇和缓。为了使船具有 S 形的静稳性曲线,通常把船舶设计成剩余干舷船。

3)球鼻首

球鼻首对减小静水阻力是相当成功的,但是在风浪中的性能并没有显示出优越性。图 5-2 是 $C_B = 0.65$ 的 60 系列船模试验结果整理到 400 ft 实船的纵摇和垂荡。其中一艘船装有 10% 的球鼻首,而后体和方形系数两者是相同的,从图中看出,两者的摇荡是差不多的。

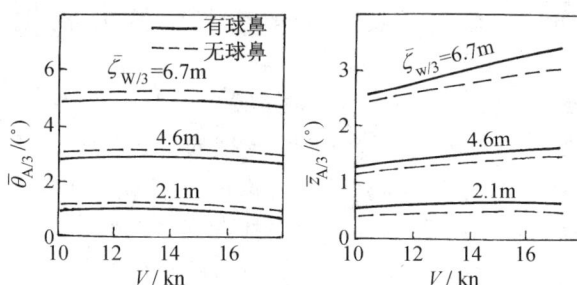

图 5-2 球首对摇荡的影响

4)其他因素

经验表明:在同一初稳性高的情况下,重心离浮心越近,横摇幅值越小。在设计中最好压低重心,升高浮心,缩小两者的距离。对于客船和渔船可在舱底加固定压载并减轻上层建筑的重量,以压低重心;对于方形系数较小的船可以采用 V 形剖面以提高浮心。

增加纵向惯性矩对纵摇和船体受力都是不利的,为此应尽量把重量集中到中部,甲板重物放在船中部 $L/2$ 之内,在船中安排些油水柜,首先使用两端的油水。重量集中对减缓船舶砰击也有好处。

在考虑船舶主尺度和形状对耐波性的影响时,以下几点必须予以注意:

(1)就船舶设计而论,都是在一定条件下改变有关尺度和要素的。一个尺度的变化必然引起其他尺度的变化,以满足给定的条件,所以各种尺度的变化都不是独立的。例如,当排水量保持不变时,方形系数的变化必然引起主尺度的变化,对耐波性可能产生各种不同的影响。

(2)耐波性要求往往和其他性能要求相矛盾,因而必须分清主次,尽先满足主要性能的要求,然后再考虑次要性能的要求。例如,在横摇和稳性发生矛盾时,应在满足稳性要求的前提下考虑横摇;海洋钻井船应把摇荡作为主要的要求来考虑等。

(3)各种要素对耐波性诸性能的影响往往是矛盾的。例如,增加方形系数使横摇有所改善,但失速和砰击增加,因此要全面权衡利弊,作出选择。

此外,在分析耐波性时要十分注意各种资料所载结果的产生条件,往往因前提不同,可能引起不同的结果。

5-2 船舶耐波性指标

船舶耐波性的好坏与船体形状和主尺度的选择有密切关系,因此在船舶设计初期就应考虑耐波性的要求,并与其他船舶性能一起贯穿设计的全过程。

耐波性指标受很多因素的影响,不仅与海洋环境条件有关,也因船舶任务不同而不同,目前尚没有统一标准。船舶耐波性指标可以分成两大类:一类是单项指标,即针对耐波性中某一性能的指标;另一类是综合指标,即对感兴趣的若干耐波性指标的综合评价。在耐波性评价中,选用哪一种指标应根据设计要求和船舶的工作任务来决定。

1. 耐波性单项指标

1) 船体的绝对运动幅值

它一般包括横摇角、纵摇角、垂荡、甲板上某点的垂直位移和船底某点的垂直位移。横摇角、纵摇角和垂荡与船员的舒适性、各种仪器设备能否正常运行有关,横摇角过大直接影响船舶的安全。甲板上某点垂直位移的大小对于具有舰载机能力的船舶是一个重要指标,关系到飞机的起降安全。例如,飞机常规起降时,希望飞行甲板的最大垂向位移不要大于 2.16 m。船底某点垂直位移的大小对于在浅水中航行的大型船舶也是一个重要指标,它预示船舶是否产生危险的"碰底"运动。

2) 横摇运动周期

为了避免船舶与常遭遇的波浪发生横摇谐摇,有时对横摇固有周期提出限制要求。例如,我国东海一带常遇到的海浪波长在 50～60 m 左右,相应的波浪周期在 6 s 左右,因此,经常在这一带航行船舶的横摇固有周期最好避开这一数值。

3) 绝对加速度

它主要包括垂向加速度和晕船率。垂向加速度的大小与垂向惯性力成正比,过大的惯性力有可能损伤设备,降低系统的效能,影响飞机起降。晕船主要取决于运动加速度和运动周期,随着垂向加速度的增加,晕船率显著增加。

4) 相对波面运动

由船体相对波面运动产生的耐波性指标包括船首底部砰击频率、军用舰船声呐罩出水频率、甲板淹湿频率和螺旋桨出水概率。这些指标对不同类型的船舶而言,其重要性是不同的。例如,对于压载航行的货船,往往需要考虑首部砰击频率和螺旋桨出水概率。

5) 波浪中的失速

所谓船舶在风浪中的失速是指在推进动力装置功率调定后,在风浪中较在静水中航行时航速的降低值。这里不包括主动减速成分,即不包括船舶在风浪中航行时为了减少风浪对船舶的不利影响而人为调低主机功率,使航速较静水中下降的数值。

2. 耐波性综合指标

1) 作业时间百分比

船舶在规定的装载及环境条件下,能够完成作业的时间百分比为

$$q_1 = \frac{\text{海浪中能够完成作业的时间}}{\text{静水中能够完成作业的时间}} \times 100\% \tag{5-1}$$

这一指标也可以用误工率 d_1 来表示,即船舶在海浪中不能作业的时间百分比,与 q_1 存在如下关系:

$$d_1 = 1 - q_1 \tag{5-2}$$

2）期望航速百分比

期望航速百分比 q_2 等于船舶在静水中的设计航速对船舶在波浪中的平均航速的比值,即

$$q_2 = \frac{\text{波浪中的平均航速}}{\text{静水中的设计航速}} \times 100\% \tag{5-3}$$

计算作业时间百分比和期望航速百分比首先需要明确对应船舶各项任务的诸耐波性指标并进行相应的计算,然后根据选定的耐波性指标的衡准值和风浪的长期统计分布资料来完成耐波性综合指标的计算。因此,耐波性综合指标计算结果的可靠性不仅取决于耐波性计算的正确性,而且也取决于耐波性衡准的选择和长期风浪预报的正确性。

5-3　耐波性实船试验的组织和实施

在船舶设计中,虽然可以通过理论计算或模型试验的方法对耐波性进行估算,但是这些估算和试验都是在一定的假设条件下进行的。海上的实际波浪是复杂而多变的,很难用一个固定的模型来精确描述,因此,船模试验结果和理论计算结果必然与海上实际情况存在差异。实船耐波性试验的目的在于准确地确定船舶在波浪中的各种性能,验证理论计算的正确性,找出模型试验结果与实船试验结果之间的相关关系。同时,实船耐波性试验结果可以最终检验船舶耐波性指标是否达到设计之初的预想目标,准确评价该船耐波性的优劣。

实船耐波性试验包括船舶在波浪中产生的运动以及由这些运动引起的砰击、飞溅、上浪和螺旋桨出水等性能,有时也包括波浪中的操纵性能、稳性、船体结构应力、阻力性能和推进性能。船上各种机器设备,包括主机、辅机和舵机、导航设备和通信设备以及舰船的武器装备等在恶劣环境条件下正常工作的可能性;船上所有人员,包括船员和旅客居住的舒适性;船员进行各项操作的可能性,这些也都属于实船耐波性试验的范围。对于装有各种减摇装置的船舶,实船耐波性试验的目的还在于最终评价减摇装置的实际减摇效果,提供修改减摇装置的方法。

实船耐波性试验根据不同的任务可分为交船试验和专门试验两种:

（1）交船试验通常是在批量生产的首制船上进行,其基本目的是校核实船的耐波性与设计任务书中所规定的要求是否相符合。这种试验通常在交船期间或船舶首航期间进行。

（2）专门试验是为完成某些指定项目的耐波性指标测试而进行的,通常在选定船舶的考察航行或营运航行中完成。

实船耐波性试验是一种在恶劣海况条件下的综合性作业,将有很多单位和专业人员参加,所以,在试验之前需要仔细地制定计划,妥善地进行准备,概括说来,大致包括以下内容。

1. 选择适当的测试海域和时间

测试海区的面积和水深应该与船舶的主尺度和航速相适应,最好选择在船舶经常航行的海域,以便使试验时遇到的环境条件接近于试验船今后航行中可能遇到的海浪。

试验日期应选择在试验要求海浪出现概率最大的季节。从我国海浪的统计资料来看,在我国沿海海域进行耐波性试验最合适的季节是冬季,在这一季节发生 4 级以上海浪的概率最大。夏秋季节是我国沿海海域台风多发季节,在台风引起的海浪中做试验是不合适的,也是危险的。

2. 编写试验大纲

试验大纲应包括：试验目的，要求的波浪条件，船舶的装载状态，航速，船首和波浪之间的遭遇角，所需稳定的测量时间，需要测量的参数，试验结果的表达形式等。

3. 测试仪表的准备和调试

根据船舶试验大纲中规定的耐波性试验项目，配足需要使用的仪表并事先进行校验和联调，这些仪表包括：

（1）测量船体运动和加速度的仪表；

（2）测量风、浪、流等环境条件的仪表；

（3）测量航速、主机转速和各种机器设备工作参数的仪表；

（4）测量船体结构应力应变的仪表；

（5）测量船体局部振动的仪表；

（6）记录甲板上浪和砰击的仪表；

（7）试验所需的其他仪表。

船舶航向与波浪传播方向之间的夹角称遭遇浪向，一般一次耐波性试验要选择几个遭遇浪向进行，具体的试验方法有以下几种。

1）定航速变航向试验

定航速变航向试验时，船舶的航速是预先选定的，可选最大航速、额定航速或经济航速等，由试验大纲的要求确定。由于在波浪中恒定航速难以做到，一般试验时总是固定主机转速，而航向可根据试验大纲规定的操舵角改变，如图 5-3 所示。

2）定航向加速试验

定航向加速试验是船舶保持顶浪航行，航速从最低航速逐次加速到该浪级下允许的最高航速，每个航速稳定后做试验记录。

3）零速横浪试验

船舶在零速横浪情况下稳定后测试并记录各参数。

对某些特殊船舶，耐波性试验还可能有特殊的要求。

船舶耐波性试验结束后，要提供包括试验概况、航迹图、船舶试验状态、波浪参数及试验大纲所要求的各种分析结果。

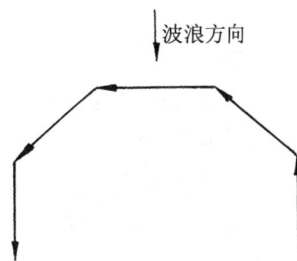

图 5-3　在波浪中船的变航向试验

5-4　耐波性实船试验结果的数据分析

在海浪波动和船舶在波浪上的运动等都是各态历经的平稳随机过程的假定下，可以用统计特征来描述它们，即通过对某个浪高仪记录到的一个波浪时间历程的统计分析得到波浪过程的统计分析，通过对船舶一次耐波性试验中记录下来的运动时间历程的分析得到在相同试验条件下该运动过程的统计特性。为了保证统计分析的可靠性，一般需要 200 个以上的波动周期记录。

对于耐波性实船试验得到的随机变化的时间历程，通常有两种分析方法，一是统计分析，另一是谱分析。

1. 统计分析方法

以图 5-4 所记录的纵摇时间历程曲线为例，其统计分析方法的大致步骤如下：

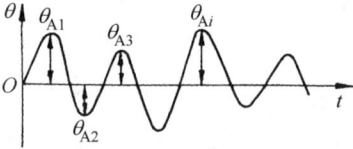

图 5-4 纵摇时间历程曲线

（1）从记录曲线上量取纵摇幅值 θ_{A1}，θ_{A2}，…，θ_{Ai}，…，θ_{AN}。如果仪器产生少量的零点漂移而在记录曲线上很难找出正确的零线位置，那么可取相邻幅值间的距离进行分析，从统计观点来看，它相当于纵摇幅值的两倍。

（2）把量得的纵摇幅值分成 k 组，通常取最大幅值的 1/10 作为间距，即分成 10 组，每组最少不应小于 5 个测量值。

在对测量值分组时，如果一数值恰在两组的交界上，则假定每组各占一半。

计算每组内纵摇幅值出现的次数 m，求出相应的出现频率为

$$P'_j = \frac{m_j}{N} \tag{5-4}$$

（3）作直方图。在横轴上截出各组的组距范围，在每组上以组距为底作长方形，使它的面积等于该组的频率，其纵坐标相当于概率密度函数。

（4）根据直方图绘制概率分布曲线，如图 5-5 所示。

（5）合宜度检验。一般来说，风浪、摇荡运动、船体应力等的幅值，应符合瑞利分布。因此需要对由实测得到的数据进行统

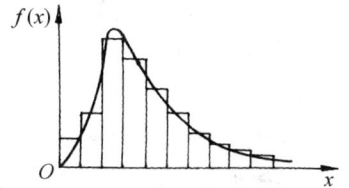

图 5-5 概率分布曲线

计检验，看它们是否来自瑞利分布的取样。在检验中，必然出现实测的统计分布与瑞利分布之间的差异。根据统计推断，如果这种差异是不显著的，我们可以认为差异是由实测中各种随机因素引起的，测量数据本质上来自瑞利分布。因此，用瑞利分布预报统计特性比用实测的统计分布预报统计特性更合理。根据统计推断，如果认为实测统计分布与瑞利分布之间的差异是显著的，则说明实测数据并不是来自瑞利分布的取样，这种情况对于严重的风浪和横摇有可能发生。

如果经过统计推断认为实测数据是瑞利分布的取样，其中分布参数 R 与实测值之间的关系为

$$R = \frac{1}{N} \sum_{i=1}^{N} \theta_{Ai}^2 \approx \frac{1}{N} \sum_{j=1}^{k} \overline{\theta}_{Aj}^2 m_j \tag{5-5}$$

式中：N 为实测幅值个数；

$\overline{\theta}_{Aj}$ 为第 j 组内纵摇平均幅值。

瑞利分布的概率密度函数为

$$f(\theta_A) = \frac{2\theta_A}{R} e^{-\frac{\theta_A^2}{R}} \tag{5-6}$$

相应的超过概率分布函数为

$$F_1(\theta_A) = \int_{\theta_A}^{\infty} f(\theta_A) d\theta_A = e^{-\frac{\theta_A^2}{R}} \tag{5-7}$$

纵摇幅值由 $\theta_{A(j-1)}$ 至 θ_{Aj} 的概率，根据定义，则有

$$P_j = F_1(\theta_{A(j-1)}) - F_1(\theta_{Aj}) = e^{-\frac{\theta_{A(j-1)}^2}{R}} - e^{-\frac{\theta_{Aj}^2}{R}} \qquad (5-8)$$

由式(5-8)计算的理论概率 P_j 与实测出现频率 P'_j 之间在每组内都可能出现差别。差别的大小表示两者的合宜(程)度,通常用 χ^2 表示,即

$$\chi^2 = N \sum_{j=1}^{k} \frac{(P'_j - P_j)^2}{P_j} = \sum_{j=1}^{k} \frac{(m_j - NP_j)^2}{NP_j} \qquad (5-9)$$

在进行 χ^2 检查时,应注意到 NP_j 值不应小于 5,如果小于 5,应与前一组合并起来。

χ^2 是一个随机变数,有一定的概率分布,当实测数据总个数 N 很大时,可以近似认为符合 $k-3$ 自由度的 χ^2 分布。如果每组内的理论数 NP_j 与实测数 m_j 都相等,则 $\chi^2 = 0$。这说明 χ^2 越小,实测分布与瑞利分布的合宜性越好;χ^2 值越大,合宜性越差。那么,判断实测值是否来自瑞利分布样集的标准是什么呢? 通常选用 $\alpha = 0.05$ 的表征水平,由数学用表查得 $\alpha = 0.05$ 的置信限 $\chi_{0.05}^2$。若 $\chi^2 < \chi_{0.05}^2$,则有大约 95% 的把握认为取样来自瑞利分布,实测分布与瑞利分布之间没有显著差别;相反,若 $\chi^2 > \chi_{0.05}^2$,则认为实测分布与瑞利分布之间存在显著差别,取样不是来自瑞利分布,不能应用瑞利分布特性进行分析整理。

(6) 统计特性计算。经合宜度检验,如果认为实测数据来自瑞利分布的样集,那么可以根据式(5-5)确定的分布参数 $R = 2\sigma_\theta^2$ 来确定纵摇统计特性:

平均纵摇幅值 $\qquad \overline{\theta}_A = 0.886\sqrt{R}$

三一纵摇幅值 $\qquad \overline{\theta}_{A/3} = 1.415\sqrt{R}$

十一纵摇幅值 $\qquad \overline{\theta}_{A/10} = 1.800\sqrt{R}$

在恶劣海况下测得的数据,经合宜度检验,如果实测分布与瑞利分布有显著差别,这时可将实测值按其大小排列,然后计算其统计特性:

平均纵摇幅值 $\qquad \overline{\theta}_A = \dfrac{1}{N} \sum_{i=1}^{N} \theta_{Ai}$

三一纵摇幅值 $\qquad \overline{\theta}_{A/3} = \dfrac{3}{N} \sum_{i=1}^{N/3} (\theta_{Ai})_{\text{最大}1/3}$

2. 谱分析方法

谱分析的目的是确定谱密度函数,从而确定海浪或船体运动的统计特性。

谱分析方法有两种。

1) 参数谱分析

这是近年来发展起来的建立在随机模型基础上的频域分析方法。

2) 非参数谱分析

这是工程中传统采用的方法,其中又分为:

(1) Blackman-Tukey 方法(B-T 法),即由相关函数的傅里叶变换求谱密度函数。

(2) Cookey-Tukey 方法(C-T 法),也叫周期图法。它是对原始数据进行快速傅里叶变换(FFT)而直接求谱。在计算中利用一定的数学技巧,可使工作量大大减少。

以上两种方法在数学上是等价的。

非参数谱分析存在两个先天性缺点:

（1）频谱混叠效应。在计算中总是需要由离散采样代替连续变化的变量，在离散采样 x_1，x_2，…，x_n 之后，不能用这些离散值唯一确定原来的函数 $x(t)$ 的形式，因为在两点之间可以作很多条曲线，即不同的曲线可以得到相同的离散值。但是当 $x(t)$ 的频谱有界时，也就是说频率 f 具有上限 f_c，同时采样的时间间隔 $\Delta \leqslant 1/2f_c$，那么 $x(t)$ 就能由离散值 x_1，x_2，…，x_n 唯一地恢复出来，其中 f_c 称为截频（Nyguist 频率）。

对于任意随机变量 $x(t)$ 而言，选取一个采样间隔 Δ 进行采样，实际上就是人为地为 $x(t)$ 确定一个截频：

$$f_c = \frac{1}{2\Delta} \tag{5-10}$$

如果 $x(t)$ 的频谱范围是无限的，除非 $\Delta = 0$，上式是无法满足的。用离散值 x_1，x_2，…，x_n 代替连续函数 $x(t)$ 进行谱分析，实际上是用人为确定的频率范围代替实际的频率范围。这种由采样带来的误差叫频谱混叠效应。

为了减小频谱混叠的影响，采样时间间隔应满足

$$\Delta \leqslant \frac{1}{2f_c} \tag{5-11}$$

式（5-11）称为采样定理。船体运动和海浪等都是低频的窄谱过程，过高的频率分量没有贡献，事实上存在截频。

（2）频谱渗漏效应。它是由有限范围采样代替无限范围的变化引起的。连续时间序列 $x(t)$ 在时域 $-\infty < t < \infty$ 内变化，但在处理中只能截取有限时域 $-T \leqslant t \leqslant T$，这就仿佛通过一个有限宽的窗口来观察 $x(t)$，这个窗口叫"时间窗"或"数据窗"。描述窗口的函数叫"窗函数"。对于 x_1，x_2，…，x_n 采样的窗函数

$$h(t) = \begin{cases} 1 & |t| \leqslant T \\ 0 & |t| > T \end{cases} \tag{5-12}$$

因此采样的函数

$$x_T(t) = x(t)h(t) \tag{5-13}$$

当 T 为有限值时，$h(t)$ 的傅里叶变换为

$$H(f) = \int_{-\infty}^{\infty} h(t)\mathrm{e}^{-\mathrm{j}2\pi ft}\,\mathrm{d}t = \int_{-T}^{T} \mathrm{e}^{-\mathrm{j}2\pi ft}\,\mathrm{d}t = \sin\frac{2\pi fT}{\pi f} \tag{5-14}$$

式中：f 为频率，与圆频率 ω 的关系为 $\omega = 2\pi f$。

由以上分析看出，在采用矩形窗计算时得到的并不是原函数 $x(t)$ 的真谱，而是真谱在每点以 $\sin(2\pi fT)/\pi f$ 为权的平均。由此引起频谱发生的波纹称为频谱渗漏效应。数据窗愈宽，渗漏愈小。为了减小渗漏效应，人们根据频谱特点设计了不同窗函数，因为矩形窗并不理想。

为了克服以上两个缺点，在数值计算中必须采取一些措施，以便得到较理想的结果。

3）B-T 法计算谱密度函数

（1）在各态历经的平稳随机过程的假定下，取一段足够长的时间记录，对于实船测试取 20 min 左右长度，船模测试可按相似关系缩短。时间太短得不到稳定的谱密度函数，时间太长工作量增加。

（2）根据采样定理进行离散化采样。实船测试可取时间间隔 $\Delta = 0.5 \sim 1.0$ s，即 $f_c = 2 \sim 1$ Hz。船模测试按相似关系缩短。

如用 A/D 转换装置自动采样,在程序中必须考虑剔除由于偶然原因产生的奇异点和由于零线漂移而产生的趋势项。在人工采样时可以用目测方法修正。

(3) 计算自相关函数。根据式(2-22),自相关函数的无偏估计可以写成

$$R_x(k) = \frac{1}{n-k} \sum_{i=1}^{n-k} x_i x_{i+k} \qquad k = 0, 1, 2, \cdots, m \qquad (5\text{-}15)$$

式中：n 为采样点数；

$\quad x_i$ 为采样值；

$\quad k$ 为时延；

$\quad m$ 为最大时延。

最大时延 m 决定了自相关函数的计算区间。随着采样点数 n 和时延 m 的增加,自相关函数的计算精度随之增加,通常如下选取 m 值：

$$|R_x(m)| \leqslant 0.05 R_x(0)$$

或

$$m \approx \frac{n}{10} \qquad (5\text{-}16)$$

在实际分析中,m 值的范围在 $50 \sim 100$ 之间。m 值大,谱密度的分辨率提高,但工作量增加。

(4) 对自相关函数进行傅里叶变换可以得到谱密度函数。自相关函数的取样长度 $T_m = m\Delta$,Δ 是取样时间间隔。由此得到的傅里叶变换的基频为

$$\omega_0 = \frac{\pi}{m\Delta} \qquad (5\text{-}17)$$

各谐波的频率为

$$\omega_k = k\omega_0 = \frac{k\pi}{m\Delta} \qquad k = 0, 1, 2, \cdots, m \qquad (5\text{-}18)$$

把式(2-57)表示的谱密度函数表达式用梯形近似积分形式表示,考虑到式(5-18),则可写成

$$\hat{S}_x(k) = \frac{\Delta}{\pi} \left[R_x(0) + 2 \sum_{i=1}^{m-1} R_x(i) \cos\left(\frac{\pi ki}{m}\right) + R_x(m) \cos k\pi \right]$$

$$k = 0, 1, 2, \cdots, m \qquad (5\text{-}19)$$

$\hat{S}_x(k)$ 是粗谱,由于渗漏效应,它的波动很大,需要用窗函数进行平滑处理。

(5) 目前提出的窗函数很多,造船中常采用 Hamming 窗对粗谱进行平滑处理。在时域内相当于用以下的数据窗函数乘在相应的数据上：

$$h(t) = \begin{cases} 0.54 + 0.46 \cos \dfrac{2\pi t}{T} & |t| \leqslant T \\ 0 & |t| > T \end{cases} \qquad (5\text{-}20)$$

在频域上等价于对粗谱作如下的三点光滑：

$$\left. \begin{aligned} S_x(0) &= 0.54 \hat{S}_x(0) + 0.46 \hat{S}_x(1) \\ S_x(k) &= 0.54 \hat{S}_x(k) + 0.23 \hat{S}_x(k-1) + 0.23 \hat{S}_x(k+1) \\ S_x(m) &= 0.46 \hat{S}_x(m-1) + 0.54 \hat{S}_x(m) \\ &\quad k = 1, 2, \cdots, m-1 \end{aligned} \right\} \qquad (5\text{-}21)$$

时域平滑和频域平滑是等价的,一般用频域平滑较方便,即用谱窗函数而不是用数据窗函数进行平滑处理。

完成以上各步骤之后可以得到光滑的实测谱密度函数曲线。

4）C-T 法计算谱密度

从采样数字序列 x_i 中顺序取 N 个数据,并使得 $N=2^p$,p 为正整数,如果数据不足,则以 0 补足。

为了减小频谱渗漏效应,取余弦数据窗,对数据序列作余弦削尖,即建立一个新的数据序列 x_i,使得

$$x_i = \begin{cases} x_i \cos\left(\dfrac{\pi}{2} - \dfrac{5\pi i}{N}\right) & i = 0, 1, \cdots, \dfrac{N}{10} \\[3mm] x_i & \dfrac{N}{10} < i < \dfrac{9}{10}N \\[3mm] x_i \cos\left[\dfrac{\pi}{2} - \dfrac{5\pi}{N}(N-i)\right] & i = \dfrac{9}{10}N, \dfrac{9}{10}N+1, \cdots, N \end{cases} \tag{5-22}$$

对新的数据序列 x_i 进行快速傅里叶变换(FFT),得到傅里叶序列为

$$X_k = \sum_{i=0}^{N-1} x_i \exp\left(-j\frac{2\pi ki}{N}\right) \tag{5-23}$$

则功率谱密度的估计值(粗谱)为

$$\hat{S}_x(k) = \frac{\Delta t}{\pi N} \frac{|X_k|^2}{0.875} \tag{5-24}$$

式中系数 0.875 是由于对采样数据作余弦削尖处理后使数据方差变小而引入的修正参数。

以上得到的功率谱密度函数是高分辨率的,也是不光滑的,为此要进行平滑处理。平滑方法有两种,一种是频率平滑,另一种是分段平滑。

频率平滑方法是对以某一 k 为中心的频率,取其 L 个谱值进行平均,并将平均后的值作为该频率上的谱值,表示式为

$$S_k(k) = \frac{1}{L}(\hat{S}_k + \hat{S}_{k+1} + \cdots + \hat{S}_{k+L-1}) \tag{5-25}$$

分段平滑方法是首先把 N 个数据分成 L 段,按段进行 FFT 变换计算功率谱密度值,取相应的 L 段的平均值,就可以得到光滑的谱密度值。

本篇参考文献

［1］冯铁城.船舶摇摆与操纵［M］.北京：国防工业出版社，1980.

［2］陶尧森.船舶耐波性［M］.上海：上海交通大学出版社，1985.

［3］黄祥鹿.船舶与海洋结构运动的随机理论［M］.上海：上海交通大学出版社，1994.

［4］刘应中，缪国平.船舶在波浪上运动理论［M］.上海：上海交通大学出版社，1986.

［5］刘岳元，冯铁城，刘应中.水动力学基础［M］.上海：上海交通大学出版社，1990.

［6］R·巴塔查雅.海洋运载工具动力学［M］.邬明川，戴仁元，陶尧森，译.北京：海洋出版社，1982.

［7］方钟圣.西北太平洋波浪统计集［M］.北京：国防工业出版社，1996.

［8］中国船舶工业总公司.船舶耐波性专集［J］.中国造船增刊，1991(114).

［9］中国船舶工业总公司.船舶设计实用手册：总体分册［M］.北京：国防工业出版社，1998.

［10］中国人民解放军海军标准化办公室.舰船航行性能试验［M］.北京：国防工业出版社，1998.

［11］C.H.勃拉哥维辛斯基.船舶摇摆［M］.魏东升译.北京：高等教育出版社，1959.

［12］元良诚三.船舶与海洋构造物动力学［M］.苏兴翘，胡云昌，李吉生，等译.天津：天津大学出版社，1992.

［13］Price WG，Bishop RED. Probabilistic theory of ship dynamics［M］. London：Chapman and Hall，1974.

［14］Korvin-Kroukovsky B V. Investigation of ship motions in regular waves［J］. TSNAME，1970(78).

［15］Salvesen N，Tuck E O and Faltinsen O. Ship motions and sea load［J］. SNAME，1970(78).

［16］小林正典はか.船舶の耐航性に関すゐ理论计算プログラム（その1）［J］.三井造船技报，1973(82).

常用单位换算表

长　度

单　位	m(米)	ft(英尺)	n mile(国际海里)
m(米)	1	3.280 84	$5.399\,57 \times 10^{-4}$
ft(英尺)	0.304 8	1	$1.645\,76 \times 10^{-4}$
n mile(国际海里)	1 852	6 076.12	1

速　度

单　位	m/s(米/秒)	ft/s(英尺/秒)	n mile/h 或 kn(国际海里/小时)
m/s(米/秒)	1	3.280 84	1.943 85
ft/s(英尺/秒)	0.304 8	1	0.592 485
n mile/h 或 kn(国际海里/小时)	0.514 443	1.687 81	1

力

单　位	N(牛顿)	kgf(千克力)	lbf(磅力)
N(牛顿)	1	1.101 972	0.224 809
kgf(千克力)	9.806 65	1	2.204 62
lbf(磅力)	4.448 22	0.453 592	1

压强、应力

单　位	Pa(帕斯卡)	kgf/m²(千克力/米²)	atm(标准大气压)
Pa(帕斯卡)	1	0.101 972	$9.869\,23 \times 10^{-6}$
kgf/m²(千克力/米²)	9.806 65	1	$9.678\,38 \times 10^{-5}$
atm(标准大气压)	$1.013\,25 \times 10^{5}$	$1.033\,23 \times 10^{4}$	1

功　率

单　位	W(瓦特)	kgf·m/s(千克力·米/秒)	UShp 或 hp(公制马力)	UKhp(英制马力)
W(瓦特)	1	0.101 972	$1.359\,62 \times 10^{-3}$	$1.341\,02 \times 10^{-3}$
kgf·m/s(千克力·米/秒)	9.806 65	1	$1.333\,33 \times 10^{-2}$	$1.315\,09 \times 10^{-2}$
UShp 或 hp(公制马力)	735.499	75	1	0.986 320
UKhp(英制马力)	745.700	76.040 2	1.013 87	1